Karl Baedeker

Die Rheinlande

von der Schweizer bis zur holländischen Grenze, Schwarzwald, Vogesen, Haardt

und Odenwald

Karl Baedeker

Die Rheinlande
von der Schweizer bis zur holländischen Grenze, Schwarzwald, Vogesen, Haardt und Odenwald

ISBN/EAN: 9783742870629

Hergestellt in Europa, USA, Kanada, Australien, Japan

Cover: Foto ©ninafisch / pixelio.de

Manufactured and distributed by brebook publishing software (www.brebook.com)

Karl Baedeker

Die Rheinlande

DIE

RHEINLANDE

VON DER

Schweizer bis zur Holländischen Grenze,

SCHWARZWALD, VOGESEN, HAARDT, ODENWALD, TAUNUS,
EIFEL, SIEBENGEBIRGE, NAHE, LAHN, MOSEL, AHR,
WUPPER UND RUHR.

HANDBUCH FÜR REISENDE

VON

K. BÆDEKER.

Mit einer Uebersichtskarte, sechzehn Specialkarten und den Plänen von
Aachen, Basel, Bonn, Carlsruhe, Coblenz, Düsseldorf,
Frankfurt, Heidelberg und Schloss, Köln, Mainz, Strassburg,
Trier und des Schwetzinger Gartens.

VIERZEHNTE VERBESSERTE UND VERMEHRTE AUFLAGE.

COBLENZ.
VERLAG VON KARL BÆDEKER.
1866.

Es klingt ein heller Klang,
Ein schönes deutsches Wort
In jedem Hochgesang
Der deutschen Männer fort:
Ein alter König hochgeboren,
Dem jedes deutsche Herz geschworen —
Wie oft sein Name wiederkehrt,
Man hat ihn nie genug gehört.

Das ist der heil'ge Rhein,
Ein Herrscher, reich begabt,
Dess Name schon, wie Wein,
Die treue Seele labt.
Es regen sich in allen Herzen
Viel vaterländ'sche Lust und Schmerzen,
Wenn man das deutsche Lied beginnt
Vom Rhein, dem hohen Felsenkind.

— — — — — —

Wir huld'gen unserm Herrn,
Wir trinken seinen Wein.
Die Freiheit sei der Stern!
Die Losung sei der Rhein!
Wir wollen ihm auf's neue schwören;
Wir müssen ihm, er uns gehören.
Vom Felsen kommt er frei und hehr:
Er fliesse frei in Gottes Meer!

    Max von Schenkendorf.
     (1814.)

Das vorliegende Reisehandbuch erscheint hier zum vierzehnten Mal. Erste Aufgabe desselben ist, die **Unabhängigkeit** des Reisenden so viel als möglich zu sichern; ihm die unbehagliche, oft ganz unsichtbare Bevormundung der Lohndiener und Führer, der Kutscher und Wirthe fern zu halten; ihm behülflich zu sein, auf **eigenen Füssen** zu stehen, ihn **frei** zu machen und ihn so zu befähigen, mit frischem Herzen und offenen Augen alle Eindrücke in sich aufzunehmen.

Der ganze Inhalt des Buches beruht auf *eigener Anschauung*. Einen grossen Theil der beschriebenen Gegenden hat der Verfasser im Laufe der letzten Jahre ausschliesslich für diese neuen Auflagen wiederholt bereist. Auch schriftliche Mittheilungen wohlwollender sachkundiger Freunde sind ihm so vielseitig zugekommen, dass er jetzt um so mehr für die Richtigkeit seiner Angaben bürgen zu können glaubt[1]).

Eine buchstäbliche Genauigkeit wird indess Niemand von einem Reisehandbuch fordern, das theilweise auch über menschliche Einrichtungen (Gasthöfe u. dgl.) Auskunft geben muss, die raschem Wechsel unterworfen sind.

Daher wiederholt der Verf. seine Bitte an Reisende, auch ferner ihn auf etwaige Irrthümer oder Auslassungen, die ihnen durch *eigene Anschauung* bekannt werden, aufmerksam machen zu wollen; doch bittet er, solche Mittheilungen möglichst übersichtlich zu ordnen, also jedesmal mit einer neuen Zeile entweder auf eine bestimmte Stelle im Buche zu verweisen, oder den Namen des betr. Orts, auf welchen sich die Bemerkung bezieht, unterstrichen voran zu stellen. Die vorliegende neue Auflage wird den Freunden des Buches den besten Beweis liefern, wie dankenswerth dem Verfasser solche Berichtigungen

---

[1]) Der Verfasser verwahrt sich ausdrücklich gegen Beschwerden, wie sie ihm wohl vorgekommen, die auf **ältere Ausgaben** fussen. Keine Art von Sparsamkeit ist bei einer Reise übler angebracht, als nach einem alten Reisehandbuch zu reisen. Eine einzige Angabe der neuen Auflage lohnt nicht selten reichlich den dafür bezahlten Betrag.

erschienen sind; sie haben wesentlich zu der Anerkennung beigetragen, welche das Buch in weiten Kreisen gefunden. Das vorzugsweise Beachtenswerthe ist durch ein * hervorgehoben. Den Plänen und Kärtchen im Buch ist eine besondere Sorgfalt zugewendet, sie werden zur Orientirung völlig ausreichen. Der Reisende wird sich manchen Umweg ersparen, wenn er diejenigen Gebäude, welche oder in welchen er etwas sehen will, vor Antritt der Wanderung roth unterstreicht. Eisenbahn- und Dampfboot-Fahrpläne, sowie die Abgangszeiten der Posten (nebst Uebersicht der Telegraphen-Verbindungen) sind enthalten in *Hendschel's Telegraph* (10 Sgr.), in Frankfurt a. M., im Sommer monatlich, erscheinend, für die Rheinlande am zuverlässigsten; und in dem jährl. 8mal herauskommenden *Berliner Coursbuch* (15 Sgr.). Unbedingt darf man sich aber auf dieselben nicht verlassen, da häufig während des Drucks neue Fahrpläne erscheinen; man muss vielmehr in den Gegenden selbst, wo man reist, fleissig den neuesten Fahrplänen nachforschen.

Auf die Gasthöfe (vergl. S. XIV) ist ein besonderes Augenmerk gerichtet worden; nicht der kleinste Theil der Annehmlichkeiten einer Reise ist von der guten oder schlechten Beschaffenheit derselben, den Preisen, der Bedienung u. s. w. abhängig. Neben den grossen Palästen neuesten Stils sind auch manche kleinere Häuser genannt. Der Verfasser glaubt damit einer nicht unbedeutenden Zahl von Reisenden einen wesentlichen Dienst zu erweisen. Wer mit Frauen reiset, wähle allemal einen der ersten Gasthöfe; ein einzelner Herr findet sich leicht allenthalben zurecht.

Durch den Stern (*) vor einem Gasthof ist angedeutet, dass dem Verfasser oder seinen Freunden an dem Tage, wo sie den betreffenden Gasthof besucht haben, Verpflegung und Logis preiswürdig erschienen sind. Da aber diese Dinge einem raschen Wechsel unterliegen, da die Anforderungen je nach der Persönlichkeit sehr verschieden sind, und auch die eigene Gemüthsstimmung dabei nie ohne Einfluss ist, so wird ein billig denkender Reisender dem Verf. eine unbedingte Verantwortlichkeit für seine Gasthofs-Sterne nicht zumuthen.

Die angegebenen Preise sind zwar durchschnittlich Rechnungen aus den letzten Jahren entnommen; die Steigerung mancher Lebensmittel-Preise hat aber hin und wieder eine Erhöhung der Gasthofspreise zur Folge gehabt. Der Verf. hat sich dennoch, selbst auf die Gefahr hin, von einzelnen Reisenden der Unzuverlässigkeit geziehen zu werden, für Beibehaltung der Preisangaben entschieden, da sie, wenn auch nur annähernd angegeben, wesentlich zur Characteristik eines Gasthofs gehören. Aehnlichen Schwankungen unterliegen auch die Kutscher- und Führerpreise.

An Gastwirthe richtet er die Warnung, so wenig durch Geschenke, als etwa freie Zeche, sich um die Gunst angeblicher Agenten des Verfassers zu bewerben. Er kennt keine solchen, niemand hat von ihm ein Mandat zu diesem Zweck. Sollte irgend Jemand den Namen des Verf. zu Gelderpressungen bei Gastwirthen missbrauchen, wie das hier und da vorgekommen ist, so wird er es Jedem danken, der die Polizei auf solche Schwindler aufmerksam macht, ihn selbst aber sogleich davon in Kenntniss setzt, damit auch er zur Entlarvung derartiger Betrügereien die geeigneten Schritte thun kann.

Die beste ausdauernde Empfehlung eines Gasthofs ist nur durch *Reinlichkeit, gutes Logis, aufmerksame Bedienung* und *preiswürdige Verpflegung* zu erreichen. In dieser Voraussetzung wird der Verf. diejenigen Gasthöfe am meisten berücksichtigen, in welchen jeder Reisende, der mit dem vorliegenden Buche in der Hand ins Haus tritt, als ein von ihm persönlich Empfohlener behandelt wird.

Inhalts-Verzeichniss.

	Seite
I. Reiseplan	VIII
II. Dampfschifffahrt	XI
III. Gasthöfe und Trinkgelder	XIV
IV. Zur Geologie des engern Rheinthals	XVIII
V. Wein	XX
VI. Lauf, Fall, Breite, Tiefe und Länge des Rheins	XXIII

Route
1. Basel 1
2. Von Basel nach Strassburg 6
3. Strassburg 10
4. Die Vogesen, südlicher Theil 18
5. Die Vogesen, nördl. Theil. Von Strassburg nach Saarburg 23
6. Von Strassburg nach Mainz 26
7. Speyer 31
8. Mannheim und Schwetzingen 36
9. Worms 38
10. Frankfurt 43
11. Von Frankfurt nach Mainz und Wiesbaden. Ausflug in den Taunus 58
12. Von Frankfurt nach Heidelberg (oder Mannheim) . 63
13. Der Odenwald 70
14. Heidelberg 75
15. Von Heidelberg nach Carlsruhe 84
16. Carlsruhe 86
17. Von Carlsruhe nach Baden 90
18. Baden und Umgebungen 92
19. Von Baden nach Strassburg 101
20. Von Baden (oder Strassburg) nach Freiburg . . 103
21. Freiburg 105
22. Von Freiburg nach Basel 114
23. Badenweiler und Umgebungen. Bürgeln, Blauen, Belchen, Münsterthal 115
24. Der Schwarzwald. Badischer Antheil 120
   a. Von Baden über Gernsbach nach Allerheiligen; Murgthal, Hornisgrinde, Mummelsee 121
   b. Allerheiligen, Büttensteiner Wasserfälle, Kniebisbäder, Tryberger Wasserfälle, Kinzigthal . . 125
   c. Höllenthal, Feldberg, Wiesenthal, Wehrathal, Albthal 130
25. Von Offenburg nach Schaffhausen und Constanz . . 137
26. Von Waldshut nach Basel 140
27. Bayrische Rheinpfalz. Donnersberg und Haardt . . 141
28. Von Mannheim nach Saarbrücken 149
29. Von Saarbrücken nach (Trier und) Luxemburg . . 152
30. Trier 155

INHALTS-VERZEICHNISS.

Route		Seite
31.	Die Mosel von Trier bis Coblenz	160
32.	Die vulcanische Eifel	166
33.	Mainz	173
34.	Wiesbaden	185
35.	Schlangenbad und Schwalbach	190
36.	Von Mainz nach Bingen. Rheingau	193
37.	Der Niederwald	200
38.	Bingen	203
39.	Von Bingen nach Saarbrücken	205
40.	Kreuznach und Umgebungen	209
41.	Der Rhein von Bingen bis St. Goar	212
42.	Der Rhein von St. Goar bis Coblenz	225
43.	Von Wiesbaden nach Oberlahnstein. (Eisenbahnfahrt.)	234
44.	Coblenz	236
45.	Der Ehrenbreitstein	244
46.	Von Coblenz nach Wetzlar. Ems und das Lahnthal	247
47.	Der Rhein von Coblenz bis Remagen	253
48.	Brohlthal, Laacher See, Niedermendiger Lavagruben	263
49.	Das Ahrthal	269
50.	Das Siebengebirge	274
51.	Der Rhein von Remagen bis Bonn	278
52.	Bonn	284
53.	Der Rhein von Bonn bis Köln	291
54.	Köln	292
55.	Von Köln nach Mainz. (Eisenbahnfahrt.)	312
56.	Von Köln über Giessen nach Frankfurt	317
57.	Von Köln nach Aachen	321
58.	Aachen	324
59.	Von Aachen nach Düsseldorf, Crefeld und Ruhrort	330
60.	Von Köln nach Crefeld	333
61.	Von Köln nach Düsseldorf	334
62.	Düsseldorf. Von Düsseldorf nach Duisburg	335
63.	Von Düsseldorf nach Dortmund über Elberfeld	339
64.	Von Dortmund nach Düsseldorf über Oberhausen	346
65.	Von Düsseldorf nach Emmerich und Cleve	349
	Register	351

Verzeichniss der Karten.

1. **Uebersichtskarte**, hinter dem Register eingeklebt.
2. **Vogesen**, südl. Theil, zu Route 2 u. 4, zwischen S. 18 u. 19.
3. **Taunus**, zu R. 11, zwischen S. 60 u. 61.
4. **Odenwald**, zu R. 8, 12, 13 u. 14, zwischen S. 70 u. 71.
5. **Schwarzwald**, nördl. Theil, zu R. 17, 18, 19, 20, 24a. und b., zwischen S. 90 u. 91.
6. **Schwarzwald**, südl. Theil, zu R. 20, 21, 22, 23, 24c., 25 und 26, zwischen S. 114 u. 115.
7. **Rheinpfalz**, n. Theil, zu R. 6, 8, 9, 27, 28, 39 u. 40, zwischen S. 140 u. 141.
8. **Rheinpfalz**, südl. Theil, zu R. 6, 27 u. 28, zwischen S. 144 u. 145.
9. Die **Mosel** von Trier bis Coblenz, Saarbrücken-Trier-Luxemburger Eisenbahn, zu R. 29, 31 u. 32, zwischen S. 160 u. 161.
10. Die **Eifel**, zu R. 31 und 32, zwischen S. 166 u. 167.
11. **Rheingau**, zu R. 33 bis 38, 41, 46 u. 55, zwischen S. 194 u. 195.
12. Der **Niederwald**, zu R. 37, 38 u. 46 zwischen S. 200 u. 201.
13. Der **Rhein von Bingen bis Coblenz, Rhein-Nahe- u. Rhein-Lahn-Eisenbahn**, zu R. 39 bis 46, zwischen S. 212 u. 213.
14. Der **Rhein von Coblenz bis Bonn, Laacher See, Brohl- und Ahr-Thal**, zu R. 47 bis 51, zwischen S. 252 u. 253.
15. Das **Siebengebirge**, zu R. 50 u. 51, zwischen S. 274 u. 275.
16. Der **Rhein von Bonn bis Düsseldorf und von Düsseldorf bis Emmerich, Westphälische Eisenbahnen u. Köln-Düsseldorf-Aachener Eisenbahn**, zu R. 53 bis 65, zwischen S. 290 u. 291.

I. Reiseplan.

Der Plan einer Rheinreise wird sich am zweckmässigsten in folgende **Reisetage** eintheilen lassen, wobei *Frankfurt* als Beginn, *Dortmund* als Schluss angenommen ist:

	Tage
Frankfurt (R. 10)	1
zu Fuss *Taunus* (Königstein, Soden, Homburg R. 11)	1
Darmstadt (R. 12)	1/2
z. F. *Melibocus* und *Odenwald* (R. 12 u. 13)	1
Heidelberg und Umgebung (R. 14)	1
Carlsruhe (R. 16)	1/2
Baden und Umgebung (R. 18)	1
z. F. *Schwarzwald*, Murgthal, Allerheiligen, Renchthal, Kniebisbäder, Tryberger Wasserfälle, Kinzigthal (R. 24 a und b)	3
Von *Offenburg* nach *Freiburg* u. in Freiburg (R. 20 u. 21)	1
z. F. *Höllenthal*, Feldberg, Wiesen- und Wehrathal [Albthal] (R. 24 c)	2
Basel (R. 1)	1/2
z. F. *Badenweiler* und Umgebungen (R. 23)	2
Von Freiburg über *Breisach* (R. 21) nach *Colmar* und *St. Hippolyte* (R. 2)	1
z. F. *Vogesen* (R. 4)	3
Strassburg (R. 3)	1
Nach *Saarburg* und zurück auf der Eisenbahn (R. 5)	1
Von Strassburg nach *Landau* (R. 6)	1/2

I. REISEPLAN.

Tage

z. F. *Haardtgebirge*, Madenburg, Trifels, Maxburg, Neustadt (R. 27) 2
Von Neustadt nach *Speyer* und in Speyer (R. 6 u. 7) . ½
Worms (R. 9), *Mainz* (R. 33), *Wiesbaden* (R. 34) . . 2
z. F. *Rheingau* von Eltville nach Rüdesheim (R. 36) u.
Bingen. Rochus-Capelle und Scharlachkopf (R. 38) 1
Ausflug nach *Kreuznach*, Münster am Stein und bis Oberstein, und zurück nach Bingen (R. 39 u. 40) . . . 1
Von Bingen mit Dampfboot nach *Bacharach*, zu Fuss
weiter nach *Caub, Oberwesel, St. Goar*, Umgebung von
St. Goar (R. 41) 1
Mit Dampfboot nach *Stolzenfels*, *Coblenz* u. *Ehrenbreitstein* (R. 42, 44, 45) 1
Ems und *Lahnthal* (R. 46) 1
Mit Mosel-Dampfboot nach der *Alf*, zu Fuss durch die
vulcanische *Eifel* (R. 31 u. 32) 3
Trier und Umgebung (R. 30) 1
Moselreise von Trier nach Coblenz (R. 31) mit Dampfboot 1
Mit Dampfboot nach *Andernach* (R. 47), zu Fuss nach
Niedermendig, Laacher See, Brohlthal (R. 48). Von
der Brohl mit Dampfboot nach *Remagen*, Apollinarisberg (R. 47) 1
Das *Ahrthal* bis Altenahr (R. 49) zu Fuss 2 Tage, zu Wagen 1
Mit Dampfboot nach *Königswinter* (R. 51), Wanderung
durchs *Siebengebirge* (R. 50) zu Fuss 1
Bonn und *Köln* (R. 52 u. 54) 2
Auf der Eisenbahn nach *Aachen* (R. 57), in Aachen (R. 58),
Abend auf der Eisenbahn nach *Düsseldorf* (R. 59) . 1
Düsseldorf und *Elberfeld* (R. 62 u. 63) 1
z. F. Von Elberfeld nach *Hagen* (Wupperthal, Enneperstrasse). Eisenbahn nach *Dortmund* (R. 63) . . . 1
(Von Dortmund auf der Eisenbahn (R. 64 u. 61) in 4 St. zurück
nach *Köln*.)

Die Fahrzeit auf Eisenbahn und Dampfboot ist eingerechnet, sie kann kaum noch in Anschlag kommen, seitdem Alles so rasch geht. Die mit z. F. bezeichneten sind Wandertage, zu Fuss, oder wenigstens theilweise zu Fuss. Daraus erhellt, dass der Plan auf leidlich rüstige Kräfte berechnet ist. Mancher wird freilich erstaunt fragen: „sechs Wochen für eine Reise, die in sechs Tagen zurückgelegt werden kann!" Darauf sei erwiedert, nicht in sechs, sondern in einem Tage kann man jetzt auf der Eisenbahn von Basel bis Emmerich fahren. Aber es darf hier auch beigefügt werden, dass die geforderten sechs Reise-Wochen nicht viel weniger genussreich, als in der Schweiz, wenn auch in anderer Art, wohl aber vielleicht belehrender noch, in diesen westlichen Marken des deutschen Landes verwendet werden können. Für den Zweck, welchem das vorliegende Reisehandbuch dienen

I. REISEPLAN.

soll, war ein erschöpfender Plan einer Rheinreise unerlässlich. Dabei bleibt es Jedem unbenommen, nach Zeit, Mitteln, Kräften und Neigung zu kürzen oder, was sehr zu empfehlen, den gegebenen Stoff auf wiederholten Reisen zu bewältigen.

Die Eisenbahnen, welche nach verschiedenen Richtungen das Rheinland durchziehen, die zahlreichen Dampfboote, welche den Fluss befahren, gewähren eine so häufige Reisegelegenheit, dass ein fleissiger, aufmerksamer Reisender nicht leicht eine müssige Stunde haben wird. Die Kunst des Reisens am Rhein besteht darin, zu rechter Zeit zu wandern, zu rechter Zeit zu fahren, am rechten Ort auszusteigen. So weit sich darüber Vorschläge geben lassen, finden sie sich im Buch. Anlage zum Reisen muss aber allerdings vorhanden sein. Es gibt Reisende, welchen selbst mit den besten Regeln nicht zu helfen ist.

Bei Manchem macht das Bedürfniss nach einigen Ruhetagen sich bald geltend, nach Erholung von dem lauten Treiben in den Badeorten und auf den breit getretenen Touristenwegen, von dem Gedränge überfüllter Dampfboote und Eisenbahnwagen. Sollen diese Ruhetage erquicklich werden, so gehört dazu in erster Linie ein guter behaglicher Gasthof mit angemessenen nicht übertriebenen Preisen. Der Verf. glaubt folgende Orte in Vorschlag bringen zu können: Schloss *Bürgeln* (S. 117), mehr für Einzelne; *Freiburg* (S. 105); *Achern* (S. 102), *Oppenau* (S. 126), *Allerheiligen* (S. 125), letzteres für Einzelne; *Carlsruhe* (S. 86). *Weinheim* (S. 68), *Zwingenberg* (S. 66); *Neustadt* an der Haardt (S. 28); Bad *Cronthal* im Taunus (S. 62); *Niederwalluf* (S. 195) und *Geisenheim* (S. 198) im Rheingau; *Lorch* (S. 215), *Oberwesel* (S. 220), *St. Goarshausen* (S. 223), *Camp* (S. 227), letzteres für Einzelne, am Mittelrhein; *Honnef* (S. 277) am Siebengebirge.

Gepäck ist unter allen Umständen ein lästiger Begleiter, es bringt mit Leuten in Berührung, die zur Annehmlichkeit der Reise selten beizutragen pflegen. Also so wenig Gepäck als möglich. Der Verf. hat neben Regenschirm und Ueberzieher für eine Reise von 14 Tagen nie mehr als eine kleine Reisetasche zum Umhängen bei sich, in welcher 2 oder 3 Hemden, ein Paar Strümpfe, Pantoffeln, Bürste, Rasirzeug, enthalten sind. Alle 3 bis 4 Tage findet sich leicht Gelegenheit, waschen zu lassen; man gibt Abends die Hemden zur Wäsche und erhält sie andern Morgens zurück. Schuster gibt's auch allenthalben. Zu einer längern Reise mag noch ein mässiger Reisesack mit einigen Hemden, Strümpfen, einem Paar Beinkleider und einem Paar Schuhe oder Stiefel mitgenommen werden, nicht grösser aber, als dass man ihn nöthigenfalls vom Bahnhof oder dem Dampfboot in den nahen Gasthof selbst tragen kann. Bei Fussreisen wird er mit der Post voraus gesandt. Es ist ein höchst angenehmes Gefühl, aller Gepäcksorge überhoben zu sein, und frank und frei den Bahnhof oder das Dampfboot verlassen zu können.

II. Dampfschifffahrt.

Im J. 1817 kam bei hohem Wasserstand der erste Dampfer, als Weltwunder angestaunt, von London bis Coblenz. Darauf richtete die *Neederlandsche Steamboot Maatschappy* regelmässige Fahrten zwischen Rotterdam und Köln ein. Oberhalb Köln wird der Rhein seit 1827 von Dampfschiffen befahren (jetzt von Personenbooten nur mehr bis Mannheim), zuerst von der *Kölnischen*, seit 1837 auch von der *Düsseldorfer Gesellschaft*, worauf auch die *Niederländische Gesellschaft* ihre Fahrten bis Mannheim ausdehnte. Im Ganzen befahren jetzt über 100 Dampfschiffe den Rhein, von den kleinen Localbooten zu 15 bis 20 Pferdekraft, bis zu den gewaltigen Schleppern von 400 und mehr Pferdekraft. Die Personenboote befördern jährlich über eine Million Reisende.

Seit Vollendung der Eisenbahnen am Rhein wird man indess die Dampfschiffe rheinaufwärts nur mehr auf Strecken benutzen, wo man die Gegend sehen will, also zwischen *Bonn* und *Mainz*. Die Schnelligkeit derselben ist eine sehr verschiedene, und sei hier bemerkt, dass von den Schiffen der vereinigten Köln-Düsseldorfer Gesellschaft „Hohenzoller", „Merkens", „Loreley", „Prinzessin von Preussen", „Prinz von Preussen", die schnellsten (diese fahren im Sommer gewöhnlich, immer dieselben, in bestimmten Touren zwischen Köln und Mainz). „Elisabeth", „Königin", „Mannheim", „Victoria", „Germania" die langsamsten sind (die übrigen rangiren dazwischen); die Bergfahrt auf einem der letzteren ist für längere Strecken unräthlich. — Bei den Schiffen der Niederländischen Gesellschaft ist an den von dem Abfahrtsort entfernteren Stationen auf Eintreffen und Abfahrt zu den in dem Fahrplan angegebenen Stunden nicht zu rechnen.

Die Kölnische und die Düsseldorfer Gesellschaft fahren seit 1853 für gemeinschaftliche Rechnung, und werden jetzt auch Billets der Niederländischen Gesellschaft auf den Köln-Düsseldorfer Schiffen respectirt und umgekehrt.

Personen-Tarif im Jahre 1865:	Einzelreise.		Doppelreise. Billete haben 1 Jahr Gültigkeit.	
	Salon. Thl. Sgr.	Vorkajute. Thl. Sgr.	Salon. Thl. Sgr.	Vorkajute. Thl. Sgr.
Von Mannheim nach				
Worms	— 6	— 4	— 9	— 6
Mainz	— 18	— 12	— 24	— 15
Bingen	— 27	— 18	1 5	— 23
Coblenz	1 24	1 6	2 9	1 15
Köln	3 —	2 —	3 24	2 15
Düsseldorf	3 14	2 9	4 10	2 27
Rotterdam	6 —	4 —	7 15	5 —

II. DAMPFSCHIFFFAHRT.

Personen-Tarif im Jahre 1865:

von Mainz / Biebrich nach	Einzelreise Salon Thl.|Sgr.	Einzelreise Vorkajüte Thl.|Sgr.	Doppelreise (Billete haben 1 Jahr Gültigkeit) Salon Thl.|Sgr.	Doppelreise Vorkajüte Thl.|Sgr.
Bingen	— | 9	— | 6	— | 12	— | 8
St. Goar	— | 23	— | 15	1 | —	— | 19
Boppard	— | 27	— | 18	1 | 5	— | 23
Coblenz	1 | 6	— | 24	1 | 15	1 | —
Köln	2 | 12	1 | 18	3 | —	2 | —
Düsseldorf	2 | 26	1 | 27	3 | 18	2 | 12
Rotterdam	5 | 12	3 | 18	6 | 24	4 | 15
von Bingen nach				
St. Goar	— | 14	— | 9	— | 18	— | 12
Boppard	— | 18	— | 12	— | 24	— | 15
Coblenz	— | 27	— | 18	1 | 5	— | 23
Köln	2 | 3	1 | 12	2 | 20	1 | 23
Düsseldorf	2 | 17	1 | 21	3 | 6	2 | 4
Rotterdam	5 | 3	3 | 12	6 | 12	4 | 8
von Coblenz nach				
Neuwied	— | 5	— | 3	— | 6	— | 4
Remagen	— | 18	— | 12	— | 24	— | 15
Bonn	— | 27	— | 18	1 | 5	— | 23
Köln	1 | 6	— | 24	1 | 15	1 | —
Düsseldorf	1 | 20	1 | 3	2 | 3	1 | 12
Rotterdam	4 | 6	2 | 24	5 | 9	3 | 15
Boppard	— | 8	— | 5	— | 12	— | 8
St. Goar	— | 12	— | 8	— | 18	— | 12
Bingen	— | 23	— | 15	1 | 5	— | 23
Mainz	1 | —	— | 20	1 | 15	1 | —
Mannheim	1 | 15	1 | —	2 | 9	1 | 15
von Bonn nach				
Köln	— | 9	— | 6	— | 12	— | 8
Düsseldorf	— | 23	— | 15	1 | —	— | 19
Rotterdam	3 | 9	2 | 6	4 | 5	2 | 23
Rolandseck	— | 6	— | 4	— | 9	— | 6
Remagen	— | 8	— | 5	— | 12	— | 8
Coblenz	— | 23	— | 15	1 | 5	— | 23
Mainz	1 | 23	1 | 5	2 | 20	1 | 23
Mannheim	2 | 8	1 | 15	3 | 12	2 | 8
von Köln nach				
Düsseldorf	— | 14	— | 9	— | 18	— | 12
Rotterdam	3 | —	2 | —	3 | 24	2 | 15
Bonn	— | 8	— | 5	— | 12	— | 8
Rolandseck	— | 12	— | 8	— | 18	— | 12
Remagen	— | 15	— | 10	— | 24	— | 15
Coblenz	1 | —	— | 20	1 | 15	1 | —
Mainz	2 | —	1 | 10	3 | —	2 | —
Mannheim	2 | 15	1 | 20	3 | 24	2 | 15
von Düsseldorf nach				
Rotterdam	2 | 17	1 | 21	3 | 6	2 | 4
Coblenz	1 | 12	— | 28	2 | 3	1 | 12
Mainz	2 | 12	1 | 18	3 | 18	2 | 12
Mannheim	2 | 27	1 | 28	4 | 10	2 | 27
von Rotterdam nach				
Köln	2 | 15	1 | 20	3 | 24	2 | 15
Mannheim	5 | —	3 | 10	7 | 15	5 | —

II. DAMPFSCHIFFFAHRT. XIII

Der erste Platz *(Pavillon)*, die kleine Kajüte am Steuer, dem Salon gegenüber, kann, sofern er frei ist, gemiethet werden, und zwar für den 16fachen Salonpreis. Ausser fürstlichen Personen, Absonderungssüchtigen oder Kranken nimmt selten Jemand den Pavillon.

Der zweite Platz *(Salon)* wird am meisten benutzt; den Reisenden dieses Platzes steht das ganze Verdeck frei, denen des dritten Platzes *(Vorkajüte)* nur der Vordertheil des Schiffes bis zur Maschinenkammer. Nur der zweite Platz ist mit einem Zeltdach gegen die Sonne geschützt.

Je 2 Kinder unter 12 Jahren zahlen wie 1 Erwachsener; ein Kind im Salon Vorkajütenpreis; in der Vorkajüte mit einem Erwachsenen zahlen beide für 1 Pers. im Salon. Säuglinge sind frei.

Wer ohne Billet an Bord kommt und sich nicht sofort beim Conducteur meldet, dasselbe zu lösen, hat mindestens einen Minimalsatz mehr, und nach Umständen von da ab zu bezahlen, von wo das Schiff seine Tour begonnen.

An Gepäck sind 100 Pfund frei. Der Reisende muss es selbst überwachen oder es versichern, was auf dem Schiffe selbst geschieht, und wofür von Mannheim bis Köln für einen Koffer 3, einen Reisesack 2, eine Hutschachtel 1 Sgr. berechnet werden; auf kürzeren Strecken, z. B. von Mainz bis Coblenz, oder von Coblenz bis Köln nur die Hälfte. Im Fall des Verlustes werden alsdann für den Koffer 30, für den Reisesack 10, für die Hutschachtel 5 Thlr. vergütet.

Für das An- und Abfahren des Reisenden sammt Freigepäck mittels Nachen ist dem Nachenführer 1 Sgr. (3 kr.) zu zahlen.

Die Fahrkarte werde erst dann genommen, wenn man das Boot sieht, mit welchem man fahren will, um die Eisenbahn benutzen zu können, im Falle sich das Schiff verspätet.

Auf Billets im Werthe von mindestens 20 Sgr. kann die Reise unterbrochen und später fortgesetzt werden, wenn der Reisende seine Absicht dem Conducteur vor Einziehen des Controlecoupons mittheilt, damit dieser Coupon auch nur theilweise eingezogen wird. Bei der Reisefortsetzung verfallen etwa übersprungene Strecken. Dieselbe Bestimmung gilt für Retourkarten. Wenn ein Reisender z. B. eine Retourkarte von Köln nach Mainz genommen hat und damit nur bis Bonn fährt, von da aber mit derselben Karte nach Köln zurückkehrt, so ist die Karte abgefahren und kann für die ganze Strecke von Bonn bis Mainz und zurück nicht mehr gebraucht werden.

Im Spätsommer und Herbst ist des Nebels und oft auch des niedrigen Wasserstandes wegen auf rechtzeitige Ankunft und Abfahrt in der Fahrt begriffener Boote nicht sicher zu zählen. Zu dieser Zeit muss man nicht selten stundenlang auf die Ankunft des Bootes warten. Bleibt ein Boot 3 Stunden über Zeit

III. GASTHÖFE.

aus, so kann Rückzahlung des Betrages, der noch nicht abgefahren sein sollte, beansprucht und gewährt werden.

Die **Verpflegung** auf den Schiffen ist derjenigen der grossen Gasthöfe ähnlich: Kaffe mit Brod und Butter 8 Sgr., Table d'hôte um 1 Uhr 20 Sgr., ausser dieser Zeit 1 Thlr., eine halbe Flasche guter Tischwein 6 Sgr., eine Tasse Kaffe 2 Sgr. u. s. w. Nach der *Karte* zu speisen, ist bei den durchschnittlich sehr bescheidenen Portionen nicht rathsam. *Frühstück* nehme man, wenn man Morgens früh abreist, nicht im Gasthof, sondern auf dem Dampfboot. Bei heiterem Wetter auf dem Verdeck des Schiffes erhöht sich der Genuss, weil er mit Ruhe stattfinden kann.

Nach der Table d'hôte wird häufig Gefrornes *(Eis)* umher gereicht, anscheinend, als gehöre es noch zum Schluss der Tafel. Das ist aber keineswegs der Fall, der Kellner bringt vielmehr hierfür 5 Sgr. besonders in Rechnung.

Bei Aufstellung der Rechnung kommen oft Irrthümer vor, besonders bei der Addition. Man lasse sich daher Alles einzeln mit Angabe der Preise vorsagen und addire selbst (in den Kajüten sollen Speisen- und Getränke-Tarife aufgehängt sein). Noch besser ist, jeden Gegenstand sogleich bei Empfang zu bezahlen, jedenfalls geraume Zeit vor Beendigung der Fahrt die Zeche zu berichtigen, was bei der Geschäftigkeit der Kellner schwierig wird. Der Mangel an kleiner Münze, der beim Herausgeben wohl eintritt, lässt sich dann noch beseitigen.

Gasthöfe und Trinkgelder.

Die Gasthöfe ersten Rangs sind sich durch ganz Deutschland in den grössern Städten, in Bädern und viel besuchten Gegenden, rücksichtlich der Verpflegung und Bedienung, aber auch der Preise ziemlich gleich. In zweifelhaften Fällen wähle man stets den ersten Gasthof. Der Verf. hat (ohne dass man ihn gekannt hätte) in grössern Gasthöfen häufig nicht mehr bezahlt, als in kleineren. Er hat aber auch, namentlich in grossen Städten, eben so häufig in kleinern Gasthöfen dieselbe Sauberkeit und Bequemlichkeit, grössere Aufmerksamkeit, und mindestens eben so gute Verpflegung bei viel mässigeren Preisen gefunden. Darum hat er sich bemüht, bescheidenere Reisende auf diese kleinern Häuser der alten Art, so weit seine Erfahrung reichte, besonders aufmerksam zu machen, obgleich er sehr wohl weiss, wie schwierig es ist, einen Gasthof unbedingt zu loben oder zu tadeln. Die Behandlung der Gäste ist von gar zu viel Zufälligkeiten abhängig, und nicht den kleinsten Theil daran haben die Kellner und sonstigen Dienstleute, mit deren Wechsel oft ein ganz anderes System eintritt. Aber auch das eigene Auftreten des Gastes selbst hat einen wesentlichen Einfluss auf die Behandlung. Wer mit schweren Koffern reiset, mit viel Lärm und Ansprüchen ankommt, Zimmer und Betten tadelt, Speisen und Getrinke nicht nach seinem Geschmack findet, und am Ende mit einer „Tasse Thee" sich begnügt; wer hundert Bedürfnisse hat und zur Befriedigung derselben jedesmal die Schelle in Bewegung setzt, darf sich gar nicht beklagen, wenn er für das Zimmer den doppelten und dreifachen Preis zahlen muss. Für einen Reisenden dieser Art sind die im Buche angegebenen Preise nicht berechnet, sie sind für solche Anforderungen viel zu niedrig.

Wenn aber die Besitzer der grossen Gasthöfe ihr eigenes Beste richtig würdigten, würden sie für einfache anspruchlose Reisende die Belohnung der Dienstleute, das Trinkgeld *(service)*, dem eigenen Ermessen des Reisenden überlassen und die Berechnung der Beleuchtung, jener leidigen „*bougies*", einstellen. Denn es ist nicht minder unangenehm, für ein vielleicht nur 5 Min. brennendes Licht 20 kr. und mehr, als auch denselben Betrag für das Reinigen der Schuhe oder Stiefel auszugeben. Was man geniesst, bezahlt Jeder gern, war es gut, um so lieber. Aber für Dinge, die billiger Weise im Preise des Zimmers inbegriffen sein sollten, diesen Preis noch einmal zu zahlen, ist höchst ärgerlich, noch widerwärtiger aber, wenn der Reisende von den Dienstleuten um ein zweites Trinkgeld angegangen wird, „weil das in Rechnung gestellte Trinkgeld in die Tasche des Wirths fliesse".

Wie aber nun die Verhältnisse einmal sind, so muss man sie nehmen, und sich die gute Laune nicht trüben lassen, wenn man Manches nicht so findet, wie man es zu Hause gewohnt ist. Wer misstrauisch in die Welt hinauszieht, bei jedem Preise, der höher ist als in der Heimath, an Prellerei denkt, mag lieber daheim bleiben.

Hier einige auf Erfahrung beruhende **Rathschläge**:

Feuchte Bettwäsche ist der Gesundheit nachtheilig. Der Bedarf an Bettwäsche ist im Sommer in sehr besuchten Gasthöfen so bedeutend, dass es nicht auffallen kann, wenn einmal die Betttücher nicht ganz ausgetrocknet sind. Daher überzeuge man sich vom Zustand derselben, sobald man das Zimmer bezogen hat.

Bei längerm Aufenthalt zahle man alle 2 bis 3 Tage die Zeche, oder lasse sich die Rechnung geben, was in einigen Gasthöfen auch von selbst geschieht. Nicht selten ist etwas in Rechnung gebracht, wovon der Reisende nichts weiss, oder es fand zu seinem Nachtheil ein Irrthum beim Summiren statt. In der Regel haben die Kellner im mündlichen Addiren eine ausserordentliche Fertigkeit, so dass es schwer wird, ihnen so rasch zu folgen, und muss man da namentlich vor solchen Additionsfehlern auf der Hut sein. Wenn man nach der Karte speiset, merke man sich gleich bei Bestellung der einzelnen Speisen die Preise und summire die Zeche im Stillen für sich vor der Bezahlung; man ist dann am sichersten vor „Irrthümern" dieser Art geschützt.

Beabsichtigt man früh Morgens abzureisen, so fordere man die Rechnung schon am **Abend vorher**, bezahle sie aber erst im Augenblick der Abreise, sofern man nicht grössere Beträge in Gold oder Papier wechseln zu lassen genötbigt ist. Es geschieht wohl, dass mit Ueberreichung der Rechnung gern bis zum letzten Augenblick gezögert wird, wo denn freilich eine Erörterung der „Irrthümer" nicht mehr möglich ist, und der Reisende lieber rasch bezahlt, was gefordert wird, um nur nicht den Abgang des Bahnzugs, Dampfboots oder der Post zu versäumen.

Ohne geschriebene Rechnung die Zeche zu zahlen, ist unter allen Umständen abzurathen, um jede Gelegenheit zu „Irrthümern" zu vermeiden. Ein vorsichtiger Reisender wird selbst das summarische Verfahren auf den Wirthsrechnungen sich verbitten, wobei nicht selten *„déjeuner, dîner, vin, café etc."* durch eine einzige Zahl ausgedrückt wird. In dieser Form ist es allerdings schwierig, die „Irrthümer" sogleich zu erkennen.

Bedarf man irgend einer **Auskunft**, so wende man sich nicht an das untergeordnete Dienstpersonal, sondern an den **Wirth** selbst, oder, da diese Herren hin und wieder nur den Gästen der Bel-Etage zugänglich zu sein pflegen, an den Oberkellner. Man ziehe Erkundigungen von verschiedenen Seiten ein und wird dann das Rechte treffen.

Kleider und **Schuhe** oder **Stiefel** Abends schon zum Reinigen vor die Thür zu stellen oder zu legen, kann unter Umständen gefährlich werden. Es ist dem Verfasser in einem angesehenen Gasthof einer grossen Stadt begegnet, dass am folgenden Morgen Alles verschwunden war.

Schliesslich noch einige **Winke** zur geneigten Beachtung für die Herren Gasthofsbesitzer.

Die **Beschaffenheit der Betten** steht dem Verf. bei Beurtheilung eines Gasthofs in erster Reihe, er hat mehrfach sonst ganz guten Gasthöfen den * wegen mangelhafter Beschaffenheit der Betten entziehen müssen. Bei dem üblich gewordenen flüchtigen Reisen kommen die wenigsten Klagen über schlechte Betten den Gastwirthen zu Ohren; der Reisende zahlt frühmorgens an den Oberkellner die Rechnung und mag sich mit unangenehmen Erörterungen nicht befassen, da er sicher ist, Abends in dasselbe Bett nicht mehr zurückzukehren.

Gewöhnlich stehen die Betten aus übel angebrachter Symmetrie falsch, oder sie sind falsch gedeckt. Das Kopfkissen muss so angeordnet werden, dass der Reisende im Bett das Gesicht **nicht gegen die Fenster** gerichtet habe. Im hohen Sommer schon früh um 4 Uhr durch das in die Augen fallende Tageslicht im Schlaf gestört zu werden, gehört keineswegs zu den Reise-Annehmlichkeiten. Durch einfaches Verlegen der Kissen ist die Sache abgemacht.

Nicht minder unangenehm sind zu kurze und zu schmale Betten. Die **Länge** des Betts sollte nie unter 6 1/2 Fuss rhein. (2 mètres), die **Breite** nicht unter 3 F. (1 m.) sein. Sogenannte einschläferige Betten, wie sie vorkommen, von 2 1/2 F. Breite, sind ganz zu verbannen. Es ist nichts unzweckmässiger, als in der Länge und Breite der Bettstelle abzuknausern, denn das Gestell kostet kaum etwas mehr, wenn es um einige Zolle länger ist, und an dem Inhalt kann nicht wohl etwas gespart werden, wenn überhaupt das Bett seinen Zweck erfüllen soll. — Die Endwände

III. GASTHÖFE.

des Betts, oben und unten, sollen keine hervorspringende Umfassung haben, gegen deren scharfe Kanten der Fuss häufig unsanft anstösst. Alle Kanten des Holzes sollen abgerundet sein.

Ferner ist die zu leichte Bedeckung der Betten zu rügen. Gegen den Herbst, wo noch viele Reisende unterwegs sind, kommen häufig kalte Nächte, und nicht selten ist man genöthigt, mit seinem Plaid oder Ueberzieher die Mängel der Bedeckung zu ergänzen. Eine leichte baumwollene Decke, wie man sie vielfach findet, kann allein über den Schultern unmöglich den nöthigen Schutz gegen Wärmeverlust geben. Beim Bettmachen sollen die Stubenmädchen angewiesen werden, Leintuch und Decken gleichmässig am untern Ende umzuschlagen, damit man mit dem nackten Fuss das Holz der Bettstellen nicht berühren könne.

Es mögen diese Andeutungen Manchem kleinlich erscheinen. Sie sind nichts destoweniger vollkommen gerechtfertigt. Schon der Umstand, dass jeder Mensch ungefähr den dritten Theil seines Lebens im Bett zubringt, müsste hinreichen, das zu beweisen. Eine durch Fehler des Betts schlecht zugebrachte Nacht stört die heitere Lust des Reisens, welche nur bei vollem Wohlbefinden eintritt, und lähmt die körperliche Kraft, welche der folgende Tag für sich oft nur zu sehr in Anspruch nimmt.

An **Trinkgeld** sind in grossen Gasthöfen 18 kr. (5 Sgr.) dem Oberkellner, und 9 kr. ($2^1/_2$ Sgr.) dem Hausknecht üblich, in kleinern genügen zwei Drittel. Die grössern Häuser bringen in neuerer Zeit das Trinkgeld (bis zu 30 kr.) zwar in Rechnung, allein Hausknecht und Portier und sonst noch dieser und Jener stehen dennoch mit geöffneter Hand beim Abschied aufmarschirt.

Lohnbediente werden in der Regel für den halben Tag mit 1 fl. oder 20 Sgr., für den ganzen mit $1-1^1/_3$ Thlr. honorirt. Die Polizeitaxen, welche man in den Gasthöfen einsehen kann, pflegen niedriger zu sein.

IV. Zur Geologie des engern Rheinthals.

Für den Geologen ist die *von Dechen'sche Karte der Rheinprovinz und Westfalen* (Berlin bei Schropp) von besond. Werth. Dieselbe ist nach den Gradabtheilungskarten des preuss. Generalstabes im Maassstab von 1:80,000 in Farbendruck vortrefflich ausgeführt und in 34 Sectionen (à 1 Thlr.) jetzt vollständig erschienen.

Das Rheinthal verändert bei *Bingen* plötzlich den Charakter, welchen es von Basel an als ein weites Becken, seeartig und mit neueren Absätzen erfüllt, trägt. Mit einem Male wird das Thal ganz enge, ausser dem Strome und der Landstrasse und Eisenbahn zu beiden Seiten ist kaum Raum vorhanden, steile Felsenwände erheben sich zu bedeutender Höhe, nur enge Schluchten ziehen sich von den Hochflächen herab. Gegen *Coblenz* hin erweitert sich das Thal allmälig, die Gehänge werden flacher, die Felsen verlieren sich. Von Coblenz bis Andernach dehnt sich ein breites Becken auf beiden Seiten des Stromes aus, welches bei *Andernach* wieder geschlossen ist und von Neuem ein ganz enges felsiges Thal, welches sich gegen Bonn hin immer mehr erweitert und bevor sich die Bergzüge ganz davon entfernen, den Fuss des Siebengebirges berührt. Die Fortsetzung dieses Gebirges

Bædeker's Rheinlande. 14. Aufl. b

IV. ZUR GEOLOGIE.

begleitet den Rhein auf der rechten Seite in einiger Entfernung über *Köln*, *Düsseldorf* hinaus bis gegen *Duisburg*; unterhalb der Einmündung der *Ruhr* beginnt auch hier das Flachland.

So durchschneidet das Rheinthal von Bingen bis Bonn den Körper eines weit verbreiteten Hochlandes, welches sich im Westen bis an die Schelde oberhalb Valenciennes, in Osten bis an die Diemel bei Stadtberge ausdehnt und aus den aufgerichteten vielfach gebogenen *Schiefer-Grauwacken* und *Quarzfelsschichten* einer der ältesten Bildungen der Erdrinde besteht, in denen sich Versteinerungen finden. Früher zählten die Geologen diese Schiefer- und Grauwackenbildung zu dem sogenannten *Uebergangsgebirge*; jetzt, wo die Reihenfolge der versteinerungsführenden Schichten genauer bekannt ist, weiss man, dass das *Rheinische Schiefergebirge* die zweite Stelle der versteinerungsführenden Schichten-Abtheilungen dem Alter nach einnimmt. Die älteste Abtheilung wird nach dem berühmten Geologen Sir Roderic Murchison, das *Silur-System*, und diejenigen, zu der das Rheinische Schiefergebirge gehört, das *Devon-System* genannt. Alle übrigen Schichten, in denen Versteinerungen sich finden, sind jünger als diese beiden Schicht-Systeme oder Abtheilungen.

Von Bingen bis zur Mündung der Sieg unterhalb Bonn gehören alle vom Rhein durchschnittenen Schichten einer und derselben Epoche an, denn es finden sich dieselben organischen Reste darin eingeschlossen. Diese Schichten bestehen aus mannigfachen Arten von *Thonschiefer*, deren reinste Abänderung der *Dachschiefer* ist. Die besten Dachschiefer werden bei *Caub* (S. 216) gewonnen und bis in die Schweiz abgesetzt. Sie finden sich in einzelnen Lagen bis gegen *Neuwied* hin. Der Thonschiefer bildet Uebergänge in Sandstein, dem der Name *Grauwacke* beigelegt wird; derselbe ist hier meist feinkörnig, und geht bei quarzigem Bindemittel in *Quarzfels* über, der besonders zwischen *Bingen* und *St. Goar* seiner grossen Härte und Unzerstörbarkeit wegen die schönen mannigfach geformten Felspartien an den Abhängen des Rheinthales bildet.

Den südlichen Rand des vom Rhein durchschnittenen Hochlandes bildet der *Taunus*, worin der *grosse Feldberg* zu 2708 F.[1]) Höhe sich erhebt, auf der westl. Seite der *Soonwald*, *Idarwald* und *Hochwald*, dessen höchster Rücken, der *Walderbeskopf*, 2518′ Höhe erreicht. So grosse Höhen erreicht der Schiefer in den übrigen Theilen des Hochlandes, in dem *Westerwald*, in der *Eifel* und im *hohen Venn* nicht mehr.

Diesen Höhenverhältnissen entsprechen auch die Thalränder des Rheins, sie sind am höchsten in dem Durchschnitte der Rücken des Taunus und des Soonwaldes und nehmen weiter abwärts an Höhe ab.

---

1) Die meisten der im Buche vorkommenden Höhenangaben sind in Pariser Fuss.

IV. ZUR GEOLOGIE.

Die Zeit, in welcher das Rheinthal in diesem Hochland eingeschnitten worden ist, liegt uns ungemein viel näher, als die Periode, in der die Gebirgsschichten, woraus dasselbe besteht, auf dem Grunde damaligen Meeres abgesetzt wurden. In dem Zwischenraume wurden beinahe alle versteinerungsführenden Schichten auf der Erde abgelagert. Die Bildung des Rheinthals von Bingen abwärts bis zum Meer ist *jünger* als die Ablagerung der mittleren Abtheilung der Tertiärschichten, welche Sir Ch. Lyell *Miocen* genannt hat, worin sich die Thone von Vallendar, die Braunkohlen des Westerwaldes, des Siebengebirges, der Gegend von Brühl finden. Von gleichem Alter mit diesen Tertiärschichten sind die *Basalte* am Rhein (S. 267), welche in auffallenden Formen an den Abhängen auftreten, in der Nähe von Linz, Kaisersberg und Ockenfels, an der Erpeler Ley, im Unkeler Bruch, wo im Jahre 1846 ein bedeutender Bergschlipf statt fand, der die Landstrasse zerstörte (S. 279), am Rolandseck, an dessen Fuss die Eisenbahn merkwürdig gelagerte Säulen entblösst hat, am Petersberg, Nonnenstromberg und vielen anderen Kuppen des Siebengebirges.

Das Rheinthal, so uralt es im gewöhnlichen Sinne erscheinen mag, ist also geologisch betrachtet von jugendlicher Bildung; allein es ist *älter* als die erloschenen *Vulcane* der Gegend, welche in vielen Kegeln vom Rhein bei Neuwied sichtbar sind, wie der *Camillenberg*, die *Hummeriche* von Plaidt und Kruft. Der Kegel bei *Fornich* sendet einen Lavastrom ins Rheinthal hinab, dessen mächtige senkrechte Pfeiler vom Rheine aus leicht erkannt werden (S. 258). Das Thal hatte nahe schon seine gegenwärtige Tiefe erlangt, als der vulcanische Ausbruch statt fand, welcher mit dem Ergusse dieses Lavastromes endete. Dasselbe beweisen alle übrigen Lavaströme in der Umgegend des Laacher See's und der Eifel, welche sich in die bereits vorhandenen Thäler ergossen haben. Der *Bimsstein*, welcher in dem Becken von Neuwied verbreitet ist, die einzige Stelle in Deutschland, wo dieses vulcanische Product gefunden wird, ist so neu, dass seine Ausbrüche erst denen der meisten Lavaströme folgten.

In den flachen Thalstrichen, welche den Rhein erst schmal, dann breiter und breiter begleiten, finden sich Lager von *Geröll* und *Lehm*, welche der Strom abgesetzt hat. Aber ebenso finden sich diese Massen auf den Terrassen, welche den Strom begleiten, 400 bis 800 Fuss hoch über seinem gegenwärtigen Stand. Sie können daselbst nur aus fliessendem Wasser abgelagert worden sein, als das Thal noch bei weitem nicht so tief eingeschnitten war, als jetzt. Die Terrassen sind an den langen horizontalen Kanten sehr bemerkbar, welche sie von den Kuppen unterscheiden, die der unbedeckte Schiefer bildet. Diese hochliegenden Gerölle und Lehmlager zeigen, dass das Rheinthal nach und nach durch die abfliessenden Wasser ausgetieft worden ist, wie spaltenartig es auch auf den ersten Blick erscheinen mag.

V. Wein.

Die ausgezeichnetsten **Rheingauer** Weine, die besten Deutschlands, liefert der *Johannisberg* (S. 197) und *Steinberg* (S. 196). An diese reihen sich an, als erste in ihren bessern Lagen oft eben so gute Gewächse: *Rüdesheimer-Berg* (S. 213), *Rüdesheimer-Hinterhaus* (S. 199), *Markobrunn* (S. 196), *Hochheim-Dom-Dechanei* (S. 58). *Gräfenberg* (bei Kiedrich, S. 196), *Geisenheim-Rothenberg* (S. 199); als zweite Gewächse: *Johannisberg-Klaus* (S. 198), *Rauenthal-Berg* (S. 192), *Hochheim* (S. 59); als dritte Gewächse: *Hattenheim* (S. 197), *Winkel* (S. 197), *Hallgarten* (S. 197), *Rüdesheim* (S. 199), *Geisenheim* (S. 198), *Erbach* (S. 196), *Eltville* (S. 195), *Bodenthal* (S. 213) bei Lorch. Bei *Assmannshausen* (S. 213) gedeiht der beste deutsche rothe Wein; er ist in gutem Herbst dem besten Burgunder völlig gleich.

Rheinbayern's Weine (S. 141), auch *Pfälzer-* oder *Haardt-Weine* genannt, bilden die grösste Masse Wein, welche in irgend einer Gegend am Rhein gezogen wird. Nicht in Felsen, sondern auf den sonnigen Vorhügeln des Haardt-Gebirges wachsen sie hier im „*Wonnegau*". Selbst bei den geringsten Jahrgängen werden diese Weine doch stets geniessbar, und in günstigen Jahren bieten sie die reichste Auswahl von ganz geringen bis zu den besten Sorten. Erste Gewächse: *Ruppertsberg*, *Deidesheim*, *Forst*. Zweite Gewächse: *Ungstein*, *Dürkheim*, *Wachenheim*, *Königsbach*, nebst einer Menge geringer, und in *Gimmeldingen* und *Callstadt* (alle in Route 27 beschrieben) mit guten rothen Weinen. Die Oberländer-Weine zwischen Neustadt und Landau (S. 26): *Hambach*, *Musbach* (S. 149), *Maykamm* und *Edenkoben* und an vielen andern Orten haben den meisten Erdgeschmack, und gelten als die geringsten.

Rhein-Hessen. *Scharlachberger* (S. 205) der beste, dann *Niersteiner* (die *Glöcke*), *Oppenheimer*, *Laubenheimer*, *Bodenheimer* (S. 30); sie sind voller, lieblicher, obschon nicht so fein, als Rheingauer zu gleichem Preise. *Liebfrauenmilch* (S. 41) ist ein angenehmer Mittelwein, welcher dem Namen und den bessern andern Weinen, die unter seinem Namen verkauft werden, mehr als der eigenen Güte seinen Ruf verdanken mag. Der Bezirk, auf welchem er wächst, ist von so geringer Ausdehnung, dass die Masse Wein, welche unter diesem Namen verkauft wird, unmöglich darauf gewachsen sein kann. *Ingelheim* (S. 317), zwischen Mainz und Bingen, liefert im flachen Felde einen guten weichen rothen Wein.

Rheinpreussen. 1) **Nahe-Weine** (S. 210), weiche volle Weine, den Pfälzern verwandt. Der *Scharlachberg* (S. 205) in

Rhein-Hessen gibt den besten Nahe-Wein. Dem *Kauzenberg* (S. 210) bei Kreuznach folgt dann: *Norheim, Monzingen* (S. 207), *Winzenheim, Bosenheim* (in Rhein-Hessen) und endlich *Laubenheim, Roxheim, Hüffelsheim, Bretzenheim* (S. 206) u. a.

2) **Rhein-Weine**, rasche liebliche Weine, wachsen zwischen Bacharach und Coblenz: *Engehöll* (S. 221), *Steeg*, (*Blücherthal*, S. 217), *Manubach* (S. 216), *Oberwesel* (S. 220), *Bopparder-Hamm* (S. 227) und besonders noch die Rheinbleicherte (**bleich-rothe** Weine) von *Steeg, Oberwesel, Bacharach* (S. 216), dann die leichten **rothen** von *Salzig* (S. 226), *Camp* (S. 227) und *Osterspay* (S. 228, beide in Nassau), *Rhens* (S. 229), *Coblenz*, das zwar nur weniges an der Karthause (S. 242), aber im nahen *Horchheim* (S. 233) und *Urbar* (S. 253) angenehmen rothen Tischwein, und im *Kreuzberg* hinter Ehrenbreitstein so guten rothen erzeugt, dass er nur vom Assmannshäuser übertroffen wird. Von Coblenz bis an den Drachenfels wachsen rechts und links am Rhein sehr viele, meist leichte **rothe** Weine, bei *Linz* (S. 260) u. a. O. treffliche Rheinbleicherte.

3) **Ahr-Bleicherte** (S. 269), rothe Weine, werden in Schieferfelsen gebaut, und sind als Gesundheitsweine gesucht, erhitzen nicht und haben eine lebhafte feine Gähre. Hauptorte: *Walporzheim (Domlei), Ahrweiler* u. *Bodendorf* (S. 270 u. 271).

4) **Mosel-Weine** werden ebenfalls in steilen Schieferfelsen gewonnen, gedeihen im engen schattigen Moselthal seltener, als die Weine anderer Gegenden. Es sind leichte Weine von reinem lebendigem Geschmack und einem ganz eigenthümlichen gewürzreichen duftigen Geruch. Die bessern Gattungen, frei von Säure, gelten als angenehme, der Gesundheit zuträgliche Tischweine, die nicht erhitzen; sie empfehlen sich besonders bei sitzender Lebensweise. Erste Gewächse: *Scharzhof*, *Ober-Emmel* (S. 153), eigentlich Saarweine, dann *Grünhaus* bei Trier, zeichnen sich durch rasche Gähre und durch Gehalt, *Brauneberger* (S. 161) durch lieblichen blumigen Geschmack aus. *Zeltingen*, *Wehlen*, *Graach* (S. 161) ziehen auf einem Berg in gleicher Lage sehr angenehme Weine, sie bilden mit dem kräftigen *Pisporter* (S. 161) und dem beliebten Wein von *Winningen* (S. 165) bei Coblenz, die besten Mittelsorten; den Schluss machen *Traben* (S. 162), *Winterich*, *Thron*, *Minheim*, *Uerzig*, *Cues*, *Lieser* (S. 161) und *Enkirch* (S. 162) u. s. w.

Die **Markgräfler** Weine (S. 114) des badischen Oberlandes (*Affenthal* roth, *Klingenberg* (S. 101) weiss), die Weine des **Neckars** und der **Bergstrasse** bei *Weinheim* (S. 68) beschränken sich auf den Landverbrauch. Am Main bei Würzburg wachsen die **Frankenweine** in Menge; der Bau ist noch zurück, die meisten geringen Weine leiden an Erdgeschmack. Aber wirklich gute, sehr geistige Weine sind bei Würzburg die *Leisten-* u. *Stein-Weine*.

V. WEIN.

Von ältern feinen Weinen gibt es kaum mehr andere, als die aus dem berühmten Jahr 1846 und aus dem, diesem zwar sehr nachstehenden, aber immerhin guten Jahrgang 1848 übrig gebliebenen. Von da an bis 1857 gab es nur wenig und meist nur geringe Weine, den 1855ʳ vielleicht ausgenommen. Dagegen haben die Jahre 1857, 1858 und 1859 Weine geliefert, die an manchen Orten den besten des Jahrhunderts wenig nachstehen. 1860 war ein ganz geringer Jahrgang, 1861 wieder besser, aber nur wenig; 1862 besonders in den edlern Sorten ausgezeichnet, die Quantität gleichfalls gering; 1865 an Qualität und Quantität einer der vorzüglichsten Jahrgänge des Jahrh.

Deutsche Schaumweine, vor etwa 25 Jahren zuerst in *Esslingen*, *Würzburg* u. *Trier* mit geringerm Erfolg, später in *Mainz*, *Eltville* u. *Hochheim*, ganz besonders aber in *Coblenz*, wo heute sechs Fabriken sich mit Bereitung derselben beschäftigen, mit entschiedenem Erfolg hergestellt, unterscheiden sich vom Champagner nur durch den vorherrschenden Geschmack und Geruch der Traube. Das Verfahren ist durchaus dasselbe, wie in der Champagne. Die Moselweine eignen sich besonders dazu, weil sie den wenigsten Pflanzenschleim enthalten, und daher in Flaschen am leichtesten hell und klar bleiben. Denn das Reinigen vom Bodensatz ist eine der schwierigsten Aufgaben, und vertheuert den Preis wegen des vielfältigen Arbeitslohns, so muss jede Flasche des jungen, in Frankreich wie hier mit einem Zusatz versüssten Weins mehrmals geöffnet werden. Das Schäumen entsteht dadurch, dass der Wein, nach der ersten Haupt-Gährung, auf Flaschen gezogen, dann, in der Champagne ganz so wie hier, durch etwas Zucker die weitere Gährung, und daraus die Entwickelung von Geist und kohlensaurem Gas befördert wird. Gewöhnlich zerspringen dabei sehr viele Flaschen, bis 25 Procent, sonst würden die Weine billiger sein. Die geringen Sorten moussiren stärker, als die guten.

Rheinweinlied.

„Bekränzt mit Laub den lieben vollen Becher,
Und trinkt ihn fröhlich leer!
In ganz Europia, ihr Herren Zecher!
Ist solch ein Wein nicht mehr!

Er kommt nicht her aus Hungarn, noch aus Polen,
Noch wo man Franzmänn'sch spricht.
Da mag Sanct Veit, der Ritter, Wein sich holen,
Wir holen ihn da nicht.

Ihn bringt das Vaterland aus seiner Fülle,
Wie wär er sonst so gut!
Wie wär er sonst so edel, wäre stille
Und doch voll Kraft und Muth!

V. WEIN.

Er wächst nicht überall im deutschen Reiche;
Und viele Berge, hört,
Sind, wie die weyland Creter, faule Bäuche,
Und nicht der Stelle werth.

Thüringen's Berge, zum Exempel, bringen
Gewächs, sieht aus wie Wein;
Ist's aber nicht. Man kann dabei nicht singen,
Dabei nicht fröhlich sein.

Im Erzgebürge dürft ihr auch nicht suchen,
Wenn ihr Wein finden wollt.
Das bringt nur Silbererz und Kobaltkuchen,
Und etwas Lausegold.

Der Blocksberg ist der lange Herr Philister,
Er macht nur Wind wie der;
Drum tanzen auch der Kuckuck und sein Küster
Auf ihm die Creuz und Quer.

Am Rhein, am Rhein, da wachsen unsre Reben:
Gesegnet sei der Rhein!
Da wachsen sie am Ufer hin, und geben
Uns diesen Labewein.

So trinkt ihn denn, und lasst uns alle Wege
Uns freu'n und fröhlich seyn!
Und wüssten wir, wo jemand traurig läge,
Wir gäben ihm den Wein."
                                            Matth. Claudius.

Das Lied stand zuerst im Altonaer Mercur 1775, dann im Vossischen Musenalmanach von 1776. Die noch jetzt übliche Volksweise nach Joh. André in Offenbach ist bereits vom J. 1776.

VI. Der obere Lauf des Rheins.

Aus den hohen Central-Alpen der Schweiz entspringt der **Rhein**, der König der deutschen, ja der westeuropäischen Flüsse, und zwar der *Vorder-Rhein* aus dem Toma-See (7240′), am n.ö. Fuss des *Six Madūn* oder *Badūs* (9023′), auf der Ostseite des *St. Gotthards-Gebirges*. Der Vorderrhein nimmt ungefähr 4 St. von seinem Ursprung, bei *Disentis* in Graubünden, wo eine alte berühmte Benedictiner-Abtei, den *Mittel-Rhein* auf, welcher 3½ St. weiter südlich am *Lukmanier* entspringt, dem niedrigsten (5901′) Uebergang über die Hauptkette der Alpen in der Schweiz, über welchen schon seit Jahren eine Eisenbahn projectirt ist. — Der *Hinter-Rhein* entspringt aus dem *Rheinwald-Gletscher* (6822′) am Fuss des *Marschol-* oder *Moschelhorns* (9084′), ebenfalls in Graubünden, unfern westl. des Bernardino-Passes.

Vorder- und *Hinter-Rhein* vereinigen sich nach ungefähr 15stündigem Lauf bei *Reichenau*, 2 Stunden oberhalb *Chur*, der Hauptstadt des grössten Schweizer-Cantons, Graubünden, welche selbst ½ St. vom Rhein entfernt liegt. Hier nimmt der in einem

unregelmässigen Bett, in der stets breiter werdenden, aber zu
beiden Seiten von hohen Bergketten eingeschlossenen Thalsohle
fliessende Strom eine entschieden nördliche Richtung an bis zu
seiner Mündung in den Bodensee, gefolgt in grösserer oder geringerer Entfernung von der Eisenbahn, welche Chur mit letzterem verbindet. Bei *Ragatz* mündet die wilde *Tamina*, welche
aus der engen Felsschlucht hervorströmt, in welcher das berühmte
Bad Pfäffers liegt, dessen heisse Quellen jetzt auch nach Ragatz
geleitet sind. Dann öffnet sich bei *Sargans* nordwestl., gegen
den romantischen Wallenstadter See hin, das breite Thal der
Seez, durch welches eine Eisenbahn nach Glarus und Zürich
führt. Der Rhein soll einst durch dieses Thal und durch den
Wallenstadter und Züricher See (also nicht durch den Bodensee
und an Schaffhausen vorüber) geflossen sein, wie Geschichtschreiber
aus verschiedenen Spuren in Urkunden, Geologen aus der Aehnlichkeit des Niederschlags im Thal der Seez mit dem des Rheins
schliessen wollen.

Weiter bildet der Rhein die Grenze zwischen dem kleinsten
souveränen deutschen Fürstenthum *Liechtenstein* und dem Canton
St. Gallen, dann bis zum Bodensee zwischen dem österreichischen,
zu Tirol gehörigen *Vorarlberg* und St. Gallen. Das Rheinthal ist
auf dieser letzten Strecke über 1½ Stunden breit, die ebene
Thalsohle meist mit Mais bepflanzt, oder Schilfgründe bildend.
Der Fluss, nur für kleine Flösse schiffbar, wechselt stets sein
Bett und hat bei seinem Einfluss in den Bodensee durch seine
Geschiebe und Ablagerungen im Lauf der Jahrtausende ein weites
Delta gebildet.

Der *Bodensee*, ein Rheinbett der gewaltigsten Art, hat an 30 St.
im Umfang, ist 14 St. lang, gegen 3 St. breit und an der tiefsten
Stelle (zwischen Friedrichshafen und Arbon) 856′ tief. Seine
Gewässer bespülen 5 Staaten: Oesterreich (Vorarlberg), Bayern,
Württemberg, Baden und die Schweiz (St. Gallen und Thurgau).
Die bedeutendsten Orte an seinen Ufern, täglich durch ein- bis
fünfmalige Dampfschifffahrten verbunden, sind: am rechten
(n.ö.) Ufer *Bregenz* (Oesterr.), *Lindau* (Bayern), *Friedrichshafen*
(Württemb.) und an dem nordwestl. Arm, dem *Ueberlinger See*,
in welchem die liebliche *Insel Mainau* liegt, *Meersburg*, *Ueberlingen*
und *Ludwigshafen* (alle drei in Baden); am linken (s.w.) Ufer
Rorschach, *Romanshorn* (beide in der Schweiz) und *Constanz*
(Baden), wo der *Rhein* wieder aus dem See ausfliesst.

Bald erweitert sich jedoch der Fluss wieder zu dem *Zeller-*
oder *Unter-See*, in welchem die grosse Insel *Reichenau* mit drei
Dörfern und einer ehemal. berühmten alten Benedictiner-Abtei.
Bei dem zum Canton Schaffhausen gehörigen Ort *Stein* verengt
sich der Untersee, und der *Rhein* strömt wieder aus demselben
aus, an *Schaffhausen* vorbei, dem berühmten *Rheinfall* zu. Unterhalb desselben bildet der Rhein, mit Ausnahme einer kleinen

Strecke, bis Basel die Grenze zwischen Deutschland (Baden) und der Schweiz (den Cantonen Zürich, Aargau und Basel) und fliesst, nachdem er bei *Coblenz* (S. 140) die *Aare* aufgenommen, welche, durch *Reuss* und *Limmat* verstärkt, ihm fast die sämmtlichen Wasserschätze der Schweiz, den Zufluss von 370 Gletschern, in mehr als 2700 grösseren und kleinen Nebengewässern, zuführt, in schmalem felsigem Bett eingeengt, die Ufer auf schweizerischer Seite mit Wald, auf badischer Seite zum Theil mit Reben bewachsen, der schweizerischen Grenzstadt *Basel* zu, wo er, nach längerem Lauf (vom Ausfluss aus dem Unter-See) gegen Westen, in scharfer Biegung die nördl. Richtung wieder annimmt.

Hier beginnen die Rheinlande im gewöhnlichen Sinne, deren ausführliche Beschreibung bis zur Holländischen Grenze in den folgenden Routen enthalten ist.

Fall des Rheins.

Es liegt über dem Meere:	Fuss.				Fuss.
Der Ursprung des Vorder-Rheins aus dem Toma-See	7240	Der Rhein bei Mainz	...		256
		„	„	„ Bingen	232
		„	„	„ Bacharach	211
		„	„	an der Lurlei	205
Der Ursprung des Hinter-Rheins aus dem Rheinwald-Gletscher	6822	„	„	bei St. Goar	197
		„	„	„ Boppard	192
		„	„	„ Coblenz	179
Reichenau, an der Vereinigung des Vorder- und Hinter-Rheins	1804	„	„	„ Neuwied	165
		„	„	„ Andernach	161
		„	„	„ Brohl	156
Der Bodensee	1089	„	„	„ Bonn	134
Der Rhein bei Basel	752	„	„	„ Köln	115
- „ „ Strassburg	448	„	„	„ Düsseldorf	82
„ „ „ Speyer	304	„	„	„ Wesel	48
„ „ „ Mannheim	284	„	„	„ Emmerich	31½

Breite des Rheins bei mittlerem Wasserstande.

	Fuss.		Fuss.
Bei Basel	528	Bei Neuwied	1260
„ Strassburg	744	„ Unkel	840
„ Mannheim	1200	„ Bonn	1488
„ Mainz	1380	„ Köln	1212
„ Bingen	1608	„ Worringen	1992
Zwischen Bingen und Coblenz durchschnittlich	1200	„ Düsseldorf	1140
Bei Coblenz	1116	„ Schenkenschanz an der holländ. Grenze	2541

Tiefe des Rheins.

	Fuss		Fuss
Zwischen Basel u. Strassburg	3—12	Bei Köln	18
		„ Mülheim	25
Zwischen Strassburg und Mainz	5—24	Zwischen Mülheim und Düsseldorf	12—31
Zwischen Mainz u. Bonn	9—72	Bei Düsseldorf am obern Ende	62
An der Lurlei	72	Bei Düsseldorf am untern Ende	23
Zwischen Bonn u. Köln	10—30		

Länge des Rheins.

	Ruthen		Ruthen
Von Basel bis Strassburg	36,600	Von Coblenz bis Köln	25,840
Von Strassburg bis Lauterburg	12,400	Von Köln bis Düsseldorf	15,000
Von Lauterburg bis Mainz	14,692	Von Düsseldorf bis Emmerich	28,965
Von Mainz bis Bingen	7,800	Von Emmerich bis Briel (Nordsee)	43,000
Von Bingen bis Coblenz	16,890		

Die im J. 1839 vollendete geometrische Vermessung der Stromlänge von Basel bis Krimpen vor Rotterdam weiset 900,062 Meter oder 119½ deutsche Meilen nach. Für Uferbauten u. Stromarbeiten werden jährlich über 1½ Millionen Gulden ausgegeben, darunter von Baden allein ½ Mill. und von Preussen fast eben so viel.

Abkürzungen sind in diesem Buche häufig angewandt, dieselben werden jedoch kaum zu Missverständnissen Anlass geben, so dass einer Erläuterung wohl nur die folgenden bedürfen:

Z. = Zimmer,
L. = Licht,
F. = Frühstück,
M. = Mittag,
o. W. = ohne Wein,
m. W. = mit Wein,
B. = Bedienung.
n. = nördlich.
ö. = östlich,
s. = südlich,
w. = westlich,
r. = rechts,
l. = links,
St. = Stunde,
M., Min. = Minute,
M. = Meile.

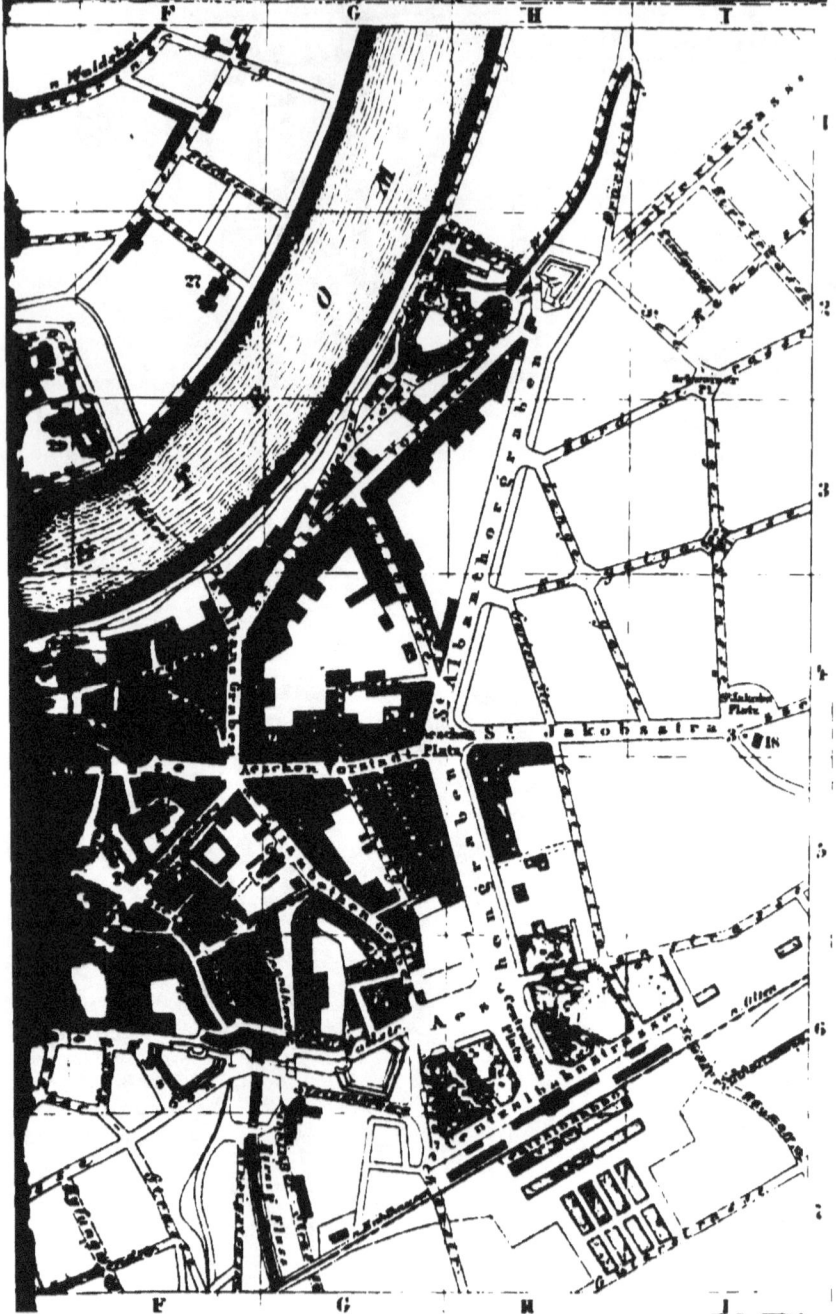

1. Basel.

Gasthöfe. *Drei Könige (Pl. a) am Rhein (nicht billig), viel Engländer, Z. von 2 fr. an, L. ½, F. 1½, M. um 5 U. 4, B. 1 fr. Am Centralbahnhof: Schweizerhof, wird gelobt. *Wilder Mann (Pl. c); Storch (Pl. b), in beiden Z. 2, L. ½, F. 1¼, Table d'hôte m. W. 3, B. ¾ fr. — *Krone (Pl. d), ebenso; *Kopf (Pl. e), beide am Rhein; Hôtel de la Poste; Schwan (Pl. f). — In *Klein-Basel*, am r. U. des Rheins, *Bär (Pl. g), Z. 1½, F. 1, B. ¾ fr., von kathol. Geistlichen viel besucht; gegenüber das *Kreuz (Pl. h), Rückseite am Rhein, gleiche Preise; Baslerhof, am bad. Bahnhof, auch Restauration. — Table d'hôte mit Ausnahme der drei Könige überall um 12½ U.

Kaffehäuser. *Café des Trois Rois, zwei Häuser oberhalb des gleichn. Gasthofs, mit Balcon auf den Rhein; viele Zeitungen. *Café national, auf der rechten Rheinseite an der Brücke, Bier gut.

Restaurationen. Ausser den Gasthöfen und Kaffeehäusern: Recher, gegenüber dem Central-Bahnhof, mässige Preise; im Central-Bahnhof selbst. — Sommer-Casino, unweit des St Jacobs-Denkm., Mittw. Ab. 6—9 U. Concert. Thomma's Biergarten, beim Central-Bahnhof.

Fuhrwerk. Post-Omnibus mit 50 Pf. Freigepäck vom Bahnhof zur Stadt ½ fr., vom Badischen zum Central Bahnhof oder umgekehrt 1 fr. Droschken, vor den Drei Königen, am Markt, bei der Clarakirche in Klein-Basel u. a. O. ¼ St. 1 bis 2 Pers. 80 cent., 3 bis 4 Pers. 1 fr. 20 c., die Stunde 2 oder 3 fr., vom oder zum Bahnhof 1—4 P. 1½ fr., jeder Koffer 20 cent. besonders. Zweispänner („voitures de remise") halber Tag 15, ganzer Tag 25 fr.

Bahnhöfe. Badischer Bahnhof in Klein-Basel, von der Rheinbrücke (gerade aus) 15 Min. entfernt (Schweizer-Geld wird nicht angenommen), Verzollung auf dem Bahnhof; das Pf. feine Holzwaaren kostet 10 kr. — Central-Bahnhof, für die Französische Bahn und die Schweizerische Centralbahn gemeinschaftlich, in Basel an der Südseite der Stadt, weit entfernt von der Rheinbrücke. Schönes Gebäude, rechts die Wartesäle für die französ., links für die schweizer. Bahn. Aussen l. die Basler, r. die Pariser Uhr, welche 22 M. gegen erstere nachgeht. Ferner Reliefbilder von *Newton, Humboldt, Laplace* und *Euler*. In der Vorhalle über den Thüren die Wappen der 22 Cantone. — Die Badische Bahn ist vorzuziehen; Wagen besser, Fahrgeld billiger und Gegend schöner.

Post und Telegraphen-Bureau (Pl. 15) in der Freien-Strasse, in einem 1855 im Stil des Rathhauses (S. 5) aufgeführten stattl. Gebäude.

Basel (817'), Hauptstadt des Halb-Cantons Basel-Stadt, mit 45,000 Einw. (10,000 Kath.), kommt zuerst als *Basilēa* im J. 374 n. Chr. vor und scheint entstanden, als die röm. Heere an den Rhein zurückwichen, neben der alten von L. Munatius Plancus unter Augustus um das J. 27 v. Chr. gegründeten *Colonia Augusta Rauracorum* (das heutige *Basel Augst*, 2 St. s.ö. von Basel, auf der linken Rheinseite). Basels Reichthum ist sprichwörtlich geworden; es verdankt ihn zum Theil seiner günstigen Lage auf dem Punct, wo die Grenzen Deutschlands, der Schweiz und Frankreichs zusammen treffen.

Die Stadt, am l. U. des Rheins, ist mit *Klein-Basel*, dem Stadttheil am r. U., durch eine 280 Schr. l., 20 Schr. br. hölzerne Brücke verbunden, die zum Theil auf steinernen Pfeilern ruht. Mitten auf der Brücke, an der Thalseite, eine dreiseitige goth. *Spitzsäule* von rothem Sandstein, oben in einen eisernen Telegraphenträger auslaufend. An derselben vorn Maass- und Gewichts-Vergleichungen, in den vier Ecken Bronze-Medaillons: *Jak.*, *Dan.* und *Joh. Bernouilli* und *Bernh. Euler* (S. 4); r. ein Thermometer, l. ein Barometer mit einer kleinen Bronze-Nachbildung des *Lällenkönigs* (S. 3) und der Inschrift: *„Vom Thron auf hohem Thurm vertrieben Ist dieses Plätzchen mir geblieben Um auszulachen jedermann Der's Wetter nicht errathen kann."* *Basel 1859.* — Gegenüber eine goth. Capelle. Rechts eine grosse Caserne.

Das *Münster (Pl. 9), dessen rothe Sandsteinmasse mit den beiden Thürmen überall dem Auge malerisch entgegentritt, war Domkirche des ehem. Bisthums Basel (der Bischof verlegte 1529 nach dem Bildersturm seinen von Carl d. Gr. gegründeten Sitz nach Porrentruy; jetzt residirt derselbe in Solothurn). Kaiser Heinrich II. erbaute sie von 1010 bis 1019; nach einem Brande von 1185 ward sie erneuert. Ein Erdbeben zerstörte 1356 den grössten Theil des alten Baues, der nun im goth. Stil wieder aufgeführt wurde. Vom ersten roman. Bau ist das n. Portal, die *St. Gallus-Pforte*, mit Standbildern der Evangelisten, Johannes des Täufers u. a. Heiligen, über der Kirchenthür ein Relief, die klugen und thörichten Jungfrauen, an den Seiten in 6 Blenden die Werke der Barmherzigkeit, ganz oben Christus auf dem Richterstuhl und die Engel des jüngsten Gerichts, deren Posaune die Sterblichen so überrascht, dass ihnen kaum Zeit bleibt, sich zu bekleiden. Die w. *Vorderseite* unter den Thürmen, mit dem Haupt- und zwei Seitenportalen dem 14. Jahrh. angehörig, hat reiches Bildwerk, am Giebel Maria mit dem Jesuskind, unter ihr Kaiser Heinrich, als Stifter und Wohlthäter der Kirche, und die Kaiserin Helena; an den Nebenportalen zwei Reiterbilder, links der h. Georg mit einem Drachen, rechts der h. Martin. Die 205′ hohen *Thürme* sind erst im Jahre 1500 fertig geworden. Im Münster begannen 1431 die Sitzungen des grossen *Concils*, an welchem über 500 Geistliche Theil nahmen, dessen Aufgabe angeblich eine „Verbesserung der Kirche an Haupt und Gliedern" war, das aber nach jahrelangen Streitigkeiten und einer Excommunication Seitens des Papstes Eugen IV. endlich 1448 sich selbst auflöste. Dienstag und Freitag 2—4 Uhr ist die Kirche für Jedermann geöffnet. Der Küster wohnt dem Haupteingang gegenüber ($^{1}/_{2}$ fr.); er ist im Sommer meist in der Kirche, daher an der Thür klopfen.

Das **Innere** des Münsters (200′ l., 100′ br.), fünfschiffig, beim Bildersturm (1529) seiner schönsten Zierden beraubt, ist 1852—1856 mit viel Geschick hergestellt und kann jetzt eine der schönsten protest. Kirchen genannt werden. Der schöne Lettner von 1381 ist als Orgelträger benutzt, die neue sehr grosse Orgel vortrefflich (im Sommer gewöhnlich 1 bis 2mal wöchentlich von 6—7 U. Orgelvorträge, 1 fr. Eintr.). Die Kanzel ist von 1486. In den Seitenschiffen und im Chor sind alte Bildwerke und Grabsteine eingemauert, im n. Schiff der alte Bischofsstuhl, dann Reliefs aus dem 11. Jahrh. (Marter des h. Vincentius), der Taufstein v. 1465, am Pfeiler gegenüber der Grabstein des gelehrten Erasmus v. Rotterdam († 1536) mit einer langen latein. Inschrift. Im Chor-Umgang das Grabmal der Kaiserin Anna († 1281, Gemahlin Rudolphs von Habsburg, Mutter Albrechts I.) und ihres jüngsten Sohnes Carl. Die neuen Glasbilder, Moses und David, Petrus und Paulus, und die 4 Evangelisten sind von Züricher und St. Galler Künstlern verfertigt, das neueste, Christus als Weltrichter, ist aus der Glasmalerei-Anstalt in München. In der Krypta (dem ersten Bau angehörend), Reste von Wandmalereien des 13. Jahrh., dann sechs Särge von Gliedern der markgräfl. Familie Baden-Durlach († zwischen 1688 u. 1709). — Eine Treppe führt vom Chor in den Conciliumssaal, in welchem sich einer der fünf Hauptausschüsse zu seinen Berathungen versammelte. Das Zimmer ist noch in demselben Zustand, wie vor 400 Jahren. Was bei Säuberung der Kirche als aufbewahrenswerth erachtet wurde, ist hier aufgestellt, sammt einer Sammlung mittelalterlicher Alterthümer, Gypsabgüsse einzelner Münster- u. a. Sculpturen, neun *Freskenbruchstücke des berühmten Baseler *Todtentanzes*, früher an der 1805 niedergerissenen Mauer des Dominicaner-Kirchhofs, schon im J. 1439 zum Andenken an die Pest gemalt, daher fälschlich Holbein zugeschrieben, u. A. Auch der aus den Volksbüchern des Mittelalters bekannte *Lällenkönig* (S. 2), ein überlebensgrosser Kopf, früher an dem 1839 abgetragenen Uhrthurm der Rheinbrücke, der bei jedem Pendelschlag die Augen verdrehte und eine lange Zunge („Lälli") ausstreckte, nach einem Streit mit den Bürgern Klein-Basels diesen zum Hohn errichtet. Sie antworteten durch eine Figur an ihrer Rheinseite, welche dem Lällenkönig in ganz unzweideutiger Weise den Rücken zukehrte.

An der Südseite des Chors sind ansehnliche *Kreuzgänge, 1362, 1400 und 1487 erbaut, welche das Münster mit dem Bischofshof verbanden, seit Jahrhunderten wie heute noch zu Familien-Begräbnissen benutzt. An der südl. Mauer der 1542 errichtete gemeinschaftliche Denkstein des aus der Dresdener Holbein'schen Madonna bekannten Bürgermeisters *Jacob Meyer*, und der Reformatoren *Joh. Oecolampadius* († 1531, „author evang. doctrinae in hac urbe primus;* sein Standbild steht in einer Nische dem Eingang gegenüber) und *Grynaeus* († 1541), mit der Unterschrift: „*So Eer Gut Kunst hülfend in Nott, wer keiner von disen dryen todt.*" Das Relief des Denkmals einer Frau *Forcart-Merian* († 1823), von Ohmacht in Strassburg, an einem ö. Pfeiler, hat künstlerischen Werth. Den alten Baseler Patrizier-Namen *Burckhardt, Bischof, Merian* u. a. begegnet man bei jedem Schritt. Diese kühlen Hallen dehnen sich bis zu der Terrasse hinter dem Münster aus, welche 75′ hoch unmittelbar vom Rhein aufsteigt, von einer kaiserl. **Pfalz**, die einst hier gestanden haben soll, den Namen führt, mit Kastanienbäumen bepflanzt ist, und eine hübsche Aussicht auf den grünen Fluss und die dunkeln Höhen des Schwarzwaldes gewährt.

In der Strasse, welche vom Münsterplatz n.w. bergab zur Rheinbrücke führt, steht das 1849 vollendete *Museum (Pl. 14,

4   *Route 1.*   BASEL.   *Museum.*

Sonnt. 10—12, Mittw. 2—4 U. öffentlich [die Kupferstichsammlung Donnerst. 2—5 U.], sonst gegen 1 fr. Trinkgeld), in welchem sämmtliche städtische Sammlungen sich befinden, im mittleren Stock die naturwissenschaftlichen Sammlungen, im oberen die Gemälde und Alterthümer.

Gemäldesammlung, besonders bemerkenswerth wegen der Bilder und Handzeichnungen des jüngeren *Holbein* (1498 zu Augsburg geboren, † 1554 zu London). Im Treppenhaus: *Cornelius* Cartons zu den Fresken der Ludwigskirche zu München; *Schnorr* Chriemhildens Klage, Carton zu dem Bild im Nibelungen-Saal in München. — Vorsaal: 1. bis 11. von *Holbein.* — Saal der Handzeichnungen: 1. bis 86. sämmtlich von *Holbein d. j.*; 132. *133. *134. von *A. Dürer*; 157. *Cornelius* das jüngste Gericht, Originalzeichnung zu dem Freskobilde in der Ludwigskirche in München. — *Gemälde-Gallerie. A. Holbein'scher Saal: 6. 7. Schulmeister-Aushängeschild von 1516; 12. Bildniss des Bonifacius Amerbach; *13. des Bürgermeisters Jacob Meier und seiner Frau; *15. des Erasmus; *18. Christi Leichnam, angeblich nach einem ertrunkenen Juden gemalt, von abschreckender Wahrheit; *19. Frau und Kinder des Malers; *20. h. Abendmahl; *21. Fräulein Offenburg als Lais; *25. die Passion in 8 Feldern, für welche 1641 Kurf. Maximilian von Bayern 30,000 fl. bot; *33. Bildniss des Buchdruckers Froben; *35. ein Londoner Kaufmann. *146. *H. Fries* St. Johannes der Täufer. In der Mitte Jason, Standbild von *Schlöth*. — *B.* Altdeutscher Saal: 71. *Grünewald* die elftausend Jungfrauen; *L. Cranach* 72. Hirschjagd, 73. Miniaturbild Luther's. — *C.* Baseler Saal: 113. *Hieron. Hess* Schlacht bei St. Jakob an der Birs (S. 5), 127. *Landerer* Einzug der eidgenöss. Gesandten zum Bundesschwur in Basel 1501; *136. *Calame* Schreckhorn und Wetterhorn; 137. *A. Robert* Inneres der Marcuskirche in Venedig; 139. *Koller* Pferdestück. — *D.* Vierter Saal: *Teniers d. j.* 173. Lautenspieler; *174. Niederländ. Bauernstube; 199. *A. Caracci* der Schlaf als Bild des Todes; 209. *Koch* Sturmlandschaft, Macbeth und die Hexen; 210. *Ahlborn* mittelalterl. Stadt; 211. *Neher* Besuch der Engel bei Abraham. — *E. Birmann*'sche Sammlung: 267. *Ann. Caracci* Geburt Christi; 268. *N. Poussin* Bacchus und Gefolge; 270. *Gherardesca di Siena* (?) Maria mit dem Kinde; 281. *Phil. de Champaigne* Cardinal Fleury; *282 *Mabuse* Anbetung der h. drei Könige; 289. *Rembrandt* (?) Bildniss eines Mädchens; *291. *Teniers* Raucher; 311.—324. von *Peter Birmann*; 325.—330. von *Sam. Birmann*. In der Mitte Psyche, Marmorstandbild von *Schlöth*. — Im Antiquitäten-Cabinet kleine röm. und griech. Alterthümer und Statuetten, meist bei Augst (S. 1) und Windisch gefunden, alte Monstranzen und kirchl. Gefässe, ostind. Götzenbilder, schweizer Münzen und Medaillen, etrurische Vasen, Terracotten, Mosaiken u. dgl. — Im Mexikanischen Cabinet (in der Regel geschlossen) eine ganze Pyramide *mexikan. Gegenstände, zwei Mumien, Gegenstände zur Völkerkunde, in dem Glasschrank Gegenstände und Figuren aus Peru und Chili.

Die **Universitäts-Bibliothek**, in demselben Gebäude, tägl. von 1—3 Uhr offen, zählt 70—80,000 Bände mit 4000 Handschriften, darunter die Verhandlungen der Kirchenversammlung an einer Kette, des Erasmus „Lob der Narrheit" mit Randzeichnungen von Holbein, Handschriften von Luther, Melanchthon, Zwingli, Erasmus u. A. Die Baseler *Universität* (an 70 Stud.), 1459 von Papst Pius II. (Aeneas Sylvius) gegründet, ist besonders durch ihre Mathematiker berühmt geworden, die *Bernouilli, Merian, Euler* (S. 2). In der Aula hangen über 100 Bildnisse von Baseler Gelehrten, von dem Cosmographen *Sebastian Münster* († 1552) und den Reformatoren Oecolampadius und

Grynaeus (S. 3), bis zu den Theologen unserer Tage, *de Wette* († 1849) und *Alex. Vinet* († 1847).

Das Rathhaus (Pl. 17) am Markt, 1508 im sogen. burgund. Stil aufgeführt, 1826 erneuert, an der Vorderseite das städtische Wappen, ein auf einen Fischerhaken gestützter schwarzer Bischofsstab (Basel-Land hat einen rothen Bischofsstab, das Wappen des ehem. Bisthums), dann unbedeutende Fresken; unten l. ein Fastnachtszug von Kindern. Die beiden *Inschriften* geben von hohen Wasserständen Kunde. Die Gänge im Innern sind mit Fresken verziert, um 1609 von *Hans Bock* und seinen Söhnen gemalt; neben der Treppe oben r. ein eigenthümliches jüngstes Gericht von 1510, ohne allen Kunstwerth. Im Hof ein 1580 hier aufgestelltes *Standbild des Munatius Plancus*, angeblich Gründers von Augst (S. 1) und ohne Zweifel auch Basels.

Das Zeughaus (Pl. 23) hat bei der Cantonstheilung (1834) das Beste an die Landschaft abgeben müssen. Es besitzt ausser der Bewaffnung für das Baseler Truppen-Contingent nur einzelne ältere Waffen, u. a. Carls des Kühnen Panzerhemd.

Die Thore, unter diesen das stattliche w. **Spahlen-Thor** (*St. Paul*, Pl. 17), um 1400 erbaut, die Basteien, Wachtthürme und Wälle, waren bis zu den letzten Jahren gut erhalten worden, sind aber jetzt abgetragen, die Gräben ausgefüllt und in Spaziergänge verwandelt.

Sehenswerthe **mittelalterliche Bauwerke** sind noch: der *Fischmarktsbrunnen* aus dem 14. Jahrhundert, 1851 erneuert; der *Spahlen-Brunnen* mit dem Dudelsackpfeifer nach Holbein's Zeichnung; der roman. Bogengang in dem ehemaligen *St. Alban-Kloster* (Pl. 5). — Die *Barfüsser-Kirche* (Pl. 4), aus dem Anfang des 13. Jahrh., mit dem sehr hohen Chor, dient als Lagerhaus. Die *St. Martinskirche* (Pl. 8), 1851 hergestellt, gilt als Muster guter Benutzung eines goth. Chors zum protest. Gottesdienst. — Die neue goth. *St. Elisabethkirche* (Pl. 6), welche Hr. Christof Merian-Burckhardt († 1858) hat aufführen lassen. Die grosse gothische Kirche *St. Clara* (Pl. 25) in Klein-Basel, am Wege vom Bad. Bahnhof zur Rheinbrücke, ist für den kath. Gottesdienst neu ausgebaut und hat jetzt eine vorzügliche neue Orgel (vgl. S. 3) erhalten.

Das Denkmal von St. Jakob (Pl. 3), eine goth. Spitzsäule, 10 Min. s.ö. vor dem Aeschenthor an der grossen Poststrasse nach dem Münster-Thal, haben im J. 1824 „*den bei St. Jakob gefallenen Schweizern die Bürger von Basel*" auf der Begräbnissstätte errichtet, an den Seiten die Wappen der 9 Cantone.

Das Dorf *St. Jakob* mit dem ehemaligen Siechenhaus liegt ¼ St. südöstl. vom Denkmal. Eine Marmorplatte, in die Mauer der Kirche 1844 während des eidgen. Freischiessens eingefugt, hat die Inschrift: „*Unsere Seelen Gott, unsere Leiber den Feinden.*"

Hier starben am 26. August 1444 im Kampfe gegen Frankreich und Oestreich, unbesiegt, vom Siegen ermüdet, 1300 Eidgenossen und Verbündete."

Unter dem Grafen Armagnac hatte sich viel Freischaarenvolk in Frankreich gesammelt, mit welchem der Dauphin gegen die Eidgenossen zog, und an 30,000 Mann stark bis vor Basel gerückt war. Die Eidgenossen standen damals vor der 5 Stunden südöstl. von Basel entfernten Bergfeste Farnsburg; 1300 Mann wendeten sich sogleich nach Basel, konnten dieses aber nicht mehr erreichen, und wurden nach tapferster Gegenwehr von dem Armagnakenheer getödtet. Der letzte und blutigste Kampf war hinter der Gartenmauer des Siechenhaus. Der rothe Wein, welcher auf der Wahlstadt wächst, nicht gerade der beste, ist unter dem Namen *Schweizerblut* bekannt. Jährlich wird noch am 26. August ein Gedächtnissfest durch Sängervereine und die bewaffnete Jugend gefeiert.

Die in Basel von Württembergern geleiteten Missions-Anstalten sind berühmt und von grossem Erfolg. Das *Missionshaus* (Pl. 12) bildet evangel. Sendboten zur Verbreitung des Christenthums unter den Heiden. Die seit 85 Jahren bestehende *Gesellschaft zur Beförderung des Guten und Gemeinnützigen* ist von umfassender Wirksamkeit; sie leitet Zeichnungs-, Kleinkinder-, Sonntags-, Armenschulen, sorgt für Schwimm-, Gesang- und Orgel-Unterricht, für Volksbibliotheken, Spar-, Vorschuss- und Krankenkassen u. s. w. Auch in der Nähe von Basel bestehen, durch Beiträge aus Basel unterhalten, ähnliche Anstalten: die Taubstummen-Anstalt und die Diaconissen-Anstalt mit Krankenhaus, das Besserungshaus für männliche Verkommene zu *Riehen*, 1 St. n.ö. (S. 135); die Pilger-Bildungs-Anstalt (hauptsächlich für Missionen nach Jerusalem) auf der *Crischona* 2 St. ö. (S. 135), an den Abhängen des Schwarzwalds (ausgedehnte Alpenansicht); und das Rettungshaus zu *Beuggen*, 3 St. ö. (S. 137).

2. Von Basel nach Strassburg.
(Vergl. Karte S. 18.)

Elsassische Eisenbahn. Schnellzüge in 3½, gewöhnliche Züge in 5 bis 6 St., wobei zu beachten, dass die nach der Pariser Uhr gestellte Eisenbahn-Uhr 22 Min. nach der Baseler oder Strassburger geht. Fahrpreise 15 fr. 80, 11 fr. 85, 7 fr. 80 c. Die meisten Wagen 2 Cl. sind schlecht und unsauber; die Basel-Kölner Schnellzüge (s. unten) haben einzelne bessere deutsche, direct bis Köln durchgehende Wagen. Aussichten nur an der Westseite, daher den Platz links nehmen. Restauration nur in Colmar, dürftig. Pass wird hin und wieder verlangt. — Billets für Hin- und Rückreise haben zwischen Köln und Colmar 5tägige, zwischen Köln und Mühlhausen, Basel und den übrigen Schweizer-Städten einmonatliche Gültigkeit.

Die besten Weine im Elsass werden bei Rappoltsweiler, Hunawier, Beblenheim, Sigolsheim, Kaisersberg, Ammerschwihr, Turkheim, Katzenthal, Gebweiler und Thann gezogen, wo namentlich der Rangener Wein (S. 8) ausgezeichnet ist. Eigenthümlich ist der Strohwein, der aus den besten Trauben gewonnen wird, die bis zum März auf Stroh liegen und dann erst ausgelesen, gepresst und gekeltert werden. Die Flasche wird zu 5 bis 10 fr. verkauft.

Die breite Rheinebene, welche die *Elsassische Eisenbahn* durchschneidet, bietet zwischen Basel und Senheim wenig; der Boden ist sandig und voller Kiesel, das Land unfruchtbar. Dieselbe Boden-Beschaffenheit findet sich auch weiter bis Strassburg auf dem langen schmalen Landstrich zwischen Ill und Rhein. Westwärts des Ill dagegen ist das Land bis weit an die Abhänge der Vogesen hinauf, und in die Vogesenthäler hinein, fruchtbar und reich angebaut. Diese Abhänge sind am Fuss fast ausschliesslich mit Reben bepflanzt und durch viele saubere Dörfer belebt.

„An dem Berg kocht sich der gut Wein, vnnd auff der Ebne wechsst das Korn vnnd viel fruchtbarer Bäum. Man findt auch gantz Wäld mit Kestenbäumen in den Bergen." Seb. Münster. 1550.

Die Rheinufer zwischen Bonn und Bingen sind nicht burgenreicher als diese östlichen Abhänge der Vogesen. Die Bahn zieht sich aber in solcher Entfernung vom Gebirge hin, dass der Blick mit den allgemeinen Umrissen sich begnügen muss (die Gebirgsorte liegen meist 1 St. von ihren Bahnhöfen entfernt); doch sind einzelne Strecken, namentlich zwischen Colmar und Schlettstadt, von grosser Schönheit.

Die Bevölkerung des Elsasses, des „Illsassen-Landes", kann ihre allemannische Abstammung nicht verleugnen, sie hält zäh an ihrer Volksthümlichkeit. Die franz. Sprache dringt zwar namentlich in den Städten immer weiter vor. Das Deutsche wird in diesen vielfach als Dialect behandelt und ist aus der „guten Gesellschaft", besonders der Fabrik- und Handelsstädte verbannt. Auf dem Lande dagegen findet man unter den älteren Leuten gar manche noch, die bis auf den heutigen Tag kein Wort „welsch" verstehen. Predigt und Kinderlehre sind deutsch und werden es noch Jahrhunderte bleiben, wenn auch jetzt kein Schulkind mehr ohne Kenntniss der französ. Sprache austritt. Das Deutsche ist eben die Muttersprache, das Französische die angelernte.

Die durchbrochenen rothen Thürme des Baseler Münsters (S. 2) bleiben nach der Abfahrt von Basel noch lange sichtbar. Zu *St-Louis* muss wegen der franz. Pass- und Mauthrevision (auf Cigarren und Bücher wird besonders geachtet) Alles aussteigen; auch Handgepäck muss man mit aus dem Wagen nehmen. Unmittelbar rechts zeigt sich die ehem. Festung *Hüningen*, unter Ludwig XIV. durch Vauban (1679) erbaut, 1815 von den Oesterreichern zuletzt eingenommen und geschleift. Folgen die Stat. *Bartenheim, Sierentz, Habsheim, Rixheim*. Die Bahn nähert sich einer Reihe weinbepflanzter Hügel. Aus der Gebirgskette des Schwarzwalds rechts ragt der *Blauen* (S. 118) scharf hervor.

Mühlhausen (*Stadt Paris; Rother Löwe; Storch;* *Hôtel de France, unmittelbar an der Eisenbahn) im *Sundgau*, einst freie Stadt des Deutschen Reichs, von 1515 bis 1798 im Verband mit der Schweiz, seitdem französisch, die ansehnlichste Fabrikstadt am Oberrhein, mit über 30,000 Einw., zu welchen sich aus den nahen Dörfern täglich noch an 7000 Arbeiter gesellen. Die Lage am *Rhein-Rhone-Canal* gewährt ihr grosse Vortheile. Den Fabriken haben die älteren Bauwerke weichen müssen, der Alterthumsfreund wird in Mühlhausen wenig Behagen finden. An die reichsstädtische Zeit erinnert höchstens das *Rathhaus*, 1551 aufgeführt, 1846 hergestellt mit artigen Fresken. Der „Klapperstein" wurde vor Zeiten geschwätzigen verläumdungssüchtigen Weibern angehängt. Neben dem Rathhaus ein altes Haus mit hübschem Erkerthurm. Neue grossartige Gebäude und Hallen, am Eingang der Stadt vom Bahnhof, umgeben die „*Société commerciale*", darin ein naturwissenschaftliches und industrielles Museum. Zu Mühlhausen zweigt sich westl. die Bahn nach *Belfort* ab, von dort einerseits direct nach Paris, anderseits über Besançon, Dijon u. s. w. nach Lyon.

Jenseit Mühlhausen überschreitet die Bahn den Canal, bei *Dornach* die *Thur*, Grenzscheide zwischen Sundgau und Elsass.

Zu *Lutterbach* zweigt sich die Seitenbahn ab, welche über *Senheim* (*Cernay*) nach Thann (*Löwe; Krone*) führt (40 Min. Fahrzeit), ebenfalls ein Fabrikort mit 4000 Einw., am Eingang des malerischen St. Amarinthals (S. 22). Die *St. Theobalds-Kirche* (1455), angeblich von Erwin von Steinbach (?) erbaut, mit ihrem kühnen leicht aufsteigenden ganz (1516) vollendeten 250' hohen durchbrochenen Thurm, ist eines der schönsten Denkmäler goth. Baukunst, ein wahres Schmuckkästchen. Sie macht einen besonders guten Eindruck, wenn man sie von der 1674 durch Turenne zerstörten *Engelburg* betrachtet, welche die Stadt und den Ausgang des Thals beherrscht, und deren Thurm, in einem Stück umgestürzt, wie ein riesiges Fass darniederliegt. Im Innern hat die Kirche manches Schnitzwerk, einzelne Standbilder und schöne Glasfenster (1845 hergestellt) vor den Stürmen der ersten franz. Revolution bewahrt. Der S. 6 gen. „*Rangener Wein*", einer der besten des Landes, den Seb. Münster (1550) einen „*für bündig köstlichen Wein*" nennt, „*von dem ein Fluch erwachsen ist, da man spricht: Dass dich der Rang anstoss, ist so viel als St. Urbansplag*", wächst bei Thann.

Folgt an der Hauptbahn Stat. *Wittelsheim*. Vor *Bolweiler* nähert sie sich den Abhängen der in den schönsten Bergformen sich darstellenden *Vogesen*, *Wassigen* in alter Zeit genannt, von *Wasgau;* franz. *Vosges*. Die gewerbreichen Orte *Sultz* und *Gebweiler* bleiben links liegen, von dem kahlen *Gebweiler Belchen* (*Ballon de Guebwiller* oder *de Soultz*, 4417' ü. M.) überragt, dem höchsten Kopf der Vogesen. Oben prächtige Aussicht, auch eine Sennhütte mit leidlicher Unterkunft.

Folgt Station *Merxheim*, dann **Ruffach** (*Bär*), das *Rubeacum* der Römer, um das Schloss *Isenburg* erbaut, eines der ältesten im Elsass, häufig Sitz der Merovingisch-Fränkischen Könige. Die *St. Arbogast-Kirche* ist zu Ende des 12. Jahrh. erbaut.

Herlisheim folgende Station. Ueber *Egisheim* erblickt man drei Burgruinen aus dem 10. und 11. Jahrh., die „*Dreien Exen*" nämlich Schloss *Hohen-* oder *Dreien-Egisheim* mit den Thürmen *Dagsburg, Wahlenburg* und *Wekmund*, Geburtsort Papst Leo's IX., eines Grafen von Egisheim und Dagsburg. Weiter auf waldiger Höhe die grösste Bergfeste im Elsass, das 1635 von den Franzosen zerstörte Schloss *Hohenlandsberg*. Links an dem *Logelbach* grosse Baumwollen-Fabriken.

Colmar (*Drei Könige; Schlüssel*), einst freie Reichsstadt, 1474 noch so mächtig, dass sie Carl dem Kühnen, welcher von 1470 bis 1476, durch den mit Erzherzog Sigmund v. Oesterreich geschlossenen Kaufvertrag, Herr des Elsasses, Sundgaus und Breisgaus war, mit Erfolg ihre Thore schliessen durfte, als er die Königswürde erstrebte und zur Belagerung von Neuss (R. 60) zog.

Colmar, mit fast 22,000 Einw., ist jetzt Hauptort des Departements Ober-Rhein und Sitz des Appellationsgerichtshofs *(Cour Impériale)* für die Departements Ober- und Nieder-Rhein. Es ist Geburtsort und Grabstätte des Fabel-Dichters Pfeffel († 1807). Das ansehnlichste Gebäude ist das *Münster*, um 1360 erbaut. Nur der südl. Thurm ist zum Theil ausgeführt, er überragt wenig die Höhe der Kirche. Im Innern, die gemalten Fenster im Chor etwa ausgenommen, nichts Bemerkenswerthes.

Für die deutsche Kunstgeschichte ist Colmar nicht unwichtig, im Museum findet man die Hauptwerke des Malers *Martin Schön* oder *Schongauer* († 1488): Verkündigung, Geburt, . Antonius. Die kleineren Bilder auf Goldgrund, Passion u. s. w., sind wohl nur von seinen Nachfolgern. *Grünewald* gekreuzigter Christus, ein grosses Altarblatt, von grauenhafter Wahrheit. Von *Dürer* ebenfalls einige Bilder; auch Alterthümer und Münzen. Standbilder von Pfeffel und dem (gleichfalls von Colmar gebürtigen) General Rapp. Die flache Umgebung ist geschichtlich bemerkenswerth; Ludwig der Fromme fiel hier im J. 833 in die Hände seiner entarteten Söhne. Sie hatten in dem kaiserlichen Meierhof Colmar eine Berathung gehalten, verleiteten darauf Ludwigs Heer auf dem „rothen Felde" zum Abfall und Lothar führte von hier aus den Vater in ein Kloster nach Soissons.

Omnibus nach Breisach und Freiburg s. S. 113.

Am Eingang des von der *Weiss* durchströmten Seitenthals liegt links, 1½ St. von der Bahn entfernt, das Städtchen **Kaisersberg** (*°Krone*), von den Trümmern der im 30jähr. Krieg zerstörten alten Kaiserburg überragt. Es verdankt seine Gründung in der ersten Hälfte des 13. Jahrh. Kaiser Friedrich II. aus dem Hause der Hohenstaufen, welche Herzoge von Schwaben und vom Elsass waren, und dem Lande sehr wohl wollten. *Johann Geiler „von Kaysersberg"* (S. 13) wurde hier erzogen. Die ansehnliche dreischiffige *Kirche*, aus der Zeit der Gründung der Stadt, hat altes Altar-Holzschnitzwerk, dann eine Grablegung, Steinarbeit aus dem 15. Jahrh., am Hochaltar ein hübsches Flügelbild.

Folgen die Stationen *Bennweiler* und *Ostheim*.

Rappoltsweiler („Rappschwier" sagen die Ortsbewohner), franz. *Ribeauvillé (Lamm*, Z. 1., A. m. W. 2 fr.), ebenfalls eine Fabrikstadt mit 7000 Einw., 1 St. vom Bahnhof entfernt, liegt am Eingange eines nur kurzen, aber schönen und von vorzüglichen Weinbergen begrenzten Thals (S. 20). Hoch oben auf schroffen Felsabhängen die Trümmer der Burgen *Hohen-Rappoltstein*, tiefer unten *Niederburg* oder *St. Ulrich* und *Girsberg* oder „*Der Stein*", das erstere wegen seines hohen Thurms, das zweite wegen seiner kunstreichen Architectur, das letzte wegen seiner kecken Lage eins der merkwürdigsten Bergschlösser. Lohnend ist der Besuch des St. Ulrich-Schlosses, das neuerdings mit einigen Anlagen umgeben ist und eine romantische Aussicht bietet. In der Stadt ist das ehem. *Lustschloss der Herzoge von Zweibrücken*, bis 1782 von Max Joseph (1777 franz. Oberst, † 1825 als König von Baiern) bewohnt, die *Kirche* mit alten Grabmälern, und der *Blauerlhof*, ein

schöner Park. Philipp Jacob Spener, der berühmte Gottesgelehrte
(†1705 als Propst in Berlin), wurde hier 1635 geboren.

Folgt Stat. *St-Hippolyte* (S. 19). Ueber dem Ort, auf einem
Berge, der aus der Kette der Vogesen einzeln vorspringt, die
rothen Trümmer der *Hoh-Königsburg* (S. 19); weiter *Orschweiler*,
auf halber Bergeshöhe die Trümmer der Burg *Reichenberg*. Dann am
Eingang des Leberthals hoch oben das alte Bergschloss *Kinsheim*.

Schlettstadt *(Bock)* mit seinen 9000 Einw. ist von den
an der Bahn gelegenen Städten die am wenigsten belebte. Auch
sie war einst freie Stadt des Deutschen Reichs und wurde nach
der franz. Besitznahme von Vauban befestigt. Ueber die Wälle
ragt der von rothem Sandstein im 14. Jahrh. erbaute Thurm des
im J. 1094 von den Hohenstaufen gegründeten *Münsters* hervor.

Von Schlettstadt führt eine Zweigbahn im Leberthal aufwärts
nach *Markirch*, französ. *St^e-Marie* (S. 20).

Vor Schlettstadt tritt die Bahn in das Departement des Nieder-Rheins. Das Gebirge tritt weiter zurück. Die weite fruchtbare Ebene erzeugt viel Tabak. Folgt eine Reihe kleiner Stationen: *Ebersheim, Kogenheim, Benfeld, Matzenheim, Erstein,
Limersheim, Fegersheim, Geispolsheim*. Eine Strecke vor Strassburg
sieht man in der Nähe des Dorfes *Ostwald* links von der Bahn
mehrere kleine gleichmässig gebaute Häuser, eine Straf-Arbeits-
anstalt *(Colonie agricole et pénitentiaire)*, 1841 von den Strass-
burgern gegründet, in welcher 140 junge Gefangene zu landwirthschaftlichen Arbeiten angehalten werden. Vor dem Dörfchen *Königshofen* zweigt sich rechts die Verbindungsbahn zur
bad. Bahn bei Kehl ab (S. 103). Die Bahn durchschneidet
nun Glacis und Graben der Festung, und führt in einem kleinen
Tunnel unter dem Wall her in den Bahnhof von *Strassburg*.

3. Strassburg.

Gasthöfe. *Stadt Paris (Pl. a), beim Broglie, stattliches neueres Ge-
bäude, 4 Stock hoch, Z. von 2 fr. an, L. 1, F. 1½, M. o. W. 3 fr., B. 1 fr.;
*Rothes Haus (Pl. b), Kleberplatz. Hôtel d'Angleterre, dicht am
Bahnhof, wird gelobt. — *Rebstock (*Vignette*, Pl. e), in der Langenstr.
(*Grand'-Rue* 119), bürgerlich und von Deutschen am meisten besucht. Ba-
discher Hof. Stadt Wien, Z. 1½, F. ¾, M. 2½, B. ½ fr.

Kaffehäuser (auch Restaurant). *Café Cadé am Kleberplatz neben
der Hauptwache, gutes Bier, Köln. und Allgem. Zeitung, Frankf. Journ.,
illustr. Ztg.; *Café Adam oder du Broglie am Broglie; Café de l'Europe und de l'Univers, beide in der Nähe des Kleberplatzes; Café
Bauer in der Münstergasse; Café Hauswald unfern des Bahnhofs u. A.

Bierhäuser. Wilder Mann beim Bahnhof; Reber Gerbergraben;
Greif Weinmarkt; Vogelgesang Schifferstaden; Estaminet Piton
bei der Gewerbslaube, u. a.

Oeffentliche Gärten. Jardin Lips und Jardin Kammerer, beide
auf dem Contades vor dem Judenthor, nordöstl. vor der Stadt, jeden Sonntag (zuweilen auch in der Woche) Beleuchtung, Musik, Kinder- und
Puppentheater, Bärenzwinger, u. dgl. — Eine schöne Promenade bietet
die *Orangerie*, 1¼ St. von der Stadt in der Ruprechtsau gelegen, schön
gehaltener städtischer Garten.

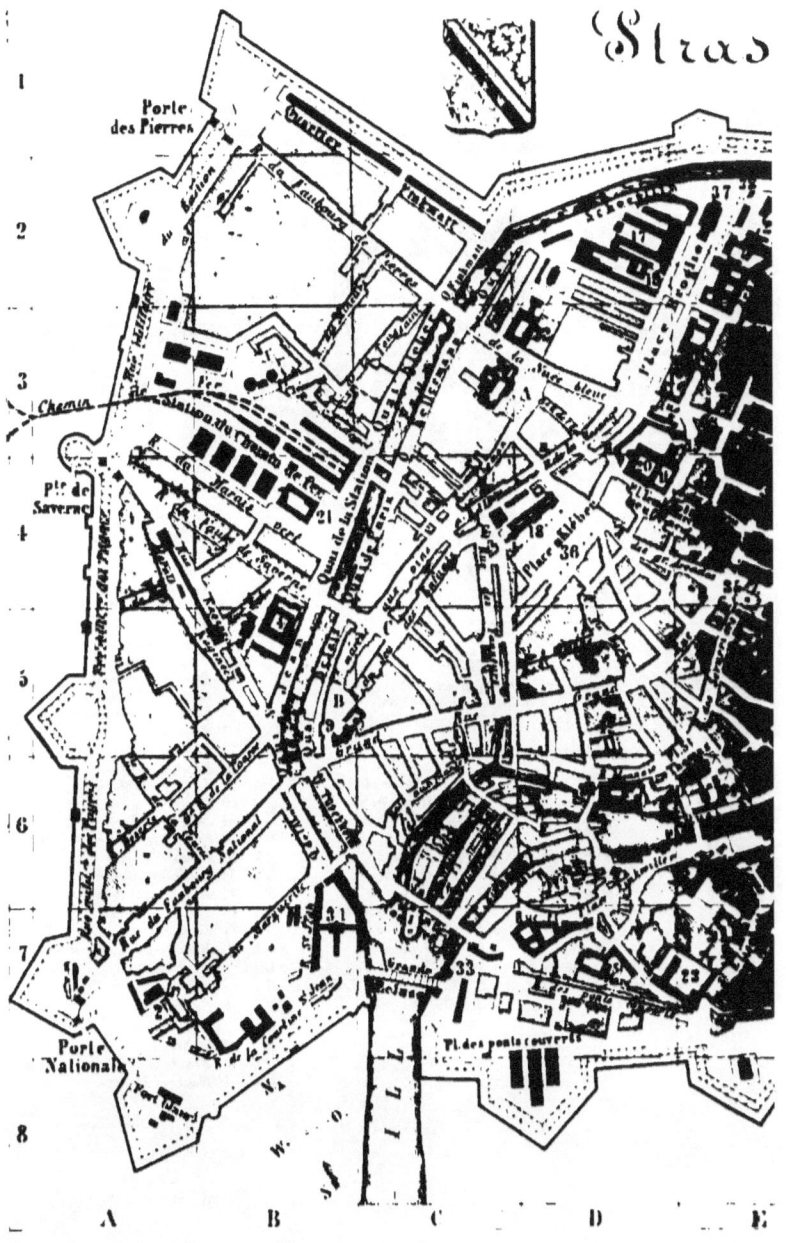

Citadines (Droschken) 1 bis 2 Pers. 1/4 St. 60 cent., 1/2 St. 90 cent., 1 St. 1 1/2 fr., vom Strassburger Bahnhof bis zur Rheinbrucke (1/2 St. Fahrens) 1 fr. 25 cent.

Bahnhof im n.w. Theil der Stadt für die Bahnen nach *Mainz* (S. 26), nach *Paris* (S. 23), nach *Basel* (S. 6), und für die Verbindungsbahn mit der bad. Bahn bei Kehl (S. 10); an letzterer auch die Station „Austerlitz" vor dem s.ö. Thor (Porte d'Austerlitz).

Gänseleber-Pasteten, gut bei Henry, Meisengasse, Doyen, Münstergasse, Hummel, Schlossergasse, je nach der Grösse 5 bis 40 fr.; sie werden in Töpfen von Porzellan oder in Pastetengebäusen in Holzschachteln verschickt. Einzelne Gänselebern von 2 bis 3 Pfund sind nicht selten.

Bei beschränkter Zeit Münsterthurm besteigen (S. 13) und Münster besichtigen, Thomas-Kirche (S. 15), Klebers (S. 17) und Gutenbergs (S. 15) Standbilder und etwa das naturhistor. Museum (S. 17).

Thorschluss um 11 Uhr.

Strassburg, der Römer *Argentoratum*, ehemals Hauptstadt des Nieder-Elsass und eine der wichtigsten deutschen Reichsstädte, jetzt Hauptstadt des franz. Departements des Nieder-Rheins, liegt an der *Ill*, fast 1 St. vom Rhein entfernt, mit dem es durch einen kleinen und einen grossen Canal in Verbindung steht. Den 30. Sept. 1681, mitten im Frieden, wurde Strassburg, in Folge aufgedrungener Capitulation, von Ludwig XIV. besetzt und Frankreich 1697 im Ryswyker Frieden zugesprochen. Seitdem sind die Festungswerke sehr verstärkt (Vauban erbaute 1682 bis 1684 eine fünfeckige Citadelle, S. 18), so dass Strassburg jetzt eine der stärksten Festungen, der dritte grosse Waffenplatz Frankreichs ist. Besatzung über 6000 M., Bevölkerung 82,014 (fast 1/2 Protest.).

Kaiser Maximilian I. nennt in einem Schreiben Strassburg die starke Vormauer des heil. röm. Reiches und rühmt es wegen seiner altdeutschen Redlichkeit, Standhaftigkeit und Tapferkeit. Noch jetzt erscheint Strassburg in den äusseren Umrissen als deutsche Reichsstadt; auch Sprache und Sitten des Bürgerstandes sind nach 180 Jahren franz. Herrschaft grösstentheils deutsch geblieben (S. 7).

*Münster (Pl. 1), von 12 bis 2 Uhr geschlossen. Als der älteste um 510 von Clodwig erbaute Dom 1007 durch Blitz abbrannte, legte Bischof Werner von Habsburg 1015 den Grund zu dem Münster, dessen Inneres erst 1275 vollendet ward. 1277 begann der Bau der *Façade* durch Erwin von Steinbach (S. 101) und wurde nach seinem Tode (1318) von seinem Sohne Johann († 1339) fortgeführt. Des Letzteren Schwester Sabina schmückte das *Portal mit herrlichen Bildwerken. An diesem oben in Blenden Reiterbilder von Clodwig, Dagobert, Rudolph von Habsburg und (seit 1823) Ludwig XIV. Im Jahre 1793 wurden hier mehrere hundert Statuetten niedergerissen und zertrümmert. Die Thurmspitze entging diesem Schicksal nur dadurch, dass ihr eine grosse roth angestrichene Jacobinermütze von Blech aufgesetzt wurde, die in der Stadtbibliothek (S. 16) noch vorhanden ist. Die Bildwerke am Portal sind meist aus dem 13. und 14. Jahrh., manche, namentlich in den Hohlkehlen, aber neu. Das freistehende Thurmgeschoss des nördl. Thurms wurde erst zu Anfang des 15. Jahrh. durch Johann Hültz von Köln in den willkürlichen bunten Formen des spätgothischen Stils errichtet und 1439 vollendet. Der Ausbau des südl. Thurms, von der Plateforme an, unterblieb gänzlich. Kaum ein anderer Dom ist so geeignet zur Beobachtung der goth. Baukunst von ihrer Entwickelung aus dem spätroman. Stil (Chor, Krypta und zum Theil das Querschiff, nach 1176) bis zur höchsten und reinsten Ausbildung (das 1275 vollendete Langhaus und die Façade von 1277—1339) und wieder bis zu ihrem Ausblühen (der Zwischenbau von 1365 zwischen den nach Erwins Plan freistehenden Geschossen der beiden Thürme oben, auf welchem die Plateforme, und der Thurmaufsatz des nördl. Thurms von 1439).

Die Kirche (der für den allgemeinen Gottesdienst bestimmte Raum hat 41,702 ☐' rhein. Flächeninhalt, Speyerer Dom 45,615, Kölner 62,918) ist 355' l. und 132' br. (im Innern 174 Schr. lang, 65 Schr. breit), Mittelschiff 95' h. und 42' breit. Das (spärliche) Licht fällt durch bunte Scheiben und alte Glasmalereien ein, unter welchen einzelne von trefflicher Ausführung; die drei Könige mit der h. Jungfrau im nördl. Seitenschiff sind neu. Die Pfeiler und Säulen streben schlank und stark empor, theilweise mit trefflichen Standbildern geziert. Sonst ist das Münster arm an Schmuck. Die *Fensterrose* über dem westl. Portal hat 43' im Durchmesser. Der *Taufstein* im nördl. Querschiff ist von 1453; die *Kanzel* aus dem J. 1486 mit reichstem Steinbildwerk. In der Johannescapelle (links neben dem Chor) das *Denkmal des Bischofs Conrad v. Lichtenberg* († 1290), unter dessen Regierung der Bau der Façade begann. Hinter derselben, im Hofe, der *Grabstein Erwins*, seiner Frau und seines Sohnes. In der Capelle rechts neben dem Chor das *Grabdenkmal eines Grafen v. Ostfriesland* († 1690) mit Büste. Beide Capellen haben nur Morgens Licht. In der *Mariencapelle* (südl. Seitenschiff) eine Grablegung Mariae, Steinbildwerk von 1480.

Die berühmte astronomische *Uhr*, von Schwilgué 1838 bis 1842 erbaut, im südl. Querschiff, ist ein Meisterwerk. Von der alten Uhr (erbaut von Dasipodius 1571, in Thätigkeit bis 1789) haben nur einzelne Theile und Malereien bei Herstellung der neuen Uhr benutzt werden können.

Der Globus unten zeigt den Lauf der Sterne, hinter demselben ein immerwährender Kalender, an welchem eine Apollo-Statue mit einem Pfeil das jedesmalige Datum anzeigt; links ein die kirchl. Zeitrechnung angebender Mechanismus, rechts die Sonnen- und Mondgleichen. Darüber ein Zifferblatt zur Bestimmung der mittleren Zeit, über demselben ein Planetenraum, noch höher die Mondphasen auf einem gestirnten Himmel. Das Aeussere der Uhr zieht zu allen Zeiten Beschauer an, namentlich um 12 U. Mittags. Auf der ersten Gallerie schlägt ein Engel die Viertel-Stunden auf einer Glocke an, welche er in der Hand hält, ihm zur Seite kehrt ein Genius jede Stunde seine Sanduhr um. Höher oben deuten die um das Todtengerippe, welches die Stunden anschlägt, hervortretenden Figuren die Altersstufen, Knabe, Jüngling, Mann und Greis (die vier Viertel der Stunde) an. Unter der ersten Gallerie tritt Tag für Tag aus einer Blende die symbol. Gottheit des Wochentages, Apoll am Sonntag, Diana am Montag u. s. w. In der höchsten Blende des Werks bewegen sich bei dem Glockenschlage zwölf die Apostel um den Heiland.

Auf der Spitze des für die Gewichte erbauten Seitenthürmchens links schlägt ein Hahn mit den Flügeln, reckt den Hals, öffnet den Schnabel und lässt täuschend, durch das ganze Münster hallend, seinen Ruf vernehmen. Das Bildniss des Meisters ist ebenfalls hier angebracht. — Das Uhrwerk ist für unbegrenzte Zeit gearbeitet. Um Mitternacht des 31. Decembers regulirt die Uhr selbst alle ihre tausende von Räderwerken zu den Veränderungen, die das neue (gewöhnliche oder Schalt-) Jahr mit sich bringt und der vollständige Kalender beginnt aufs Neue seine regelmässige Thätigkeit.

Gegenüber das 1840 von Friedrich gefertigte *Standbild des Bischofs Werner* (S. 11). Zwei alte *Inschriften* an einem Pfeiler in der Nähe der Uhr erinnern an *Johann Geiler v. Kaisersberg* († 1510, s. S. 9) „*qui annos supra XXX Christi legem Argentinensibus exemplo et sermone constantissime patefecit*", einen der gelehrtesten Männer und kühnsten Kanzelredner, der als Domprediger mit der grössten Freimüthigkeit gegen die Gebrechen und Thorheiten seiner Zeit predigte.

Dem grossen Meister *Erwin* und seiner kunstfertigen Tochter *Sabina* sind an dem roman. *südl. *Portal* im J. 1840 zwei *Standbilder*, von Kirstein ausgeführt, errichtet. Das von Sabina gearbeitete, glücklich erneute Bildwerk dieses Portals verdient die genaueste Beachtung: über den Thüren Tod, Bestattung, Auferstehung und Krönung der h. Jungfrau, am Mittelpfeiler der Heiland und König Salomo. Darunter Salomo's Urtheil, links und rechts sinnbildliche Figuren des Christenthums und Judenthums. Von Sabina sind auch verschiedene Standbilder an Pfeilern im südlichen Seitenschiff, zunächst dem Querschiff.

Auf der nördl. Seite ist die *St. Laurentius-Capelle* und ihr schönes *Portal aus dem 15. Jahrh. mit neu hergestellten Bildnereien aus der Martergeschichte des Heiligen.

Der *Münsterthurm erhebt sich an der Vorderseite hoch und kühn, dass ihm die Blicke fast schwindelnd folgen. Neben dem Portal rechts, um die Ecke, ist eine Thür, durch welche man zu der Wohnung des Portiers gelangt, bei dem man für 15 cent. eine Karte löst und dann auf einer nicht unbequemen Treppe von 330 Stufen zur *Plateforme* empor steigt, 228′ über dem Strassenpflaster. Nach allen Seiten bietet sie die herrlichste Aussicht auf die alterthümliche Stadt, die baumbepflanzten Wälle und Plätze, in der Ferne östl. der Schwarzwald von den Gebirgen bei Baden an bis zum Blauen, westl. und nördl. die ganze Kette der Vogesen und der Ottilienberg (S. 18), südl. aus der Ebene einzeln aufsteigend der Kaiserstuhl (S. 112), darüber in weiter Ferne der Jura. Die Alpen sieht man nicht, den Rhein nur an einzelnen Stellen. Bis zur *Spitze* (S. 14) kostet eine Karte 50 c., Aussicht dieselbe.

Unzählige Namen sind auf der Plateforme an den Brüstungen und am Thurm selbst eingehauen, so im Thurm rechts neben der östl. kleinen Thür, die auf die Gallerie führt, auf einem Stein: *C. et F. Comites de Stolberg. Goethe. Schlosser. Kaufmann. Ziegler.*

Lens. Wagner. v. Lindau. Herder. Lavater. Röderer. Pfenninger. Häfelin. Blessig. Stolz. Tobler. B(P)assavant. Kaiser. Ehrmann. M. M. Engel, alle 1776. Darunter *Oehlenschläger* 1817. Darauf bezieht sich Uhland's bekanntes Gedicht „Münstersage" (vgl. S. 17):

Am Münsterthurm, dem grauen,	Da zuckt in seiner Grube
Da sieht man, gross und klein,	Erwin's, des Meisters, Staub,
Viel Namen eingehauen,	Da hallt die Glockenstube,
Geduldig trägt's der Stein.	Da rauscht manch steinern Laub.
Einst klomm die luft'gen Schnecken	Im grossen Bau ein Gähren,
Ein Musensohn heran,	Als wollt er wunderbar
Sah aus nach allen Ecken,	Aus seinem Stamm gebähren,
Hub dann zu meisseln an.	Was unvollendet war.
Von seinem Schlage knittern	Der Name war geschrieben,
Die hellen Funken auf;	Von Wenigen gekannt:
Den Thurm durchfährt ein Zittern	Doch ist er stehn geblieben,
Vom Grundstein bis zum Knauf.	Und längst mit Preis genannt.

Ein Theil dieser Namen, u. a. *Goethe*, *Laf(v)ater*, *Lentz*, *Roederer*, findet sich nochmals in der Hohlkehle des südöstlichen Thurmpfeilers. Ebendaselbst steht unten auch der Name *Schiller*, natürlich aber nicht der Dichter, der nie in Strassburg war. Neben dem östl. Pfeiler in einer Hohlkehle: *Klopstock* und *Joh. Carl Schubart*, den Dichtern dieses Namens ebenfalls fremd. Rechts daneben in dem engen Raum zwischen Thurm und Pfeiler *C. Schinkel* 1834 und *Hittorff*, der berühmteste Berliner und der berühmte Pariser Baumeister. *Voltaire* hatte seinen Namen in der Ecke rechts über dem Eingang zur Uhr, unter der Inschrift, einmeisseln lassen. Ein Blitzstrahl sprengte im Jahre 1798 die Platte und hatte nur das „*taire*" stehen lassen. Neuerdings haben die Aufseher den Namen wieder ergänzt. Ihre Begleitung auf der Plateforme, die sie sehr dringend antragen, ist völlig unnöthig und ein Trinkgeld, wozu sie schliesslich durch Vorlegung des Fremdenbuches veranlassen wollen, ganz überflüssig.

Von der Plateforme bis zur Spitze des Thurms sind 262', also die ganze Höhe des Thurms 490 Strassb. Fuss (ungefähr 480' rhein.). Er ist das höchste Gebäude in Europa; St. Martin zu Landshut (der höchste Thurm in Deutschland) 454', St. Stephan zu Wien 436', St. Peter zu Rom 428', Cathedrale zu Antwerpen 391', Dom zu Mailand 335', St. Paul zu London 319', Notre Dame zu Paris nur 204'. Seitdem im J. 1833 ein Blitz die Thurmspitze abgeworfen hatte, ist der Thurm gleichsam mit einem Netz von Blitzableitern umgeben. An den vier Ecken führen in Thürmchen (Schnecken), die an den Hauptstamm des Thurms wie angeflogen erscheinen, Wendeltreppen (sogar eine doppelte) hinauf. Diese kann man nur in Begleitung eines Aufsehers, der später das Fremdenbuch vorlegt und dafür ein Trinkgeld erwartet, ersteigen. Von ihrer Höhe, deren Krönung fehlt, gelangt man zur eigentlichen Spitze, oder vielmehr der sogenannten *Laterne*, einem ganz durchsichtigen Raum unter derselben. Zur Ersteigung derselben gehört eine besondere Erlaubniss der Mairie. An dem Kranz der Spitze, gleich unter der Laterne stehen in Mönchsschrift folgende Worte: östlich *Christus nos revocat. Christus gratis donat;* südlich *Christus semper regnat. Christus et imperat;* westlich *Christus et superat. Christus rex triumphat;* nördlich *Maria glorificat. Christus coronat.* Der alte *Bischofshof*, dem Südportal gegenüber, mit einer Terrasse nach der Ill zu, 1741 vollendet, zur Zeit der ersten Revolution von der Stadt angekauft, wurde im J. 1806 Napoleon I., im J. 1853 seinem Neffen Napoleon III. als **kaiserl. Schloss** (Pl. 16) geschenkt, nachdem es von 1814 bis 1848 als „*Château Royal*" gedient hatte.

In dem *Stift zu Unser lieben Frauen*, links daneben, wird neben andern goth. Steinarbeiten der alte Grundriss des Münsters und das Modell der Thurmspitze aufbewahrt.

Vom Münster wendet der Reisende sich zur Thomas-Kirche. Der Weg führt über den ehem. Gärtnersmarkt, jetzt Gutenbergsplatz, auf welchem das von David entworfene, 1840 in Erzguss ausgeführte **Standbild Gutenbergs** (Pl. 35) steht, des Erfinders der Buchdruckerkunst, dessen erste Versuche hier um das J. 1436 statt hatten. Die vier Basreliefs deuten auf den Segen und die Macht der Presse in den vier Welttheilen hin, mit einer verwirrenden Anzahl von Bildnissen der berühmtesten Männer.

Die *St. Thomas-Kirche (Pl. 10) (der Küster wohnt hinter dem Chor, Trinkgeld 50 c.), 1031 gegründet, der Chor, ein schlicht gothischer Bau, 1270 begonnen, das fünfschiffige goth. Langhaus (angeblich) von 1313—1330 aufgeführt, gilt als zweite Kirche der Protestanten. Im Chor, an der Stelle des ehemaligen Hochaltars, das *Denkmal, welches Ludwig XV. dem *Marschall von Sachsen*, dem Sohn der schönen Gräfin Aurora v. Königsmark und Königs August I. v. Polen, Kurf. v. Sachsen errichten liess: eine marmorne Gruppe von Pigalle, 1776 nach 20jähr. Arbeit vollendet, der Marschall im Begriff, in den Sarg zu steigen, den der skelettartige Tod öffnet, während eine weibliche Figur, Frankreich, ihn zurückzuhalten strebt, und Hercules zur Seite auf die Keule gelehnt trauert; an der linken Seite die Wappenthiere der drei vereinigten Mächte, welche der Marschall in den Flandrischen Kriegen besiegte, der österreich. Adler, der holländ. Löwe, der englische Leopard, über zerbrochenen Fahnen. Eine Allegorie im Sinn und Geschmack jener Zeit, aber mit Lebendigkeit und Feinheit ausgearbeitet. Inschrift: *Mauritio Saxoni, Curlandiae et Semigalliae Duci, summo regiorum exercituum Praefecto, semper victori, Lud. XV. victoriarum auctor et ipse dux poni jussit. Ob. 30. Nov. 1750, aetatis 55.* (Moritz von Sachsen, Herzog von Curland und Semgallen, dem obersten Befehlshaber der königl. Heere, dem stets Siegreichen, setzte dieses Denkmal Ludwig XV., der Urheber der Siege und selbst Anführer [!].).

Diese Kirche enthält auch *Denkmäler* und *Büsten* berühmter Professoren der Universität, Schöpflin († 1771), Koch († 1813,

16   *Route 3.*   STRASSBURG.   *Neue Kirche.*

von Ohmacht), Oberlin († 1806), Schweighäuser († 1830), Emmerich († 1840), Herrenschneider († 1843), endlich den *Sarkophag* eines Grafen Ahlefeldt, der 1669 als Student hier starb. In einer Seiten-Capelle zwei *Mumien*, 1802 in einer Mauer hier gefunden, angeblich ein Graf von Nassau-Saarbrücken mit seiner Tochter, vielleicht aus dem 16. Jahrhundert.

In der **Neuen Kirche** (*Temple neuf*, Pl. 11), aus dem 13. Jahrh., einst den Dominicanern gehörig, 1537 bei Aufhebung des Klosters geschlossen, 1681 den Protestanten übergeben, als das Münster wieder in die Hände der Katholiken kam, sind der *Grabstein* des berühmten Dominicaners Joh. Tauler († 1361) und die *Büsten* der prot. Theologen Blessig und Redslob, und des Consistorialpräsidenten v. Türkheim; dann alte 1840 entdeckte *Wandgemälde*, wahrscheinlich aus dem 14. oder 15. Jahrh., einen Todtentanz darstellend, theilweise hergestellt.

In dem östl. Anbau der Kirche befindet sich die an alten Werken, Urkunden und Alterthümern reiche *Stadtbibliothek* (Pl. 15), Mont., Mittw., Donnerst. u. Freit. v. 2—5 U. Nachmitt. geöffnet. — Das an die Kirche anstossende ehemal. Dominicanerkloster mit seinen Kreuzgängen und weiten Räumlichkeiten, in denen zum Theil das protestant. theol. Seminar sowie das protest. Gymnasium etablirt waren, wurde am 29. Juni 1860 durch Brand zerstört. Das Gymnasium wird an demselben Platze neu erbaut.

Den *Broglie* (ehem. Rossmarkt), 1740 vom Marschall Broglie neu angelegt und nach ihm benannt, begrenzt n.ö. das 1821 vollendete **Theater** (Pl. 37), mit einem Säulen-Portal, oben sechs Musen (Melpomĕne, Clio, Thalia, Terpsichŏre, Euterpe und Erăto) von Ohmacht († 1834). Vorstellungen nur in französ. Sprache, Sonnt., Dienst., Donnerst., Freitag (von Juni bis September geschlossen).

Dem Theater rechts (östl.) gegenüber die **Praefectur** (Pl. 25), an der nördl. Ecke ein von Grass entworfenes, 1857 errichtetes Standbild (Pl. 38) in Erz: „*Le Département du Bas-Rhin à son ancien préfet Marquis de Lezay-Marnesia, 1810—1814*". Er war von 1806 bis 1810 Praefect des Rhein- und Mosel-Departements zu Coblenz; seine Verwaltung steht daselbst in gutem Andenken.

Neben der Praefectur, Front nach dem Broglie, das *Divisions-Commando*, und weiter das **Stadthaus** (Pl. 26, Eingang in der Brandstrasse) mit einer kleinen Gemäldesammlung, Sonnt., Dienst., Donnerst. 2—4 U. geöffnet, gegen 1 fr. Trinkgeld zu jeder Zeit.

Aeltere Bilder nur wenig: *Memling* Vermählung der h. Catharina; *M.Schön* Dornenkrönung; *Perugino* h. Apollonia; *Guido Reni* Madonna; *Ph. de Champaigne* Anbetung der Könige u. a. Dagegen eine Anzahl neuere: *Lefèvre* Bildniss von Napoleon I. und Marie Louise; *Guérin* Madonna; *Rogers* Innthal; Copie der Schnitter in den Pontin. Sumpfen von *L. Robert*; *Mercklein* Söhne Eduards von England; *Jacquand* Capuziner im Gefängniss; *Féron* Klebers Leichenbegängniss; *Brion* Ueberfahrt über den Styx; *Schrödter* Kartenspieler; *Regnault* Klebers Bildniss; *Lagrené* General Montrichard mit seinem Stabe. Einige Gypsabgüsse und plast. Arbeiten von *Ohmacht*.

Die Strasse, welche mit dem Broglie südöstl. parallel läuft, die *Brandstrasse (rue brûlée)*, hat den Namen daher, dass an der Stelle der heutigen Praefectur am 14. Febr. 1349 alle Juden (an 2000) verbrannt wurden, die sich nicht taufen lassen wollten. Die *Universität*, als solche 1621 eingeweiht, hatte einst berühmte Männer aufzuweisen. Goethe, damals von talentvollen deutschen Jünglingen (Herder, Lenz, Stilling u. A.) umgeben, machte hier den Beschluss seiner juristischen Studien und erwarb 1772 hier die Doctorwürde. (Er hat als Student am Alten Fischmarkt N° 80 gewohnt.) Das *prot. theolog.* **Seminar** bei der Thomas-Kirche (Pl. 34, Quai St-Thomas 4), eigentlich eine Vorbereitungsschule für Theologen, mit 10 Professoren, wird als Fortsetzung der ältern Universität angesehen, da es eine Vorliebe für deutsche Wissenschaft fortwährend beibehält. Sonst ist die Universität in eine **Academie** (Pl. 14) verwandelt, der 1825 ein stattliches Gebäude mit Bibliothek, im nördl. Theil der Stadt am rechten Ufer der Ill, überwiesen wurde. Sie hat fünf Facultäten und 28 Lehrstühle. Das reich ausgestattete *naturhistor. Museum*, Donnerst. von 2 bis 4, Sonnt. v. 10 bis 12 U. öffentlich (sonst tägl. für 1 fr. Trinkg. zu sehen), ist im obern Stock in einer Reihe von Sälen aufgestellt.

Auf dem grossen Paradeplatz das von Grass entworfene ***Standbild Klebers** (Pl. 36), Erzguss, zu den Füssen eine aegyptische Sphynx, an den Seiten zwei Reliefs. Die Inschriften lauten: *J. B. Kleber, né à Strasbourg le 6. Mars 1753, adjudant-général à l'armée de Mayence, général de brigade à l'armée de la Vendée, général de division à l'armée de Sambre-et-Meuse, général en chef en Egypte, mort au Caire le 14. Juin 1800. — A Kleber ses frères d'armes, ses concitoyens, la patrie 1840. — Ici reposent ses restes. — Altenkirchen 19. Juin 1796. — Héliopolis 20. Mars 1800. Soldats, on ne répond à une telle insolence que par des victoires. Préparez vous à combattre.* Letzteres seine Antwort auf die Aufforderung des englischen Admirals, die Waffen zu strecken. Er wurde von einem Türken ermordet. An der Nord-Seite des Platzes die *Hauptwache* mit dem *Café Cadé* (S. 10).

Von dem Gutenbergsplatz (S. 15) führt eine Strasse (vieux marché aux poissons) s.ö. über eine Brücke und weiter zu einer grossen **Artillerie-Caserne**; auf dem Gitter, welches den Hof derselben abschliesst, eine Anzahl blau-weiss-roth angestrichener Fässchen, „*tonneaux abattus*", mit den Namen der Kanoniere, die bei den Schiessübungen in dieses Ziel die Bombe geworfen haben. Das *Arsenal de construction* mit zahlreichen Geschützen und das *Militair-Hospital* liegen weiter ö., am Weg zur Citadelle (s. S. 18).

Neben der gen. Artillerie-Caserne ist (südl.) die Porte d'Austerlitz. 5 Min. vor diesem Thore ist da, wo rechts der Weg zu der Station Austerlitz der Verbindungsbahn (S. 10) abgeht, eine hohe *Wegesäule*, oben ein vergoldeter Reichsapfel, unten die Inschrift:

Route impériale de Paris à Vienne. Ganz nahe an der Strasse ist der *Kirchhof*, nicht gut gehalten, kein Denkmal von Bedeutung. Links über den Wiesen blicken die grünen Wälle der *Citadelle* (S. 11) hervor. Jenseit der Brücke über den *kleinen Rhein* (ein Rheinarm) steht rechts das **Denkmal**, welches Napoleon dem am 14. Juni 1800 bei Marengo gefallenen *General Desaix* errichten liess, ein abgestumpfter Obelisk, oben vier Basreliefs von Ohmacht, Inschrift: *Au Général Desaix l'Armée du Rhin. 1800.* Im J. 1796 hatte er unter Moreau den Brückenkopf von Kehl tapfer gegen die Oesterreicher vertheidigt. Die Strasse führt weiter über die 375 Schritte lange Schiffbrücke über den Rhein nach Kehl (S. 102).

Verbindungsbahn nach Kehl s. S. 102. (Vgl. auch S. 10 u. 17). Zwischen Strassburg und Kehl fahren fast unausgesetzt Züge hin und her. Vom Strassb. Bahnhof 1 fr., 70, 50 c., von Station Austerlitz 70, 50, 35 c. Hin und zurück: vom Strassb. Bahnhof 1 fr. 60, 1 fr. 10, 80 c., von Station Austerlitz 1 fr. 10, 80, 50 c.

4. Die Vogesen *(südlicher Theil).*

Vier Tage reichen zu einer flüchtigen Anschauung der Vogesen hin. Sie lassen sich so vertheilen: am Abend mit dem vorletzten Zuge von Strassburg nach *St-Hippolyte.* 1. Tag: *Hoh-Königsburg, Markirch, Rappoltsweiler* (8 St., mit Benutzung der Eisenbahn von Leberau 7 St.). — 2. Tag: langsam an rebenreichen Bergabhängen hin in 2¹/₄ St. nach *Kaisersberg*, bis Nachmittag in und um Kaisersberg, Abends in 2¹/₄ St. nach *Orbey*, zusammen 4¹/₂ St. — 3. Tag: *Lac blanc, Reisberg, Münster, Metzeral* (7¹/₄ St.). — 4. Tag: über den *Herrenberg* nach *Wildenstein*, durch das schöne St. Amarin-Thal nach *St. Amarin.* (7 St.). Am folgenden Morgen mit Omnibus in 1 St. nach *Thann.* Diese vier Tage bringen den Wanderer zu den schönsten Puncten dieses in seinen Einzelheiten so wenig bekannten prächtigen Gebirgslandes; sie gewähren um so mehr Belohnung, als man nicht zu fürchten braucht, den zahlreichen anmassenden Reisenden zu begegnen, die im engern Rheinthal nicht selten belästigen. Die Wanderung verlässt auf kurzer Strecke, bei *Orbey*, das deutsche Sprachgebiet.

Eisenbahnfahrt v. Strassburg nach St-Hippolyte in 1³/₄ St. s. S. 10. Von Stat. *Benfeld* fährt tägl. 3mal ein Omnibus nach *Barr* (Krone) von wo man in 2¹/₂ St. den *Ottilienberg* oder **Mont Ste-Odile** (2406') besteigen kann; der "Aussicht von hier auf das „herrliche Elsass" gedenkt Göthe: Aus meinem Leben, 3. Thl., 11. Buch, S. 79. Stuttgart 1827. Von Barr führt der Weg über *Heiligenstein* und bei der verfallenen Abtei *Truttenhausen* (gegenüber die Ruine *Landsberg*) vorüber durch Wald ziemlich steil bergauf. Ueberall Wegweiser, daher Führer unnöthig. Ehe man auf die Höhe gelangt, bei einem wunderthätigen Brunnen vorüber, an dem viele Tausende von Augenkranken Heilung suchten. Das von der h. Ottilie, der Schutzpatronin des Elsasses, gegründete Kloster besitzt eine vielbesuchte (selbst von Kaisern und Päpsten) Wallfahrtskirche mit dem Grabe der Gründerin; mehrere Capellen, darin schöne Fresken, Darstellungen aus dem Leben der Heiligen. (Im Kloster eine Wirthschaft, wo man zur Noth übernachten kann.) — Das Plateau des Berges war von den Römern zu einem bedeutenden festen Lager benutzt. Rings am Rande des Abhanges erstrecken sich die zum Theil noch wohlerhaltenen Mauerreste, die sog. *Heidenmauer*, bis zum *Mennelstein* (Aussicht auf das Andlauer Schloss und Thal). Auf der entgegengesetzten nördlichen Seite führte zu diesem Castrum eine zum Theil gleichfalls noch gut erhaltene, mit mächtigen Steinen gepflasterte Strasse den ganzen Berg hinan, und gewaltige Felsblöcke zeigen den Ort, wo diese Strasse in das Lager mün-

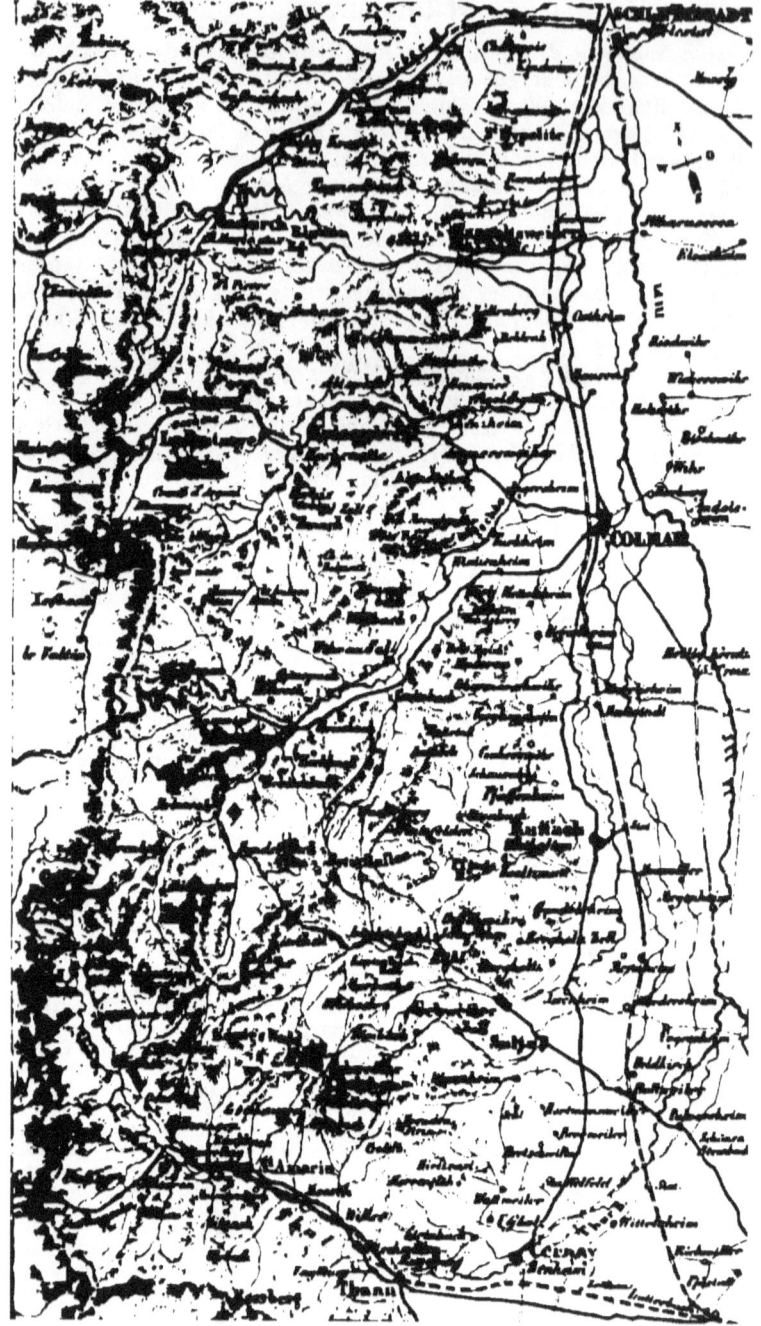

dete und nöthigenfalls abgesperrt werden konnte. Der Berg kann von Strassburg aus bequem in einem Tage besucht werden und verdient solches wegen seiner schönen Lage und herrlichen Aussicht.

Der Bahnhof von St-Hippolyte ist fast 1 St. vom Orte entfernt. **St-Hippolyte**, deutsch **St. Pölt** *(Krone)*, kleines altes Städtchen mit einer von Jesuiten geleiteten Erziehungsanstalt, am Fuss des Berges, den die *Hoh-Königsburg* krönt. Von den vier Wegen vor dem südwestl. Thor der Stadt ist der in der Richtung der Burg der rechte; er führt anfangs durch Weinberge; 15 M. höher nicht rechts, sondern links, 20 M. an einem jungen Kastanienwald, am Fuss des eigentl. Berges vorbei; 10 M. *unteres Försterhaus*, nun eine Strecke weit ziemlich steil bergan; 25 M. *oberes Försterhaus*, wo Erfrischungen; von hier 20 M. auf den Gipfel des Berges.

Die *Hoh-Königsburg, in Seb. Münsters Cosmographei (Basel 1550) *Hohen-Kinspurg* genannt, 1700′ ü. M., 800′ über Leberau (s. S. 20), ist nach dem Heidelberger Schloss die grösste Burg des deutschen Mittelalters. Ihre gewaltigen Mauern von Quadern rothen Sandsteins erscheinen zwischen dem dunkeln Grün des Kastanienwaldes höchst malerisch. Thürme, Mauern, Säulen, Kamine, Thür- und Fensterbögen sind vielfach noch vorhanden. Ueber ihre Entstehung ist nichts Sicheres bekannt; manches Jahrhundert hat an ihr gebaut. Die Löwen über dem Haupteingang erinnern an die Herzoge aus dem Hause der Hohenstaufen (S. 9).

„Ist je und allwegen ein gemein Edelmanns-Gut gewesen, so die von Hohenstein ingehabt und welches Hohen-Königsperg dem letzten Grafen von Thierstein und Pfeffingen verkaufft worden, der es dem Hause Oesterreich zu kaufen geben. Zu des Hertzog Bernards Zeiten haben es die von Sickingen in Pfandschafft vom Hauss Oesterreich gehabt." **Merian.** 1663.

Schon im J. 1462 wurde die Hoh-Königsburg wegen der Räubereien der Burggrafen vom Bischof v. Strassburg und Erzherzog Sigmund v. Oesterreich theilweise zerstört, dann wieder aufgebaut, im J. 1633 aber von den Schweden in Brand geschossen. Seitdem ist das einst so prächtige Schloss Ruine, und in neuerer Zeit mit dem umliegenden Wald und Feld Eigenthum eines Banquiers zu Colmar.

Der Fusspfad am Eingang rechts führt um die Burg herum. Da erst zeigt sich der ansehnliche Umfang der Ruine. Von der Plateforme des südwestlichen runden Thurms (ein Fusspfad links an demselben führt hinauf) hat man die umfassendste Aussicht, namentlich auf das tief unten liegende *Leberthal* und die *Frankenburg* am jenseitigen Abhang, dann in die weite volkreiche Ebene diesseit und jenseit des Rheins, östlich von den Gebirgen des Kaiserstuhls und Schwarzwalds, westlich von den Vogesen begrenzt. Im Süden schimmern bei günstiger Luft die Schneespitzen der Berner Alpen hervor; erscheinen sie ganz deutlich und scharf vom Horizont abgeschnitten, so ist dies ein Zeichen bevorstehenden Regenwetters.

Der Weg von St. Pölt auf die Hoh-Königsburg ist nicht zu verfehlen, eben so wenig der von der Burg hinab in das Leberthal; man muss sich 10 Min. vom obern Försterhaus rechts wenden, wo man sogleich die breite Fahrstrasse erreicht, die, stets durch Wald, in 1 St. im Leberthal mündet.

Die Leber *(Lièpvre)*, durchströmt dieses gewerbreiche, malerische, zu beiden Seiten von waldbewachsenen Bergen eingefasste Thal, an dessen n.w. Abhang die Eisenbahn führt. In weitern 15 M. gelangt man im Thal aufwärts nach *Leberau,* franz. *Lièpvre* (Grand-Cerf, vor der Brücke), Eisenbahnstation, von wo die Bahn über *Heilig-Kreuz*, franz. *Ste-Croix-aux-mines*, in 15 M. nach **Markirch**, franz. *Ste-Marie-aux-mines* (*Hôtel du Commerce; Grand-Cerf) führt, Hauptort des Thals (12,000 Einw.), welches sich noch 5 St. weiter bis *St. Didel (St-Diey)* in Lothringen ausdehnt.

Von Markirch führt über den *Bludenberg (Bressoir)*, 3840′ ü. M., eine sehr gute Strasse, die auch ein Eilwagen befährt, nach Rappoltsweiler (3½ St.). Der alte Weg, 10 M. von Markirch an der Ecke eines Hauses von der Strasse links ab, an einer Reihe Kirschbäume vorbei, dann meist durch niedrigen Hohlweg, nach ½ St. wieder auf der neuen Strasse, kürzt sehr ab. Die Aussicht zurück auf das Leberthal ist ganz hübsch. Oben aber, noch bevor man den Wald erreicht hat, verschwindet sie. Fast auf der Höhe, auf halbem Wege, steht ein Stein mit Wappen und der Jahreszahl 1779. Die Strasse bleibt nun im Wald fast bis vor Rappoltsweiler. Am Ausgang des Thals liegen grosse Fabrik- und Wohngebäude, den Hrn. Schlumberger, Steiner u. A. gehörig.

Rappoltsweiler s. S. 9. Der Weg nach Kaisersberg (2 St.) führt durch Rebpflanzungen am Abhang des Gebirges, über (1½ St.) *Hunaweier* [das ansehnliche alte *Zellenberg*, „Städtlein und Schloss liegt ganz lustig auf einem fruchtbaren Berg", wo unten an der Burg bei Wernert Strohwein (S. 6) zu haben, bleibt in geringer Entfernung links] und (½ St.) *Reichenweier*, franz. *Riquevihr* (*Krone, vortrefflicher Wein), dann (1 St.) **Kaisersberg** s. S. 9.

Wir wenden uns von Kaisersberg wieder westlich, in dem breiten Thal der *Weiss* aufwärts bis (1½ St.) *Hachimette*, dann 5 M. jenseits des Orts links ab nach (¾ St.) *Orbey* (*Croix d'Or*, oberhalb der Kirche), einem Gebirgsdorf franz. Zunge, von den deutschen Elsassern *Urbis* genannt. Morgens fährt von hier ein Wagen über Kaisersberg nach Colmar (S. 8), Abends zurück.

Zwei St. westl. von Orbey, fast auf der Höhe des Granitkammes, welcher den Wasgau von Lothringen trennt, liegen zwei Gebirgsseen, der ***Lac blanc** und der **Lac noir**. Der erstere, von dem Quarz seines Bodens so genannt, hat etwa 1 St. im Umfang; er ist an zwei Seiten von hohen steilen Felswänden umgeben, an der dritten von einem hohen Wall gewaltiger übereinander gestürzter Granitblöcke. Der letztere, halb so gross als der weisse, liegt ¼ St. südlich. Er mag seinen Namen von dem schwärzlicheren Sand oder der dunklern Fichten-Umgebung haben. Der Ausfluss beider Seen bildet die *Weiss*, die unterhalb

Colmar mit der Fecht vereinigt in die Ill fällt. In den Schluchten beider See'n findet sich fast den ganzen Sommer über Schnee.

An der Westseite des weissen See's steigt senkrecht eine gewaltige Granitwand auf, der *Reisberg (3160'), dessen Kuppe vom weissen See in 3/4 St. zu erreichen ist, und eine prächtige Aussicht darbietet, der Glanzpunct der fast 3stünd. Wanderung. Die Aussicht reicht weit nach Lothringen hinein und umfasst einen grossen Theil der Vogesen, den Schwarzwald und die ganze Rheinebene. Noch etwas weiter südlich öffnet sich auch nach dieser Seite hin eine ziemlich freie Aussicht in das Münsterthal, im Vordergrund der schwarze See, im Hintergrund die Schweizer Alpen. Hin und wieder ist der Boden sumpfig. Der Weg von Orbey an ist nicht schwierig, doch ist's rathsam, einen Führer bis auf den Reisberg (1 1/2 fr.) mitzunehmen, auch Lebensmittel, da auf dem ganzen Weg bis Sultzeren kein Wirthshaus. Von der Kuppe des Reisbergs bis *Les-hautes-huttes* 1 St.

Wer auf die Seen und den Reisberg verzichten will, wandert geradezu von Orbey in 4 St. nach Münster: in dem prächtigen wasserreichen Wiesenthal bergan, auf leidlichem Fahrweg bis (1 St.) *Les-basses-huttes*, hier an einem Hause rechts über eine kleine Brücke den runden Hügel hinan, 15 M. weiter wieder rechts bergan, nicht links, zuletzt über ein Stein- und Moosfeld auf ein Kreuz los, dann auf das fichtenumwachsene Haus (*Les-hautes-huttes*, s. oben) und endlich nochmals auf ein Kreuz, welches auf der Höhe des Joches steht, fast 2 St. Gehens von Orbey. Der Reisberg und die Granitwände des Lac blanc scheinen ganz nahe.

Der südliche steinige dürre Abhang des Jochs steht im entschiedenen Gegensatz zu dem saftigen wasserreichen nördlichen Abhange, dem Urbisthal. Je mehr man sich indess (1 St.) *Sultzeren* (gutes Bier beim *Juckele*, etwas oberhalb der Kirche) nähert, um so lieblicher wird das Thal. 15 M. *Stosswier*, dann 45 M. Münster. Die ganze Wanderung ist sehr belohnend.

Münster (*Storch; Krone*) ist eine ansehnliche gewerbreiche sehr alte Stadt mit 4600 Einw., die ihre Gründung der um das J. 660 von König Childerich gestift. Benedictiner-Abtei verdankt. Die *Fecht* durchströmt das fruchtb. reizende Thal (*Gregorien-* oder *Münsterthal*), dessen Bewohner meist Protest. deutscher Zunge sind.

Ein sehr belohnender Weg führt von Münster in 5 St. nach Wildenstein im St. Amarinthal, bis auf die Höhe, Wasserscheide zwischen Fecht und Thur, kaum zu verfehlen; von dieser Höhe bis Wildenstein ebenfalls nicht besonders schwierig. Führer von Münster bis Wildenstein 2 1/2 fr.; erst von Metzeral an ist ein Führer wenn auch nicht nöthig, doch ganz angenehm.

Zwei Stunden lang geht's auf breitem Fahrweg im Thal fort über (45 M.) *Breitenbach* (Forelle), nach (30 M.) *Metzeral*, wo an der Fechtbrücke ein anscheinend gutes Wirthshaus. Diesem gegenüber rechts ab, immer im Thal der Fecht weiter, nach 40 M.

links ab, dann über eine Brücke, wieder an der Fecht aufwärts, auf guter breiter Strasse, wo man in 10 Min. das *Försterhaus* erreicht, in welchem Erfrischungen, Kaffe u. dgl. zu haben sind. Hier verlässt unser Weg die breite Strasse; er führt rechts ab, im *Königswald* den *Herrenberg* hinan, stets auf einem Knüppeldamm, der zum Holzschleifen dient, in vielen Windungen stets durch Wald fast 2 St. lang bergan, kaum zu verfehlen. Auf der Höhe bei dem „*Herrenberger Waser*" ist eine grosse Sennhütte, 20 M. weiter, schon am westl. Abhange des Berges, in der Nähe einer frischen Quelle, eine zweite. Der Weg hört hier ganz auf, man geht indess nicht fehl, wenn man im Wald sich mehr rechts als links hält. Weiter unten im Wald findet er sich wieder. Man gebraucht von der Höhe des Berges bis Wildenstein eine gute Stunde, Weg beschwerlich und oft steil. Wer den Weg in umgekehrter Richtung macht, muss jedenfalls von Wildenstein einen Führer bis auf die Höhe mitnehmen.

Wildenstein *(*Sonne)*, ein sauberer Ort, liegt sehr hübsch im obern Theil des von Katholiken, fast ausschliesslich deutscher Zunge, bewohnten *St. Amarinthals*, des schönsten in den Vogesen. Eine Stunde oberhalb, jenseit der *Wildensteiner Glashütte*, bildet die hier am *Grand-Ventron* entspringende *Thur* einen 30′ hohen Wasserfall, das *Heidenbad (bain des payens)* genannt.

Vormittags 11 U. (?) fährt ein Omnibus von Wildenstein in 1 St. nach dem 2 St. entfernten Wesserling. Das Thal ist aber so reizend, dass man gern die Fusswanderung auf dieser Strecke vorziehen wird. Die sehr gute Strasse führt an einem kleinen Wasserfall vorüber. Mitten im Thal erhebt sich plötzlich ein stattlicher waldbewachsener nach allen Seiten steil abfallender Berg, der *Schlossberg* genannt, auf dessen breitem Rücken am südl. Ende die Trümmer der *Festung Wildenstein* hervorragen, früher der Reichsabtei Murbach gehörig, von dieser im 30jähr. Krieg an den Marschall Caumont de la Force übergeben, im J. 1634 durch Verrath in die Hände Lothringischer Truppen gekommen; 10 Jahre später bemächtigte sich der Anführer der Weimarschen Truppen, General v. Erlach, des Schlosses und zerstörte es.

Schon von weitem glänzt der mit Zink gedeckte Kirchthurm von (1 St.) *Krüth*. Bei ($\frac{1}{2}$ St.) *Oderen* sieht man wieder zwei Erhebungen im Thal. Die Kirche, auf einem Hügel sehr malerisch gelegen, hat ebenfalls einen zinkgedeckten Thurm. In der Capelle an der Ostseite des Orts sind mancherlei Votivtafeln aufgehangen.

Dann folgt ($\frac{1}{2}$ St.) *Felleringen* und weiter ($\frac{1}{2}$ St.) **Wesserling**, sehr malerisch auf einem Hügel gelegen, ein Ort neueren Ursprungs, eine Colonie grossartiger Baumwollen-Fabriken, in dieser Beziehung einer der wichtigsten Orte in Frankreich, obgleich er nur aus Fabrikarbeitern und Fabrikherren besteht. Die schönen Anlagen und saubern Landhäuser beweisen, dass die Arbeit guten Erfolg hat. Die täglich von einem Eilwagen befahrene Strasse nach

Vogesen. ZABERN. *5. Route.* 23

Remiremont und *Epinal* mündet hier. Am westl. Abhang des Gebirges, welches hier den Wasgau von Lothringen trennt, auf dem *Col de Bussang*, 2 St. von Wesserling, entspringt die *Mosel.* Von Wesserling Eisenbahn (in 35 Min. für 1 fr. 45, 1 fr. 10 oder 80 c.) über die Stationen *St-Amarin* (*Goldener Löwe), berühmter Wallfahrtsort, *Willer* und *Bitschweiler*, dessen moderne Kirche die Inschrift: *Domus orationis* hat. Von St-Amarin aus wird gewöhnlich der *Gebweiler Belchen* (S. 8) bestiegen, nicht ohne Führer, von da hinab nach Gebweiler. *Thann* s. S. 8.

5. Die Vogesen *(nördlicher Theil).*
Von Strassburg nach Saarburg.

Pariser Eisenbahn. Fahrzeit bis Zabern 1 St., Fahrpr. 4, 3 oder 2 fr. Die Wagen der 1. Classe erreichen an Bequemlichkeit kaum diejenigen der 2. Classe der Badischen Bahn. — Bahnhof und Droschken s. S. 10 u. 11.

Die Gegend bis Zabern ist unbedeutend und flach. Die Bahn überschreitet mehrmals die *Zorn.* Erste Stat. *Wendenheim*, wo die Bahn des linken Rheinufers (S. 26) sich r. abzweigt. Folgen *Prumpt* oder *Brumath*, mit der Departemental-Irrenanstalt *Stephansfeld*, *Mommenheim, Hochfelden, Dettweiler, Steinburg*, unbedeutende Orte. Nähert man sich dem Gebirge, so treten links die Felsmassen und Burgtrümmer von *Hoh-Barr* hervor, daneben der schlanke Thurm von *Geroldseck*, rechts zeigt sich die Ruine *Greifenstein.*

Zabern (**Sonne*), auch *Elsass-Zabern* genannt, im Gegensatz zu Rhein-Zabern u. Berg-Zabern (in der Rheinpfalz, S. 146), das franz. *Saverne*, der Römer *Tubernae*, später die Hauptstadt des Wasgaues, jetzt ein stilles Städtchen mit etwa 6400 Einwohnern. Schon aus der Ferne blickt das stattliche *Schloss* weit in das Thal hinein, 1667 aus rothen Sandsteinquadern von Egon v. Fürstenberg, Bischof v. Strassburg erbaut. Später bewohnte es bis zur ersten franz. Revolution zeitweise, namentlich nach seiner Verbannung aus Versailles, der aus der Halsbandgeschichte bekannte Verläumder der Königin Marie Antoinette, der Cardinal Louis de Rohan († 1802), Bischof von Strassburg. Ein kaiserl. Decret von 1852 überwies es als Stiftsgebäude den Wittwen und Töchtern von Mitgliedern der Ehrenlegion. Vor dem Schloss steht auf einem baumbepflanzten Platz eine 1666 errichtete *Spitzsäule*, welche in deutschen Meilen die Entfernungen von 100 verschiedenen Städten angiebt. In der Nähe des Bahnhofs am Wege zur Stadt sieht man auf einem Brunnen eine hübsche Figur, von Friedrich in Strassburg gearbeitet, eine *Hora*, an derselben eine Tafel, auf welcher durch Vermittelung der hohen Polizei zu Zabern den Bewohnern des Städtchens tagtäglich das Datum verkündigt wird. Der Weg zum Gasthof führt über den hier überbrückten *Rhein-Marne-Canal.*

„Die Ringmawr, so umb Zabern geht, hat so viel Thürm, als Wochen im jar sind, vnnd sind je zwischen zwei Thürmen sieben Zinnen, vnnd also hat die Mawr so viel Zinnen, als Tag im jar sindt. Anno Christi 1525 wurden bei vnd in dieser Statt erschlagen etliche tausent auffrührischer

Bawren von dem Hertzogen von Lothringen in dreyen Stunden. Man schetzt die ganze Summ, so an manchen Orten in dreyen Monaten erschlagen vnd umbkamen, auf hundert tausent. Wann es schon halber so viel ist, ist es dennoch eine grosse Zahl." Seb. Münster. 1550.

Diese Ringmauern und Thürme sind längst verschwunden. Zabern bietet überhaupt ausser einigen römischen Alterthümern im Collége nichts, was zu einem Aufenthalt veranlassen könnte.

Ueber der Stadt erhebt sich der Thurm der alten Veste *Greifenstein*. In der Nähe derselben ist die *St. Veits-Grotte*, Capelle und Einsiedelei in einer natürlichen grossen Sandsteinhöhle, zu welcher viel gewallfahrtet wird. An der andern Seite des Gebirges erscheinen hoch oben auf dem Gipfel eines bewaldeten Berges die ansehnlichen Trümmer des Schlosses *Hoh-Barr, mit den wunderlichen bunten Sandstein- und Conglomerat-Felsen wie verwachsen. Ueber dem Thor meldet eine Inschrift, dass im J. 1583 ein Graf Manderscheid-Blankenheim, Bischof von Strassburg, das Schloss erneuert hat. Im J. 1744 lagen während des Erbfolgekrieges noch Trenk'sche Panduren darin. Seitdem ist es verfallen und völlig zur Ruine geworden, welche einem Frl. Kolb in Zabern gehört. Im Innern wohnt ein Förster, bei dem Erfrischungen zu haben sind. Auf einer Leiter gelangt man zum höchsten Punct der sonst unzugänglichen, steil abfallenden gewaltigen und umfangreichen Felsmassen. Die Aussicht umfasst einen Theil der Vogesen und die Strassburger Ebene bis zum Schwarzwald. In der kleinen in diesen Felsen gehauenen Capelle wird am 1. Mai Messe gelesen.

Die Eisenbahn durchschneidet hier an der schmalsten Stelle das Vogesen-Gebirge, sie dringt bei Zabern in das enge Thal der *Zorn* ein. Rechts auf waldbewachsenem Berg liegt die Ruine *Greifenstein*, links *Hoh-Barr*, weiter sieht man die beiden Burgen *Geroldseck*. Eisenbahn, Marne-Canal, Zorn und Landstrasse laufen in diesem malerischen *Thal stets nebeneinander. Brücken, hohe Dämme, Viaducte und Tunnel (6) wechseln auf der nur 45 M. dauernden Fahrt zwischen Zabern und Saarburg unaufhörlich.

Lützelburg (*Jespère; neben dem Bahnhof gutes Bier), die einzige Station auf dieser Strecke, ein freundlicher Ort, der erste lothringische (Meurthe-Departement), von Zabern, Saarburg und dem nahen Pfalzburg viel besucht. Die *Zorn* trennt den Ort von dem am rechten Ufer auf einem vorspringenden Felsen gelegenen, zu Anfang des vorigen Jahrh. noch befestigten *Lützelstein* oder dem *Lützelburger Schloss*, unter dem ein 245 mètres (781´) langer Tunnel getrieben ist, den der Zug durchsaust.

„Pfaltzgraffe Friedrich (S. 38) lag im jar 1453 neun Wochen vor der Stadt und dem Schloss, bis er beide gewan. Aber die Lützelsteiner Graffen kamen bei der nacht davon, vnd sturben zu letst im ellend, darvon ein Lied gemacht ward, das facht also an: Man hört die Büchsen sausen, Zu Lützelstein an der Mawr, Es möcht wohl manchem grawsen etc. Die Statt vnd Schloss haben einen guten Zoll, vnd seind ein Schlüssel in das Westerreich." Seb. Münster. 1550.

Die Bahn verlässt nun bald das Zornthal. Eine stattliche Brücke überbrückt mit einem Bogen den Fluss, der aus dem

Thal links (S. 26) hervorströmt, mit dem andern Bogen den *Rhein-Marne-Canal*, der auf die rechte Seite des Thals sich wendet, bald aber in dem 2678 mètres (8532' rhein.) langen höchst merkwürdigen *Tunnel von Ertzweiler (Archwiller)* wieder mit der Bahn zusammentrifft. Der Tunnel dient dieser und zugleich dem Canal zur Durchdringung des letzten vorliegenden Gebirges. An der östlichen Einfahrt liegt die Bahn senkrecht unter dem Canal, an der westlichen Mündung unmittelbar neben demselben. Der Zug bleibt 4 Min. unter der Erde. Jenseit öffnen sich die weiten fruchtbaren Ebenen Lothringens.

Saarburg (**Hôtel du Sauvage)*, an der *Saar*, ein mit Mauern und Thoren umgebenes Städtchen, nicht zu verwechseln mit dem gleichnamigen Ort im preuss. Regierungs-Bezirk Trier, ist Sprach-Grenzscheide. In der obern Stadt wird nur französisch, in der untern meist deutsch gesprochen. Die Namen an den Verkaufsläden sind fast ausschliesslich deutsch. Bemerkenswerthes hat das Städtchen sonst nichts. In dem Antoninischen Itinerarium heisst es *Pons Saravi*. Die frühere Festung zerstörte 1552 Markgraf Albrecht von Brandenburg. Seine Lage an einem der wichtigsten Vogesen-Pässe hat ihm insofern eine militärische Bedeutung gegeben, als hier, für den Fall eines Krieges am Rhein, bedeutende Bäckereien und grosse Proviant-Magazine eingerichtet sind. (Eisenb. in 10 St. nach Paris.)

Eine belohnende **Fusswanderung** durch einen Theil der nördl. Vogesen ist folgende, am besten mit Führer; als solcher ist Paul Zuber zu Zabern (3 fr.) zu empfehlen. Von Zabern bergan nach ($^3/_4$ St.) *Hoh-Barr* (S. 24), dann wieder bergab über ($^1/_4$ St.) *Hager* nach ($^1/_4$ St.) *Haberacker*, wo im Forsthaus Erfrischungen zu haben. Die Ruine *Ochsenstein*, welche das Forsthaus überragt, war bis 1789 Eigenthum der Landgrafen von Hessen-Darmstadt.

Nun meist durch Wald auf häufig unkenntlichen Pfaden, an einzelnen Häusern (1 St.), *an der Huardt* genannt, vorbei, ($^1/_2$ St.) *Capelle auf der Hueb*, dann $^1/_2$ St. lang steil bergab in ein enges Wiesenthal und eben so wieder bergan, ($^1/_4$ St.) *Kreuz*, wo der Pfad links bergan führt, in 20 M. auf die *Dachsburg*, „ein hohes Schloss in einem Felsen gehauen, darauf etliche Graffen' von Leiningen-Dagsperg wohnen" (Merian, 1663). Die 1675 von den Franzosen zerstörte Bergfeste auf diesem einsamen hohen Felsen, von welchem eine prächtige Aussicht sich bietet, ist fast spurlos verschwunden; nur die Capelle ist stehen geblieben. Im Walde Reste römischer Befestigungen, innerhalb welcher man häufig noch röm. Alterthümer findet, da diese Gegend wenig besucht wird. Am Fuss des Schlossbergs liegt das (20 M.) Dorf **Dachsburg**, von den Franzosen *Dabo* genannt, mit zwei höchst dürftigen Wirthshäusern, bei Wendelin und bei Schott. Im Nothfall findet man beim Geistlichen ein Unterkommen.

Der Weg nach Lützelburg führt nun über (1 St.) *Schäfers-*

HAGENAU.

hof. Bei der (¹/₂ St.) *Neumühl* erreicht der Weg das Thal der *Zorn*, ein prächtiges Wiesenthal, von dem raschen Flüsschen durchströmt, an beiden Seiten waldbewachsene Berge. Mitten in diesem Thal liegen mehrere Mühlen, (¹/₂ St.) *Sparsbrod* genannt, deren eine ein Kreuz als Schild führt, zum Uebernachten besser geeignet, als die Wirthshäuser zu Dachsburg. Noch 20 Min. weiter erreicht man die S. 24 genannte Eisenbahnbrücke, ³/₄ St. vom Lützelburger Bahnhof (S. 24) entfernt. Anfang (Hoh-Barr) und Ende (Zornthal von Neumühl bis Lützelburg) sind die Glanzpuncte des guten Tagesmarsches.

6. Von Strassburg nach Mainz.
Vergl. die Karten zu R. 17 u. 27.

Eisenbahn. Schnellzug in 5³/₄ St., gewöhnl. Zug in 6¹/₂ bis 8 St. Fahrpreise bis Weissenburg 6 fr. 55, 4 fr. 5, 2 fr. 65 c.; von Weissenburg bis Mainz 6 fl. 27 kr., 3 fl. 51 kr., 2 fl. 33 kr. Schnellzüge, Pass, Mauth und Retourbillets s. S. 6. — Wer die Fahrt auf dem rechten Rheinufer (Badische Bahn) nicht kennt, möge diese vorziehen.

Die Bahn läuft bis *Wendenheim* (S. 23) mit der Pariser Bahn zusammen, nimmt eine nordöstl. Richtung und überschreitet bei Stat. *Hördt* die Zorn. Gegend flach, rechts fern die Gebirge des Schwarzwaldes, von der Hornisgrinde (S. 123) an bis unterhalb Baden. Station *Bischweiler*, neuer Fabrikort (Tuch) mit einer Menge kleiner Arbeiterhäuschen. Viel Hopfenbau.

Folgt Stat. *Marienthal*, 1789 aufgehobenes Nonnenkloster, dann **Hagenau** *(Post; Blume; wilder Mann)*, Stadt mit 11,000 Einw. (2000 Prot., 3000 Juden), einst freie Stadt des Deutschen Reiches und Festung, deren Werke zum Theil erhalten sind. Die Mauern hat 1164 Kaiser Friedrich I. aufführen lassen. Die aufragende Kirche St. Georg ist theilweise aus dem 13. Jahrh. Das grosse Gebäude an der Nordseite ist Gefangenhaus.

Etwa 1¹/₂ St. ö. nach dem Rhein zu liegt *Sesenheim*, aus Göthe's Jugendzeit bekannt.

Die Bahn durchzieht jetzt den 15,000 Hectaren grossen *Hagenauer Wald*. Folgen Stat. *Walburg*, Dorf mit sehr alter Kirche, *Soultz-sous-Forêts*, *Hoffen*, *Hunsbach*, **Weissenburg** *(Hôtel de l'Ange)*, Stadt mit 6000 Einw. und einer interessanten gothischen Kirche. Hier wechseln die gewöhnlichen Züge, die bayr. Bahn beginnt. (Für die nach Strassburg Reisenden Gepäckrevision.)

Bei Weissenburg durchschneidet die Bahn die jetzt verfallenen, 1705 im span. Erbfolgekrieg vom franz. Marschall Villars angelegten *Weissenburger Linien*, eine Kette von Verschanzungen, die am r. U. der Lauter sich bis Lauterburg, in der Nähe des Rheins, hinzogen. Sie überschreitet dann die *Lauter* und die bayrische Grenze.

Folgen Stat. *Schaidt*, Sitz der bayr. Mauth, *Winden* (Zweigbahn nach Carlsruhe in 1 St. s. S. 90), Stat. für das 1¹/₂ St. entfernte Städtchen Bergzabern (S. 149), *Rohrbach*, dann (20 Min. w. vom Bahnhof entfernt) **Landau** *(*Pfälzer Hof; Schwan* oder *Post)*, deutsche Bundesfestung mit 7000 Einw. (Hälfte Protest.)

EDENKOBEN. 6. Route. 27

und 4500 M. bayr. Besatzung, früh schon ein fester Platz, im 30jähr. Krieg siebenmal belagert und eingenommen, 1680 durch Ludwig XIV. vom Deutschen Reich losgerissen, 1686 durch Vauban im regelmässigen Achteck befestigt, von 1702 bis 1713 in verschiedenen Händen, seit dem Rastadter Frieden (1714) bis 1814 französisch.

„Weil nun aus dieser Festung die Franzosen in den Reichskriegen, sowohl der Churpfalz als andern Orten, mit Brandschatzungen und andern Bedrückungen hart zusetzten, so wurde deutscher Seits jederzeit grosse Mühe und Kosten angewendet, diesen Schlüssel und Hauptfestung, so dahero ein rechter Zankapfel geworden, den Feinden aus den Händen zu drehen, dass also nicht leicht ein Ort so oft den Belagerungen unterworfen gewesen ist, wie dieser."   Rhein. Antiquarius. 1744.

Ein grosses Denkmal in der (einzigen) Kirche erinnert an *Jos. de Ponts buro de Montclar Alsatiae prorex qui posteaquam parva cum manu Saxonum ducem ad Huninguas trepidum expulisset ducatumque Wirtembergiae et finitimas terras Regi tributarias fecisset etc. ob. 1690*". Er war einer der Führer bei den Reunionskriegen, die Zerstörung der Madenburg (S. 147) ist sein Werk. Der „ducatus Wirtembergiae" ist das Herzogthum Mömpelgard (Montbéliard). Ueber den beiden Thoren, nördl. dem deutschen, südl. dem franz. Thor, ist über einer Sonne (die über dem franz. Thor soll ein freundliches, die über dem deutschen Thor ein böses Gesicht zeigen) Ludwigs XIV. eitle Inschrift: „nec pluribus impar" zu lesen. Dem östl. Thürmchen des Zeughauses, einer ehem. Kirche, ist 1793 eine noch heute an derselben Stelle vorhandene roth angestrichene Jacobiner-Mütze (von Blech) aufgestülpt worden (wie dem Strassburger Münsterthurm, S. 11).

Vom Bahnhof in 1 St. nach Gleisweiler (S. 146) und 2mal tägl. nach Annweiler (S. 145) für 24 kr.

Der Zug überschreitet die *Queich*, die alte Grenze zwischen dem Elsass und der Pfalz, die auch das Vogesen- von dem Haardt-Gebirge scheidet, in den franz. Kriegen des 17. und 18. Jahrh. durch langgedehnte Verschanzungen (*„Landauer Linien"*) von den Franzosen befestigt.

Folgen Stationen *Knöringen*, *Edesheim*, **Edenkoben** (*Schaaf, Z. u. F. 1 fl.; Pfälzer Hof*), hübsche freundliche Stadt mit einem Schwefelbrunnen (auch Traubencur), im Hintergrund die königl. Villa *Ludwigshöhe* (S. 146). Von einer Anhöhe am Fuss des *Kalmit* (2097' ü. M.) blicken die Trümmer der *Kropsburg* in das Thal herab, zuletzt im Besitz der Familie von Dalberg (S. 29), jetzt Zufluchtsort einer Anzahl armer Familien.

Folgt Stat. *Maikammer*. Auf einem an 1000' hohen Berge erhebt sich links, weithin sichtbar, der von Voit in München entworfene Neubau der *Maxburg*, früher *Kesten-* oder *Kastanienburg*, auch *Hambacher Schloss* genannt, seit 1842 Eigenthum des Kronprinzen, jetzigen Königs Max II. Die Ruinen, aus welchen die neue halb vollendete Burg aufgeführt wurde, waren sehr weitläufig, an mehreren Stellen stehen jetzt noch grosse röm. Mauern zu

Tage. Es scheint also hier eines der *Castra stativa*, welche die *Germania superior* beherrschten, gewesen zu sein. Die ehem. Burg soll Kaiser Heinrich II. erbaut haben, sie kam aber schon im J. 1100 in den Besitz der Speyerer Bischöfe. Im Bauernkrieg (1525) wurde sie von den Bauern gestürmt und verwüstet, der Keller geleert und die Fässer zerschlagen, einige Jahre später aber auf Kosten der Bauern wieder hergestellt. Ein altes Bauernlied aus jener Zeit berichtet:
Einsmals da ich ein Krieger was,   Lieber, rath, wie bekam mir das?
Meins eignen Herrn und Eids vergass,   Gleich dem Hund, da er frisst das Gras.
Auch in gutem Wohn und Ehren sass, Ein Ort und dreizehn Gulden die Irten
Da trank ich zu Kestenberg was   (Zeche) was,
Guten Wein aus dem grossen Fass; Der Teufel gesegne mir das.

Markgraf Albrecht von Brandenburg zerstörte die Burg 1552 abermals durch Feuer, ihre gründliche Verwüstung hat sie aber, wie fast alle Burgen in der Pfalz, im J. 1688 den Söldnern des „allerchristlichsten" Königs Ludwigs XIV. zu verdanken. Am 27. Mai 1832 wurde hier die erste grosse Volksversammlung gehalten, das damals viel genannte „Hambacher Fest". Eine Sage berichtet, dass im J. 1077 Kaiser Heinrich IV. von diesem Schloss aus barfuss seine Wanderung nach Canossa angetreten habe.

Neustadt (*Löwe, am Bahnh., Z. 48, F. 24, M. 48, B. 18 kr.; *Schiff; *Krone oder Post),* der grösste Ort an der Haardt. In der stattl. goth. *Stiftskirche,* um die Mitte des 14. Jahrh. aufgeführt, sind die Grabmäler einiger Pfalzgrafen, der Gründer von Neustadt. Die Dachgossen münden in allerlei Gethier, Schwein, Affe, Gans u. dgl., in Neustadt die „Höllenkinder" genannt. Eine neue kath. Kirche in zierlich gothischem Stil, die *St. Ludwigskirche,* ist 1862 eingeweiht. Das hübsche Collegiumsgebäude, jetzt *Stadthaus,* liessen im Jahr 1743 die Jesuiten erbauen. Vom *Schiesshaus,* 5 M. vom Bahnhof, schöne Aussicht auf Neustadt und nach dem gegenüberliegenden Gebirge. — 20 Min. n. auf der Höhe die Reste der Burg *Winzingen,* das *Hardter Schlösschen,* s. S. 146. ½ St. weiter die *Wolfsburg,* S. 149, mit hübscher Aussicht — Hübscher bequemer Ausflug von ½ Tag zu Wagen (Einsp. 4 fl.) nach *Mittel-Hambach,* zu Fuss auf die *Maxburg* und zurück, dann auf die Villa *Ludwigshöhe* bei *Rhodt* (S. 146) und zurück nach Neustadt.

Neustadt ist Knotenpunct für die Maximilians-, Ludwigs- und Bexbacher- (Saarbrücker) Bahn (R. 28). Es eignet sich ganz so gut zur Traubencur, als das im Herbst oft überfüllte Dürkheim (S. 144).

Die Ludwigsbahn wendet sich hier nach Osten und tritt in die grosse fruchtbare Rheinebene. Reben-, Tabaks- und Kornfelder erstrecken sich weit hin. Folgen Stat. *Hassloch, Böhl, Schifferstadt,* wo die Zweigbahn nach *Speyer* (S. 31, Fahrzeit von hier 15 Min.) sich abzweigt; dann *Mutterstadt.*

Ludwigshafen (*Deutsches Haus, Z. 36, F. 24 kr., M. m. W. 1 fl.; Hôtel Wolf; *Bahnhofsrestauration. — Actienbrauerei* von *Pschorr,* treffl. Bier), die ehem. *Rheinschanze,* einst ein Brückenkopf der

alten Festung Mannheim, während der Revolutionskriege mehrfach
Gegenstand blutiger Kämpfe, der Ort, wo in der Neujahrsnacht
von 1813 auf 1814 die Verbündeten, eine russische Heeresabtheilung unter General v. Sacken, den Rheinübergang erzwangen. Am
15. Juni 1849 und an den folgenden Tagen wurde Ludwigshafen mit
12 schweren Geschützen von Mannheim aus durch badische Insurgenten lebhaft beschossen, wobei mehrere Gebäude abbrannten.
Der Bau dieser neuen Stadt begann 1843; als Handelsplatz
gewinnt sie täglich grössere Bedeutung. Das 1850 aufgeführte
Werft gehört zu den schönsten am Rhein. Lange Waarenschuppen und ein stattliches 1852 vollendetes *Lagerhaus*, mit dem
Bahnhof durch Schienen verbunden, erheben sich auf demselben.
Die beiden neuen Kirchen in roman. u. goth. Stil sind beachtenswerth. Mit *Mannheim* (S. 36) steht es durch eine Schiffbrücke in
Verbindung (Eisenbahnbr. im Bau). Omnibus u. Droschken s. S. 36.

Nach Dürkheim (S. 144) tägl. mehrmals Personenwagen. Einsp.
nach Dürkheim 3 fl., auf mehrere Tage 3½ bis 4 fl. tägl.

Folgt Station *Oggersheim*, mit der schönen Lorettokirche. Eine
Gedenktafel an einem Hause in der „Schiller-Strasse" erinnert
daran, dass Schiller 1782 hier wohnte „der Dichtkunst in erwünschter Verborgenheit lebend". Schiller arbeitete damals an
seinem Trauerspiel „Kabale und Liebe". **Frankenthal** *(Hôtel Otto)*
ist ein betriebsames regelmässig gebautes Städtchen. Niederländische Calvinisten, 1554 von den Spaniern aus ihrem Vaterland vertrieben, 1562 wegen religiöser Streitigkeiten von Frankfurt ausgewandert, waren Gründer desselben. Das Portal der 1119 gegründeten
Klosterkirche, hinter der kath. Kirche, mag für Kunstfreunde, das
pfälz. Kranken- und Siechenhaus und die Irrenpflege-Anstalt für
Aerzte beachtenswerth sein. Mit dem 1 St. entfernten Rhein ist
Frankenthal durch einen 1777 angelegten, 50' br. Canal verbunden.

— Nach Dürkheim (S. 144) Omnibus in 2½ St.

Folgt Station *Bobenheim*. Vor **Worms** (S. 38) überschreitet
die Bahn die bayrisch-hessische Grenze. *Dom* und *Liebfrauenkirche* treten besonders hervor. Die Bahn streift fast an den
Friedhof, auf welchem ein Denkmal mit einem Helm sichtbar wird,
der 1848 errichtete „Veteranenstein", einer jener Erinnerungssteine an alte Napoleonische Soldaten, wie man sie auf verschiedenen Kirchhöfen der grössern linksrhein. Städte findet.

Links zeigt sich in der Ferne **Hernsheim** mit dem weissen Schloss
der Familie von Dalberg, einst eine der angesehensten im Deutschen Reich.
„Ist kein Dalberg da?", war nach jeder Kaiserkrönung der erste Ruf des
Kaisers, und der erste Ritterschlag galt, in Belohnung früherer dem Habsburgischen Kaiserhaus geleisteten Dienste, in diesem Fall einem Dalberg.
Die Familie führt den Beinamen „Kämmerer von Worms". Sie war auch
eine der ältesten; bekannt ist, wie einst eine Frau von Dalberg ihrem
Kutscher befohlen haben soll, sie zu „ihrer Cousine nach Liebfrauen"
(S. 41) zu fahren. Gebäude und Anlagen und die roman. Kirche zu
Hernsheim sind sehenswerth. In dieser ruhen die letzten Glieder dieses
Zweigs der Familie, der Fürst-Primas Carl von Dalberg († 1817), einst

Grossherzog von Frankfurt, und der von Napoleon für die durch ihn eingeleitete Heirath mit Marie Louise zum Herzog ernannte frühere badische Gesandte in Paris, Emmerich Joseph von Dalberg († 1833).

Folgen die Stationen *Osthofen, Mettenheim, Alsheim*.

Guntersblum *(Krone)*, ein dem Grafen v. Leiningen gehörendes Städtchen mit einer alten Kirche und behelmten Thürmen. Das grosse weit hervorragende Gebäude ist das *Rathhaus*. An der Nordseite des Orts wird das gräfl. *Schloss* mit den Gärten sichtbar. Auf der grossen Ebene zwischen Guntersblum und Oppenheim wurde am 4. Septbr. 1024 die Kaiserwahl gehalten, durch welche der Salier Conrad II. auf den Thron gelangte.

Vor **Oppenheim** (Gastwirthsch. v. *W. Ritter*) tritt die Bahn an die weinreichen Hügel. Die rothe Catharinenkirche (s. unten) auf der Höhe nimmt sich stattlich aus. Durch die öden Fenstermauern der Burg Landskron (s. unten) blickt der Himmel. *Bonconica* ist der in den Itinerarien vorkommende röm. Name dieser uralten Reichsstadt, die im 12. Jahrh. zum rhein. Städtebund trat, da sie, besonders durch den Schutz der fränk. Kaiser, Heinrichs IV. namentlich, schnell gewachsen war. Sie erlitt 1689 durch die Franzosen eine furchtbare Zerstörung; nur ein einziges Haus blieb damals verschont. Auch der westl., 1439 geweihte Langchor der (prot.) *Catharinenkirche wurde in Schutt gelegt; der östl., 1262—1317 erb. Theil der Kirche wurde erhalten; er gehört zu den schönsten goth. Bauwerken, 1838—1843 hergestellt. Auf Glasbildern und Grabsteinen des 15. Jahrh. sieht man mehrfach die Wappen der Dalberg (S. 29), Sickingen, Gemmingen, Greiffenclau, Andlaw. An der Nordseite des Kirchhofs ein Beinhaus mit Knochen u. Schädeln, darunter angeblich viele Spanier und Schweden aus dem 30jähr. Krieg; an einigen Schädeln sind noch Kugellöcher. Der Glöckner (12 kr.) wohnt oben l. an der Treppe des südl. Haupt-Eingangs.

Noch höher mit der Stadt durch eine Mauer zusammenhängend, die Reste der einst berühmten Reichsfeste *Landskron*, erbaut unter Kaiser Lothar, hergestellt von Kaiser Ruprecht, der hier am 18. Mai 1410 starb. Unterirdische Gänge ziehen sich bis zur Stadt hinab. Oben weiter Ueberblick über die fruchtbare Rhein-Ebene, n.ö. Taunus, s.ö. Melibocus und das Gebirge der Bergstrasse.

Zwischen diesen alten Bauwerken nehmen sich zwei neue Thürme, der eine als Uhrthurm dienend, seltsam aus; den andern hat 1852 die hier begüterte Frau Frowein aus Elberfeld bauen lassen.

Nierstein *(*Anker)* zeichnet sich durch seinen sorgfältigen Weinbau aus. Die grünen Reben auf dem rothen Grund machen sich ganz malerisch. Der Niersteiner wird den Rheinweinen zugezählt, der Oppenheimer gehört noch zu den Pfälzer Weinen. Die *v. Herding'sche Familiencapelle* ist mit 6 grossen Fresken von Götzenberger geziert. Auf der Höhe l. ein alter Wartthurm.

An einer Kette niedriger aber ergiebiger Rebenhügel, liegen links die weinreichen Orte *Nackenheim*, *Bodenheim* und *Laubenheim*, vor Mainz das stattliche Dorf *Weissenau.* Das Weissenauer Lager bildet einen Theil der Mainzer Befestigung. Der Zug führt unterhalb der *Neuen Anlage* hin und unter der Eisenbahnbrücke über den Rhein durch, in den Bahnhof von *Mainz,* am oberen Ende der Stadt (s. R. 33).

7. Speyer.

Nach Vollendung der inneren Ausschmückung des Doms ist Speyer, in ähnlicher Weise wie die neuen Münchener Kirchen, das Ziel der Wallfahrten aller Kunstfreunde geworden. Die Schraudolph'schen Fresken haben den Speyerer Dom zu einer der prächtigsten Kirchen Deutschlands gemacht.

Speyer (304′) (**Wittelsbacher Hof* oder *Post;* **Rhein. Hof;* *Pfälzer Hof am Dom), die Hauptstadt der bayrischen Rheinpfalz, Sitz der Regierung und des Bischofs, mit 13,000 Einw. ($^2/_5$ Protest.), die „Todtenstadt der deutschen Kaiser", der Römer *Noviomagus, Neomagus, Nemetae* oder *Augusta Nemetum,* war oft Sitz der deutschen Könige, seit sie bei der Theilung zu Verdun (843) mit Worms und Mainz an Deutschland gekommen war, „des Weines wegen", wie der Vertrag meldet. Besonders erhob sich Speyer unter den Salischen Königen, welche auf ihrem Schloss Limburg bei Dürkheim (S. 144), 6 St. von Speyer, wohnten.

Conrad II. gründete 1030 den ****Dom** (von 11—2 U. und Abends von 6 U. an geschlossen) als Grabstätte für sich und seine Nachfolger; sein Sohn Heinrich III. und dessen Sohn Heinrich IV. vollendeten (1061) den Bau. Sie alle fanden dort ihre Ruhestätte; Heinrich IV., auf dem der Bannfluch Gregors noch ruhte, erst, nachdem sein Leichnam fünf Jahre in der von ihm erbauten St. Afra-Capelle, an der Nordseite des Doms, unbegraben gestanden hatte; dann Heinrich V., der letzte des Salischen Kaiserstamms, der den Vaterfluch mit in die Gruft nahm; Philipp von Schwaben, Rudolf v. Habsburg, Adolf v. Nassau und Albrecht I. v. Oesterreich, durch dessen Hand Adolph bei Göllheim (S. 143) fiel. Kaiser Heinrich VII. liess gleich nach Albrechts Ermordung (1308) beide Gegenkönige an demselben Tage und nur eine Handbreit von einander in die Kaisergruft senken. Auch die fromme Gisela, die Gemahlin Conrads II., Bertha, die Gemahlin Heinrichs IV., Beatrix, des Barbarossa Gemahlin und deren Tochter Agnes liegen hier begraben. Der h. Bernhard zog 1146 unter dem Lobgesang auf die Himmelskönigin *(salve regina)* in den Dom ein, und fügte einer Sage zufolge begeistert die Worte bei: *o clemens, o pia, o dulcis virgo Maria!* die seitdem in den Lobgesang aufgenommen sind und ehemals auch in Erzschrift auf dem Boden des Doms eingegraben waren (jetzt stehen sie über dem grossen Bogen vor dem Hauptchor). Er predigte hier so feurig das Kreuz, dass Kaiser Conrad III. sich zu dem Zuge ins gelobte Land entschloss.

Nach dem grossen Brand von 1450 war der Dom bald wieder erstanden. Am 31. Mai 1689 verheerten französ. Soldaten ihn mit Feuer und Schwert, und schonten selbst nicht der Ruhe der Todten, um Schätze zu finden. Die Kaisergräber wurden erbrochen, durchwühlt und zerschlagen, die schönsten Thürme in der Stadt gesprengt, die Einwohner ausgetrieben, die Stadt hierauf mit Stroh, Heu und Reisig gefüllt und alles in Brand gesteckt. Die ganze Stadt ward ein Raub der Flammen (vgl. S. 39). Namenlose Grausamkeiten wurden durch die Söldner des „allerchristlichsten" Königs Ludwigs XIV. begangen, die Louvois, Montclar (S. 27) und Melac. Die Zerstörung der Kaisergräber wiederholte sich nochmals am 12. Oct. 1693 unter dem Befehl des franz. Intendanten *Hens*, und in wunderbarer göttlicher Fügung, hatte gerade an demselben Tage 100 Jahre später und unter Leitung des Volksrepräsentanten desselben Namens, *Hentz*, die Verwüstung der Gräber der franz. Könige zu St-Denis statt, wobei mit der Asche des Pfalzverwüsters Ludwigs XIV. begonnen wurde.

Auch der Dom zu Speyer unterlag im folgenden Jahre (1794 vom 10. bis 20. Januar) einer neuen Verwüstung. Alles Brennbare, Kreuze, Altäre, Chorbücher, wurde vor dem Dom aufgehäuft und verbrannt, wobei die Republicaner wilde Tänze aufführten. Das Gebäude wurde nun als Magazin benutzt, und sollte zu Ende des Jahrh. einer öffentlichen Versteigerung um den Abschätzungspreis von 8000 fr. ausgesetzt werden, was indess glücklich verhindert wurde. Napoleon bestimmte zwar im J. 1806 den Dom wieder zum Gottesdienst, er war aber so zerfallen und keine Mittel zur Herstellung vorhanden, dass er blieb, was er war, Magazin. Erst im J. 1822 konnte der durch die Hülfe des Königs Maximilian Joseph neu erstandene Dom dem Gottesdienst zurückgegeben werden.

Die Krypta, unter Querschiff und Chor, ist in allen Theilen der alte, 1039 geweihte Bau; die Choranlage mit den beiden östlichen 248' h. Thürmen gehört höchst wahrscheinlich einer Bauveränderung nach 1068 an; der Neubau nach dem Brand von 1159 beschränkte sich wohl auf die obern Theile der Kirche. Der roman. Stil erscheint an dem ganzen Gebäude massenhaft, grossartig und einfach.

Die *Vorderseite* des Doms ist nach Entwürfen des verstorb. BaudirectorsHübsch zu Carlsruhe (S. 87) von 1854 bis 1858 neu aufgeführt, namentl. die 225' h. westl. Thürme sammt der Glockenkuppel und der Kaiser-Halle. An der Vorderseite oben ein grosses Radfenster, in der Mitte ein Christuskopf mit der Dornenkrone auf Goldgrund, in den Ecken die Sinnbilder der 4 Evangelisten, Engel (Matthaeus), geflügelter Löwe (Marcus), Ochs (Lucas) und Adler (Johannes). Ueber dem Hauptthor der kaiserliche Doppeladler, über den Seitenthoren der pfälz. Löwe. In der Vorhalle

(*Kaiser-Halle*) unter den westl. Thürmen sind 1858 in Blenden von Goldmosaik die Standbilder der im Königschor begrabenen Kaiser (S. 31) aufgestellt, r. Conrad II., Rudolf v. Habsburg, Adolf v. Nassau, Albrecht v. Oesterreich; l. Heinrich III., Heinrich IV. (im Büssergewand), Heinrich V., Philipp v. Schwaben, Conrad II. von *Dietrich*, alle andern von dem Wiener Bildhauer *Fernkorn* in weissem Sandstein gearbeitet. Die 4 Reliefs sind von *Pilz:* Conrad legt den Grundstein zum Dom; Rudolf und der Priester mit der Hostie; Rudolf empfängt die Botschaft der Kaiserwahl; bei der Kaiserkrönung zu Aachen nimmt er in Ermangelung das Kreuz vom Altar. Ueber dem innern Hauptportal al fresco die Weihe der Kirche an die h. Jungfrau, l. der h. Bernhard und h. Stephan, r. Johannes d. Täufer und der Maler Schraudolph.

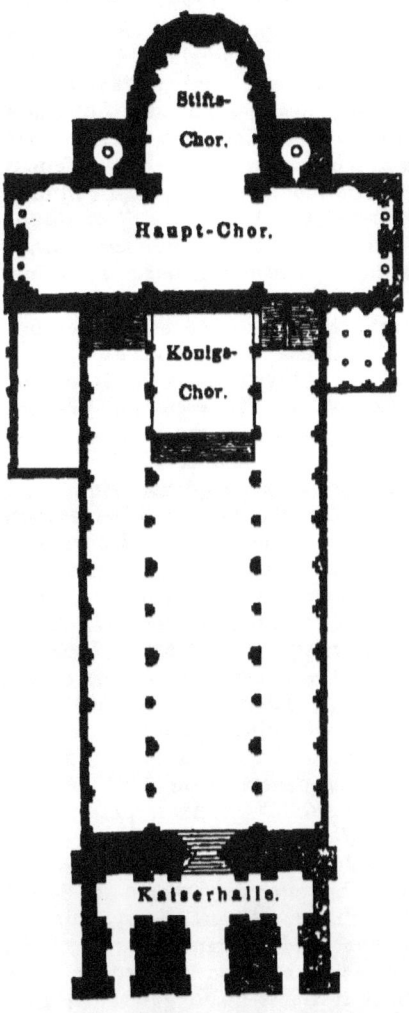

Der Dom ist 472½' lang, Langhaus 127' breit, Querschiff 187' lang, Mittelschiff 99' hoch, an der Aussenseite Länge des Gebäudes gerade 200 Schr., Breite der westl. Vorderseite 58 Schritte; im Innern vom Eingangsthor bis zum Königs-Chor 90 Schr. l., Königschor 30, Haupt- und Stifts-Chor 56 Schr. l., Breite im Schiff 60, im Hauptchor 87 Schritte. Das Mittelschiff hat die doppelte Höhe der Seitenschiffe. Grundfläche 45,615 ☐' (nach einer uralten aber grundlosen Sage hat der Speyerer Dom nur 36 ☐' Grundfläche weniger als der Kölner Dom).

Zwei Inschriften, in der Kirche selbst, über den westl. Seitenthüren, melden: *Dieses Gotteshaus, zerstört durch Brand im J. 1689, ward wieder aufgebaut im J. 1772 durch Fürstbischof August Philipp Carl Reichsgrafen v. Limburg-Styrum. verwüstet* im J. 1794, wieder hergestellt im J. 1820 durch Maximilian Joseph I. König von Bayern. — Maximilian II. König von Bayern, Pfalzgraf bei Rhein, liess die Schiffe ausschmücken mit Gemälden von Johannes Schraudolph, mit Ornament von Joseph Schwarzmann, vollendet im J. 1853.

Im *Königs-Chor* auf grossen Fussgestellen zwei überlebensgrosse *Steinbilder, rechts (auf der Epistelseite) *Rudolf von Habsburg*, in Tiroler Marmor von Schwanthaler, der Kaiser sitzend, das Schwert in der Rechten, den Helm zu Füssen, als Wiederhersteller der Ordnung und des gesetzlichen Zustandes nach der trüben Zeit des Interregnum. Das Antlitz hat treue Bildnissähnlichkeit bekommen durch Benutzung des unzweifelhaft ächten Grabsteins, der in der Gruftkirche des Doms sich befindet. Die Inschrift an dem Fussgestell von Granit lautet: „*Dem Römischen Könige Rudolph v. Habsburg, dem Vater einer seiner Ahnfrauen, errichtete im J. 1843 dieses Grabmal Ludwig I., König von Bayern, Pfalzgraf bei Rhein.*" Das Steinbild zur Linken (auf der Evangelienseite), von Ohmacht (S. 16) in Sandstein ausgeführt. stellt Kaiser *Adolph v. Nassau* knieend dar. Das Fussgestell von schwarzem Marmor ruht auf vier geflügelten Löwen. Inschrift: „*Adolphus de Nassau Rom. Rex ob. a. 1298 regni sui VII. die II. Julii. Atavo Aug. in loco, quo sepultus est, monum. hoc restituit Wilhelmus Dux Nassoviae 1824.*" (Vergl. S. 143.)

Rechts und links am Aufgang zum Hauptchor sind zwei *Reliefs* eingemauert, früher in der Gruftkirche, 1853 hergestellt, auf jedem vier Kaiserbilder in ganzer Figur, theilweise vergoldet, mit den alten Inschriften, links: „*Conrado II., qui hanc Deo sacram fundavit aedem ac sibi suisque successoribus cis Alpes reliquit sepulturam. salus. Conradus II. pater, Henricus III. filius, Henricus IV. nepos, Henricus V. pronepos.*" Rechts: „*D. O. M. virginem ac matrem supplex veneror, memineris velim hunc locum 1030. Philippus Imp., Rudolphus I. Habsburgi, Adolphus Nassovius, Albertus I. Austriacus in hac basilica sepulti.*"

Im Hauptchor berichten zwei Inschriften, rechts: „*Kaiser Conrad II. legte den Grundstein zu diesem Dome 1030, Kaiser Heinrich IV. vollendete den Bau 1061.*" Links: „*Ludwig I. König von Bayern, Pfalzgraf bei Rhein, liess die Chöre mit Gemälden ausschmücken. welche von Joh. Schraudolph 1845 begonnen, 1850 vollendet wurden.*" Seitdem sind auch die Fresken im Schiff fertig geworden (vgl. oben). Diese Bilder, 32 grosse Compositionen (die 8 grossen Bilder im südl. und nördl. Seitenchor an 20' br., 22' h.), ausserdem zahlreiche einzelne Figuren, gehören zu dem Schönsten, was die neuere Kunst in Deutschland geschaffen hat.

**Fresken, von *Joh. Schraudolph* mit seinen Kunstgehülfen *Claud. Schraudolph, Jos. Mösel, J. C. Koch. Sussmair* und *Max Bentele* seit 1845 ausgeführt, die Ornamente von *Jos. Schwarzmann*. Langschiff, nördl. Wand: 1. Adam und Eva, 2. Abrahams Verheissung, 3. König Davids Vision, 4. Mariæ Geburt, 5. Vermählung, 6. Heimsuchung, 7. Anbetung der Weisen,

8. Beschneidung, 9. Maria findet den 12jährigen Jesus im Tempel, 10. Josephs Tod, 11. Jesus als Lehrer, 12. der auferstandene Heiland; *südl. Wand:* 1. Noahs Dankopfer. 2. der brennende Dornbusch, 3. Weissagung des Propheten Jesaias, 4. Mariæ Opferung, 5. der englische Gruss, 6. Christi Geburt. 7. Simeons Weissagung, 8. Flucht nach Aegypten, 9. Jesus zu Nazareth, 10. Hochzeit zu Cana, 11. Kreuzigung, 12. Sendung des h. Geistes. Kuppelgewölbe: das Lamm, Abel, Abraham, Melchisedech, das Manna, Jesaias, Jeremias, Ezechiel, Daniel, Matthæus, Marcus, Lucas, Johannes (auf Goldgrund). Südl. Seitenchor: *Steinigung des h. Stephanus* (Altarnische, auf Goldgrund), darüber der h. Stephanus vor dem hohen Rath, l. daneben die Diaconenweihe, darunter Enthauptung des h. Stephanus, Papstes und Märtyrers; Rückwand: Gebet dieses Heiligen. Nördl. Seitenchor: *Vision des h. Bernhard* (Altarnische, auf Goldgrund), darüber Ankunft des h. Bernhard in Speyer, r. daneben Gebet am Altar, darunter Ueberreichung des Kreuzbanners; Rückwand: Heilung eines Knaben, Abreise des Heiligen. Stiftschor: Maria und Johannes, Mariæ Tod, Begräbniss, Himmelfahrt, Krönung (in der Chornische). Neben diesen grössern Bildern noch eine Anzahl von Heiligen in den Zwischenräumen, den Kreuz-Gewölben, den Capellen-Altären. Die Farbenskizzen und Cartons sind in einem Saal über der (südl.) Taufcapelle ausgestellt. Eintritt (12 kr.) im südl. Seitenchor.

Eine geländerlose Arcaden-Gallerie zieht sich oben aussen um den ganzen Dom, und gewährt, namentlich östl. nach Heidelberg hin, eine hübsche Aussicht, besonders aber auch Gelegenheit, durch die Fenster die Fresken im Schiff und Chor von oben zu betrachten. Der Glöckner (30 kr.) dient als Begleiter. — Die 1857 hergestellte **Krypta** unter dem Chor ist architectonisch sehr beachtenswerth (vgl. S. 32).

Der ehemalige **Domkirchhof** ist in baumbepflanzte Anlagen verwandelt. An der Südseite des Doms steht hier der *Oelberg*, jetzt eine wunderliche Steinmasse mit bildlichen Darstellungen in Sandstein, Blätterwerk u. dgl., von fünf freistehenden goth. Pfeilern umgeben, im J. 1411 errichtet. Er war ursprünglich eine kunstreiche Capelle in dem jetzt verschwundenen Kreuzgang (s. R. 32 beim Mainzer Dom) und stellte den Garten Gethsemane und die Gefangennehmung des Heilands dar. — In der Nähe unter den Bäumen ist der *Domnapf*, eine grosse Sandsteinschüssel, einst die Grenze des städtischen und bischöfl. Gebiets bezeichnend. Jeder neue Bischof musste ihn, nachdem er gelobt hatte, die Freiheiten der Stadt zu achten, voll Wein giessen lassen, worauf er von den Bürgern auf seine Gesundheit geleert wurde. — Oestlich vom Chor ragt aus den Bäumen das *Heidenthürmchen* hervor, dessen Unterbau aus der Römerzeit herrühren mag. Wahrscheinlich gehörte der Thurm zur Stadtmauer, die im J. 1080 Bischof Rudger aufführen liess. Er birgt einige vorsündfluthliche Thierknochen und mittelalt. Alterthümer. — Nordöstlich vom Dom ist eine durch ein Gitter verschlossene offene Halle, die *Antiken-Halle*, in welcher römische und andere in der Rheinpfalz gefundene Alterthümer aufgestellt sind, „*monumenta antiquitatis Romanae*", wie die Ueberschrift lautet. — Eine Tafel, äusserlich am n.ö. Strebepfeiler des Domchors eingemauert, meldet: „*Auf diesem Platze stand die kaiserliche Pfalz, um 1100 von Kaiser Heinrich IV. dem Bischof Johann I. übergeben, seit dieser Zeit bischöfliche Residenz, zerstört 1689*".

Die breite Maximilianstrasse begrenzt im Osten der Dom, im Westen ein alter hübscher Thurm, das **Altpörtel**, das einzige Ueberbleibsel der alten freien Reichsstadt; der Reichsadler, der einst die Spitze zierte, ist längst verschwunden. Die Verwüstungen, welche Speyer von den Franzosen zu erdulden hatte, haben an Alterthümern der Baukunst wenig übrig gelassen. Eine alte unscheinbare Mauer neben der protest. Kirche ist der einzige Ueberrest des alten Kaiserpalastes, der **Retscher** genannt, in welchem 29 Reichstage gehalten wurden, namentlich jener unter Kaiser Carl V. 1529, nach welchem die neuen Religionsverwandten von einer am 19. April übergebenen Protestation den Namen *Protestanten* erhielten. Die Bischöfe, welche, wie jene von Köln, nicht in der Stadt verweilen durften, wohnten bis ins 17. Jahrh. auf der Madenburg (S. 147), später in Bruchsal (S. 85).

Von Speyer in etwa ³/₄ St. in Nachen (18 kr. und mehr je nach der Personenzahl) nach *Ketsch* (Whs.), von wo ein guter Weg durch Tannenwald in ½ St. nach Schwetzingen (S. 38) führt.

8. Mannheim und Schwetzingen.

Gasthöfe. *Am Rhein*, beim Landeplatz der Dampfboote: *Europ. Hof, Z. 1 fl., L. 18, F. 30, B. 24 kr. *In der Stadt:* *Pfälzer Hof, Z. 1 fl., F. 24, B. 18 kr.; *Deutscher Hof, von Geschäftsleuten viel besucht. — *König von Portugal, Schwarzer Löwe, beide für bescheidene Ansprüche; Zähringer Hof bei der Concordienkirche. *Drei Glocken (Hôtel Langeloth) in der Nähe des Strohmarkts. Weisses Lamm, Bier- u. Gasthaus, reinlich und nicht theuer; Goldene Gans, ebenso.

Restauration. Stern beim Theater; Café Français; Mohrenkopf, Rosenstock, beide mit reicher Speisekarte, nicht theuer.

Bierhäuser. Rothes Schaf, Maierhof, alte Sonne, Löwenkeller an der Strasse vom Theater nach dem Rhein, Bockkeller beim Heidelberger Thor.

Eisenbahnen. Nach *Darmstadt* und *Frankfurt* (S. 63) und nach *Heidelberg* (S. 75) u. s. w. Abfahrt vom Bahnhof zu Mannheim, nach *Speyer, Neustadt* u. s. w. (R. 28) und *Mainz* (S. 26) vom Bahnhof zu Ludwigshafen.

Dampfboot. Der Landeplatz ist vom Bahnhof zu Ludwigshafen 15, vom Mannheimer Bahnhof 30 Min. entfernt; man gelangt vom letzteren an denselben, wenn man vom Bahnhof in gerader Richtung die Strasse am Theater und an den Jesuitenkirche vorbei bis zur Sternwarte verfolgt und sich dann halblinks durch den Hofgarten wendet.

Fuhrwerk. Omnibus vom Mannheimer Bahnhof nach dem Ludwigshafener, 20 M. Fahrens, ohne Gepäck 22 kr., jeder Koffer 6 kr.; Droschke von Bahnhof zu Bahnhof 1–2 Pers. 45 kr., 3 Pers. 51 kr., 4 Pers. 1 fl. 8 kr. In der Stadt 12 kr. die Fahrt für 1 Pers., 24 kr. für 2, 27 für 3, 36 kr. für 4 Pers.

Packträger vom Bahnhof oder dem Dampfboot zum Omnibus oder der Droschke für jedes Stück 3 kr.

Telegraphen-Stationen im Bahnhof und in der Stadt im Postamtgebäude.

Mannheim (258′) ist erst 1606 vom Kurf. Friedrich IV. von der Pfalz gegründet, der sich nicht weit von der Neckarmündung eine Burg erbaute, welche mit den Anfängen der Stadt im 30jähr. Krieg, und nachdem die letztere kaum wieder zu erstehen begonnen hatte, 1689 von den Franzosen zerstört wurde. Seinen spätern Glanz verdankt Mannheim dem Kurf. Carl Philipp, der 7121 wegen kirchlicher Streitigkeiten mit den Bürgern von

Heidelberg hierher zog, und dessen Nachfolger Carl Theodor, der 1778 seine Residenz nach München verlegte. Die Belagerung von 1795 beschädigte Vieles; die Festungswerke wurden 1799 geschleift.

Mannheim hat 30,425 Einw. (Hälfte Kath.) und ist die regelmässigste Stadt Deutschlands, in 100 grossen Quadraten schachbrettartig erbaut. Der Speditions- und Productenhandel (Tabak, Krapp, Spelz, Obst), welcher seit Aufhebung des Kölner Stapels von Mannheim aus betrieben wird, hat diesen an der Mündung des *Neckars* in den *Rhein* gelegenen Ort zum ersten Handelsplatz am Oberrhein gemacht. Der Rheinhafen steht durch eine um die Stadt geführte Güterbahn mit dem Neckarhafen und dem Bad. Bahnhof in Verbindung.

In dem von 1720 bis 1729 erbauten, 1795 theilweise zerstörten umfangreichen **Schloss** (Vorderseite 1700' lang, Eingang durch den östl. Thorweg) befindet sich links im Thorweg, in einem durch ein Gitter verschlossenen offenen Gang, eine Anzahl *röm. Denksteine* mit merkwürdigen Inschriften und Bildwerken, kleine etrur. Sarkophage, Statuetten u. dgl.; im ersten Stock desselben Flügels (Aufgang rechts) eine *Bildergallerie*, in welcher nur einzelne Niederländer von Werth, eine bedeutende *Kupferstichsammlung*, eine Sammlung von *Abgüssen berühmter Antiken*, und ein kleines *Naturalien-Cabinet*. Die Grossherzogin Stephanie († 1860), des Kaisers Napoleon I. Adoptivtochter, Wittwe des 1818 gest. Grossherzogs Carl, bewohnte früher das Schloss. Mannheim ist überhaupt Sitz des pfälzischen Adels.

Bildergallerie täglich von 8—12 und von 2 bis Abends zu sehen (30 kr. Trinkg.) Mittw. 11—4 Uhr unentgeltlich. *Vorsaal:* antike Büsten in Gypsabgüssen; Kupferstiche. — I. Saal: Bilder neuerer badischer Maler. II. Saal: *L. Cranach* 34. sterbende Maria; 35. Christi Geburt; 21. *Kunts* ruhende Kühe; 24. *Holbein* Bildniss; 25. *Ross* Frankfurter Senator; 33. *Hamilton* todtes Wild. III. Saal: 60. *Hondekoeter* Federvieh. IV. Saal: 119. *Rubens* Bildniss seiner zweiten Frau; 97. *Peters* Seesturm; 88. *Ruisdael* Landschaft. V. Saal: *Rembrandt* Christus vor Pilatus, 122. zwei Geistliche; 127. *Potter* Rinder; 141. *Ruysch* Fruchtstück; 163. *Weenix* todtes Wild; *Terburg* 183. Gesangunterricht, 182. Spitzenklöpplerin; 190. *Wouvermans* Plünderung. VI. Saal: *Teniers* 201. Bauernhochzeit, 205. spielende Bauern, 195. Wirthshausleben. 196. Bauernmahlzeit; 212. *Helmont* Alchymist; *Teniers* 219. Scheerenschleifer, 222. singende Bauern; 213. *Everdingen* Landschaft; 235. *Joseph Vernet* ruhige See; 221. *Ryckaert* Schuhflicker, 224. Wirthshausleben, 231. Urindoctor; 253. *Le Brun* Bildniss eines Rathsherrn. VII. Saal: 259. *Cignani* Joseph und Potiphar. VIII. Saal: antike Statuen und Gruppen in Gypsabgüssen.

Das **Theater**, 1854 innerlich und äusserlich hergestellt, gehört zu den bessern des südl. Deutschlands (Decorationen ausgezeichnet). Schillers erste Stücke, Räuber, Fiesco, Kabale und Liebe, wurden hier unter seiner Leitung und Ifflands Mitwirkung aufgeführt. — Auf dem „Schillerplatz" (Theaterplatz) wurde den 10. Nov. 1862 *Schiller's Standbild* von *Cauer*, „errichtet aus Beiträgen der Stadt Mannheim, der ersten Zeugin seines Ruhmes", wie die Inschrift auf der Rückseite des Piedestals meldet, enthüllt. Rechts neben demselben erhebt sich seit Sommer 1864 das Standbild *Ifflands* († 1814), der seine Künstlerlaufbahn in Mannheim begann, Geschenk König Ludwigs I.

Von Gebäuden wären noch zu nennen: die an Marmor und Vergoldung reiche **Jesuitenkirche**, 1733 erbaut, die *Sternwarte*, das *Zeughaus*, das *Kaufhaus*, sämmtlich um die Mitte des vor. Jahrh. erbaut, dann auch die langen Gebäude des *Freihafens* am Rhein, um 1840 von Hübsch aufgeführt, durch ihre saubere Form und den verzierenden rothen Sandstein ausgezeichnet. Die neue *Synagoge* ist im byzant. Stil erbaut und reich geschmückt mit Vergoldung und Arabesken. Vor dem Kaufhaus ein grosses wasserloses Brunnengestell in Erzguss, Anfang des 18. Jahrh. verfertigt. Auf dem *Marktplatz* ein *Denkmal*, welches die Bürger Mannheims dem Kurf. Carl Theodor errichtet haben. In derselben Richtung weiter n. ist die grosse 1845 erb. **Kettenbrücke** über den Neckar.

Einem durchreisenden Fremden bietet Mannheim wenig Veranlassung zu längerem Aufenthalt; dieser wird seine Zeit lieber dem Dom zu Speyer (Eisenbahn in ³/₄ St. s. R. 27) mit geschichtlichen Denkmälern und prächtigen Fresken (S. 34), der grossartigen und herrlichen Umgebung Heidelbergs (s. S. 75, Eisenbahn in ¹/₂ St.), oder den berühmten Schwetzinger Gärten widmen.

Man fährt zu letzterem Zweck auf der Eisenbahn in 15 Min. bis *Friedrichsfeld* (1682 von franz. Calvinisten auf der Stelle „*bei Seckenheim*" erbaut, wo Kurf. Friedrich I. 220 Jahre früher den grossen Sieg über die Pfalzverheerer Herzog Ulrich v. Württemberg, Markgraf Carl v. Baden und Bischof Georg v. Metz erfochten hatte), Station zwischen Mannheim und Heidelberg (vgl. S. 69), und von da in einem Einspänner (hin und zurück 1 fl. 45 kr.) oder in Personenwagen (im Sommer 4mal tägl.) in 45 Min. nach **Schwetzingen** (*Erbprinz; Hirsch*). Die *Gärten* legte in der Mitte des 18. Jahrh. Kurf. Carl Theodor an. Sie umfassen 186 Morg. Land. Die neuere Gartenkunst hat die herrlichen Baumreihen der altfranzösischen Anlage mit zierlichen englischen Partien umgeben. Man gebraucht 2 St., um Alles zu besichtigen. Die sehenswerthesten Gegenstände sind nach Reihenfolge der Lage, links beginnend (Führer ganz unnöthig): Tempel der Minerva, Moschee (umfassende Aussicht von einem der beiden 140' h. Minarets, 12 kr. Trinkg.), Mercurtempel, Aussicht am grossen Weiher, bei den Colossalfiguren „Rhein" und „Donau", durch die Waldöffnung bis zum Haardtgebirge, Apollotempel, Badhaus (12 kr. Trinkg.), wasserspeiende Vögel, römische Wasserleitung, Orangeriehaus.

Das von Kurf. Carl Ludwig um die Mitte des 17. Jahrh. erbaute *Schloss* hat nichts Aussergewöhnliches. Er gab es 1657 seiner geliebten Raugräfin Louise v. Degenfeld zur Wohnung. Auf dem *Gottesacker* ruht Hebel, der Sänger der allemann. Lieder, der „rheinische Hausfreund". Er starb hier 1826 auf einer Berufsreise. Im J. 1859 ist auf seinem Grabe ein Denkmal errichtet (vgl. S. 88 u. 133).

9. Worms.

Auch der Dom zu Worms, namentlich die Steinbildwerke in der Taufcapelle, belohnen einen kurzen Aufenthalt in **Worms** (*Alter Kaiser* beim Dom, Z. 48, B. 18 kr.; *Rhein. Hof* am Landeplatz der Dampfb., ¹/₄ St. von der Stadt; *Liebfrauenberg*; Bahnh.-Restaur.). *Worms* ist eine der ältesten Städte Deutschlands, 15 Min. vom Rhein entfernt, der einst die Mauern der Stadt berührte. Die fränkischen Könige, vor ihnen schon die burgundischen Eroberer

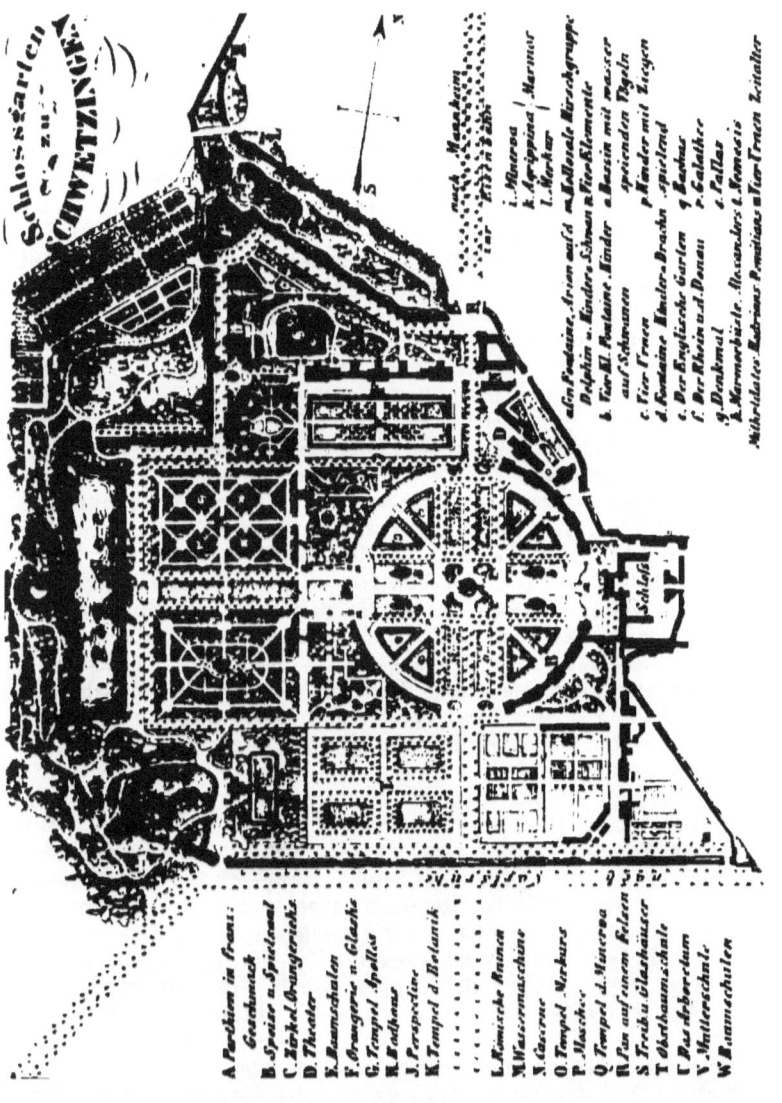

des Rheinlandes (431), dann Carl der Grosse und seine Nachfolger, nahmen hier häufig ihren Sitz. Hier ward 772 der Krieg gegen die Sachsen beschlossen, hier öfters die Maiversammlung gehalten, sowie der grosse Kampf über die Belehnung der Bischöfe mit Ring und Stab 1122 durch ein Concordat zwischen Kaiser Heinrich V. und Papst Calixtus II. beendigt. Eine lange Reihe denkwürdiger Begebenheiten knüpft sich an seinen Namen.

Die freie Reichsstadt Worms war bereits im J. 1255 Mitglied des rhein. Städtebundes, und zählte zur Zeit Friedrich Barbarossa's 70,000, noch zu Anfang des 30jähr. Kriegs an 40,000 Einw., jetzt nur 10,726 (6422 Prot., 3423 Kath., 881 Juden). Der schwedische Oberst Haubold liess im J. 1632 alle Vorstädte niederreissen. Aufs Grausamste wütheten im J. 1689 Ludwigs XIV. Mordbrenner unter dem Befehl Melac's und des jungen Herzogs v. Créqui. Es war verkündet worden, dass an einem bestimmten Tage ganz Worms niedergebrannt werden würde, nur der Dom sollte verschont bleiben. Das Werthvollste wurde nun von den bestürzten Einwohnern in den Dom geflüchtet und fiel auf diese bequeme Weise in die Hände des raubsüchtigen Feindes. Am 31. Mai 1689 Nachmittags 4 Uhr ward den mit Rauben und Plündern beschäftigten Grenadieren durch einen Kanonenschuss das Zeichen zum Brand gegeben. Allenthalben waren Strohhaufen und Pechkränze angebracht, und schon am folgenden Morgen war die ganze grosse Stadt in einen wüsten Schutthaufen verwandelt. Nur die festen Mauern des Doms und der Synagoge leisteten den Flammen und der Verheerungswuth Widerstand. Spuren sind noch an den Quadern des Doms sichtbar.

Der (kath.) *Dom ward im J. 1016 in Gegenwart Kaiser Heinrichs II. eingeweiht, erlitt aber zu Ende des 12. Jahrh. mancherlei Veränderungen. Das ganze Gebäude mit seinen vier schlanken Thürmen und den beiden Kuppelbauten und Chören gehört zu den schönsten roman. Kirchen, namentlich die äussere Gesammtwirkung ist eine der glücklichsten, besonders seitdem auch bei der neuen Herstellung (1860) das frühere Dach von barocker Form der östl. Kuppel durch ein mit röthlichem Schiefer gedecktes Zeltdach ersetzt ist. Seltsame Thiergestalten und Larven sind oben an den Thürmen sichtbar, Ausgeburten der Steinmetzen-Phantasie. Den nordwestlichen Thurm liess Bischof Reinhardt 1472, da der alte eingestürzt war, aufführen. Aus derselben Zeit ist auch das mit Steinbildern reich verzierte südliche spitzbogige *Portal, in dessen Giebelfeld eine mit der Mauerkrone geschmückte Frau zu sehen ist, auf einem Thier reitend, dessen vier verschiedene Köpfe und Beine (Engel, Löwe, Ochse und Adler) den Kennzeichen der vier Evangelisten entsprechen (S. 32). Das Ganze soll unstreitig die siegende Kirche bezeichnen und kann sich keinenfalls, wie wohl behauptet worden, auf die furchtbare Hinrichtung der 30jährigen

herrschsüchtigen Brunhilde, des austrasischen Königs Siegbert
Gemahlin, beziehen, welche im J. 613 zu Worms statt hatte.
Sie wurde mehrere Tage gemartert und auf einem Kameel reitend
dem Hohn des Heeres Chlotars II. v. Soissons preisgegeben.
Dann geschah, was Freiligrath singt:

> Der Hengst riss wiehernd aus, die Hinterhufen schlugen
> Das nachgeschleppte Weib; verrenkt in seinen Fugen
> Ward jedes Glied an ihr; um ihr entstellt Gesicht.
> Flog ihr gebleichtes Haar; die spitzen Steine tranken
> Ihr königliches Blut, und schaudernd sahn die Franken
> Chlotars, des Zürnenden, entsetzlich Strafgericht.

Das *Innere*, 347' l., 85' (im Querschiff 115') br., ist in der
Herstellung begriffen. Der Ausbau des östl. Chors mit Marmor und
Gold geschah im 18. Jahrh. Bemerkenswerth ist in der ersten
südl. Capelle rechts oben ein eingemauertes hocherhabenes uraltes
Steinbildwerk. Daniel in der Löwengrube; dann der *Grabstein
der drei fränkischen Königstöchter* S. Embede, S. Barbede und
S. Wellebede aus dem 13. Jahrh., ehemals im Frauenkloster,
jetzt an der Wand des nördl. Seitenschiffs eingemauert.

In der *Taufcapelle*, links neben dem südl. Portal, grosse
*Steinbildwerke von der sorgfältigsten Ausführung und grosser
Schönheit, vortrefflich erhalten, welche aus dem zu Ende
des 15. Jahrh. erbauten, im J. 1813 abgebrochenen Kreuzgang
(vgl. S. 179) hierher gebracht wurden, Stiftungen adeliger
Familien, eine Verkündigung (v. Wambold), eine Grablegung
(v. Lohenstein), eine Auferstehung (v. Weinheim), Christi
Geburt von einem Mainzer Kurfürsten gestiftet, gleichsam
Gemälde in Stein, alle lebensgross und hocherhaben, dann
der Stammbaum Christi (v. Dalberg). Ferner der *Grabstein* des
Ritters Eberhard von Heppenheim, genannt v. Sallder († 1559),
eine vor dem Crucifix knieende geharnischte Gestalt von trefflicher Haltung; endlich eine Anzahl von Wappen und Schlusssteinen aus dem Kreuzgang. Der Taufstein ist aus der 1807
niedergerissenen uralten St.-Johannis-Capelle. Die gemalten Flügel-
bilder der beiden Schutzheiligen des Doms, des h. Petrus und
des h. Paulus, auf der Rückseite Heilige, im ältesten byzantin.
Stil, sind die einzigen, welche bei dem Franzosenbrand nicht
untergegangen sind. Die Gegenstände in dieser Capelle sind der
genauesten Beachtung werth. Sie ist verschlossen, man muss sie
durch den Küster (18 kr.) öffnen lassen. Er wohnt einige 100
Schritte südl. an dem grossen Platz.

Auf dem freien Platz am südl. Portal schalten sich die Frauen
des Nibelungenliedes, Brunhilde und Chriembilde, wie das Gedicht
im 14. Abenteuer berichtet und diesen Abschnitt, den Beginn der
Klage und des Untergangs der Nibelungen, also schliesst (S. 42):
„*von zweier frowen bagen wart vil der degene verlorn*".

An der Nordseite des Doms der stattliche Unterbau von rothen
Sandstein-Quadern des ehem. *Bischofshofs*, einst König Gunthers

Burg, nach der Franzosenzerstörung von 1689 im J. 1727 wieder aufgebaut, dann aber nochmals von französ. Republicanern im J. 1794 niedergerissen. Hier hatte im April 1521 der Reichstag statt, wo Luther, der während seines 14tägigen Aufenthalts in Worms im Johanniterhof neben dem früheren Gasthof zum Schwanen wohnte, vor Kaiser Carl V., vor 6 Kurfürsten und einer grossen glänzenden Versammlung seine Sätze vertheidigte und mit den Worten schloss: „*Hier stehe ich, ich kann nicht anders, Gott helfe mir. Amen*". Eine unrichtige Sage verlegt dies Ereigniss in das ehem. Rathhaus, welches da stand, wo sich jetzt die 1726 erbaute *Dreifaltigkeitskirche*, am Markt, erhebt. Ein verblichnes Freskobild in dieser Kirche, von Seekatz, Luther vor dem Reichstag, hat weder geschichtl. noch künstler. Werth. Vor der Kirche soll Rietschels grossartiges *Reformations-Denkmal* errichtet werden, auf gemeinsamem Stufenunterbau an drei Seiten durch eine Zinnenmauer verbunden, oben Luther und Melanchthon. — Im Bischofshof hatte auf Veranlassung Kaiser Ferdinand's im October 1557 ein letzter aber erfolgloser Einigungsversuch (Colloquium) statt, unter dem Vorsitz kathol. Seits des Domdechanten Jacob v. Eltz, des späteren Kurfürsten von Trier, protest. Seits Melanchthon's.

Beachtenswerth für Alterthumsforscher ist die **Synagoge**, in der Nähe des Mainzer Thors, ein äusserlich unansehnliches Gebäude aus dem 11. Jahrh., angebaut der *Raschuhstuhl*, ein capellenartiges Lehrzimmer. Die Wormser Judengemeinde ist eine der ältesten in Deutschland, sie soll bereits zur Zeit der ersten Zerstörung des Tempels durch die Babylonier, im J. 588 vor Christi Geburt bestanden haben (?). Der *Judenkirchhof*, 3 Min. vom Dom, westl. vor der Stadt, links durch das kleine Haus neben der Promenade, ist ein umfangreiches Todtenfeld, mit zahlreichen Leichensteinen aus den ältesten Zeiten mit hebräischen Schriftzeichen, von Gestrüpp durchwachsen, an der westl. Mauer die neuern, die auf der Rückseite auch deutsche Inschriften haben, auf manchen nach hebräischer Sitte kleine Steine angehäuft.

Der *Heil'sche Garten* ist wegen seiner Treibhäuser mit herrlichen Palmen und seines Reichthums an seltenen schönen Blumen und Pflanzen sehenswerth.

In der Mainzer Vorstadt, welche durch Schweden und Franzosen (S. 39) zerstört wurde, ist nur die *Liebfrauenkirche stehen geblieben, 15 Min. vom Dom entfernt. Ein breiter Weg führt von der Landstrasse, etwa 100 Schritte vor dem Mainzer Thor, rechts ab zu ihr hin, an dem uralten *Gottesacker* vorbei, den südlich auch noch Trümmer kirchlicher Gebäude begrenzen. (Hier wohnt der Glöckner.) Die Kirche wurde zu Ende des 15. Jahrh. an der Stelle eines älteren Gebäudes von Rath und Bürgerschaft zu Worms aufgerichtet; auf den Schlusssteinen des Gewölbes sieht man die Wappen der verschiedenen Zünfte. Im Innern ist, im nördl. Schiff, nur ein altes angemaltes *Steinbild* aus sehr früher Zeit bemerkenswerth, oben die Grablegung, lebensgrosse Gestalten, unten hocherhaben die schlafenden Wächter. Eigenthümlich ist auch der freie Rundgang um den Hochaltar. Das *Portal* zieren treffliche Steinbilder, die klugen und thörichten Jungfrauen, Mariae Tod und ihre Krönung durch den Heiland darstellend. Samstags und an den Marientagen ist in der Kirche Gottesdienst. — In der nächsten Umgebung wächst ein berühmter Wein, die *Liebfrauenmilch*, der jedoch dem Namen vielleicht mehr als der Güte seinen Ruf verdankt. Auf der Südseite der Stadt, bei dem ehemaligen Wartthurm *Luginsland*, und am *Catelloch* wird ein Wein gewonnen, welcher der Liebfrauenmilch nicht nachsteht. Das Amphitheater *Caterhold* war schon vor Jahrhunderten spurlos verschwunden.

Vor Zeiten umfloss der Rhein eine Au, der *Rosengarten* heute noch genannt, Worms gegenüber am rechten Ufer, jetzt aber vom Festland nicht mehr getrennt, und statt der Rosen nur Gras und Weidengestrüpp erzeugend. An ihn knüpfen sich uralte Sagen, die in den altdeutschen Dichtungen von Siegfried und den Nibelungen vielfach wiedertönen. Denn Worms ist Mittelpunct der Heldensage:

„Ein stat lit an dem Rîne, diu ist so wünnesam,
Unt ist geheizen Wormeze; sie weiz noch maneg man.
Dar inne saz ein recke, der hâte stolzen muot:
er was geheizen Gibeche, unt was ein küneg guot.
Der hâte bî sîner frouwen drî süne hôch geborn,
unt ouch ein schoenez megetin, durch daz wart verlorn
maneg kuener degen, sô man uns von ihr seit.
Krîmhilt was sie geheizen, diu keiserliche meit.
Sie begunde frîen ein stolzer wigant,
der was geheizen Sîfrit, ein helt von Niderlant."

„Der grosse Rosengarten", herausg. von W. Grimm.

Darum heist es auch in den *Nibelungen* von den Burgunder-Königen Gunther, Gernot und Giselher, den Brüdern Chriemhildens:

Zu Worms am Rheine wohnten die Herrn mit ihrer Kraft,
Von ihren Landen diente viel stolze Ritterschaft
Mit stolzlichen Ehren all ihres Lebenszeit,
Bis jämmerlich sie starben durch zweier edlen Frauen Neid. (s. S. 40.)

Siegfrieds Heldenkraft, sein Fall durch Hagen's Verrath (der auch den reichen Brautschatz, der „Nibelungen Hort", in den Rhein versenkt haben soll, vgl. R. 40 Lurlei), Chriemhildens Rache, der Untergang der Burgunder durch Etzel (Attila) — alle diese wundersamen Bilder umschweben das alte Worms. In der Nähe des an der südöstl. Ecke der Speyerer Vorstadt liegenden *Nonnenmünsterklosters* war, der Sage nach zwischen der St. Meinhards- und St. Cäcilien-Capelle, der Körper des „hörnenen Siegfried, des Drachentödters", beerdigt. Kaiser Friedrich III. liess bei seiner Anwesenheit in Worms im 15. Jahrh. das an zwei aus der Erde hervorragenden Steinen kenntliche „Riesengrab" öffnen, fand aber nichts in dem sumpfigen Boden. Die Wappenthiere der Stadt Worms sind zwei geflügelte Drachen, die eine Schüssel umkrallen.

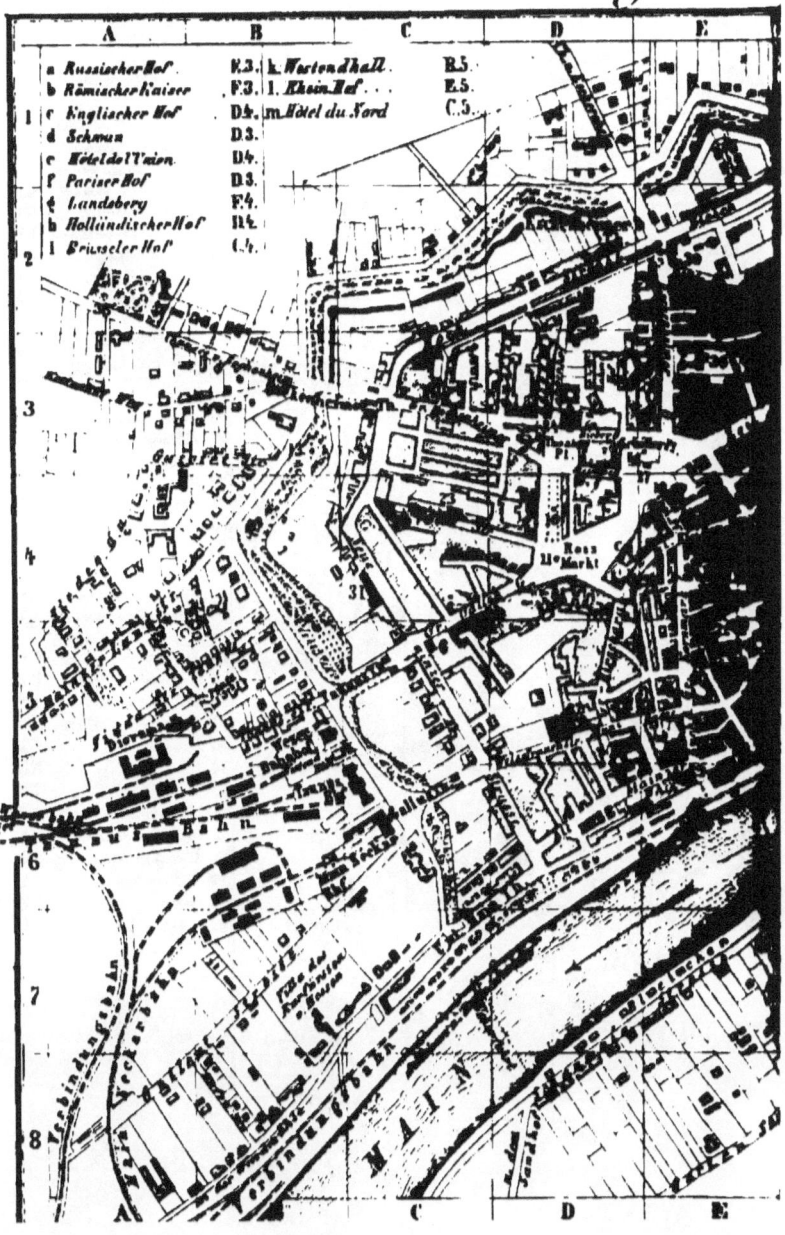

10. Frankfurt.

Gasthöfe. Vor der Stadt, unmittelbar zwischen Taunus- und Main-Weser-Bahnhof sehr bequem gelegen: *Westendhall, Z. von 1 fl. an, L. 18, F. 36 kr., M. o. W. 1 fl. 12 kr., B. 24 kr., zugleich Café-Restaurant. — In der Stadt: *Russ. Hof (vornehm) und *Röm. Kaiser an der Zeil, *Engl. Hof am Rossmarkt, Z. 1½ fl., L. 24, F. 42 kr., M. 1½ fl., B. 30 kr.; *Hôtel du Nord. — *Schwan, Z. 1 fl., L. 18, F. 36, B. 24 kr., vortreffliche Table d'hôte um 1 Uhr m. W. 1 fl. 30 kr., und *Hôtel de l'Union (der alte *Weidenbusch*, gleiche Preise) unfern des Goethe-Denkmals. — *Holländ. Hof am Goetheplatz, Z. 1 fl. 20, L. 18, F. 36, B. 24 kr., zugleich Café-Restaurant; *Landsberg, Liebfrauenberg, Z. 1 fl., L. 18 kr., gute Table d'hôte um 1 U. m. W. 1 fl. 30 kr., F. 36, B. 18 kr.; Rhein. Hof, Buchgasse, Z. 48 kr., L. 18, F. 36, B. 24 kr.; Pariser Hof, Paradeplatz, Z. 48, L. 18, F. 30, B. 24 kr.; *Brüsseler Hof, grosse Gallengasse; Europ. Hof, Württemb. Hof, Hôtel Drexel, sämmtlich 2. Ranges, kaum billiger als der Landsberg. — Grüner Baum, grosse Fischergasse, Z. 36, F. 18, M. m. W. 54 kr., wird gelobt; ebenso *Stadt Darmstadt, grosse Fischergasse Nr. 12, Z. u. F. 48, M. 42 kr. (kein „service", keine „bougies"); Augsburger Hof, Stadt Lyon, Paulsgasse, alle 3. Ranges, für mässige Ansprüche.

Restaurationen. Jouy, Galleng., gut, aber nicht billig. — Westendhall am Taunusbahnhof (s. oben), Ostendhall am bayr. Bahnhof. *Böhm, Wolb, beide Kornmarkt. Jacoby, Stiftsstrasse, bei der Zeil. Café Holland (s. oben) wird als gut und nicht zu theuer gelobt. Ebenso die Restauration im Zoolog. Garten (S. 57)

Kaffeehäuser. Milani neben dem Theater, Holland am Goetheplatz, Parrot Zeil, neben der Post; Café Neuf am Schillerplatz; Café de la Bourse Paulsplatz, der Börse gegenüber; Café Müller Zeil.

Conditoreien. Röder, dem Goethe-Denkmal gegenüber, nur Gefrornes, 12 kr. das Glas. Bütschli, kleiner Hirschgraben 8. Knecht, neben der Paulskirche, Pasteten. Chocolade bei de Giorgi im Braunfels.

Bierhäuser (überall auch kalte Speisen). *Eysen neben dem Main-Weser Bahnhof, auch warme Speisen. In der Stadt: *Zum Guttenberg, Gallengasse, unfern der Bahnhöfe, Gartenwirthschaft. Schwager am Bockenheimer Thor; Stift, Fischergasse; *Bavaria (Erlanger Bier) am Paradeplatz (Schillerplatz); Bauer, zum Taunus (bayrisches), Bockenheimer Gasse. — Felsenkeller vor der Stadt: Schwager, auf dem Röderberg, beim Hanauer Bahnhof, Aussicht nach dem Mainthal und Offenbach. Auf dem Sachsenhauser Berg, Aussicht auf Frankfurt und den Taunus, letzterer mit Glasgallerie.

Zeitungen in grösster Auswahl im Bürgerverein (S. 56).

Bahnhöfe der *Main-Neckar-Bahn* (S. 63), *Hess. Ludwigs-Bahn* (S. 58), *Taunus-Bahn* (S. 58), *Homburger Bahn* (S. 63) und *Main-Weser-Bahn* neben einander an der Westseite der Stadt, vor dem Gallen- und Taunus-Thor; der *Hanauer (bayerischen) Bahn* an der Ostseite, vor dem Allerheiligen-Thor; der *Offenbacher Bahn* in Sachsenhausen (am l. U. des Mains).

Omnibus vom Bahnhof in die Stadt 12 kr., für jeden Koffer 6 kr. Aus der Stadt in den Bahnhof jede Person ohne Gepäck 6 kr., mit gewöhnlichem Gepäck 12 kr., jeder Koffer 6 kr. Regelmässige Omnibusfahrten durch die Stadt in 2 Linien, Fahrt 3 kr., bis Bockenheim 6 kr.

Fiaker vom Bahnhof in die Stadt 1 oder 2 Pers. mit gewöhnlichem Reisegepäck 24 kr., 3 Pers. 30 kr., 4 Pers. 36 kr., für jeden Koffer 6 kr. Ausserdem besteht für die Fiaker in der *Stadt* eine *Taxe* (in jedem Wagen angeheftet). Einsp. ¼ St. 1 bis 2 Pers. 12 kr., 3 bis 4 Pers. 18 kr., Zweisp. 18 und 24 kr. Für längere Zeit tritt eine kleine Ermässigung ein. Eine einzelne Fahrt innerhalb der Stadt wird für eine Viertelstunde, jede begonnene Viertelstunde für voll gerechnet. Bei Fahrten nach der Stunde hat der Kutscher die Uhr vorzuzeigen. — NB. Die *nicht numerirten* Droschken, vor den Bahnhöfen aufgestellt (sog. „Wilden") haben *keine festen* Preise.

Telegraphen-Stationen. *Staatstelegraph* in der Börse, parterre; ebenda das *k. preussische Bureau*; das *k. bayr. Bureau* Paulsplatz 12. Die Station

44 *Route 10.* FRANKFURT.

im *Taunusbahnhof* telegraphirt nur im Bereiche dieser Eisenbahn und nach dem *Rheingau.*
Lohndiener für den Tag 1 fl. 45 kr. bis 2 fl.
Badeanstalten. *Warme Bäder* am Leonhards-Thor und am Unter-Mainthor 48 kr. *Kalte Bäder* am Unter-Mainthor auf der Insel 12 kr., daselbst auch zwei Schwimmanstalten, 12 kr., mit Wäsche 16 kr.
Kaufläden, die reichsten auf der Zeil. Böhler, Zeil 54, neben der Post, reiches Lager von Hirschhornschnitzwerk, zu Geschenken sehr geeignet. Iblée, Zeil 63, in der Nähe der Catharinenkirche, kleine Bronze-Gegenstände (Ariadne). Antonio Vanni, Kruggasse 8, reiches Lager von Gypsabgüssen, nach Antiken und neuern Sculpturen. Südfrüchte bei Jos. Milani, Bleidenstrasse 6, bei Sartorio, grosser Kornmarkt. Kinderspielzeug bei Albert, Zeil 36, neben dem Röm. Kaiser.
Theater (Pl. 34) täglich. Bekannt sind die Frankfurter Volkslustspiele, aus älterer Zeit „der Bürgerkapitän", aus neuerer „die Landpartie nach Königstein", „Herr Hampelmann im Eilwagen" u. a., in welchem letztern der ausgez. Komiker *Hassel* den Hampelmann, den Typus eines gutmüthigen Frankfurter Bürgers der Mittelklasse, meisterhaft darstellt.
Wachtparade mit Musik um 12 U., vor der Hauptwache am westl. Ende der Zeil. Mittwochs 12—1 Uhr preuss. Militärmusik auf dem Götheplatz. Die Besatzung besteht aus österr., preuss., bayrischen u. Frankfurter Truppen.
Sammlungen etc.

Ariadneum (S. 54) oder *Bethmann's Museum* täglich 10—1 U., Trinkgeld 18—24 kr.
Ausstellung, permanente des Kunstvereins (Pl. 23), Junghofstr. 8, in der Nähe des Gutenbergsdenkmals, Eintritt (9—6 U.) 30 kr., wofür man ein Loos zu der im December jährlich stattfindenden Verloosung neuer Bilder oder anderer Kunstgegenstände erhält.
Bibliothek, städtische (S. 52), Montag, Mittwoch, Freitag 2—4, Dienstag Donnerstag 10—12 U.
Börse (S. 49), 12—2½ U.
Diorama im Gallusfeld beim Main-Weser-Bahnhof (n. w.), sehr sehenswerthe grosse (72′ br., 44′ h.) landschaftl. und architecton. Darstellungen (St. Marcuskirche in Venedig) in eigenthümlicher wechselnder Beleuchtung. 1. Pl. 1 fl. 2. Pl. 36 kr. Auf dem zweiten Platz sieht man eben so gut, als auf dem ersten.
Kaisersaal im Römer (S. 46), vom 1. Mai bis Ende September Montag, Mittwoch, Freitag 11—1 U, vom October bis April nur Montag und Mittwoch; vermittelst eines Trinkgeldes (ein Einzelner 12 kr., eine Gesellschaft 24 kr.) täglich zu jeder Stunde. Die Aufseherin ist gewöhnlich im Saal, man klopfe nur; bleibt das Klopfen ohne Erfolg, so ist in der Nähe eine Schelle.
Senckenberg'sche naturforschende Gesellschaft (S. 55), die Sammlungen, Mittwoch 2—4 Freitag 11—1 U, gratis; an andern Tagen und Stunden (8—1, 3—6 U.) mit Trinkgeld (24 kr.)
Städel'sche Kunstanstalt (S. 56), täglich von 11—1 Uhr unentgeltlich; zu andern Stunden gegen Trinkgeld (30 kr.).
Zoologischer Garten (S. 57), den ganzen Tag, Eintritt 30 kr. (Stöcke werden abgegeben.) Mittwoch, Samstag und Sonntag Musik.
Bei beschränkter Zeit besichtigen: die Städel'schen Sammlungen (S. 56), Kaisersaal (S. 46), Dom (S. 50), Dannecker's Ariadne (S. 54), das Hessen-Denkmal(S.54), Goethe's(S.46), Gutenberg's(S.45) u.Schiller's Denkmal (S. 53), Wanderung über die Zeil, auf die Mainbrücke, am Mainwerft.

Frankfurt (228′) am *Main* (83,380 Einw., darunter 11,000 Kath. und 8000 Juden) mit einer Bundesbesatzung von 4500 M., ehemals freie Reichsstadt, ist jetzt eine der freien Städte des Deutschen Bundes und Sitz des Bundestags. Alte Warten bezeichnen den Umfang des ehemaligen Weichbildes der Wahl- und Krönungsstadt der Deutschen Kaiser, die sich in einer weiten, von fernen Gebirgen umkränzten Ebene am schiffreichen Main ausbreitet.

Ihr Handel, besonders während der beiden Messen, gibt ihr für Deutschland und die Grenzländer die grösste Bedeutung.

„Es hat diese Statt mit der zeit vast sehr zugenommen in Reichthummen vnnd Herrligkeit von wegen der zwei Jarmessen, so da gehalten werden, vnnd ausz gantzem Teutschlandt, aus Italia, Gallia, Poland vnnd Engellandt Kauffleute dahinkommen, vnnd mit ihnen bringen allerley Waar."
Seb. Münster. 1550.

Frankfurt ist zugleich eine der heitersten Städte, mit grossen palastartigen Gebäuden im neuern Theil, namentlich an der Zeil, der neuen Mainzer- und Taunus-Strasse und den Mainwerften. Die zahlreichen stattlichen neuen Häuser an den Anlagen, welche wie ein grosser Blumenkranz die ganze Stadt einfriedigen, zeugen sowohl von Geschmack, als behaglicher Einrichtung. Die ganze äussere Erscheinung Frankfurts macht den Eindruck eines regsamen tüchtigen Bürgerlebens und eines durch alle Classen verbreiteten Wohlstandes. Keine Stadt am Rhein, kaum eine in Deutschland, liegt so im Mittel- und Durchgangspunct für den Fremdenverkehr als Frankfurt.

Frankfurts Ursprung lässt sich auf die Zeit Carls d. Gr. zurückführen Im J. 794 hielt der Kaiser auf dem Königshofe „*Franconofurd*" (der Franken Furt) eine Versammlung der Bischöfe und Grossen des Reichs. An diesen Königshof erinnert noch die alte Saalhof (S. 50). Ludwig der Fromme verlieh dem Ort Stadtgerechtigkeit. Unter Ludwig dem Deutschen erweiterte sich die Stadt ansehnlich, und sah oft den König in ihren Mauern. Kaiser Friedrich II. bestätigte 1249 (1240) die Ostermesse. Durch die goldne Bulle (S. 48) Carl's IV. ward 1366 Frankfurt beständige *Wahlstadt des Deutschen Reiches*. Die meisten Kaiser (S. 47), wenige ausgenommen, sind hier erwählt. Nach Auflösung des Reichs im J. 1806 ward Frankfurt dem Fürsten Primas des Rheinbunds, ehem. Erzbischof von Mainz, Carl v. Dalberg (S. 29), als Grossherzogthum übergeben, zu dem auch Aschaffenburg, Hanau, Fulda und Wetzlar gehörten. Auf dem Wiener Congress wurde es als „freie Stadt" anerkannt.

Beim Eintritt in die Stadt, von den Bahnhöfen an der Westseite (S. 43) her, glänzt auf dem Rossmarkt das *Gutenberg-Denkmal (Pl. 11), „zu Ehren der Erfindung der Buchdruckerkunst errichtet bei der vierten Säcularfeier am 24. Juni 1840", im J. 1858 aufgestellt, eine grosse Brunnen-Gruppe, das Gestell Sandstein, die Figuren Galvanoplastik, das Ganze von bester Wirkung, von Ed. v. d. Launitz. Oben drei weit überlebensgrosse Standbilder, *Gutenberg*, den gegossenen Buchstaben in der linken Hand, zu seiner Linken *Schöffer*, zur Rechten *Fust*. Am Fries in Medaillons 13 Bildniss-Köpfe berühmter Buchdrucker: *L. Coster*, *Mentelin*, *Caxton*, die beiden *Manutii*, die Frankfurter *Eggenolph*, *Feyerabend* und *Andreae*, sodann *K. Tauchnitz*, *Bodoni*, *Firm. Didot*, endlich *König* und *Bauer*, die Erfinder der Schnellpresse, und auf dem Eckpfeiler, nach der Gallengasse, des Künstlers eigenes Bildniss. In den 4 Blenden darunter die Wappen der vier Städte, welche die Kunst im 1. Jahrh. nach der Erfindung besonders pflegten: Mainz, Frankfurt, Venedig, Strassburg. Auf abgesonderten Postamenten vier sitzende weibl. Figuren: Theologie, Poesie, Naturwissenschaften, Industrie. Die Köpfe der 4 Thiere als Wasserausläufer erinnern im Stier an Europa, Elephant Asien, Löwe Africa, Lama America, eine Hindeutung auf die räumliche Ausdehnung der Erfindung. In der Nähe, in der Junghofstrasse, ist die *permanente Kunst-Ausstellung*, s. S. 44.

Aus der nördl. angrenzenden „Allee" ragt das *Goethe-Standbild (Pl. 10) hervor, von Schwanthaler entworfen, welches im J. 1844 eine Anzahl Frankfurter Verehrer errichten liessen. Der Dichter, in der Haustracht unserer Zeit, hält in der Linken einen Lorbeerkranz. Die halberhabenen Bildwerke des Piedestals deuten auf Goethe's literarische Wirksamkeit. Vorn (Südseite) die Naturwissenschaft, die dramatische und lyrische Poesie; Ostseite rechts Orest und Thoas (Iphigenie), Faust und Mephistopheles; Nordseite Götz von Berlichingen, Egmont und Tasso, links die Braut von Korinth, den Sargdeckel hebend, der Gott und die Bajadere, Prometheus und der Erlkönig mit dem Knaben im Arm; Westseite rechts Mignon mit Wilhelm Meister und dem Harfner, links Hermann und Dorothea.

Goethe's Geburtshaus (Pl. 16) ist am grossen Hirschgraben, in der Nähe des Rossmarkts, 1845 mit einer Marmortafel bezeichnet, Inschrift: „*In diesem Hause wurde Johann Wolfgang Goethe am 28. August 1749 geboren*". Das Wappen über der Thür, drei schräge Leiern mit einem Stern, wählte Goethe's Vater bei seiner Verheirathung mit der Tochter des Senators Textor, der Aehnlichkeit mit Hufeisen wegen, da der Grossvater ein Hufschmidt war, aus dem Mansfeldischen gebürtig. In den Mansardstuben, die nach dem Hofe Fenster haben, wohnte der Dichter 1773 bis 1775, als Götz und Werther seine Feuerseele erfüllten, hier war in seiner Knaben- und Jünglingszeit der Schauplatz so mancher heitern und ernsten Abenteuer, die seine Lebensgeschichte unvergleichlich malt. Das Haus ist vom *deutschen Hochstift* angekauft und genau so wiederhergestellt, wie es in Goethe's Jugendzeit (vgl. „Wahrheit u. Dichtung") war. Eintr. 36 kr., Mittw. 2—4 U. frei. — In dem vom Hof aus zugänglichen Nebenhäuschen ist 1753 der Dichter *F. M. v. Klinger* geboren († 1831 als russ. General).

Von geschichtlich merkwürdigen Bauwerken ist zuerst der *Römer (Pl. 28) zu nennen. Die Stadt kaufte das Gebäude im J. 1405 und bestimmte es zum Rathhaus. Die untern Hallen dienen während der Messe als Waarenniederlage. Im ersten Stock ist der *Kaisersaal* (Eintritt s. S. 44), in welchem der neugewählte Kaiser mit den Kurfürsten nach der Wahl speisete und vom Balcon aus sich dem auf dem Römerberg (S. 48) versammelten Volk zeigte, 1840 neu hergestellt und statt der frühern alten schlechten Wandbilder mit den in Oel gemalten lebensgrossen Bildnissen aller Kaiser geschmückt, von deutschen Fürsten, Kunstvereinen und Privatleuten gestiftet; darunter Siegelabdrücke. In dem nachstehenden Verzeichniss sind die Namen der Maler und der Stifter und das Jahr des Regierungsantritts beigefügt.

768. Carl der Grosse, von *Veit* (Frankfurter Kunstverein).
814. Ludwig der Fromme, von *Jung* (derselbe).
840. Ludwig der Deutsche, von *Trost* (die Hrn. Reuss u. Benkard).
876. Carl der Dicke, von *Trost* (Frankfurter Kunstverein).
887. Arnulph, von *Jung* (die Hrn. Reuss u. Benkard).
899. Ludwig das Kind, von *Jung* (dieselben).
911. Conrad I., von *Ballenberger* (Städel'sches Institut).
919. Heinrich I., von *Zwecker* (Waisenhaus zu Frankfurt).
936. Otto I. d. Gr., von *Veit* (Friedrich Wilhelm IV., König v. Preussen).
973. Otto II., von *Teichs* (Frau Nies u. Dufay).
983. Otto III., von *Settegast* (Frau Souchay).
1008. Heinrich II., von *Passavant* (Hr. Passavant).
1024. Conrad II., von *Classen* (Düsseldorfer Kunstverein).
1039. Heinrich III., von *Stilke* (derselbe).
1056. Heinrich IV., von *Mengelberg* (derselbe).
1106. Heinrich V., von *Kiederich* (derselbe).
1125. Lothar, von *Bendemann* (Baron v. Rothschild).
1138. Conrad III., der Hohenstaufe, von *Fellner* (der Maler).
1152. Friedrich I. Barbarossa, von *Lessing* (Hamb. u. Lüb. Senat).
1190. Heinrich VI., von *Zwecker* (Verein patr. Bürger in Frankfurt).
1197. Philipp v. Schwaben, von *Rethel* (Familie de Neufville). Otto IV. von Braunschweig, von *Oppenheim* (Baron v. Rothschild).
1215. Friedrich II., von *Veit* (A. Bernus u. Bernus-Dufay).
1273. Rudolf von Habsburg, von *Lasinsky* (Rath Schlosser).
1292. Adolf von Nassau, von *Mücke* (Wilhelm I., Herzog v. Nassau).
1298. Albrecht I., von *Steinle* (Fürst Metternich).
1308. Heinrich VII. von Luxemb., von *Veit* (Wilhelm I., König d. Niederl.).
1314. Ludwig der Bayer, von *Ballenberger* (Ludwig I., König von Bayern).
Friedrich v. Oesterreich, von *Fellner* (mehrere Frankfurter Bürger).
1347. Carl IV., von *Brentano* (Abendzirkel in Frankfurt).
1349. Günther, von *Ballenberger* (Freih. Moritz v. Bethmann).
1378. Wenzel, von *Hensel* (Hrn. Neuburg, Souchay, Passavant).
1400. Ruprecht v. d. Pfalz, von *Ballenberger* (Hr. v. Mieg u. A.).
1410. Sigismund, von *Volz* (Frankfurter Kunstverein).
1437. Albrecht II., von *Binder* (Graf v. Münch-Bellinghausen).
1440. Friedrich III., von *Jul. Hübner* (der Maler).
1493. Maximilian I., von *Rethel* (Familie Gontard).
1519. Carl V., von *Rethel* (Städel'sches Institut).
1556. Ferdinand I., von *Ender* (Ferdinand I., Kaiser v. Oesterreich).
1564. Maximilian II., von *Rethel* (Familie Metzler).
1576. Rudolf II., von *Hemerlein* (Mainzer Bürger).
1612. Matthias, von *Danhauser* (Ferdinand I., Kaiser v. Oesterreich).
1619. Ferdinand II., von *Kraft* (derselbe).
1637. Ferdinand III., von *Steinle* (Senat v. Bremen).
1658. Leopold I., von *Kupelwieser* (Erzherzog Franz Carl).
1705. Joseph I., von *Kupelwieser* (Erzherzog Ludwig).
1711. Carl VI., von *Waldmüller* (Ferdinand I., Kaiser v. Oesterreich).
1742. Carl VII., von *Heiler* (Hr. v. Mieg u. A.).
1745. Franz I., von *Schiavoni* (Ferdinand I., Kaiser v. Oesterreich).
1765. Joseph II., von *Oppenheim* (Loge Sokrates zu Frankfurt).
1790. Leopold II., von *Kupelwieser* (Erzherzog Carl).
1792. Franz II., von *Kupelwieser* (Ferdinand I., Kaiser v. Oesterreich).
Den Schluss macht der Erzherzog Johann als Reichsverweser. Ueber dem Bilde Carl's d. Gr. das Urtheil Salomo's, von *Steinle* gemalt.

Aus dem Kaisersaal tritt man in das roth ausgeschlagene *Wahlzimmer*, in welchem die Kaiser von den Kurfürsten gewählt wurden, ganz im alten Zustand, mit dem Bildniss Kaiser Leopold's II. Der Senat hält seine Sitzungen in demselben. Die Allegorien und Scherze, welche die gemalte Decke und die daselbst befindlichen Sus-Portes zeigen, wo hübsche Engelchen

48 *Route 10.* FRANKFURT. *Römerberg.*

mit den Reichsinsignien Versteck spielen, sind wie die ganze innere Einrichtung des Hauses aus dem J. 1740. Eine altdeutsche Steininschrift in der obern Vorhalle sagt: „*Eyns mans redde, ein halbe redde, man sal sie billich verhören bede*".
Die berühmte *goldene Bulle* Kaiser Carl's IV. vom J. 1356, welche das Verhältniss der Kurfürsten und des Kaisers, und Alles, was auf die Kaiserwahl Bezug hat, festsetzt, ihren Namen von der der Pergamenturkunde angehefteten goldenen Kapsel mit dem Insiegel führend, wird im Römer (im Archiv) ebenfalls aufbewahrt. (Die Stelle, wo „*bei den Kaiserkrönungen die in Aachen aufbewahrten Reichs- und Krönungs-Insignien überliefert wurden*", ist durch einen rothen Sandstein mit dieser Inschrift bezeichnet, links in einer Mauer auf der neuen Mainzer Landstrasse eingefügt.)

Auf dem Platz vor dem Römer, dem *Römerberg*, den noch zu Ende des vor. Jahrh. kein Jude (vgl. S. 53) betreten durfte, fanden nach der Kaiserkrönung die Volksbelustigungen statt, die *Goethe* in seinem Leben so meisterhaft beschreibt.

„Alles Volk hatte sich gegen den Römer gewendet, und ein abermaliges Vivatschreien gab uns zu erkennen, dass Kaiser (Franz I.) und König (Erzherzog Joseph) nach der im Dome stattgefundenen Krönung des letztern (3. April 1764) an dem Balconfenster des grossen Römer-Saales in ihrem Ornate sich dem Volke zeigten. Aber sie sollten nicht allein zum Schauspiel dienen, sondern vor ihren Augen sollte ein seltsames Schauspiel vorgehen. Vor Allen schwang sich nun der schöne schlanke Erbmarschall auf sein Ross; er hatte das Schwert abgelegt, in seiner Rechten hielt er ein silbernes gehenkeltes Gemäss und ein Streichblech in der Linken. So ritt er in den Schranken auf den grossen Haferhaufen zu, sprengte hinein, schöpfte das Gefäss übervoll, strich es ab und trug es mit grossem Anstande wieder zurück. Der kaiserliche Marstall war nunmehr versorgt. Der Erbkämmerer ritt sodann gleichfalls auf jene Gegend zu und brachte ein Handbecken nebst Giessfass und Handquele zurück. Unterhaltender aber für die Zuschauer war der Erbtruchsess, der ein Stück von dem gebratenen Ochsen zu holen kam. Auch er ritt mit einer silbernen Schüssel durch die Schranken bis zu der grossen Bretterküche und kam bald mit verdecktem Gericht wieder hervor, um seinen Weg nach dem Römer zu nehmen. Die Reihe traf nun den Erbschenken, der zu dem Springbrunnen ritt und Wein holte. So war nun auch die kaiserliche Tafel bestellt, und aller Augen warteten auf den Erbschatzmeister, der das Geld auswerfen sollte. Auch er bestieg ein schönes Ross, dem zu beiden Seiten des Sattels anstatt der Pistolenhalftern ein paar prächtige, mit dem Churpfälzischen Wappen gestickte Beutel befestigt hingen. Kaum hatte er sich in Bewegung gesetzt, als er in diese Taschen griff und rechts und links Gold- und Silbermünzen freigebig ausstreute, welche jedesmal in der Luft als ein metallner Regen gar lustig glänzten. Tausend Hände zappelten augenblicklich in der Höhe, um die Gaben aufzufangen, kaum aber waren die Münzen niedergefallen, so wühlte die Masse in sich selbst gegen den Boden und rang gewaltig um die Stücke, welche zur Erde mochten gekommen sein. Da nun diese Bewegung von beiden Seiten sich immer wiederholte, wie der Geber vorwärts ritt, so war es für die Zuschauer ein sehr belustigender Anblick. Zum Schlusse ging es am allerlebhaftesten her, als er die Beutel selbst auswarf, und ein Jeder noch diesen höchsten Preis zu erhaschen trachtete.

Die Majestäten hatten sich vom Balcon zurückgezogen, und nun sollte dem Pöbel abermals ein Opfer gebracht werden, der in solchen Fällen lieber die Gaben rauben, als sie gelassen und dankbar empfangen will. In rohern und derbern Zeiten herrschte der Gebrauch, den Hafer, gleich nachdem der Erbmarschall das Theil weggenommen, den Springbrunnen, nachdem der Erbschenk, die Küche, nachdem der Erbtruchsess sein Amt verrichtet, auf der Stelle Preis zu geben. Diesmal aber hielt man, um alles Unglück zu verhüten, so viel es sich thun liess, Ordnung und Maass. Doch fielen die alten schadenfrohen Spässe wieder vor, dass wenn einer einen Sack Hafer aufgepackt hatte, der andere ihm ein Loch hinein schnitt, und was dergleichen Artigkeiten mehr waren. Um den gebratenen Ochsen aber wurde diesmal wie sonst ein ernsterer Kampf geführt. Man konnte sich denselben nur in Masse streitig machen. Zwei Innungen, die Metzger und Weinschröter, hatten sich hergebrachterweise wieder so postirt, dass einer von beiden dieser ungeheure Braten zu Theil werden musste. Die Metzger glaubten das grösste Recht an einen Ochsen zu haben, den sie unzerstückt in die Küche geliefert; die Weinschröter dagegen machten Anspruch, weil die Küche in der Nähe ihres zunftmässigen Aufenthalts erbaut war, und weil sie das letztemal obgesiegt hatten, wie denn aus dem vergitterten Giebelfenster ihres Zunft- u. Versammlungshauses die Hörner jenes erbeuteten Stiers als Siegeszeichen hervorstarrend zu sehen waren. Beide zahlreichen Innungen hatten sehr kräftige und tuchtige Mitglieder; wer aber diesmal den Sieg davon getragen, ist mir nicht mehr erinnerlich.

Wie nun aber eine Feierlichkeit dieser Art mit etwas Gefährlichem und Schreckhaftem schliessen soll, so war es wirklich ein fürchterlicher Augenblick, als die bretterne Küche selbst Preis gemacht wurde. Das Dach derselben wimmelte sogleich von Menschen, ohne dass man wusste, wie sie hinaufgekommen; die Bretter wurden losgerissen und heruntergesturzt, so dass man, besonders in der Ferne, denken musste, ein jedes werde ein Paar der Zudringenden todtschlagen. In einem Nu war die Hütte abgedeckt, und einzelne Menschen hingen an Sparren und Balken, um auch diese aus den Fugen zu reissen; ja manche schwebten noch oben herum, als schon unten die Pfosten abgesägt waren, das Gerippe hin- und wieder schwankte und jähen Einsturz drohte. Zarte Personen wandten die Augen hinweg, und jedermann erwartete sich ein grosses Unglück; allein man hörte nicht einmal von irgend einer Beschädigung, und alles war, obgleich heftig und gewaltsam, doch glücklich vorübergegangen."

An der Rückseite des Römers ist die 1833 im neurömischen Stil vollendete, in den J. 1848 und 1849 als Sitz der „verfassunggebenden Deutschen Nationalversammlung" viel genannte **Paulskirche** (Pl. 22), eine Rotunde, 1852 wieder zum Gottesdienst eingerichtet. Die Stelle des heutigen Altars nahm 1848 die Rednerbühne ein. Der Aufseher (12 kr.) ist gewöhnlich in der Kirche und zeigt auf einem Plan die Sitze der Abgeordneten.

Gegenüber die 1844 nach Stüler's Plan von grauem Sandstein mit Schichten rothen Sandsteins im Rundbogenstil erbaute **Börse** (Pl. 3). Zwei Standbilder zieren die Ostseite, die Hoffnung von Wendelstätt, die Klugheit von Zwerger. Die Standbilder an der westl. Hauptseite versinnbildlichen rechts und links den Seehandel und den Landhandel, von Launitz; dazwischen Australien, America, Europa, Asien, Africa, von Launitz und Zwerger. Der Börsensaal im altindischen Stil. Aus 8 schwarzen Marmorsäulen breiten sich oben fächerartige weisse mit gemalten Basreliefs geschmückte Schirme aus, welche an grossen vergoldeten Rosetten im Scheitel der Bögen ihre Begrenzung finden. Ein grosser Theil der Frankfurter Kaufmannswelt versammelt sich hier täglich zwischen 12 und 2 Uhr, grösster Verkehr gegen 1 Uhr. Wer nicht andere Börsen gesehen, dem wird das leidenschaftliche Treiben um den in der Mitte des Saals abgegrenzten Raum, das *Parquet* oder den „*Huck*" auffallen. Dort im Innern des Raumes haben nur die beeidigten Makler Zutritt, es erfolgt dort besonders der Geschäfts-Abschluss, das kurze „Offeriren und Acceptiren" der Papiere.

Die Südseite des Römerberges begrenzt die goth. **Nicolaikirche** (Pl. 21), ein kleines zierliches Gebäude aus dem 13. Jahrh., 1847 hergestellt, die Spitze des Thurms aus Gusseisen. Das Altarblatt, eine Auferstehung, hat Rethel gemalt.

Wenige Schritte bringen vom Römerberg südl. zum **Saalhof** (Pl. 29), einem finsteren Gebäude (von 1717) am Main, wo die alte neuhergestellte Hauscapelle noch von der Königspfalz, dem Palast der Carolinger (S. 45), herrühren soll. Dieser lag etwas abwärts am Main, da wo seit 1200 eine Capelle der h. Jungfrau stand, aus welcher nach 1219 die (kath.) **St. Leonhardskirche** (Pl. 32) hervorging, der goth. Chor von 1434, 1808 hergestellt. Auf den Thürmchen steht noch der von Ludwig d. Bayer dem Stift verliehene Reichsadler, weil das Stift dem päpstlichen Bannfluch um seinetwillen getrotzt hatte. In der Capelle rechts neben dem Chor die Befreiung des h. Leonhard, Altarblatt von dem bayr. Hofmaler Stieler 1813 gemalt und der Kirche von Carl von Dalberg (*„Sancto Leonardo Carolus"*) geschenkt (S. 45).

Kehrt man zum Römerberg zurück und wendet sich östlich, so steht man bald vor dem (kath.) *Dom (St. Bartholomäuskirche, Pl. 8), 1238 begonnen, Chor von 1315—1318, der nicht ausgebaute Thurm 1512 beendet. Die Kirche wurde 1855 hergestellt und sämmtliches Steinbildwerk angemalt und mit Vergoldung reichlich bedacht. Eingang nördlich. An der Wand r. Grabsteine der Familien v. Holzhausen und v. Sachsenhausen, aus dem 14. u. 15. Jahrh., Ritterbilder mit Wappen. In der Capelle l. neben dem Chor, der Tod Mariae, Steinbildwerk aus dem 14. Jahrh., 1856 in einer goth. Bedachung hergestellt, zum Theil vergoldet. — Vor dem Hochaltar wurde die Krönung des Kaisers von dem Kurfürsten von Mainz vollzogen. Rechts neben demselben am Eingang zu der kleinen Wahlcapelle, in welcher die Kurfürsten vorher sich abermals beriethen (in derselben eine grosse Kaiserkrone, welche bei der Krönung als Thronhimmel diente, und der Thronsessel), der schöne Grabstein des Deutschen Königs, Grafen Günther v. Schwarzburg, der, von seinem Gegner Carl IV. verdrängt, 1349 in Frankfurt starb. Er deckte früher das Grabmal, welches in der Mitte des Chors stand, 1743 aber entfernt wurde, und ist der Grabstein dann hier eingemauert. Die 18 Wappen der Einfassung gehören den Familien, welche das Denkmal errichten liessen. Die Inschrift lautet: *Falsch Untruwe schande czymt, des stede truwe Schaden nymt. Untruwe nam Gewinne Hort, Untruwe falsch mit Giftes Wort* (Falscher Untreue Schande ziemt, dess (davon) stäte Treue Schaden nimmt. Untreue nahm Gewinnes Hort (Schatz), Untreue falsch mit Giftes Wort). Die neue Inschrift meldet: „*Monumentum Guntheri regis Romanorum*

Brücke. FRANKFURT. *10. Route.* 51

com. de Schwarzburg, dom. de Arnsteden def. a. 1349, officiosa pietate sereniss. principum Schwarzburgensium restitutum a. 1856." Die Wandmalereien von 1427, 1856 aufgefrischt, Darstellungen aus dem Leben des h. Bartholomäus, sind nur in kunstgeschichtl. Beziehung beachtenswerth. Hochaltarblatt, Krönung der h. Jungfrau, von *Veit* 1851 gemalt. In der Sacristei links neben dem Hochaltar, eine kleine Grablegung, angeblich von *Dürer*, und eine h. Familie, angeblich von *Rubens*. — Capelle rechts neben dem Chor: Christi Grab, unten die Wächter schlafend, altes Steinbildwerk aus dem 13. Jahrh. Nebenan ein h. Bartholomäus, Altarblatt von unbekanntem Meister, daneben die Anbetung der Könige, kleines Bild von *Roose*. An der Südwand der Grabstein eines Hrn. v. Frankenstein, Bischofs von Worms während der Pfalzverheerungen (S. 39). Der Dom pflegt bis 12 U. geöffnet zu sein, doch ist während des Gottesdienstes das Umhergehen verboten. Ist die Thür verschlossen, so schellt man am nördl. Portal (9 kr. Trinkg. ein Einzelner, eine Gesellschaft 24 kr.). Vom Thurm weite Aussicht.

Der Bau des unvollendeten 260′ hohen Thurms, des „*Pfarrthurms*", begann 1415 und dauerte an 100 Jahre. Aussicht belohnend. Eintritt (3 bis 6 kr.) von der Südseite.

Der Ostseite des Doms gegenüber ist an einem Eckhause ein altes *Medaillon-Steinbild des Dr. Luther*, neuerlich bunt angemalt, mit der Umschrift: *in silentio et spe erit fortitudo vestra*. Einer Sage zufolge soll Luther von diesem Hause aus bei seiner Reise nach Worms (S. 41) zum Volk gesprochen haben.

Die übrigen Kirchen, *Catharinenkirche* (Pl. 19), 1680 neu aufgeführt, an den Wänden alte Grabsteine, namentlich der Familie Frosch, der ersten Erbauer der Kirche; *Liebfrauenkirche* (kath., Pl. 20), um 1322 gegründet, u. a. können unbeachtet bleiben. In der letztern 3 alte Grabsteine aus dem 14. u. 15. Jahrh. Der *Brunnen* vor derselben mit den grotesken Wasserspendern, 1770 erneuert, trägt die Inschrift: *Labrum hoc aquarum salientium quod temporum injuria confractum esset, senatus populusque Francof. in publica commoda restitui ornarique fecerunt*. Er scheint auch heute wieder der „*injuria temporum*" verfallen.

Südöstlich des Doms ist die 1340 erbaute stattliche 374 Schr. lange und 12 Schr. breite *Brücke über den Main, von rothem Sandstein. Unter dem ersten nördl. Brückenbogen führt am Main entlang die Verbindungsbahn (s. S. 52) zwischen den östl. u. westl. Bahnhöfen. Die Mitte der Brücke trägt das von Wendelstätt und Zwerger in rothem Sandstein gearbeitete *Standbild Carl's d. Grossen* (Pl. 9), 1844 aufgestellt. Neben demselben schaut von einer Verzierung von Schmiedeeisen ein *Hahn* herab. Die Sage berichtet, dass der Baumeister dem Teufel das erste lebende Wesen, welches nach Vollendung der Brücke über dieselbe gehen werde, gelobt habe; es sei ein Hahn gewesen. Der Frankfurter

4*

52 *Route 10.* FRANKFURT. *Judengasse.*

Volkswitz erzählt von ihm, dass er krähe, so oft er einen Juden
vorübergehen sehe. Seine eigentliche Bestimmung mag wohl die
sein, dem Schiffer den Brückenbogen anzuzeigen, durch welchen
er steuern muss. Bei Herstellung der Brücke im J. 1740 hat
der Baumeister an der westl. Brüstung der Sachsenhauser Seite
einige Steinmetzen-Scherze en relief angebracht, über den Portalen alter Mühlen-Eingänge zwei groteske Kanoniere mit dem
Laden eines Geschützrohrs beschäftigt, ferner den Flussgott Moenus.
  Jenseit der Brücke breitet sich **Sachsenhausen**, die Frankfurter Vorstadt aus, meist von Gärtnern und Winzern bewohnt.
Carl d. Gr. war Gründer des Orts, indem er hieher die unbän-
digsten der überwundenen Sachsen verwies; den kühnen Trotz
bewahren ihre Nachkommen heute noch. Links am Main fällt
das 1709 erbaute *Deutsch-Ordenshaus* (Pl. 14) ins Auge, mit der
Kirche, früher Eigenthum des Erzherz. Maximilian, des Hoch-
u. Deutschmeisters († 1863), gegenwärtig als bayr. Caserne benutzt.
  Am rechten Mainufer zieht sich aufwärts eine Reihe grosser
hoher Häuser hin, meist im Casernenstil aufgeführt. (Unten am
Mainufer, unter der Brücke durch, führt die *Verbindungsbahn*,
welche die Bayrische Bahn mit den verschiedenen Bahnen an der
Westseite der Stadt verbindet; sie dient indess nur für den
Waarenverkehr.) Die Strasse heisst zur *schönen Aussicht;* am obern
Ende die 1825 erbaute **Stadtbibliothek** (Pl. 2, Eintr. s. S. 44) mit
der Inschrift: *Studiis libertati reddita civitas*. In der Vorhalle ist
das von P. Marchesi in Mailand 1838 gearbeitete *Marmorbild Göthe's*,
sitzend, lebensgross. Drei Frankfurter Bürger, die Hrn. Rüppel,
Mylius u. Seufferheld, schenkten es der Bibliothek. Die *Marmor-
büsten* von *Kirchner* und *Thomas*, zweier um die Geschicht-
schreibung ihrer Vaterstadt verdienten Frankfurter, von Zwerger
und Launitz gearbeitet, sind nebst einigen *Alterthümern* ebenfalls
hier aufgestellt. Das *Prehn'sche Gemäldecabinet*, in der Vorhalle l.,
nur Dienst. u. Donnerst. v. 10—12 U. offen, enthält 855 kleine
Bilder, meist Copien. Die *Bibliothek* selbst (72,000 Bände), in den
obern Räumen, hat manche literarische Seltenheiten und einzelne
aegyptische, griechische, römische und deutsche Alterthümer.
  Hinter der Bibliothek das vor etwa 25 Jahren neu aufgeführte
grosse Hospital zum h. Geist, das sogenannte *Fremden-Hospital*
(Pl. 15), zur Aufnahme von Dienstboten und Handwerksburschen
bestimmt; nicht weit davon der alte *Begräbnissplatz der Juden*
und das 1830 von der Familie v. Rothschild gegründete *israeli-
tische Krankenhaus* (Pl. 18), am Eingang der engen finstern
Judengasse, mit ihren dumpfen alten schmutzigen Häusern, den
zahlreichen Eingängen und dem Trödelkram. Schon im 12. Jahrh.
liessen sich als „kaiserliche Kammerknechte" viele Juden in
Frankfurt nieder. Im J. 1339 zündeten die Flagellanten (Geissel-
brüder) die Judenhäuser an. Aber 1462 legten die Juden die
jetzige alte Judengasse (Neu-Aegypten) an.

„Sämmtliche Häuser brannten indess im J. 1711 ab, mit Stumpf und Stil, und zwar dergestalt, dass auch nicht ein einziges, welches gewiss zu verwundern, von so vielen Häusern, ja nicht einmal ein Stück Holz, eines Armes lang, übrig geblieben. Bedenklich war dabei, dass, als die eine Seite der Gasse abgebrannt war, der Wind sich nachgehends drehete, gleichsam als habe er da das seinige verrichtet und wolle nunmehr dasjenige, wozu er gesandt sei, ferner bewerkstelligen; massen denn auch dadurch der andere und grössere Theil der Gasse gleichfalls vom Feuer ergriffen und eingeäschert wurde. Das Feuer ist fast mitten in der Gasse in des Rabbiners Naphtali, als ihres vornehmsten Lehrers Haus, ausgekommen. Man hat vor eine gewisse Wahrheit erzählen wollen, dass besagter Rabbiner, der sonst ein guter Cabbalist gewesen, als er seinen untergebenen Schülern die Cabbale lehren wollen und ihnen zur Probe einen grossen Haufen Holz in seiner Stube angezündet habe, in seiner Beschwörung der Geister irre geworden sei, und anstatt die Wassergeister zu beschwören, das von ihm angezündete Feuer zu löschen, die Feuergeister gefordert habe. Weswegen ganz vergeblich gewesen wäre, auch das geringste jüdische Gebäude zu retten. Sonst ist dieses auch von diesem Judenbrand merkwürdig, dass von den vielen nahe dabei befindlichen Christen-Häusern nicht ein einziges versehret worden."

Rhein. Antiquarius, Frankfurt 1740.

Bei einer zweistünd. Beschiessung im J. 1796, unter Kleber, der den österreich. General v. Wartensleben drängte, brannten wiederum 140 Häuser ab. Derselbe Geist, welcher aus obigem Bericht spricht, hielt bis zum Regierungsantritt (1806) des Fürst-Primas (S. 45) Abends und an Sonn- und Feiertagen die Judengasse mit Thor und Riegel verschlossen, so dass kein Jude dann bei hoher Strafe in andern Stadttheilen sich blicken lassen durfte. Und doch erblühte während des schweren Drucks, unter welchem die Bewohner dieser baufälligen unsaubern Häuser seufzten, in einem derselben (Nro. 148) das Glück der *Rothschild*. Ihre Comptoire sind in einem Eckhaus zwischen der Zeil und Judengasse, nicht weit von der schönen neuen 1855 im oriental. Stil aufgeführten *Synagoge* (Pl. 33). An einem Haus (Nro. 118) in der Judengasse meldet eine 1855 eingefügte Inschrift: *In diesem Hause wurde Ludwig Boerne am 22. Mai 1786 geboren.*

Von der neuen Synagoge gelangt man nordwestl. auf die nahe *Zeil, die schönste Strasse Frankfurts, breit und grossartig, das Erdgeschoss der Häuser fast lediglich aus prachtvollen Läden und Waarenmagazinen bestehend; am westl. Ende ist sie von der *Hauptwache* (Pl. 17), am östl. von der *Constablerwache* (Pl. 7) begrenzt, welche letztere zur Aufbewahrung von Gefangenen dient. Sie ist im J. 1833 bei Gelegenheit des Studentenüberfalls viel genannt worden.

Hinter der Hauptwache, auf dem früheren Parade-, jetzt Schillerplatz, steht seit Mai 1864 ein **Standbild Schiller's**, Erzguss nach *Dielmann's* Entwurf.

Der Constablerwache n.w. gegenüber mündet, neben dem Gasthof zum Römischen Kaiser, die *Schäfergasse*, an welche oben der nicht mehr gebrauchte, 1853 mit einem eisernen Geländer abgeschlossene parkartige alte *Friedhof* grenzt, mit manchen hübschen ältern Grabsteinen. Gleich rechts ruht die „*Frau Ruth*",

Goethe's Mutter, geb. 19. Februar 1731, gest. 13. September 1808, unter einem 1849 erneuten rothen Sandstein. Unter dem liegenden Stein, auf welchem nur der preuss. Adler noch zu erkennen, soll Prinz Carl v. Hessen (s. unten) beerdigt sein.

Unmittelbar vor dem Friedberger Thor ist das *Denkmal (Pl. 12), welches „Friedrich Wilhelm II., König von Preussen, den edlen Hessen, die im Kampfe fürs Vaterland am 2. Decbr. 1792 hier siegend fielen", errichten liess. Es besteht aus zusammen gewälzten Felsblöcken, aus welchen ein hoher Würfel aufsteigt, oben Helm und Schwert und ein Widderkopf, auf den Sturm der Hessen gegen das von den Franzosen unter Custine besetzte Frankfurt hindeutend, an den Seiten Erztafeln mit den Namen der Gefallenen, u. a.: Oberst Prinz Carl v. Hessen-Philippsthal, Major v. Donop, Cap. v. Wolff, Declaires, v. Münchhausen, Lieut. Rademacher v. Radehausen, Fähnrich Hundeshagen. Eine lateinische Inschrift meldet ferner: Laborum sociis e Cultorum legionibus Trajecto ad Moenum IIII Non. December. recepto, decora morte occumbentibus poni jussit virtutis constantiae testis mirator Friedr. Guil. Boruss. Rex. 1793. (Den gefallenen Kampfgenossen aus den Schaaren der Hessen liess nach Wiedereroberung Frankfurts dies Denkmal errichten der Zeuge und Bewunderer ihrer Tapferkeit Friedrich Wilhelm König von Preussen.)

Gegenüber an der Friedberger Landstrasse, neben dem Gartenhaus des Frhrn. Moritz v. Bethmann, ist das 1855 neu aufgeführte „*Ariadneum" oder *Bethmann's Museum* (Pl. 1, Eintr. s. S. 44), eine Rotunde mit Oberlicht, mit verschiedenen Kunstgegenständen. In einem besondern Raum mit grünen Vorhängen und rothem Licht von oben ist *Dannecker's Ariadne aufgestellt, das Meisterwerk des berühmten Stuttgarter Bildhauers († 1841), für 20,000 fl. angekauft, eine Marmorgruppe, die mit Bacchus verlobte Ariadne, auf dem Panther kühn hingeschmiegt, das Haupt stolz erhoben. Die Gypsabgüsse berühmter antiker Standbilder, Achill, Silen mit dem Bacchusknaben, Germanicus, der Fechter, Laokoon, Apoll v. Belvedere, Mediceische Venus, Diana v. Versailles, sind von den Originalen genommen. Oben einige Büsten, am Fries Thorwaldsen's Alexanderzug (das Original ist in der Villa Carlotta am Comer See). Auch die Todtenmaske des Kaisers Nicolaus, und des am 18. Septbr. 1848 in der Nähe ermordeten Fürsten Lichnowsky (s. S. 55) wird hier aufbewahrt.

Der Weg links vom Hessendenkmal (die abgestumpften *Pyramiden* rechts und links im Felde gehören zur Wasserleitung) führt zu dem 20 Min. entfernten *Friedhof, Eingang durch eine dorische Säulenhalle, oben ein vergoldetes Kreuz, links das musterhaft eingerichtete Leichenhaus. Tausende von Leichensteinen und Denkmälern, namentlich an der Südseite, unter diesen manche sehenswerthe, meist von Launitz oder Zwerger ge-

arbeitet, erblickt man auf dem grossen Todtenfeld. *Sömmering*
(† 1830), der berühmte Naturforscher, und *Feuerbach* († 1833),
der grosse Rechtslehrer, ruhen unter einfachen Steinen (vor der
Grabstätte der Familie Ruland) an der Südseite; *Klüber*, der
scharfsinnige Staatsmann, an der Nordseite (Nr. 439 in Tannengebüsch), dem Feuerbach'schen Grabstein ungefähr gegenüber.
Die Ostseite schliesst eine Reihe Arcaden mit Grüften von Frankfurter Patricierfamilien, Staedel, Gontard, Passavant u. a. Die
äusserste links gehört der Familie v. *Bethmann* und enthält ausgezeichnete *Basreliefs von Thorwaldsen, für welche 34,000 fl.
bezahlt worden sind, an einen Hrn. v. Bethmann erinnernd, der
nach der Rettung eines Knaben aus dem Arno zu Florenz starb.
Die Gruft ist verschlossen, man muss sich deshalb an den Aufseher (30 kr.) wenden, der im Friedhofsportal r. wohnt und auch
das Leichenhaus zeigt. Gleich daneben an der Mauer das Grabdenkmal der Frau v. *Bethmann-Hollweg*, mit einem vortrefflichen
Marmor-Relief: der Engel verkündet den Frauen die Auferstehung
des Herrn.

In der ganzen Länge des Friedhofs ist 1845 ein neues Todtenfeld angefügt worden. Etwa in der Mitte dieses nördl. Feldes
erhebt sich das „*Denkmal für die am 18. Sept. 1848 Gefallenen*", wie die Inschrift besagt, auf Taunusblöcken ein schwarzer
Basaltwürfel, mit 4 eingelassenen Schriftplatten von weissem
Marmor und den Namen (Felix Maria Fürst *Lichnowsky*, *Hans
v. Auerswald*, Hauptmann *Hübner* und Lieut. v. *Hüllesheim* vom
38. k. preuss. Inf.-Reg., Oberlieut. *Zimmermann* vom 1. grossh.
hess. Inf.-Reg., 7 preuss., 1 österr., 1 hess. Gemeiner). Die
goth. Spitzsäule mit den beiden Portrait-Medaillons ist 1857 aufgesetzt. Am westl. Ende dieses Feldes liegen an 30 der damals auf den Barrikaden Gefallenen; die Gräber sind mit Kreuzen und Inschriften bezeichnet. In der Nähe ein grosser von
Hessemer entworfener verschlossener *Tempel*, den Kurf. Wilhelm II.
von Hessen († 1847) seiner Gemahlin, der Gräfin Reichenbach,
errichten liess. An die Süd-Ostseite des Friedhofs grenzt der
Begräbnissplatz der israelitischen Gemeinde, nur Dienstag und Donnerstag Nachmittag geöffnet.

Wir kehren zur Stadt zurück, wenden uns aber, sobald wir
die Anlagen (S. 45), welche die Stelle der alten Festungswerke
einnehmen, erreichen, rechts und gelangen an das *Eschenheimer
Thor*, das einzige, welches sich aus alter Zeit noch unversehrt
erhalten hat. Unmittelbar am Thor sind die Gebäude und Sammlungen der **Senckenberg**'schen naturforschenden Gesellschaft
(Pl. 30, Eintr. s. S. 44), bestehend aus einem *Krankenhaus* und einer
ansehnlichen *naturgeschichtl. Sammlung* (vorzugsweise bereichert
durch die Gegenstände, welche Rüppel aus Aegypten, Nubien,
vom rothen Meer und aus Abyssinien hierher geschenkt hat), in
Verbindung mit einem *botan. Garten* und einem *anatom. Theater*.

56 *Route 10.*   FRANKFURT. *Städel'sche Gallerie.*

Das grosse Haus gleich daneben, 1848 und 1849 vom Erzherzog Johann als Reichsverweser bewohnt, ist seit 1853 Eigenthum des *Bürgervereins* (Pl. 4), vortrefflich zu geselligen Zwecken eingerichtet, mit sehr reichem Lesezimmer (Eintritt nur eingeführten Fremden frei). Im Eingangszimmer eine gute Copie des bekannten Tischbein'schen Goethe-Bildes. In derselben Strasse hat in dem Thurn- und Taxis'schen Palast (Pl. 36), an den Schildwachen kenntlich, der *Bundestag* seinen Sitz.

Eines der stattlichsten Gebäude der Stadt ist der *neue Saalbau* in der Junghofstrasse; die prächtigen Räume werden zu grössern Concerten, Bällen etc. benutzt. — Das neue *Irrenhaus* auf der Eschenheimer Landstrasse, von *Pichler* erbaut, ist für Sachverständige sehenswerth.

Es bleibt nun noch einer Anstalt zu gedenken, welche Frankfurt auch in Beziehung auf die Kunst zu einer bedeutenden Stadt macht, der *Städel'schen Kunstanstalt (Pl. 31, Eintr. s. S. 44) und ihrer Sammlungen in der neuen Mainzer-Strasse, in der Nähe der westl. Bahnhöfe. Der Frankfurter Bürger *Joh. Friedr. Städel* († 1816) vermachte seine Gemälde- und Kupferstichsammlung, seine Häuser und ein Capital von 1,200,000 fl. der Stadt zur Gründung einer Kunstanstalt und Kunstschule, die, früher unter Veit's, dann unter Passavant's († 1861) und Steinle's und jetzt unter des letzteren Leitung, über 200 Schüler zählt. Die Sammlungen bestehen aus Gemälden, Kupferstichen (30,000) und Handzeichnungen berühmter Meister, und trefflichen Gypsabgüssen, im Gesammtwerth, 1850 abgeschätzt, von 480,000 fl. Unter den ältern Gemälden sind zwar, namentlich durch neuere Ankäufe, manche werthvolle, die Werke neuerer Meister jedoch geben der Städel'schen Sammlung ihren hervorragenden Charakter und erheben sie zu der wichtigsten am Rhein.

****Städel'sche Gallerie** (Eintritt s. S. 44). Cataloge zu Jedermanns Gebrauch liegen in allen Zimmern; die Buchstaben (n.) (ö.) (s.) (w.) in den nachfolgenden Zeilen bedeuten nördliche, östliche, südliche, westliche Wand. — Am Eingang die Büsten von Raphael und Dürer. Eintrittszimmer: color. Kupferstiche nach *Raphael'*schen Malereien in den Loggien und Stanzen des Vatican zu Rom; Original-Farbenskizze von *Cornelius* jüngstem Gericht, dem 90' hohen Freskogemälde in der Ludwigskirche zu München. Achillesschild von *Schwanthaler.* — I. Saal, rechts beginnend, italienische Schule: (n.) 29. *Paolo Veronese* Mars und Venus. (w.) 22. *Sebastiano del Piombo* Bildniss einer Dame; *25. *Moretto* vier Kirchenväter am Thron der h. Jungfrau, 1847 für 35,000 fl. angekauft; 21. *Giorgione* eigenes Bildniss als h. Mauritius. (s.) 30. *Perugino* Maria mit dem Kinde, von dem kleinen Johannes angebetet; 17. *Bellini* Maria, Johannes der Täufer und die h. Elisabeth; 5. *Macrino d'Alba* Temperabild in drei Abtheilungen, Maria, links Joachim und Anna, rechts Joachim, den ein Engel belehrt. (ö.) 24. *Moretto* Maria mit dem Kinde, St. Sebastian, St. Antonius; *28. *Tintoretto* Bildniss des Dogen Marc Antonio Memmo. (n.) 42. *Innocenzio da Imola* Maria mit Johannes dem Täufer und dem h. Sebastian. — II. Saal, meist bedeutende Bilder neuerer Meister; an der reich verzierten Decke Medaillons mit Bildnissen berühmter deutscher Künstler. (n.) *332. *Lessing* Ezzelin, nach der Schlacht bei Cassano im J. 1259 im Kerker von Mönchen vergeblich zur Busse ermahnt; *242. *Funk* Alpenglühen im Unter-Innthal. (w.) 329. *Schwind* Elfentanz im

Erlenhain; 321. *Kobell* Heerde mit Hirtenknabe; 351. *Leys* trinkende Cavaliere vor einem niederl. Wirthshaus; 327. *Schnorr* barmherziger Samariter; 59. In der Art des *Claude Lorrain* Seehafen bei untergehender Sonne; *326. *Steinle* die Tiburtinische Sibylle; 352. *Calame* Schweizer Alpengegend; 350. *Gallait* Abdankung Kaiser Carls V. (ausgeführte Farbenskizze des Brüsseler Gemäldes), der Kaiser die Linke auf Wilhelm von Oranien stutzend, vor ihm kniend sein Sohn Philipp II., rechts seine Schwester Margaretha von Ungarn im Lehnstuhl, links Cardinal Granvella. (s.) 61. Himmelfahrt Mariæ aus der spanischen Schule des 17. Jahrb.; 340. *Pose* Burg Eltz; *336. *Rethel* Daniel in der Löwengrube; *341. *Pose* am Chiemsee. (ö.) *334. *Lessing* Landschaft, auf dem Berge ein durch Brand zerstörtes Haus; 345. *Zimmermann* Gegend am Tauren in Tirol; **331. *Lessing* Huss zu Constanz (Besprechung mit Cardinälen, Bischöfen etc., im Hintergrund Graf Chlum, Huss' Freund), ein sehr grosses Bild, fast die ganze östliche Wand einnehmend; *333. *Lessing* Waldlandschaft; *349. *Verboeckhoven* Schafstall; 344. *Morgenstern* Mondaufgang bei Venedig; *339. *Achenbach* Seesturm an der norwegischen Küste. (n.) 337. *J. Becker* der vom Blitz erschlagene Hirt; *347. Saal Aussicht vom Hochgebirge auf den Hardangerfjord in Norwegen (über der Thür).

— III. Saal, mit der Büste Städels, des Stifters der Kunstanstalt (S. 50). *Overbecks berühmtes Bild, der Triumph der Religion in den Künsten, nimmt die ganze östl. Wand ein. Ohne Erklärung, welche der hier aufgelegte Catalog giebt, ist dieses beziehungsreiche Bild nicht wohl verständlich. Unter den alten Bildern sind bemerkenswerth: (n.) 67. Drei Tafeln mit Darstellungen aus dem Leben Johannes des Täufers von einem Schüler des *Roger von Brügge*. (w.) 78. Q. *Messys* männl. Bildniss; 62. 63. Eine Folge von 12 Bildchen in zwei Rahmen, die Marter der 12 Apostel von Meister *Stephan* (*Löthener*) aus Constanz; 102. *Holbein, der jüngere*, Vater mit kränkelndem Kind. (s.) 106. *Dürer* seines Vaters Bildniss; 105. *Dürer* Mädchenbildniss; 68. *Memling* männliches Bildniss; 64. *Joh. v. Eyck* Madonna (la *vergine di Lucca*), beide früher im Haag. (n.) Kölner Meister aus dem Anf. des 16. Jahrh. Altarblatt mit Flügeln. — Fresko-Saal: (n.) 357. *Veit* Einführung der Künste in Deutschland durch das Christenthum, zu den Seiten Italia und Germania. Gypsabgüsse mittelalterlicher Bildwerke, besonders östl. der Bronzethüren des Baptisteriums zu Florenz, von *A. Pisano* und *L. Ghiberti* (von der Michel Angelo sagte, sie verdiene die Pforte des Paradieses zu sein) u. A. 343. *Funk* Ruine am See. — IV. Saal, meist *Niederländer* ohne besondern Werth. (ö.) 122. *Rubens* kleines Kind in einem Stühlchen sitzend. (n.) 218. *Everdingen* Landschaft mit einer Mühle; 146. *Rembrandt* weibliches Bildniss. (s.) 124. *Van Dyck* männliches Bildniss. (w.) 145. *Rembrandt* Frauenbildniss. — 1. Zimmer im Flügelbau, hauptsächlich kleinere Bilder älterer Frankfurter Maler, nebst einigen Niederländern. II. Zimmer. 390. *Schadow* kluge und thörichte Jungfrauen; 328. *Schwind* Sängerkrieg auf der Wartburg; 335. *Hübner* Hiob und seine Freunde; Cartons von *Steinle's* Bergpredigt in der Schlosscapelle zu Rheineck (R. 46); *Schnorr* Darstellungen aus Dante, Ariost u. A. — In den Antikensälen links vom Haupt-Eingang Gypsabgüsse berühmter antiker Marmorbildwerke.

*Zoologischer Garten (Pl. 38, Eintritt s. S. 44), etwa 5 Min. vor dem Bockenheimerthor an der Bockenheimer Chaussee.

Man wendet sich rechts, wo in einem alten Gemäuer Eulen u. dgl. sitzen, dabei ein stattliches Gitterhaus mit Raubthieren, Adler, Geier u. s. w. Vor dem Restaurationsgebäude in der Umzäunung Kameele, Hirsche u. a., hinter dem Gebäude ein Teich mit seltenen Schwimmvögeln, rechts davon das Affenhaus. Weiterhin Gazellen, Antilopen, Känghuru, Elephant u. a. Ganz im Hintergrund der Bärenbehälter, von dessen Altane weite Aussicht nach dem Taunus hin. Auf der westlichen Seite des Gartens eine reiche Sammlung von Hausvögeln, seltene Tauben, Hühner (auch käuflich). In der Nähe Murmelthiere, Lama, Zebra, Seehund u. dgl. Die Anlage des Gartens ist schön. Mittwoch, Samstag und Sonntag Musik.

11. Von Frankfurt nach Mainz und Wiesbaden.
Ausflug in den Taunus.

Taunus-Eisenbahn. Fahrzeit bis Castel 1, bis Wiesbaden 1¼ St. Fahrpreise nach Castel 1 fl. 48, 1 fl. 9 oder 42 kr.; nach Wiesbaden 2 fl. 15, 1 fl. 24 oder 51 kr. Die Plätze rechts gewähren die Aussicht auf den Taunus. Omnibus u. Fiaker s. S. 43.

Die *Hessische Ludwigsbahn* führt nach Mainz direct (Fahrzeit 1 St, Preise 1 fl. 54, 1 fl. 12 oder 45 kr.) über *Niederrad*, Station am *Forsthaus*, ein von Frankfurtern häufig besuchter Vergnügungsort mit schönen Waldanlagen, *Schwanheim*, *Kelsterbach*, *Raunheim*, *Rüsselsheim* und *Bischoffsheim*; vor letzterer Station mündet sie in die Darmstadt-Mainzer-Linie, vgl. S. 66.

Die *Taunusbahn*, eine der frühesten deutschen Eisenbahnen, 1838 eröffnet, zieht sich unweit des *Mains* hin, der sich bei Castel in den Rhein ergiesst; der Fluss zeigt sich zuweilen. Der Zug hat kaum den Frankfurter Bahnhof verlassen, so zeigt sich l. in Bäumen einer der die Stadt umgebenden Thürme (S. 44), die *Gallen-Warte*, dahinter der kurhess. Ort *Bockenheim*. Rechts die Homburger Bahn (S. 63), welche sich im Walde von der Taunusbahn abzweigt. Eine steinerne Brücke führt über die in der Geschichte der franz. Revolutionskriege vielgenannte *Nidda* nach **Höchst**, gewerbr. nassauisches Städtchen, mit der architectonisch beachtenswerthen *St. Justinuskirche*, um 1090 als Säulenbasilika erbaut, der goth. Chor von 1443, und dem schlossartigen 1775 erb. Wohn- u. Fabrikhaus des bekannten Tabaksfabrikanten *Bolongaro*. Das kurmainzische Schloss zerstörten 1635 die Frankfurter, nur der stattliche Thurm ist stehen geblieben. Die Eisenbahn von Höchst nach Soden (S. 61) ist nur in den Sommermonaten in Betrieb, Fahrzeit 12 Min., Fahrpreis 30, 18 und 12 kr.

Folgt Stat. **Hattersheim** (S. 60). Im Hintergrund des nördlichen reichen landschaftlichen Bildes ragen die höchsten Kuppen des *Taunusgebirges* (keltisch *Dun*, latinisirt *Taunus*) hervor, der *Altkönig*, dahinter rechts der *grosse Feldberg*, links der *kleine Feldberg* (S. 61). Lange Zeit bleibt aus der nach dem Main zu sich senkenden Abdachung des Gebirges die weisse, von Wallfahrern viel besuchte *Hofheimer Capelle* (728′ ü. M.), 1 St. n.w. v. Hattersheim, Augenpunct.

Vor **Flörsheim** sieht man r. die, ½ St. von der Station entfernten, 1838 aufgeführten stattlichen Cur-Gebäude des 1738 zuerst gefassten, in neuerer Zeit viel besuchten *Weilbacher Schwefelbrunnens*, welche sich an ein zu Promenaden dienendes Bosquet anlehnen. Von der „*Kanzel*", einem Hügel mit 4 Bäumen (10 Min. oberh. *Diedenbergen*, 1 gute Stunde n. vom Weilbacher Brunnen), hübsche Rundsicht auf den grossen und kleinen Feldberg und Altkönig, südl. Melibocus, südwestl. der lange Donnersberg, ein Stück Rheingau, dann die Städte Frankfurt, Worms, Oppenheim, Mainz, nordwestl. der Johannisberg und die Thürme von Geisenheim. Die Aussicht ist ausgedehnter als die halb verwachsene von der Hofheimer Capelle; die Kanzel liegt mehr im Vorgrund der Landschaft.

Die Bahn durchschneidet nun den Fuss der lang gestreckten Rebenberge von Hochheim *(Schwan)*, ohne Zweifel die theuerste Strecke der Bahn wegen der sehr hohen Grundentschädigung. In der besten Lage hat jeder Weinstock mit einem Ducaten bezahlt werden müssen. Auf diesen Höhen wächst einer der feurigsten Weine, vorzugsweise in den die ehem. *Domdechanei*, jetzt ein Jagdschlösschen des Herzogs von Nassau, umgebenden Lagen. Wo die Hochheimer Weinberge beginnen, steht r. vor Hochheim gleich an der Bahn in Reben ein *Denkmal* in englisch-gothischem Stil mit der Inschrift „*Königin-Victoria-Berg*" mit vergoldeten Buchstaben und versilbertem englischen Wappen. Ein speculativer Mainzer Weinhändler hat von der Königin Victoria die Erlaubniss erbeten, seinen Berg so nennen zu dürfen. Damit jeder vorbeireisende Engländer hiervon Kenntniss erhält, hat er 1854 als Empfehlungskarte dieses Denkmal aufrichten lassen.

Bei der Einfahrt in **Castel** (R. 33) durchschneidet der Zug die Festungswerke. Bahnhof in der Nähe der Rheinbrücke. *Omnibus* nach Mainz 18 kr. ohne grösseres Gepäck; *Droschke* 1 Pers. 30, 2 Pers. 36, 3 Pers. 42, 4 Pers. 50 kr., Koffer 6 kr., Alles einschliesslich Brückengeld. *Ueberfahrts-Dampfboot* (Cajütenplatz 4 kr., Deckplatz 2 kr.) fährt oberhalb der Schiffbrücke (man gelangt von der Einsteigehalle der Eisenbahn direct zum Landeplatz) nach Ankunft eines jeden Bahnzugs ab, hinüber zum Fischthor in der Nähe des Doms zu Mainz, noch eine Strecke unterhalb des Mainzer Bahnhofs (zurück nach Castel 15 Min. vor Abgang eines Bahnzugs, Billets für die Taunusbahn werden an der Abfahrtsstelle zu Mainz ausgegeben). *Packträgertaxe* vom Bahnhof zum Dampfboot oder umgekehrt Koffer 6 kr., Reisesack 3 kr., vom Bahnhof in den Wagen für jeden Gegenstand 3 kr., ist es eine Casteler Droschke oder ein Casteler Omnibus, nichts; von *Castel nach Mains* ein Koffer 10 kr., ein Reisesack 6 kr., kleinere Gegenstände alle zusammen 10 kr., Brückengeld (2 kr.) besonders.

Der Zug fährt durch die nördl. Befestigungen von Castel, berührt *Fort Montebello* (l.), hält in der Nähe von **Biebrich** (s. R. 36), welches mit der Hauptbahn durch eine kurze Pferdebahn in Verbindung steht, und erreicht **Wiesbaden** (s. R. 33). Der Bahnhof (w. daneben der Bahnhof der nassauischen Staatsbahn, R. 43) ist am Südende der 10 Min. langen *Wilhelmsstrasse*, die links aus stattlichen Häusern und rechts aus einer Allee besteht, welche nördlich am Platz vor dem *Cursaal* endet; neben der Allee r. die neuen Anlagen, mit Weiher und Fontaine, welche sich bis zum Cursaal erstrecken.

Ausflug in den Taunus.

Fussgänger können in zwei Tagen die sehenswerthesten Puncte dieses fruchtbaren Gebirgslandes besuchen: In *Hattersheim* die Eisenbahn verlassen, zu Fuss nach *Hofheim* 3/4 St., Hofheimer Capelle besteigen 1/2 St; nach *Eppstein* 1 3/4 St., Burg Eppstein besichtigen; nach *Königstein*

60 Route 11. HATTERSHEIM. Taunus.

1³/₄ St., Abend auf dem Königsteiner Schloss und dem *Falkenstein* (oder von Eppstein aus mit Führer auf den *Rossert* und nach Königstein 2¹/₂ St.). — Frühmorgens über den kleinen auf den grossen *Feldberg* 1³/₄ St.; dann auf den *Altkönig* 1¹/₄ St., zurück nach Königstein 1¹/₄ St., Mittag in Königstein. Nachm. in 1 St. nach *Soden*; von da mit Eisenbahn in 12 Min. nach *Höchst* und weiter in 20 Min. nach *Frankfurt*. — Wer einen dritten Tag zusetzt, geht von Soden über *Cronthal*, *Cronberg* und *Ober-Ursel* in 3¹/₂ St. nach *Homburg*, von da auf der Eisenbahn in 3/4 St. nach *Frankfurt*. — Ein flüchtiger Blick lässt sich im Hochsommer von Frankfurt aus selbst in einem halben Tage erreichen. Nach Tisch auf der Eisenbahn nach *Soden*, Curhaus und Anlagen besichtigen, zu Fuss oder auf Esel nach *Cronberg* (1 St.), Kaffe im Schützenhof unter den grossen Kastanienbäumen, *Burg besteigen, durch die nördl. Mauer weiter nach (³/₄ St.) *Falkenstein* (Schlüssel unten im Ort mitzunehmen) und (1¹/₄ St.) *Königstein*, zu Fuss oder im Omnibus nach (1 St.) *Soden*, mit Eisenbahn nach *Höchst* und *Frankfurt*.

Der Weg von **Hattersheim** *(*Nassauer Hof)*, Station an der Taunusbahn (S. 58), bis *Hofheim* (Krone) ist schattenlos. Die Aussicht von der *Hofheimer Capelle* (S. 58) ist zwar zum Theil verwachsen, belohnt aber doch für die Mühe des Steigens.

Das *Lorsbacher Thal* bis Eppstein ist ein üppiges blumenreiches Wiesenthal, zu beiden Seiten von laubholzbewachsenen Bergabhängen eingeschlossen, von dem muntern *Schwarzbach* bewässert. Am Ende desselben erhebt sich malerisch auf steilem Fels über dem alten Ort **Eppstein** (628′) die gleichnamige *Burg*, nach 800jährigem Bestehen zu Anfang dieses Jahrh. von der Nassauischen Regierung auf den Abbruch verkauft, deren Trümmer, jetzt Eigenthum des Hrn. Archivar Habel zu Schierstein, sinnreich zu Anlagen benutzt sind. Sie war Stammsitz des alten berühmten Dynastengeschlechts, welches dem Kurstuhl von Mainz von 1059 bis 1284 fünf Erzbischöfe gab. In der evang. Kirche einige Grabsteine aus diesem Haus, welches im Jahr 1535 im Mannsstamm erlosch. Vor Eppstein Gasthaus *zur Oelmühle*, Preise nach Frankfurter Maassstab.

Der ***Rossert** (1503′), von Eppstein aus in 1 St. bequem zu besteigen (von Fischbach aus sehr steil), gewährt eine schöne Aussicht ins Rhein- und Mainthal. — Vom *Staufen* (1405′), in ³/₄ St. (ö.) zu ersteigen, wenig Aussicht, durch Gebüsch verdeckt.

Der Weg von Eppstein nach Königstein führt bis (1/2 St.) *Fischbach* durch ein hübsches enges Gebirgsthal; dann aber bleibt er auf der Hochebene bis (³/₄ St.) *Schneidhain*, und steigt nun bis (1/2 St.) **Königstein** *(*Löwe* oder *Post*, Frankfurter Preise; *Stadt Amsterdam)*. Ueber dem Ort die sehr ansehnlichen Trümmer der 1796 von den Franzosen geschleiften *Bergfestung Königstein* (1321′), seit 1581 von Kur-Mainz in Besitz genommen, dessen Wappen noch über dem Eingang zu sehen ist. An Casematten und gewölbten Gängen fehlt es nicht. Fast zwei Jahre lang waren hier die nach der Wieder-Einnahme von Mainz im J. 1793 (R. 33) ergriffenen Vornehmsten der Mainzer Klubbisten eingesperrt. Von der Plateforme ähnliche *Aussicht wie vom Falkenstein (s. oben). Bei der Ruine hat der Herzog von Nassau eine schöne Villa erbauen lassen. Wasserheilanstalt. Omnibus nach Soden s. S. 62.

Taunus

In der entgegengesetzten Richtung ($^1/_2$ St. östlich) krönen einen bewaldeten Bergkegel (*Aussicht) die Trümmer der Burg *Falkenstein* (1532'), Stammburg jenes gewaltigen Trier'schen Erzbischofs Kuno (S. 239), zu Anfang des 13. Jahrh. erbaut, und nach einer ältern Burg am Donnersberg benannt.

Führer auf den Feldberg 40 kr., Esel mit Führer 1 fl. 12 kr. (mit Falkenstein 1 fl. 24 kr.), Wagen für 3 Pers. 5 fl., für 4—5 Pers. mit 3 Pferden 8 fl. Der bequeme Weg ist auch ohne Führer zu finden; er verlässt $^1/_2$ St. von Königstein die Frankfurt-Limburger Landstrasse, rechts ab, über den (1 St.) *kleinen Feldberg* (2547') zum ($^1/_4$ St.) *grossen Feldberg*. Wer aber einen Führer nimmt, verlasse gleich hinter der Kirche von Königstein die Landstrasse, durch den Wiesengrund rechts, dann nach $^1/_4$ St. in den Wald. Besser noch ist's, diesen nähern aber steilern Weg zur Rückkehr zu benutzen, und dabei die am Wege gelegene Burg Falkenstein zu besteigen.

Der *grosse Feldberg (2708'), der höchste im Taunus, zu oberst aus Quarzfels, am Abhang aus Talkschiefer und Thonschiefer bestehend, bietet bei heller klarer Luft eine vortreffliche Rundsicht, fast nach allen Seiten hin frei, über Rhein und Main, östlich bis zum Inselsberg, dem Rhöngebirge und Spessart, südlich Melibocus, Königsstuhl, Mercurius bei Baden und Vogesen, westlich Donnersberg, Hunnsrück, Moselgebirge, nördlich Siebengebirge, das Gebirge des Herzogthums Westfalen, Meissner. In dem 1858 erb. „Feldberghaus" Erfrischungen, zur Noth auch Nachtquartier. Der 12' hohe grosse Quarzblock auf dem Gipfel kommt schon in einer Urkunde von 812 als *Brunhildenstein* vor. Ein dreiseitiger Stein bezeichnet hier die Grenzen der Gebiete von Nassau, Frankfurt und Hessen-Homburg. Am nördl. Abhang des Taunus die Burgruine *Ober-Reiffenberg*. (Vom Feldberg nach Homburg mit Führer 3 St.)

Die Aussicht wird südl. durch den Altkönig (2428') gehemmt. Die Besteigung desselben ($1^1/_4$ St. vom grossen Feldberg) ist etwas beschwerlich, aber für Alterthumsforscher merkwürdig. Der Gipfel ist nämlich von einem riesenhaften doppelten Ringwall umgeben, aus losen Steinen gebildet. Diese früher irrig für römisch gehaltene Steinumwallung diente wahrscheinlich der germanischen Urbevölkerung in Kriegszeiten als Zufluchtsort. Der obere Ringwall ist noch wohl erhalten.

Eine gute Landstrasse führt in $1^1/_4$ St. von Königstein südl. bergab nach Soden (*Hôtel Frans beim Curhaus; *Europ. Hof, Gastu. Badhaus; *Frankfurter Hof, ruhig; Holländ. Hof, klein; Hôtel garni zum Stolzenfels von Geschwister Köhler; *Hôtel u. Restaur. Colloseus), aufblühendes Bad (jährl. ungefähr 3000 Curgäste) mit einem stattl. *Curhaus*, dessen sinnreich angelegter Garten sich durch seine hübschen Gruppirungen vor manchem grössern Park auszeichnet. Der 1859 durch Bohrung gewonnene Sprudel ist ähnlich dem von Nauheim, doch kleiner und nicht so warm (22°); er dient zum

62 *Route 11.*   HOMBURG.   *Taunus.*

Baden. Die Landhäuser, meist im Schweizergeschmack, gehören Frankfurtern. Omnibus zwischen Königstein und Soden nur Morgens. Eilwagen von Soden nach Königstein und umgekehrt 3mal tägl. in 35 Min. für 18 kr.; von Höchst nach Königstein 3mal für 35 kr. Eisenbahn zwischen Soden und Höchst s. S. 58. Von Königstein gelangt man in $^3/_4$ St. nach dem östlich gelegenen **Cronberg** (**Schützenhof*), durch seine vorzüglichen Obstpflanzungen bekannt. Die Burg (Schloss genannt, und vom Schulmeister und einem Bauer bewohnt) über der Stadt, in Trümmern von grösserm Umfang, mit der Stadt weithin im Gebirge sichtbar, bietet besonders vom Thurm (132 Holzstufen, dann noch eine kleine Leiter hinan bis zur Glocke) eine der schönsten *Aussichten, sowohl in das Gebirge als in das Flachland hinein, schöner, als die gerühmte Aussicht von der Platte bei Wiesbaden. Königstein oder Cronberg, beide im Mittelpunct der Taunusabhänge gelegen, eignen sich als Standquartier für Wanderer, die mehrere Tage für den Taunus verwenden wollen. Omnibus nach Weiskirchen, Stat. an der Homburger Bahn, 3mal tägl. **Bad Cronthal** (25 Min. südl., am Wege nach dem von dort noch $^3/_4$ St. entfernten Soden), mit einem Säuerling, früher mehr als jetzt besucht, still und anmuthig in einem Kastanienwald gelegen, in gesunder Luft, Zimmer von 5 fl. an wöchentlich, Table d'hôte 42 kr., ein vortrefflicher Ruhepunct.

Oestlich 3 $^1/_2$ St. von Königstein oder Soden, liegt **Homburg** (*Vier Jahreszeiten, Russischer, Englischer, Kaiserl., Hessischer Hof*), Hauptstadt der Landgrafschaft Hessen-Homburg, in neuerer Zeit ein viel besuchter Badeort (an 8000 Badegäste jährlich, Spielbank vgl. S. 95), auf einem der Vorhügel gelegen, die sich an den gr. Feldberg anlehnen, ein bis auf die Neubauten in der Gegend des Curhauses unbedeutendes Städtchen. Das Leben Homburgs vereinigt sich in dem 1862 und 1863 neuerbauten und erweiterten *Curhaus und in den reizenden Anlagen, welche zu den 15 M. vom Curhaus entfernten Quellen, eisenhaltigen salin. Säuerlingen, führen. — Das reich ausgestattete *Theater* umfasst 1200 Personen.

Das landgräfl. Schloss zeichnet sich weder in baulicher noch sonstiger Beziehung aus. Ueber dem Thor des hintern rechten Schlossflügels ragt auf der Hofseite, von Kriegstrophäen umgeben, die Vorderhälfte einer *Reiterbildsäule*, und über der Thür des linken Flügels gegenüber das *Brustbild des Prinzen Friedrich* hervor, der 1675 unter dem grossen Kurfürsten durch einen kühnen Angriff den Sieg der Brandenburger über die Schweden bei Fehrbellin entschied. Sein und des Kurfürsten Bildniss nebst einer Anzahl anderer *Familienbildnisse*, unter welchen besonders die englischen reichlich vertreten, sind im Schloss in bescheiden verzierten Räumen zu sehen. Sonst enthält das Schloss ausser einer kleinen Sammlung an der Saalburg (s. S. 63) ausgegrabener *röm. Alterthümer*, nichts Bemerkenswerthes. In der Mitte des Schlosshofes ein hoher runder Thurm mit einer äusseren Gallerie oben, von welcher umfassende Aussicht.

Für den Alterthumsfreund lohnend ist ein Ausflug nach der **Saalburg**, 1 bis 2' über dem Boden hervorragende Mauerreste eines Römercastells, auf dem bewaldeten Gebirgssattel des Taunus, 1³/₄ Stunde nördlich von Homburg, 1304' ü. M., einige 100 Schritte links von der Landstrasse nach Usingen. Sie gehörte zu den Befestigungen jener ausgedehnten verschanzten Grenzlinie, welche unter dem Namen *Limes imp. rom. (Pfahlgraben)* bekannt, die röm. Eroberungen gegen die kriegerischen Germanen schützte, und ist ohne Zweifel das Castell, welches im Jahr 15 n. Chr. Germanicus an der Stelle des von Drusus erbauten, im J. 9 nach der Niederlage des Varus zerstörten neu aufführen liess *(posito castello super vestigia paterni praesidii in monte Tauno expeditum exercitum in Cattos rapit. Taciti Annal. I. 56)*. Ptolemaeus bezeichnet es als *Arctaunon*. Es bildet ein 704' l., 465' br. Viereck mit abgerundeten Ecken, mit zwei tiefen Gräben umgeben. Vier Thore öffnen den Eingang durch die 6 bis 7' dicke Ringmauer. In der Mitte ist das 153' l., 132' br. *Praetorium* mit Fundamenten und Sandstein-Unterlagen einer Säulenhalle und zwei Sandstein-Quadern, dem Fussgestell eines Erzbildes von doppelter Lebensgrösse, von dem hier Trümmer gefunden wurden. Die Ausgrabungen finden seit 1852 unter Leitung des Hrn. Archivar Habel (S. 60) statt.

Eisenbahn nach *Frankfurt* in ³/₄ St. (1 fl., 36 kr., 21 kr.), Stationen: *Ober-Ursel, Weiskirchen, Rödelheim, Frankfurt* (S. 43).

12. Von Frankfurt nach Heidelberg (oder Mannheim).

Main-Neckar-Bahn. Bahnhof südl. neben dem Taunusbahnhof (S. 43). Fahrzeit bis Darmstadt ¹/₂ St., bis Heidelberg oder Mannheim 2 St. Fahrpreise bis Darmstadt 1 fl. 6 kr., 42 oder 30 kr., bis Heidelberg oder Mannheim 3 fl. 33 kr., 2 fl. 21 kr. oder 1 fl. 33 kr.; Eilzüge etwas theuerer. Omnibus und Fiaker s. S. 43. — Plätze wegen der Aussicht auf die Gebirge der Bergstrasse (Odenwald) links wählen; rechts (westl.) ist die Gegend flach.

Der Zug fährt bald nach der Ausfahrt aus dem Bahnhof über die stattliche aus rothem Sandstein aufgeführte Brücke über den *Main*. Jenseit derselben zweigt sich links die Offenbacher Bahn ab. Dann führt die Bahn l. an einem burgartigen Meierhof des Herrn v. Bethmann vorbei. Die Niederung, welche zwischen Frankfurt und Darmstadt die Bahn in gerader Richtung durchschneidet, ist sonst öde und sandig, der Boden erzeugt nur Nadelholz. Auf dem Hügelzug links die *Sachsenhäuser Warte* (vgl. S. 44). *Isenburg, Langen, Arheiligen*, Stationen, eine so langweilig als die andere. Vor Darmstadt kreuzt, unter einer Durchfahrt, die Mainz-Aschaffenburger Bahn (S. 66) die Main-Neckarbahn.

Darmstadt (*Traube, Z. u. B. 1 fl. 6 kr., F. 36 kr.; Darmstädter Hof; *Hôtel Köhler*, zunächst dem Bahnhof, Z. 48 kr., F. 24 kr.; *Alte Post* dem Schloss gegenüber, M. m. W. 1 fl. 4 kr.; *Café-Restaurant Stengel* dem Bahnhof gegenüber; *Bühler*, neben der Traube, gutes Bier), Haupt- und Residenzstadt des Grossherzogthums Hessen mit 32,000 Einw. (2500 Kath.), war bis zu Ende des 18. Jahrhunderts, obgleich Hauptstadt der oberen Grafschaft Katzenelnbogen *(Cutti Melibocus?)* ein unbedeutender Ort. Grossherzog Ludwig I. († 1830) legte die Neustadt an, mit breiten Strassen

DARMSTADT. *Von Frankfurt*

und hübschen Häusern; ihm allein hat Darmstadt seine heutige Bedeutung zu danken. Nicht mit Unrecht überragt das im J. 1844 „von seinem dankbaren Volke" errichtete *Standbild* dieses Fürsten die ganze Stadt, auf einer 134' hohen canelirten Säule von rothem Sandstein, in welcher eine Wendeltreppe von 172 Stufen bis zu den Füssen des Standbilds führt. Nur die Aussicht, welche die weite Ebene zwischen Taunus, Bergstrasse und Donnersberg umfasst, belohnt das Steigen. Von dem 22' h., von Schwanthaler entworfenen, von Stiglmayr gegossenen Standbild selbst sieht man oben eben so wenig als von unten. Ein alter Soldat ist Wächter der Säule (18 kr. Trinkg.).

Das *Schloss*, grössern Theils erst in der Mitte des vor. Jahrh. erbaut, liegt am Ende der 10 Min. l. Rheinstrasse, welche vom Bahnhof in die Stadt führt. Vom Thurm ertönt bei jedem Schlag der Uhr ein Glockenspiel. Die im Schloss befindliche *Hofbibliothek* mit 200,000 Bänden und einigen handschriftl. und typograph. Seltenheiten ist von 9 bis 12 und 2 bis 4 U., die übrigen *Sammlungen (Gemälde, Alterthümer, Trachten, Münzen) sind Dienst., Donnerst., Sonnt. von 10 bis 12 U. (Winter 11 bis 12) für Jedermann unentgeltlich geöffnet, zu andern Zeiten für 1 fl. Trinkg.

*Gemälde-Gallerie im *obern Stock* des Schlosses etwa 700 Bilder, viel Gutes. I. Saal: *neuere Bilder*, von der Mitte des vorig. Jahrh. bis heute, von *Schmidt, Seekatz, Fiedler, Schütz, Kobell, Morgenstern*, meist dem vorig. Jahrh. angehörend, und mehr des Gegensatzes gegen die heutige Stufe der Malerei wegen, als des eigentlichen Kunstwerths zu beachten; dazu einige aus neuester Zeit. Beim Eintritt links, 1. Querwand: 68. *Schilbach* († 1851) röm. Landschaft. 2. Querwand: *79. *Schirmer* Schloss zu Heidelberg; 77. 78. 80. 81. *Achenbach* vier kleine holländ. Landschaften. Hauptwand: (w.) *666. *Lessing* Sonnen-Untergang; 98. *Seekatz* Drei-Königs-Abend. (n.) *Radl* († 1852) 120. Cronberg und 422. Falkenstein, zwei Taunuslandschaften (S. 62 u. 61). — II. Saal: (ö.) 667. *Seger* grosse Abendlandschaft; 93. *Steinbrück* Genovefa; ohne Nummer: *Seger* Sturm im Schwarzwald und eine kleine Landschaft von demselben. (w.) 134. *Lucas* der Melibocus vom Odenwald her; ohne Nummer: ital. Erndtebild von demselben; *Schön* Klosterballe; *Chr. *Morgenstern* grosse Landschaft; *C. H. *Hoffmann* Verrath des Judas. — III. Saal: *Altdeutsche Schule*. 1. Querwand: *136. *Schoreel* sterbende Maria; 184. *Lucas Cranach* Madonna. Hauptwand: (n.) 201. *Holbein* Portrait unbek. (ö.) 670. Madonna auf dem Thron, Meister unbek.; 179. Meister *Wilhelm* von Köln (R. 53), Darstellung im Tempel, 1445 gemalt; *672. *Memling* Madonna auf dem Thron. Die meisten der alten Bilder in diesem Saal sind von unbekannten Meistern. — IV. Saal: *Niederländer*. 1. Querwand: 680. *Quintin Messys* männl. Bildniss mit Kind; *678. *Van Dyck* Bildniss des Malers Erasmus Quellyn; 248. *Berghem* kleine Landschaft. 2. Querwand: *419. *Rembrandt* Christus an der Staupsäule; 266. *Potter* Inneres eines Stalls. Hauptwand: (n.) 209. *Erasmus Quellyn* Alexander und Diogenes; (w.) *284. (gross) *Rubens* Nymphen der Diana, von der Jagd heimkehrend; die mit dem rothen Gewand ist des Malers erste, die mit dem Hasen seine zweite Frau; 686. *Van Dyck* weibl. Bildniss. — V. Saal. Querwand: 691. 692. *Van Dyck* männl. und weibl. Bildniss (klein). Hauptwand: (s.) 383. *Ph. de Champaigne* Christus am Oelberg; 388. *Rubens* Bildniss eines Geistlichen; (n.) 364. *Teniers* alter Mann; *366. *Rembrandt* Bildniss seiner zweiten Frau. — VI. Saal. 1. Querwand: 402. *Van der Helst* Bildniss eines alten Mannes. Hauptwand: (s.) 452. *Schalken* Bildniss Wilhelms III. von England, bei Fackellicht; 465. *Eeckhout* Jünger zu Emmaus. (n.) *420. *Van der Helst* Bildniss einer Frau, sitzend; *271. *Rembrandt* eine Frau, die einen Knaben kämmt. Am Fenster: 415. *Van Dyck* Madonna.

— VII. Saal: Franzosen, untergeordneten Werths. (ö.) 500. u. 492. *Van Loo* Bildnisse Ludwigs XV. und seiner Gemahlin Maria Leseinska; 509. *Schäffer* Bildniss Pétions, des Maire's von Paris. Am Fenster: 503. *Rigaud* Bildniss des Cardinals Mazarin. — VIII. Saal: Spanier und Italiener: (ö.) 534. *Velasquez* ein Kind. (n.) 558. *Tizian* schlafende Venus; 694. *C. Poussin* Landschaft. — IX. Saal. 1. Querwand: 594. *Tizian* Carthäuser Mönch; 695. *Perino del Vaga* h. Familie; 698. *Guido Reni* büssende Magdalena; 572. *Raphael* St. Michael; 573. *Domenichino* Petri Verläugnung. 2. Querwand: 585. *Velasquez* Bildniss; 580. *Tizian* Bildniss eines ältern Mannes. Hauptwand: (ö.) *Guercino* 629. büssende Magdalena, *592. heil. Franziscus; 628. *Paolo Veronese* Skizze zu der Hochzeit zu Cana (im Louvre zu Paris); 627. *Domenichino* David und Nathan. (n.) 606. *Valentin* musizirende Gesellschaft; *604. *Raphael* Johannes; 616. *Fetti* St. Paulus. — In den Nebenzimmern das Naturaliencabinet und die reiche *Petrefacten-Sammlung, namentlich urweltliche Thiere, bei Eppelsheim in Rheinhessen gefunden, sammt dem Skelett eines Mastodon, eines urweltlichen Elephanten, 13' hoch (1½ fache Elephantenhöhe), 1857 in London angekauft.

Im *mittlern Stock* I. Saal: Römische Altertbümer, ein 12 Schr. l., 8 Schr. br. *Mosaikboden aus einem Römerbad, 1849 bei Vilbel ausgegraben. Merkwürdige Menschenskelette, an zwei verschiedenen Orten in der Nähe von Darmstadt ausgegraben, die einen für keltischen Ursprungs, die anderen als von Hunnen aus der Zeit der Völkerwanderung herrührend angesehen. II. Saal: Korknachbildungen römischer Gebäude (Colosseum, Pantheon u. a.) und rheinischer Burgruinen, alte Gold- und Silberarbeiten, Trinkgefässe, altes Schmelzwerk, *Elfenbein- und Alabaster-Schnitzwerk, Glasmalereien, Münzen. III. Saal: Rüstungen und Waffen. IV. Saal: Modell des Schlosses, Trachten und Geräthe fremder Völker und andere Gegenstände der Art. V. Saal: Handzeichnungen und Kupferstiche, ältere und neuere, unter den Handzeichnungen Rottmann's Skizzen zu den italien. Landschaften in den Arcaden zu München.

„Man sagt nicht zu viel, wenn man behauptet, dass Meisterstücke der Kunst und Merkwürdigkeiten aller Jahrhunderte und Gegenden, welche uns betrachtungswürdig überliefert werden, hier anzutreffen sind. Vasen und Urnen aller Art, Trink- und Scherz-Gefässe, Bronzen aller Jahrhunderte, worunter man die köstlichsten Candelaber und mehrdochtige cherne Lampen bewundert, Reliquienkästchen der ältesten Byzantinischen Zeit, von Erz und Schmelz, elfenbeinerne etwas später, Kirchengeräthe jeder Art, unschätzbare Handzeichnungen der grössten Meister, so gut ältere als neuere chinesische und japanische Arbeiten, Glasgeschirre durch Materie, Form und Schleifkunst kostbar."   Goethe. 1814.

Nördlich vom Schloss ist der *Herrengarten*, mit Spaziergängen und Anlagen. Am Eingang rechts das von Moller erb. *Theater*, eines der bessern Mitteldeutschlands (Vorstellungen nur von September bis April), mit einem korinth. Porticus: links das *Exerzierhaus*, dessen Dachstuhl auf einem Hängewerk ruht, jetzt Artillerie-Wagenhaus. Zwischen diesen sind 1853 zwei von Scholl in grauem Sandstein gearbeitete *Standbilder* aufgestellt, das des Landgrafen *Philipp d. Grossmüthigen* († 1567), und das seines Sohnes *Georg I.* († 1590), des Gründers der grossh. Familie. Im *Herrengarten* ist gleich rechts, von Gebüsch umgeben, ein umzäunter ganz mit Epheu bewachsener Hügel, unter welchem die *Landgräfin Henriette Caroline* († 1774), die Mutter der Gemahlin König Friedrich Wilhelm's II. von Preussen ruht, *„femina sexu, ingenio vir"*, wie auf der einfachen *Urne* steht, welche ihr Friedrich d. Gr. errichten liess.

Wer Zeit hat, mag noch die 1827 von Moller nach Art des röm. Pantheon erbaute *kathol. Kirche* auf dem Wilhelminenplatz

66 *Route 12.* ZWINGENBERG. *Von Frankfurt*

betrachten, über der Eingangsthür die Inschrift *DEO*. Im Innern 28 Säulen, welche die Kuppel tragen, in deren Mitte ein grosses Fenster, durch welches das Licht einfällt. Schöner Marmorsarcophag der Grossherzogin Mathilde v. Hessen, geb. Prinzessin von Bayern († 1862), mit der liegenden Marmorfigur der Fürstin von *Widnmann*. — Im Palais des Prinzen Carl, in der Nähe, eine *Madonna von *Holbein*, die der berühmten Dresdener nicht nachsteht.

Oestlich von Darmstadt dehnen sich stundenweit schöne Wälder und parkartige Waldanlagen aus. Sehr lohnende Wanderungen n.ö. nach dem Jagdschloss *Kranichstein* mit Park (1 Stunde); s.ö. zu der *Ludwigseiche (1½ St.), umfassende Rundsicht über den nördl. Odenwald, Spessart, Vogelsberg, Taunus, Melibocus, einer der schönsten Puncte zwischen Rhein, Main und Neckar; südl. nach der *Ludwigshöhe und *Marienhöhe (³/₄ St.) und dem *Frankenstein (2½ St.).

Von Darmstadt nach Mainz direkte Eisenbahn. Fahrzeit ³/₄ bis ⁵/₄ St. Fahrpreise 1 fl. 42 kr., 1 fl. oder 36 kr. Stationen *Weiterstadt*, *Grossgerau*, *Nauheim*, *Bischofsheim*, *Gustavsburg*. Gegend sandig und flach. Bei der Mainspitze (s. S. 184) führt die am 22. December 1862 dem Verkehr übergebene Eisenbahnbrücke, vorläufig nur mit einem Geleise, in schräger Richtung über den Rhein. Die Brücke ist nach dem neuen „Fischbauchträger"-System des Ober-Baudirectors von Pauli in München construirt. Die Bahn geht am linken Ufer bei *Weissenau* (S. 31) über die Mainz-Ludwigshafener Eisenbahn und senkt sich in einer Curve durch die Neue Anlage (S. 31) zum Bahnhof in Mainz (S. 173).

Bei Stat. *Eberstadt* erblickt man links am Gebirge die stattlichen Trümmer der Burg *Frankenstein* (s. oben). Dann zeigt sich jenseit *Bickenbach* (S. 70) der zinnengekrönte Thurm d. *Alsbacher Schlosses*.

Bei Stat. Zwingenberg (*Löwe*, Z. 30 bis 36; F. 18, M. 36 kr.; Pension, Z., F., M. u. A. 1 fl. 40 kr., mit Garten, angenehmer Aufenthalt) beginnt die *Bergstrasse*, die wegen ihrer schönen Landschaften vielleicht über Verdienst gerühmte Landstrasse bis Heidelberg.

Die *Bergstrasse führt stets unter Obstbäumen und durch freundliche Orte am Abhang einer Reihe von Bergen und Vorhügeln hin, welche theils mit Wald, theils mit Reben bedeckt sind, aus denen hin und wieder Burgtrümmer hervorblicken. Westlich aber dehnt sich die fruchtbare, in der Nähe des Rheins jedoch sandige Ebene, mehrere Stunden weit bis zu diesem Strom hin. Zur wahren Schönheit der Landschaft fehlt das Wasser. Die Bergstrasse wird insbesondere denjenigen Wanderer weniger befriedigen, bei dem die Eindrücke der Rheinufer oder der reizenden Umgebungen von Heidelberg und Baden noch frisch sind. Er möge aber die Höhen besteigen und die Seitenthäler besuchen, um zu erfahren, dass die Bergstrasse zu den schönern Gegenden Deutschlands gehört. Wer im Eisenbahnwagen vorübersauset, hat kein Urtheil über sie.

Eigentlich wird im Lande selbst mit dem Namen „Bergstrasse" der vordere Odenwald bezeichnet, der westliche Abhang des *Odenwalds* (S. 70). Einer der höchsten Puncte ist der *Melibocus oder Malchen (1630' ü. M.). Besteigung von Zwingenberg (1 St.) nicht beschwerlich und sehr lohnend. Führer (unnöthig) 24 kr., fur den ganzen Tag 1 fl. Oben ist selbst Wasser nicht zu haben. Bei Zwingenberg hinauf, über das Auerbacher Schloss und Auerbach hinab, oder vom Auerbacher Schloss den S. 67 beschriebenen Weg über das Fürstenlager und Schönberg nach Bensheim, das sind die am meisten lohnenden Wege; ersterer erfordert bei nicht zu langem Aufenthalt auf dem Melibocus 3 St., letzterer vom Auerbacher Schloss aus etwa 2½ St. Man kann auch auf den Melibocus fahren (viersitz. Wagen 4 fl.), oder weiter auf den Felsberg (S. 71), hinab nach Reichenbach (S. 72) und nach Zwingenberg zurück. Der Wagen kostet dann für den ganzen Weg 6 fl.

Besser aber ist's zu Fuss. Der Weg führt vom Löwen zu Zwingenberg östl. den Hügel hinan, rechts nach 8 Min. der Röhrenleitung folgend, auf bequemem Fussweg ansteigend durch ein Tannenwäldchen über den *Lusieberg*; nach 25 Min. erreicht man wieder den Fahrweg, an welchem Wegweiser die Richtung andeuten. Da wo der Hochwald endet, führt links zwischen diesem und einem jungen Buchenwald ein schmaler Fusspfad zu dem 80' hohen *Thurm*, den man in 5 Min. erreicht. Ludwig IX. († 1790), Landgraf von Hessen, liess ihn 1777 auf dem Gipfel des Berges aufführen. Ueber dem Eingang ist Folgendes zu lesen:

„*Dies Denkmal, Cattenberg, du Ursprung aller tapfern Hessen,*
Hast du der Gegenwart des Neunten Ludwig beizumessen,
Der wie dein erstes Volk gedacht und denken wird,
Dass Heldenmuth und Ruhm der Fürsten grösste Zierd."

Der Melibocus besteht ganz aus Granit. Die Aussicht umfasst das Rheinthal von Speyer bis unterhalb Mainz, bis zu den Vogesen und dem Donnersberg, den Main bis zum Taunus und Vogelsberg. Der schönste Punct ist westl. einige 20' tiefer als der Thurm, wo die ganze Fläche n., w. und ö. von Mannheim bis Darmstadt vor den Blicken des Beschauers liegt. Die Aussicht über die waldigen Höhen des Odenwalds ist nur vom Thurm selbst zu erlangen. Den Schlüssel dazu hat der Förster Heyl in Zwingenberg; er ist gewöhnlich beim Thurm oder in der Nähe und kommt auf den Ruf. Bei nebeligem Wetter, oder Morgens sehr früh und Abends spät, fragt man lieber vorher in seiner Wohnung. Ein Einzelner zahlt ihm für das Aufschliessen 6 bis 9 kr., eine Gesellschaft 24 bis 30 kr. Nöthigenfalls verrichtet er auch Führerdienste. — Vom Melibocus direct zum Auerbacher Schloss in 3/4 St.

Folgt Stat. **Auerbach** (*Krone*, Z. 48, F. 20, M. 48 kr., Pensionspreis wöchentl. Z. 3 fl. 30, M. 36 kr., zu längerem Aufenthalt angenehm, gute Bewirthung; Wirthschaft von *Nack* in der Mühle in der Mitte des Dorfes, derselbe wirthet bei günstiger Jahreszeit auch auf dem Auerbacher Schloss [s. unten]; beim Hausverwalter im *Fürstenlager* [S. 68] Kaffe und Milch), freundliches Dorf, in dessen Nähe ein grossherz. Schlösschen mit ausgedehnten Parkanlagen, beliebte Sommerfrische für Darmstädter, Mannheimer, Frankfurter, neuerdings auch norddeutscher Familien, gutes Standquartier für Wanderungen an der Bergstrasse und im vordern Odenwald (S. 70). Bei Auerbach wächst ein gepriesener feuriger Wein; die beste Sorte ist der „Rottwein".

Das *Auerbacher Schloss* (Wirthsch. s. oben) (3/4 St. vom Melibocus, Fahrweg, an zweifelhaften Stellen Wegweiser, vom Dorf Auerbach ebenfalls 3/4 St.), 1024' ü. M., also etwa 500' niedriger als der Melibocus, soll von Carl d. Gr. erbaut sein. Es war später Eigenthum des Klosters Lorsch (S. 68), dann von Kurmainz. Turenne eroberte 1674 die Burg mit Sturm und sprengte sie. Von den beiden übrig gebliebenen Thürmen war einer im J. 1806 eingestürzt, ist aber 1853 wieder aufgeführt. Im Schlosshof feierten im J. 1840 alte hessische Krieger ein Fest der Erinnerung an die Feldzüge, welche sie von 1792 bis 1815, meist unter ihrem Führer, dem Prinzen Emil, gemeinsam mitgemacht. Eine eingemauerte Tafel berichtet davon. Das Wandbild im innern Hofraum über der Thorfahrt, 1852 von zwei Frankfurtern in einem Tag bei Gelegenheit eines Künstlerfeste gemalt, stellt den Empfang der Künstler durch den Burggeist dar. Die Aussicht von hier ist malerischer als die vom Melibocus, wenn auch weniger umfassend. Der Aufseher (in den Sommer-Monaten meistens anwesend) öffnet die Thürme: Trinkgeld wie auf dem Melibocus (s. oben).

Ein breiter Fahrweg führt durch Buchenwald vom Auerbacher Schloss ins *Hochstädter Thal* an den Gesundbrunnen, an der Mühle vorüber zu den *Neun Aussichten*, dem *Champignon*, ins Auerbacher *Fürstenlager* (1¼ St.), von da nach *Schönberg* (½ St.), reizende Aussicht vom Schlossgarten (S. 72) und der Kirche. Von Schönberg durchs Schönberger Thal nach Bensheim ½ St. Gehens.

Bensheim *(Sonne; Post)*, eine malerisch gelegene lebhafte Stadt, bis 1802 kurmainzisch, hat eine neue, im Rundbogenstil von Moller erbaute *Kirche*. Eine *Inschrift am Thor* meldet, dass im J. 1504 Landgraf Wilhelm von Hessen nebst den Herzogen von Braunschweig und Mecklenburg „diese Stadt und Porten" elf Tage lang vergeblich belagert haben.

Rechts in der Ebene, an der *Weschnitz* (S. 73), liegt, 1 St. entfernt, der Marktflecken **Lorsch** mit den Trümmern der von Carl d. Gr. gegründeten Abtei *(Laurenshamense Monasterium)*, in welche er 788 den als Verräther zum Tode verurtheilten Bayernherzog Tassilo verbannte. Die *Kirche* mit eigenthümlich verzierten Kämpfergesimsen ist um das J. 1090 erbaut. In einer kleinen Nebenkirche von buntfarbigem Mauerwerk ist König Ludwig der Deutsche, der Gründer des deutschen Reichs, begraben, auch ruht hier die Kaiserin Kunigunde, Gemahlin des Kaisers Conrad I. Die „bunte Capelle" zu Lorsch wurde im Mittelalter, als Ruhestätte des Gründers des deutschen Reichs, so in Ehren gehalten, dass sich sogar Pabst Leo IX. persönlich nach Lorsch begab und dieser Capelle am 25. Oct. 1053 eine besonders feierliche Weihe ertheilte. Das Nibelungenlied bringt in diese Königsgruft die Gebeine Siegfrieds und der Königin Ute (Chriemhildens Mutter).

Vor **Heppenheim** (*Frank im Halben Mond)*, unmittelbar an der Landstrasse links, ein mit drei Bäumen bepflanzter Hügel, der *Landberg* genannt, wo die Burggrafen von Starkenburg ihre Gaugerichte hielten. Die *Kirche* von Heppenheim ist von Carl d. Gr. gegründet, wie ein Denkstein von 805 in ihr bezeugt.

Ein bequemer Weg (½ St.) führt zur **Starkenburg** (874'), um 1064 von dem Lorscher Abt Ulrich erbaut, von Schweden und Spaniern im 30jähr. Krieg genommen, 1645 und 1674 vergeblich von Turenne belagert und erst in neuern Zeiten verlassen. Doch gibt sie noch einer Provinz von Hessen den Namen. Aus dem niedrigen Gemäuer auf einem Rebenhügel ragt ein hoher 4eckiger weithin sichtbarer Thurm hervor, schöne Aussicht.

Unmittelbar hinter Heppenheim tritt die Eisenbahn auf badisches Gebiet. Folgt Stat. *Hemsbach*, mit einem Hrn. v. Rothschild gehörigen Landhaus.

In dem Grenzdorf *Ober-Laudenbach*, 20 Min. östl. von der Bahn, wurde am 24. Mai 1849 beim Beginn des badischen Aufstandes der hessische Bezirks-Commissar Prinz während einer Volksversammlung ermordet. Freunde haben dem „als Opfer seiner Berufstreue Gefallenen" 1851 hier ein *Denkmal* aus Granit errichtet. Am 30. Mai 1849 hatte auf und neben dem Eisenbahndamm das erste Gefecht zwischen hessischen Truppen und badischen Insurgenten statt, welches mit dem Rückzug der letztern endete.

Die Bahn überschreitet vor **Weinheim** (*Pfälzer Hof*, Z. 48, F. 24 kr., etwa 10 M. von der Station entfernt; *Carlsberg*, am Markt) die *Weschnitz*. Weinheim mit seiner stattlichen neuen Kirche ist die ansehnlichste Stadt und der schönste Punct an der Bergstrasse. Thürme und Gräben zeugen von seiner frühern Bedeutung, Templer- und Deutsch-Ordens-Haus (jetzt Amtshaus) sind noch vorhanden. Das grosse neue Gebäude ist eine Lakirt-Leder-Fabrik *(Heintze und Freudenberg)*. Weiter oben ist die *Bender'sche Erziehungsanstalt* für Knaben. Auch die *Bender'sche Kaltwasserheilanstalt* gedeiht. Nicht minder eine 1851 eröffnete *Rettungsanstalt verwahrloster Kinder*. — Hubberger, der beste Bergsträsser Wein, aber theuer, wächst bei Weinheim.

Oestlich ragt die alte Burg Windeck auf einem Bergkegel 665′ ü. M. empor, schon im 12. Jahrh. als Lehen des Klosters Lorsch erwähnt, später im Besitz von Kurpfalz. Die Aussicht von der Burg ist ungemein lieblich. Die anmuthigsten Spaziergänge gewährt das *Gorxheimer* und besonders das *Birkenauer Thal* (S. 73). Am Eingang des Dorfes *Gorxheim*, links vom Wege, 1 St. von Weinheim, steht ein einfacher *Stein* zur Erinnerung an die tapfern Odenwälder Bauern, welche am 20. April 1799 hier fielen, als sie die Franzosen aus ihren Thälern verjagten.

Die Eisenbahn verlässt bei *Gross-Sachsen*, angeblich wie Sachsenhausen (S. 52) eine von Carl d. Gr. gegründete Colonie, die Bergstrasse und wendet sich südwestlich nach **Ladenburg** (*Adler*), das *Lupodunum* der Römer, welches mit seinen Mauern und Thürmen und der alten goth. *St. Galluskirche* mit schönen Thurmspitzen stattlich sich darstellt. Eine Brücke aus rothem Sandstein führt die Bahn hier über den Neckar. Sie war am 15. Juni 1849 Gegenstand heftiger Kämpfe zwischen einem schwachen Corps mecklenburg. und hessischer Reichstruppen, unter dem Befehl des Obersten v. Witzleben, und badischen Insurgenten. Geschützkugeln sieht man noch in der s. Mauer des Stationsgebäudes. Weiter über *Neckarhausen* nach

Stat. *Friedrichsfeld* (Omnibus nach dem 1 Meile südl. entfernten *Schwetzingen* s. S. 38), wo sich die Bahn gabelt; Reisende nach *Mannheim* werden mit 1 Separatzug dorthin befördert. Die Bahn läuft längs der Mannheim-Heidelb. Bahn bis *Heidelberg* (S. 75).

Zwischen Weinheim und Heidelberg tritt die Bergstrasse in ihrer eigenthümlichen Schönheit ganz besonders hervor; die *Landstrasse (4 Stunden, angenehm zu Fuss) führt über (1 St.) *Gross-Sachsen* (guter rother Wein) nach (1 St.) *Schriesheim*, über dem auf einem Porphyrberge die *Strahlenburg* (676′) emporragt. Rechts in der Ebene steht eine *Denksäule* an der Stelle, wo 1766 ein 84′ l., 60′ br. röm. Gebäude (Villa) entdeckt wurde. Dann folgt (1¼ St.) *Handschuchsheim* (Ochs), wo im Besitz des Hrn. Uhde eine reichh. *Sammlung mexican. Alterthümer*, Bildwerke, Geräthschaften u. dgl.

Kaum hat der Wanderer die letzten Häuser des Dorfes (½ St.) *Neuenheim* (Rose) und den *Neckar* erreicht, so breitet sich überraschend das herrliche (¼ St.) *Heidelberg* (S. 75) vor seinen Blicken aus, lang gestreckt am Fuss des Gebirges, überragt von den grossartigen Trümmern seines Schlosses, hinter welchem der Königsstuhl aufsteigt, oben der Thurm (S. 81), links an der Strasse steil der *Heiligenberg* (S. 83). *Neckarbrücke* s. S. 83.

13. Der Odenwald.
Vergl. Karte S. 67.

Ein Wandertag: Von *Bickenbach* auf den *Felsberg* 2 Stunden, von da nach *Lindenfels* 3 3/4 St. und zu Wagen in 2 1/2 St. durch das *Weschnitzthal* nach *Birkenau* und *Weinheim* (5 St. von Lindenfels), womöglich jedoch von *Birkenau* zu Fuss über den *Wagenberg* in 1 1/2 St. nach *Weinheim*.
Drei Wandertage: 1. Tag wie oben bis *Lindenfels*; 2. Tag über die *Dromm* nach *Waldmichelbach* 3 1/2 St., von da über *Ober-* und *Unter-Schönmattenwag* nach *Hirschhorn* 3 1/2 St. (oder über *Schönau* nach *Neckarsteinach* 5 St.); 3. Tag von *Hirschhorn* nach *Neckarsteinach* 2 St., von da nach *Heidelberg* 2 1/2 St.
Vier Wandertage: 1. Tag wie oben bis *Lindenfels*; 2. Tag über *Gumpen* nach *Reichelsheim* 1 1/2 St., von da zu Wagen in 3 St. über *Gersprenz* und *Michelstadt*, oder zu Fuss in 3 1/2 St. über *Ostern* und *Mossau* nach *Erbach*; 3. Tag über *Beerfelden* 2 1/2 St. (bis hierher wo möglich zu Wagen) durch das *Gammelsbacher Thal* nach *Eberbach*; 4. Tag über *Hirschhorn* 2 St. und *Neckarsteinach* 2 St., nach *Heidelberg* 2 1/2 St.

Der *Odenwald*, 12 bis 14 St. lang, ist jenes waldige Gebirgsland, welches zwischen Darmstadt und Heidelberg sich östlich 8 bis 10 St. breit ausdehnt.

„Dieser Wald ist auch ein stuck von dem Wald so die Alten Hercyniam haben geheissen, wiewol er kein od' wenig Hartzbäum, sondern Eychen, Buchen und Birken tregt. Der breite nach gehet er von dem Necker biss an Mayn. Aber nach der lenge faht er an bey d'Bergstrassen, vnd streckt sich gegen Orient biss an die Tauber, oder biss an dz Franckenlandt. An der Bergstrassen, da sein Gebirg ein end hat, ist er auss der massen fruchtbar, besonder an Wein. 'Sonst ist er vast allenthalben rauch vnd Birgig mit eytlen Wälden vberzogen, wiewol er an manchem ort hübsche vnnd fruchtbare Thäler hat. Die Eynwohner ernehren sich von dem Holz vnd dem Vieh, des man viel darinn zeucht."   Seb. Münster. 1550.

So schön auch manche seiner Thäler sind, so grossartig die Aussicht von einzelnen Höhen, mit dem Schwarzwald ist der Odenwald nicht zu vergleichen. Auch die Wirthshäuser stehen denjenigen im Schwarzwald sehr nach.

Der am meisten bekannte Berg des Odenwalds ist der **Melibocus** (1630'), in der ganzen Rheinebene zwischen Main und Neckar und darüber hinaus, auf allen Höhen des Taunus, des Donnersbergs und des Haardtgebirges sichtbar. Er wird gewöhnlich von Bickenbach oder Zwingenberg (S. 66) aus bestiegen.

Die Wanderung durch den Odenwald beginnt am zweckmässigsten bei *Bickenbach* (Station vor *Zwingenberg*, S. 66), von da östl. (Postomnibus 3mal tägl. 14 kr.) nach (1/2 St.) *Jugenheim* (*Rindfuss), hübsches Dorf am Gebirge, am Eingang das stattliche Haus des Forstmeisters Van der Hoop. Auf dem Kirchhof ruht der seiner Zeit als geheimer Katholik viel genannte protest. Oberhofprediger v. Starck († 1816).

Mitten im Ort geht man durch ein Gitterthor rechts bergan auf trefflich gepflegten Parkwegen, die bei einer (15 Min.) *Klosterruine* (rechts einige Schritte vom Wege, mit eingemauerten Grabsteinen vom J. 1480) vorbei zum (7 Min.) *Landsitz des Prinzen Alexander v. Hessen*, österreich. Feldmarschall-Lieutenants, führen; schöne Aussicht von der Terrasse. Nun rechts in den Anlagen bergan und am Wegweiser, der den „*Wilhelminenweg*

zum Felsberg" anzeigt, links um den Berg herum, mit einem
reizenden Blick auf das Schloss und in die Rheinebene. Nach
15 Min. wieder an einem Wegweiser, links den breiten Weg
weiter, bis hier stets durch schattige Waldanlagen; nach 15 Min.
nicht rechts bergab, sondern links bergan; 30 Min. Wegweiser.
Etwa 300 Schritte hinter diesem von dem breiten Fahrweg rechts
ab, an dem Tannenwäldchen vorbei, dem Försterhaus auf dem
*Felsberg (1578′) zu, welches man in 20 Min. von hier er-
reicht, von Bickenbach also in 2 St. Es bietet gute Verpflegung und einige Betten zum Uebernachten. Aussicht ö. über
einen grossen Theil des Odenwalds bis zum Spessart und bis
nach Aschaffenburg, weit freier als die vom Melibocus (S. 66);
die Aussicht w. und n. über die Rhein- und Main-Ebenen bis
zum Donnersberg und Taunus verdeckt aber stellenweise der
Melibocus und der Frankenstein. Vom Thurm auf dem Melibocus bis zum Försterhaus auf dem Felsberg gebraucht man fast
1½ St. Der Fahrweg ist nicht zu verfehlen, er zieht sich von
dem Thal, welches beide Berge trennt, an der Nordwestseite des
Felsbergs hinan. Das Auerbacher Schloss (S. 67) ist nur 1½ St.
vom Felsberg entfernt und auf einem sehr schönen Weg, die
neun Krümme genannt (anfangs durch Wald, dann eine kleine
Strecke über freies Feld auf der Höhe über *Balkhausen*, dann l.
durch Wald, lange am Waldsaum hin mit schönen Aussichten,
nochmals durch Wald), leicht zu erreichen.

In geringer (5 Min.) Entfernung vom Försterhaus liegen hier,
je 5 Min. von einander, der *Altarstein*, ein beinahe cubisch zu-
gehauener Syenitblock, 18′ im Umfang, den Manche, die hier
einen von den Römern betriebenen Steinbruch vermuthen, für das
beabsichtigte Fussgestell der *Riesensäule* halten wollen, welche
5 Min. weiter, rechts steil bergab in einer kleinen Schlucht, am
Wege liegt, 32′ lang, oben 3½′, unten 4½′ im Durchmesser, in
der Mitte ein 2″ tiefer Einschnitt, ebenfalls von Syenit, dem Fels
ähnlich, aus welchem der ganze Felsberg besteht und daher ohne
Zweifel an Ort und Stelle ausgehauen. Ursprung und Zweck sind
unbekannt. Der Plan, sie als Denksäule auf das Leipziger
Schlachtfeld zu bringen, ist an der Schwierigkeit der Fortschaf-
fung gescheitert. Das *Felsenmeer*, gleich am Wege, der nach
Reichenbach hinab führt, 5 Min. von der Riesensäule, besteht
aus einer Masse wild durch einander liegender kahler abgerun-
deter Syenitblöcke, hier auf einem abfallenden, etwa 200 Schritte
breiten, 500 Schritte langen Raum ausgebreitet, eine Felseninsel
von Hochwald umgeben, weiter unten fast bis ins Thal unmerk-
lich sich fortsetzend. Der Blick aufwärts vom untern Ende
dieser Felseninsel, 5 Min. weiter, lässt sie noch grossartiger erscheinen. Derartige „Felsenmeere" finden sich häufig in Granit-
und Syenit-Lagern; sie scheinen einer sehr ruhig wirkenden
Ursache ihre Entstehung zu verdanken, der Verwitterung: festere

Theile bleiben als Blöcke übrig, die verwitterten Massen werden durch Regen fortgeführt.

Nun fortwährend ziemlich steil bergab nach **Reichenbach** (*Traube bei Lampert)*, Dorf am *Lauterbach*, 1½ St. n.ö. von Bensheim (S. 68) entfernt. (Wer von hier wieder an die Bergstrasse zurückkehrt, versäume nicht die schöne Aussicht bei der Kirche von (1 St.) *Schönberg* (*Rettig) und die Park- und Gartenanlagen des gräfl. Erbach-Schönberg'schen Schlosses.)

Wir überschreiten hier den Bach und gehen im Thal aufwärts auf der nach Lindenfels führenden Landstrasse, verlassen diese aber nach 15 Min. und wenden uns rechts bergan, an dem ehem. Kupferbergwerk vorbei, dem (15 Min.) *Hohenstein* zu, einer 150′ langen, 50′ hohen aus Waldung aufsteigenden frei stehenden geschichteten Quarzfelsgruppe mit sehr hübscher Aussicht ins Thal und auf das Gebirge. Nach 5 Min. links bergan, 25 Min. einzelne Häuser von *Unter-Reidelbach*, 15 Min., unfern *Gadernheim*, wieder auf der obengenannten Landstrasse, die man nun nicht mehr verlässt. Der Hohenstein ist die einzige Belohnung für diesen abkürzenden Weg über die Höhe. Die Landstrasse bietet auf der ganzen Strecke von Reichenbach an eine Folge hübscher, wenn auch etwas einförmiger Thal-Landschaften.

Zu *Kolmbach*, dürftiges Dorf, 25 Min. von dem Punct entfernt, wo der kürzere Weg mit der Landstrasse zusammentrifft, ist beim Bürgermeister (sonst eine gewöhnl. Bauernkneipe) ein gutes Glas Wein zu haben. An der Landstrasse, 15 M. weiter, ist hier ein durch Bänke und einige Bäume bezeichneter Punct, der eine der schönsten Aussichten gewährt, auf eine weite walddurchwachsene fruchtbare Berggegend, im Vordergrund höchst malerisch Lindenfels mit stattlichen Schlosstrümmern, darüber hinaus das breite dörferreiche Weschnitzthal, im Hintergrund ein weiter Gebirgskranz, über welchen der Königsstuhl (S. 82) bei Heidelberg mit seinem Thurm hervorragt.

Nun durch schönen Buchenwald, der zwischen zerstreuten Granitblöcken wächst, nach dem noch 1 St. entfernten Städtchen **Lindenfels** *(Harfe)*, sehr malerisch auf einer Anhöhe gelegen, von den ansehnlichen Trümmern des 1674 von Turenne zerstörten pfälzischen Schlosses überragt, angeblich einst Wittwensitz der Gattin Friedrichs des Siegreichen (S. 38), der schönen Clara von Detten. Die Burg muss theilweise später wieder hergestellt worden sein, da noch um die Mitte des vor. Jahrh. der pfälzische Amtmann sie bewohnte. In der Nähe Graphitgruben.

Auf dem schönen Waldberg östlich ragt oben ein kleiner runder Holztempel hervor, die *Ludwigshöhe* genannt, 30 Min. von Lindenfels entfernt, welche namentlich bei Abendbeleuchtung eine vortreffliche Aussicht gewährt. Noch 15 Min. höher bietet sich auch eine ausgedehnte Aussicht nach dem Spessart.

Von **Lindenfels** nach **Heppenheim** (S. 68) können Fussgänger in zwei guten Stunden (anfangs mit Führer, 18 kr.) auf Fusswegen über *Eulsbach*, *Erlenbach*, *Mittershausen* und *Kirschhausen* an der Fürther Strasse gelangen.

Von **Lindenfels** nach **Weinheim**, zu Wagen (4 fl.) durch das *Weschnitzthal* in $2^1/_2$ St. Fussgänger wenden sich von Lindenfels südl. bergab; nach 10 Min. links in den Wald, nicht rechts, 25 Min. über eine kleine tannenbewachsene Kuppe, nach (10 Min.) Fürth (*Bauer* im *Löwen*; gegenüber bei *Hess* gutes Bier), Städtchen an der *Weschnitz*, 4 St. von Weinheim. Fussweg (Landstrasse etwas weiter) über *Fahrbach* nach (1 St.) *Rimbach* (*Nic. Geist), dann Landstrasse nach (1 St.) *Mörlenbach* (Grüner Baum), $3/_4$ St. *Reissen*, $3/_4$ St. *Birkenau*, $3/_4$ St. *Weinheim* (S. 68).

Die Strasse windet sich von **Birkenau** (*Reiniy zum Birkenauer Hof*) an, in dem hier sehr malerischen engen Granitfelsenthal der *Weschnitz* bis ($3/_4$ St.) Weinheim. Weit vorzuziehen aber ist der Weg ($1^1/_2$ St.) über den *Wagenberg. Dieser Weg (Führer von Birkenau bis über den Wald hinaus) bietet die schönsten Aussichten, zuerst über das ganze Weschnitzthal bis Lindenfels, im Hintergrund der Basaltkegel des *Otzbergs*, mit Burgruine, dann, wie man nach und nach um den Berg herum gelangt, die Aussicht auf das breite Rheinthal, im Vordergrund Weinheim mit der Windeck und Mannheim, über einen grossen Theil der Pfalz bis zum Donnersberg und den Haardtgebirgen. Anfang (Melibocus und Felsberg) und Schluss (Wagenberg) sind die Glanzpuncte dieser Odenwaldreise.

Wer mehrere Tage auf den Odenwald verwenden will, bleibe den ersten Tag in Lindenfels (Ludwigshöhe, S. 72, ersteigen) und gehe den folgenden Morgen zu Fuss nach Fürth, 1 Stunde. Der Fussweg von da auf die *Dromm* ist kaum zu verfehlen, doch mag man bis zum Walde ($1/_2$ St.) einen Führer nehmen. Nach 20 Min. rechts, nicht links, 5 M. den schmalen Fusspfad rechts ab, dann auf kurzer Strecke am Wald entlang über den Bach und nun in den Wald hinein und bergan; 25 Min. grosse Waldwiese, weithin von Lindenfels und Fürth schon sichtbar; 10 Min. nicht rechts bergan, sondern geradeaus an der Wiese entlang, 15 Min. auf der **Dromm** oder **Tromm**, 1780' ü. M., eine der bedeutenderen Höhen des Odenwaldes mit hübscher Aussicht auf das Weschnitzthal, in der Ferne das Rheinthal. Dann rechts an dem Haus vorbei, und nun auf dem Kamm des Gebirges fort (etwa 10 M. von dem Hause liegt rechts im Gebüsch 4 Schritte vom Wege eine Anzahl Felsen, von wo man eine herrliche Aussicht auf die Rheinebene hat). Dann allmälig bergab auf dem stets schattenlosen Wege nach dem $1^1/_2$ St. von der Dromm entfernten Städtchen *Waldmichelbach* (*Gärtner, in der Nähe der evangel. Kirche).

2 Stunden nördl. liegt *Grasellenbach* (Bauer), in dessen Nähe ($1/_2$ St.) im Wald oben auf dem Berge einer Sage zufolge der Quell ist, an welchem der „böse Hagen" den Helden Sigfried (S. 42) getödtet, wie das Nibelungen-

Lied berichtet. Die Stelle ist seit 1851 mit einem Denkstein bezeichnet.

Von Waldmichelbach führt die Landstrasse nach *Ober-Schönmattenwag*, wo man sie verlässt, um in dem wiesenreichen Thal der *Lux* über *Unter-Schönmattenwag*, *Corsika*, *Langenthal* nach (3½ St.) *Hirschhorn* zu wandern. Weg nicht zu verfehlen. Ein anderer Weg führt von Waldmichelbach über *Siedelsbrunn* und *Heiligkreuzsteinach* nach *Schönau* (Löwe) (4 St.), einem alten Städtchen, welches über und zwischen den Trümmern des einst berühmten und reichen Klosters Schönau erbaut ist. Das Cistercienserkloster wurde 1136 gegründet, und von dem Churfürsten Friedrich III. von der Pfalz (1560) französischen Flüchtlingen überlassen, die den Ort erbauten. In der im 30jähr. Krieg zerstörten Klosterkirche ist das Grabmal des Pfalzgrafen Konrad v. Hohenstaufen, (jetzt in dem Keller eines Tuchmachers). Von Schönau durch das romantische Thal der *Steinach* nach *Neckarsteinach* 1 St.

Von Waldmichelbach führt ein lohnender Weg über *Siedelsbrunn* in 1½ St. nach *Oberabsteinach* und durch das *Löhrbacher-Thal* in 1½ St. nach *Birkenau* (S. 73).

*Hirschhorn (*Berthold; Langbein)*, äusserst malerisch am Fusse der stattlichen, hoch auf einem Sandsteinfelsen erbauten Burg gelegen, einst der Sitz eines sehr angesehenen Geschlechts, der Herren v. Hirschhorn oder Hirzhorn, die im Jahr 1406 das Carmeliter-Kloster am Fusse der Burg erbauten, von dem die in edlem Stile gebaute Capelle mit spitzen Thürmen und vielen Grabmälern der v. Hirschhorn noch jetzt erhalten ist. Die über dem Neckar liegende *Erschheimer Capelle* enthält auch Grabmäler der v. Hirschhorn. Reizend ist der Rückblick auf Stadt und Burg auf dem Wege nach Neckarsteinach zu.

*Neckarsteinach (S. 84) (*Harfe)*, am *Neckar*, von 4 Burgen überragt, von denen eine, die *Mittelburg*, alterthümlich wiederhergestellt (S. 84), die höchste und äusserste, *Schadeck*, im Munde des Volkes das Schwalbennest genannt, über dem steilen Absturze eines Steinbruches erbaut ist; besonders von dem Thurm der letztern schöner Blick in das freundliche Neckarthal. Von Neckarsteinach über Neckargemünd und Schlierbach nach dem Wolfsbrunnen und dem Heidelberger Schloss s. S. 83 u. 84.

Wer tiefer in den Odenwald eindringen und namentlich *Erbach* besuchen und den *Katzenbuckel* besteigen will, gehe am zweiten Tage von *Lindenfels* nach (1½ St.) *Reichelsheim*, einem in freundlicher Gegend gelegenen Orte, mit Schloss *Reichenberg*, weithin sichtbar.

½ Stunde nördl. von Reichelsheim erheben sich in einer wilden, einsamen und waldigen Berggegend die Trümmer der Burg *Rodenstein*, von welcher nach den Volkssagen der wilde Jäger mit seinen Jagdgenossen mit wüstem Lärm nach der 1½ St. östlich gelegenen Burg

Schnellerts ziehen soll, wenn Krieg bevorsteht. Von 1743—1798 wurde sogar ein amtliches Protokoll über den Spuck geführt.

Von Reichelsheim zu Wagen über *Gersprenz* und *Michelstadt* (Kaltwasserheilanstalt, 18—30 fl. wöchentlich einschliesslich des ärztl. Honorars) in 3 St. nach *Erbach*, zu Fuss über *Ostern* und *Obermossau* in 3½ St. zu erreichen. Von Lindenfels etwa 4 St. östl. liegt **Erbach** *(Burg Wildenstein; Krone)*, im Mümlingthale, Standesgebiet der Grafen von Erbach, deren Schloss eine ansehnliche *Sammlung geschichtlicher Rüstungen enthält (von Philipp dem Guten v. Burgund, dem Kaiser Maximilian I., Gustav Adolph, dessen Rüstung aus dem Nürnberger Zeughaus, wohin sie Gustav geschenkt hatte, hierher gebracht wurde, Albrecht v. Wallenstein, Franz v. Sickingen, Götz v. Berlichingen u. s. w.), alte Feuerwaffen, werthvolle Glasmalereien, Antiken, etrurische Vasen u. dgl. In der Capelle steht der *Steinsarg*, in welchem einst die Gebeine Eginhards, Schwiegersohns Carl's d. Gr., seiner Gattin Emma und ihrer Schwester Gisela ruhten, 1810 aus der Kirche von Seligenstadt hierher gebracht. Die Grafen v. Erbach leiten ihren Ursprung bis auf diese Verbindung der Kaisertochter. Interessant ist auch ein auf dem Schlachtfeld von Cannae ausgegrabener Helm (Trinkg. 24 kr.)

Von Erbach über (2½ St.) *Beerfelden* (*Breimer) und von da das *Gammelsbacher Thal* hinab bis (2½ St.) Eberbach am Neckar fährt man am besten, wenigstens bis Beerfelden, da die stets waldigen Thäler einförmig sind. Von *Eberbach* (*Krone), einem hübsch gebauten Städtchen, ersteigt man in 2 St. (Führer nicht durchaus nöthig) den **Katzenbuckel** (2094'), den höchsten Berg des Odenwaldes, aus buntem Sandstein bestehend, den aber auf der Bergspitze Dolerit durchbrochen hat. Vom Wartthurm (Schlüssel bei dem Förster von Katzenbach) sehr schöne Aussicht auf das Neckarthal, Baden, Württemberg bis zur Alb und dem Schwarzwald.

Von Eberbach wildromantische Gegend bis (2 St.) *Hirschhorn*. Das Neckarthal eng, rechts u. links steil ansteigende Berge mit dichten Wäldern. Von Hirschhorn über Neckarsteinach nach Heidelberg s. S. 74.

14. Heidelberg.

Gasthöfe. *Europäischer Hof, an der Anlage. Am Bahnhof: *Hôtel Schrieder (*Kühn*), Z. von 1 fl. an, L. 15, F. 36, M. 1 fl. 30, B. 24 kr., bei längerem Aufenthalt Pensionspreise. Victoria Hôtel (s. unten); in der Stadt. 20 M. vom Bahnhof: *Prinz Carl am Kornmarkt; *Adler, ebendaselbst; *Russischer Hof (auch Hôtel garni), Pension 4—6 fr. tägl.; Badischer Hof, Hauptstrasse; *Müller's Victoria Hôtel an der Promenade. Preise überall ziemlich gleich, Z. 1 fl., L. 12, F. 30 kr., M. o. W. 1 fl. 12 kr., B. 24 kr. — Zweiter Classe: Bayr. Hof, Z. 36—48 kr., M. o. W. 1 fl., F. 30 kr., zugleich Restauration, auch Bier; *Darmstädter Hof, beide in der Nähe des Bahnhofs. *Holländ. Hof, an der Neckarbrücke. In der Stadt: *Ritter (S. 77); Prinz Max.

HEIDELBERG.

Kaffehäuser. Wachter, Poppen, am Markt; zum Falken, neben Prinz Carl. Gutes Bier im Bremeneck am Burgweg; bei Maier unweit des Hôtel Schrieder; *Schieferdecker am Ludwigsplatz, mit Billard. **Conditoreien.** Ammann, Hauptstrasse. Wettstein (Hôtel de Russie) an der Anlage.

Zeitungen in grösster Auswahl im Museum am Ludwigsplatz, dem Universitäts-Gebäude gegenüber, einer geschlossenen Gesellschaft, zu welcher jedoch leicht Zutritt zu erlangen ist.

Theater, im Winter Sonntag, Mittwoch, Freitag.

Schwimmanstalten im Neckar, vor dem Mannheimer- und vor dem Carlsthor, 12 kr. das Bad. Wellenbäder (12 kr.) an der Werle'schen Oelmühle.

Omnibus zum oder vom Bahnhof oder dem Landeplatz des Dampfboots ohne Gepäck 6 kr., mit Gepäck 12 kr.

Droschken (Standorte Ludwigsplatz neben der Universität, und Kornmarkt): vom Bahnhof in die Stadt oder umgekehrt 1—2 Pers. jede 12 kr., 3—4 Pers. jede 9 kr., grösseres Gepäck das Stück 6 kr. Stundenweise ¼ St. 1—2 Pers. 18 kr., 3—4 Pers. 24 kr., die Stunde 1 fl. oder 1 fl. 12 kr. — *Schloss* 2 fl.; *Wolfsbrunnen* und zurück auf der Landstr. 2 fl.; *Wolfsbrunnen und Schloss* 3 fl.; *Schloss und Molkencur* 3½ fl.; *Schloss, Molkencur und Wolfsbrunnen* 4½ fl.; *Schloss, Molkencur, Königsstuhl, Wolfsbrunnen* für 2 Pers. 8½, mehr als 2 Pers. 11 fl.; *Schwetzingen* ganzer Tag 5½, halber Tag 3½ fl.; *Neckarsteinach* ganzer Tag 6, halber Tag 4 fl.

Esel aufs *Schloss* 24 kr., zurück 12 kr.; über das *Schloss auf die Molkencur und zurück* 1 fl. 12 kr.; *Wolfsbrunnen* 1 fl., hin und zurück 1 fl. 12 kr.; *Königsstuhl* 1 fl. 30 kr., hin und zurück 1 fl. 45 kr.; *Königsstuhl und über den Wolfsbrunnen zurück* 2 fl. 24 kr.; für jede Stunde Wartens 30 kr. Standort der Esel an dem Fussweg, der vom Kornmarkt zum Schloss führt (S. 80).

Lohndiener (ganz unnöthig) aufs Schloss 48 kr.; Schloss u. Molkencur 1 fl. 20 kr., Königsstuhl oder Heiligenberg ½ Tag 1¾ fl.

Eisenbahnen. Nach *Bruchsal*, *Durlach*, *Carlsruhe* u. s. w. (S. 84) und *Mannheim* (S. 36) Abfahrt vom badischen Bahnhof, nach *Darmstadt* und *Frankfurt* vom Main-Neckar-Bahnhof, beide sind neben einander am südwestl. Ende der Stadt. Eisenbahn nach Würzburg im Bau; seit 1862 bis Mosbach im Betrieb. Sie zieht sich von den Bahnhöfen zwischen Berg u. Stadt hin, in einem Tunnel unter dem Schlossberg durch und führt bis Neckargemünd (S. 84) am Neckar aufwärts.

Dampfboot nach Heilbronn aufwärts (sehr langwierige Fahrt) in 12, abwärts in 6 bis 8 St. Auf der Eisenbahn über Bruchsal (S. 85) und Bietigheim nach Heilbronn oder Stuttgart in 4¼ St. (Vgl. *Baedeker's Deutschland I.* oder *Baedeker's Südbayern, Württemberg u. s. w., 10. Aufl.*)

Telegraphen-Stationen auf dem Bahnhof und Ludwigsplatz Nr. 10.

Bei beschränkter Zeit steige man vom Bahnhof sogleich auf den Riesenstein, Molkencur, Schloss (1½ St.), so: dem Bahnhof gegenüber durch die „Anlagen" 240 Schr. weit, dann rechts bergan durch die „Wolfsschlucht" bis zum (½ St.) Rondel, hier auf dem neuen breiten Fahrweg links, (5 M.) *Kanzel*, schöner Ueberblick über Stadt und Schloss, an den Steinbruchen vorbei, 7 Min. nicht links (Weg in die Stadt), sondern gerade aus, 20 M. *Molkencur*, 20 M. *Schloss*, 5 M. *grosse Terrasse*. Vom Schloss auf dem „*Burgweg*" hinab, über den Kornmarkt durch die Stadt beim Theater vorbei in die Anlagen und zum (1½ St.) Bahnhof zurück. Die kurze Strasse nördl. der grossen h. Geistkirche auf dem Markt führt zur *Brücke* (S. 83), ein Standpunct, welcher ebenfalls eine reizende Aussicht gewährt.

Kaum ein Ort in Deutschland kann sich in Schönheit und Lieblichkeit der Gegend neben einer Fülle denkwürdiger Erinnerungen mit Heidelberg messen. Pfalzgraf Otto der Erlauchte aus dem Hause Wittelsbach (1228—1253) verlegte den Sitz seiner Regierung und seines Stammes von Stahleck (R. 41) bei Bacharach hierher. Durch ihn wurde Heidelberg Hauptstadt der Rheinpfalz, und blieb fast fünf Jahrh. lang Sitz der Kurfürsten, bis

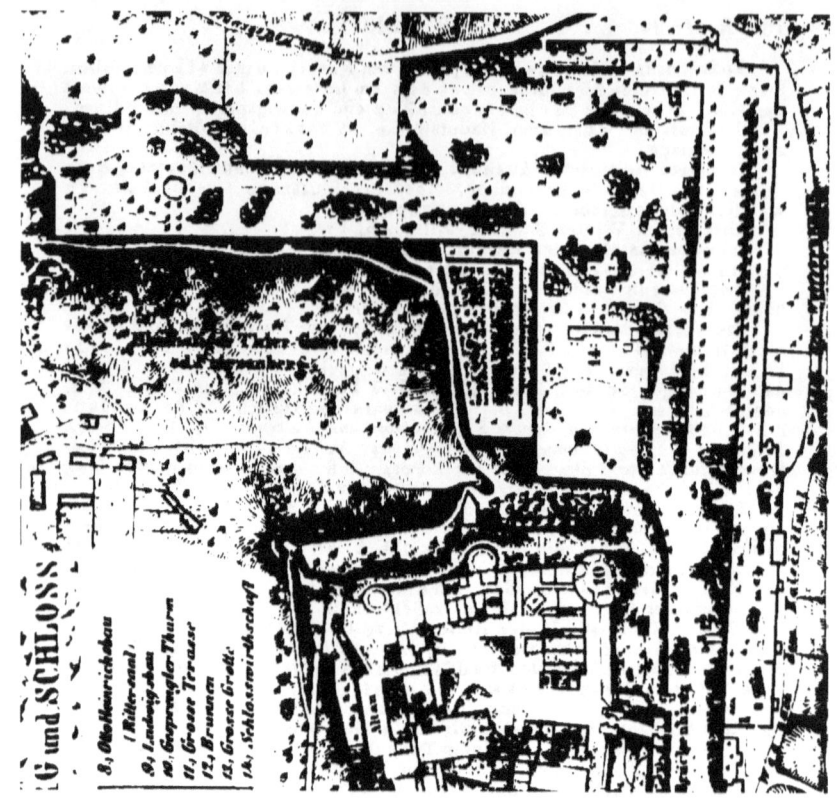

Carl Philipp wegen kirchlicher Streitigkeiten mit der protest. Bürgerschaft 1720 nach Mannheim zog. Seit 1802 gehört Heidelberg dem Grossherzogthum Baden an. Sein Wohlstand hat in neuerer Zeit seit Vollendung der Eisenbahnen durch den gewaltigen Zufluss von Fremden rasch zugenommen; mit diesem grossstädtischen Gewühl schwindet aber auch der poetische Hauch, der über diesem alten Musensitz schwebte.

Heidelberg ist gleichsam der Wächter des gebirgigen Neckarthals, welches hier sich in die Rheinebene öffnet. Der Schlossberg, welcher mit dem höhern Königsstuhl zusammenhängt, lässt den 1200 Häusern kaum Raum sich auszubreiten. Die Stadt (17,656 Einw., 1/3 Kath.) besteht eigentlich nur aus einer Strasse, die sich 2760 Schr. (1/2 St.) lang vom Mannheimer zum Carlsthor, von Westen nach Osten hinzieht. An der Nordseite fliesst der *Neckar*, an der Südseite, an der *Anlage*, einem baumbepflanzten Spaziergang, der vom Bahnhof am Gebirge hin bis über die Hälfte der Stadt sich hinzieht, sind in den letzten Jahrzehnten eine Reihe stattlicher Wohnhäuser entstanden. In diesen Anlagen, in der Nähe des Bahnhofs, erinnern zwei *Denkmäler* an die Gründer derselben, an den *Gartendirector Metzger* und den *Stadtdirector v. Fischer*. Gleich daneben und mit den Anlagen vereinigt ist der alte *St. Annenkirchhof*, auf welchem Männer von bekanntem Namen ruhen, der Dichter *Joh. Heinr. Voss* († 1826), der Theologe *Daub* († 1836), der Jurist *Thibaut* († 1840) u. A.

Ungefähr in der Mitte der Anlage auf einem Platze l., vor dem 1852 neu errichteten chemischen Laboratorium, das *Erzstandbild des Bayr. Feldmarschalls Fürst Carl Wrede* (geb. in Heidelberg 1767, † in Ellingen 1838), von Brugger, errichtet 1860 von Ludwig I. König von Bayern. Das Fussgestell ist grauer Syenit aus Weissenstadt in Bayern.

Fast am östlichen Ende der Anlage liegt links, in der Stadt, die (prot.) *Peterskirche*, an welcher Hieron. v. Prag, der Gefährte von Huss, im J. 1406 seine Thesen anschlug und dem versammelten Volk erörterte. Weiter folgt die (kath.) *Jesuitenkirche*; dann, am Markt, die h. *Geistkirche*, Anfang des 15. Jahrh. unter Pfalzgraf Ruprecht aufgeführt, Schiff prot., Chor kath., im Chor das Grabmal König Ruprechts (S. 78) und seiner Gemahlin Elisabeth, Schwester Friedrichs von Zollern, ersten Kurfürsten von Brandenburg. Gegenüber ist das *Gasthaus zum Ritter St. Georg*, ganz in der alten Gestalt, 1592 erbaut, architectonisch beachtenswerth, fast das einzige Haus, welches bei der Verheerung von 1693 (S. 78) unversehrt blieb.

Die **Universität** (800 Studenten), nach Prag und Wien die älteste Deutschlands, die hochberühmte *Ruperto-Carolina*, die Wiege wissenschaftlicher Bildung in Süddeutschland, wurde von

Kurf. Ruprecht I. am 18. Oct. 1386 gegründet. Ihren heutigen Umfang und ihre neue Gestaltung verdankt sie dem weisen Carl Friedrich v. Baden, der im J. 1802 berühmte Lehrer hierher berief und wissenschaftliche Sammlungen und Anstalten einrichten liess. Die Vorlesungen werden grösstentheils in dem 1693 erbauten *Universitätsgebäude* am Ludwigsplatz gehalten. Die *Bibliothek*, in einem besondern Gebäude s.ö., mit 200,000 Bänden und 1800 Handschriften, ist täglich von 10 bis 12 (Mittw. und Samst. von 2 bis 4) Uhr geöffnet. Sie und die sonstigen wissenschaftlichen Sammlungen und Anstalten, das *zoolog. Museum*, die bedeutende *Mineraliensammlung* der Universität, reich an kostbaren und seltenen Stücken, der *landwirthschaftliche* und *botanische Garten* am Mannheimer Thor, das neue *naturwissenschaftl. Institut* mit seinen verschiedenen Sammlungen sind vorzugsweise nur für Leute vom Fach bemerkenswerth.

Das Innere der Stadt wird aber bei dem grossen Reichthum an Naturschönheiten der Umgebung weniger beachtet. Jede freie Stunde sei dem ****Schloss** und seinen Umgebungen gewidmet. Es liegt 683′ ü. M., 313′ üb. d. Neckar, an einem bewaldeten Vorsprung des Königsstuhls, und entstand wahrscheinlich gegen Ende des 13. Jahrh. unter Ludwig dem Strengen, Schwiegersohn Rudolfs v. Habsburg. Den ältesten Theil, den *Ruprechtsbau*, errichtete Kurf. Ruprecht III., den die bei Rhense versammelten Kurfürsten im J. 1400 zum Römischen König erkoren (R. 42); der an dieser Stelle des Baues (S. 80) über dem pfälz. Wappen angebrachte Reichsadler deutet darauf hin. Kurf. Friedrich I., der Siegreiche (S. 38), der Friedrich der Grosse seiner Zeit, vergrösserte den Bau. Die Kurfürsten des 16. und 17. Jahrh., besonders Otto Heinrich (1555—59), Friedrich IV. (1583—1610) und Friedrich V. (1610—21), König von Böhmen, Gemahl der Elisabeth, Tochter Jacobs I. von England, Enkelin Maria Stuarts, führten glänzende Prachtgebäude auf. Der 30jährige Krieg brachte Verwüstungen, aber der weise Carl Ludwig (1650—80) stellte das Schloss wieder her. Er war es, der bei der Pfalzverwüstung 1693 erfolglos an Turenne schrieb: „Was Sie an meinem Lande verüben, kann unmöglich auf Befehl des allerchristlichsten Königs geschehen, ich muss es als Wirkung eines persönlichen Grolls gegen mich betrachten. Es ist aber unbillig, dass meine armen Unterthanen büssen, was Sie vielleicht gegen mich auf dem Herzen haben können, darum mögen Sie Zeit, Ort und Waffen bestimmen, unsern Zwist abzuthun". In dem Orleans'schen Krieg liess der franz. General Melac 1689 gegen die Uebereinkunft das Schloss sprengen (Bild von Dietz zu Carlsruhe s. S. 89).

„Im J. 1693 den 9. Mai kamen die Franzosen von neuem mit unglaublicher Wuth in dieser Gegend an und eroberten den 11. Mai Stadt und Schloss durch Verrätherei des ungetreuen Commandanten *Georg Eberhards v. Heydersdorf*, fast ohne die geringste Gegenwehr. Kaum war

die Stadt von dem franz. Marschall *de Lorge* eingenommen worden, so
fingen die Soldaten schon an, die Bürger ohne Unterschied jämmerlich
niederzuhauen, zu Boden zu stossen, erbärmlich zu prügeln, nackend
auszuziehen oder sonst greulich zu plagen. Diejenigen, so in das Schloss
geflüchtet waren, verfolgten sie, und brachten die, so nicht gleich hinein-
kamen, auf der Stelle um. Viele Weibsleute schändeten sie öffentlich
und schlugen ihre Kinder in ihrer Gegenwart todt. Diejenigen Einwohner, so noch auf den Gassen und in den Häusern angetroffen wurden,
trieben sie wie das Vieh zusammen in die h. Geist-Kirche, welche damit dergestalt angefüllt war, dass sich kein Mensch darinnen rühren
konnte. An diesen, ohnedem halbtodten Leuten, verübten diese abend-
ländischen Türken solche Grausamkeiten und Muthwillen, die keine
Feder zu beschreiben im Stande ist. Altäre und alle andere heilige
Oerter befleckten sie, ohne Betrachtung der Allgegenwart Gottes, mit
Blut. Endlich aber zündeten sie ihnen Kirche und Thurm über den
Köpfen an, welches ein solches jämmerliches Geschrei und Heulen
unter diesen elenden Leuten verursachte, dass sich der Himmel darüber
hätte erbarmen mögen. Es liess sich auch dieser barbarische Feind
nicht eher zum Mitleiden bewegen, als bis der Thurm fast umfallen
wollte, und die Kirche in voller Flamme stund, da er sie denn endlich
wieder heraus liess. Während dieser unerhörten Grausamkeit wurde
endlich das ganze Heidelberg, welches sie vorher von 5 Regimentern
ausplündern und in Brand stecken liessen, nach und nach völlig eingeäschert, und innerhalb 10 Stunden zu einem Stein- und Aschenhaufen
gemacht; die noch übrigen elenden Leute aber in einen erbarmungs-
würdigen Zustand gesetzt und nach Heilbronn geleitet."

Rhein. Antiquarius. 1744.

Der „allerchristlichste König" Ludwig XIV. liess zur Ver-
herrlichung dieser Zerstörung eine Münze schlagen mit der Umschrift: *Heidelberga deleta*. Kurfürst Carl Theodor hatte die Absicht das Schloss herstellen zu lassen, als im Jahr 1764 ein
Blitzstrahl neben dem Otto-Heinrichsbau einschlug und bis auf
die Mauern Alles einäscherte. Seitdem ist das Schloss Ruine, nach
Umfang und Lage wohl die grossartigste und schönste, an Reichthum der Architectur heute noch kaum von einem neuern Schloss
in Deutschland erreicht. Mit seinen Zinnen, Thürmen, Erkern,
Altanen, mit seinen hohen Thoren und Standbildern, mit seinen
Höfen und Brunnen, seinen Gebüschen und Baumgruppen ist es die
Alhambra der Deutschen, nicht allein durch seine bauliche Pracht
und malerische Lage, sondern auch durch die Fülle geschichtlicher Erinnerungen, welche an seinen epheuumrankten Trümmern
haften. Der Gegensatz der ewig sich verjüngenden Natur gegenüber der Vergänglichkeit auch der stolzesten Werke menschlicher
Hand, wirkt gerade hier unwiderstehlich auf jedes edle Gemüth
mit wehmüthig poetischem Zauber.

Es zieht ein leises Klagen	Und wo zwei Engel kosen,
Um dieses Hügels Rand,	Der Bundespforte Wacht,
Das klingt wie alte Sagen	Zeigt uns von sieben (?) Rosen
Vom lieben deutschen Land.	Ein Kranz was sie gedacht.
Es spricht in solchen Tönen	Wo die granit'nen Säulen
Sich Geistersehnsucht aus;	Noch stehn aus Carls Palast,
Die theuren Väter sehnen	Sah man die Herrscher weilen
Sich nach dem alten Haus. —	Bei kühler Brunnen-Rast.

Max v. Schenkendorf. 1814.

Aus der Stadt[1]) führen verschiedene Fusswege auf's Schloss, der nächste vom Kornmarkt (*„Burgweg"*) in 12 Min. auf den *Altan* (S. 81). Sodann ein aussichtsloser gepflasterter Fahrweg (Wagen s. S. 76) zwischen Häusern hin, vom Klingelthor, am östlichen Ende des am Bahnhof beginnenden Promenadenwegs, an steigend, bis auf's Schloss 15 Min. Auf letzterem Wege gelangt man zuerst in den Garten und gleich links durch die *Elisabethen-Pforte*, zu Ehren der Gemahlin Friedrichs V. (S. 78), des unglücklichen Winterkönigs, errichtet, in den *Stückgarten*, den äussersten westl. Punct, Aussicht vortrefflich, fern vom Haardtgebirge begrenzt. Den *„dicken Thurm"* an der w. Ecke, einst Festsaal Friedrichs V., dessen Standbild, sowie das seines Bruders Ludwig V. aus epheu-umwachsenen Blenden hervorblicken, zerstörten die Franzosen 1689. Vor demselben ein Stein mit der Inschrift: *„Anno 1681 den 12. Januar, vom Schloss auf diesen Ort, hat wider als hoffen aus Stucken Chur-Fürst Carl mit Kugel Kugel troffen.*"

Im Innern des *Schlosshofs* ist am Eingang rechts ein *Brunnen* mit Granitsäulen, die einst Carls d. Gr. Palast zu Ingelheim geziert haben. Links am *Ruprechtsbau* ist der S. 78 genannte gut gearbeitete Reichsadler, und über dem Eingang der von zwei Engeln getragene Kranz von 5 Rosen (S. 79), einer der Engel einen halb geöffneten Zirkel in die Rose setzend, ein Bild, dessen Deutung nicht hat gelingen wollen. In der kleinen Halle sind einige alte Waffen, Kugeln, Geräthschaften, Rüstungen u. dergl. aufgestellt, vor Jahren beim Aufräumen gefunden, sehr unbedeutend. Der angrenzende *alte Bau* („Bandhaus", Pl. 4) ist im Inneren renovirt und wird zu grossen Commersen u. dgl. benutzt. Wer von dem innern Ausbau des Schlosses, der bis in die Mitte des vor. Jahrh. reicht (Schlosscapelle), eine Idee bekommen will, lasse sich vom Ruprechtsbau durch die weitläufigen, theils unterirdischen Gänge auf den dicken Thurm (s. oben), sodann in die Schlosscapelle und den Keller führen. „Taxe aller Sehenswürdigkeiten im Schloss einschliesslich des grossen Fasses 1 Person 24, 2 Personen 36, 3 und mehr Personen jede 12 kr."

Der *Otto-Heinrichsbau* (1556), östlich, verdient vorzugsweise Beachtung. Die Vorderseite, nach dem Hof, ist ausgezeichnet

---

[1]) Wer von der Stadt aus (und nicht auf der S. 76 angegebenen Wanderung) das Schloss besucht, sollte folgenden Weg (den schönsten) wählen: Vom Prinz Carl oder dem Adler auf der Hauptstrasse weiter, bei dem baumbepflanzten Carls-Platz (gute Ansicht des Schlosses von unten) vorbei, dann die dritte Seitengasse r. bergan, hinter dem letzten Hause l. und nun bald in schattigen Windungen über dem rauschenden Neckar aufwärts, wo man beim letzten Schritt auf die n.w. Ecke der grossen Terrasse (Pl. 11) hinaustritt, der berühmteste Aussichtspunct, dem Schloss gegenüber. Dann die Terrasse entlang, an der Schlosswirthschaft, dem gesprengten Thurm und der Schlossbrücke vorbei, durch die Elisabethenpforte in den Stückgarten, zurück zur Brücke, in den Schlosshof, auf den Altan und den Burgweg hinab (vgl. über das Einzelne die folgende Beschreibung).

durch ihre architectonischen Verzierungen im besten italien. Renaissancestil und in den edelsten Verhältnissen, angeblich nach Michel Angelo's Entwurf. Ueber der Thür das Brustbild des Bauherrn nebst dem Wappen und der Inschrift: „*Otto Heinrich v. G. G. Pfalzgraf bei Rhein, des h. Röm. Reichs Ertztruchsess und Churfürst, Herzog in Niedern- und Obern-Baiern*". Oben in den 12 Blenden Standbilder mytholog. Personen; über den Fenstern in Medaillons die Köpfe röm. Kaiser; in den 4 untern Blenden Josua, Simson, Hercules, Mars.

Auch der *Friedrichsbau* (1601), nördlich, ist nicht ohne Verdienst, zeigt aber durch eine Ueberladung von Ornamenten das Bestreben, alles bereits Vorhandene durch den Aufwand einer grenzenlosen Pracht zu überbieten. Die Vorderseite zieren 16 Standbilder Pfälz. Fürsten, von Otto v. Wittelsbach (1183) bis Friedrich IV. (1607), oben links das erste Carl d. Gr., einige 1693 durch Geschützkugeln beschädigt. Links in der Ecke der Eingang in den Keller (6 kr. ein Einzelner, 2 und 3 Pers. 9, 4 und mehr jede 3 kr.), wo das bekannte 236 Fuder (236,000 Flaschen) fassende, 1751 verfertigte *grosse Fass* (13 Schritt lang, 11 Schritt breit). Perkeo's (des Kurf. Carl Philipp Hofnarr) holzgeschnitztes kleines Standbild, neben dem grossen Fass, deutet auf einen Schwank. Ein zweites grosses Fass hat ergötzliche Inschriften.

Die *Graimberg'sche Gallerie*, in einer Reihe Zimmer des ersten Stocks des Friedrichsbaues aufgestellt (Eintritt 12 kr., 6 Personen jede 9 kr.), enthält eine sehr grosse Anzahl fürstl. Bildnisse, meist des Pfälz. Hauses, Urkunden, Münzen; auf Holz gemalte alte Präsentirteller; eine grosse Korkdarstellung der Schlossruine; verschiedene 1844 in der Gruft des Kaisers Ruprecht in der h. Geistkirche (S. 77) gefundene Gegenstände; Schmuck, kirchliche Alterthümer und Gemälde, alte Waffen, meist in der Umgebung des Schlosses gefunden; Abbildungen des Schlosses aus den verschiedensten Zeiten — eine Sammlung von grosser Reichhaltigkeit, Manches an sich unbedeutend, durch geschichtliche Beziehungen an dieser Stelle aber bemerkenswerth. Die Todtenmaske des 1819 zu Mannheim von dem Erlanger Studenten Sand aus polit. Schwärmerei ermordeten russ. Legationsraths von Kotzebue, des Theaterdichters, nebst Sand's Bildniss ist ebenfalls hier.

Ein gewölbter Gang führt durch den Friedrichsbau auf den 1610 erb. *grossen Altan* mit den beiden Erkern, treffliche Aussicht nördlich auf den Neckar. Durch ein langes Thorgewölbe, unter dem Altan weg (unter welchem wieder der Tunnel der Heidelberg-Würzburger Eisenbahn, S. 76), gelangt man hier die Treppen hinab, auf den Fussweg der wieder in die Stadt führt (S. 80).

Der *gesprengte Thurm* an der ö. Ecke des Schlosses, im Graben r. von der Brücke, die in den Schlosshof führt, hat so festes Mauerwerk, dass bei der Sprengung durch die Franzosen 1689 die äussere Hälfte wie ein fester Felsblock in den Graben fiel, wo sie noch liegt. Er hatte 82′ im Durchm. und 20′ dicke Mauern. Lange Casemattengänge ziehen sich unterhalb desselben und an den Seiten hin. In der Nähe soll Matthison seine bekannte „Elegie in den Ruinen eines alten Bergschlosses" gedichtet haben.

Der in seiner jetzigen Gestalt 1804 angelegte *Schlossgarten* bietet die reizendsten Spaziergänge, stets öffnet sich eine neue Aussicht. Einer der schönsten Puncte ist die nordöstl. 1613 erb. *grosse Terrasse;* sie gewährt zugleich einen Ueberblick über das Schloss selbst. Am Weg vom Schloss zur Terrasse Gartenwirthschaft, Nachmittags ist hier im Sommer gewöhnlich Musik.

Der Weg zur Molkencur (20 Min.) führt dem gesprengten Thurm gegenüber die Treppe hinauf und nun gleich rechts, durch epheubewachsene Gemäuer, wieder auf Treppen, auf dem breiten Fahrweg bergan, gleich darauf in dem Rondel rechts ab unter Kastanienbäumen hin auf den *Friesenweg*, wo, halbwegs zwischen dem Schloss und dem sogen. alten Schloss, zur Erinnerung an den früh vollendeten reichbegabten Landschaftsmaler „*Ernst Fries, die Bewohner Heidelbergs und seine Freunde 1841*" eine Inschrift in die Felswand haben meisseln lassen. Von dem 1537 durch eine Pulver-Explosion gänzlich zerstörten sogen. *alten Schloss* auf dem *Geisberg*, auf einem Vorsprung, der *Jettenbühl* genannt, sind nur noch wenige Trümmer vorhanden. Conrad v. Hohenstaufen, der edle Pfalzgraf, des Barbarossa Bruder, soll es zuerst bewohnt haben und 1195 auch hier gestorben sein. Seit 1851 ist hier eine Gastwirthschaft, 901′ ü. M., 288′ über dem Schloss, die aber als **Molkencur**, wie sie sich nennt, wenig zu bedeuten hat. Die vortreffl. *Aussicht indess, der vom Schloss ähnlich, nur ausgedehnter, macht diesen Punct zu einem der besuchtesten um Heidelberg.

Der ***Königsstuhl**, seit dem Besuch des Kaisers Franz (1815) auch *Kaiserstuhl* genannt, 851′ höher, 1752′ ü. M., ist auf bequemem schattigen Waldweg in $1/2$ St. von hier zu erreichen, auf dem Fahrweg in $3/4$ St. Auf seiner 1833 erbauten, 89′ hohen Warte hat man eine der ausgebreitetsten Aussichten, über das Rhein- und Neckarthal, Odenwald, Taunus, Hardtgebirge und Schwarzwald, bis zum Mercuriusberg bei Baden und zum Strassburger Münster (?).

In ziemlich gleicher Höhe mit der Molkencur führt von dieser ein breiter Fahrweg westlich um den *Riesenstein*, bei den Sandsteinbrüchen vorbei zu einem aussichtreichen Vorbau, die *Kanzel genannt, 20 Min. von der Molkencur, oder besser noch 5 Min. weiter zum *Rondel, einem kleinen offenen Holzbau, wo die Aussicht, über die ganze Pfalz, noch ausgedehnter ist. Vom Rondel führt rechts ein Weg bergab durch die *Wolfsschlucht* (S. 76) in 15 Min. zum Bahnhof. Man kann oben zwar auch den Spaziergang in gleicher Höhe noch 25 Min. weiter bis zum *Speyererhof* (*Wirthschaft) fortsetzen, die Aussicht bleibt indess

Philosophenweg. HEIDELBERG. *14. Route.* 83

dieselbe. In diesem Fall erreicht man auf dem Rückwege, vom Neuhof an stets durch Wald, in 20 Min. den 1844 angelegten, am Abhang des Gebirges gelegenen **Kirchhof** (Denkmäler unbedeutend, schöne Aussicht vor der Capelle), 15 Min. vom Bahnhof.

Vom Schloss führt östlich ein Weg nach dem 1 St. entfernten, schon 1619 von dem damals hier studirenden Martin Opitz in einem Sonett besungenen **Wolfsbrunnen**, einst Lieblingsaufenthalt Friedrichs V. und seiner Gemahlin (S. 78). Die Sage meldet, hier sei die schöne Zauberin Jetta von einem Wolf getödtet worden, daher der Name. In den fünf Teichen, welche durch die Quelle des Wolfsbrunnens ihr Wasser erhalten, werden Forellen gezogen, theilweise sehr grosse. Ein Forellen-Gericht in dem Wirthshaus ist aber theuer. Der Wolfsbrunnen tritt vor den reichen Bildern der nähern Umgebung Heidelbergs sehr zurück.

Die stattliche 290 Schritte lange, 30′ br. ***Neckarbrücke** („Fremde" haben angeblich 1 kr. Brückengeld zu zahlen, für eine Droschke mit zwei Pferden 4 kr.), von Kurf. Carl Theodor erbaut, ist mit den Statuen der Minerva und des Kurfürsten geziert. *Palatinorum patri Carolo Theodoro hoc pietatis monumentum pos. senatus populusque Heidelb. 1788*, lautet die Inschrift. Die andere, unter der Minerva, 1790 errichtet, nennt ihn *pietatis justitiaeque patronum. agriculturae et commercii fautorem, musarum amicum.* Am 16. Oct. 1799 wurde die Brücke gegen siebenmalige Sturmversuche glücklich von den Oesterreichern gegen Franzosen vertheidigt.

Und wie ich gen die Brücke schaut,	Und dunkel still das Thal sich schloss,
Hört ich den Neckar rauschen laut,	Und ums Gestein erbraust der Fluss,
Der Mond schien hell zum Thor herein,	Ein Spiegel all dem Ueberfluss;
Die feste Brück gab klaren Schein,	Er nimmt gen Abend seinen Lauf,
Und hinten an der grüne Berg!	Da thut das Land sich herrlich auf,
Ich ging noch nicht in mein Herberg,	Da wandelt fest und unverwandt
Der Mond, der Berg, das Flussgebraus	Der heil'ge Rhein um's Vaterland.
Lockt mich noch auf die Brück hinaus.	Und wie ans Vaterland ich dacht,
Da war so klar und tief die Welt,	Das Herz mir weint, das Herz mir lacht.
So himmelhoch das Sterngezelt,	
So ernstlich denkend schaut das Schloss	Clemens Brentano. (1806.)

Schöner Spaziergang von 1 Stunde, am rechten Ufer des Neckar, der ***Philosophenweg**, auf halber Höhe des *Heiligenbergs* (S. 69), meist an Weinbergen hin, prächtiger Blick auf Stadt, Schloss, Thal, die Rheinebene mit dem Speyerer Dom und die so schönen Formen des südl. Theils des Haardtgebirges. Aufsteig 10 Min. oberhalb der Brücke in dem ersten Bergeinschnitt, durch die *Hirschgasse*, altbekanntes „Commers-Local", in deren Saal die „Paukereien" stattfinden. Absteig bei *Neuenheim* (S. 69), oder umgekehrt. Man kann den Spaziergang auch abkürzen, indem man der Brücke gegenüber geradezu durch die Weinberge hinab geht (im September und October geschlossen). Bei Neuenheim liegen stets Nachen zum Uebersetzen (2 kr.); der Landeplatz am

6*

linken Ufer des Neckars ist bei der Schwimmanstalt (S. 76), in der Nähe des Bahnhofs.

Weitere Ausflüge (Wagen u. Eisenbahn s. S. 76) nach **Neckargemünd** *(Pfalz)*, das 2 St. entfernt auf dem l. U. des Neckar liegt, da wo die *Elsenz* einfliesst. Weiter ragt rechts auf hohem waldigen Bergkegel der **Dilsberg** hervor, einst festes Schloss, im 30jähr. Krieg von Tilly vergeblich belagert, zu Anfang dieses Jahrh. noch als Staatsgefängniss benutzt, namentlich für Heidelberger Musensöhne. Die Haft muss nicht streng gewesen sein, da berichtet wird, der die Stelle eines Commandanten versehende Feldwebel habe einst Fremden, welche die Staatsgefängnisse zu sehen wünschten, erklärt, das sei unmöglich, die Staatsgefangenen machten eine Reise durch den Odenwald und hätten die Schlüssel zu sich gesteckt. Dann folgt auf dem rechten Ufer das alte Städtchen **Neckarsteinach** (S. 74) (*Harfe*), 1½ St. Fahrens von Heidelberg, einst Sitz des tapfern Stammes der Steinach, deren eine Linie den Namen Landschaden (wohl von den häufigen Fehden) erhielt. Diese starb 1653 mit Friedrich Landschaden von Steinach aus. Vier *Burgen* mahnen an die Grösse und Macht dieser Ritter. Die Kirche enthält viele Denksteine der Landschaden, unter andern des Ulrich Landschaden von 1369, mit dem sinnvollen Wappen, eine Harfe sammt einem gekrönten Greisenhaupt, an welches sich Sagen knüpfen, die noch im Volke leben. Eine der Burgen ist durch den jetzigen Besitzer, den Frh. v. Dorth, im alterthümlichen Baustil wieder hergestellt worden. Im *Steinbach*, welcher sich bei Neckarsteinach in den Neckar ergiesst, kommen Perlenmuscheln vor, zuweilen mit grossen schönen Perlen.

Ausflug nach *Speyer*, *Mannheim* und *Schwetzingen*, s. S. 31, 36 u. 38.

15. Von Heidelberg nach Carlsruhe.

Badische Eisenbahn. Fahrzeit Schnellzug 1¼, gewöhnl. Zug 2 St. Fahrpreise Schnellzug 2 fl. 42 u. 1 fl. 51 kr., gewöhnl. Zug 2 fl. 12 kr., 1 fl. 30 kr., 1 fl.

Die Bahnhöfe der badischen Bahn, nicht minder die Wärterhäuschen, meist von *Eisenlohr* (S. 90) erbaut, zeichnen sich durch Abwechslung, Geschmack und Zierlichkeit, insbesondere der Holzarchitectur aus.

Bei Feststellung der Richtung der bad. Bahn (44 Meilen von Mannheim bis Waldshut) ging man von der Ansicht aus, dieselbe möglichst den volkreichern Orten zu nähern, wodurch erreicht ist, dass zu beiden Seiten der Bahnlinie über 480 Orte mit einer Bevölkerung von fast 600,000 Einw., also gegen die Hälfte der ganzen Bevölkerung des Landes, liegen.

Die Bahn durchschneidet die weite fruchtbare Niederung, östlich von einem unbedeutenden Gebirgszug begrenzt: Acker, Wiese und kleine Waldung, dazwischen wohlhabende Dörfer, die aus unzähligen Obstbäumen hervorblicken. Der Zug hat kaum den Bahnhof verlassen, so zeigt sich links am Abhang des Gebirges die Kirchhofs-Capelle (S. 83), im Hintergrund von dem schlanken Thurm des Königstuhls (S. 82) überragt. Erste Station **St. Ilgen**, dann **Wiesloch** (der Ort liegt eine gute Strecke vom Bahnhof). Vor **Langenbrücken** *(Ochs; Sonne)*, durch sein Schwefelbad bekannt, rechts an der Bahn das frühere Jagdschloss der Fürstbischöfe von Speyer *Kislau*, jetzt Strafanstalt für Frauen. Gegenüber, etwas entfernt, liegt *Mingolsheim*, wo 1622 Graf Ernst von Mansfeld, der Parteigänger des Kurf. Friedrich V., über die Bayern unter Tilly einen Sieg erkämpfte.

In der durch Wald verdeckten Rheinniederung, 2 St. westl. von Mingolsheim, unfern der einst berühmten Reichsfestung *Philippsburg*, kam am 21. Juni 1849 in wenig Stunden das Schicksal des badischen

BRUCHSAL. *15. Route.* 85

Aufstandes zur Entscheidung. Die preuss. Vorhut, aus der Division Hannecken bestehend, war am Morgen über den Rhein gegangen und bis *Waghäusel* vorgerückt, ward aber von einer Uebermacht bad. Insurgenten unter Mieroslawsky mit Verlust (u. a. Hauptmann *Liebermann* r: *Sonnenberg* vom 30. Inf.-Reg.) nach Philippsburg zurück gedrängt. Wenige Stunden später warf die Division Brun die Insurgenten bei *Wiesenthal*, 1/2 St. südl. von Waghäusel, rasch bis zur wilden Flucht. Auf dem Kirchhof zu Wiesenthal haben Husaren des preuss. 9. Hus.-Reg. ihren hier gefallenen Kameraden (Major *Rückert*, Prem.-Lieut. *v. d. Busche-Münch*, Lieut. *v. Muschewitz* u. a.) ein Denkmal errichtet. Auch bei *Ubstadt*, 1 St. vor Bruchsal, links von der Bahn, wo die *Kraich* aus dem Gebirge kommt, steht ein kleines Denkmal für die am 23. Juni gefallenen Ulanen des 8. Regiments, Lieut. *v. Berlepsch* u. a.

Bruchsal (*Badischer Hof* oder *Post*, Z. 48, F. 24, B. 18 kr.; *Zähringer Hof*, billiger; gute Bahnhofsrest.), ehemals Residenz der Fürstbischöfe von Speyer. Das von der Bahn sichtbare castellartige Gebäude links, von Hübsch 1845 erbaut, ist ein Zellengefängniss; es besteht aus vier in Kreuzesform erbauten dreistöckigen Flügeln mit 408 Einzelzellen und einem Mittelbau für die Verwaltung, die Kirche und die Schulen. Das Ganze ist von einer hohen, mit acht runden Thürmen versehenen Mauer umgeben. Da die Strafanstalt strenge Einzelhaft fordert, so wird jeder Sträfling in Kirche und Schule in eine besondere Zelle und in den strahlenförmig angelegten Spazierhöfen in eine besondere Abtheilung gebracht, so dass nie Einer den andern zu Gesicht bekommt. — In der *St. Peterskirche* ist die Gruft der letzten Bischöfe. Dem ehemaligen Minister *Beck* († 1855), „*dem Menschen, Richter, Abgeordneten und Staatsmann*", ist 1856 „*von Freunden und Verehrern*" ein Büsten-Denkmal errichtet.

Zu Bruchsal trifft die württemb. Westbahn mit der badischen Staatsbahn zusammen, sie führt durch den alten *Kraichgau* und verbindet die badische Bahn mit der württembergischen Nordbahn bei Bietigheim, Fahrzeit bis Stuttgart oder Heilbronn 2—3 St. (vgl. S. 76 und *Baedeker's Deutschland I.* oder *Baedeker's Südbayern, Württemberg u. s. w., 10. Auflage*).

Auf dem Michaelsberg bei *Unter-Grombach* erblickt man die alte *Michaelscapelle*, bei *Weingarten* auf einem Hügel den Thurm der Burgruine *Schmalenstein*.

An der Nordseite von Durlach fliesst die *Pfinz*. Hinter derselben hatten am 25. Juni 1849 bei den Rückzug die Insurgenten sich verschanzt, die Stellung wurde aber von den Preussen rasch genommen, wenn auch nicht ohne empfindlichen Verlust. Das *Iserlohner Landwehrbataillon*, das zum Sturm vorgerückt war, aber erst bei der Ankunft an der Pfinz sich überzeugen konnte, dass der Fluss zu breit und tief war, ihn zu überschreiten, musste sich zurückziehen und verlor hierbei mehrere Todte (Prem.-Lieut. *v. Schell*, Lieut. *v. Trzebiatowsky* u. A.) und 80 Verwundete. Der Sturmversuch hatte bei der Mühle links etwa 500 Schritte oberhalb der Eisenbahnbrücke statt.

Durlach (*Carlsburg*, Z. u. F. 54 kr.), die alte Hauptstadt des Baden-Durlach'schen Landes, wurde 1688 von den Franzosen bis auf fünf Häuser niedergebrannt. Auf dem *Thurmberg* die meilenweit sichtbare hohe *Warte*, angeblich röm. Ursprungs, mit einem Dach als Rundschau und prächtiger Aussicht bis Strassburg.

Auf dem Kirchhof hat „das 2. Bataillon (Iserlohn) des königl. preuss. 16. Landwehr-Regiments seinen in den verschiedenen Gefechten in Baden im J. 1849 gefallenen Kameraden" ein 20' hohes goth. *Denkmal* aus grauem Sandstein errichten lassen, auf vier Pfeilern ruhend, über der Giebelblume das Landwehrkreuz, im Innern ein gusseisernes Kreuz mit einem Lorbeerkranz, rechts der Helm der Linie, links der Helm der Landwehr, davor ein Adler mit ausgebreiteten Flügeln, mit den Fängen zwei Geschütze haltend, an den äussern Seiten die (14) Namen der Gebliebenen. Der Kirchhof ist unmittelbar rechts vor dem Baselthor (von der Marktkirche die Strasse südl.); er ist gewöhnlich geschlossen, den Schlussel hat der Schreiner Felix, am Thor innerhalb der Stadt.

Hier zweigt sich ö. die Eisenbahn nach *Pforzheim* ab (Fahrzeit 1 St., Fahrpreise 1 fl. 6 kr., 45 kr., 30 kr.). Sie führt seit 1863 bis *Mühlacker*, zum Anschluss an die Bahn von Bruchsal nach Stuttgart (vergl. S. 85 und *Baedeker's Deutschland I.* oder *Baedeker's Südbayern, Württemberg u. s. w.*).

Rasch eilt der Zug an der schnurgeraden pappelbepflanzten Landstrasse entlang, an dem ehemaligen Benedictinerkloster *Gottsau* (r.), jetzt Artillerie-Caserne, vorbei. Der *Carlsruher Bahnhof* (vgl. S. 84), von Eisenlohr 1842 erbaut, ist in baulicher Hinsicht sehr beachtenswerth. An der Westseite auf hohem Fussgestell das 1855 errichtete, von Reich entworfene, von Burgschmiet in Nürnberg gegossene, wohlgelungene (Pl. 75) *Standbild des Staatsministers Winter* († 1838), in der Stellung eines Redenden, in moderner Tracht ohne Mantel.

16. Carlsruhe.

Gasthöfe. *Erbprinz, Langestr., Wirth sehr aufmerksam, Z. 1 fl., L. 18, F. 24, B. 24 kr. *Englischer Hof und *Hôtel Grosse (Zähringer Hof) am Markt, gleiche Preise. — Grüner Hof, am Bahnhof östlich, für Reisende, die nur übernachten wollen, sehr gelegen. *Goldner Adler, der zweite Gasthof in der Strasse links, unfern des Ettlinger Thors, nicht theuer. *Weisser Bär.
Café-Restaurant. *Hoeck im Grünen Hof, mit Garten. Bier bei Kappler; bei Neff im Cirkel etc.
Droschken, einspännig, für 1—2 Pers. ¹/₄ St. 12 kr. Für die Frühfahrt zum Bahnhof (vor 6 U.) wird 1 fl. gefordert.
Telegraphen-Stationen im Bahnhof (eigentlich nur für den Eisenbahndienst) und Kreuzstrasse 14.
Theater (Pl. 6): Sonntag, Dienstag, Donnerstag, Freitag; vom 1. Juni bis 1. August Ferien.
Wachtparade mit Militär-Musik auf dem Schlossplatz, täglich von 12 bis 1 Uhr, Sonntags grosse Parade.

Carlsruhe (391'), Haupt- und Residenzstadt des Grossherzogthums Baden mit 30,360 Einw. (12,000 Kath., 1100 Juden), 1 St. vom Rhein, am Saum des Hardwalds gelegen, verdankt seine Entstehung einem Zerwürfniss des Markgrafen Carl Wilhelm mit den Bürgern seiner Residenz Durlach. Er begann im J. 1715 die Anlagen der Stadt um sein Jagdschloss, das bald dem jetzigen Residenzschloss weichen musste. Die Bauart der Stadt gleicht einem Fächer, dessen Knopf das Schloss bildet, von welchem die Strassen strahlenartig auslaufen. Carlsruhe ist eine saubere stille, hübsch gebaute mittlere Residenzstadt. Man unterscheidet

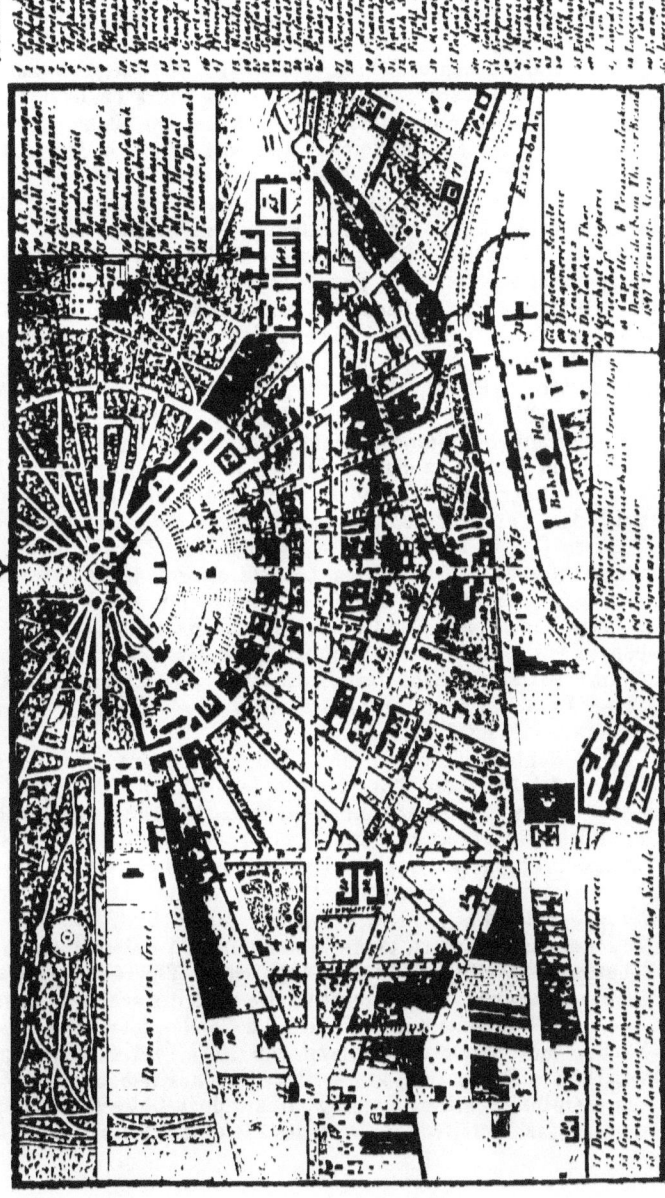

leicht drei Bau-Perioden, die erste vom Beginn des vorigen Jahrh., die Bauten im ältern franz. Stil; die zweite, die drei Jahrzehnte des Baumeisters Weinbrenner, Nachahmungen des griechischen und römischen Stils; endlich die schönen, meist im Rundbogen ausgeführten Bauten der Architecten-Schule, an deren Spitze der begabte Hübsch stand.

Das 1803 erbaute *Ettlinger Thor* (Pl. 45), dessen halberhabenes Giebelbildwerk auf die Vereinigung eines Theils der Rhein-Pfalz mit Baden hindeutet, in der Nähe des Bahnhofs, bildet südlich, das Schloss in gleicher Richtung nördlich den Endpunct der Stadt. Die 55' breite Strasse zwischen beiden Enden, die *Curl-Friedrichs-* (früher *Schloss-*) *Strasse*, 15 M. lang, enthält den bedeutendsten Theil der Carlsruher Sehenswürdigkeiten. Sie erscheinen in dieser Reihenfolge: *Obelisk* mit den badischen Wappengreifen und dem Brustbild des *Grossherzogs Carl* (1811 bis 1818) und der Inschrift: „*Dem Gründer der Verfassung die dankbare Stadt Carlsruhe*". Rechts daneben das *Palais des Markgrafen Wilhelm*. Am Markt (180 Schr. l., 70 Schr. br.) links das *Rathhaus* (Pl. 41, 1821 erb.), rechts die *evang. Stadtkirche* (Pl. 49, 1817 erb.) mit zwölf korinth. Säulen, einem griech. Tempel ähnlich. *Standbild des Grossherzogs Ludwig* (1818 bis 1830), von Raufer in Sandstein gearbeitet. *Pyramide* zu Ehren des hier begrabenen Gründers der Stadt, des *Markgrafen Carl* († 1738). Vor dem Schloss das *Standbild des Grossherzogs Carl Friedrich* († 10. Juni 1811) in Erzguss von Schwanthaler. 1844 aufgerichtet von „*Grossherzog Leopold seinem Vater, dem Gesegneten*"; an den Ecken des Fussgestells vier weibliche Figuren, die vier Kreise des Landes sinnbildlich darstellend, das Ganze eben so gut gedacht als ausgeführt, besonders das Standbild selbst.

Im ehemaligen Erbprinzengarten (Pl. 38) ist gegenwärtig ein grosser Bazar, und ihm gegenüber ein Gebäude für die „vereinigten Sammlungen" im Bau begriffen.

Das **Schloss** (Pl. 1), um 1750 erb., dehnt sich in einem grossen Halbkreis aus, überragt von dem 140' h. *Bleithurm* (Freit. 4—6 U. offen), welcher eine weite *Aussicht über Carlsruhe und den Hardwald gestattet. Die Zimmer des Schlosses, Speisesaal, Tanzsaal, Thronsaal u. a. sind prachtvoll eingerichtet. Im östl. Flügel ist die *Hofbibliothek* (70,000 Bände) (Pl. 3) und ein *Naturalien-Cabinet* (Mittw. u. Samst. von 10 bis 12 u. 2 bis 4 U. für Jedermann geöffnet, unten Mineralien u. Versteinerungen, viele Ueberreste urweltlicher Thiere, oben einige Thiere und eine reiche Muschelsammlung. An derselben Seite auch die schönen *Marställe*.

An der Westseite des Schlosses, im Rondel, ist das *Hoftheater (Pl. 6), nach dem grossen Brand von 1847 (vgl. S. 90) begonnen und 1853 vollendet, ein grossartiges schönes Gebäude. im Giebel rechts Göthe, Schiller, Lessing, links Mozart, Beethoven, Gluck, lebensgrosse Gestalten, in der Mitte die dramatische Poesie, Hochreliefs von Reich. Der Oberbau des Hauses ist ringsum in seinen Felderabtheilungen mit Reliefs aus gebranntem Thon geziert, die bekanntesten dramatischen Charactere darstellend. — Es steht unter Leitung Ed. Devrient's (Neffe des berühmten Ludwig Devrient). Vorstellungen s. S. 86.

Durch einen Bogengang des westlichen Schlossflügels gelangt man in den **Schlossgarten**, dessen Anlagen in den Hardwald hinein sich erstrecken. Etwa 300 Schritte nordwestl. vom Bleithurm, in der Mitte einer kleinen Allee, steht *Hebel's Denkmal* (Pl. 81), 1835 von Freunden errichtet, die Büste des Dichters der allemann. Lieder aus vergoldetem Erzguss unter einem goth. eisernen Dach, an den Seiten Stellen aus seinen Gedichten (vgl. S. 38 u. 133).

Links vom Eingang in den Schlossgarten sind lange Glashallen (400' l., 40' br.) aufgeführt, als *Wintergarten, mit 80' h. Pavillon, Palmenhaus, Wasserbecken für die Victoria Regia, Citronengarten, Gewächshäusern u. dgl., nach Plänen von Hübsch. Der angrenzende *botan. Garten* (Pl. 9) ist von Morgens früh bis 12 U., von 2 U. bis Abends geöffnet, Sonntag ausgenommen. Eintritt in die Pflanzenhäuser nur Dienstag und Freitag von 9 bis 11 und von 3 bis 5 U. für Jedermann, sonst nur nach Meldung bei dem Gartenvorstand.

Neben dem botan. Garten erhebt sich die *Kunsthalle (Pl. 8), von Hübsch (1836—1845) im Rundbogenstil aufgeführt. Die Sculpturen am Eingang, oben Malerei und Bildhauerei, unten Rafael und M. Angelo, A. Dürer, Holbein und P. Vischer, sind von Reich. Die Sammlungen (Gemälde, Gypsabgüsse, Antiken) sind für Jedermann Mittw. und Sonnt. von 11 bis 1 und 2 bis 4 U. geöffnet, sonst aber stets gegen ein Trinkgeld (30 kr.), welches jedoch nur einmal, unten beim Ausgang zu zahlen ist, zugänglich. Frommels Katalog (42 kr.) giebt über Alles belehrende Auskunft. Director ist der berühmte Maler K. F. Lessing.

Ebener Erde, links im Corridor: Gypsabgüsse berühmter Antiken und neuerer Sculpturen. I. Saal: Betender Knabe, Discuswerfer, Apollo Sauroktonos (Eidechsentödter), Karyatide aus der Villa Albani, Knöchelspielerin, Ringer, Venus v. Melos. — II. Saal: Hercules-Torso, Laokoon-Gruppe, Silen und Bacchus, Castor und Pollux. — III. Saal: Antinous, Diana von Versailles, Apoll von Belvedere, Mediceische Venus. — IV. Saal: Neuere Bildwerke in Gypsabgüssen. Die *Ghiberti*'schen Bronze-Thüren des Baptisteriums zu Florenz (vergl. S. 57); *Friedrich* Erwin v. Steinbach (S. 101), *Canova* Hebe, *Tenerani* Psyche, *Rauch* Victoria, *Canova* Napoleons-Büste, *Duret* neapolit. Tänzer, das Nürnberger Gänsemännchen, *Schwanthaler* Nymphe, *Giov. da Bologna* Mercur, *Pujet* Milon. Ferner germanische bei Sinsheim gefundene Alterthümer und die kleine Sammlung röm. Alterthümer des Geh. Hofraths *Creuzer* in Heidelberg.

Stiegenhaus. *Fresken von *Schwind*: an der Rückwand die Einweihung des Münsters zu Freiburg durch Herzog Conrad von Zähringen (S. 108), unter den Werkleuten das Bildniss des Oberbauraths Hübsch (S. 87) (am Eingang rechts der Mann mit dem weissen Kragen); der Fahnenhalter das Bildniss des Grossherzogs Leopold, an der Hand den Erbprinzen; die gekrönten weiblichen Figuren, die Grossherzogin und die Prinzessinnen; oben rechts auf dem Gerüste Schwind selbst; links Sabina von Steinbach, Tochter des Erwin (vgl. S. 11 u. 13), als Bildhauerin, rechts Baldung Grün (S. 95), den Markgrafen Christoph I. (S. 96) malend.

Erster Stock. Corridor links: Cartons von *Hess, Veith, Schnorr, Overbeck.* Predigt des h. Bonifacius, enkaustisches Gemälde von *D. Fohr.*
1. („IV") Saal links (Privatsammlung des Grossherzogs): 37. *Cranach,* Luther im Tode; 42. *Hans Baldung „Grün",* Markgraf Christoph; 48. *Helmsdorf,* Ansicht von Rom; 57. u. 64. *C. Kuntz,* Thierstücke; 73. *Kirner,* Frau an der Wiege mit Schildkröte, 77. ein Schweizer-Soldat erzählt die Revolutionstage in Paris; 78. *Dietz,* Leibgrenadier-Garde in der Schlacht bei Paris; 80. *Rustige,* unterbrochene Mahlzeit; 88. *Kirner,* Preisvertheilung des landw. Vereins im Schwarzwald; 90. *Dietz,* das weisse Regiment in der Schlacht bei Wimpfen; 91. 93. *Rottmann,* griech. Landschaften; 104. *Dietz,* die badischen Truppen in der Schlacht an der Berezina; 109. *Heydecker,* Lager der Philbellenen vor Athen; 111. *Winterhalter,* Grossherz. Leopold in ganzer Figur; *Lessing,* Motiv aus den Kreuzzügen. — II. („VI") Saal: 253. *Chr. Achenbach,* norweg. Landschaft; 267. *Frommel,* Wasserfall bei Tryberg; 270. *Bayer,* Jeanne de France im Kloster zu Bourges; 273. *Frommel,* Felsenpartie bei Langenbrand im Murgthal; 275. 283. *Helmsdorf,* Colosseum u. Peterskirche zu Rom; 276. *A. Achenbach,* Untergang eines Dampfschiffs durch Eisblöcke; 681. *Verboeckhoven,* Schafstall; 289. *Schirmer,* Via mala; 303. *Kirner,* italien. Volksbewegung 1848; 305. *Frommel,* Heidelberg. — IV. Cabinet: Copien nach *Raphaels,* Schule von Athen. 327. *Deurer,* Copie von Raphaels Grablegung Christi. — V. Cabinet: 334. *Steinle,* Heimsuchung Mariæ; 340. *Schwind,* Ritter Kurts Brautfahrt, nach dem Gedicht von Goethe, ein grosses heiteres Bild in altd. Manier u. Anordnung, etwas überladen, ein Lustspiel auf Leinwand mit der Unterschrift: „Widersacher, Weiber, Schulden, ach kein Ritter wird sie los." — VI. Cabinet: 345. *Murillo,* h. Ursula; 348. *Mich. Angelo,* h. Familie; 351. *Lorenzo di Credi,* Maria und Johannes vor dem Jesuskind. — VII. Cabinet. Italiener. — VIII. Cabinet. Altdeutsche Bilder: 362. *Dürer,* Ritter, Tod und Teufel; 366. *Pens,* männl. Bildniss. — VII. Saal: 417. *Backhuisen,* leicht bewegte See; 419. *Messys,* Kupplerin; 441. *A. v. d. Werf,* Adam und Eva; 452. *Roos,* grosses Viehstück; 482. *Jan Steen,* Frühstück; 480. *Crayer,* eigenes Bild mit Frau und Sohn; (n.) 489. *Murillo,* Bänkelsänger. — VIII. Saal: 539. *Teniers,* Urindoctor; 548 bis 550. *G. Dow,* Spitzen-Klöpplerin, Mädchen am Fenster, eigenes Bildniss; 559. *Slingeland,* Familienscene; 561. *Le Duc,* Wachtstube; 563. *Netscher,* Cleopatra; 557. *Miereveld,* eigenes Bildniss; 587. *Van der Helst,* Brautpaar; 591. *Champaigne,* Colberts Bildniss; 592. *Rembrandt,* eigenes Bildniss, 615. männl. Bildniss; 635. *Vischer,* Schlacht bei Pavia; 636. *Kaiser,* Sieg Ludwig's von Baden über die Türken bei Szalankemen am 19. Aug. 1691; 639. *Dietz,* Zerstörung Heidelbergs unter Melac (S. 78), sehr grosses Bild. Im folgenden (letzten) Cabinet (ohne Nummern): *v. Bayer,* Freiburger Münster bei Abendbeleuchtung. — Im Corridor *Overbeck's* Carton zu dem Bilde „der Triumph der Religion in den Künsten" (S. 57). *Fohr,* altdeutscher Eichenhain, enkaustisches Gemälde. Pompejan. Alterthümer, besonders Erzbildwerke, die berühmte *Maler*'sche Sammlung.

Auch die **polytechnische Schule** (Pl. 62), „unter Grossherzog Leopold erb. 1836", 1863 bedeutend erweitert, eine musterhafte berühmte Bildungsanstalt mit einem bedeutenden Laboratorium und an 800 Schülern, in der Nähe des Durlacher Thors, am ö. Ende der fast ½ St. l. schnurgeraden Langestrasse, hat Hübsch gebaut. Ueber dem Eingangsthor zwei Sandsteinbilder von Raufer gearbeitet, Keppler als Vertreter der mathematischen, Erwin v. Steinbach als Vertreter der Bau-Wissenschaften. — Unmittelbar am Durlacher Thor liegt, etwas zurück, das *Zeughaus* (Pl. 65), durch die tapfere Vertheidigung Seitens der Bürgerwehr gegen Schaaren von Aufständischen (13. Mai 1849) bekannt, wovon am Gebäude noch Spuren sichtbar sind.

Das *Finanz-Ministerium* (Pl. 29), in der östl. Ecke des Schlossplatzes, ist ebenfalls von Hübsch (1829—1833), ebenso das

Landesgestüt (Pl. 73), ö. neben dem Bahnhof, dessen Einrichtungen für Pferdeliebhaber sehenswerth sind.

Der **Kirchhof** (Pl. 68) von Carlsruhe, die südöstliche Spitze der Stadt bildend und fast an die Eisenbahn stossend, vom Bahnhof 8 Min. entfernt, ist einer der schönsten. Man geht vom Bahnhof an der Stadtmauer östlich bis zum Friedrichs- (Rippurer-) Thor und dann innerhalb der Stadt in derselben Richtung weiter. Die Friedensengel auf den Pfeilern des Gitterthors, Erzguss, sind von *Reich*. Der Kirchhof ist vortrefflich gehalten und gepflegt (von 12 bis 2, und Abends nach Sonnenuntergang geschlossen) und enthält eine grosse Anzahl von Denkmälern, die bedeutendsten auf der östlichen Hälfte. Unmittelbar an der Ostseite der *Capelle* ruht unter zwei hohen Acazien und einem von Epheu umschlungenen Kreuz *Joh. Heinr. Jung*, gen. *Stilling* († 2. April 1817, 72 Jahr alt) und seine Gattin *Elisabeth Jung*, geb. *Coing* († 22. März 1817). In der Grufthalle an der östl. Mauer sind einige Büsten-Denkmäler: General *v. Roggenbach* († 1854), Prediger *Hausrath* († 1847), Minister *v. Reitzenstein* († 1847). Vor derselben hat Grossherzog Leopold den 64 beim Brand des Theaters am 28. Febr. 1847 *Verunglückten* ein *Denkmal* errichten lassen, auf hohem Sockel einen Friedensengel von Reich. Gleich daneben ein Büstendenkmal, *Friedr. Eisenlohr* (vgl. S. 84), Prof. und Baurath († 1854), und Minister *v. Berckheim* († 1849). Weiter an demselben Wege links die beiden russischen Gesandten *v. Struve* († 1828) und *v. Maltitz* († 1826).

Das *Preussen-Denkmal überragt alle an Grossartigkeit und Schönheit. Es ist im J. 1851 nach eigenen Entwürfen des Königs Friedrich Wilhelm IV. errichtet, den in den badischen Insurrectionskämpfen des Jahres 1849 gefallenen preuss. Soldaten zu Ehren: ein an 50' hoher offener Tempel aus rothem Sandstein, auf der Kuppel ein 12' hoher Erzengel Michael, den Drachen tödtend, eine bronzirtem Zink-Guss, auf den Eckpfeilern vier kleine Adler, in der offenen Halle ein Kreuz aus weissem Marmor mit dem dornengekrönten Christuskopf. Oben an den vier Seiten des Denkmals die Bibelsprüche: „*Wir wollen eher sterben, denn etwas wider unser väterlich Gesetz handeln.*" „*Meine Augen sehen nach den Treuen im Lande, dass sie bei mir wohnen.*" „*Niemand hat grössere Liebe denn die, dass er sein Leben lässet für seine Freunde.*" „*Sei getreu bis in den Tod, so will ich dir die Krone des Lebens geben.*" In den Ecken die Wappen der Provinzen: 1. der schwarze preuss. und rothe brandenb. Adler, 2. der schles. Adler, der rhein. Adler mit den Clevischen Kleestengeln und den Löwen von Jülich und Berg, 3. der polnische Adler und der sächs. Rautenkranz, 4. Westfalens Fohlen und der pommersche Greif. Unten 136 Namen von Gefallenen.

Unfern dieses Denkmals steht eine kleine Granitsäule mit einem Marmorhelm auf dem Grabe des badischen Rittmeisters *La Roche v. Starkenfels*, der am 13. Mai 1849 in Carlsruhe von Rebellen erschossen wurde.

Eisenbahn von Carlsruhe an den Rhein über *Mühlburg* nach *Maxau* in 30 Min. für 27, 18 und 12 kr. Von hier Eisenbahnschiffbrücke (die erste in Europa) über den Rhein, zum Anschluss an die pfälz. Bahn (S. 26).

17. Von Carlsruhe nach Baden.

Badische Eisenbahn. Fahrzeit 1; Fahrpreise 1 fl. 42 kr., 1 fl. 9 kr., 39 kr. Die Plätze auf der östl. Seite gewähren, wenn der Zug sich Rastadt nähert, eine grossartige malerische Aussicht auf den Schwarzwald: die westliche Seite auf die Rastadter Aussenwerke.

Am westl. Ende des Bahnhofs bei der Ausfahrt r. Winter's Standbild (S. 86) von der Rückseite. Die grosse *Kessler'sche Maschinenfabrik* liegt r. ganz nahe an der Bahn. Weiter, etwas entfernt, rechts die zweithürmige von Hübsch erbaute Kirche von *Bulach*, im Innern acht Freskobilder von Dietrich aus Stuttgart. Links liegt an bewaldeten Höhen das gewerbreiche Städtchen

Ettlingen *(Hirsch; Krone)*, in welchem besonders Papierfabriken, Schirting- und Sammtwebereien mit Erfolg betrieben werden. Dann folgen die Stationen *Malsch* und *Muggensturm*. Am 29. Juni 1849 hatten hier lebhafte Gefechte zwischen badischen Insurgenten und preuss. Truppen statt. In dem Walde am *Federbach*, welchen die Eisenbahn überbrückt, leistete das 1. Bat. des 25. Inf.-Regiments lange gegen grosse Uebermacht tapfern Widerstand und verlor dabei einen Offizier (Hauptm. *v. Hayn*) und 13 Mann. Links von der Bahn, dem Wärterhäuschen gegenüber, haben die Cameraden des Regiments den Gebliebenen einen *Denkstein* mit Angabe der Namen errichtet.

Omnibus (S. 93) von Muggensturm nach Gernsbach (S. 99) im Murgthal; auch Eilwagen, tägl. zweimal (36 kr.). Links begrenzen die Murgthal-Gebirge den Horizont. Die Höhen des Schwarzwaldes enthüllen sich, auf dem höchsten Gipfel der Thurm des Mercuriusbergs (S. 100), näher auf vortretendem Berg die Trümmer der Ebersteinburg (S. 98). Vor Rastadt sieht man hoch über den grünen Festungswällen die Jupiterstatue auf dem Schloss.

Rastadt (*Post; *Kreuz; *Löwe; *Laterne, letztere beide 2. Cl.), mit 6000 Einw., früher nur ein Amtsflecken, den die Franzosen 1689 niederbrannten, wurde bald darauf in seiner jetzigen regelmässigen Gestalt von dem berühmten kaiserlichen Feldherrn Markgraf Ludwig von Baden (S. 96) angelegt, und blieb dann Residenz der Markgrafen bis zum Aussterben dieser Linie.

Im J. 1840 wurde Rastadt zur *Bundesfestung* bestimmt. Den Bau leiteten österreich. Ingenieurofficiere. Die Besatzung besteht aus badischen, österreich. und preuss. Truppen.

Das stattliche *Schloss*, von der Markgräfin Sibylla Augusta (S. 100) vollendet, jetzt theilweise als Caserne, der Schlossgarten als Exerzierplatz benutzt, liegt auf einer Anhöhe, überragt von einem vergoldeten Jupiter-Standbild. Es enthält mancherlei Trophäen (ein Theil derselben ist 1849 abhanden gekommen und soll sich jetzt in Amerika befinden) aus den Türkenkriegen ihres Gemahls. Waffen, Sättel und Schabracken, Rossschweife und Fahnen, Teppiche, eine Anzahl von Familienbildnissen, Gobelins u. dgl.; im Rittersaal gefesselte Türken als Atlanten. Vom *Schlossthurm*, wo der Jupiter, ausgedehnte Fernsicht. Der Castellan öffnet Alles (24 kr. Trinkg.). In einem Zimmer wurden am 6. Mai 1714 von Prinz Eugen v. Savoyen und Marschall Villars die Puncte unterzeichnet, welche die Grundlage des bald darauf zu Baden in der Schweiz abgeschlossenen Friedens zwischen Oesterreich und Frankreich bildeten und den span. Erbfolgekrieg zu Ende brachten. Von 1797 bis 1799 wurde abermals hier ein Congress gehalten, der keine Folgen hatte und an dessen Schluss, den 23. April 1799, zwei franz. Gesandte, Roberjot und Bonnier, in dem nahen Wald vor dem Rheinauer Thor, wahrscheinlich von Szekler Husaren, grausam ermordet wurden. Veranlassung und Urheber sind bis jetzt noch nicht genau bekannt.

Die Festung diente im Jahr 1849 den badischen Insurgenten als letzter Zufluchtsort. Gegen 6000 Mann, „Trümmer aller badischen Waffengattungen und Regimenter, Volkswehren, Freischaaren, darunter Abenteurer aller Nationen, Franzosen, Piemontesen, Polen und Ungarn", zogen sich, gedrängt und verfolgt, am 30. Juni 1849 hierher zurück, und ergaben sich nach einer dreiwöchentl. Einschliessung den Preussen. Zu Rastadt hatte am 11. Mai 1849 mit wüsten Militärmeutereien der badische Aufstand begonnen und fand mit Uebergabe der Festung am 23. Juli 1849 hier auch sein Ende.

Der Zug fährt nun über die lange *Murgbrücke*. Rechts liegt das am 8. Juli 1849 während der Einschliessung von Rastadt von den Insurgenten in Brand geschossene Dorf *Niederbühl*. Links, wo die Eisenbahn die Strasse nach Kuppenheim kreuzt, steht eine kleine *Pyramide* mit der Inschrift „Ehre und Treue", von preuss. Soldaten ihren bei dieser Gelegenheit gefallenen 8 Cameraden, deren Namen das Denkmal nennt, errichtet. Zwischen Rastadt und *Oos* ist, aus Gebüsch hervorragend, auf ganz kurzer Strecke das *Jagdschloss Favorite* (S. 100) zu sehen. Von Oos Zweigbahn in 10 Min. nach *Baden*. Die schnurgerade Pappel-Allee rechts halbwegs führt bergan zum „*Jagdhaus*", einem von Badegästen viel besuchten Punct.

18. Baden und Umgebungen.

Gasthöfe. *Victoria-Hôtel, prächtiger Gasthof am Leopoldsplatz. *Badischer Hof (mit Bädern) am Eingang der Stadt, von Engländern bevorzugt, geräuschloser als die übrigen Gasthöfe (nicht mit der *Stadt Baden* (s. unten), einem guten kleinern Gasth. am Bahnhof, zu verwechseln). *Englischer Hof an der Promenadenbrücke. *Europäischer Hof, der Trinkhalle gegenüber. Preise in diesen vier vornehmsten Gasthöfen ziemlich gleich: Z. von 1½ fl. an, L. 24, F. 42 kr., M. m. W. um 5 U. 1 fl. 48, B. 24 kr. — Russischer Hof, *Zähringer Hof (mit Bädern), Französischer Hof, Hôtel Royal, *Hirsch (mit Bädern), Rheinischer, Holländischer Hof (mit Café), *Darmstädter Hof (mit Bädern), in allen ziemlich gleiche Preise: Z. von 1 fl. an, L. 18, F. 36 kr., M. ohne W. um 1 U. 1 fl., um 5 U. 1 fl. 36 kr. *Stadt Baden (ganz gut), zum Theil Neubau, unmittelbar am Ausgang des Bahnhofs, für Passanten sehr bequem gelegen, Z. 48 kr. bis 1 fl. 12, L. 18, F. 28 kr., M. um 1 U. 1 fl. 12 kr., um 5 U. 1 fl. 36 kr., B. 18 kr. — Ritter, Löwen (mit Bädern), Hirsch, Bairische Hof, an der Eisenbahn, für Passanten sehr gelegen, Stern; *Gast- und Kaffeehaus zur Stadt Strassburg, am Ende der neuen Promenade, etwas abgelegen, Z. 1 fl., F. 21 kr., M. ohne W. um 1 U. 1 fl., um 6 U. 1 fl. 24 kr. — Engel, am Gernsbacher Thor, billiger, für Fussreisende. Bär im Lichtenthal (S. 95), ½ St. vom Conversationshaus, Z. 36, F. 18 kr., für Anspruchslose. — Die besten Weine des Landes sind Affenthaler (roth), Klingenberger und Markgräfler (weiss).

Cafés. Café-Restaurant im Conversationshaus. Café-Restaurant à la Fleur, beim Russ. Hof. Café de Hollande, a. d. neuen Promenade.

Bierhäuser. Haug und Görger am Bahnhof. Im Geist (für Anspruchslose auch zum Uebernachten) am Gernsbacher Thor. In der Krone.

Cigarren, gut bei Aug. Gaus, nächst dem Conversationshaus.

Telegraphen-Station im Bahnhof.

Theater. Im Sommer franz. und italien. Gesellschaft; Frühjahr, Herbst und Winter Vorstellungen des Carlsr. Hoftheaters.

Kutscher-Taxe (einschl. Trinkgeld). *Ebersteinschloss* 5, desgl. über Gernsbach zurück 5½, *Ebersteinburg* 4, *Fremersberg* 3, desgleichen über das Jagdhaus 4, *Jagdhaus* 3. *Seelach* 3, *Geroldsau* bis zum *Wasserfall* 4, *Favorite* 3½, *Gernsbach* 4½, *Rothenfels* 4½, *Yburg* 5, aufs *alte Schloss* und Wagen gleich zurück 2½, mit Aufenthalt 4 fl. (Dauert die Fahrt oder der Aufenthalt länger als 6 St., so sind die Preise um etwa die Hälfte höher.) *Ebersteinschloss*, *Gernsbach*. *Rothenfels*, *Kuppenheim*, *Favorite* 7 fl.,

Forbach 9, desgl. durch's Murgthal 10 fl., *Wildbad* 18, *Rippoldsau* 20 fl. — *Stundenpreise:* ¼ St. für 1 bis 2 Pers. 24 kr., 3 bis 4 Pers. 30 kr., ½ St. 36 oder 45 kr., ¾ St. 48 kr. oder 1 fl., 1 St. 1 fl. oder 1 fl. 15 kr., 2 St. 1 fl. 48 oder 2 fl. 12 kr., 3 St. 2 fl. 12 kr. oder 3 fl., 4 St. 2 fl. 36 oder 3 fl. 24 kr. — **Esel:** ½ Tag 1 fl. 12 kr., ganzen Tag 2 fl. Miethkutscher und Esel halten dem Engl. Hof gegenüber, am Anfang der Allee, welche zum Conversationshaus führt, neben der Theater-Allee, dem Badischen Hof gegenüber, und am Leopoldsplatz. — Omnibus vom Bahnhof in die Stadt 12 kr. incl. Gepäck.

Baden steht im Allgemeinen im Ruf eines **theuern** Bades, und das ist es auch für denjenigen, der Wohnung und Kost in einem der ersten Gasthöfe nimmt, die dargebotenen Zerstreuungen aller Art benutzt, die zahlreichen Concerte, „Matinées musicales" (Eintr.-Pr. 5—20 fr.), besucht, häufig fährt oder reitet, vielleicht auch dem Spiel grössere oder kleinere Summen opfert. Wer aber mit seinen Mitteln haushalten muss und Localkenntnisse hat oder erwirbt, der kann in Baden bei den mancherlei Bequemlichkeiten und Annehmlichkeiten des Platzes **wohlfeiler** leben, als in den meisten grössern, selbst mittlern Bädern Deutschlands. Der einzelne Badegast aus den gebildeten Mittelständen kann einen Badeaufenthalt von einem Monat mit 100 bis 120 fl. bestreiten, und dennoch sich ganz in den Kreisen der eigentlichen Badewelt bewegen. Das ganze Geheimniss besteht darin, dass Baden das Gute mit grossen Hauptstädten gemein hat, dass man leben kann, wie man will. Eine anständige Privatwohnung in guter Strasse kostet 6 bis 10 fl. wöchentlich; Wohnungstafeln sind an allen Hausthüren ausgehängt, man kann also ohne Beihülfe sich selbst eine passende Wohnung suchen. Frühstück im Hause 12 bis 15 kr., Mittag in einer Restauration, s. B. bei Frau *Zerr* Leopoldstrasse 154, wo von 12 Uhr Mittags bis Abends Jeder, wie er kommt, einzeln bedient wird, ein gutes Mittagessen ohne Wein für 48 kr. Ebenso bei Frau *Göringer* an der neuen Promenade, bei *Buhl* u. a. O. Im *Engel* (s. S. 92), bei der Spitalkirche, Mittagstisch zu 24 kr. Ein Bad 12 bis 36 kr., je nach der Einrichtung, Trinkwasser in den beiden Trinkhallen unentgeltlich. Fremde Mineralwasser, Molken, Ziegenmilch in der neuen Trinkhalle zu festen Preisen.

Wer für Baden nur **einen Tag** zu verwenden hat, möge dem *alten Schloss* einige Stunden widmen, und dann folgende Fahrt machen: über *Hauen-Eberstein* zur *Favorite*, über *Kuppenheim* (Ochs), *Rothenfels*, wo ein gutes Gast- und Badhaus und ein Landsitz des Markgrafen Wilhelm, *Gaggenau* (rechts an der Strasse eine von Kurfürst Carl Friedrich (S. 87) 1803 errichtete *Spitzsäule* mit der Inschrift: „*Den Gründer des Amalienberges, den Beförderer des Landbaues ehrt Kurfürst Carl Friedrich*", an den, um den Gewerbfleiss dieser Gegend viel verdienten *Anton Rindenschwender* erinnernd), *Ottenau* (links an der Strasse ein *Denkstein* im Fels zur Erinnerung an die Erbauung der Strasse mit der Inschrift: „*Ex rupe fracta haec via facta 1786*". Diesen Felsen sprengte man und legte einen Fahrweg an), *Gernsbach*, durch das *Murgthal*, und über *Ebersteinschloss, Lichtenthal* nach *Baden* zurück. Diese Fahrt berührt die merkwürdigsten Puncte um Baden, kostet einsp. 6, zweisp. 8 fl. und erfordert etwa 6 St. Es bleibt dann noch Zeit, selbst die Morgencur von 6—8 U. in der neuen Trinkhalle und den „Corso" Abends nach 6 U. in der Lichtenthaler Allee zu beobachten. Nach 7 U. Ab. beginnt erst das Treiben vor dem Conversationshause. Die Fahrt kürzt sich um mehr als 1 St., wenn man auf die Rococo-Favorite (S. 100) verzichtet.

Der **Fussgänger** wandert bequem in 3 St. von Baden nach *Ebersteinschloss* und *Gernsbach*, und benutzt von hier bis zur Eisenbahnstation Muggensturm (S. 91) die Post (36 kr.) oder den Omnibus (30 kr.), der Morgens früh und Nachm. in 1¾ St. über *Ottenau*, *Gaggenau*, *Rothenfels*, und das am 29. Juni 1849 von den Preussen (17. Inf.-Reg.) nach hartnäckigem Widerstand genommene Dorf *Bischweier* nach *Muggensturm* fährt (oder man macht die Tour umgekehrt).

Baden (543') (im Grossherzogthum, oder *Baden-Baden*, zur Unterscheidung von den gleichnamigen Baden bei Wien und in der Schweiz) liegt am Eingang des Schwarzwalds, zwischen freundlichen, mit Hochwald bewachsenen Anhöhen, in einem der reizendsten Thäler am *Oos-* oder *Oel-Bach*, der eine Zeit lang die Grenze bildete zwischen Allemannien und dem rheinischen Frankenland. Es streitet mit Freiburg und Heidelberg um den Ruhm, für den schönsten Punct Oberdeutschlands zu gelten. Die Luft ist mild und gesund. Schon die Römer haben die Heilquellen gekannt; nach einem zu Baden gefundenen Denkstein nannten sie die Stadt *civitas Aurelia aquensis*. Sechs Jahrhunderte hindurch war hier der Sitz der Markgrafen von Baden, unter denen Hermann III. († 1190 auf dem Kreuzzuge im heil. Lande) zuerst auf der alten Burg wohnte. Erst Markgraf Christoph (S. 96) erbaute 1479 unmittelbar über der Stadt das neue Schloss. Der 30jährige und besonders der pfälzische Krieg (1689) verwüsteten Stadt und Schloss dergestalt, dass bald darauf die Residenz nach Rastadt verlegt wurde (S. 91).

Die Stadt ist nicht gross, sie hat 8935 meist katholische Einwohner, erweitert sich jedoch von Jahr zu Jahr durch den stets wachsenden Besuch der Bäder. Auch im Winter halten sich immer an 200 Fremde in Baden auf. Baden ist nebst Wiesbaden der besuchteste deutsche Curort (1815 2460 Curgäste, 1863 über 42,000); keiner hat eine solche Fülle anmuthiger Spaziergänge. Französ. Ton und französ. Sprache sind vorherrschend. Strassburg und Carlsruhe senden, besonders an Sonntagen, zahlreiche Gäste.

Der *Oosbach* scheidet die Stadt von dem Treiben der Bade-Bevölkerung. Diese ergeht sich fast ausschliesslich in den Anlagen, welche am linken Ufer auf weiter Strecke sich hinziehen, deren Mittelpunct die *Trinkhalle* und das *Conversationshaus* bilden. Die *Trinkhalle ist 1842 nach den Plänen von Hübsch aufgeführt, 270' lang, vorn offene Arcaden, mit *14 Fresken von Götzenberger, Sagen des Schwarzwalds darstellend, leider etwas abgeblasst. Die Inschrift lautet: *Leopoldus Magnus-Dux Bad. saluberrimi fontis haustus ut potaturis commodius propinarentur aquas montium jugo deduci porticum extrui jussit 1842.* Trinkhalle und Quelle sind stets geöffnet ohne alle Bezahlung. Oelgemälde und Alterthümer sind hier zum Verkauf ausgestellt.

Einige Schritte weiter ist das im J. 1824 an der Stelle eines ehemaligen Jesuiten-Collegiums nach Weinbrenner's Plan erbaute **Conversationshaus**, nebenan die *Marx'sche Buch-*, *Kunst-* und *Musikalienhandlung* mit *Lesesalons* (Zeitungen), für Fremde gegen 3 kr. täglich zugänglich. Die kleine schattige Allee, welche auf der östlichen Seite vom Conversationshaus dem Engl. Hof zuführt, ist Baden's *Bazar*. Von 3 bis 4 U. Nachm. und nach 7 U. Abends sind diese Räume und Spaziergänge während der Harmonie-Musik der grosse Versammlungsort der glänzendsten Gesellschaft. Das Haus selbst, 1854 ansehnlich vergrössert und verschönert, enthält die Gesellschafts-, Concert-, Speise- und

Spielsäle, letztere von 11 U. Vorm. bis Mitternacht geöffnet. Der jetzige Spielpächter Benazet zahlt jährlich 150,000 fl. Pacht, und hat noch besonders alle Räume des Conversationshauses prachtvoll einrichten lassen. Erwägt man, dass die Besoldung des beim Spiel beschäftigten Personals ebenfalls einen sehr ansehnlichen Betrag in Anspruch nimmt, und dass der Pächter dennoch sich vortrefflich dabei steht, so lässt sich ermessen, welche bedeutende Summen das Publicum an der Bank zu Baden verlieren muss. Ein aufmerksamer Beobachter wird bald die Bemerkung machen, dass unter zehn Spielern kaum Einer gewinnt. Demjenigen, der dennoch Neigung haben sollte, sein Glück im Spiele zu versuchen, sei hier gesagt, dass die Wechselfälle für den Spieler beim *Rouge-et-Noir (Trente-et-un, Trente-et-quarante)* günstiger sind, als beim *Roulette*, wo man auch selten regelmässige Spieler findet. Ersteres wird mit Karten, letzteres mit der Drehscheibe gespielt.

Eine stattliche Allee, welche in der Nähe des Conversationshauses beginnt (an derselben soll an der Stelle, wo am 14. Juli 1861 das Attentat auf den König von Preussen statt hatte, eine Votiv-Capelle erbaut werden), führt s.ö. in ½ St. zum **Kloster Lichtenthal** *(Bär; Ludwigsbad;* Bierbrauerei von *Graff)*, 1245 durch Irmengard, Enkelin Heinrichs des Löwen, Wittwe Herrmanns IV. von Baden († 1243), gestiftet, wie das Gemälde im Kirchenchor meldet, vor welchem das schöne Grabdenkmal (Sarkophag) der Stifterin. An den Seitenaltären die mit reichen Kleidern geschmückten Skelette des heil. Pius und Benedictus, Märtyrer. Das Kloster entging den Stürmen der Zeit und den Kriegen, und wird noch von frommen Schwestern (16 bis 18) bewohnt, welche einer strengen Clausur unterworfen sind. Die vor der Kirche einzeln stehende *Todtencapelle*, an der Ostseite halb geöffnet, aus dem 13. Jahrh., einst Kirche des Klosters, enthält Grabmäler Baden-Durlach'scher Markgrafen, und Altarbilder von Hans Baldung, gen. Grün. Das im Hofbezirk des Klosters gelegene *Waisenhaus* ist eine Stiftung des zu Kippenheim (S. 104) gebornen, in London zu grossem Vermögen gelangten und in den Adelstand, mit dem Beinamen v. Ortenberg erhobenen Schneiders Stulz. (Das *Gunzenbachthal*, das zweite zwischen Baden und Lichtenthal südl. von der Strasse sich abzweigende, ist für Mineralogen ein ergiebiger Fundort.)

Am Eingang der Lichtenthaler Allee neben dem Conversationshause das neue **Theater**, nach *Couteaus* Entwurf 1861 erbaut, die innere Einrichtung prächtig. In der Nähe auf dem Leopoldsplatz das **Standbild des Grossherzogs Leopold**, Erzguss, „von der dankbaren Stadt Baden" 1861 errichtet.

Unter den Kirchen Badens ist nur die ***Pfarr*- oder Stifts-Kirche**, aus dem 15. Jahrh., „*in saeculo VII. exstructa, in ecclesiam collegiatam erecta 1453. incendio vastata 1689, reparata*

1753", wie die Ueberschriften über den Seitencapellen melden, bemerkenswerth, Morgens immer offen (im Sommer nach der 11 U. Messe franz. Predigt). Im Chor die *Grabmäler* der kath. Markgrafen von Baden, seit Bernhard I. († 1431).

Links: *Jacob II.* († 1511), Kurf. von Trier, eine gute Pietas, Relief. von einem niederländischen Meister, im Jahr 1808 aus der („*in alium usum versa*", wie die Inschrift sagt) St. Florinskirche zu Coblenz nebst dem Leichnam hierher versetzt („*Napoleon mon. et ossa patriae reddidit*"). — *Christoph* († 1527), grosse Metall-Wappentafel. — *Ottilie* († 1468), Gemahlin des Markgrafen Christoph I. (S. 94), geb. Gräfin v. Katzenelnbogen, „*foecundissima principum genitrix*". Sie hatte 15 Kinder, ihr „*primogenitus*" war der gen. Trier'sche Kurf. Jacob II. Das Denkmal besteht aus einer alten Grabplatte aus Metall. — *Leopold Wilhelm* († 1671 zu Warasdin in Ungarn), berühmter Feldherr, der mit Stahremberg und Montecucoli gegen die Türken focht. Der Sarkophag, auf welchem der Markgraf liegt (nebenan seine Gemahlin betend), stutzt sich auf zwei gefesselte Türken. — *Friedericus. episcopus Traject.* (Bischof von Utrecht, † 1517), eine ritterliche Gestalt in Erzguss. — *Bernhard* († 1536), Grabstein mit Standbild. — Rechts: *Philipp* († 1588), Grabstein mit Standbild. — *Georg* († 1771) „*postremus lineae Bernhardinae*", Büstendenkmal. — *Philipp* († 1533), Sarkophag mit liegendem Bild. — *Ludwig Wilhelm* († 1707 zu Rastadt, S. 91), „Prinz Ludovicus", wie ihn das bekannte Volkslied nennt, der ausgezeichnetste Heerführer seiner Zeit, in 26 Feldzügen und eben so viel Schlachten nie besiegt, in den Türkenkriegen der Gefährte des Prinzen Eugen. Das Denkmal ist von Pigalle (S. 15), voll geschmackloser Ueberladungen im ärgsten Perückenstil. Die Inschrift nennt den Markgrafen „*infidelium debellator, imperii protector, Atlas Germaniae, hostium terror*". Denkstein von *Maria Victoria Paulina*, geb. Herzogin v. Aremberg († 1793), des letzten Markgrafen August Georg (s. oben) nachgelassene Wittwe, 1833 von Grossherzog Leopold errichtet. — Ueber diesem das Denkmal des Markgrafen *Philibert* († 1529) und seiner Gemahlin, einer bayr. Prinzessin.

Die neue dreischiffige schöne evang. **Kirche** ist an der Südostseite der Stadt, am r. U. der Oos.

Der kleine *alte **Kirchhof**, am Gernsbacher Thor, ist 1852 mit einem Standbild auf hohem Fussgestell, von Andr. Friedrich (S. 101) in Strassburg in rothem Sandstein gearbeitet, einem *Todtengräber*, geziert, der das kleine Todtenfeld hoch überragt. Von bekannteren Namen findet man hier links vom Eingang, bei der Capelle, den französischen General *Guilleminot* († 1840), den badischen General *v. Schäffer* († 1838) und südl., an der Mauer, den Dichter *Ludw. Robert* (geb. zu Berlin 1778, † 1832), gusseisernes Denkmal mit Leyer und Eichenkranz. Ein Stein an der *Capelle* ist gewidmet: „*piis manibus F. P. et F. F. Capucinorum, quorum ossa ex casuata profunatuque eorum (cum coenobio) ecclesia 1807 huc translata fuere*". Das ehemalige Capuzinerkloster ist jetzt der Badische Hof. Eigenthümlicher Oelberg mit Figuren, betender Christus, schlafende Jünger. Ueber der Kirchhofsthür ein Heilands-Antlitz auf dem Schweisstuch, Relief von 1482. Auf dem grossen neuen **Kirchhof**, 25 M. s.ö. von Baden am Abhang des Berges gelegen, sind einzelne hübsche Denkmäler, doch begegnet man nur wenig bekannten Namen. u. a. *Alex. Piccini*, „*compositeur de musique*" († 1850), *Heinrich*

v. Maltzahn, bayrischer und mecklenburg. Kammerherr († 1851),
v. Paravicini, niederl. General († 1846).

Hinter der Pfarrkirche entspringen die heissen **Quellen**, dreizehn an der Zahl, aus den Felsen der Schloss-Terrasse, der *Schneckengarten* genannt, und werden von hier durch Röhren in die verschiedenen Bäder der Stadt geleitet. Sie haben 37 bis 54 Grad Réaum. und geben in 24 Stunden 500,000 Maass heisses Wasser.

„Diss Wasser halt in seiner vermischung Schwefel, Salz vnd Alaun. Dienet zu vertreiben engung der Brust, welche von kalten flüssen des Haupts kompt, den feuchten Augen, den sauszenden Ohren, den zitternden vnd schlaffenden Gliedern, dem Krampff vnd anderen Kranckheiten böss geädern, so von kalten feuchtigkeiten kommen. Item ist nutz denen, die ein kalten, feuchten vnd vndäwigen Magen haben, dem wehthumb der Lebern vnd Miltz von kelte, den anfang der Wassersucht, dem Darmwee. thut auch hilff dem Sand vnnd Stein der Blatern vnd Nieren" u. s. w.
Seb. Münster. 1550.

Die Hauptquelle, der *Ursprung*, ist mit einem altröm. Ueberbau gedeckt. Sie befindet sich in einer dampfgefüllten verschlossenen Blende, innerhalb des stattlichen Gebäudes, welches in der Nähe der Pfarrkirche im Jahr 1847 zu *russischen Dampfbädern* aufgeführt worden ist.

In der ehem. Trinkhalle, gegenüber, ist 1846 eine Seite als **Antiquitäten-Halle** (12 kr.) eingerichtet, in welcher einige hier gefundene röm. Alterthümer aufgestellt sind, ein Meilenzeiger mit dem Namen Marcus Aurelius (Caracalla), ein dem Neptun, mehrere der Minerva, dem Hercules geweihte Steine, das Original des Mercurius-Altars auf dem Stauffenberg (S. 100), Grabsteine röm. Soldaten u. A. Bei der Klosterkirche ist 1847 ein wohlerhaltenes *römisches Schwitzbad (laconicum)* aufgedeckt worden.

Das sogen. **neue Schloss**, auf einem Hügel n. über der Stadt 1479 (S. 94) angelegt, 1519 mehr ausgebaut, 1689 zerstört, dann theilweise hergestellt, jetzt Sommerwohnung des Grossherzogs, enthält ausser einer Anzahl lebensgrosser Bildnisse Baden'scher Markgrafen bis zum Aussterben der alten Linie (1771) wenig Sehenswerthes. Merkwürdig sind die unterirdischen Gewölbe und Kammern mit steinernen und eisernen Thüren, wahrscheinlich ehemalige Kerker.

Zum *alten Schloss* (3/4 St.) führt links beim neuen Schloss vorbei ein Fahrweg n. bergan, an einer (10 M.) *Säule* unter einer Eiche vorbei, mit der Inschrift: „*Dem Marquis v. Montperris zum Dank im Namen Aller, die auf seinen Schattensitzen ruhen und an seiner Quelle Labung finden. 1808"*. Bei der (3 M.) Stroh-Rotunde zweigt für Fussgänger vom Fahrweg rechts ein schöner breiter Reitweg sich ab, durch duftigen Fichtenwald; an zweifelhaften Stellen stehen Wegweiser. Bei der (12 M.) *Sophienruhe*, einer frischen Quelle, durchkreuzt der Fussweg den Fahrweg; 10 M. weiter nochmals, nach 30 bis 40 Schritten wieder rechts ab, steiler bergan, auf das (5 M.) Schloss zu.

Bædeker's Rheinlande. 14. Aufl.   7

Von dem weitläufigen Bau des *alten Schlosses, dessen Ursprung in das 10. oder 11. Jahrh. zurück reichen mag, bis zur Erbauung des neuen Schlosses (1479) Sitz der Markgrafen, später Wittwensitz einiger Markgräfinnen, sind nach der franz. Zerstörung von 1689 nur Trümmer übrig, die durch Treppen bis zur Plateforme des Thurmes zugänglich gemacht sind. In der ehem. St. Ulrichscapelle, gleich l. beim Eingang, eine *Gastwirthschaft*. Die Aussicht von oben auf das Rheinthal von Worms (?) bis weit über Strassburg (Strassburg selbst ist verdeckt), im Vordergrund das reizende Thal von Baden mit seinen weissen leuchtenden Villen, das helle Grün der Eichen- und Buchen-, das ernste Dunkel der Tannen- und Fichtenwälder, ist vortrefflich.

Oft wenn im wunderbaren Schimmer
Des Schlosses Trümmer vor mir
    steh'n
Im Sonnenschein, glaub' ich noch
    immer
In seiner Jugend es zu sehn.

Mit seinen Mauern, seinen Zinnen
Fern leuchtend in das freie Thal,
Der Helden starke Kraft von innen
Sich labend bei dem Rittermahl.

Dann klingt's um mich wie ferne
    Stimmen,
Ich fühl' ein geisterhaftes Weh'n,
Fort treibt es mich hinan zu klimmen,
Einsam auf jenen Felsenhöh'n.

Doch oben alles ganz zerfallen.
Der Epheu schlingt sich um den Stein,
Und in den offenen Fürstenhallen
Spielt Waldesgrün mit Sonnenschein.

    Max v. Schenkendorf. 1814.

In der Nähe des alten Schlosses sind vielfach zerklüftete Porphyrmassen, hier den Mauertrümmern eines zerstörten Schlosses, dort einem Riesenthurm ähnlich, dann wieder gleich einem *Felsenmeer* durch einander geworfen. Ein breiter bequemer Weg führt am Fuss der Felswand hin bis zur *Teufelskanzel* (S. 99), ein anderer zieht sich bis zur Kuppe der Felsen.

Auf einem vorspringenden Felsen, n.ö. vom alten Schloss, 3/4 St. von diesem entfernt, liegen die Trümmer der Burg Alt-Eberstein (Ebersteinburg), römischen Ursprungs, einst, wie die Yburg (S. 100), ein römischer Wart- und Vertheidigungsthurm. Kaiser Otto I., erzählen die rhein. Chroniken, konnte durch Gewalt Burg Eberstein nicht einnehmen. Er lockte daher den Grafen nach Speyer zu Turnier und Tanz, mit der Absicht, in des Grafen Abwesenheit die Feste zu erstürmen. Des Kaisers Töchterlein giebt dem Grafen beim Tanz hiervon Kunde. Er eilt zurück, erreicht glücklich sein Schloss, und vertheidigt es mit solcher Tapferkeit, dass der Kaiser, den Muth des Grafen bewundernd, ihm seine Tochter zum Gemahl giebt. Uhland hat diese Sage besungen. Die Aussicht nach dem Rheinthal und den Vogesen, in dieser Richtung jener vom alten Schloss ähnlich, dann nach dem Schwarzwald, und besonders nach dem wiesenreichen wohlangebauten untern Murgthal mit seinen blühenden Ortschaften (S. 93) Kuppenheim, Bischweier, Rothenfels, Gaggenau, Ottenau, ist grossartig.

Der *Weg vom alten Schloss nach Gernsbach* (2 St.) führt an der Südseite des alten Schlosses im Wald stets in gleicher Höhe östl.

an der *Teufelskanzel* (S. 98) vorbei. An einem (20 M.) Felsen die Inschrift: „*Dem Grafen Alex. Broussel danken Freunde der grossartigen Natur für die Anlage dieses Felsenwegs. 1839*". Bei dem (5 Min.) Kreuzweg rechts bergab bis zur (15 M.) Strasse nach *Ebersteindorf*, 5 Min. weiter nicht links bergab, sondern rechts in den Wald, wo sich bald die Aussicht ins Murgthal öffnet. Unterhalb des (25 M.) *Neuhauses* rechts den breiten Weg steil bergab nach (25 M.) *Stauffenberg*, und dann im Thal weiter nach (30 M.) *Gernsbach*. Der Fahrweg führt vom Neuhaus am Berg links weiter. Von Baden nach Gernsbach neue Fahrstrasse über *Lichtenthal* und *Oberbeuern* in 3 St.

Gernsbach (*Stern* oder *Post*, Z. 30, F. 18 kr.; *Löwe*; *Kiefernadelbad*, auch Hôtel, von *Pfeiffer* oberhalb der Stadt, wo der Weg nach Schloss Eberstein abgeht, für längern Aufenthalt zu empfehlen), an der *Murg*, ist ein gewerbfleissiges Städtchen, dessen Einwohner grösstentheils Holzhandel (S. 121) treiben. Von 1791 bis 1796 lebte hier der Geschichtschreiber Ludwig Posselt als Amtmann. Am 29. Juni 1849 wurde zwischen einer Abtheilung Reichstruppen (Mecklenburger, Hessen, Nassauer, Bayern, Preussen) und badischen Insurgenten lebhaft und blutig beim Uebergang über die Murg gekämpft. Achtzehn Häuser gingen in Flammen auf. An ihrer Stelle ist die neue Häuserreihe am rechten Ufer der Murg, der Brücke gegenüber, aufgeführt. Die Brücke selbst war abgetragen. Fahrt nach Rothenfels und Favorite s. S. 92, nach Muggensturm S. 93, nach Forbach im Murgthal S. 122; nach Baden Einsp. 2, hin u. zurück 3½, Zweisp. 3 fl.; *Wildbad* ist 6 St. von Gernsbach entfernt, 5 St. Fahrens, Einsp. 6, Zweisp. 10 fl.; Post-Eilwagen tägl. Nachm. 4 U. für 2 fl. 6 kr.

Am Fluss hinauf führt der Weg südl. an einer Capelle, der *Klingel* genannt, vorüber, in ¾ St. nach *Ebersteinschloss, eine schon im 13. Jahrh. vorkommende, dann zerstörte, 1798 durch den Markgrafen Friedrich als „*Neu-Eberstein*" hergestellte Burg. Sie liegt (3 St. ö. von Baden) auf einem waldigen Bergkegel in der reizendsten Umgebung, hoch über der Murg. Die Aussicht aufwärts ins Thal nach Weissenbach und Hilpertsau, abwärts nach Gernsbach ist vortrefflich und gewährt fast 8 St. Wegs einen reizenden Einblick in das Murgthal (S. 121). Im Innern alterthümliche Gegenstände, Waffen, Rüstungen, Geräthschaften; in einem der Zimmer eine Anzahl Bilder aus dem 16. Jahrh. Beim Schlosscastellan Erfrischungen. Ebersteinschloss wird von Baden aus gewöhnlich auf dem guten *Fahrweg* (zu Fuss 3, zu Wagen 2 St.) besucht, der von Lichtenthal das Thal von *Beuern* aufwärts durch schöne Waldpartien führt. Zu *Oberbeuern*, 1 St. ö. von Baden, schaut der gut in Sandstein hochrelief gearbeitete Kopf des lachenden Waldhorn-Wirths über der Thür als Schild hervor.

Auf halbem Wege zwischen Oos und Rastadt, östlich von der Eisenbahn in der Nähe von Kuppenheim (S. 92), 2 St. n.w. von

Baden, blickt aus Waldung (S. 92) ein grosses Gebäude hervor. die
Favorite, Eigenthum des Grossherzogs, erbaut 1725 durch die
Markgräfin Sibylla Augusta, eine Lauenburgische Prinzessin, Gemahlin des „Prinzen Ludovicus" (S. 96). Nach seinem Tode
führte diese merkwürdige geistreiche schöne Frau 19 Jahre lang
die Vormundschaft über ihre Söhne und zog sich dann, als der
älteste mündig geworden, hierher zurück, sich mancherlei Bussübungen unterwerfend, an welche verschiedene Gegenstände in
der *Einsiedelei* im Park erinnern. Das Schloss selbst, im J. 1849
während der Einschliessung von Rastadt (S. 91) Hauptquartier
des Prinzen v. Preussen, ist im Innern und Aeussern unverändert
geblieben, wie sich aus der Beschreibung ergiebt, die der Rhein.
Antiquarius (Frankfurt 1744) mittheilt:

„Man findet darinnen eine schöne Porsellainkammer und ein Spiegelkabinet, worinnen viele Seltenheiten der Natur und Kunst zu sehen sind.
Unter andern aber ist die Markgräfin selbst mehr als vierzigmahl in unterschiedenen Maskenkleidern, deren sie sich bei mancherlei Gelegenheiten von ihrer Jugend an bedient hat, darinnen sehr wohl abgemahlt
zu sehen. Die Höhe des untern Saales geht durch alle Stockwerke, und
die Kuppel, um welche man im zweiten Stockwerk bei einem Geländer
gehen kann, ist sehr hell und artig gemahlt. Im zweiten Stockwerk sind
etliche Zimmer mit chinesischer Arbeit von Seide und Papier ausgeziert, und eines mit feinen Spitzen, woraus auch alle Vorhänge des darinnen stehenden Bettes bestehen. An der Decke eines andern werden
schöne Gemälde von Fischen, Vögeln und Blumen, so aus lauter harten
Steinen, aus Achat, Jaspis, Carniol, Amethyst zusammengesetzt sind, gesehen, von welcher Arbeit auch ein schöner Tisch vorhanden ist. In
dem untern Gewölbe sieht man mit Vergnügen die treffliche Ordnung
der Küche, der Speisekammer" u. s. w.

Beim Hausmeister, der das Schloss zeigt (24 kr. Trinkg.),
finden Fremde Bewirthung. Er wohnt im Park.

Nordöstl. von Baden erhebt sich der grosse und der kleine
Stauffen. Ersterer, 2240′ ü. M., heisst auch **Mercuriusberg**, weil
man oben einen Votivstein dieses Gottes gefunden hat, in der
Antiquitätenhalle zu Baden (S. 97) aufgestellt; Inschrift: *In H
D D DEO MERCVR E R C PRVSO (in honorem domus divinae
Deo Mercurio erexit C. Pruso)*. Der Stein auf dem Stauffenberg
ist Copie. Vom *Thurm* (136 Stufen) ausgedehnte *Fernsicht
(vergl. das für 24 kr. hier käufl. Panorama), Strassburg, Gegend
von Heidelberg, Umgegend von Baden, Murgthal u. s. w. Oben
Wirthschaft. Der Weg zum Mercuriusberg (2½ St. von Baden)
biegt bei der *Teufelskanzel* rechts von der Gernsbacher Landstrasse (S. 99) ab, und zieht sich in Windungen bis zum Gipfel.
Den Rückweg nehme ein rüstiger Fussgänger über den *Schafberg*
oder den *Steinbruch*, wenn er auch beschwerlich ist.

In entgegengesetzter Richtung, 2½ St. südwestl. von Baden,
liegt die uralte **Yburg**, wie Alt-Eberstein (S. 98) einst römischer
Wart- und Vertheidigungsthurm, 43′ hoch, sehr wohl erhalten.
Die mächtigen Ruinen in dunkelm Tannenwald geben einen prächtigen Vordergrund für das Bild des weiten Rheinthals ab. Bis
hinauf Fahrweg; Fussweg (mit Führer) vorzuziehen. Die Aus-

sicht, bis Strassburg und Baden reichend, ist der vom alten Schloss zu Baden ähnlich. Von *Geroldsau* führt ein Fusspfad über *Malschbach* und den waldigen Rücken des *Iwerst* nach der Yburg in 1½ St. Von der Yburg bis *Steinbach* (s. unten) ½ St. *Allerheiligen s. S. 125, sehr belohnender Ausflug über *Achern* (S. 102). Wagen in der *Krone (Post) und im Adler zu Achern, nach Allerheiligen Hin- und Rückfahrt 5 bis 6 fl., fährt man nur bis zum *Neuhaus* (S. 125), dann 4 fl. 30 kr. Wer nicht denselben Weg von Allerheiligen nach Achern (Fahrzeit 2 St.) zurück machen will, steigt unten in der Nähe der Wasserfälle (S. 126) wieder ein, und fährt in 1¼ St. nach *Oppenau* (S. 126) hinab, dann im Renchthal abwärts in 2 St. über *Lautenbach* und *Oberkirch* (*Adler oder Post, guter Klingenberger, der hier wächst) an die Eisenbahn nach *Appenweier* oder *Renchen* (S. 102). Der Wagen (zweisp.) kostet von Achern auf diesem Wege bis zurück nach Achern 7 fl. Wagen von Allerheiligen s. S. 126. *Mummelsee* und *Hornisgrinde* s. S. 123 u. 124.

19. Von Baden nach Strassburg.

Vergl. die Karte zu R. 17.

Badische Eisenbahn. Fahrzeit 2 bis 3¼ St., je nach den Zügen. Fahrpreise: Courier- u. Schnellzüge 3 fl. 37 u. 2 fl. 34 kr., gewöhnl. Zug 3 fl. 14, 2 fl. 18, 1 fl. 37 kr. (Vgl. S. 84.) Aussicht meist links.

Auf dem Bahnhof von *Oos* schliesst sich die Badener Seitenbahn der grossen Hauptbahn an. Links die Gebirge des Schwarzwalds in malerischen Gruppen. Auf einem steilen waldbewachsenen abgeflachten Bergkegel ragt links aus Tannengebüsch der graue Thurm der oben genannten *Yburg* hervor. *Sinzheim*, erste Station. Bei *Steinbach* (Stern), links auf einem kahlen Hügel, von der Eisenbahn nur als eine rothe Sandsteinsäule in der Ferne zu erkennen, das *Standbild Erwins, „des Erbauers des Strassburger Münsters, geb. zu Steinbach, gest. zu Strassburg 1318, dem Vaterlande des unsterblichen Baumeisters gewidmet von Andr. Friedrich"* (S. 96, 102, 103 u. 109), 1844 von einem Verein von Freimaurern aus dem Elsass, Baden und Württemberg eingeweiht. In der Nähe wächst der *Affenthaler*, einer der besten badischen rothen Weine.

Bühl (Rabe) hat eine der ältesten Kirchen des Landes. Am Gebirge sieht man die Trümmer des alten Schlosses *Windeck*, einst Sitz eines mächtigen Geschlechts, in der schwäb. und in andern Fehden viel genannt, 1592 ausgestorben. (Zwei kleine nicht theure Bäder, das *Hubbad*, ¾ St. von Bühl, auch Kaltwasser-Heilanstalt, und das *Erlenbad*, 1 St. von Achern, eine 17° warme salinische Quelle, besonders von Elsassern viel besucht, liegen landeinwärts, das erstere nördl., das letztere südl. von der Windeck.)

Der Zug hält bei *Otterweier*. Links der hohe Berg mit dem Stein-Signal ist die *Hornisgrinde* (S. 123), der höchste Punct (3612′) des untern Schwarzwaldes. Vom Erlenbad führt eine neue Strasse über *Sassbachwalden* u. *Brigittenschloss* in 3 St. hinauf.

Bei **Sassbach**, ½ St. nördl. von Achern, fiel am 27. Juli 1675 der franz. Marschall Turenne, beim Beginn der Schlacht, die er gegen den kaiserl. Feldherrn Montecucoli angenommen hatte, die aber gleich nach Turenne's Tode abgebrochen wurde und zum Rückzuge über den Rhein sich gestaltete. Eine Kanonenkugel schlug von einem noch vorhandenen Nussbaum einen schweren Ast ab, der dem Marschall im Herabfallen tödtlich wurde. Die Batterie, welche das Geschütz abfeuerte, wurde von Markgraf Hermann v. Baden befehligt. Ein damals aufgerichteter Feldstein trug die Inschrift: *Hic cecidit Turennius 27. Julii a. 1675. Ici fut tué Turenne. Hier ist Turennius vertödtet worden.* Dann liess Cardinal Rohan (S. 23) eine Marmorsäule, General Moreau an deren Stelle eine andere Säule errichten, bis 1829 die franz. Regierung einen 38′ hohen *Obelisk* von grauem Granit aufstellte, mit Medaillonbild und Wappen und den Inschriften: *La France à Turenne, érigé en 1829. Ici Turenne fut tué le 27. Juillet 1675. Arras, les Dunes, Seinsheim, Entzheim, Türkheim* (Orte durch seine Siege bekannt). Ein franz. Invalide wohnt als Hüter des Denkmals, welches von der Eisenbahn aus fern sichtbar ist, in einem nahen Häuschen. Grund u. Boden sind ebenfalls französisch. Cardinal Rohan war als Bischof von Strassburg Besitzer der Herrschaft Oberkirch, zu welcher Sassbach gehörte. Bei den spätern Besitzveränderungen ist der kleine Fleck Erde französisch geblieben.

Auf dem Markt zu **Achern** (*Krone oder *Post*, Wagen nach Allerheiligen (S. 125), 7—8 fl.; *Adler*; Bier bei *Huber* u. im *Engel*) ist 1855 ein Denkmal des Grossherzogs *Leopold* († 1852) errichtet, dessen Büste von einer Jungfrau, der Stadt Achern, gekrönt, an der Seite das Wappen der Stadt und der 15 Ortschaften des Amtsbezirks, von Friedrich (S. 101) gearbeitet und geschenkt. Die grossen, 1840 aufgeführten Gebäude der unter tüchtiger Leitung stehenden Irren-Anstalt *Illenau* haben Raum für 400 Pfleglinge. Den Gesichtskreis begrenzt östl. die oben genannte *Hornisgrinde*. Jenseit *Renchen* ragt westlich in der Ferne der Strassburger Münsterthurm hervor.

Zu *Appenweier* (im Sommer tägl. Eilwagen (2 fl. 48 kr.) von hier in's Renchthal bis Rippoldsau (S. 127) in 6½ St.) zweigt sich von der Hauptbahn nach Freiburg und Basel u. s. w. die Zweigbahn über die Stat. *Kork* und *Kehl* nach Strassburg ab. Sie führt fast unausgesetzt durch sumpfige Gründe, durch Ried und Moos, die zum Theil aus den häufigen Ueberschwemmungen der *Kinzig* entstehen, welche bei Kehl in den Rhein fällt. **Kehl** (*Post oder *Weisses Lamm;* *Rehfuss, Z. 1 fl.; *Salmen am Bahnhof), war ehemals nur ein befestigter Brückenkopf von Strassburg. Die Stadt hat eine hübsche neue *Kirche* von rothem Sandstein.

Von Kehl führt die **Verbindungsbahn** der badischen und französischen Bahn auf einer eisernen *Gitterbrücke*, gerade unterhalb der Schiffbrücke, über den *Rhein*.

Die Brücke ruht auf 4 Pfeilern und ist an jedem Ufer mit einer Drehbrücke versehen; an den beiden Enden der Brücke ein gusseisernes Portal. Den Eingang auf der deutschen Seite überwölbt ein kleines Festungsgebäude. In dem Mauerwerk des bad. Landpfeilers ein grosser Granitstein mit deutscher Inschrift, welche das Jahr der Erbauung, so wie die Namen des regierenden Grossherzogs, des Staatsministers und der am Bau betheiligt gewesenen bad. Ingenieure erwähnt. Eine ähnliche franz. Inschrift mit den Namen des franz. Kaisers, seines Ministers der öffentlichen Arbeiten, des Präfecten des Niederrhein-Departements und der franz. Ingenieure an dem westl. (franz.) Landpfeiler.

Die Verbindungsbahn, welche da, wo sie von der zur Schiffbrücke und nach Kehl führenden Landstrasse gekreuzt wird, nahe bei dem S. 18 genannten (l.) Desaix-Monument vorbeiführt und dann den (r.) Kirchhof streift, hat eine Station vor dem südöstl. Thor von Strassburg (*Porte d'Austerlitz*. S. 17). Sie umzieht dann die Südseite der Stadt in einem weiten Bogen (r. fortwährend Aussicht auf den Münsterthurm) und mündet in der Nähe des Dörfchens *Königshofen* in die Strassburg-Baseler Bahn, auf welcher der Zug den Bahnhof von Strassburg (vergl. S. 10) erreicht. Pass- und Douane-Förmlichkeiten sind an der Station „Austerlitz" und in dem grossen Bahnhof völlig gleich, Pässe nur gültig, wenn sie von einer franz. Gesandtschaft (für 5 fr.!) visirt sind. Wer ohne Gepäck kommend Strassburg auf 1 bis 2 Tage besuchen will, kann sich indessen auf der Commandantur in Kehl gegen Deponirung seiner Passkarte leicht ein „Laissez passer" verschaffen.

Strassburg s. S. 10.

20. Von Baden (oder Strassburg) nach Freiburg.
Vergl. die Karten zu R. 17 u. 22.

Badische Eisenbahn. Von Baden Fahrzeit: Schnellzug 2³/₄ St., gewöhnl. Zug 4³/₄ St.; Fahrpreise: Schnellzug 5 fl. 27 u. 3 fl. 42 kr., gewöhnl. Zug 4 fl. 36, 3 fl. 6 kr., 2 fl. — Von Strassburg Fahrzeit: Schnellzug 2³/₄ St., gewöhnl. Zug 4¹/₂ St.; Fahrpreise: Schnellzug 5 fl. 42 u. 4 fl. 7 kr., gewöhnl. Zug 5 fl., 3 fl. 36, 2 fl. 32 kr. (Vgl. S. 84.) Aussicht meist links.

Von *Baden* bis *Appenweier* s. S. 101 u. 102. Von *Strassburg* bis *Appenweier* s. oben.

Die Bahn bleibt von Appenweier in einiger Entfernung vom Gebirge. Auf einer Anhöhe links an der Kette der Vorberge wird in der Ferne das wohl erhaltene grossherzogl. *Schloss Staufenberg* sichtbar, im 11. Jahrh. von Otto v. Hohenstaufen, Bischof von Strassburg erbaut. Folgt Station *Windschläg*.

Offenburg (*Fortuna*, Z. 48, F. 24 kr., M. m. W. 1 fl. um halb 1 U., Durbacher Wein gut; *Schwarzer Adler* oder *Post*; Restauration von *Pfähler* beim Bahnhof), an der *Kinzig*, ist 1853 mit einem *Standbild Drake's*, „des Verbreiters der Kartoffel in Europa 1586", engl. Admiral († 1596), ebenfalls von Friedrich (S. 101) beschenkt worden. Neue kleine goth. Kirche aus rothem Sandstein mit durchbrochenem Thurm. Ehemals Reichsstadt, war Offenburg bis zum Pressburger Frieden Sitz des kaiserl. Landvogts in der vor alten Zeiten schon zum Herzogthum Allemannien oder

Schwaben gehörenden *Ortenau* oder *Mordnau*, während der *Uffgau*, in welchem Baden-Baden liegt, dem rhein. Frankenreich zugezählt wurde. An die Ortenau stösst südl. der *Breisgau*.

Die Bahn überschreitet bei Offenburg auf einer 210' l. Gitterbrücke die *Kinzig*. *Schloss Ortenberg* links auf einem Hügel s. S. 130. Folgen Stat. *Schopfheim, Friesenheim, Dinglingen*, letzteres Haltplatz für das im Schutterthal ¹/₂ St. von der Bahn gelegene **Lahr** *(Post* oder *Sonne; Krone)*, einen der betriebsamsten wohlhabendsten Orte Badens, mit zwei neuen Kirchthürmen.

Auf einem hohen steilen Bergkegel ragen, mit dem Horizont abschneidend, aus einer fernen Schlucht die umfangreichen Trümmer des 1697 von dem französ. Marschall Créqui zerstörten Schlosses *Hohengeroldseck* hervor, der alten am Niederrhein, Mosel und Saar heimischen Familie v. d. Leyen gehörig. Durch die Rheinbundsacte wurde die Reichsherrschaft Hohengeroldseck, obgleich nur 2 ☐M. enthaltend, unter die souverainen Staaten aufgenommen und ihrem Besitzer der Fürstentitel zugestanden. Die Schlussacte des Wiener Congresses 1815 entzog dem Fürsten die Souverainetät wieder und machte die Grafschaft Hohengeroldseck zur Standesherrschaft unter österr., später bad. Hoheit.

Der Flecken *Kippenheim* ist Geburtsort des S. 95 genannten Schneiders Stulz. An der Südseite des Dorfs ist zu seinem Gedächtniss ein gusseisernes *Denkmal* errichtet. Rechts in der Ferne jenseit des Rheins die Kette der Vogesen, in welcher die *Hoh-Königsburg* (S. 19) deutlich zu erkennen ist.

Schloss *Mahlberg* auf einem Hügel, an den sich das gleichnam. Städtchen anlehnt, war vor Zeiten Sitz der altbad. Landvogtei. Im Mittelalter gehörte es den Hohenstaufen. Conrad III. legte um die Mitte des 12. Jahrh. das Städtchen an.

Unfern Stat. *Orschweier* liegt links am Eingang in das Münsterthal *Ettenheim*, kenntlich an der alten grossen Kirche. In der Nacht vom 14. zum 15. März 1804 wurde hier, auf neutralem Gebiet, der Herzog v. Enghien auf Napoleons Befehl durch franz. Gensd'armen verhaftet und sechs Tage später zu Vincennes bei Paris erschossen. Er war beschuldigt, das Haupt der Verschwörung zu sein, die gegen das Leben des Kaisers George Cadoudal und Pichegru angezettelt haben sollten.

Folgt Stat. *Herbolzheim*. Die Bahn überschreitet bei Stat. *Kenzingen* zweimal die *Els*, ein nicht unbedeutendes Flüsschen. Ueber *Hecklingen* erblickt man auf einer kleinen Anhöhe die Trümmer der Burg *Lichtenegg*, früher Sitz der Grafen von Tübingen, „ein Schloss an einem Felsen gelegen, mit Vorwerke und tiefen Gräben versehen, so Anno 1653 der Schwed. Feldmarsch. Gustavus Horn einbekommen" (*Merian* 1663).

Bei *Riegel* fliesst die *Dreisam* in die Elz. Noch vor nicht langer Zeit versumpfte die letztere die ganze Niederung, bis den Gewässern durch den neuen *Leopolds-Canal* ein regelmässiger Abfluss in den Rhein gebahnt und dadurch ein schöner Wiesengrund gewonnen wurde. Das abgesonderte Gebirge rechts ist der *Kaiserstuhl* (S. 112), eine besonders an den südl. und östl. Abhängen sehr bevölkerte fruchtbare, mit keinem Gebirge zusammenhängende vulcan. Erhebung, hauptsächlich aus Basalt bestehend.

Die Eisenbahn zieht sich zwischen dem Kaiserstuhl und den Abhängen des Schwarzwalds hin und gewährt nun eine ausgedehnte Aussicht auf den Gebirgskranz, welcher das Thalbecken, in dem Freiburg liegt, östl. und südl. einschliesst. *Schauinsland* (S. 111), *Belchen* (S. 119) und *Blauen* (S. 118), nach dem (nicht sichtbaren) Feldberg (S. 132) die höchsten Kuppen des Schwarzwalds, ragen in weiter Ferne, zur Seite des Münsterthurms, aus dem Kranz hervor.

Zu **Emmendingen** *(Post)*, mit hübschem neuem goth. Kirchthurm aus rothem Sandstein, wohnte 13 Jahre lang Joh. Georg Schlosser als Ober-Amtmann. Auf dem Kirchhof, an den die Eisenbahn streift, ruht seine Gattin Cornelia († 1777), Goethe's Schwester. Die neuerdings hier errichtete Ackerbauschule wird gerühmt.

Auf der rückliegenden Höhe, jenseits Emmendingen, werden links die umfangreichen wohl erhaltenen Trümmer der *Hochburg*. 1689 auf Befehl Ludwigs XIV. geschleift, sichtbar.

Zwischen Emmendingen und *Denzlingen*, an dem seltsamen durchsichtigen Thurm kenntlich, in welchem eine Wendeltreppe bis zur Spitze führt, fährt der Zug über die canalisirte Elz. Sehr schön ist l. der Blick in das n.ö. sich öffnende Elzthal, an dessen Eingang das Städtchen *Waldkirch* (S. 129) mit spitzem weissem Thurm und Schlossruine am n.w. Fuss des schöngeformten *Hohen-Kandel* (3886').

Vor Freiburg ragt l. der alte Wartthurm der ganz zerfallenen Burg *Zähringen* hervor, ebenfalls Stammsitz eines berühmten Geschlechts, welches 1218 mit Graf Berthold V. ausstarb (S. 108). Die Grafen von Hochberg, als solcher auch der jetzige Grossherzog von Baden, sind Abkömmlinge der Herzoge von Zähringen.

21. Freiburg und Umgebungen.

Gasthöfe. *Zähringer Hof (Sommer), dem Bahnhof gegenüber; *Hôtel Fehrenbach in der südl. Vorstadt (schöne grosse Zimmer); *Engel (Hôtel Müller); *Deutscher Hof. *Pfau unfern des Bahnhofs, auch Gartenwirthschaft. *Wilder Mann, unfern des Schwabenthors. Preise ziemlich gleich, Z. 48 bis 54, F. 24 kr., M. um 12½ U. 1 fl., B. 18 kr. — *Heil. Geist, dem Westportal des Münsters gegenüber, Z. 36, F. 20, M. um 12¼ U. 48 kr., von kath. Geistlichen viel besucht. — *Röm. Kaiser, einfach.

Conditoreien. Wolfinger Kaiserstrasse, Doyen Salzgasse; Gefrornes 12 kr.

Café u. Bierhaus zum *Kopf, neben d. Engel, auch Gartenwirthschaft.

Bierkeller. Gramm beim Schlossberg; Schaich im Greifenegger Schlösschen.

Zeitungen in grosser Auswahl im Museum, in der Nähe der Post. Einführung durch ein Mitglied, etwa den Gastwirth.

106 *Route 21.*   FREIBURG.

Telegraphen-Bureau auf dem Bahnhof.
Schwimmanstalt am Fuss des Lorettobergs, Bad 12 kr.
Droschken 1/4 St. 1 Pers. 12, 2 Pers. 15, 3 Pers. 18, 4 Pers. 21 kr.; 1/2 St.
24, 30, 36, 42 kr.; 3/4 St. 36, 42, 48, 54 kr.; 1 St. 48, 54, 60 od. 66 kr.
Höllenthal (S. 131). *Einwagen* dreimal. *Zweispänner* bis zum Hirschensprung (S. 131) und zurück in 4 1/2 St. 7 fl., bis zur Höllensteig und zurück in 6 St. für 9 fl.

Bei beschränkter Zeit folge man der Strasse, welche vom Bahnhof rechts in die Stadt führt, in gerader Richtung (bei der Universitätsstrasse links *Denkmal von Berthold Schwarz*) bis zum Schwabenthor und besteige den *Schlossberg*, was in 20 Min. geschehen kann. Auf dem Rückweg betrachte man das *Münster* von aussen und innen, das *Kaufhaus* von aussen, durchschreite die breite Kaiserstrasse (*Brunnen*, protest. *Kirche*), und kehre beim Deutschen Hof zum Bahnhof zurück.

Freiburg *(im Breisgau).* 4 St. vom Rhein, darf sich den Schwesterstädten Baden und Heidelberg in Beziehung auf Schönheit der Lage und reizende grossartige Umgebung kühn zur Seite stellen. Die Höhen des Schwarzwalds, die malerisch gruppirten nahen Berge, die bevölkerte fruchtbare Ebene, von dem rebenbepflanzten Kaiserstuhl (S. 112) begrenzt, das liebliche Thal der Dreisam, gewähren ihm einen ungewöhnlichen Zauber.

Wie fröhlich hier im reichen Thal	Doch höher, immer höher zieht,
Die lieben Bäume stehn,	Zum Walde zieht's mich hin,
Gereift an Gottes mildem Strahl,	Dort nach dem dunkeln Gipfel sieht
Geschützt von jenen Höh'n.	Mein liebetrunkner Sinn.
Ihr Kirschen und ihr Kästen sollt	O Dreisam, süsser Aufenthalt,
Noch manches Jahr gedeih'n,	O Freiburg, schöner Ort,
Auch du Gutedel, fliessend Gold,	Mich ziehet nach dem höchsten Wald
Auch du, Markgrafenwein.	Die höchste Sehnsucht fort.
	Max v. Schenkendorf. 1814.

Fast 300 Jahre lang dem Habsburg. Kaiserhaus unterthan, wurde Freiburg im 30jähr. Krieg vielfach bedrängt, 1677 von den Franzosen eingenommen und von Vauban befestigt, 1678 im Nymweger Frieden denselben zugesprochen, 1697 im Ryswyker Frieden an Oesterreich zurückgegeben, 1713 von Villars nach hartnäckiger Vertheidigung erobert, 1714 im Rastadter Frieden Oesterreich wieder zuerkannt, 1745 zuletzt von den Franzosen belagert und erobert, nach Schleifung der Festungswerke endlich in Folge des Aachener Friedens 1748 dem Hause Oesterreich wieder eingeräumt. Der ganze *Breisgau* bildete als *Vorder-Oesterreich* einen Theil der Erblande. Freiburg war die Hauptstadt, wurde aber mit dem Land in Folge des Pressburger Friedens 1806 an Baden abgetreten, und fiel so demjenigen Fürstenhaus. welchem es seine Gründung verdankt, den Zähringern wieder zu. Es besitzt aber trotz seines Alters, ausser dem Münster und Kaufhaus, nur wenige alterthümliche Gebäude. Die gründliche Zerstörung, welche im J. 1747 die Stadt von den Franzosen unter dem Marschall Coigny zu erdulden hatte, hat sie derselben beraubt.

Durch alle Strassen fliessen, von der *Dreisam* ausgehend, Bäche klaren Wassers, welche im Sommer eine wohlthätige Frische in den Strassen verbreiten.

> Z'Friburg in der Stadt
> Sufer isch's und glatt.
> Riche Here, Geld und Guet,
> Jumpfere wie Milch und Bluet,
> Z'Friburg in der Stadt. Hebel.

Die Zahl der Einwohner beträgt 19,085, unter welchen 2000 Protestanten, die sich erst während der letzten Jahrzehnte hier angesiedelt haben. Der in Freiburg angesessene „vorderösterreichische" Adel ist zahlreich und begütert.

> „Es wurden die Bürger auch also Reich, dass sie sich liessen Adlen, vnnd sogen viel vom Adel zu jnen hineyn, deshalb es darzu kam, auch lange zeit gehalten ward, dass allweg 12 Ritter da in Rath gingen."
> Seb. Münster. 1550.

Der Sprengel des *erzbischöfl. Stuhls* erstreckt sich über das Grossherzogthum Baden und die Hohenzoller'schen Fürstenthümer. Der Erzbischof steht zugleich an der Spitze der oberrheinischen Kirchenprovinz, welche die Bisthümer Rothenburg, Freiburg, Mainz, Fulda und Limburg umfasst.

Die **Universität**, 1456 von Erzherzog Albert IV. gestiftet, wird fast nur von Badensern besucht (300 Stud.). Die kath.-theolog. Facultät ist eine der vorzüglichsten in Deutschland. Die Vorlesungen werden grösstentheils in der *neuen Universität*, dem ehem. Jesuiten-Collegium (an der Strasse, die vom Bahnhof zur Kaiserstrasse führt), die medicinischen fast ausschliesslich in der *alten Universität*, in der Nähe der neuen, gehalten. Das nicht unbedeutende *zoolog. Cabinet* ist im dritten Stock der neuen Universität; der Aufseher (18 kr.) ist gewöhnlich darin, man klopft an der Thür. Merkwürdig (nur für Männer) ist das *anatomische Museum*, mit seinen zahlreichen und seltenen Präparaten und den eigenthümlichen Erläuterungen der Dienerin, in der alten Universität; Eingang dem Denkmal von Berthold Schwarz gegenüber.

Vor der alten Universität steht das überlebensgrosse in gelblichem Sandstein von Knittel ausgeführte *Standbild des Franciscaner-Mönchs Berthold Schwarz*, der hier 1340 das Schiesspulver erfand, wie auf den Reliefs angedeutet ist. Nach der Inschrift ist es „*im J. 1853 zum Gedächtniss der fünften Säcularfeier der Erfindung des Schiesspulvers*" errichtet. Gegenüber die *Franziscanerkirche*, mit einem hübschen Kreuzgang. Das 1848 errichtete *Denkmal Carl's v. Rotteck* († 1840), des Geschichtschreibers, welches dem Schwarz-Denkmal hatte weichen müssen, ist im Mai 1862 wieder errichtet worden, eine Büste auf hohem Fussgestell.

Das ***Münster*** ist fast die einzige vollendete grosse goth. Kirche in Deutschland, wegen der zarten Uebereinstimmung ihrer Verhältnisse und des guten Geschmacks in architecton. Zierrathen bewundert.

> „mit sunderlicher Kunst vom Grund auff biss an den höchsten Gipffel geführt mit eitel Quadern und Gebildten Steinen, desgleichen man in Teutschen Landen nicht findet nach dem Thurm zu Strassburg. Die Heyden hetten jhn vor zeiten vnder die Sieben Wunderwerk gezehlt, wo sie ein sollich Werck gefunden hetten." Seb. Münster. 1550.

Der Bau, aus rothem Sandstein, den die Zeit vielfach braun gefärbt hat, wurde unter Conrad von Zähringen wahrscheinlich 1122 begonnen; das Querschiff und die untern Stockwerke der Seitenthürme, roman. Stils, scheinen diesem ersten Bau anzugehören. Das Langschiff, die westl. Seite und der 396' h. Thurm, der schönste Theil des Ganzen, sind von 1236, Chor 1513 geweiht. Der Thurm beginnt mit einem viereckigen Unterbau, geht dann in ein Achteck über und endigt in einer kühnen Pyramide, von der schönsten durchbrochenen Steinarbeit. Unter ihm ist der Haupteingang in die Kirche durch ein reich mit Bildhauerarbeit geschmücktes *Portal*, an der Seite rechts die 7 schlafenden Jungfrauen, die 7 freien Künste, die h. Margaretha und Catharina, links die 7 wachenden Jungfrauen u. Heilige. Vor dem Portal drei hohe *Säulen* mit den werthlosen Standbildern der h. Jungfrau, des h. Alexander und des h. Lambert, der Schutzpatrone des Münsters. Die Nordseite des Schiffes ist weniger reich verziert als die Südseite. Um den ganzen Bau in Blenden zahlreiche Standbilder von Heiligen, Erzvätern, Propheten und allegor. Figuren. Das *südliche Portal* ist durch einen, Mitte des 17. Jahrh. aufgerichteten Vorbau leider verunstaltet, die angemalte Sonnenuhr höchst störend.

Das *Innere* des Münsters, 320' l., 95' br., 85' h., macht, besonders auch durch die prächtigen Glasmalereien, theils ältere, theils neuere, einen wunderbaren Eindruck.

Wie mir in seinen Hallen war,
Das kann ich nicht mit Worten
schildern.
Die Fenster glühten dunkelklar
Mit aller Märt'rer frommen Bildern.

Dann sah ich wundersam erhellt
Das Bild zum Leben sich erweitern.
Ich sah hinaus in eine Welt
Von heil'gen Frauen, Gottesstreitern.
Uhland.

Beste Zeit zur Besichtigung von 8 bis 9 U. früh und von 11 U. fr. bis 7 U. Ab., indem um diese Zeit kein Gottesdienst ist, zweckmässig unter der Leitung des Küsters (18 kr.), da einzelne Bilder, namentlich die Flügel geöffnet werden müssen. Die **bemerkenswerthesten Gegenstände** mögen nachfolgende sein, wie man sie, rechts beginnend, sieht.

Südl. Seitenschiff. Gute Glasgemälde aus dem 15. Jahrh. Die vier Evangelisten nach Dürer, von Helmle 1822 in Glasmalerei ausgeführt. Hochbild Bertholds V. von Zähringen, des letzten seines Stammes († 1218), der hier begraben liegt, ein alter *Grabstein*, erst später senkrecht eingemauert. – In der h. Grab-Capelle der Heiland auf einem Sarkophag, auf der Brust ein verschlossenes Thürchen, welches in der Charwoche geöffnet und in einer Kapsel die heil. Hostie hinein gelegt wird. Darunter hoch erhaben die Wächter des Grabes schlafend, alte Steinbilder von Werth. Die acht kleinen *Glasgemälde, die Leidensgeschichte nach Dürer'schen Zeichnungen von Helmle 1826 angefertigt, zeichnen sich durch geschickte Behandlung und Farbenpracht aus. – Rechts und links im Querschiff schlechte Einbauten aus dem 17. Jahrh. Die Figuren am Holzschnitzwerk der *Seitenaltäre* sind alt. Besonders beachtenswerth ist der links, 1505 verfertigt, eine Anbetung der Könige.

Chorcapellen. Die Säulenknäufe am Eingang zeigen seltsame Figuren: Sirenen, Greife, Mönche, Weiber, wie dergl. Satiren bei Dombauten des Mittelalters mehrfach vorkommen. Die Glasmalereien der Chorcapellen haben sehr gelitten. — *Altarbilder:* 1. Capelle, *Flügelbild.

der h. Augustinus, Antonius, Rochus auf dem Hauptblatt, der h. Sebastian und Christoph auf den Flügeln, von einem unbekannten alten Meister. — 2. Capelle (Universitätscapelle), *Christi Geburt und Anbetung der Könige, unten die Familie des Stifters Oberriedt, von *H. Holbein d. j.*, Flügelbild. Daneben ein beachtenswerthes Bildniss eines Geistlichen, in Holbeins Art. Die Flügel und das Bild des Geistlichen öffnet der Küster. Denksteine alter Professoren. — Hinter dem Hochaltar ein *Flügelbild von *Hans Baldung*, gen. *Grün*, 1516 gemalt, die Kreuzigung, links der h. Hieronymus und Johannes der Täufer, rechts der h. Georg und Laurentius, darunter vier Bildnisse damaliger Bauhüttenpfleger, zur h. Jungfrau betend. — In der Capelle links hinter dem Hochaltar ein byzantinisches *Crucifix* aus den Zeiten der Kreuzzüge, das Christusbild von geschlagenem Silber, vergoldet. — In einer andern Capelle links eine in Holz geschnitzte *Anbetung* aus dem 15. Jahrh. in einer grossen goth. Verzierung.

Chor. An den Eingängen rechts und links hoch erhabene Steinbilder von *Hauser*, zu Anfang dieses Jahrh. gearbeitet, die Herzoge Berthold III. und IV., Conrad III. und Rudolph v. Zähringen. An der Wand das *Denkmal des Generals de Rodt* († 1743), Barockstil. — *Hochaltarbild* von *Hans Baldung*, ebenfalls 1516 gemalt, Mittelbild, Krönung der h. Jungfrau, zu den Seiten die 12 Apostel, diese kräftiger und besser als jene, auf den Aussenseiten Verkündigung, Heimsuchung, Geburt und Flucht nach Aegypten. Den geschnitzten Aufsatz hat im J. 1838 der Schreiner Glänz verfertigt, das schöne reiche Holzschnitzwerk des Bischofsstuhls im J. 1848 der Bildhauer Franz Glänz, die Figuren von Knittel

Nördl. Seitenschiff. In der Oelbergscapelle das h. Abendmahl in lebensgrossen Sandsteinfiguren von *Hauser* 1805 gearbeitet, nebst vier kleinen *Glasgemälden von den Gebr. *Helmle*, aus der Leidensgeschichte nach Dürer'schen Zeichnungen; darüber das Wappen des Stifters dieser Bilder, des Frhrn. von Reinach-Werth. — *Standbild des Erzbischofs Boll* († 1836) in Sandstein von *Friedrich* (S. 101). — *Denkstein des Erzbischofs Demeter* († 1842). Daneben unter einem Sarkophag die Gebeine alter Zähringer Grafen, 1829 aus der Abtei Thennenbach (s. S. 110) hierher gebracht. — In der verschlossenen *St. Alexandercapelle* auf dem Altar in einem Glaskasten das Skelett des Heiligen in reichem gold- und silbergesticktem Gewand mit Edelsteinen, 1650 vom Papst Innocenz X. geschenkt.

An der westl. Wand, rechts alte, links neue *Fensterrosen* in Glas gemalt. Die *Kanzel*, 1561 von Kempf verfertigt, dessen Figur unten angebracht ist, soll aus einem Steine gehauen sein. — Die *zwölf Apostel* an den Pfeilern sind ziemlich roh gearbeitet.

Thurm. Aufgang in der Kirche rechts neben dem Portal; man löset eine Karte für 6 kr. und zahlt oben dem Thürmer 12 kr. Trinkgeld. Er zeigt auch die innere Einrichtung der 1852 von Schwilgué (S. 12) verfertigten Uhr. Das Besteigen ist zur nähern Betrachtung des Thurmbaues ersprieslich, die Aussicht ist fast dieselbe, wie die von dem eben so hohen Schlossberg (S. 111). Die Plateforme, da wo die durchbrochene Spitze anfängt, hat (im Innern) 16 Schr. im Durchmesser, 50 Schr. im Umfang.

Dem südl. Portal des Münsters gegenüber ist das *Kaufhaus, aus dem 15. Jahrh., Vorderseite auf fünf Säulen ruhend, die eine Rundbogenhalle bilden, darüber ein Altan mit zwei erkerartigen Thürmchen mit bunten Ziegeln gedeckt und bemalten Relief-Wappen, an der äussern Wand kleine Standbilder. Maximilian I., sein Sohn Philipp I., seine Enkel Carl V. und Ferdinand I., „*memoriae Archiducum Austriae Regum et Imperatorum, tertio seculi XVI. decennio pos.*", wie die Inschrift links meldet. Die rechts lautet: *A. 1814 quo aderunt Franc. I. Aust., Alexander Russiae Imperatores. et Friedr. Wilh. Rex Prussiae renovatum.* Der Saal, welcher zu Bällen, Concerten, öffentl. Festlichkeiten und Kunstausstellungen benutzt wird, ist mit Wappen u. dgl. ausgemalt.

Die **protest. Kirche**, am nördl. Ende der Kaiserstrasse, roman. Stils, ist von dem Material der Kirche der alten Abtei Thennenbach unfern Emmendingen, welche in Verfall gerathen und abgebrochen wurde, fast in der alten Gestalt unter der Leitung des Oberbauraths Hübsch (S. 87) 1839 aufgeführt; der behelmte Thurm und die Steinmetzarbeiten sind neu. Das Innere ist einfach und edel, aber ohne allen künstlerischen Schmuck. Fast gegenüber ist die **Caserne**, unter der österr. Regierung im J. 1776 erbaut, östlich von dieser die **Kunst-** und **Tonhalle**, ein stattliches, 1846 aufgeführtes Gebäude. Die **Landes-Blindenanstalt**, in derselben Strassenrichtung weiter, wird als musterhaft gerühmt.

Auf dem **Kirchhof**, 5 M. nordöstl. von der protest. Kirche, sind eine Menge Denkmäler, namentlich des Freiburger Adels, keines jedoch von Bedeutung. Am Eingang gleich rechts von der Mauer ist das Grab des Geschichtschreibers *Carl v. Rotteck* († 1840); bei der Begräbnisscapelle das Standbild des Prof. *Wanker* († 1824), *„Archiepiscopus Frib. designatus“*; dem Eingang gegenüber, dicht an der Umfassungsmauer, *Leonh. Hug* († 1846), der gelehrte Exeget, der 50 Jahre Lehrer an der Hochschule war. An der Nordseite im mittlern Gang links vier Gräber preuss. Soldaten (24. Inf.-Reg., 9. Hus.-Reg.), durch Grabsteine mit Helmen bezeichnet.

Brunnen. In der Mitte der Kaiserstrasse steht ein alter goth. *Brunnen, mit alten und neuen kleinen Standbildern, Heilige, Ritter und Bischöfe in Blenden und unter Bedachungen. Ein zweiter *Brunnen* südl. in derselben Strasse mit dem Standbild Berthold's III. verdient nur wegen der Inschriften Berücksichtigung. Sie erinnern an Berthold III., den Gründer und Gesetzgeber Freiburgs (1120), an seinen Bruder Conrad, den Erbauer des Münsters (1123), an Erzherzog Albert VI., den Stifter der Hochschule (1456), und an Carl Friedrich v. Baden, den „Nestor der Fürsten“, dem zu Ehren die dankbare Stadt im J. 1807 die Brunnensäule aufrichtete.

Am **Martinsthor**, in der Nähe, auf die Wand gemalt, der h. Martinus, wie er seinen Mantel mit den Armen theilt. Die Inschrift am Thor: *„Denkmal den Freiwilligen Freiburgs unter dem Major und Stadtrath Caluri und allen Waffenbrüdern des Oesterreich. Breisgau's, die sich durch Treue und Tapferkeit den 7. Juli 1796 für Kaiser und Vaterland kämpfend auszeichneten, gewidmet von ihrem General Freiherrn v. Duminique“*, bezieht sich auf den tapfern Beistand, den das Bürger-Schützencorps zur Vertheidigung der Stadt gegen die Franzosen leistete.

Am **Schwabenthor** ein altes neu aufgefrischtes Wandgemälde, welches einen schwäb. Bauer mit einem schwerbeladenen Weinwagen darstellt. Den Schlussstein des Thorgewölbes bildet eine kleine sitzende Figur, wohl das Bild des Baumeisters.

Unmittelbar an diesem Thor führt links durch Rebenpflanzungen ein breiter Fussweg den 400' hohen *Schlossberg hinan, der einst durch zwei Schlösser, welche die Franzosen 1744 im bayr. Erbfolgekrieg zerstörten, stark befestigt war. Die Trümmer dieser Bergfesten, gewaltige Mauerblöcke, Felsengewölbe, über den Bergrücken laufende Gräben und Verbindungslinien, die ihren Ursprung nirgendwo verläugnen, sind zu Anlagen benutzt. Eine Inschrift am obersten Felsen erinnert an die Einweihung der Anlagen (*„Ludwigshöhe"*) bei Gelegenheit des „7. *Jubeljahres der Stadt 1820"*. Auf dem Gipfel ist eine gusseiserne Orientirungsscheibe (*„Panorama"*), an Gegenständen, die sichtbar sind, namenarm, an nicht sichtbaren überreich. Die Aussicht ziehen Manche der vom alten Schloss zu Baden, wie auch der vom Heidelberger Schloss vor: östlich das grüne wiesenreiche belebte Kirchzarter Thal, von der Dreisam bewässert, im Hintergrund der Eingang zum Höllenthal; fast südl. der Schau ins Land (s. unten), rechts daneben die Kuppe des Belchen (S. 119), nach dem (nicht sichtbaren) Feldberg (S. 132) die höchste Höhe des Schwarzwalds; südwestl. der 2000' h. Schönberg, vor diesem die Lorettocapelle (s. unten). Westlich zieht sich die blaue Kette der Vogesen und der Rhein hin. Aus der Ebene erhebt sich der lange gegen Süden abfallende Rücken des basaltischen Kaiserstuhls (S. 112), an den die reich angebaute Ebene sich lehnt, von dem weiten Kranz der Ausläufer des Schwarzwaldgebirges begrenzt. Im Vordergrund das saubere Freiburg, mit der schlanken durchsichtigen Pyramide des Münsterthurms, rechts der hübsche Thurm der protest. Kirche.

Vom grossen Rondel (*„Kanonenplatz"*) führt durch ein Gatterthor ein Weg durch den Weinberg in *Schaichs Schlösschen*, Bier- und Speisewirthschaft (gutes Felsenbier), der nächste Weg zur Stadt zurück. Ein anderer Weg führt vom Schlossberg nordöstl. in ½ St. zum *Jägerhäusle*, ebenfalls mit schöner Aussicht, und von hier durch die *Vorstadt Herdern* in ½ St. nach Freiburg zurück.

Die oben genannte *Lorettocapelle auf dem Josephsbergle, südl. von der Stadt, 12 Min. bis zum Fuss des Berges, dann noch 10 Min. zu steigen, ist wegen der Aussicht, die auch das liebliche vom Schlossberg nicht sichtbare *Günthersthal* mit dem ehem. Kloster, jetzt Brauerei und Spinnerei, umfasst, ebenfalls berühmt. Der kaiserl. General Mercy hielt 1644 die Verschanzung gegen die stets sich erneuernden Sturmcolonnen (*„encore mille"*) Turenne's. Die über der Capellenthür eingemauerte *Kugel* wurde 100 Jahre später auf Ludwig XV. abgeschossen.

An Markttagen (Donnerst. u. Samstag) sieht man zu Freiburg viele Schwarzwälder Bauern in ihrer eigenthümlichen Tracht.

Ausflug ins *Höllenthal* s. S. 130.

Die nächste der bedeutenderen Schwarzwaldhöhen ist der **Schau ins Land** oder **Erskasten**, 3930' ü. Meer, also 350' höher als der Blauen (S. 118), mit einer ähnlichen Fernsicht. Die

KAISERSTUHL.

beste Art der Besteigung ist so: zu Wagen (Einsp. 3 fl.) bis zum Molz-Bauern im Kappeler Thal, in $1^1/_4$ St.; zu Fuss in $2^1/_2$ St. bis auf den Gipfel; hinab in $2^1/_2$ St. bis zum Bad Littenweiler, hier Mittag machen, und Nachm. in 1 St. nach Freiburg zurück, zu Fuss oder mit Omnibus.

Weg: von Freiburg nach (1 St.) *Bad Littenweiler* (nicht theuer), unfern der Dreisam, am Eingang des *Kappeler Thals*, ein kräftiges Stahlwasser, aus der Umgegend viel besucht, mehr zum Baden, als zum Trinken geeignet, auch Molkencur; schöne Aussicht auf das östl. Gebirgsrund, aus welchem oben die Thürme des ehem. Klosters *St. Peter* hervorblicken. Vom Bad südl. ins Kappeler Thal, 30 Min. *Kappel*, 30 Min. *Molzbauer*, dann schärfer bergan; 40 Min. bei einem Bauernhaus rechts, nicht links; 8 Min. nicht links den Berg hinan, sondern rechts auf dem breiten Wege weiter, dem Lauf des Baches entgegen; 12 M. beim *Herder*, vier Bauernhäuser, wo Erfrischungen zu haben; 15 M. Bach, und nun steil bergan, theils über Geröll, theils über Rasen; 40 M. Bergsturz von 1849, wobei drei Menschen verunglückten, 1855 wiederholt. Hier etwas links den Abhang hinan, an dem *Brunnentrog* (vorzügl. Wasser) vorbei auf den Bergsattel los, den man in 20 M. erreicht, dann rechts in 10 M. zum *Kreuz*, Berggipfel (Aussicht vgl. S. 118). Südlich $3/_4$ St. von hier ist eine Gruppe Häuser, *an der Halde* genannt; das am meisten rechts und am höchsten gelegene Haus, an der Strasse, die von Todtnau im Wiesenthal (S. 133) nach Freiburg führt, ist das *Rössle*, ein reinliches gutes Bauernwirthshaus, auch zum Uebernachten. Der Feldberg (S. 132) ist $2^1/_2$ St. ö. von hier entfernt, eben so weit s.w. der Belchen (S. 119).

Für länger in Freiburg Weilende sind durch die in den letzten Jahren in der Umgegend angelegten zahlreichen Waldpfade eine Menge schöner Spaziergänge geschaffen worden; so auf den *Schönberg* ($1^1/_2$ St. s.w., über Günthersthal, S. 111), besonders aber auf den *Kybfelsen* ($1^3/_4$ St. s.ö., vor Günthersthal am Eingang des Waldes l. den Fahrweg hinan, wo dieser eben wird, bezeichnet r. ein Wegweiser die Richtung; zurück über Günthersthal und den Lorettoberg, S. 111). Ferner auf den *Rosskopf* (2290') n.ö., und von da aufs *Jägerhäusle* (S. 111), oder die Burg *Zähringen* (S. 105).

Ein Ausflug in den **Kaiserstuhl** (S. 105) lässt sich zweckmässig so einrichten: Einsp. (3 fl.) in 2 St. nach *Oberschaffhausen* (Badwirth), am Fuss des Kaiserstuhls; mit Führer in 1 St. zu den *Neun Linden*, 1763' ü. M., dem höchsten Punct des Kaiserstuhls, mit schönster Aussicht auf Schwarzwald und Vogesen; dann ohne Führer nach (1 St.) *Bickensohl* (guter Wein beim Stubenwirth) und über *Achkarren* nach ($1^1/_2$ St.) *Breisach*, von wo man zweimal tägl. mit der Post für 1 fl. in 3 St. nach Freiburg oder für 2 fr. in 3 St. nach Colmar (S. 8) fahren kann.

Die *Landstrasse von Freiburg nach Breisach* durchschneidet zwischen *St. Georgen* und *Thiengen* den *Mooswald*, einen versumpften Wald- und Wiesenstrich, führt dann südl. um die fruchtbaren hügeligen Abhänge einer vulcanischen einzeln auftauchenden Erhebung, über *Munzingen*, wo ein dem Grafen Kageneck gehöriges Schloss, an der *St. Apollonius-Capelle* vorbei. *Ober-Rimsingen* mit einem Schloss des Baron Falkenstein.

Breisach oder **Alt-Breisach** *(Post)*, der Römer *Mons Brisiacus*, auf dem äussersten südwestl. Vorsprung des weinreichen Kaiserstuhls gelegen, nimmt sich schon von fern sehr stattlich aus.

„Es ligt die Statt auff einem runden Berg gleich wie ein mechtig Schloss, vnd laufft der Rhein vnden am Berg hinab, lasst den Berg im Breiszgöw ligen. Es ist ein hübsche wehrliche und Volckreiche Statt, aber es hat sie Freiburg im Breiszgöw mit der Zeit vberstigen in Herrlichkeit vnd Reichthumb." Seb. Münster. 1550.

Noch im 10. Jahrh. soll der Rhein Breisach umflossen haben. Es war einst eine der wichtigsten deutschen Festungen, „des heil. röm. Reichs Hauptkissen", der Schlüssel Deutschlands. Seit 1331 österreichisch, wurde es 1638 nach furchtbarer Belagerung von den Schweden unter Bernhard von Weimar genommen, nach dessen Tod 1639 bis 1697 von Frankreich besetzt gehalten, 1700 von Oesterreich wieder besetzt, 1703 von Tallard und Vauban wiedergenommen, 1714 an Oesterreich zurückgegeben. Im J. 1740 aber litten die Festungswerke durch den Austritt des Rheins solchen Schaden, dass Oesterreich beschloss, sie nicht wieder herzustellen und im folgenden Jahre Einzelnes sprengte. Gründlich wurde die Festung aber erst 1793 durch die franz. Beschiessung aus Fort Mortier (s. unten) und den Rheinbatterien zerstört. Die Werke wurden später theilweise wieder aufgeführt, aber von Baden geschleift. Ein alter Spruch, über dem jetzt zugemauerten Rheinthor einst zu lesen, sagt von Alt-Breisach:

Limes eram Gallis, nunc pons et junua fio;
Si pergunt, Gallis nullibi limes erit! —

(Grenze war ich den Galliern, jetzt werde ich Brücke und Pforte;
Wenn sie weiter noch gehn, nirgend ist dann mehr ihr Ziel.)

Die jetzt unbedeutende ärmliche Stadt liegt an einem mehre 100' vom *Rhein* steil aufsteigenden Felsen, welchen das grosse goth. **St. Stephans-Münster* krönt, an der Ostseite mit einem offenen Unterbau, zu Ende des 13. Jahrh. aufgeführt. Im Innern ein prächtiger Lettner *(lectorium)* aus derselben Zeit, dann ein Flügelaltar von gutem Holzschnitzwerk, die Krönung der heil. Jungfrau, 1597 von Hans Lievering verfertigt. Die beiden grossen neuen Bilder im Chor hat 1851 Dürr in Freiburg gemalt.

Eine kleine fliegende Brücke unterhält den Verkehr zwischen den beiden weit in den Rhein hineinragenden Landbrücken. Die *Landstrasse nach Colmar* (Omnibus 2mal tägl. in 3 St.) führt am *Fort Mortier* vorbei, über **Neu-Breisach** *(Hôtel de France)*, eine im J. 1700 „auf die neueste Manier von Mons. de Vauban herrlich erbaute Festung", wie der Rhein. Antiquarius (1744) meldet, ein franz. Landstädtchen langweiligster Art, aus lauter einstöckigen Häusern bestehend, so nach der Schnur aufgeführt, dass man am Markt zu allen 4 Thoren hinaussehen kann. *Colmar* s. S. 8.

22. Von Freiburg nach Basel.
Vergl. Karte R. 22.

Badische Eisenbahn. Fahrzeit 1½ bis 2½ St. Fahrpreise: Schnellzug 3 fl. 6 u. 2 fl. 6 kr., gewöhnl. Zug 2 fl. 33, 1 fl. 45, 1 fl. 6 kr. Vgl. S. 84.

Die Bahn bleibt in geringer Entfernung von den weinreichen westl. Ausläufern und Abhängen des *Schwarzwalds*. Rechts die südl. Abhänge des *Kaiserstuhls* (S. 112). Jenseit *Schallstadt* links in der Ferne am Eingang des Münsterthals auf einem Rebenhügel Schloss *Staufenburg* (S. 119). Der *Belchen* (S. 119) schliesst das Thal. Folgt Stat. *Krotzingen* (*Post). Das Städtchen *Heitersheim*, ehedem Residenz des „Herren Obersten Meisters Johanniter Ordens in Teutschland" liegt ½ St. vom Bahnhof.

Müllheim (*Kittler, Z. 42, F. 24 kr., am Bahnhof; *Engel, *Krone* im Ort), ansehnliches Städtchen, ½ St. vom Bahnhof (726'), am Abhang des Gebirges.

> Z'Müllen an der Post
> Tausigsappermost
> Trinkt me nit e guete Wi!
> Goht er nit wie Baumöl i,
> Z'Mullen an der Post.   Hebel.

Das Posthaus liegt an der Landstrasse, unfern des Bahnhofs, hat aber die Wirthschaft längst aufgegeben. „Mer wirthet nümme", lautet die Antwort, wenn etwa ein Reisender den Postwein sich schmecken lassen will. Er wird ihn aber in den oben angeführten Gasthäusern eben so gut finden, da Müllheim überhaupt seines Weines, des *Markgräflers*, wegen berühmt ist. Er wächst in der Umgebung von Müllheim, besonders bei *Auggen* und an den Abhängen des Gebirges bis *Grenzach* (S. 141), oberhalb Basel.

Post-Omnibus nach *Badenweiler*, S. 115, nach Ankunft eines jeden Zuges in ¾ St. für 36 kr. Wer Abends ankommt, bleibt lieber zu Müllheim, da man fürchten muss, die Gasthöfe in Badenweiler überfüllt zu finden.

Im Westen von Mullheim, ½ Stunde vom Bahnhof, liegt am Rhein **Neuenburg** (*Hirsch*), zum grössern Theil vor Jahren vom Rhein weggeschwemmt, 1633 und 1634 durch Bernhard v. Weimar belagert, der hier am 8. Juli 1639 sein Heldenleben endete, wahrscheinlich von Richelieu vergiftet, der des Herzogs selbständiges Auftreten im Elsass fürchtete.

Schliengen (748') (*Krone) ist in der neueren Kriegsgeschichte als der Ort bekannt, wo Moreau am 24. Oct. 1796 auf seinem Rückzug von der Donau durch Erzherzog Carl angegriffen wurde. Auf beiden Seiten wurde mit Umsicht und Muth gefochten, aber ohne Erfolg, da die Franzosen ihren Rückzug nach Hüningen (S. 7) ungehindert ausführten.

Die Bahn nähert sich nun dem vielverzweigten auenreichen Rhein; der Fluss ist hier, wie auf der ganzen Strecke zwischen Basel und Strassburg, sehr reissend, allenthalben sieht man Kiesbänke (*Werdern*), die heute entstehen, morgen verschwinden und an einer andern Stelle sich wieder bilden. Folgen Stationen *Bellingen*, *Rheinweiler* und *Kleinkembs*. Das Kalkfels-Gebirge

tritt hier so nahe an den Fluss, dass durch den „*Isteiner Klotz*"
drei kleine Tunnel (hübsche Portale) gesprengt werden mussten,
vor und nachher auf kurzer Strecke hohe gemauerte Dämme.
Beim Austritt aus den Tunneln hält der Zug bei Stat. *Efringen*. Die
kurze Fahrt von Bellingen bis Efringen ist sehr bemerkenswerth,
stets in Windungen hoch über dem Rhein; man muss aber, um
recht zu sehen, häufig zum Fenster hinaus sich lehnen. Bei
Eimeldingen (825') überschreitet der Zug die *Kander* (vgl. S. 118);
es öffnet sich plötzlich eine herrliche Aussicht über den Lauf
des Rheins und das Elsass, und den Jura hinter Basel. Folgt
Stat. *Haltingen*, dann *Leopoldshöhe*. Rechts jenseit des Rheins
zeigt sich die ehem. Festung *Hüningen* (S. 7). Der Zug fährt,
schon auf Baseler Gebiet, über die *Wiese* und hält im bad. Bahnhof zu *Klein-Basel* (Tasse Kaffe 13 kr.!), 15 Min. von der
Rheinbrücke, 40 M. von dem Central-Bahnhof zu Basel. Die breite
neue Strasse vom Bahnhof führt geradezu auf die Rheinbrücke
los. *Basel* s. S. 1.

23. Badenweiler und Umgebungen.
Bürgeln, Blauen, Belchen, Münsterthal.
Vergl. Karte R. 22.

Gasthöfe. *Römerbad, Z. 48, F. 24 kr., M. o. W. 1 fl. 12., B.
18 kr. *Stadt Carlsruhe, Z. 40, F. 20 kr., M. m. W. 1 fl. In Oberweiler: *Pension Venedey* s. unten, *Ochs, guter Mittagstisch, *Wilder Mann*.
In Niederweiler, am Wege nach Müllheim, *Löwe* und *Schwan*, beide für
einzelne Reisende. Guter Wein und billige Speisen im Whs. zur *Krone*
zu Vögisheim, Dorf zwischen Müllheim und Auggen, 1½ St. w. von
Badenweiler, von wo ein schattiger Spaziergang hinführt.

Privatwohnungen u. a. bei Dr. Bürck — „Rast- und Pflegehaus" der
Frau Henriette Venedey zu Oberweiler. Oberweiler ist besonders geschützt vor Winden und hat daher ein milderes Klima, es ist ausserdem
ruhiger und billiger als Badenweiler.

Post-Omnibus (36 kr.) vom Bahnhof zu Müllheim (S. 114) nach Ankunft der Bahnzüge in 1 St. nach Badenweiler. Da nur dieser eine
Wagen fährt, ist gerathen, rasch vom Bahnhof einen Platz sich zu sichern.
Viel zu viel Zeit gebraucht indess auch der Fussgänger nicht, es geht
meist bergan, auf der letzten Strecke vor Badenweiler ziemlich steil.

Eseltaxe zu Badenweiler: Bahnhof 40 kr., Blauen 1 fl. 20 kr., Belchen 3 fl.,
Bürgeln 1 fl. 20 kr., Kandern 1 fl. 48 kr., Sophienruhe 18 kr., Alte-Mann 24 kr.

Stechpalmstöcke, geschnitzte, bei Noll in Oberweiler.

Badenweiler, an den westlichen Ausläufern des Schwarzwaldgebirges gelegen, 1314′ ü. M., 695′ ü. Rh., mit freiem weitem
Blick über die grosse Rhein-Ebene bis hinüber zu den Vogesen,
östlich an den Hochwald grenzend, war früher eines der angenehmsten und wohlfeilsten kleinen Bäder. Seit einigen Jahren
hat sich indess der Character des Orts völlig geändert; die
Baseler und Mühlhauser Curgäste, welche vordem den Hauptbestandtheil der Badebevölkerung bildeten, verschwinden unter
dem starken Andrang fremder, besonders norddeutscher Elemente
gänzlich (1865 3000 Curgäste).

Der Vereinigungspunct der Gesellschaft ist der 1853 nach
Eisenlohr's Plänen in vortrefflicher Holzarchitectur aufgeführte

*Cursaal, mit Concert- und Ballsaal, Damensalon mit Piano, und *Lesecabinet*. Vor dem Cursaal steht ein kleiner *Brunnen* mit zwei niedlichen Reliefs, Jesus und die Samariterin, und Moses schlägt Wasser aus dem Felsen. Die eine Röhre spendet Thermal-, die andere gewöhnliches Wasser, lauwarm, da die Thermalquellen (22° R.) in solcher Menge vorhanden sind, dass ganz kaltes Wasser neben ihnen nicht aufkommen kann. Die Rückseite des Cursaals ist zu einer *Kaffe-* und *Bierwirthschaft* eingerichtet, wo Morgens und Abends Harmonie-Musik stattfindet, und auch der Schlüssel zu den röm. Bädern bewahrt wird.

An den Cursaal grenzt ein kleiner *Park. Anlagen ziehen sich den Hügel hinan, den die Trümmer des 1688 von den Franzosen zerstörten **Schlosses** krönen, ursprünglich ein römisches zum Schutz der Bäder erbautes Castell. Alte Epheustämme von seltener Schönheit und Stärke umziehen von innen und aussen das Gemäuer. *Aussicht vortrefflich.

Die warmen Quellen, fast ohne Beimischung, waren schon den Römern bekannt, wie die 1784 entdeckten grossen weitläufigen, zum Schutz mit einem Dach versehenen und verschlossenen (Trinkg. 12 kr.) *röm. Bäder darthun (in der Nähe des Cursaals). Neben den Ueberresten der Caracalla-Thermen zu Rom mag es kaum dies- oder jenseit der Alpen ein besser erhaltenes grossartigeres Römerbad geben. Die ganze Länge dieser Bäder, welche zu einem einzigen Gebäude vereinigt waren, beträgt 324′, die Breite 100′. Ring- und Zwischen-Mauern, Fussböden, Treppen, Marmorplatten sind noch wohl erhalten. Die grössten Badegemächer sind alle doppelt vorhanden, kalte Bäder *(frigiduria)*, 33′ l., 21′ br.; laue Bäder *(tepidaria)*, 25′ l., 29′ br.; Dampf- oder Schwitzbäder *(luconica)*, Vorplätze *(atria)*, Salbzimmer *(unctoria)* u. s. w. Das Bad war der „*Diana Abnob(a)*" geweiht, nach einer Inschrift am Altar, also der Diana des Abnoba- oder Schwarzwaldgebirgs.

Badenweiler bietet die schönsten *Wald-Spaziergänge*. Unmittelbar hinter dem Orte zeigt ein Wegweiser an der Kanderer Strasse links in den Wald bergan zur *Sophienruhe:* 7 Min. Kreuzweg, gerade aus bergan, 10 M. Rondel, hier links; 2 M. weiter nicht rechts, sondern links, dann wieder links etwas bergab, 3 M. *Sophienruhe, ein grosser freier Raum am Saum des Waldes, südöstlich von Badenweiler, etwa 200′ höher, die Aussicht malerischer als vom alten Schloss, weil Badenweiler selbst mit dem Schloss den Vordergrund bildet.

Auf dem gut gepflegten breiten Reitwege, der in der Nähe der Sophienruhe (2 Min. auf dem bisherigen Wege zurück, dann links) in allmäliger Steigung stets im Walde weiter führt, gelangt man in 15 M. zum *Alten Mann, eine vermittelst Brücken und Treppen zugänglich gemachte Felsgegend, einige 100′ höher

als die Sophienruhe, mit ähnlicher Aussicht, besonders durch den waldigen Vordergrund schön.
Von hier über die Brücke in Windungen stets bergab bis zum (15 M.) *Haus Baden*, einst Zechenhaus für den hier betriebenen Bergbau, jetzt einem Pariser gehörig, 20 Min. südl. von Badenweiler, wohin ein Fahrweg führt. Man kehrt entweder auf diesem nach Badenweiler zurück, oder setzt die Wanderung weiter südlich fort nach *Bürgeln*, von hier 1^3/$_4$, von Badenweiler 2^1/$_4$ St. entfernt. Der Weg ist mit Beachtung folgender Winke nicht zu verfehlen; wer vor Verirren ganz sicher sein will, nimmt in Badenweiler einen Jungen (30 kr.) als Führer über Sophienruhe und Alten-Mann bis Bürgeln. Ein Esel (S. 115) kostet 1 fl. 20 kr.

Nach Bürgeln geht man mitten zwischen den Häusern von Haus-Baden hindurch auf schmalem Fussweg; in 4 M. wieder auf dem Fahrweg, an dem Stollen-Mundloch einer Gypsgrube vorüber. Gleich darauf rechts, nicht links bergan; 8 Min. *Sehringen* (1/2 St. von Badenweiler), wo unser Weg in die Badenweiler-Bürgelner Strasse mündet. Nun weiter halb Fahr-, halb Fussweg, meist durch Wald; 25 M. grüner Wiesenplan mit schönem freien Blick nordwestl. in das offene Land; 5 M. Wegweiser, der links nach dem Bürgler Schloss zeigt; 10 M. gerade aus, quer über den Fahrweg wieder in den dichten Wald; 7 M. Wegweiser, links, dann aber nicht links bergan, sondern gerade aus; 18 M. Wegweiser, gerade aus bergan bis zum (20 M.) nächsten Wegweiser, der nördl. nach dem Blauen (2 St.) und rechts im spitzen Winkel nach dem 10 M. von hier entfernten Bürgeln zeigt.

Bürgeln (2250'), gewöhnlich das *Bürgler Schloss* genannt (*Gastwirthschaft, auch Molkenkur*), ist eine ehemal. Probstei des grossen reichen Benedictiner-Stifts St. Blasien (S. 136) im Schwarzwald (das Wappen von St. Blasien, der *Hirsch*, dient noch als Wetterfahne), ein Lustschloss der Aebte, jetzt Hrn. v. Kageneck gehörig, in schönster Lage, fast am südl. Fuss des Blauen, mit einer höchst überraschenden ganz freien Aussicht, ähnlich der vom Blauen (S. 118), nur nicht so umfassend.

> Z'Bürglen uf der Höh,
> Nei, was cha me seh!
> O, wie wechsle Berg und Thal
> Land und Wasser überall
> Z'Bürglen uf der Höh!   Hebel.

Oestlich die Gebirgskette, welche das Wiesenthal (S. 133) begrenzt, südöstl. die lange Kette der schneebedeckten Alpen vom Scheerhorn bis zur Jungfrau (vgl. S. 118), davor der Jura, im Vordergrund waldige Höhen, aus welchen Kandern (s. S. 118) hervorschaut, etwas weiter zurück Basel, Hüningen mit der Schiffbrücke, Mühlhausen und der Rhein-Rhône-Canal, an verschiedenen andern Stellen der Rhein, westlich die lange Kette der Vogesen.

Inneres. In den langen Gängen eine Anzahl *Bildnisse* in ganzer Figur, „*benefactores*" oder „*fautores*" von St. Blasien; über den Thüren Abbildungen von Klöstern und Abteien, Allodien der reichen Abtei St. Blasien; über der Thür des Speisesaals St. Blasien selbst, hinter den in Stuck gearbeiteten Engeln das Schlagwerk der Uhr.

Der *Speisesaal* ist mit einer grossen Anzahl von Brustbildern und andern kleinen Gemälden ausgeschmückt, u. a. Sibylle Auguste und der „Prinz Ludovicus" (S. 100), Maria Theresia und ihr Gemahl Franz I. u. a. Er ist, wie mehrere andere Zimmer, sauber getäfelt, die ehemalige Pracht des Schlosses lässt darin sich noch erkennen. Die *Kirche*, in welcher u. a. Bildnissen auch das lebensgrosse Kaiser Heinrichs VII., dient noch zum Gottesdienst, der Geistliche hat daneben seine Wohnung.

Schliengen (S. 114), die nächste Eisenbahnstation, liegt 2 St. westl. von Bürgeln. Man kann auch auf geradem Wege von Bürgeln über (1¼ St.) **Kandern** (1087′) *(Blume; Ochs:* gutes Bier bei *Kümmich)* nach (4½ St.) *Basel* gelangen, von Kandern zu Wagen (Einsp. 4 fl.), da keine Veranlassung vorliegt, durch das stundenbreite flache Kanderer Thal zu Fuss zu wandern. Auf der *Scheideck*, dem Höhepunct der von Kandern nach *Steinen* (S. 134) im Wiesenthal führenden Strasse, 1 St. östlich von Kandern, hatte am 20. April 1848 der erste Zusammenstoss der Hecker'schen Freischaaren mit Bundestruppen (Badenser u. Hessen) statt, wobei deren Führer, General *Friedr. v. Gagern*, noch vor Beginn des Gefechts durch eine Freischärler-Kugel getödtet wurde.

Die Besteigung des *Blauen (3589′ ü. M., 2127′ ü. Badenweiler), einer der fünf höchsten Berge des Schwarzwalds, an dessen nördl. Fuss Badenweiler liegt, ist wegen der geringen Mühe der belohnendste Ausflug von Badenweiler (Esel 1 fl. 20 kr.). Der Weg, breite Fahrstrasse stets durch prächtigen Tannenwald, ist nicht zu verfehlen; in 2 St. ist der Gipfel bequem zu erreichen. Nur Anfang und Ende der Wanderung sind etwas steil, besonders etwa 100′ unter dem Gipfel. Der Blauen ist von den Höhen des Schwarzwalds die am meisten dem Rhein nahe. Die Aussicht beherrscht auf weiter Strecke den Lauf des Stroms von Basel bis zum Kaiserstuhl. Das Auge überschaut vier verschiedene Gebirge, im Osten den vielköpfigen Schwarzwald, im Westen die Vogesenkette, im Süden die Vormauer des Jura, über welche bei hellem Wetter die schneebedeckten Alpen hervorragen, in dieser Reihenfolge, südöstl. der breite Rücken des Glärnisch, der Tödi, das zweizinkige Scheerhorn, die Windgelle, weiter die Spitze des Titlis, südlich weiter hintereinander aufragend die Wetterhörner, Schreckhörner und das Finsteraarhorn, weiter Eiger, Mönch, Jungfrau, Blümlisalp, Altels, endlich im Westen die zackigen Diablerets, der Montblanc und die Dent du Midi. Schloss Bürgeln (S. 117) ist 1½ St. vom Gipfel des Blauen entfernt.

Belchen und *Münsterthal* nehmen einen ganzen Tag in Anspruch, bis auf den Belchen eine Fusswanderung von 4½ St., hinab nach Neumühl 2 St., von da nach Krotzingen, Station an der Eisenbahn (S. 114), entweder zu Fuss in 3 St., oder im Einspänner in 1¾ St. Führer von Badenweiler bis auf den Belchen 1 fl. 12 kr., angenehm, aber nicht gerade nöthig. Esel 3 fl.

Die Aussicht vom Blauen ist nach einer Seite durch Wald gehemmt, die Aussicht vom Belchen aber ist ganz frei und malerischer, weil sie auch die nahen Thäler, Münsterthal, Wiesenthal u. a. umfasst, die Besteigung des Belchen daher Fusswanderern zu empfehlen.

Von **Badenweiler** auf den **Belchen** auf gutem Wege geht's östl. nach 30 Min. rechts im Wald weiter, nicht links; 10 M. auf dem Fahrweg im Thal, 5 M. *Schweighof*, Dorf; nun in mässiger, zuletzt stärkerer Steigung auf breitem Fahrweg stets durch Wald- und Felslandschaften, dem Lauf des muntern *Klemmbachs* entgegen bis in die (1½ St.) *Sirnitz*, Försterhaus (*Zum Auerhahn*) in einem grünen Wiesenthal, wo Erfrischungen, zur Noth auch ein Bett.

Nun auf demselben breiten Fahrweg bergan; 30 M. Höhe des Sattels, wo der Belchen hervortritt; dann bergab bis jenseit der (20 M.) *an der Halde* genannten Häuser, wo man den Fahrweg verlässt, der sich hier rechts nach *Neuenweg* hinab wendet. Bis hier ist ein Führer ganz unnöthig. Der folgende Theil des Wegs ist etwas schwierig, aber bei klarem Wetter mit der nachstehenden genauen Beschreibung doch kaum zu verfehlen.

Nach 25 M. tritt man in den Wald, und gelangt in 15 M. an einen kleinen freien Platz, wo bei dem Grenzstein der aus dem Münsterthal nach *Neuenweg* führende Weg unsern Pfad kreuzt. Der letztere, jetzt nur ein kaum kenntlicher Fusssteig, führt in gerader Richtung weiter, die Kuppe des Belchen ganz links lassend, den schmalen Bergrücken hinan. Bald am nördlichen Abhang desselben wieder ein (10 M.) freier Grasplatz. Nun links an der Umzäunung bergan auf die beiden Bergzacken (*Hochkelch*) los. Am Ende der Umzäunung diese übersteigen und steil bergan hart an den Bergzacken vorbei; nach 20 M. wieder eben; 10 M. auf dem Sattel, der den Hochkelch mit der Belchen-Kuppe verbindet; dann beim Grenzstein vorbei, die Kuppe hinan in 25 M. oben auf dem Gipfel, bei dem Kreuz.

Der *Belchen, 4356′ ü. M., an 250′ niedriger als der Feldberg, an 800′ höher als der Blauen, gestattet vom Kreuz, dem höchsten Punct, eine ganz ungehemmte prächtige Umsicht in die umliegenden Thäler, namentlich nordwestlich das schöne belebte Münsterthal, und südlich in das Wiesenthal. Fernsicht wie vom Blauen (S. 118), es fehlt aber die unmittelbare Nähe der Rheinebene.

Vom Belchen in's Münsterthal an der runden grasbewachsenen Kuppe vom Kreuz nördlich an den *Grenzsteinen* entlang, wo man nach 2 bis 3 Min. auf einen guten Weg gelangt, der an den heidelbeerreichen Abhängen in zahlreichen Windungen bergab führt. 35 M. *Sennhütte in der Krinne*, wo Erfrischungen zu haben, 3470′ ü. M., an der alten Strasse, die aus dem Münsterthal in's Wiesenthal führt. Man lässt die Sennhütte etwa 100 Schritte rechts und steigt links die steinige Strasse bergab durch Wald allmälig in's Thal, dessen Sohle man in 50 M. erreicht. Dann im Thal weiter an einem Silberbergwerk und Pochwerk, von einer englischen Gesellschaft betrieben, vorbei, nach (25 M.) *Neumühl*, wo in dem guten Whs. zur *Krone ein Einspänner nach Krotzingen (3 St. Gehens, 1¾ St. Fahrens) für 3 fl. zu haben ist (S. 114).

Das **Münsterthal** ist ein oben enges, gegen die Mündung hin sich ausbreitendes belebtes hübsches Wiesenthal, vom *Neumagen-Bach* bewässert, zu beiden Seiten waldbewachsene Berge, hin und wieder Häusergruppen, die in „*Rotten*" eingetheilt werden: *Mulden, Neuhäuser, Ziegelplatz, Wasen, Schmelze, Höfe.* Es zu Fuss zu durchwandern, ist keine Veranlassung, wenn man Fahrgelegenheit hat. Am Ausgang des Thals, 2 St. von der Neumühl, 1 St. von Krotzingen, liegt das alte Städtchen **Staufen** (*Badischer Hof), von den Trümmern der *Staufenburg*, dem Sitz eines im J. 1602 ausgestorbenen berühmten Geschlechts, überragt. Der Bergkegel ist ganz mit Reben bedeckt, die einen guten Wein, den „Burghalder" erzeugen.

SCHWARZWALD.

> Z'Staufen uffem Märt (Markt)
> Hent se, was me gert,
> Tanz und Wi und Lustberkeit,
> Was eim numme's Herz erfreut,
> Z'Staufen uffem Märt.   Hebel.

Das goth. *Rathhaus* nimmt sich stattlich aus. Es diente am 25. Septbr. 1848 nebst dem Kirchhof den Struve'schen Freischärlern gegen die badischen Truppen unter dem General Hoffmann als Stützpunct, musste aber geräumt werden, als die Artillerie begann, den verbarrikadirten Ort mit Kartätschen zu beschiessen. Struve floh übers Gebirge ins Wiesen- und Wehrathal, und wurde zu Webr (S. 135) von Bürgerwehrmännern aus Schopfheim verhaftet.

Zwischen Staufen und *Krotzingen* (S. 114) fährt mehrmals täglich ein Omnibus. Beim Posthalter (*Bad. Hof)* zu Krotzingen, in der Nähe des Bahnhofs, gutes Bier und Gefähr.

24. Der Schwarzwald.
(Badischer Antheil.)

Zehntägige Fusswanderung von Baden aus. 1. Tag. Eberstein-Schloss (S. 89), Forbach, Schönmünzach (S. 123). — 2. Hornisgrinde, Mummelsee (S. 123), Allerheiligen. — 3. Oppenau, (Wagen bis) Griesbach, Holzwälderhöhe, Ripoldsau, Schapbach (S. 127). — 4. Wolfach, Hornberg, Tryberg (S. 128). — 5. Furtwangen, Simonswald, Waldkirch (S. 129). — 6. (Wagen u. Eisenb. nach) Freiburg. — 7. (Wagen bis zum Eingang in's) Höllenthal, Feldberg [Albthal s. S. 136], Todtnau (S. 133). — 8. Wiesenthal bis Schopfheim (S. 134). — 9. Wehrathal (S. 135), schliesslich mit Eisenbahn nach Basel (S. 136). — 10. (Eisenbahn bis) Müllheim, Badenweiler, Blauen (S. 115).

Die nachfolgenden drei Routen sind so gewählt, dass man nach zwei- bis dreitägiger Wanderung stets wieder die Eisenbahn erreichen kann. Gute Dienste leisten dem Fusswanderer die in der *Herder'*schen Buchhandlung zu *Freiburg* erschienenen Karten: 1) Baden u. Kniebisbäder (Maassstab 1:135,000), 2) Umgebung von Freiburg, 3) Südthäler des Schwarzwalds (beide im Maassstab von 1:100,000), jede aufgezogen 1 fl. 12 kr.

Von allen Waldgebirgen Deutschlands bietet keines eine so reiche Folge erhabener wie lieblicher Landschaften, eine solche Fülle von „Waldeinsamkeit", als der *Schwarzwald*, namentlich der westliche zu Baden gehörige Theil, dessen Ausläufer meist steil in die Rheinebene abfallen, während der Zugang von Osten her nur allmälig steigt.

„Was hinder dem Breiszgöw vnd vndern Marggraffeschaft gegen Orient ligt, wird der Schwartzwald zu vnsern Zeiten genennet, thut dem gantzen Rheinstrom Bawholtz genug geben. Dieser Wald hat vorzeiten geheissen Hercynia sylua: das ist Hartzwald, vnnd auch wie etliche wöllen auss Marcellino probieren, Martiana sylua: das ist, Marswald, vnd ist gangen durch das gantz Teutschlandt bis in Thraciam, das gegen Constantinopel zu ligt: aber der breite nach haben jhn die alten Historici bis gen Heydelberg vnd Speyer gestreckt."   Seb. Münster. 1550.

Die niedrigern Höhen sind mit duftigem Fichten- und Tannenwald bedeckt, auf den höchsten Berggipfeln *Feldberg, Belchen* u. a. gedeiht nur Gras; die dicht bevölkerten und belebten Thäler aber prangen in üppigster Fruchtbarkeit und bringen Obst und Wein und Korn in Fülle. Das Gestein ist Gneis, Granit und Sandstein. Den mancherlei Mineralquellen haben jene kleinen Badeorte ihre

Entstehung zu verdanken, die dem Wanderer alle Bequemlichkeit als Ruhepuncte bieten. Aber auch in abgelegenen Orten findet sich stets noch ein gutes Wirthshaus (allenthalben Forellen, aber nicht wohlfeil), so dass in dieser Beziehung der Schwarzwald ebenfalls vor andern Waldgegenden den Vorzug verdient. Der Handel mit Holz, das Fällen und Flössen der Tannen- und Fichtenstämme, beschäftigt eine grosse Anzahl der Bewohner des Schwarzwalds. Aus den kleinen Flössen, welche auf der *Murg*, der *Rench*, der *Kinzig*, der *Alb* dem Rhein zugeführt werden, setzt man die grossen Flösse zusammen, welche alljährlich rheinabwärts nach Holland gehen. Bettlern begegnet man nirgendwo, die gewerbfleissige Bevölkerung weiss auch die kleinsten Kräfte nutzbar zu machen. Wer kennt nicht das Haupterzeugniss desselben, die Schwarzwälder Uhren, deren Verfertigung sich immer mehr vervollkommnet? Wer kennt nicht Hebel's allemannische Gedichte, die jene Gegenden auch mit dem Duft der Poesie umhüllt haben?

a. **Von Baden über Gernsbach nach Allerheiligen.**
Murgthal. Hornisgrinde. Mummelsee.
Vergl. Karte R. 17.

Zwei Wandertage: 1. von Baden nach *Gernsbach* 2 St., von da nach *Forbach* 3½ (von Baden direct nach Forbach 4 St., s. S. 122), von Forbach nach *Schönmünzach* 2½ St., zusammen 8 St.; 2. von Schönmünzach zum Stein-Signal auf der *Hornisgrinde* 4½ St., hinab zum *Mummelsee* ½ St. und nach *Seebach* 1 St. oder nach *Ottenhöfen* u. von da über den Berg nach *Allerheiligen* 1½ St., zusammen 7½ St. — In Gernsbach, Forbach und Schönmünzach ist Fuhrwerk zu haben: Zweisp. für 4 Pers. von Gernsbach nach Schönmünzach, einschliessl. Trinkgeld, 6 fl. 45 kr. (von Forbach nach Schönmünzach 4 fl.), von Schönmünzach bis auf's Eckle (¾ St. von der Hornisgrinde) 5 fl. 36 kr. Der Fahrweg hört da auf. — Zwischen Gernsbach und Schönmünzach fährt im Sommer täglich in 4 St. ein fur 6 Pers. eingerichteter Postomnibus, Preis 1 fl. der Platz, im Anschluss an einen sogleich nach Freudenstadt (48 kr. der Platz) abfahrenden Wagen.

Die *Murg* entspringt am *Kniebis* (S. 124) aus drei Quellen, die sich unterhalb *Baiersbronn* (S. 124) vereinigen. Sie ergiesst sich nach einem 15stünd. Laufe unterhalb Rastadt in den Rhein. Holzhandel, Sägewerke, Holzflösserei bilden den Hauptnahrungszweig ihrer Anwohner. Grosse Holländerstämme (s. oben) kommen auf der Murg nicht vor, nur „Sägewaare" sieht man, Stämme von 16′ Länge. Regelmässige Flösserei findet erst vor Weissenbach (S. 122) an statt; bis dahin werden die Stämme grosstheils auf der Achse gebracht. Im Frühjahr werden die Wässer der Seitenbäche der Murg, die *Schönmünzach* und *Rauhmünzach* (S. 123) geschwellt; an einem bestimmten Tage im Mai wird die *Schleuse* geöffnet, und Tausende von Stämmen, die im Winter geschlagen sind, stürzen mit der Wassermasse bis in die Murg, ein Schauspiel, welches stets eine grosse Menschenmenge versammelt und mehrere Tage zuvor in den Zeitungen verkündet wird. Die grossen Holzhändler, die Eigenthümer dieser „*Wildflösserei*", wie die ungekuppelten Stämme genannt werden, heissen „*Schiffer*".

Sie besitzen selbst grosse Waldungen, daher „*Schifferwald*", im
Gegensatz zu der „herrschaftlichen Waldung".

Das Murgthal bietet von Gernsbach bis Schönmünzach eine
Reihenfolge wilder schöner Landschaften. Tief im Grunde windet sich der kleine braune Fluss zwischen Fels und Wiesen,
beide Seiten des Thals sind bis zum Gipfel mit Fichten, Tannen,
auch wohl Buchen bekleidet. Hin und wieder sieht man oben
im Walde gelichtete Stellen in grüne Wiesen verwandelt, mit
kleinen Wohnhäusern nach Schweizer Art besetzt; auch ein Dorf
blickt zuweilen hervor. Bis Schönmünzach besteht das Gebirge
aus Granit, daher die vielen häusergrossen Blöcke an den Abhängen und in den wilden Bächen. Oberhalb Schönmünzach geht
es in ein Gneis über, daher die sanften flachen Gehänge. Hier
und da tritt an den obern Theilen der Gehänge der bunte Sandstein, zur Felsenbildung geneigt, heran. Das Thal wird breiter
und verliert dadurch theilweise seine Eigenthümlichkeit. Zu bemerken ist, dass die Landschaft bei der Wanderung flussabwärts
schöner sich zeigt, als von der entgegengesetzten Richtung.

Von *Baden bis Gernsbach* und *Ebersteinschloss* s. S. 99. Die
Strasse steigt allmälig im Murgthal am Fuss des Berges hin, der
das Ebersteinschloss trägt. Wer von Forbach kommt, schlägt
beim letzten Haus zu *Obertsroth* den Fussweg ein, der in Windungen an der Südseite auf das Schloss führt.

Bei *Hilpertsau* tritt die Strasse auf das rechte Ufer der Murg.
Dann folgt *Weissenbach*, mit neuer goth. Kirche aus rothem
Sandstein, hübschen Glasmalereien und neuen Altarblättern. Von
hier neue schöne Strasse über *Langenbrand* und *Gausbach*. Die
Strecke zwischen Gernsbach und Forbach ist die belebteste des
Murgthals, zugleich malerisch. Vor Forbach überschreitet die
Chaussee auf einer überdeckten Brücke die Murg.

Forbach (*Krone, auch Fuhrwerk; *Hirsch mit Aussicht auf die
Murg), ein Dorf, in welchem auch Waffenschmiede wohnen, ist der
reizendste Punct des Thals, durch die Kirche auf dem Hügel gehoben.

Der Fussweg von Baden nach Forbach (4 St.) wendet sich 15 M.
hinter *Oberbeuern* (S. 99), bei dem Wegweiser, von dem Fahrweg nach
Ebersteinschloss rechts ab, (breite Fahrstrasse) nach 15 M. *Geisbach*, 30 M.
Schmalbach. Bei Schmalbach links weiter, nicht die Strasse rechts. 30 M.
hinter Schmalbach führt von der Fahrstrasse ein breiter Fussweg rechts
ab, am östl. Abhang der Bergwand 20 M. lang an einer *Wiese* hin. Am
Ende der Wiese links; nach 5 M. an einem Kreuzweg, hier gerade aus
bergan; in 5 M. auf der grossen Fahrstrasse, der Landstrasse nach Herrenwies. Auf dieser geht man 15 M. und wendet sich bei dem Wegweiser
links ab nach *Bermersbach*, das man von hier in 25 M., scharf bergab, erreicht. Im Dorf bei dem Brunnen rechts den Hügel hinan, dann wieder
bergab bis (25 M.) *Forbach*. Die ersten 3 St. Wegs meist durch Wald.

Von Forbach an wird die Strasse (gute Landstrasse) im Murgthal einsamer, Gegend aber fortwährend schön und grossartig,
an die wildesten Schweizergründe erinnernd; unten die schäumende Murg, zerrissene Felsen, zu beiden Seiten hohe düstere
fichtenbewachsene Bergabhänge.

Halbwegs fällt r. die *Rauhmünzach* in die Murg; sie nimmt 20 M. vor ihrer Mündung den *Schwarzenbach* auf, der einen Wasserfall bildet, jedoch nur bei den Schwellungen (S. 121) sehenswerth.

Schönmünzach (**Glashütte* oder *Post; Wuldhorn)* ist der erste württemb. Ort, aus der ansehnlichen Glashütte (früher *Schwarzenberger Glashütte* genannt) und einigen Häusern bestehend. Die *Schönmünzach* fällt hier r. in die Murg. (Guter Badeplatz in der Murg 5 Min. oberhalb der Post.)

Der F a h r w e g n a c h d e r H o r n i s g r i n d e und z u m M u m m e l s e e (4 St.) führt von hier westlich an der *Schönmünzach* entlang bis (1 St.) *Zwiegabel,* überschreitet hier die Schönmünzach und steigt rechts dem Lauf des *Langenbachs* entgegen, der bei Zwiegabel mit der Schönmünzach sich vereinigt, stets durch Wald, an (1/2 St.) *Vorder-Langenbach* vorbei, wo eine Schwellung (S. 121). allmälig bis (3/4 St.) *Hinter-Langenbach*, einzelne Häuser mit einem kleinen Bauernwirthshaus (*Züfle*, Wein nicht schlecht). Führer auf die Hornisgrinde und zum Mummelsee hier zu haben.

Nun beginnt ein steileres Steigen bis zum (1 St.) *Eckle*, einer Waldecke auf dem Sattel des Gebirges, der durch einen Stein bezeichneten Grenze zwischen Württemberg und Baden, wo eine Aussicht auf die Vogesen sich öffnet. Weiter, von hier an auf badischem Gebiet, ist die Strasse nicht mehr fahrbar.

D r e i Wege führen hier in den Wald: der eine, rechtsum, ein Reitweg, der sich auch südlich noch fortsetzt, in den Wald schnurgerade eingeschnitten, bezeichnet die Grenze. Ein zweiter Weg, am meisten betreten, halbrechts, führt über den *Drei-Fürstenstein*, grosse Sandsteinplatten mit den eingemeisselten Wappen von Baden und Württemberg und unzähligen Namen, in 3/4 St. zum Stein-Signal auf der *Hornisgrinde.* Der dritte (zum *Mummelsee*), anfangs ein fast unmerklicher Fusspfad, läuft mit der Strasse parallel und fällt nach wenig Schritten in den breiten Weg, der in gleicher Höhe, nur unbedeutend steigend, an der Bergwand fortläuft; 10 Min. vom Eckle, nicht gerade aus weiter, sondern rechts den breiten steinigen Weg hinan; in 15 Min. am nördl. Ende des Mummelsee's.

Wir folgen dem z w e i t e n Weg auf den höchsten Punct der *Hornisgrinde, 3612′ ü. M., durch ein viereckiges, 30′ h. massives *Stein-Signal* bezeichnet. Der kahle sumpfige Gipfel gewährt eine unbegrenzte Aussicht, östl. die Schwäb. Alb, die Achalm bei Reutlingen, Hohentwiel u. a. Gipfel des Höhgaus; südl. die Schwarzwälder Höhen, Feldberg, Belchen, Blauen, darüber die Alpen (? vgl. S. 118); südwestl. Kaiserstuhl (S. 105) und Vogesen (S. 18); westl. die ganze ortreiche Rheinebene, fast gegenüber der Strassburger Münsterthurm, auf einem Berge im Vordergrund die ansehnl. Trümmer des *Brigittenschlosses* (von Ottenhöfen [S. 124] zu besteigen, treffl. *Aussicht), nördl. die Gebirge um Baden, der Mercuriusberg (S. 100); selbst der Thurmberg (S. 85) bei Durlach.

SEEBACH.

Vom Signal auf der Hornisgrinde in s.ö. Richtung erst in nur unmerklicher Senkung, dann einen deutlichen Fussweg in Windungen die Bergwand hinab in 1/2 St. zum **Mummelsee**, eine etwa 300 Schr. lange, etwas weniger breite, an 20' tiefe dunkele runde fischlose Wassermasse, von Fichten-Bergwänden umgeben. Die Sage bevölkert ihn mit Nixen und Elfen, *Mümmelchen* genannt, wie sie auf Götzenbergers Bild in der neuen Trinkhalle zu Baden (S. 94) zu schauen sind. Dieser poetische Schmuck ist seinem Rufe förderlicher gewesen, als der landschaftliche. An der Südseite, neben dem *Seebach*, dem Abfluss des See's, ist ein unbewohntes Häuschen zum Schutz gegen Wind und Wetter. Vortreffliches Trinkwasser quillt an der n.w. Ecke des See's, etwa 10 Schritte über demselben, unter einem Felsen hervor, unfern des Fussweges auf die Hornisgrinde.

Vom Mummelsee in 1 St. nach **Seebach** (*Hirsch*, 1/2 St. vom Ort, sehr einfach, auch einige Betten). Von hier führen zwei Wege nach *Allerheiligen* (S. 125), der eine, anfangs mühsam, gerade über das Gebirge in 1 1/2 St., ohne Führer (36 kr.) nicht zu finden; der andere schönere bleibt im Thal bis (3/4 St.) Ottenhöfen (S. 125) und folgt dann der S. 125 beschriebenen Strasse.

Es ist S. 122 bereits gesagt, dass das *obere Murgthal* weniger bietet, die hübsche Felspartie 1/2 St. oberhalb Schönmünzach ausgenommen. Wer aber den Mummelsee und Allerheiligen bereits kennt, wird seinen Weg von Schönmünzach im Murgthal fortsetzen. Jenseit (2 1/2 St.) **Reichenbach**, ehem. Kloster (von der kleinen Anhöhe hübscher Rückblick auf das grüne belebte Thal), führt, vor **Baiersbronn** *(Ochs)*, von der Landstrasse ein Fussweg rechts hinab ins Thal, und weiter stets dem Lauf der Murg entgegen durch das von Sägewerken und andern gewerbl. Anlagen sehr belebte *Mittel-* und *Ober-Murgthal* nach (2 1/2 St.) **Buhlbach** (**Whs.* bei der Glashütte, 6 Betten, Z. u. F. 40 kr.). Die grosse Glashütte verfertigt weisses Hohlglas, dann besonders auch Champagnerflaschen (500,000 jährlich). *Allerheiligen* ist 2 St. westl. von hier entfernt. Fussweg über die *Gründe.*

Von Buhlbach führt der **Weg auf den Kniebis** (grossentheils Fahrweg, stets durch Wald) in mässiger Steigung bergan. Eine gute Stunde südl. von Buhlbach geht an einer freien offenen Grasstelle, dem *Buhlbacher Viehlager*, der Fahrweg im rechten Winkel weiter. Wir wenden uns aber halblinks über den Rasen und finden nach 5 M. einen breiten steinigen Weg, der uns in 15 M. an den württemb. Grenzstein führt, 10 M. weiter stets an der Grenzfurche entlang, den *Rossbühl* hinan zur **Schwabenschanz** (3361'), einer zu Ende des vor. Jahrhunderts von dem württemb. Obersten Rösch angelegten Sternschanze, in der Umwallung noch sehr gut zu erkennen. Die Aussicht dehnt sich w. über das Rheinthal, Strassburg und die Schweizer Gebirge aus.

Von hier in gleicher südlicher Richtung an der Grenzfurche noch 5 M. weiter bis zu dem grossen *Grenzstein* mit der Jahreszahl 1673, wo ganz nahe an der Ostseite des Wegs die alte *Schwedenschanze* (3174'). Etwa 200 Schritte östl. ist das *Kniebis-Zufluchtshaus* von *Preisser*, wo Wein zu haben. Beim Grenzstein rechtsum bergab, in 10 M. auf der alten Landstrasse, und auf dieser stets bergab, vielfach durch Wald, in stetem Wechsel schöner landschaftlicher Bilder, nach (1½ St.) Oppenau (S. 126). Also von Schönmünzach bis Buhlbach 5 St. (Einsp. in 3 St. für 3 fl.), von Buhlbach über den Kniebis nach Oppenau 3½ St.

b. Allerheiligen, Büttensteiner Wasserfälle, Kniebisbäder, Tryberger Wasserfälle, Kinzigthal.

Vergl. Karte R. 17.

3½ Wandertage: am 1. von *Achern* bis *Griesbach* 8 St., besser zu Wagen; 2. bis *Hausach* 8 St.; 3. nach *Tryberg* und zurück und weiter nach *Hasslach* 8½ St.; 4. *Offenburg* 5 St. Benutzt man die sich darbietenden Fahrgelegenheiten, so lässt sich die Partie auf zwei Tage abkürzen. Am 1. Tag von Achern zum *Neuhaus* (Einsp. 2 fl. 42 kr., S. 101) in 1½ St.; zu Fuss über den Berg nach *Allerheiligen* ¾ St., vom Försterhaus bis zum Fuss der Wasserfälle 20 M., dann wieder zu Wagen (Einsp. 3½ fl., S. 126) nach *Griesbach* 2¼ St.; zu Fuss über die Holzwälder Höhe nach *Rippoldsau*, 2 St.; zu Wagen (Einsp. 4 fl., nicht immer zu haben, vgl. S. 127; Omnibus 2 mal täglich, 1 fl.) nach *Wolfach* 2 St. Am 2. Tage zu Wagen nach *Tryberg* (zu Fuss Wasserfall besichtigen 1 St.) und zurück nach *Wolfach* (Einsp. 3½ fl.), zusammen 5 St.; von Wolfach nach *Offenburg* (Einsp. 6 fl., Omnibus 11½ U. Morgens 1 fl. 48 kr.) in 4 St.

Achern (S. 101, 102) ist Anfangspunct dieser Wanderung. Man richtet sich so ein, dass man Nachmittags hier eintrifft. Der Nachmittag lässt sich sehr gut mit dem Besuch des *Turenne-Denkmals* (S. 102), des *Erlenbads* und der *Irren-Anstalt Illenau* ausfüllen.

Der Weg nach Allerheiligen führt durch das *Cappeler Thal*, ein hübsches grünes Wiesenthal (links auf der Höhe das *Brigittenschloss*. S. 123, im Thal eine Saffianfabrik), über die Dörfer (10 Min.) *Oberachern*, (50 Min.) *Cuppel* (*Ochs), von hier stets dem Lauf des *Achernbachs* entgegen, r. die Burg *Rodeck*, Hrn. v. Neuenstein gehörig; (1 St.) *Ottenhöfen* (*Linde, *Pflug, in beiden bei längerem Aufenthalte 1 fl. tägl.). 20 Min. n.ö. das *Edelfrauengrab*, ein hübscher Wasserfall, von dem ein neuer Fussweg in 2 St. auf die Strasse nach Allerheiligen führt.

Von Ottenhöfen rechts ins Thal etwas bergan, bis zum (¾ St.) *Neuhaus* (Erbprinz), wo sich der Fahr- vom Fussweg scheidet. Der erstere zieht sich um den Berg, der letztere führt rechts am Abhang des Berges hin, bei dem einzelnen (5 Min.) Haus nicht rechts bergan, sondern am Haus vorbei auf dem breiten Wege weiter, in den Wald. Auf der Höhe steht ein Wegweiser, wo ein näherer Fussweg rechts bergab, zuletzt in zahlreichen Windungen, nach (¾ St.) *Allerheiligen* (2000' ü. M.) führt. Der erste Blick, wenn man oben aus dem Wald hervortritt, ist sehr überraschend. Die grossartigen Trümmer der 1196 von der Herzogin Uta von Schauenburg gegründeten, 1802 säcularisirten, 1803 durch Blitz halb zerstörten, 1811 auf Abbruch versteigerten Prämonstratenser-Abtei-gebäude nehmen fast die ganze Breite des Waldthals ein. Dieselben sind jetzt so zerfallen, dass die Betretung unter allen Umständen abzurathen ist. Am 26. Aug. 1862 stürzte ein Herr von Dombardt aus Ostpreussen von der Spitze herunter und blieb todt. Gute Bewirthung bei *Mittenmaier* (der alte Förster ist 1859 gestorben), 15 Betten in 5 Zimmern, Pension 2 fl. Einspänner nach Achern (S. 102 in 2 St.) 3 fl., nach Oppenau (1¼ St.) 1½ fl., nach Griesbach (3½ St.) 5 fl., nach Appenweier, Station an der Eisenbahn (S. 102), in 3½ St. für 5 fl. Die S. 125 genannte Schwedenschanze ist 2 St. s.ö. von hier, Waldwege mit Führer.

Gleich unterhalb des Klosters ist der Berg durch irgend eine Erderschütterung zickzackartig gespalten. Durch diesen Riss stürzt über Granitfelsen und Blöcke der *Grindenbach* in sieben Hauptfällen, die „*sieben Bütten*" oder die *Büttensteiner-Fälle* genannt, einige an 80' hoch, in das Thal hinab. Ein wohl unterhaltener Fusspfad führt in mannigfachen Windungen, oft in den Fels gehauen in 20 M. auf die Thalsohle (1700'). Am zweiten Rondel übersieht man den zuletzt sich wieder aufbäumenden Doppelfall am besten. Der Rückweg zum Kloster, an den Fällen entlang, bringt diese in neuen Formen dem Auge nahe, weil man ihnen entgegen schreitet.

Bei dem Wegweiser, jenseit der Fälle, an der *Brücke*, erreicht man den guten Fahrweg von Allerheiligen wieder, und bleibt nun, am rechten Ufer des *Lierbachs*, welchen Namen der Grindenbach von hier ab annimmt, stets hoch am Abhang des Berges. (Wanderer, die von Oppenau kommen, gehen, etwa 1 St. von Oppenau entfernt, 15 Min. vor der genannten Brücke, nicht rechts bergab, sondern geradeaus in gleicher Höhe fort.) Die Strasse senkt sich nach dem 2 St. von Allerheiligen entfernten **Oppenau** (931') (*Stahlbad;* *Post;* Weg nach Appenweier od. Renchen, Eisenbahnstationen, s. S. 101), einem kleinen Städtchen, in dem viel Kirschwasser bereitet wird, und tritt dann in das anmuthige Thal der rasch fliessenden *Rench*, in welchem aufwärts man die drei kleinen besonders von Schweizern und Elsassern viel besuchten **Kniebisbäder** erreicht, mit stattlich eingerichteten Badhäusern, in welchen auch Durchreisende Aufnahme finden: das Schwefelbad (1½ St.) *Freyersbach* (1280'), (15 Min.) *Petersthal* (1333') und (¾ St.) *Griesbach* (1614'), eine Stahlquelle, die schon vor 200 Jahren Tabernaemontanus preist („eine herrliche Vermischung, welche jre Kräfft vnnd Wirkung allein hat in den Geistern, oder Spiritualischen Subtilitäten, welche die Seel der Metallen seindt"). Unterkommen findet man noch in einigen andern Häusern von bescheidener Einrichtung, Badegäste aber thun wohl, sich vorher anzumelden. Ein viertes dieser Kniebisbäder, *Antogast*, liegt in einem Kessel, 1 St. westlich.

Die *Kniebisstrasse* führt weiter in Windungen bergan. Wir verlassen sie 20 Min. vom Griesbacher Badhaus und nehmen von den drei Wegen, die hier rechts in den Wald bergan führen, den links, stets breiter guter Weg („Promenadenweg"), hin und wieder mit Ruhebänken versehen: (15 M.) hohe Treppe, links am Wege, die in 1 Minute auf einen freien Platz führt, von dem man einen kleinen Wasserfall sieht und einen vortrefflichen Einblick in das Griesbacher Thal hat, für die wenigen Schritte sehr belohnend. Aus den künstlichen Rissen in den Tannenstämmen quillt Harz.

„Es ist ein rauch, birgig vnd winterig Landt, hat viel Thannwäld. Aber gott weisst wol einem jedlichen Landt zu geben, davon es sich ernehren mag. Also findestu bei vrsprung des Wassers Murg, nehmlich hinter Kniebiss, dass sich das Volck mit Hartz ablesen vnd klauben ernehret." Seb. Münster. 1550.

Dies geschieht, wie man wahrnehmen kann, auch heute noch.

Einige Schritte weiter theilt sich der Weg; man geht weder rechts, noch links, sondern geradeaus bergan. 7 M. Wegweiser, hier nicht geradeaus, sondern links bergan; 12 M. Bank, mit schöner Aussicht über die westl. Abhänge des Schwarzwalds hinweg in das Rheinthal, Strassburg liegt ganz klar vor, im Hintergrund die Vogesen. 15 M. Wegweiser, hier linksum bergan, 8 M. nochmals ähnliche Aussicht, aber freier und weiter, da hier auch die südl. Vogesenkette mit der Hoh-Königsburg (S. 19) hervortritt, im Thal Griesbach, rechts die Windungen der Kniebisstrasse. Bei Westwind (Regen verkündend) hört man deutlich das Geschützfeuer der Strassburger Artillerie. 4 M. nicht links bergab, sondern gerade aus bergan, zum höchsten Punct des Weges (*Holzwälder Höhe*, 3055′). Aussicht verwachsen.

Dann bald bergab durch heidelbeerreichen Tannenwald, jenseit desselben auf schattenlosen Zickzack-Wegen hinab ins Thal zur (³/₄ St.) Landstrasse, und auf dieser in 20 Min. nach **Rippoldsau** (1886′), dem bekanntesten dieser Kniebisbäder, in einem engen, einsamen Thal gelegen, von 1200 bis 1500 Badegästen (viele Elsasser) jährl. besucht. Der Besuch wechselt so rasch, dass selten mehr als 150 Badegäste zu gleicher Zeit da sind. Der Hauptbestandtheil des Mineralwassers ist schwefelsaures Natron, vorzugsweise wirksam bei Unterleibskrankheiten. Es wird in Flaschen ausgeführt, das Salz auch als „*Rippoldsauer Brunnensalz*" verkauft. Die grossen Badegebäude bieten alle Bequemlichkeit (Z. 48 kr., M. o. W. um 1 U. 1 fl. 12 kr.), unten ein kleines Kaffehaus mit Zeitungen, Abends von 7 bis 8 U. Musik im Freien. Omnibus vom 15. Juni bis 15. Sept. 9¹/₂ U. fr. nach Offenburg (2 fl. 48 kr.) in 6 St.; Einspänner nach Wolfach 3 fl., nicht immer zu haben, sondern oft nur Extrapost (6 fl.).

Das ehem. Benedictiner-Priorat mit zweithürmiger Kirche, schon im 12. Jahrh. als Zelle von den Benedictinern von St. Georgen (S. 128) gegründet, das „*Klösterle*" (Whs. mit gutem Bier) liegt 15 Min. unterhalb des Badhauses, an der sehr guten Strasse, welche, dem Lauf der *Wolfach* folgend, das 4 St. lange malerische Thal durchzieht. Am Wege ein kleiner Wasserfall, weiter steile Felsgruppen mit einer Rotunde. (2 St.) *Schapbach* (Armbruster), ein durch die Tracht seiner meist wohlhabenden Bauern und die eigenthümliche Bauart (unten Stall, darüber die Wohnung, im Dach die Scheune) der zerstreuten Häuser bemerkenswerthes über 2 St. langes Dorf, nur bei der Kirche auf einem Hügel zu einer Gruppe vereinigt; (2½ St.) **Wolfach** *(Salm*, Z. 48, M. m. W. 1 fl. 12 kr., Wagen nach Tryberg zu haben; Einspänner werden nicht gern gegeben, angeblich des steigenden Wegs halber, der übrigens ganz eben; **Engel; Zähringer Hof)*, alte Amtsstadt mit einem ansehnlichen Amtshaus, früher Schloss, zwischen steilen Bergen eng eingeschlossen, an der Mündung der *Wolfach* in die *Kinzig*.

Wer nicht Zeit hat, kann von Wolfach im Omnibus um 7 U. fr. abfahren und vor 12 U. in Offenburg sein (Post-Omnibus 1 fl. 48 kr.). Ein Tag aber lässt sich sehr belohnend zu einem **Ausflug nach Hornberg und Tryberg* verwenden. Der Salmenwirth liefert Einsp. für 4 (s. jedoch oben), Zweisp. für 6 fl.; der Ausflug nimmt zu Wagen ½ Tag in Anspruch, zu Fuss einen ganzen. Der Fussgänger braucht nicht nach Wolfach zurück zu kehren, er wandert bei der Kinzigbrücke gleich weiter westl. nach Hausach und Hasslach.

Der kurze Weg durch das Kinzigthal von Wolfach bis zur Brücke vor Hausach (³/₄ St.) ist durch gewerbliche Thätigkeit und malerische Schönheit ausgezeichnet. Dann führt die Strasse dem Lauf der *Gutach*, die vor Hausach, bei dem sogenannten *Thurm*, in die Kinzig fällt, entgegen, durch ein anmuthiges obstreiches anfangs breites Wiesenthal über das Pfarrdorf (1 St.) **Gutach** *(Krone; Löwe)* nach (1 St.) **Hornberg** *(*Post; Bär)*, altes ansehnl. Städtchen, bis zum J. 1810 württembergisch. Das malerische Schloss auf einem steilen Berg, welches nicht wenig beiträgt, die Landschaft zur schönsten des Thals zu machen, wurde 1703 von den Franzosen unter Marschall Villars erobert, bald darauf aber von den Bauern wiedergenommen. Die Thalbewohner zeichnen sich durch ihre hübsche Tracht aus, Frauen und Mädchen schwarze Röcke, grüne Mieder, Strohhüte mit breitem Rand, mit dicken schwarzen oder rothen Wollrosen verziert, die Männer schwarze Röcke mit rothem Futter.

Auf der Strecke von Hornberg bis Tryberg (3 St.), der merkwürdigsten des ganzen Weges, windet sich die vielfach in sinnreicher Weise in den Fels gebrochene Strasse durch eine Reihenfolge waldbewachsener steiler von der *Gutach* durchströmter Schluchten, nicht mit Unrecht die *kleine Hölle* (vgl. S. 131) genannt. Diese Schluchten öffnen sich beim *Tryberger Posthaus*, wo es links weiter in den Schwarzwald nach *St. Georgen* und *Donaueschingen* geht, rechts nach dem noch 15 Min. von hier entfernten Städtchen **Tryberg** *(*Löwe; *Post bei Neef)*, das sich in zwei Reihen nach dem grossen Brand von 1826 neu aufgeführter Häuser bergan zieht. Es liegt 1850' ü. M., im Mittelpunct des Schwarzwalds und ist Hauptsitz des Handels mit Schwarzwälder Uhren; Gebr. Furtwängler und Kellerer sind die bedeutendsten dieser Fabrikanten.

Das Reiseziel für unsere Zwecke, der **Wasserfall, zeigt sich schon von weitem. Man geht vom Löwen links den Fussweg hinan, wo links ein Wegweiser zum Wasserfall hinzeigt, 20 M. bis zum obersten Steg, der den Fall überbrückt (wo man am linken Ufer in gleicher Höhe, 280 Schritte weiter, auf einem freien Punct eine lohnende Aussicht auf den Ort und das Thal hat). Die ansehnliche Wassermasse des *Fallbachs* stürzt sich 542' hoch, in einer Folge von Fällen in sieben Hauptabsätzen auf gewaltige Granitblöcke. Den Rahmen bilden hohe grüne Tannen, ähnlich dem Giessbach am Brienzer See. Der Tryberger Fall ist der schönste im westl. Deutschland. Von einem, den Damm des untersten Falls mit bildenden Felsblock hat man den besten Blick unmittelbar in die Fälle selbst; die beste Uebersicht über das Ganze gewährt ein vortretender grasbewachsener Felsblock, etwa 50 Schritte unterhalb des letzten Falls.

Nur wer das *Kinzigthal* nicht kennt, mag nach Hausach zurückkehren; jeder Andere wird vorziehen, von Tryberg gleich weiter südl. über die Höhe über *Schönewald* nach (2½ St.) Furtwangen (*Hôtel Fehrenbach,* recht gut und nicht theuer), ebenfalls ein Hauptsitz der Uhrenfabrication, mit einer Uhrmacherschule, zu wandern oder zu fahren, von wo ein Post-Omnibus (Villingen-Denzlingen) in 3½ St. über Simonswald *(Krone)* und Waldkirch (*Post; Rebstock),* freundliches Städtchen, zur Eisenbahnstation *Denzlingen* (S. 105) fährt. — Zweisp. von Tryberg nach Simonswald 5 fl., Gegend von Tryberg nach Simonswald nicht belohnend, von da aber durch das *Simonswälder-* und *Elz-Thal* (S. 104) sehr hübsch. Einsp. von Tryberg nach Hornberg 3, Hausach oder Wolfach 4½, St. Georgen 3½ fl.

Wir kehren ins Kinzigthal nach Hausach (*Post* oder *Krone)* zurück. Ueber dem Städtchen ragt auf der Höhe ein alter runder wohlerhaltener Thurm mit einigem Gemäuer hervor, Ueberbleibsel eines 1643 von den Franzosen sammt dem Ort zerstörten fürstl. Fürstenberg'schen Schlosses. Die alte Ortskirche liegt ¼ St. entfernt, links einsam am Berge.

Hasslach (*Kreuz),* 1¼ St. von Hausach, der Hauptort des Bezirks, ebenfalls eine früher Fürstenberg'sche Stadt, wurde 1704 von den Franzosen bei ihrem Rückzuge nach der Schlacht von Höchstädt bis auf die Pfarrkirche zerstört.

Die Strasse bleibt von Hausach bis Offenburg in einem breiten belebten fruchtbaren Wiesenthal, zu beiden Seiten belaubte meist sanfte Bergabhänge, von der braunen *Kinzig* durchströmt, deren Bett durch Dämme und andere Bauten geregelt ist.

Folgt (3/4 St.) **Steinach** *(Sonne)*, lebhaftes Städtchen, dann (1 St.) das Dorf **Bieberach** *(Krone; Sonne)*, Poststation, von wo eine Strasse nach dem 2½ St. von hier entfernten *Lahr* (S. 104) führt, unterhalb des verfallenen auf einem Bergkegel liegenden Schlosses *Hohengeroldseck* (S. 104) vorbei.

Vor (2 St.) **Gengenbach** *(Adler; Salm; Bad. Hof)* überschreitet die Strasse die *Kinzig*. Die bis zum Luneviller Frieden reichsunmittelbare Stadt erinnert auch im Aeussern mit ihren Mauern, Thoren und Kirchthürmen an ihre frühere Bedeutung, wenn auch die meisten Gebäude erst nach der franz. Zerstörung von 1689 entstanden sind. Die alte stattliche *Benedictiner-Abtei*, welcher die Stadt ihre Entstehung zu danken hat, war ebenfalls reichsunmittelbar.

Jenseit Gengenbach wird das Kinzig-Thal immer breiter. Am Ausgang desselben erhebt sich auf einem mit Reben bepflanzten Hügel (1¼ St.) Schloss *Ortenberg, an der Stelle einer sehr alten 1668 vom franz. Marschall Créqui gesprengten, das Kinzigthal beherrschenden Bergfestung, bis dahin Sitz der kaiserl. Landvögte, von 1834 bis 1840 unter Eisenlohr's Leitung (S. 84) fast ganz neu und sehr geschmackvoll aufgeführt. Die enge Umgebung ist zu kleinen Parkanlagen sinnreich benutzt, Aufgänge und Blumenbeete sind mit Tropfstein besetzt. Die innere Einrichtung ist hübsch, entbehrt aber künstlerischen Schmucks; die Aussicht umfasst die ganze Vogesenkette. Eigenthümer ist ein seit länger als 40 Jahre im Badischen ansässiger Livländischer Edelmann, Herr v. Berkholtz. Der Wein, welcher am Schlossberg wächst, ist vortrefflich. Auch das am Fuss liegende Dorf *Ortenberg* (Krone) erzeugt guten Wein.

Offenburg (S. 103) ist ¾ St. von hier entfernt. Vor der Stadt am Wege grosse Tabaksfabriken.

c. Höllenthal, Feldberg, Wiesenthal, Wehrathal, Albthal.

Vergl. Karte zu R. 22.

Zwei Tage. Von *Freiburg* bis zum *Himmelreich* (3 St.) in 1½ St. fahren (S. 106), zu Fuss durch das *Höllenthal* bis zum *Sternen-Wirthshaus* (1½ St.), auf den *Feldberg* 3¼ St., hinab über den Seebuck und die Todtnauer Viehhütte nach *Todtnau* 3 St. In Todtnau übernachten. Von Todtnau bis *Lörrach* 8½ St. Gehens, zu Wagen in 4 St., bis *Basel* in 5 St. Das *Wehrathal* würde einen dritten Tag in Anspruch nehmen.

Das breite wiesenreiche fruchtbare, an beiden Seiten von hohen Bergen begrenzte Thal der *Dreisam*, welches bei Freiburg sich öffnet, ist bei aller Anmuth nicht der Art, dass man eine gute Fahrgelegenheit (S. 106), wenigstens bis zum *Himmelreich* (3 St.), nicht vorziehen sollte. Die Strasse führt an der grossen *Flinsch'schen Papierfabrik* vorbei (am linken Ufer der Dreisam das S. 112 genannte *Bad Littenweiler*) über *Ebnet* und *Burg* (Gasth. *zur Brandenburg*). Der Flecken *Kirchzarten*, von welchem der obere Theil des Thals den Namen hat, bleibt rechts liegen. Unfern desselben tritt die Strasse ins Gebirge. Der Beginn des engern Theils der Strasse und das vorliegende fruchtbare Land heisst das *Himmelreich*, im Gegensatz zu den bald darauf folgenden hoch und steil abfallenden Schluchten der *Hölle*, an deren Eingang l. auf der Höhe die Trümmer der Burg *Falkenstein*. Der eigentliche *Höllenpass ist nur 15. Min. lang; er wird durch thurmähnlich empor steigende und überhangende Felsmassen gebildet und hat mit dem Münsterthal im Jura Aehnlichkeit. Der kühnste, wie eine Gebirgsnadel aufsteigende Fels ist der *Hirschensprung*, der schönste und wildeste Punct des ganzen Thals. Die Wände und Gipfel dieser Felsen sind, wo nur Erdreich haften konnte, mit Fichten- und Laubwald bedeckt. Die enge Strasse, welche sich hindurch windet und mit einem hellen rauschenden Bach den Raum theilen muss, wurde von der österreich. Regierung angelegt, als die Erzherzogin Marie Antoinette, Ludwigs XVI. Braut, im J. 1770 ihre Fahrt nach Frankreich antrat. Durch denselben Engpass bewerkstelligte Moreau im October 1796, von Erzherzog Carl nur schwach verfolgt, seinen berühmten Rückzug.

Am Ende des Engpasses blickt vom Hügelvorsprung die freundliche *St. Oswaldscapelle* ins Thal, dann folgt das frühere *Post-Gusthaus*, und einige Min. von diesem, gleich oberhalb der *Kirche*, das altberühmte *Sternen - Wirthshaus (jetzt auch Post), Z. 30 bis 40 kr., F. mit Honig 24, B. 12 kr.; Führer auf den Feldberg bis zur Todtnauer Viehhütte 1 fl. 30 kr., nicht gerade nöthig, aber angenehm.

Wir verlassen hier die in vielen Windungen noch weiter ansteigende Strasse, wenden uns rechts, überschreiten den Bach und steigen (10 M.) den breiten Waldweg hinan, während der ganzen Waldwanderung (30 M.) steil, dann in sanfter Steigung weiter in den grünen grasreichen Matten der fünf grossen Bauernhöfe, welche die Gemeinde *Albersbach* bilden. Bei dem (5 M.) Kreuz nicht rechts, sondern links; 10 M. weiter nicht links, sondern rechts in der Senkung auf die Schneidemühle los; 10 M. rechts durch das Gatter, nicht links; 3 M. links den weniger betretenen Weg weiter auf den *Gaschpels Hof* los; 15 M. wieder in den Wald gerade aus den steinigen Fahrweg hinan, nicht links. Die beiden Wege, welche sich bei dem (12 M.) Fichtenrumpf trennen, vereinigen sich gleich darauf wieder; in 5 Min. auf flachem Weideland, links ein Kreuz. Beim Eingang in den Wald gerade aus, nicht links; 8 M. weiter rechts, nicht links; 5 M. nicht links auf die *Surbers Viehhütte* zu, sondern rechts' den Grasweg weiter, am Haag entlang auf den weiter sichtbaren Fussweg los, in der Richtung des weissen Daches der Baldenweger Viehhütte. 30 M. *Auf dem Rinken*, drei Bauernhäuser; Bei dem letzten, dem weissen Hause, rechts den schmalen Fussweg durch die Matten in den Wald etwas steil bergan; 25 M. *Baldenweger Viehhütte*, wo Erfrischungen, Wein, Kaffe, Eierspeisen, zur Noth auch ein Nachtlager zu haben; sie ist indess nur von Anfang Mai bis Ende September bewohnt. Bei nebeligem Wetter von hier über Feldberg und Seebuck bis zur Todtnauer Hütte jedenfalls einen Führer mitnehmen, da eigentliche Wege auf dieser Strecke nicht vorhanden sind. Bei klarem Wetter ist's auch hier nicht nöthig.

Man steht nun am Fuss der obersten, nur mit Graswuchs bedeckten Kuppe des Feldbergs, dessen Gipfel bequem in 30 M. zu erreichen ist. Ein Pfad ist kaum noch zu erkennen; man steigt um den östl. und südöstl. Bergabhang herum, immer höher, und wendet sich auf dem Sattel, der das *Höchste* (so heisst der Gipfel des Feldbergs) mit dem *Seebuck*, der südöstl. Fortsetzung der Feldberg-Hochebene verbindet, westl. auf den 1859 erbauten 43′ hohen Thurm *(Friedrich-Luisen-Thurm)* zu, den man dann in einigen Min. erreicht. Es ist der höchste Punct des **Feldberg's** (4590′), zugleich der höchste Berg im Schwarzwald (951′ niedriger als Rigikulm), mit schönster Aussicht (oben ein neues Hôtel, Z. 42, F. 24 kr.). Die Fernsicht gleicht derjenigen vom Blauen (S. 118). Ein anderer Weg auf den Feldberg führt vom Sternen Wirthshaus r. nach (15 Min.) *Hinterzarten*, (30 Min.) *Oberzarten*, (1 St.) *Zipfelhof*; nun den *Seebach* entlang zum (15 M.) *Feldsee* (s. unten); den Waldweg bergauf zur (35 Min.) *Lenzkircher Viehhütte* (Erfrischungen in der *Menzenschwander Hütte*, in der Nähe) und den Bergrücken entlang zum *Höchsten*.

Wendet man sich vom Höchsten wieder südöstl. dem Sattel, und über diesen in gleicher Richtung weiter dem oben genannten **Seebuck** zu, so gelangt man in 25 Min. an eine Stelle im Angesicht der Baldenweger Viehhütte, die eine *Aussicht gewährt, belohnender fast, als die Fernsicht auf dem Höchsten, malerischer gewiss. Tief unten in einem steil abfallenden fichtenbewachsenen Kessel, an welchem Wasserfälle hinabstürzen, liegt der kleine schwarze *Feldsee*, dessen Abfluss, der *Seebach* genannt, sich nach zweistündigem Lauf in den *Titisee* ergiesst, dessen westlicher Theil ebenfalls sichtbar ist, am Ende des grünen walddurchwachsenen hüttenreichen *Bärenthals*, welches auf 2 St. Wegs wie eine Landkarte vor den Augen des Beschauers liegt. Auch andere nähere und fernere Thäler umfasst die Aussicht. Den Hintergrund bilden die Schwäbischen Gebirge, rechts die Basaltkegel des Höhgaus, Hohentwiel, Hohenstoffeln, Hohenkrähen etc. — Der Weg zum Feldsee hinab und durch das Bärenthal zum Titisee ist lohnend; er mündet am unteren, nördlichen Ende des Titisee's in die Freiburg-Schaffhauser Poststrasse, etwa 1³/₄ St. ö. von dem S. 131 genannten Sternenwirthshaus.

In gerader Richtung nach Westen, ½ St. vom Seebuck entfernt, ½ St. südlich unter dem Höchsten, liegt die *Todtnauer Hütte*, 1858 zu einem kleinen Wirthshaus (auch Betten, ohne feste Preise) umgebaut; Schlüssel zu dem Friedrich-Luisen-Thurm (s. oben) hier zu haben (mit Führer 30 kr.). Auch hier schöne Aussicht, namentlich in das Wiesenthal, im Hintergrund die Schnee-Alpen (S. 118).

Von hier führt nun ein breiter bequemer Fussweg r. hinab in die Thalschlucht *(Brandenburger Thal),* in der die *Wiese* nach Todtnau fliesst, von der Todtnauer Hütte bis Todtnau 2 St.

Todtnau (1995′) *(*Ochs* neben der Kirche, recht gut, Z. 30, F. mit Honig 24 kr.; **Rössle)*, altes sauberes gewerbfleissiges Städtchen, der oberste Ort im Thal der *Wiese,* deren Hauptarm unterhalb der Todtnauer Hütte (S. 132) entspringt, aus steilen wilden malerischen Felsgebirgen unmittelbar oberhalb Todtnau hervorströmt und in das Thal sich ergiesst, und unterhalb des Orts den *Bergerbach* aufnimmt, der 1 St. nördl., bei *Todtnauberg* (Stern) (3143′), einen 200′ hohen Wasserfall bildet. An den vor uralten Zeiten zu Todtnau betriebenen Bergbau erinnert noch der Bergmann mit „Schlägel und Eisen" im Wappen der Stadt.

Das **Wiesenthal,* von Todtnau bis unterhalb Lörrach, wo es sich in die Rheinebene öffnet, 9 St. lang, ist auch für Fussgänger bis vor Schopfheim (6 St.) ein sehr erquicklicher Boden, ein meist enges belaubtes Thal, durch welches sich Fluss und Strasse winden, besonders malerisch zwischen Schönau und Zell. Indess verliert man nichts, wenn man im offenen Wagen hinabfährt, Einsp. nach Schönau (in 1 St.) 1½ fl., Zell (in 2 St.) 3 fl., Schopfheim (in 2¾ St.) 4½ fl., Lörrach (in 4 St.) 7 fl. Post nach Schopfheim frühmorgens, von hier Eisenbahn nach Basel (s. S. 134).

Bei **Geschwendt** (1813′), halbwegs zwischen Todtnau und Schönau, zweigt sich links der Weg nach *Präg* und *Todtmoos* und in das ***Wehrathal* (S. 135) ab. In der Capelle von *Buchen,* einem Wallfahrtsort vor Schönau, soll ein grosses Gemälde an eine Begebenheit des 30jährigen Krieges erinnern.

Das Städtchen (2 St.) **Schönau** (1668′) *(*Sonne)* hat an seiner Südseite die grosse Iselin'sche Spinnerei und Weberei. Die Strasse windet sich auf weiter Strecke durch malerische belaubte Felsschluchten, sie führt bis (2½ St.) Zell *(Löwe)*, das 1818 grossentheils abbrannte, stets in leichter Senkung bergab. Auch zu *Atzenbach,* oberhalb Zell, sind einige Spinnereien, in Zell selbst viel Weberei. Bei Todtnau und Zell wurden am 25. und 26. April 1848 durch württemb. Truppen die nach dem Heckerzuge (S. 118) aus dem Kanderer Thal herüber gekommenen Freischärler gefangen genommen.

Am Ausgang der Gebirgsschluchten, halbwegs Schopfheim, sind die ansehnlichen grossherz. Hüttenwerke von **Hausen.** Das Dorf selbst liegt, unter Obstbäumen versteckt, am rechten Ufer der Wiese, die hier den Glauben wechselt („und schangschiersch der Glauben und wirsch e luthrische Chetzer"), wie Hebel von seinem Geburtsort Hausen erzählt; der obere Theil des Wiesenthals ist nämlich katholisch, der untere lutherisch. 1860 ist ein *Standbild Hebel's* vor der Kirche errichtet worden, welchem gegenüber r., an der Südseite des Dorfs, Hebel's Elternhaus liegt, als solches durch eine grosse schwarze Tafel bezeichnet (vgl. S. 38 u. 88).

Schopfheim (1151') (*Pflug; *Drei Könige) 1½ St. von Zell, ist eine ganz ansehnliche Stadt mit saubern Häusern, die mit Basel sehr viel verkehrt; Eisenbahn dorthin über *Lörrach* in 1 St. für 66, 48 u. 33 kr. Eine in Erz gegossene Büste *Hebels* ist am 10. Mai 1861 auf einer Anhöhe bei Schopfheim, welche nun den Namen „Hebelhöhe" führt, enthüllt worden. Sie steht unter einem Tempel mit 6 Säulen, dessen obere durchbrochene Galerie als Inschrift Hebel's Gedicht „Der Wegweiser" trägt. Der schön gelegene Punct ist mit Anlagen geschmückt.

(Das *Wehrathal*, S. 135, wird am besten von Schopfheim besucht, Einsp. nach Wehr, Wehrastrasse bis Todtmoos-Au und zurück über Wehr nach Stat. Brennet (S. 140) Fahrt von 5 St. für 6 fl.)

Das Wiesenthal wird unterhalb Schopfheim nach und nach über 1 St. breit. Die Wasserkräfte des kleinen Flusses sind vortrefflich zur Wiesenbewässerung und zu mancherlei gewerblichen Anlagen benutzt (Spinnerei und Papierfabrik zu *Schopfheim*, Weberei und Papierfabrik zu *Maulburg*; Maschinenfabrik, Spinnerei und Weberei zu *Höllstein*, Spinnerei zu *Steinen* u. s. w.), deren vielfensterige Gebäude hier und dort hell in die Landschaft leuchten, meist von reichen Baselern (Geigy, Iselin, Merian, Thurneyssen, Sarasin u. A.) gegründet und geleitet. Kattundruckerei in *Rötteln*, mechanische Werkstätten in *Lörrach* und *Stetten*.

Folgt an der Strasse, 1 St. von Schopfheim, **Steinen** (*Ochs*). Dann erscheinen am r. U. des Flusses auf der bewaldeten Höhe die ansehnlichen Trümmer des *Schlosses Rötteln*, früher Residenz der Markgrafen von Hochberg, dann der Markgrafen von Baden, 1638 von Bernhard von Weimar mit Sturm erobert, 1678 von den Franzosen gesprengt und zerstört.

„Ist eine fruchtbare Gelegenheit darumb, die sich auch noch fern erstreckt das Thal hinauf biss zum Stettlin Schopffen, da geht der rauch Schwarzwald an, darinn man sich mit Viehe vnd Holtz ernehrt."
Seb. Münster. 1550.

Die Burg, eine der grössten in Baden, ist Eigenthum des Staats. Es werden alte Waffen u. dgl., die dort gefunden, darin aufbewahrt. Die Aussicht von oben ist berühmt. In *Rötteln-Weiler* am Fuss des Berges (½ St. von Lörrach) ist ein *Wirthshaus.

Lörrach (920') (*Hirsch* oder *Post*, recht gut, Z. 30, F. 20, M. 48 kr.), der ansehnlichste Ort des Wiesenthals, 2½ St. von Schopfheim, 2 St. von Basel, zeichnet sich durch ausgedehnten Gewerbebetrieb, durch Indienne- und Shawldruckerei, durch Tuchfabriken, Spinnereien u. dgl. aus. Es ist ein moderner Ort, 1682 erst zur Stadt erhoben, als solche für den Touristen ohne Bedeutung. (Einsp. nach Rötteln-Weiler 2½, Kandern 4, Zell 5, Wehrastrasse und Stat. Brennet 7 fl.)

Um so lohnender ist der Besuch des Rötteler Schlosses (s. oben), besonders aber der *Tüllinger Höhe (St. Ottilia), ¾ St. südlich von Lörrach, auf dem rebenreichen Gebirgs-Ausläufer gelegen, welcher zwischen Wiese und Rheinthal in die Ebene sich senkt, mit einer prachtvollen Aussicht auf das bad. Oberland, das Elsass, auf Basel und die in den verschiedensten Abstufungen zurücktretenden Schweizer-Gebirge (S. 118). Den Vordergrund bildet eine stundenweite fruchtbare mit Wiesen durchzogene Fläche, zu den Füssen des Beschauers die Dörfer *Riehen* und *Weil* in unabsehbaren Obst- und Rebengeländen. Auf der Terrasse hinter der Kirche ist die Aussicht nach Osten freier, in dem Garten des *Wirthshauses die nach Westen. Bei Tüllingen (Friedlingen) erwarb sich am 14. Oct. 1702 der franz. General Villars den Marschallstab in einem für Deutschland unglücklichen Treffen.

Die Strasse erreicht bald hinter Lörrach Baseler Gebiet. Sie führt durch **Riehen** (877'), wo eine *Taubstummen-* und eine *Diaconissen-Anstalt* (S. 6). Auf der waldigen Höhe über Riehen, bei der ehemaligen Wallfahrtskirche **St. Chrischona** (1615'), wo jetzt eine evang. Pilger-Bildungsanstalt (S. 6), hauptsächlich für Missionen nach Jerusalem, hat man ebenfalls eine berühmte Aussicht, der von der Tüllinger Höhe (S. 134) ähnlich. Vor *Basel* (S. 1) manche geschmackvolle Landhäuser.

Wer vom Feldberg kommt und das Wiesenthal bereits kennt, wird vorziehen, seinen Weg (Fusswanderung) so zu nehmen: Von *Todtnau* bis (½ St.) *Geschwendt* (S. 133) im Wiesenthal, dann links ab nach (1 St.) **Präg** (2152') *(Hirsch)* und nun die Höhe hinan, steil und anstrengend, und wieder bergab nach (2 St.) **Todtmoos** (2527') *(*Adler)*, dann im *Wehrathal* weiter nach (1 St.) *Todtmoos-Au* (Whs.), und von hier auf der neuen Wehrastrasse nach (3 St.) **Wehr** (1090') *(*Krone,* 10 Betten, Z. 24, F. 18 kr.; *Adler)*, Dorf mit grossherzogl. Hammerwerken. In der Krone zu Wehr wurde am 25. Sept. 1848 Struve von Schopfheimer Bürgerwehrmännern verhaftet (vgl. S. 120).

Die **Wehra-Strasse**, 1848 fertig geworden, 1850 nach dem grossen Wasser fast ganz umgebaut, eine ausschliesslich zur Holzabfuhr mit Ueberwindung grosser Schwierigkeiten durch die grossartigsten Schluchten angelegte Landstrasse, führt ¼ St. jenseit Todtmoos-Au bis fast ½ St. vor Wehr 2¼ St. lang durch ein enges von hohen Waldgebirgen eingeschlossenes tiefes kühles einsames Felsenthal, von der *Wehra* durchrauscht, die in der untern Abtheilung der Strasse kaum Raum gibt. Die verschiedenartigen Laubholz-Waldungen, namentlich Birken, hin und wieder einzelne dunkle Fichten, welche die steil ansteigenden Bergwände bekleiden, machen die Strasse auch malerisch schön, nicht minder die wilden grossartigen Felspartien an manchen Stellen, in der untern Abtheilung, wo die Strasse auf das linke Ufer der Wehra tritt, die Hölle (S. 131) übertreffend, um so beachtenswerther, als die Wehra-Strasse über 2 St. lang ist, während der eigentliche Höllenpass nicht viel mehr als 15 Min. hat.

Am südl. Ende des Thals, hoch oben auf dem Kamm des Berges, der Thurm der Burgruine *Bärenfels*.

An den nordwestl. Häusern von Wehr läuft ein Wiesengrund aus, in welchem, 1/2 St. von Wehr, 10 Min. von dem Dorf **Hasel** (1237') *(Pflug)*, eine Tropfsteinhöhle sich befindet, die *Erdmännleinhöhle*, durch eine Thür verschlossen. Der Schullehrer Fautin, neben dem Pflug wohnend, hat den Schlüssel, und begleitet Fremde (30 kr.) in die mit Kienspänen zu erleuchtende Höhle. Diese hat manche hübsche Tropfsteingebilde, Orgel, Fürstengruft, Capelle, Burgverliess, und wie sie alle nach ihrer Aehnlichkeit benannt werden. An Grossartigkeit steht sie den Tropfsteinhöhlen am Harz nach, verdient aber immerhin gesehen zu werden. Wer nach Schopfheim (S. 134) will, braucht nicht nach Wehr zurück zu kehren; eine gute Strasse führt in derselben Zeit (1 1/2 St.) von Hasel nach Schopfheim.

Jenseit *Oeflingen* (Adler), 1 St. s. von Wehr, mündet die Strasse bei Stat. *Brennet* in die Basel-Waldshuter Eisenbahn (s. S. 140).

Sehr lohnend ist endlich auch der Weg vom Feldberg über St. Blasien und das Albthal abwärts zur Basel-Waldshuter Eisenbahn. Vom *Seebuck* (S. 132) geht es über die (1/4 St.) *Lenzkircher Viehhütte*, dann hinter der (1/8 St.) *Menzenschwander Viehhütte* r. nach (1 1/4 St.) **Menzenschwand** (2721'), dem Geburtsort des bekannten Maler Winterhalter, deren Nichte in dem stattlichen neuen Wirthshause wirthet, in welchem die beiden Oheime, die das Geld dazu gegeben, jährlich einige Zeit zubringen.

Von hier im Albthal abwärts Fahrweg in 2 St. nach **St. Blasien** (2373'), einst wegen seiner reichen und gelehrten Benedictiner-Abtei hochberühmt. Die Kirche, deren stolze Kuppel dem Wanderer von fern überraschend entgegen leuchtet, wurde 1786 nach dem Pantheon zu Rom erbaut. Die Klostergebäude dienen seit der Säcularisirung (1805) gewerbl. Zwecken (Baumwollenspinnerei). Der Gasthof ist ein sehr stattliches Gebäude und wohl eingerichtet.

Von St. Blasien gelangt man (in 1 1/4 St.) über *Häusern* nach **Höchenschwand** (*Ochs*), höchstes Dorf in Baden (3426') mit dem umfassendsten aller Alpenpanoramen (der Wirth hat die Aufnahme von Keller in Zürich), vom Algäu und Vorarlberg bis zum Montblanc, und über das Alpenvorland der Schweiz.

3/4 St. *Ober-Kutterau*. Bei (1 1/4 St.) *Immeneich* (kleines Wirthshaus) beginnt die neue, im Sommer 1859 fertig gewordene *Alb-Strasse, welche durch wilde Felsenpartien mit 6 Tunnels an den senkrecht abfallenden Bergwänden, tief unten der brausende Bach, nach (3 St.) *Albbruck* (954') (*Gasth. zum Albthal) führt, Station an der Basel-Waldshuter Eisenbahn (s. S. 140).

Nicht minder lohnend ist der Weg vom *Seebuck* an der *Menzenschwander Viehhütte* und *Altglashütte* vorüber nach dem malerisch schön gelegenen Dorf *Aha*, von da nach dem 1/2 St. entfernten fischreichen *Schluchsee* und nahe liegenden (5 Min.) gleichnamigen Dorf (3200'), seiner reizenden und gesunden Lage wegen zu längerem Aufenthalt geeignet (*Stern; Schiff). Von da auf Fahrweg in 2 1/2 St. nach St. Blasien.

25. Von Offenburg nach Schaffhausen und Constanz.

23³/₄ Meilen. Eilwagen von Offenburg nach Donaueschingen 2mal tägl. in 12 St.; von Donaueschingen bis Schaffhausen 1mal tägl. in 43¼ St. Von Schaffhausen bis Constanz Eisenbahn in 1½ St. für 2 fl. 6, 1 fl. 24 oder 54 kr.

Von *Offenburg* (S. 103) bis

7 *Tryberg* s. S. 128. Hinter Tryberg steigt die Strasse steil an.

1½ *St. Georgen*, mit Trümmern einer Benedictiner-Abtei.

2 *Villingen*. Bei *Schwenningen*, 1¼ St. ö., entspringt der *Neckar*.

1½ **Donaueschingen** (2124') *(Schütze; Post)*, sehr alte Stadt, Residenz des Fürsten von Fürstenberg. Im fürstl. Schloss eine Sammlung von Gemälden, besonders der altdeutschen Schule, und Kupferstichen. Die Bibliothek, mit der seit 1860 die berühmte Sammlung des Frhrn. v. Lassberg († 1855) vereinigt ist, besitzt besonders höchst werthvolle altdeutsche Handschriften (u. a. das Nibelungenlied etc.). Auf dem Kirchhof das Denkmal des 1849 hier gestorbenen preuss. Generals *v. Hanneken*. Beim Eingang in den Schlossgarten links ist ein rundes Becken mit klarem Wasser, welches aus der Erde emporsprudelt und in einem unterirdischen Canal etwa 100' weit in die Brigach geführt wird. Dieses kleine Wasserbecken wird die *Quelle der Donau* genannt, indess mit Unrecht, da erst die vereinigten Flüsse Brigach und Brege den Namen Donau erhalten („Brig und Breg bringen d'Donau z'weg"). Eine Sandsteingruppe im Park, von *Reich*, versinnbildlicht Donau, Brigach und Brege. Ein Denkstein, von Fürst Carl gesetzt, erinnert an den „Dichter der Emilia Galotti", eine Säule an die silberne Hochzeit des Fürsten Carl Egon, eine Büste an den Arzt Rehmann.

Bald hinter Donaueschingen, bei *Hüfingen* (im fürstl. Schloss eine bedeutende Naturaliensammlung; sehenswerth auch das Atelier des Bildhauers Reich, s. oben) überschreitet man die *Brege*. Auf der Höhe l. die die Trümmer des im 30jähr. Krieg zerstörten Schlosses *Fürstenberg*, Stammburg der fürstl. Familie.

2¼ *Blumberg*. Hinter *Randen* (2561') auf der Höhe der Strasse am Ostabhange des *Rubis* (2579') öffnet sich eine weite Aussicht über den Höhgau mit seinen vulcan. Kegeln, Hohenstoffeln, Hohenkrähen, Hohentwiel etc., in der Ferne ein Theil des Bodensee's, mit den Thürmen von Constanz und den Schweizer Bergen im Hintergrund.

2½ **Schaffhausen** *(*Krone*, Z. 1½, F. 1¼ fr.; *Schiff; Löwe*)*, malerische alte Stadt (8700 Einw.), Hauptstadt des Cantons gl. Namens, früher freie Reichsstadt, am r. Ufer des *Rheins*. An Sehenswürdigkeiten ist die Stadt arm. Von der hübschen Promenade Fäsistaub, wo ein Denkmal des Geschichtschreibers Johannes von Müller (1752 zu Schaffhausen geboren, † 1809 zu Cassel), schöner Blick auf den Rhein und die Alpen.

138 *Route 25.* REICHENAU. *Von Offenburg*

Um den **Rheinfall** zu sehen, fährt man am besten auf der Züricher Bahn bis Stat. *Dachsen* (Fahrzeit 10 Min., Fahrpreise 50, 35 oder 25 c., Retourbillets 80, 60 oder 40 c.), geht von hier in 15 Min. nach *Schloss Laufen* und lässt sich zuerst hinab auf die *Fischets* führen, eine bis fast in den Sturz der Wogen hineinragende Holzgallerie, dann zum *Känsli*, höher zum *Parillon* mit den farbigen Fensterscheiben, endlich auf die *Balcone* des Schlosses selbst. Es zahlt hierfür jede Person 1 fr. (kein Trinkgeld) Dann geht man über die *Rheinfallbrücke* auf das r. Ufer nach *Neuhausen* (zur Stat. Neuhausen an der Bahn Waldshut-Schaffhausen von hier 1/4 St.) und auf dem neuen Fussweg am Ufer hinab zum *Schlösschen Wörth* (*Aussicht auf den Fall), von wo man entweder für 30 c. nach Schloss Laufen überfährt, oder besser weiterwandert bis zum (10 Min.) Dörfchen *Nohl* und von hier für 10 c. über den Rhein, 5 Min. von Stat. Dachsen.

Die Eisenbahn nach Constanz nimmt von Schaffhausen ab eine n.-ö. Richtung. Stat. *Herblingen*, *Thayingen*, *Gottmadingen*, *Singen* (*Krone).

3/4 St. n.-w. von hier erhebt sich auf einem freistehenden hohen Basaltfelsen die Feste *Hohentwiel (2107′), kleine württemb. Enclave, im Höhgau. Sie wurde im 30jähr. Krieg von dem tapfern württemb. Commandanten Wiederhold siegreich vertheidigt. Grossartige Trümmer, prächtige *Aussicht über den Bodensee, die Tiroler und Schweizer Alpen. Eine Orientirungsscheibe mit Fernrohr gibt über Alles Auskunft. In der Meierei auf halber Höhe, wo auch Erfrischungen, für 12 kr. eine Karte zum Thurm lösen.

Die Bahn führt weiter über Stat. *Rickelshausen* nach **Radolphszell** *(Post)*, alte Stadt mit Mauern und Thoren und hübscher goth. Kirche von 1436, am *Untersee*.

In der Mitte des See's die bad. Insel **Reichenau**, 5/4 St. l., 1/2 St. br., mit der 1799 aufgehobenen Benedictiner-Abtei, östl. mit dem festen Lande durch einen über 1/4 St. langen Dammweg verbunden. Die Kirche wurde schon 806 eingeweiht; in ihr liegt der im J. 887 des Reichs entsetzte Urenkel Karl's d. Grossen, Karl der Dicke, begraben. Thurm u. Mittelschiff gehören noch dem ersten Bau an. Sonst hat die Kirche ausser einigen Reliquienkasten in der Abtei wenig Alterthümliches aufzuweisen. Sie ist jetzt Pfarrkirche des anstossenden Ortes *Mittelzell* oder *Münster* (Krone). Im frühsten Mittelalter war die Abtei sehr reich, durch schlechte Verwaltung aber bereits im 14. Jahrh. verarmt.

Die Bahn zieht sich stets dicht am See entlang auf der Südseite der Halbinsel, welche denselben vom *Ueberlinger See* (S. 139) trennt, berührt die Stationen *Markelfingen*, *Allensbach*, *Reichenau* (r. die Insel, s. oben) und überschreitet den Rhein vor

Constanz *(*Hecht*, Z. u. L. 1 fl., M. m. W. 1 fl. 24, F. 24, B. 24 kr., viel Engländer; *Adler* oder *Post*, Z. 42, L. 12, F. 18, M. m. W. 1 fl. 12 kr., auch Bier; *Krone)*, bis 1548 freie Reichsstadt, dann, als die Stadt der Reformation sich zuwendete, Oesterreich unterworfen, seit 1805 badisch, einst mit 40,000, jetzt nur 9500 Einw. (1100 Prot.), am n.-w. Ende des Bodensee's, da wo der Rhein ausfliesst. Das Bisthum verlor 1802 seine Besitzungen.

Der *Dom, 1048 gegründet, stammt in seiner jetzigen Gestalt aus dem Anfang des 16. Jahrh. Von dem 1850—1858 erbauten Thurm hübsche Aussicht über Stadt und See.

Auf den Thüren des Haupt-Portals in 20 Feldern *Relief-Darstellungen aus dem Leben Christi, 1470 in Eichenholz geschnitzt. *Chorstühle mit allerlei satyr. Darstellungen aus derselben Zeit. Orgel-Unterbau reiche

Renaissancen-Ornamentik von 1680. Im Hauptschiff, welches 16 Monolithsäulen (18' h., 3' dick) tragen, ist 16 Schritt vom Eingang auf einer grossen Steinplatte eine weisse Stelle, stets trocken, während der übrige Theil des Steins Feuchtigkeit anzieht. Huss soll auf dieser Stelle gestanden haben, als ihn am 6. Juli 1415 das Concil zum Feuertode verurtheilte In der s. Capelle neben dem Chor eine Grablegung Christi, Hochrelief, in der n. *lebensgrosse Halbfiguren, um die sterbende Maria beschaftigt, angemalt, Steinarbeit von 1460, daneben eine zierliche Wendeltreppe.

In der reichen Schatzkammer Missale mit Miniaturen von 1426. Im Capitelsaale eine beachtenswerthe Sammlung von Glasgemälden u. a. Kunstgegenständen, Eigenthum des Herrn Vincent. An der Ostseite der Kirche eine Krypta, darin die h. Grab-Capelle, eine 20' h. Nachbildung des h. Grabes in Stein. An der äusseren Nordseite noch 2 Seiten des einst reichen Kreuzgangs. Alles nöthigenfalls in Begleitung des Küsters (24 kr.) zu besichtigen. Thür an der Südseite stets offen.

Die *Stephanskirche*, in der Nähe des Doms, ein goth. Gebäude edeln Stils aus dem 14. Jahrh., enthält nichts Bemerkenswerthes. In südl. Richtung weiter ist an einem kleinen Platz ein unten mit Laubengängen versehenes Gebäude *(Café-Restaur. Leo)*, durch eine Tafel als *Curia Pacis* bezeichnet, in welchem Kaiser Friedrich I. 1183 den Frieden mit den lombard. Städten abschloss.

Das *Wessenberghaus*, Wohn- und Sterbehaus des langjährigen Bisthums-Verwesers *J. H. v. Wessenberg* († 1860), enthält die von demselben hinterlassenen, der Stadt und dem Staate vermachten Sammlungen von Gemälden, Kupferstichen und Büchern. — Die *Stadt-Kanzlei* ist neuerdings durch den Maler F. Wagner von Augsburg mit auf die Geschichte der Stadt bezüglichen Fresken geziert.

Das alte *Dominikanerkloster*, in welchem Huss gefangen sass, auf einer Insel im See, dient jetzt gewerblichen Zwecken. — Der Saal des 1388 erbauten *Kaufhauses* hat während der grossen Kirchenversammlung (1414—1418) als Cardinals-Conclave gedient. Röm. und deutsche Alterthümer und Huss'sche Reliquien werden hier für 1 fr. gezeigt; ebenso eine Sammlung inländ. Zugvögel (etwa 500, 6 kr.). An dem Haus, in welchem Huss ergriffen ward, das zweite rechts beim Schnetzthor, ist sein Bild mit der Jahreszahl 1415 in Stein gehauen, aus dem 16. Jahrh. Er wurde bald nach seiner Ankunft als Gefangener in das Dominikanerkloster gebracht. Die Stelle in der Vorstadt *Brühl*, wo sein und des Hieronymus von Prag Scheiterhaufen stand, ist durch einen colossalen Felsblock mit bezügl. Inschriften bezeichnet.

Die grosse *Schwimmschule* im See ist gut eingerichtet.

Im nördl. Arm des See's (*Ueberlinger See*), 1½ St. n. von Constanz, liegt die liebliche Insel *Mainau*, früher Sitz eines Deutsch-Ordens-Comthurs, wie noch das Kreuz an der Südseite des 1746 erbauten Schlosses andeutet, seit 1853 Eigenthum des Grossherzogs von Baden, der es neu und geschmackvoll einrichten liess. Die Insel hat ½ St. im Umfang und ist durch eine 650 Schritt lange Brücke mit dem festen Land verbunden.

26. Von Waldshut nach Basel.

Badische Eisenbahn. Fahrzeit 1½ bis 2½ St., Fahrpreise 2 fl. 16.
1 fl. 33, 1 fl. Links sitzen.

Waldshut *(Rebstock)*, ansehnlicher Ort auf dem hohen rechten Ufer über dem *Rhein* gelegen, ist Station der Bad. Bahn, welche weiter über Schaffhausen und Radolfszell, nördl. um den Zeller- oder Untersee nach Constanz führt. Unterhalb des ½ St. s.ö. von Waldshut am l. U. des Rheins im Canton Aargau gelegenen *Koblenz* (970′) fällt die *Aare* in den Rhein, deren Bett auf weiter Strecke mit Geröll und Kies bedeckt ist. Oberhalb der Aaremündung überschreitet die **Schweiz**. Verbindungsbahn nach Turgi auf einer eisernen Gitterbrücke den Rhein. (Waldshut-Turgi-Zürich in 1¾ St.)

Die Bahn tritt nur auf kurzen Strecken an den Rhein, Stationen *Dogern* (976′), *Albbruck* (954′), wo die neue grossartige *Albstrasse* (S. 136) mündet. Bei *Hauenstein* und bei *Luttingen* (973′) führt die Bahn über hohe Thal-Ueberbrückungen und durchdringt vor Stat. *Klein-Laufenburg* in einem Tunnel das vorliegende Gneisgebirge.

Der schweiz. Ort **Laufenburg** *(Post)*, mit einem alten Schloss, liegt malerisch gegenüber auf Felsen am l. U. im Canton Aargau, „alda ein gantzer Grat durch den Rhein gehet, so in der Mitten ein Lücken hat, dadurch zween Weydling (Nachen) neben einander fahren können, wardurch (wenn der Rhein klein ist) der ganze Fluss scheusst, und da man Bretter über dieselbe auff beyde Felsen leget, man trockenen Fusses von der Germanier auf die Helvetier Seite gehen kann. Im Sommer aber, wenn der Rhein gross ist, so schwellt er sich, und ergiesst sich alsdann über den ganzen Felsen herunter, also dass niemand hindurch schiffen kann." Merian. 1642.

Der Versuch, die Stromschnelle mit Nachen zu durchfahren, ist zwar nicht selten geglückt. Ein junger englischer Edelmann indess, Lord Montague, der letzte seines Stammes, büsste dabei sein Leben ein. Seltsamer Weise brannte an demselben Tag sein Stammschloss Cowdray in England ab. Ein Turner soll einmal mit einer grossen Springstange über den hier 17′ breiten Fluss gesetzt haben. Unterhalb dieses Rheinfalls ist ein ergiebiger Salmenfang. Vom Bahnhof zu Klein-Laufenburg sieht man die Felsen, zwischen welchen der Rhein hinschiesst.

Die Bahn zieht sich nun am Rhein hin, der hier vielfach über Felsen rauscht, das linke, schweizerische Ufer schroff abfallend und bewaldet. Folgt Stat. *Murg* (964′), dann **Säckingen** (899′) *(Bad* oder *Löwe)*, ansehnlicher Ort mit einer alten zweithürmigen Stiftskirche. Das einst sehr mächtige Kloster wurde später in ein adeliges Frauenstift verwandelt und zu Anfang dieses Jahrhunderts aufgehoben.

Bei Stat. *Brennet* mündet die *Wehra-Strasse* (S. 135). Die Bahn durchschneidet die Rebpflanzungen und Gärten der vielfensterigen stattlichen ehem. Deutsch-Ordens-Commende *Beuggen* (853′), seit 1817 Kinder-Rettungsanstalt (S. 6) und Schullehrer-Seminar, und erreicht Stat. *Rheinfelden*.

Der schweiz. Ort **Rheinfelden** (841') *(Schiff; Krone)*, gegenüber am l. U. im Canton Aargau, war früher stark befestigt und einer der Vorposten des heil. röm. Reichs, unzähligemal belagert, 1745 von den Franzosen geschleift, seit 1801 zur Schweiz gehörend. Der Strom stürzt sich schäumend über die Felsen und bildet einen Strudel, den sogen. *Höllenhaken*.

Die Bahn verlässt den Rhein und führt durch die fruchtbare, nicht breite Ebene zwischen den südlichen Ausläufern des Schwarzwalds und dem meist tief eingeschnittenen Rheinbett, an den weinreichen Orten *Warmbach* (850') und *Grensach* (vgl. S. 114) vorbei nach *Klein-Basel* (S. 2).

27. Bayrische Rheinpfalz.
(Donnersberg u. Haardt.)

Der nachstehende **Reiseplan** umfasst das ganze Gebirgsland der Rheinpfalz. Bequeme Reisende werden sich auf den Besuch des Haardtgebirges beschränken; durch die neue Eisenbahn, welche am Fuss desselben von Neustadt über Dürkheim (bis hier bereits eröffnet), Grünstadt und Monsheim nach Worms im Bau ist, wird dieser sehr erleichtert werden.

Von Ludwigshafen mit der Eisenbahn nach Neustadt (S. 28); von hier mit Einspänner (4 fl.) in 2½ St. nach Frankenstein (Eisenbahnstation, s. S. 150). Villa besichtigen, durch das Isenachthal zur (2 St.) Hartenburg (S. 145) fahren, dann zu Fuss in 1 St. auf die Limburg und in ½ St. hinab nach Dürkheim. — Die Eisenbahn von Neustadt nach Dürkheim führt über die Stationen *Mussbach*, *Deidesheim* (S. 146), *Wachenheim* (S. 145) in 40 Min.; für 42, 27 oder 18 kr.

Bei Dürkheim beginnt der schönere Theil des rebenreichen *Haardtgebirges*, zu dessen Durchwanderung ein Fussgänger 3 Tage gebraucht; am 1. Tage von *Dürkheim* über *Neustadt*, das *Hambacher Schloss* nach *Edenkoben*; am 2. Tage am Abhang des Gebirges weiter nach *Eschbach*, auf die *Madenburg*, über das Gebirge auf den *Trifels*, nach *Annweiler* und *Willgartswiesen*; am 3. Tage *Dahn*, Umgebungen von Dahn und durch das Lauterthal nach *Hinter-Weidenthal* und den *Kaltebach*, wo man den Eilwagen abwartet, der jeden Tag den Ort auf den Fahrten zwischen Landau und Zweibrücken berührt. Von *Zweibrücken* Zweigbahn in 23 Min. nach *Homburg*, Station an der Ludwigshafen-Saarbrücker Bahn, von da in 2 St. nach Neustadt, in 3 St. nach Ludwigshafen.

Der übrige Theil dieses gesegneten Landes ist jedoch kaum minder schön, wenn auch als Weinland weniger bekannt. Am genussreichsten ist's daher, die Wanderung von Kreuznach zu beginnen; am 1. Tag über den Rheingrafenstein, die Ebernburg, durch das Alsenzthal nach *Dielkirchen*; am 2. Tag über den Donnersberg nach *Göllheim*, und von da zu Wagen (5 fl.) nach *Dürkheim*, da die Gegend vom Fuss des Donnersbergs bis Dürkheim weniger bietet (oder zu Fuss bis *Grünstadt* und von dort am folgenden Morgen um 8 U. mit Omnibus nach Dürkheim); am 3., 4. u. 5. Tag nach *Edenkoben*, *Willgartswiesen* und weiter, wie oben angegeben.

Die feinsten Pfälzer-Weine wachsen zu Königsbach, Ruppertsberg, Deidesheim, Forst, zu Wachenheim, Dürkheim, Ungstein und Callstadt, dessen rother Wein dem Burgunder an Güte gleich steht. In guten Jahren liefert die Pfalz 100,000 Fuder. Im September und October sind die Weinberge geschlossen, d. h. auch die zwischen denselben führenden Wege: Notiz für Fusswanderer.

Karten und Ansichten der Pfalz (und vom Speyerer Dom) in der Buchhandlung *Gottschick-Witter* zu Neustadt.

Kreuznach, *Rheingrafenstein* und *Ebernburg* sind S. 209 beschrieben. Der Weg zur Gans und dem Rheingrafenstein, kaum zu verfehlen, verlässt am Gasthof zum Rheinstein, der Kreuznacher Badinsel gegenüber, die Landstrasse und führt bergan zum (1 St.) *Rheingrafensteiner Hof*, dann durch die Anlagen auf die *Gans* und weiter auf den (½) *Rheingrafenstein*, der Weg zwischen Gans und Rheingrafenstein etwas schwieriger zu finden. Vom Rheingrafenstein ¼ St. bis zum Fuss des Porphyrfelsens, an welchem, durch die Nahe getrennt, **Münster am Stein** (S. 211) liegt. Eisenbahn s. S. 206.

Der Fluss ist hier Grenze zwischen Preussen und Bayern. Am rechten Ufer liegt auf einer Anhöhe die **Ebernburg** (S. 211. *Gastwirthschaft). Die Strasse zieht sich südlich im *Alsenzthal* aufwärts über *Altenbamberg* (auf der Höhe die ansehnlichen Trümmer der 1669 von den Franzosen zerstörten Feste *Kronenburg*, Stammsitz der alten Raugrafen), nach (2½ St.) **Alsenz** *(Post)*, dann in dem von hier an sehr belebten malerischen dorfreichen Thal weiter. Vor *Mannweiler* blicken rechts von der waldbewachsenen Höhe die Trümmer des Schlosses *Randeck* hervor. Der folgende Ort heisst *Köln*.

Dielkirchen *(*Hoster)*, 2 St. von Alsenz, eignet sich wegen des guten billigen Gasthauses zum Uebernachten, sofern Zeit und Kräfte nicht mehr bis zu dem 3 gute St. entfernten *Dannenfels* reichen. Die Landstrasse führt im Alsenzthal noch ½ St. weiter bis vor **Rockenhausen** *(*Post)*, dann links ab nach (1¼ St.) *Marienthal*. Der leicht zu findende gerade Fussweg von Dielkirchen nach Marienthal (1¼ St.) kürzt also um ½ Stunde. — Führer von Dielkirchen über den Donnersberg nach Dannenfels 36 bis 48 kr. angenehm, aber nicht gerade nöthig.

Marienthal hat eine hübsche goth. Kirche von 1478, kürzlich im alten Stil wieder aufgeführt; sie enthält gute Grabmäler der Grafen v. Falkenstein, namentlich eines mit der Abbildung der sieben Kinder eines Grafen, die von 1556 bis 1563 starben, mit der Inschrift: *Lasset die Kindlein zu mir kommen*. Am **Bastenhaus**, ¼ St. von Marienthal, verlässt man die Landstrasse und folgt rechts einem schlechten ansteigenden Fahrweg, neben und über welchem der *Appelbach* fliesst. Bei einem Scheideweg links, dann aus dem Wald. Obgleich man hier die Hochfläche, den Gipfel des Donnersbergs, vor sich sieht, hält man sich doch links, um in einem Halbkreis hinauf zu gelangen. In Marienthal und am Bastenhaus leidliche Wirthshäuser.

Der ***Donnersberg** (2126′) war dem Gotte *Thor* heilig, daher der Name; die Römer nannten ihn *Mons Jovis*, den Berg des Donnergottes. Zur franz. Zeit gab er einem Departement den Namen *(Département du Mont-Tonnerre)*. Das obere Gebirge besteht meist aus rothem Porphyr (Feldsteinporphyr). Man erkennt den Berg in weiter Ferne leicht an seiner Gestalt, einer grossen, sehr flachen, an allen Seiten steil abfallenden Hochebene. Gipfel, Abhänge und die inneren Theile sind mit prächtigem Buchenwald bedeckt. Früher war auf seinem Gipfel ein grosser Bauernhof, der *Donnersberger Hof*, aus den Trümmern eines Klosters entstanden. Die bayr. Regierung hat ihn wegen häufiger Holz- und Weidberechtigungs-Streitigkeiten im J. 1854 niederreissen und die Fläche mit Wald bepflanzen lassen. Zehn Min. von der Stelle entfernt, wo der Hof stand, ist der *Hirtenfels*, ein schattiger Felsensitz, an der Ostseite der Hochebene; er gewährt die schönste Aussicht, den Lauf des Rheins aufwärts bis unterhalb Speyer umfassend, vom Haardtgebirge im Süden, östlich vom Odenwald (Melibocus) und dem Taunus (Feldberg, Altkönig) begrenzt. Die Aussicht vom *Königsstuhl*, einem etwa 30' hohen Porphyrfels westlich, auf welchem einst die fränkischen Könige und die Grafen des Wormsgaues zu Gericht gesessen haben sollen, ist einförmig. Sie erstreckt sich nur über Waldgebirge.

Beim Hinabsteigen an der Ostseite auf gebahntem Weg erreicht man stets im Schatten schöner Buchen, Eschen und Ahornbäume in ½ St. das mit Kastanienbäumen von ausserordentlicher Grösse geschmückte Dorf **Dannenfels** (*Gümbel*), und wandert dann durch die schattenlose hügelige Ebene weiter nach (45 Min.) *Bennhausen*, (30 Min.) *Weitersweiler*, (25 Min.) *Dreysen*, wo man die grosse von Napoleon erbaute „Kaiserstrasse" (s. R. 55) überschreitet, (35 M.) **Göllheim** (*Hirsch;* Wagen nach Dürkheim 5 fl., bei dem Apotheker), altes Städtchen. Rechts am Eingang sieht man schon von weitem die neue von Voit in München entworfene *Capelle*, daneben eine alte Rüster und unter dieser das eingemauerte *Königskreuz*, ein 1794 von franz. Republicanern viel beschädigtes Christusbild von rothem Sandstein, zur Seite rechts die Inschrift:

„*Anno milleno trecentis bis minus annis
In Julio mense Rex Adolphus cadit ense*"

mit dem Zusatz, dass das Denkmal 1611 von Graf Ludwig von Nassau erneuert worden. Die alte Inschrift an der Ostseite ist kaum zu entziffern *(Adolphus a Nassau Rex interficitur ad Gellinheim — Kon. — Julii?)*.

An diesem Baum hauchte um die Mittagsstunde des 2. Juli 1298 Kaiser Adolph v. Nassau (S. 34) unter Staub und Schlachtgewühl sein Leben aus, getroffen von den Schwertstreichen seines Gegners Albrecht v. Oesterreich. Ein Kriegsknecht durchschnitt dem zum Tode verwundeten und halb bewusstlos liegenden Fürsten dem Hals. Die Schlacht hatte sich vom *Hasebühl*, 1/2 St. südl., hierher gewälzt, und endete mit dem Tode des Kaisers. Zum Gedächtniss liess bald nachher einer von des Kaisers Geschlecht die Mauer aufführen und das Bild des Heilands einfügen.

Dürkheim ist von Göllheim auf der Landstrasse über Grünstadt 5, auf dem Fussweg über *Eisenberg* u. *Leiningen* 4 gute Stunden entfernt. Die Gegend, fruchtbares Hügelland, bietet wenig Abwechselung.

Grünstadt (*Jacobslust*; Morgens Post (24 kr.) und Omnibus nach Dürkheim, Einsp. 2 fl.; Eisenbahn im Bau) war bis zur ersten franz. Revolution Residenz der Grafen v. Leiningen, seitdem diese ihre 1690 von den Franzosen zerstörten Schlösser *Alt-* und *Neu-Leiningen*, deren ansehnliche Trümmer in der Ferne auf einem Berge sichtbar sind, hatten verlassen müssen. Die Wohnungen der Grafen in Grünstadt, der *obere* und *untere Hof*, dienen jetzt Schul- und gewerblichen Zwecken.

Die hochliegende Strasse durchschneidet gewaltige Rebenfelder; so weit das Auge reicht, erblickt es nur Weinstöcke. *Herxheim*, *Callstadt* und *Ungstein* sind berühmte Weinorte (vergl. S. 138).

Dürkheim (*Hôtel Reitz*, an der Ostseite der Stadt, Z. 1 fl., F. 20 kr., M. 1 fl.; *vier Jahreszeiten)* wurde nach der Zerstörung der Leiningen'schen Burg durch den pfälz. Kurf. Friedrich 1471, und nach der Franzosen-Verwüstung im J. 1689 fast ganz wieder aufgebaut, war dann sehr lebhafte Residenz der Fürsten v. Leiningen-Hartenburg, welche an der Stelle des jetzigen Rathhauses ein schönes 1794 von den Franzosen niedergebranntes Schloss hatten, in dessen Theater einst Iffland spielte. Es ist jetzt einer der ansehnlichsten und belebtesten Orte der Pfalz, mit 7000 Einw., in der schönsten Lage am rebenreichen Haardtgebirge. Die Traubencur zieht im Herbst zahlreiche Gäste hieher (S. 28); ebenso das Soolbad der nahen Saline *Philippshalle*. Dürkheim ist 4 St. von Ludwigshafen (S. 28), 3 von Neustadt (S. 28), 2½ von Grünstadt, 7 von Kaiserslautern (S. 150) entfernt. Eisenbahn nach Neustadt s. S. 141; nach der Station Frankenthal (S. 29) 2mal täglich Postomnibus in 2½ St.

Am Eingang des *Isenachthals* ragen auf einem steilen vortretenden Berg, ½ St. w. von Dürkheim, die stattlichen Trümmer des ehem. Benedictiner-Klosters *Limburg* hervor, die Ruine einer grossartigen Säulenbasilika des 11. Jahrh. in vorzüglich klarer Durchbildung. Sie trägt nicht wenig bei, das Malerische der nächsten Umgebungen von Dürkheim zu heben und wird von Mannheim viel besucht. Die Limburg war einst Schloss des Salischen Grafen Conrad des ältern, welcher 1024 als Conrad II. zum Deutschen König erwählt wurde. Als des Königs ältester Sohn Conrad auf der Jagd verunglückte, fasste Kaiser Conrad den Entschluss, sein Stammschloss „zum Heil der Seele seines Sohnes" in ein Gotteshaus zu verwandeln. Er legte daher in Begleitung seiner Gemahlin Gisela den 12. Juli 1030 um 4 Uhr Morgens, wie die Chronik sagt, den Grundstein zur Kirche und noch an demselben Tage den Grundstein des Doms in Speyer (S. 31). Zwölf Jahre später war der Bau vollendet, die Abtei ward den Benedictinern übergeben, welche bald grosse Besitzungen erwarben. Die Aebte wählten sich die Hartenburger Grafen v. Leiningen zu Schutzherren, zerfielen aber mit denselben so

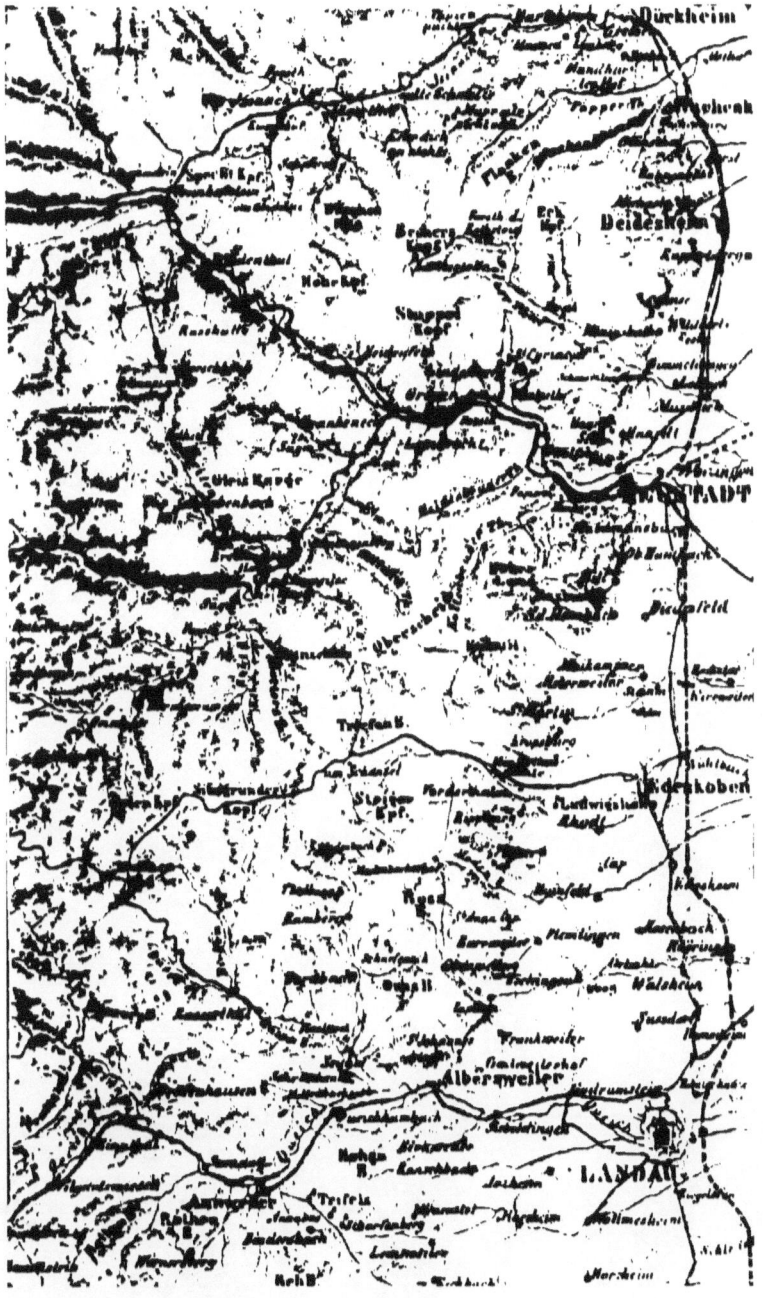

sehr, dass Graf Emich VIII. die Abtei 1504 einnahm und zerstörte. Sie wurde zwar von 1515 bis 1554 dürftig wieder aufgebaut, aber 1574 von Kurfürst Friedrich III. von der Pfalz aufgehoben, und verfiel nach und nach. Die Ruine mit ihren zu Spaziergängen und Anlagen benutzten Umgebungen gehört jetzt der Stadt Dürkheim (Wirthschaft oben). Der südwestl. Thurm aus dem 13. oder 14. Jahrh. (auf 137 Stufen zu besteigen, hübsche Aussicht), ein Theil der gleichzeitigen Kreuzgänge, die an der Ostseite oben offene Gruftkirche sind noch erhalten. Nach drei Seiten hin reizende Aussichten, besonders östl. nach den unermesslichen Gärten der Pfalz bis über die Gebirge des Odenwalds. Die 1 St. von der Limburg entfernten umfangreichen rothen Trümmer der um das J. 1200 von den Grafen v. Leiningen erbauten, später vergrösserten, 1510 vollendeten, erst 1794 zerstörten **Hartenburg** *(*Hirsch)* mit ihren Gewölben und mächtigen gesprengten, dem Heidelberger ähnlichen Thürmen, schliessen nordwestl. die Landschaft. Die weitläufigen innern Räume der Hartenburg dienen als Gemüsegärten. Oestlich ein grosser Rasenplatz (Turnierplatz) mit stattlichen Linden und schönem Ueberblick über das Thal.

Nordöstlich von der Limburg erhebt sich der Kastanienberg, über dessen Waldabhängen ein Theil der *Heidenmauer* zum Vorschein kommt, rechts vom *Teufelsstein*, einem 12' hohen Felsen, vielleicht einst Opferaltar (?), überragt. Die Heidenmauer ist ein 60' bis 100' breiter, 8' bis 12' hoher Steinwall aus lose zusammengehäuften Feldsteinen, der den Scheitel des Kastanienbergs, ½ St. im Umfang, einschliesst, und mit dem Kloster Limburg den Stoff zu Cooper's Roman „die Heidenmauer oder die Benedictiner" geliefert hat. Sie ist ohne Zweifel wie der Ring auf dem Altkönig (S. 61) german. Ursprungs. Der *Peterskopf*, 1530' ü. M., ¾ St. nordwestlich vom Teufelsstein, gewährt eine schöne ausgedehnte Fernsicht. — Die auf der Karte (w. von Dürkheim) angezeigten alten Thürme, mit den wunderlichen Namen „*Murr mir nicht viel*" und „*Kehr dich an nichts*", sind Trutz-Thürme, die in Folge von Waldstreitigkeiten zwischen Kurpfalz und den Grafen von Leiningen zu Anfang des 18. Jahrh. auf den Grenzgebieten aufgeführt wurden.

Am Rand des westl. Bergkessels führt ein Weg über (30 M.) *Seebach*, Dorf und ehem. Benedictinerinnen-Kloster mit einer wohlerhaltenen Klosterkirche vom Ende des 12. Jahrh., dann durch Weinberge (im September und October geschlossen, S. 141) nach (45 M.) **Wachenheim** *(Krone)*, Eisenbahnstation. An der Westseite von Wachenheim sieht man die Trümmer der *Wachten-* oder *Geiersburg*, einst den Salischen Herzogen, zuletzt den Pfalzgrafen gehörig, 1689 zerstört. An der Südseite grossartige Wohnhäuser und stattliche Anlagen reicher Weinhändler, namentlich das eines Herrn Wolf, von Eisenlohr, der die hübschen Bauten an der badischen Bahn (S. 84) aufgeführt hat, entworfen. Dann folgt (15 M.) *Forst*, weiter (30 M.) **Deidesheim** *(*Bair. Hof)* (Eisenbahnstat.), Orte, die in der äussern Erscheinung schon grossen Wohlstand anzeigen, deren Namen an edlen Wein erinnern (S. 141). Besonders Dürkheim, Wachenheim, Deidesheim sind Sitze der grossen Weingutsbesitzer, der neuen Aristokratie dieses ganz bürgerlichen Landes.

Ruppertsberg bleibt links von der Strasse. Fussgänger verlassen diese südlich von Deidesheim, und wandern rechts durch Weinberge am Abhange des Gebirges fort nach (45 M.) *Königsbach* und (15 M.) *Gimmeldingen*, und erreichen dann (45 M.) die *Burg Winzingen*, das „*Haardter Schlösschen*", dessen epheuumrankte Trümmer zu neuen Anlagen und Bauten benutzt worden sind. Es ist dem Publicum verschlossen. Die nahen **Wolfschen Anlagen*, jederzeit zugänglich, hinter dem Dörfchen **Haardt**, nahe bei der Kirche, ½ St. von Neustadt, gewähren namentlich oben bei der *Eremitage* eine vortreffliche Aussicht über das ganze Rheinthal; Speyer, Mannheim, selbst die rothen Sandsteinbogen der Heidelberger Schloss-Terrasse (S. 82) sind zu erkennen. Am Fuss des Berges liegt **Neustadt**. *Neustadt, Maxburg, Edenkoben, Landau* s. S. 28, 27, 26. Die *Maxburg* liegt 1 St. südwestl. von Neustadt. Ein steiler Pfad führt von der Maxburg nach dem am Fuss des Berges gelegenen *Mittel-Hambach* (Pfalz) und von da in der Ebene fort nach (1 St.) **Edenkoben** (S. 27).

Fussgänger wandern am Abhang des Reben- und Wald-Gebirges fort nach dem grossen wohlhabenden Dorf (½ St.) **Rhodt**, bei dem auf einem Berggipfel die Trümmer der *Rietburg* oder *Rippburg* sich zeigen. König Ludwig liess am Fuss des Berges nach Gärtner's Entwurf mit einem Kostenaufwand von 154,000 fl. eine geschmackvolle Villa, *Ludwigshöhe* genannt, errichten. Die Aussicht ist reizend, das Schloss selbst entbehrt im Innern noch künstlerischer Ausschmückung. Eigenthümlich ist die Küche.

Zwei St. westl. von hier, auf dem *Steigerkopf* (1919′), ist ein militärisch wichtiger Punct, das „*Schänzel*", welches 1794 der preuss. General v. Pfau muthig vertheidigte und bei dieser Vertheidigung blieb. Ein Denkmal zur Erinnerung an diese That liess der österr. Feldmarschall Wurmser daselbst errichten.

Weiter führt dann der Weg durch die Dörfer (30 M.) **Weiher**, (30 M.) **Burweiler**, auf welches die weisse *Anna-Capelle* von der Höhe freundlich herabblickt; (15 M.) **Gleisweiler**, wo in hoher (1000′ ü. M.) vor Nord- u. Westwinden geschützter Lage, am Fuss des 2500′ hohen *Teufelsbergs* (*Aussicht auf die Vogesen), 1 St. Fahrens von Landau, die grosse *Wasserheilanstalt* des Hrn. Dr. Schneider, mit Molken- und Traubencur, Kuhstallluft etc. Pensionspreis einschl. Bäder und ärztl. Honorar 14 bis 28 fl. wöchentlich, auch *Gasthof*; 1½ St. s.w. Ruine *Scharfeneck*, lohnender Spaziergang mit hübschen Aussichten. Weiter (30 M.) **Frankweiler** *(Schwan)*, (30 M.) **Siebeldingen**. (Vergl. S. 149.) Hier überschreitet man die *Queich* (S. 27). Das Gebirge auf dem rechten Ufer der Queich wird schon den *Vogesen* zugezählt, wie denn überhaupt die Haardt den nördlichen Ausläufer der Vogesen bildet.

Ueber (45 M.) *Ilbesheim* — auf einem vorspringenden Berg rechts die Trümmer der 1689 zerstörten *Burg Neucastel*, links zwischen *Arzheim* und Ilbesheim die *Kalmit*, ein aus der Ebene aufsteigender Vorberg mit bedeutender Fernsicht, oben eine Capelle — nach (45 M.) **Eschbach** *(Engel*, dürftig), Dorf am Fuss der Madenburg, von wo ein Führer (36 kr.) auf die Madenburg und von da zum Trifels nöthig wird.

Die *Madenburg *(Magdenburg, Maidenburg, Marientraut*, im Volksmund *Eschbacher Schloss)*, 1/2 St. s.w. von Eschbach, ist ihrem Umfang und den grossartigen wohl erhaltenen Trümmern nach die bedeutendste Burg der Rheinpfalz. Sie war im Besitz der Grafen v. Leiningen, später des Hochstifts Speyer und diente den Bischöfen vielfach als Residenzschloss; 1689 wurde sie von dem franz. General Montclar (S. 27) bei der Pfalzverheerung niedergebrannt. An mehreren Mauern der Burg findet man theilweise noch gut erhaltene bischöfl. Wappen mit Inschriften, z. B. Bischof Eberhard's von Speyer (1594); ein anderes hat als Ueberschrift: „Von Gottes Gnaden Philips Bischof zu Speier und Propst zu Weissenburg" etc. Die *Aussicht von der Madenburg wird von keiner in der Pfalz erreicht. Sie beherrscht das Rheinthal von Strassburg bis zum Melibocus, in der Ferne die Höhen des Schwarz- und Odenwalds. Der Münsterthurm zu Strassburg, die Thürme von Carlsruhe, Speyer, Mannheim und Worms sind selbst dem unbewaffneten Auge sichtbar. Was ihr aber einen ganz eigenthümlichen Reiz gewährt, ist der Blick westlich auf die zahllosen bewaldeten Bergkegel der Vogesen, einem gewaltig wogenden erstarrten Meer nicht unähnlich. Von den Gipfeln der meisten dieser Bergkegel ragen, gleich alten Burgtrümmern, wunderbare Gebilde nackten bunten Sandsteins in den seltsamsten Formen hervor.

Nach einer 1 1/2 stünd. Wanderung n.w. an den hohen Bergabhängen entlang, durch duftigen Fichten-, Tannen- und Buchenwald, erreicht man die Trümmer der Burg *Trifels (1422'), wohin 1193 der Engländer König Richard Löwenherz von Schloss Dürrenstein an der Donau gebracht und von Kaiser Heinrich VI. länger als ein Jahr gefangen gehalten wurde, bis, der Sage nach, der treue Sänger Blondel seinen Aufenthalt erkundete und die Seinigen ihn loskauften. Auf Burg Trifels verweilten nicht selten die Deutschen Kaiser, ihre Mauern schützten Heinrich IV., als Papst Gregor VII. im J. 1076 den Bann über ihn ausgesprochen, die Fürsten ihn verlassen und sein eigener Sohn die Waffen gegen ihn ergriffen hatte. Auf Trifels hielt Heinrich V. den Mainzer

Erzbischof Adalbert in harter Gefangenschaft, aus welcher ihn die Mainzer Bürger befreieten, wie auf den ehernen Thorflügeln des Mainzer Doms (S. 177) zu lesen ist. Trifels diente mehrfach als Aufbewahrungsort der Reichsinsignien und als Schatzkammer der Kaiser. Nach dem 30jähr. Kriege gerieth die Burg immer mehr in Verfall, so dass jetzt ausser dem 30' hohen Thurm nur einzelne Mauern noch vorhanden sind. Dieser Thurm wurde im J. 1854 ausgebessert und ergänzt; doch hat nach einigen Jahren schon ein in dem Mauerwerk des Thurmes entstandener ziemlich breiter Riss das Neue vom Alten geschieden. Auf dem Platz vor dem Thurm hat die Stadt Annweiler 1854 ein vierseitiges Denkmal aus Sandstein errichtet, auf dessen Süd- und Nordseite geschichtliche Notizen über die Burg, auf der Ost- und Westseite solche über die Stadt Annweiler verzeichnet sind. Die Aussicht gleicht der von der Madenburg, sie ist jedoch östlich weit mehr beschränkt. Auf einem Berge in gleicher Höhe mit dem Trifels erhebt sich ein 70' hoher viereckiger Thurm, die *Münz* genannt. Die Besteigung des Trifels von Annweiler aus, welches am n.w. Fusse des Berges liegt, nimmt 1 St. in Anspruch, hinab 1/2 St. Der Weg führt in Windungen durch den Wald. — Eine schönere und weitere Fernsicht hat man von dem neuerdings mit einem Thurm versehenen *Rehberg*. von Annweiler 1 St. entfernt.

    Annweiler *(Trifels; Rother Ochse*, wird gelobt; *Post*. nur Restaur.; gutes Bier im *Bayr. Hof)* ist ein kleines Städtchen mit einem 1844 aus rothem Sandstein nach dem Plan des Prof. Voit in München aufgeführten, in gutem Stil gehaltenen *Rathhaus*. Es bietet sonst nichts Bemerkenswerthes (2mal täglich Omnibus nach Landau, S. 27). Um so belohnender ist eine Wanderung durch das anmuthige, von der *Queich* durchströmte **Annweiler Thal*, ein enges Wiesenthal, zu beiden Seiten von belaubten Bergabhängen und Bergkegeln eingeschlossen, aus welchen der nackte bunte Sandstein in seltsamen Gestaltungen höchst malerisch zu Tage tritt.

    Der schönere Theil des Thals dehnt sich 2 St. weit bis **Willgartswiesen** (**Lamm*, nicht theuer) aus, dessen ebenfalls von Voit erbaute *Kirche*, mit den beiden hübschen Thürmen, die Landschaft hebt. Die grossartigsten und wunderlichsten Felsbildungen des zerklüfteten bunten Sandsteins, gewaltigen Mauern, Thürmen und Pfeilern ähnlich, ragen um und bei **Dahn** (*Pfals*. dürftig), wohin man unter der Leitung eines Führers (36 kr.) von Willgartswiesen über *Hauenstein* in 3 St. gelangt, aus Waldung und Gebüsch hervor. Etwa 15 Min. vor Dahn steigen die ansehnlichen Trümmer des alten **Schlosses Dahn* auf einem bewaldeten Sandsteinfels auf. Fels und Ruine sind wie in einander verwachsen und kaum von einander zu unterscheiden. Treppen und Gänge führen theilweise durch das lebende Gestein. Vom höchsten Punct

schöner Ueberblick über die umliegende Gebirgsformation. Ueber
das Schloss ½ St. Umweg.

Unmittelbar bei Dahn erhebt sich zu ansehnlicher Höhe ein
die Strasse nach der Kaltebach überhängender Fels, aus verschiedenen Geschieben bestehend, der *Jungfernsprung* genannt,
an den verschiedene Sagen sich knüpfen. Aehnliche Felsgebilde
trifft man vielfach im Thal der *Lauter*, durch welches eine Strasse
nach (1¼ St.) **Kaltebach**, Poststation an der grossen Landau-
Zweibrücker Landstrasse, führt. Die Fusswanderung weiter ist
von hier an weniger lohnend. Zur Rückkehr nach Landau bietet
der Postomnibus Gelegenheit.

Man kann auch von Dahn sich wieder östl. wenden, der Landstrasse folgend, über *Busenberg*, *Erlenbach*, in dessen Nähe Schloss
Barbelstein auf der Höhe hervorragt, *Birkenhördt* nach **Bergzabern**
(Huber), altes Städtchen, 4 St. von Dahn, und von da Post oder
Omnibus nach der 1½ St. entfernten Eisenb.-Stat. *Winden* (S. 26).
Statt von *Gleiszweiler* hinabzusteigen, nach *Frankweiler* u. s. w.
(S. 147), kann man auch am Gebirge (stets schöne Aussichten)
bleiben und über *Albersweiler* nach *Annweiler* (4 St.) oder besser
Willgartswiesen (2 St. weiter) wandern, hier einen Wagen nehmen
und nach *Dahn* fahren, Abends nach Annweiler zurück und folgenden Tags über den *Trifels* und die *Madenburg* nach *Landau*
zur Eisenbahn wandern.

28. Von Mannheim nach Saarbrücken.

Ludwigshafen-Bexbacher u. preussische Saarbrücker Bahn.
Fahrzeit bis Neustadt 1, Kaiserslautern 2, Homburg 3, Saarbrücken
4 St. Fahrpreise 6 fl. 7 kr., 3 fl. 48 kr., 2 fl. 36 kr. Der Bahnhof
von Ludwigshafen (S. 28), Mannheim gegenüber, ist 15 M. von der
Rheinbrücke entfernt, 45 M. vom Bahnhof zu Mannheim. Droschke
von Bahnhof zu Bahnhof für 1 bis 2 Pers. 45 kr., 3 Pers. 1 fl., 4 Pers.
1 fl. 12 kr.; Omnibus 22 kr., nach Mannheim 16 kr.

Der Zug fährt, nachdem er den Bahnhof zu Ludwigshafen
(S. 28) verlassen, 1 St. lang durch Acker- und Tabaksfelder.
Stationen: *Mutterstadt*, *Schifferstadt*, von wo die Züge der Zweigbahn *Speyer* (S. 31) in 15 Min. erreichen, *Böhl*, rechts in der
Ferne der lange Rücken des Donnersbergs (S. 142), *Hassloch*,
wohlhabendes grosses Dorf mit 5000 Einw. Nähert man sich
dem *Haardtgebirge*, so erscheint links auf einer Kuppe die *Maxburg* (S. 27), rechts Ruine *Winzingen* (S. 146), weiter rechts die
grossen Rebenfelder und die weinberühmten Orte *Königsbach*,
Ruppertsberg, *Musbach*, am Gebirge das lange Dorf *Haardt* (S. 146).

Neustadt, Knotenpunct für die Maximilians-, Ludwigs- und
die Bexbacher Bahn, s. S. 28. Die letztere tritt hier ins Gebirge des *Westrich*. Der Zug windet sich 1 St. lang in dem
engen waldbewachsenen malerischen Thal des *Speyerbachs*, durch
dessen bunten Sandstein 12 Tunnel gebrochen sind, mit 24 verschiedenen Portalen. Jenseit Neustadt rechts auf der Höhe die

rothen Trümmer der *Wolfsburg*, links im Thal eine burgartige Tuchfabrik mit einer das Thal überbrückenden Wasserleitung. Am Fuss der (r.) Wolfsburg in den 1. Tunnel. Folgt Station *St. Lambrecht-Grevenhausen* (*Weber), von franz. Ausgewanderten erbaute Orte mit grossen Tuchfabriken, die namentlich viel Militärtuch liefern. Auf einem Kegel die Trümmer der Burg *Neidenfels*. Folgt Stat. *Frankenstein* (*Krone; *Hirsch); über dem Tunnel stattliche Burgtrümmer, Gegend besonders schön und wild, rechts die *Teufelsleiter*, ein treppenartiger Fels. In einem stillen Seitenthal r. die zu Anlagen benutzte Ruine *Diemerstein*, mit einem kleinen von dem Erbauer der Bahn, Hrn. Baurath Denis, aufgeführten Landhaus, jetzt Eigenthum des Bankier Ladenburg in Mannheim. Von Frankenstein nach Dürkheim s. S. 141. Stat. *Hochspeyer* liegt auf der Wasserscheide, die Bahn steigt von Neustadt bis hier an 100′. Der letzte Tunnel (2 Min. Durchf.) ist 1360 Meter od. 4333′ rhein. lang.

Kaiserslautern (*Schwan) ist eine der ansehnlichsten Städte der Pfalz, in dem Westricher Hügelland. Die Stelle des prachtvollen Palastes Kaiser Friedrichs I., den er 1153 hier aufführen liess, und der im spanischen Erbfolgekrieg verbrannt und zerstört, seitdem fast spurlos verfallen war, nimmt nun ein neueres Gebäude, das *Landeszuchthaus*, ein. An die Keller und Gewölbe knüpft sich die Sage, welche vom Kyffhäuser in Thüringen erzählt wird, von der einstigen Wiederkehr des Barbarossa, sobald Deutschland zu alter Herrlichkeit erwacht sei. Sein Andenken ist in Kaiserslautern sehr in Ehren, er hat der Stadt einen Wald geschenkt, der ihr jährlich 30,000 fl. einbringt. Aus den Häusern ragt besonders die dreithürmige *protest. Kirche* hervor, die ihre Gründung ebenfalls von Kaiser Friedrich I. herleitet. Die 1846 vollendete grosse *Fruchthalle* nach Voits Entwürfen ist ein stattliches Gebäude. Auf dem *Friedhof* erinnert ein Denkmal an alte Napoleonische aus Kaiserslautern gebürtige Soldaten. Vom 28. bis 30. Novbr. 1793 leisteten hier die aus der Champagne zurück gekehrten Preussen unter dem Herzog von Braunschweig den Angriffen der Franzosen unter Pichegru und Hoche erfolgreichen Widerstand. (Eilwagen nach Kreuznach durch das Alsenzthal, S. 142, tägl. in 8 St.)

Von Kaiserslautern bis Homburg läuft die Bahn (und die Kaiserstrasse, S. 143) am Rand eines grossen Torfmoors, des *Landstuhler Bruchs*, und am Fuss bewaldeter Hügel.

Landstuhl *(Engel; Krone)* war einst Sitz der Sickingen, deren starke Burg mit 24′ dicken Mauern in Trümmern über dem Städtchen liegt. Franz von Sickingen ward in derselben von den Kurfürsten von der Pfalz und von Trier und dem Landgrafen Phil. von Hessen belagert, und durch einen herabstürzenden Balken so verwundet, dass er folgenden Tags, am 7. Mai 1523, starb. Seine Gebeine ruhen unter einem Gewölbe in der Kirche. Die Franzosen zerstörten das ihm von den Fürsten errichtete Grabmal. Noch steht ein Theil desselben, ein verstümmeltes Ritterstandbild, unten im Thurm; ein anderes mit der Grabschrift befindet sich hinter dem Hochaltar. Das grosse *katholische Waisenhaus* ist 1853 erbaut.

Folgen Stat. *Hauptstuhl, Bruchmühlbach*, **Homburg** *(Carlsberg; Post)*, Städtchen, aus dessen Häusern die 1840 erbaute *kathol. Kirche* stattlich hervortritt. Das „*Bergschloss Homburg*" wurde in Folge des westph. Friedens geschleift, 1705 von den Franzosen wieder befestigt, und 1714 nach dem Frieden von Baden nochmals zerstört. Jetzt ist auch nicht die Spur mehr sichtbar. Das ½ St. n.ö. von der Stadt auf einem Berge gelegene 1780 von Herzog Carl II. von Pfalz-Zweibrücken erbaute Schloss *Carlsberg* zerstörten 1793 die Franzosen.

Zweigbahn in 23 M. für 30, 18 und 12 kr. nach Zweibrücken (*Pfälz. Hof; Zweibrücker Hof; Lamm*), als Residenz der ehem. Herzoge von Pfalz-Zweibrücken, in der gelehrten Welt als Druckort der berühmten Ausgaben latein. und griech. Classiker (*Editiones Bipontinae*) bekannt, jetzt eine der ansehnlichsten Städte und Sitz des obersten Gerichtshofs der bayr. Rheinpfalz. Gleich links am östl. Eingang der Stadt ist das neue *Bezirksgefängniss*. Als Carl X. Gustav aus dem Hause Zweibrücken den schwed. Thron bestieg, kam auch das Herzogthum Zweibrücken an Schweden, bei welchem es bis zu Carl's XII. Tode (1719) verblieb. Eine Zeitlang wohnte hier Stanislaus Lescinsky, der flüchtige Polenkönig, dessen Andenken noch in dem benachbarten *Tschiflik* lebt, einer ganz verfallenen Anlage, an der Strasse nach Pirmasenz, jetzt Gestüt, deren Namen an des Polenkönigs Lieblingsort bei Bender erinnert. In der *Alexanderkirche*, 1497 erbaut, ist die herzogl. Gruft.

Die Bahn tritt bald jenseit *Bexbach* in die reichen *Steinkohlen-Reviere*, zugleich in preuss. Gebiet. Das grosse Hüttenwerk der Gebr. Stumm zu **Neunkirchen** (*Jochums Gasth.* an der Bliesbrücke) beschäftigt an 800 Menschen und verarbeitet jährlich an 10 Mill. Pfund Eisen. Zu Neunkirchen mündet die Rhein-Nahe-Bahn (R. 39) in die Saarbrücker Bahn.

Links unmittelbar an der Saarbrücker Bahn ist eine kleine goth. *Capelle* als Grabdenkmal eines Hrn. Stumm. Der Zug dringt durch den 1500' langen *Bildstocker* Tunnel. Die Bahn hat häufig Einschnitte in das felsige Waldgebirge nöthig gemacht und die Lager der Steinkohlen bloss gelegt, wie sie über einander liegen, sich neigen und mannigfache Störungen erlitten haben. Merkwürdig sind in den zwischenliegenden Schichten von Schiefer und Sandstein die versteinerten aufrecht stehenden Stämme urweltlicher Pflanzen (*Sigillarien*), nirgend sonst in solcher Häufigkeit. In manchem Einschnitt hat man 40 bis 50 von verschiedenem Durchmesser gezählt. Die Kohlenschächte liegen theils unmittelbar neben der Eisenbahn, theils sind sie durch Zweigbahnen mit derselben verbunden. Alle diese Gruben sind königlich, sie werden für Rechnung des preuss. Staats betrieben. Im J. 1861 wurden von 12,731 Arbeitern 42½ Mill. Centner Steinkohlen gefördert, an Werth 5½ Mill. Thlr. Sie sind die Quelle des Gewerbfleisses dieser Gegend, Glashütten, Salmiak- und Berlinerblau-Fabriken, Fabrik feuerfester Steine u. dgl.

Friedrichsthal, Sulzbach, Duttweiler heissen die letzten Stationen vor Saarbrücken. Abends macht das Feuer der langen Reihe von Coaksöfen bei Duttweiler einen eigenthümlichen Eindruck. Zwischen Sulzbach und Duttweiler liegt, 1/4 St. links von der Bahn, im Wald, der **brennende Berg**, ein vor etwa 160 Jahren durch Selbstentzundung in Brand gerathenes und unter der Oberfläche des Bodens fortbrennendes Kohlenflötz, ein immer nachsinkender Kessel, an 400 Schr. lang, 40 Schr. breit, in dem aus einzelnen Spalten, besonders nach Regentagen, Rauch aufsteigt. Fremde versuchen wohl, Eier in diesen Spalten zu sieden, was in längerer Zeit auch gelingt.

Saarbrücken (*Zix*), an der neuerdings canalisirten Saar (bis Saargemünd schiffbar), preuss. Grenzstadt gegen Frankreich, durch eine 500' lange Brücke mit der Schwesterstadt **St. Johann** (*Hôtel Guepratte;* zunächst der Eisenbahn *Hôtel du chemin de fer* bei Brenner) verbunden. Das *Schloss* war bis 1793 von dem Fürsten von Nassau-Saarbrücken bewohnt; in der *Schlosskirche* sind Grabmäler dieser Familie.

Ganz in der Nähe, zu **St. Arnual**, ist eine im besten goth. Stil 1315 erbaute *Kirche* mit einem ausgezeichneten Taufstein u. Kanzel und sehr bemerkenswerthen alten Denkmälern des Nassau-Saarbrücken'schen Fürstenhauses, dessen Gruftkirche die zu Arnual war.

Von Saarbrücken nach *Metz* Eisenbahn in $2^{1}/_{2}$, nach *Paris* in 12 Stunden. Vgl. *Baedeker's Paris.*

29. Von Saarbrücken nach (Trier und) Luxemburg.
Vergl. Karte zu R. 31.

Eisenbahn. *Bis Trier* Fahrzeit $2^{3}/_{4}$ St., Fahrpreise 2 Thlr. 15$^{1}/_{2}$, 1 Thlr. 22$^{1}/_{2}$, 1 Thlr. 5 Sgr.; *bis Luxemburg* Fahrzeit $3^{1}/_{2}$ St., für 3 Thlr. 27, 2 Thlr. 16 oder 1 Thlr. 24 Sgr.

Die Bahn folgt dem Lauf der *Saar;* wo sie den Fluss berührt, manch schöner Punct, besonders auf der ersten Strecke bis Saarlouis, dann bei Mettlach und bei Saarburg. In dem Thal bis Saarlouis viele gewerbliche Anlagen. Stationen *Louisenthal, Völklingen, Bouss, Ensdorf.* Links auf einer durch die Saar gebildeten Halbinsel, welche die Bahn auf dem r. U. umzieht, liegt entfernt vom Bahnhof bei *Fraulautern*

Saarlouis (*Rhein. Hof; Zwei Hasen*), preussische Festung, 1681 von Vauban in Folge einer Wette mit Ludwig XIV. in e i n e m Jahr aufgeführt, Geburtsort des franz. Marschalls Ney, dessen Vaterhaus durch eine Marmortafel bezeichnet ist. In der Nähe *Wallerfangen (Vaudrevange)* mit einer bedeutenden Steingutfabrik.

Folgen Stationen *Dillingen, Beckingen, Merzig* (Trierscher Hof), letzteres Kreisstadt, mit einer spitzbogigen Säulenbasilika aus dem 12. Jahrhundert.

Vor *Mettlach* (Gasthof zum Saarstrom), ein langer Tunnel. In den Gebäuden der im 7. Jahrh. gegründeten Benedictiner-Abtei ist jetzt eine Steingutfabrik (Villeroy & Boch), deren geschmackvolle Erzeugnisse, Vasen, Pokale u. dgl. berühmt geworden sind.

Der Mettlacher Tunnel schneidet die grosse Krümmung der Saar ab, deren nördl. Spitze (1$^{1}/_{2}$ St. n.w. von Mettlach, hübscher Waldweg dahin) die *Clef* heisst (wahrscheinlich von *clavis*, Schlüssel, indem in früheren

Zeiten ein runder Befestigungsthurm, dessen Grundmauern neuerdings entdeckt wurden, hier die Saar geschlossen haben soll), eine von der Saar steil aufsteigende Bergkuppe mit Ruhesitz, Aussicht vortrefflich in zwei durch eine lange schmale Landzunge (auf deren Mitte Trümmer der Burg *Montclair*, 1350 von Kurf. Balduin von Trier zerstört, sichtbar sind) getrennte Thäler der Saar bis über Mettlach abwärts, bis Merzig und Saarlouis.

Von der Clef 20 Min. w. (Waldweg) liegt das Dorf *Orscholz* mit dem *Whs. von Thiellemanns, von wo man auf gutem Fahrweg das $3^1/_4$ St. n. gelegene *Weiten* erreicht, zugleich die Trier-Saarbrücker Landstrasse, auf welcher man weiter nördl. wandert über (20 M.) *Freudenburg* (alte Schloss-Ruine) bis zu dem (20 M.) Wegweiser, der r. ab nach Castell zeigt, Dorf auf einer hohen Bergplatte, die von der Saar steil aufsteigt, in dessen Nähe in dem am kühnsten vorspringenden Felsen eine alte Capelle. König Friedrich Wilhelm IV. liess sie noch als Kronprinz herstellen und 1838 die Gebeine seines Ahnherrn, des 1346 in der Schlacht bei Crécy gefallenen blinden Königs Johann v. Böhmen, Grafen v. Luxemburg, Kaiser Heinrich VII. einzigen Sohns, in einem Sarkophag von schwarzem Marmor, darin beisetzen. In der in den Felsen gehauenen alten Klause römische Ueberreste. Der Castellan, welcher die Umfriedigung der Capelle erschliesst, ist im Dorf zu erfragen.

Fast 3 St. w. von Freudenburg liegt, von der $1/_2$ St. entfernten luxemburg. Stadt *Remich* durch die Mosel getrennt, das preuss. Dorf Nennig, mit einem 1852 ausgegrabenen sehr merkwürdigen *Mosaikboden. 50′ l., 33′ br., also an Grösse fast dem bekannten grossen Athleten-Mosaikboden (60′ l., 34′ br.) im Lateran zu Rom gleich, an künstlerischer Ausführung denselben wohl übertreffend. Er hat sechs lebendige bildliche Darstellungen, als Hauptbild einen Gladiatorenkampf, umgeben von 7 achteckigen Medaillons mit Gruppen von Thieren und Fechtern, 3 bis $3^1/_2'$ gross, und einer musical. Darstellung.

Die Eisenbahn durchzieht in kühnen Bauten, stets am r. U. der Saar, das zerrissene Grauwackenkieselgebirge des Saarthals. Vor Saarburg erscheint oben am l. U. die oben genannte Capelle von *Castell*. *Beurig* ist Station für das auf dem l. U. malerisch in einem Kessel gelegene

Saarburg *(Post*, Wagen nach Castell [s. oben] $2^1/_3$ Thlr.; *Trierscher Hof)*, von den ansehnlichen Trümmern des einst kurtrier. Schlosses überragt. Die *St. Laurentiuskirche*, im goth. Stil, ist 1856 erbaut. Die *Leuk*, welche sich hier in die Saar ergiesst, bildet in der Stadt, in der Nähe der Post, einen 60′ h. Wasserfall.

Die Bahn bleibt an der Saar, an berühmten Weinorten (l. *Wiltingen*, r. der *Scharzhof* und *Ober-Emmel*) vorbei, und erreicht unterhalb Stat. **Conz**, dem *Consitium* der Römer, unmittelbar bei der Vereinigung der Saar mit der Mosel den letzteren Fluss. Der Conzer Saarbrücke gedenkt schon der röm. Dichter Ausonius († 392) in seiner „Mosella" (S. 160). Den jetzigen Brückenbau liess 1782 der letzte Kurfürst von Trier, Clemens Wenceslaus († 1812), königl. Prinz v. Sachsen, aufführen, nachdem die Franzosen die alte Brücke 1675 zerstört hatten, nach der grossen Niederlage, die sie hier am 11. Aug. 1675 unter ihrem Marschall Créqui durch die kaiserl. Verbündeten unter Georg Wilhelm von Braunschweig erlitten.

Die Bahn überschreitet hier die *Mosel*, auf einer von Sandsteinquadern erbauten Brücke. Am l. Ufer zweigt sich die Bahn nach Trier ab; der Bahnhof ist nahe bei der alten Moselbrücke.

Trier s. S. 152.

Die **Luxemburger Bahn** führt zunächst bei dem Dorf *Igel* vorbei. Die berühmte *Igel-Säule (S. 159), das schönste Römer-Denkmal diesseits der Alpen, ist von der Bahn sichtbar. Oberhalb Igel ausgedehnte Gyps- und Kalkbrüche. Vor Stat. *Wasserbillig* überschreitet die Bahn die luxemburg. Grenze; Gegend fortwährend hübsch; die *Sauer (Sure)* ergiesst sich hier in die Mosel, nachdem sie nordwärts auf weiter Strecke die Grenze zwischen Preussen und Luxemburg gebildet hat. Bei Stat. *Mertert* verlässt die Bahn das Moselthal und führt in dem hübschen *Sirethal* aufwärts. Rechts *Munternach* mit grosser Papierfabrik. Folgen Stat. *Wecker, Roodt, Oetringen.* Vor Luxemburg auf einem 800′ l., 100′ h. Viaduct über das *Pulverthal;* der auf der r. Seite des Petrusthals befindliche Bahnhof ist mit der Stadt durch eine grossartige Brücke verbunden.

Luxemburg, früher *Lützelburg* (*Hôtel de Cologne; Hôtel de Luxembourg*), starke deutsche Bundesfestung mit preuss. Besatzung (5000 Mann) und etwa 12,170 Einw., Hauptstadt des unter niederländischer Hoheit stehenden Grossherzogthums. Das eigentliche Luxemburg, die ansehnliche und umfangreiche Oberstadt, liegt wie ein festes Bergschloss auf einer felsigen Hochebene, welche nur nach N.W. hin sich fortsetzt, nach den drei andern Seiten aber über 200 F. tief steil abfällt, dann aber auch hier eben so steil wieder aufsteigt. In diesem eng eingeschnittenen, von dem *Petrusbach* und der *Alzette* durchströmten Thal hat sich ein zweites sehr gewerbthätiges (bes. Gerbereien) Luxemburg, die Unterstädte, angesiedelt, bestehend aus dem *Pfaffenthal* der nördl., *Clausen* der östlichen, und *Grund* der südlichen Vorstadt, welche der *Bock* (s. unten) scheidet. Das Thal der Alzette bildet einen natürlichen Festungsgraben, mit Wohnungen übersäet, hin und wieder von Festungsmauern durchschnitten. Berg und Thal, auf diese Weise sehr belebt, in Verbindung mit den zackigen ausgewachsenen Sandsteinfelsen, den Garten-Anlagen, den zahlreichen Baumgruppen, stattlichen Militärgebäuden, gewähren namentlich von Osten, von der Trierer Strasse bei Fort Dumoulin gesehen, ein Bild von überraschender Schönheit.

„Wer Luxemburg nicht gesehen hat, wird sich keine Vorstellung von diesem an und über einander gefügten Kriegsgebäude machen. Die Einbildungskraft verwirrt sich, wenn man die seltsame Mannichfaltigkeit wieder hervorrufen will, mit der sich das Auge des hin und hergehenden Wanderers kaum befreunden konnte, u. s. w." *Göthe*, 1792.

Dieser Eindruck des Grossartigen wird noch erhöht durch die riesenhaften *Viaducte* der Eisenbahnen nach Trier und nach Diekirch, sowie durch den prachtvollen, kolossalen *Petrus-Viaduct*, welcher vom Stationsgebäude nach dem südl. Theil der Oberstadt führt.

Die Festungswerke vereinigen die grossartigen Verhältnisse neuer Festungsbauten mit der Kühnheit alter Bergschlösser. Sie sind zum Theil in den Felsen gehauen, weshalb Luxemburg wohl mit Gibraltar verglichen wird. Ein weit in das Alzettethal vorspringendes schmales Felsriff, der **Bock**, eine Caponière im Grossen,

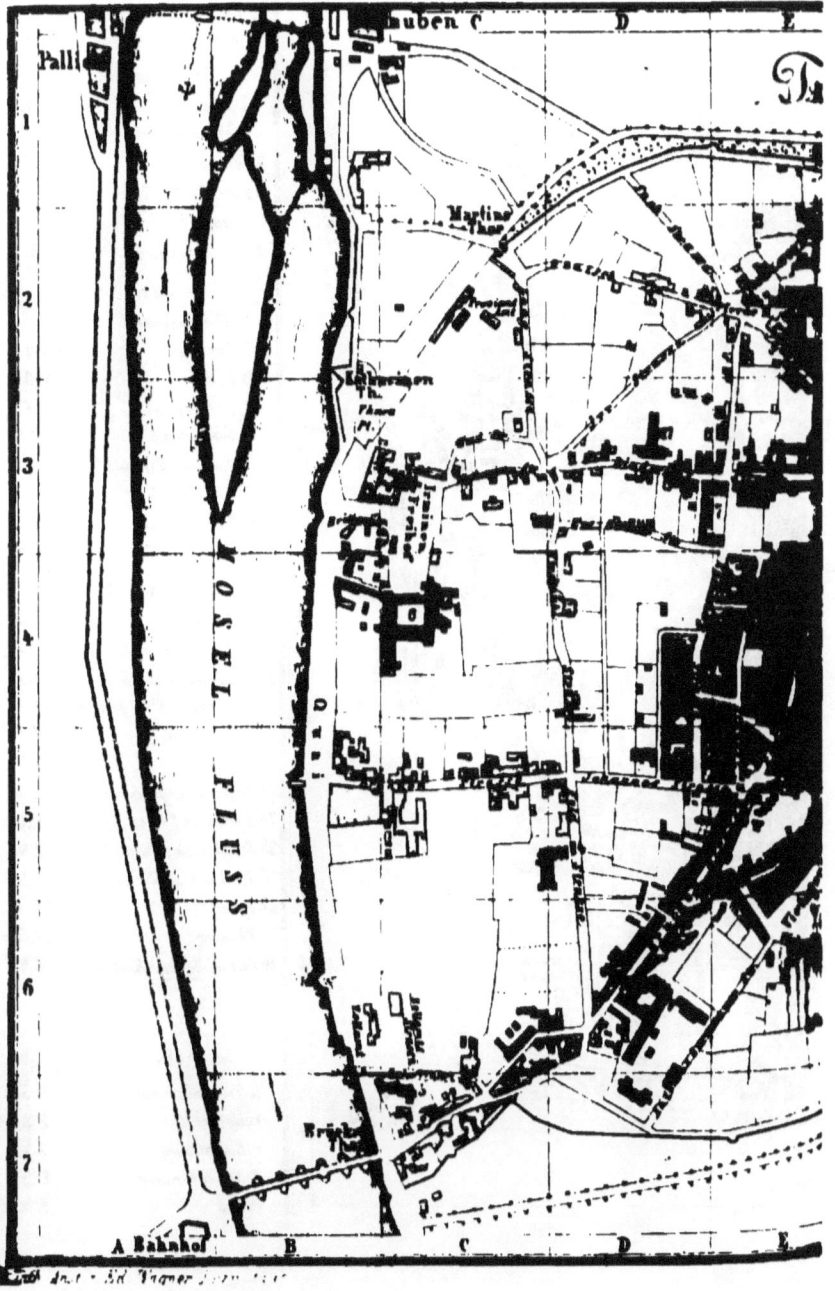

ist von oben bis unten ausgehöhlt und casemattirt; die allenthalben bemerkbaren Schiessscharten beherrschen nach Norden und Süden hin das Alzettethal. Auf diesem Riff ist von der Oberstadt in Windungen die nach Trier führende Strasse angelegt. Am östl. Abhang des Bocks steht noch ein Thurm der im 14. Jahrh. erweiterten Befestigung, vom Volk der *Melusinenthurm* genannt.

Seit 500 Jahren ist an diesen Werken gebaut worden, jeder neue Besitzer der Festung hat Neues zugefügt, von Heinrich IV., Grafen von Luxemburg († 1312 als Heinrich VII., deutscher Kaiser) und seinem Sohn, dem kriegerischen blinden Böhmenkönig Johann († 1346) an, durch die burgundischen, spanischen, französischen (nach der Beschiessung und Einnahme von 1684 unter Ludwig XIV. baute Vauban einen grossen Theil der Festung neu auf), österreichischen (am 7. Juni 1795 übergab Feldmarschall Bender den franz. Republicanern die Festung), nochmals franz. Zeiten bis zu unsern Tagen. Luxemburg ist die wahre Schule für den Kriegsbaumeister. Carnot nennt es „*la plus forte place de l'Europe après Gibraltar, le seul point d'appui pour attaquer la France du côté de la Moselle*".

Ausser den Festungswerken und der reizenden Gegend gibt es wenig Bemerkenswerthes. Von dem prächtigen Schloss des spanischen Statthalters Fürsten Peter Ernst von Mansfeld (1545 bis 1604) sind nur noch wenige Mauern und zwei Thorwege in Clausen vorhanden. Die berühmten Mansfeld'schen Gärten und Parke sind bis auf den Namen verschwunden, der sich nur in einer Anlage an einem Bergabhang in der Nähe des Trierer Thors, der *Parkhöhe*, erhalten hat, der *Aussicht wegen besuchenswerth. Ueberhaupt ist ein Spaziergang durch das ganze Thal lohnend.

30. Trier.

Gasthöfe. *Trierscher Hof (Pl. a), Z. 20, L. 5, F. 10, B. 5 Sgr.; *Rothes Haus (Pl. b gleiche Preise), früher Rathhaus, um 1460 erbaut, vorn die Inschrift: *Ante Romam Treviris stetit annis mille trecentis.* *Luxemburger Hof(Pl. c), *Stadt Venedig (Pl. d), beide bürgerlicher Art, nicht theuer, recht gut. Post (Pl. e), der Post gegenüber.

Kaffeehäuser. Fischer am Markt. Steinhaus, Fleischstr. (Bier). Bellevue (früher Wettendorfs Häuschen) und Schneidershof, beide auf einer Anhöhe, am linken Ufer der Mosel, mit *prächtiger Aussicht (schöner noch vom *Weisshäuschen*, mit hübschen Anlagen); von der Ueberfahrt bei *Zurlauben* (s. d. Plan), am untern Ende der Stadt, 15 M. entfernt. Rückweg nach Trier über Zurlauben durch den Eingang des Pallien-Thals, mit schönem Blick in dieses, unter dem von Napoleon erbauten Brücken-Bogen hindurch. Café Mettlach in Zurlauben selbst, auch Restauration, besonders gute Fische.

Lohnkutscher. Zweisp. 4 Thlr. täglich, nach *Igel* (S. 159) 2 Thlr., Einsp. 1 Thlr. 10 Sgr.

Bahnhof am linken Moselufer, oberhalb der Brücke.

Dampfboot nach *Coblenz* s. S. 160.

Telegraphen-Bureau vor dem Neuthor, in dem Hause des Hrn. Kirn.

Moselweine s. Einl. V.

Trier, angeblich die älteste Stadt in Deutschland, war Hauptstadt der Trevirer, eines Stammes der belgischen Gallier, die im J. 56

v. Chr. von Caesar bezwungen worden. Dieser machte aus ihr eine röm. Colonie, *Augusta Trevirorum*, die rasch aufblühte und in den ersten Jahrhunderten unserer Zeitrechnung Residenz einiger Imperatoren wurde. Unter Constantin d. Gr. war sie Hauptstadt von ganz Gallien, mit Senat und Magistrat, mit Adel und Priesterthum, mit Künsten, Wissenschaften, Gewerben, ein kleines Ebenbild der gewaltigen Roma. Aus dieser Zeit sind noch Bauwerke vorhanden, wie keine Stadt diesseits der Alpen sie hat.

Unter Constantin d. Gr. wurde das Christenthum eingeführt. Agricius von Antiochien war im J. 328 erster Bischof von Trier. Fast 1500 Jahre lang blieb Trier Sitz der Bischöfe, Erzbischöfe und Kurfürsten, deren letzter, Clemens Wenceslaus (S. 153), im J. 1786 seine Residenz nach Coblenz (s. S. 238) verlegte.

Am 10. August 1794 rückten die Franzosen in Trier ein, brandschatzten die Stadt um 1½ Mill. Fr. und hoben 1802 alle Klöster und geistl. Stiftungen auf. Trier ward Hauptstadt des franz. Saar-Departements, 1815 kam es an die Krone Preussen. Es hat 17,240 Einw. (1500 Prot., 2000 Soldaten). Rebenhügel und waldige Berge, eine fruchtbare obstreiche Thal-Ebene, die belebte Mosel, die rothen Sandsteinwände, die thurmreiche ansehnliche Stadt gewähren ein prächtiges landschaftliches Bild.

Das bedeutendste unter den alten Bauwerken Triers ist die *Porta Nigra (*Römerthor, Simeonsthor*, Pl. 21) am nördl. Ende der Stadt, 115' lang, im mittlern 50', in den beiden vorspringenden Theilen 67' breit, 93' und 74' hoch, dreistöckig, aus grossen durch die Zeit geschwärzten Blöcken von Lias-Sandstein ohne Mörtel aufgeführt, mit zwei noch benutzten 23' hohen Thoröffnungen. Nach den neuesten Forschungen ein röm. Thor mit Vertheidigungsthürmen aus der Mitte des 1. Jahrh. n. Chr., der Zeit des Claudius etwa, wo Trier röm. Colonie geworden zu sein scheint. Im J. 1035 wurde dieser castellartige Thorbau zu einer Kirche eingerichtet und mit dem St. Simeonsstift verbunden. Als solche wurde das Gebäude, bis zum zweiten Stockwerk in einen hohen Schutthaufen gehüllt, bis zum J. 1817 benutzt. Die preuss. Regierung befreite es von aller Beigabe der dazwischen liegenden Jahrhunderte und gab es seiner ursprünglichen Bestimmung als *Stadtthor* zurück. Von der Kirche blieb ihm nur das Chor aus der zweiten Hälfte des 12. Jahrh., in welchem *röm. Alterthümer* aufgestellt sind und durch den Aufseher über die Bäder gezeigt werden.

Die *röm. Bäder (Pl. 24) bilden die s.w. Ecke von Trier, Eingang (5 Sgr.) vom Exercierplatz und von der Promenade. Auch sie waren bis 1817 bis zu der Höhe der Promenade gegenüber mit Schutt bedeckt. Hallen, Zimmer, Heitzröhren, sorgfältig und geschmackvoll aus grossen Ziegeln und kleinen Kalksteinquadern gemauert, liegen jetzt ziemlich wohl erhalten offen. Auf steilen Wendeltreppen gelangt man auf die Höhe des Gebäudes, wo die beste Uebersicht über das Ausgegrabene und noch Verschüttete, zugleich ein guter Blick auf die Stadt. Die Ausgrabungen werden alljährlich noch fortgesetzt.

An 500 Schritte von den Bädern östlich ansteigend, gelangt man zu dem gut erhaltenen *Amphitheater, vom Volk der *Kaskeller* genannt, mitten in Weinbergen gelegen. Diese Arena hat von Norden nach Süden 225′, von Westen nach Osten 156³/₄′ Durchmesser und konnte auf ihren Sitzreihen 57,000 Menschen fassen (die Arena zu Verona 70,000, das Colosseum in Rom 87,000). Constantin d. Gr. liess hier im J. 306 einige Tausend gefangene Franken mit ihren Anführern Ascarich und Ragais durch wilde Thiere zerreissen, und wiederholte im J. 313 dieses grausame Schauspiel mit Tausenden gefangener Bructerer. Die zehn Oeffnungen in der Mauer, welche zu den überwölbten Thierbehältern *(caveae)* führten, sind noch deutlich zu erkennen. Von der *Villa Recking*, oberhalb des Amphitheaters, schönste *Ansicht sowohl des Amphitheaters, als von ganz Trier.

Die *Basilika (Pl. 9), angeblich schon vor Constantin d. Gr. erbaut, ein öffentliches grosses Gebäude für Rechtspflege und kaufmännischen Verkehr, war im frühesten Mittelalter Burgsitz der kaiserl. Vögte; im J. 1197 wurde sie mit dem Hochgericht über die Stadt den Bischöfen übergeben, und von diesen in ihre spätern Palastbauten hineingezogen. Nach der preuss. Besitzergreifung als Caserne benutzt, ist sie seit 1846 durch die Fürsorge des Königs Friedrich Wilhelm IV. treu als antike Basilika wieder hergestellt, und 1856 als evang. Kirche („Erlöserkirche") eingeweiht worden. Es ist eine 220′ lange, 98′ breite, 97′ hohe Halle, nördl. durch ein Halbrund (Absis) abgeschlossen, durch eine Doppelreihe von Fenstern (47, jedes 24′ hoch, 12¹/₂′ breit) erleuchtet, die Bedachung, Hänge- und Sprengwerk bunt bemalt, die Wände grün auf grau ornamentirt.

Auch die *Moselbrücke, 690′ l., 24′ br., auf 8 Bogen ruhend, jetzt am s.w. Ende der Stadt, zur Römerzeit in der Mitte derselben gelegen, gehört theilweise zu den Römerbauten. Den zweiten und siebenten Pfeiler, von der Stadtseite her, sprengten 1689 die Franzosen; sie sind 1729 neu aufgebaut, der dritte und vierte, die ebenfalls in den oberen Theilen beschädigt waren, hergestellt.

In der Diedrichsstrasse, das vierte Haus vom Markt, links, sind noch die Umfassungsmauern eines Gebäudes, das gewöhnlich als ein röm. Vertheidigungsthurm *(propugnaculum*, Pl. 29) bezeichnet wird, aber kaum vor das 7. Jahrh. zurückreicht, jetzt als Wagenremise benutzt.

Der röm. *Kaiserpalast* stand nach den neuesten Forschungen höchst wahrscheinlich da, wo jetzt die Vorstadt *Barbeln* ist, links von der Brücke.

Unter den ältern kirchlichen Gebäuden verdienen nur zwei besondere Beachtung, der Dom und die Liebfrauenkirche, unmittelbar neben einander gelegen, in der Nähe der Basilika. Der

*Dom (Pl. 10), die bischöfl. Cathedrale, einer Sage zufolge einst röm. Kaiserpalast und Geburtshaus der h. Helena, der Mutter Constantins d. Gr., vereinigt die verschiedensten Baustile, die korinth. Säulen Constantins, den roman. und goth. Bogen und den Zopf des 17. und 18. Jahrh., bis zu dem 1849 aufgeführten wenig passenden Orgel-Einbau mit seinen jonischen Säulen (unter demselben das Denkmal des Erzbischofs *Balduin*, Bruders Kaiser Heinrichs VII.), und den sorgfältigen Herstellungsarbeiten, die sich im Aeussern, Innern und im Kreuzgang kund geben. Grosse Säulen von Odenwälder Granit (vgl. S. 71) zierten vor dem ersten Brand (gegen Ende der Römerherrschaft) den Theil, wo nun der Anfang des grossen Chors ist; Reste derselben liegen vor dem westl. Portal. Das ganze Gebäude, ohne Schatzkammer 314′ l., 135′ br., 90′ hoch, hat drei Schiffe und zwei Chöre. Für Bauverständige besonders anziehend sind die verschiedenen Bauperioden, von der röm. Zeit an, mit viel Geschick im Dom offen gelegt. Unter den Gewölben ruhen 26 Erzbischöfe und Kurfürsten. Manche haben *Denkmäler*, das schönste ist dasjenige *Johannes III.* (*von Metzenhausen*, † 1540), an der Wand des nördl. Seitenschiffs. Auf dem *Grabmal des Kurf. Richard III.* (*von Greifenclau*, † 1531), des erfolgreichen Kämpfers gegen die Reformation, eine Kreuzigung an einem nördl. Pfeiler des Schiffs, sieht man oben in kleinen Medaillons links das Bildniss des Kurfürsten, rechts das des Franz v. Sickingen (S. 150), seines heftigsten Gegners. Im Hochaltar wird der *Christusrock* ohne Naht, zu welchem im Herbst 1844 über eine Million Gläubige wallfahrteten, ein Theil der Dornenkrone und ein Nagel vom Kreuz Christi aufbewahrt. Am Treppenaufgang zum Hochaltar die *Standbilder Constantins* und der *h. Helena*, an der *Kanzel* Reliefs in Stein von 1572, die acht Seligkeiten und das jüngste Gericht darstellend.

Unmittelbar neben dem Dom, mit ihm durch die 1847 hergestellten schönen *Kreuzgänge* verbunden, erhebt sich die ***Liebfrauenkirche** (Pl. 15), eine nicht grosse (175′ l., 143′ br., 118′ h.), aber dabei eine der schönsten und sinnreichsten goth. Kirchen Deutschlands, einige Jahre früher (1243) vollendet, bevor der Grundstein zum Kölner Dom (1248) gelegt wurde, ein Rundbau mit 12 schlank aufsteigenden Pfeilern, von einem hohen gewölbten Kreuzbau durchschnitten. An den Pfeilern die 12 Apostel, wahrscheinlich im 15. Jahrh. gemalt; man sieht sie alle 12 von einer Schieferplatte, 8 Schritte vom Eingang. Zahlreiche Denkmäler von Domherren, auch die Mumie des im 6. Jahrh. gestorbenen Bischofs Theodulf. In der Capelle links neben dem Hochaltar ein Altarblatt, der h. Sebastian, angeblich von Guido Reni. Das **Portal* ist reich mit Steinbildern geschmückt, symbolische Gestalten des alten und neuen Bundes u. dgl.

In der Hauptpfarrkirche zu **St. Gangolph** (Pl. 11) hat Lasinsky im J. 1850 ein grosses Freskobild gemalt.

Die schön erneute **Jesuiten-** oder **Dreifaltigkeitskirche** (Pl. 13), mit Münchener Glasmalereien, ist 1860 wieder eröffnet.

In der **Gervasiuskirche** (Pl. 12) das Grabdenkmal des berühmten Weihbischofs *J. N. von Hontheim* († 1790), der unter dem Namen *Justinus Febronius* in verschiedenen Schriften als Vertheidiger der Kirchenfreiheit auftrat, und das Marmorbildniss des Erzbischofs *Poppo*, beide aus der Porta nigra hierher versetzt.

Die **Stadtbibliothek** im Gymnasialgebäude (Pl. 26) besitzt einen ansehnlichen Schatz seltener Drucke und Incunabeln (Druckwerke aus dem 15. Jahrh., als die Buchdruckerkunst noch in der Wiege, *in cunabulis* lag), u. a. die Bibel von Faust und Gutenberg von 1450, das Catholicon von 1460; Handschriften, namentlich den Codex aureus, ein von Ada, der im J. 809 gestorbenen Schwester Kaiser Carls d. Gr., der Abtei St. Maximin, in der sie auch begraben liegt, geschenktes Evangelienbuch, mit den eigenthümlichen streng typischen Malereien, auf dem kostbaren Einband ein geschnittener Onyx von seltener Grösse, die Familia Augusta darstellend; der Codex Egberti, schöne Miniaturen, Briefe von Luther, von Blücher über den Tod der Königin Luise u. s. w. Im *Vorzimmer* alte Bildnisse Trier'scher Kurfürsten u. a. Personen, Alba, Huss, Sickingen, Cardinal Cusanus (S. 161) etc.

Das **Museum** ebendaselbst enthält neben naturwissenschaftlichen Sammlungen, die besonders wegen der Eifeler Versteinerungen und vulcanischen Producte (R. 31) sehenswerth sind, eine grosse Anzahl römischer und mittelalterlicher Münzen und Alterthümer. Der Sammlung in der Porta nigra ist S. 153 schon gedacht.

¼ St. westl. von Trier die uralte **St. Matthiaskirche** mit dem Sarkophag des Apostels Matthias (viel besuchter Wallfahrtsort). — ¼ St. östl. die Kirche **St. Paulin**, in der Nähe die mit einem *Kreuz* bezeichnete Marterstätte der Christen zur Römerzeit; ganz in der Nähe die uralte **Abtei Maximin**, jetzt Caserne.

Das schönste Römer-Denkmal diesseit der Alpen, die berühmte ***Igeler Säule**, von der Goethe sagt, dass ihm kein Denkmal bekannt sei, „worin gewagt wäre, einen so widersprechenden Reichthum mit solcher Kühnheit und Grossartigkeit der betrachtenden Gegenwart und Zukunft vor die Augen zu stellen", befindet sich 2 St. s.w. von Trier, mitten im Dorf *Igel*, rechts 20 Schritte von der Trier-Luxemburger Strasse. Die viereckige thurmartige Säule, 71¼' h., unten 16' br., aus Sandstein, vom Volk „*Heidenthurm*" genannt, wahrscheinlich aus der zweiten Hälfte des 2. Jahrh. nach Chr., enthält in verschiedenen Feldern eine Anzahl noch gut kenntlicher Reliefs, Darstellungen aus dem Leben, mit Allegorien und

Fabeln, die man auf den frühen Tod in den Wellen eines Sohnes des durch Fabriken und Handel blühenden Geschlechts der Secundiner deutet. Die Inschrift lautet:

DT .. SEC ... VOCAM ..... NO ... LIS SECUNDINI SECUR..
ET PUBLIAE PACATAE CONJUGI SECUNDINI AVENTINI ET L. SACCIO MODESTO
ET MODESTIO MACEDONI FILIO EJUS LUC. SECUNDINIUS AVENTINUS ET SECUN-
DINIUS SECURUS PARENTIBUS DEFUNCTIS ET .. SIBI VIVI ... (POSU)ERUNT.
„(Zum Andenken an ...) und die Publia Pacata, Gattin des Secundinus Aventinus, und den L. Saccius Modestus und den Modestius Macedo seinen Sohn, haben Luc. Secundinius Aventinus und Secundinius Securus ihren verstorbenen Aeltern und sich selbst bei Lebzeiten (dies Denkmal nämlich) gesetzt."
In dieser Uebersetzung fehlt die erste Zeile, die nicht zu enträthseln scheint, ganz. Es mögen Namen der Grossältern gewesen sein (?); denn es war jedenfalls ein Grabdenkmal der reichen und angesehenen Familie der Secundiner, die wahrscheinlich hier in der Gegend angesessen war.

Wer nicht einen besondern Wagen (S. 155) nehmen will, fährt zweckmässig auf der Eisenbahn bis *Conz* (S. 153) geht (in ½ St.) links über die Saarbrücke, dann den Weg rechts nach *Reinig*, Igel gegenüber, und lässt sich hier übersetzen; zurück entweder zu Fuss, oder in einem Kahn auf der Mosel. Eine 8' hohe sehr genaue Nachbildung der Igelsäule in Thon, ist in der *Lintz*'schen Buchhandlung zu Trier aufgestellt.

Kaum minder sehenswerth ist der 1852 ausgegrabene *Mosaikboden einer römischen Villa zu *Nennig*, Dorf am r. U. der Mosel. 2½ M. s.w. von Saarburg, s. S. 153.

31. Die Mosel von Trier bis Coblenz.

Dampfschiffe viermal wöchentl. (es sollen tägliche Fahrten eingerichtet werden), zu Thal in 11—12 St., zu Berg in 1½ Tagen. (Wegen zu niedrigen Wasserstands müssen jedoch die Fahrten im Sommer häufig eingestellt werden.) Fahrpreis erster Platz 4 Thlr., zweiter 2⅔ Thlr. Die Schiffe stehen an bequemer Einrichtung und guter Verpflegung denen auf dem Rhein nicht nach.

Die Entfernung zwischen Trier und Coblenz zu Wasser, 50 St. wegen der grossen Krümmungen der Mosel, bedeutender als bei irgend einem andern deutschen Fluss, beträgt das Doppelte der bergauf bergab meist über unerquickliche Hochebene führenden Landstrasse, welche der täglich 2mal fahrende Eilwagen in 15 St. zurücklegt. Um so belohnender ist die Fahrt auf der Mosel, die sich an Anmuth und Schönheit, in kleinerem Massstabe, kühn dem Rheine zur Seite stellen darf. Der Nullpunct des Pegels an der Mosel zu Trier liegt 204' höher, als zu Coblenz.

Von Trier abwärts bei *Pallien* vorbei zeigt sich zuerst

l. *Pfalzel*, *Palatiolum*. Adela, die Tochter des Königs Dagobert, stiftete hier im J. 655 ein Frauenkloster.

r. *Ruwer* an der *Ruwer*, dem *Erubrus* des röm. Dichters Ausonius († 392 n. Chr.), der in einem grossen Gedicht *(Mosella)* den Fluss besungen hat.

l. Zwischen *Ehrang* und *Issel* liegt die *Quint* (ad quintum. d. h. 5 Miglien von Trier). ein bedeutendes Hohofen- und Walzwerk des Hrn. A. Krämer.

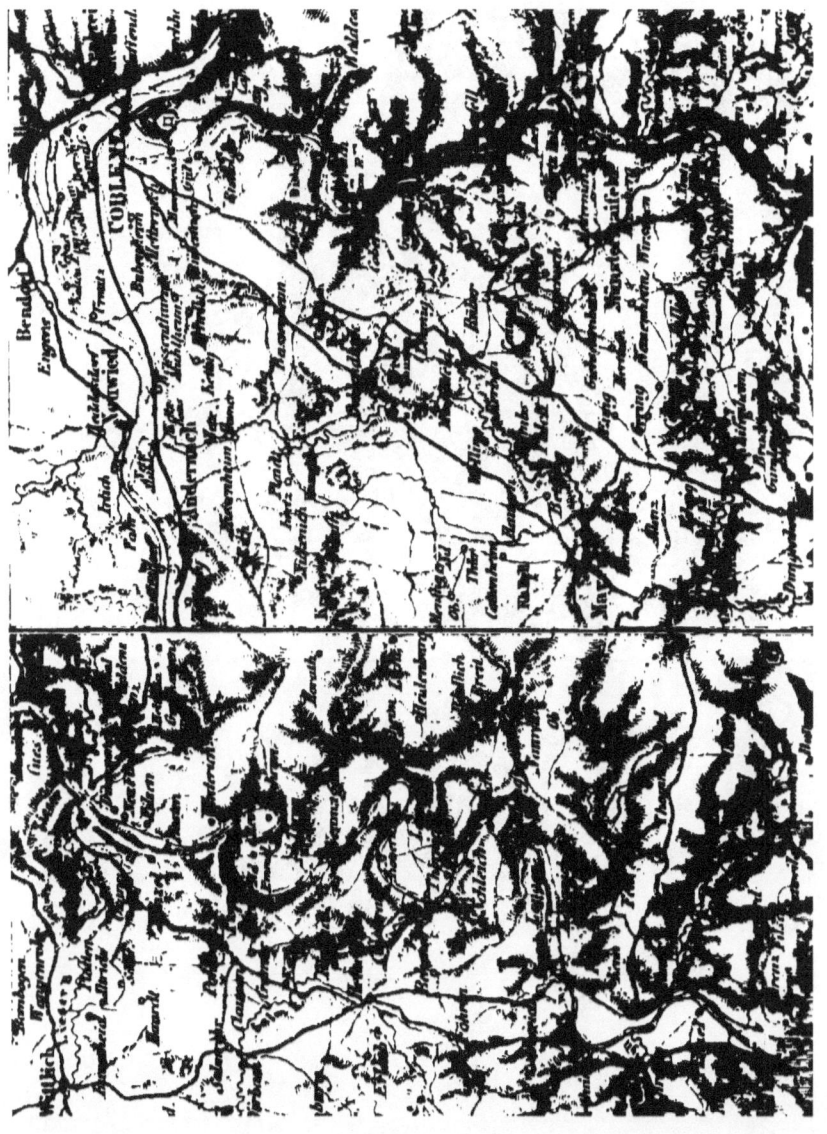

l. *Schweich* (Adams; *Dany), Ueberfahrt an der Trier-Coblenzer Landstrasse. Die Fahrthürme baute Kurfürst Clemens Wenceslaus.
 r. *Kirsch;* weiter *Longwich.* Bei
 r. *Riol, Rigodulum,* schlug im J. 70 n. Chr. der Römer Feldherr Cerialis die aufständigen Trevirer und nahm ihren Anführer Valentinus gefangen *(Tacit. hist. IV. 70).*
 l. *Mehring,* Fähre.
 l. *Pölich.* — l. *Schleich.*
 r. *Detzen.* — l. *Ensch.*
 r. *Thörnich.*
 l. *Clüsseruth,* an der Mündung des *Salmbachs.*
 r. *Kowerich.* — r. *Leiwen.*
 l. *Trittenheim,* Geburtsort des berühmten Geschichtschreibers und Abtes von Sponheim, Joh. Trithemius.
 r. **Neumagen** *(Claeren; Hain),* das *Noviomagus* der Römer, wo die Constantinsburg *(„inclita castra Constantini".* conf. *Ausonii Mosella XII)* stand, von welcher kaum sichtbare Trümmer noch vorhanden sind. Die Kirche ward 1190 wahrscheinlich mit den Steinen des röm. Palastes erbaut. Auch nach Neumagen verlegt die Sage die Kreuzerscheinung Constantins (S. 175).
 l. *Pisport, Pisonis Portus* (Hain), bekannter Weinort.
 r. *Mustert.* — r. *Reinsport.*
 l. *Minheim,* dann *Wintrich* u. *Kesten.* Etwas stromab, gegenüber
 r. der *Ohligsberg,* weiter, unterhalb *Dusemond,*
 l. der *Brauneberg,* beide ihres Weins wegen berühmt.
 r. **Mühlheim** *(*Kursch),* ansehnlicher Ort.
 l. **Lieser** *(Jung),* ebenfalls ein stattlicher mit Landhäusern gezierter Ort, am Einfluss des gleichnamigen Baches.
 l. *Cues,* Geburtsort des gelehrten Cardinals Nicolaus Cusanus († 1464). Er stiftete ein Hospital und vermachte diesem u. A. auch seine Bibliothek, die ausser den zum Theil eigenhändigen Handschriften der Werke des Cusanus, eine nicht unbedeutende Anzahl von Codices und alten Drucken enthält.
 r. **Berncastel** (*Gassen zu den Drei Königen), Kreisstadt, 1857 theilweise abgebrannt; mit den Trümmern des Schlosses *Landshut.* Täglich Eilwagen nach Trier in 6 St., nach Kreuznach in 9 St.

Von Berncastel führt ein **Fusspfad** mit schöner Aussicht in $1^1/_4$ St. über den Berg nach *Trarbach.* Auf der Höhe, die man in 40 M. erreicht, 1130' ü. d. Mosel, steht ein Wegweiser. Die ausgedehnten, zum Theil noch erhaltenen *Verschanzungen,* nördlich am Wege, sind 1794 von Preussen, Oesterreichern und Franzosen angelegt. Der Weg bergab bis Trarbach ist steinig und ziemlich steil. Der Wasserweg beträgt 5 St., Dampfboot zu Thal in $1^1/_2$, zu Berg in 3 St.

 r. *Graach;* neben der Kirche steht ein Klostergebäude und tiefer hinab der *Martins-* oder *Josephshof;* weiter *Zeltingen,* weinber. Orte.
 l. *Machern.* — r. *Rachtig.*
 l. **Uerzig** *(*Post; Berres),* an der Mündung der Strasse, die von hier über Wittlich in die Eifel führt (S. 173). Unterhalb des ansehnlichen Orts ein in den Felsen eingebauter Thurm

früher als Burg der Familie v. Urlei oder Orlei in Urkunden mehrfach genannt. Er führt von Eremiten, die ihn später bewohnten, den Namen *Michaels-* oder *Nicolauslei*.

r. *Erden.* — r. *Losenich.* — r. *Kindel.* — l. *Kinheim.*

l. *Cröff* (Comes), gegenüber das Dorf

r. *Wolf*, auf der Höhe alte Klostertrümmer.

r. **Trarbach** *(Gräfinburg; Brauneberg)*, 1857 gänzlich abgebrannt, der betriebsamste u. wohlhabendste Ort an der Mosel, überragt von den Trümmern der *Gräfinburg*, welche in der Mitte des 14. Jahrh. Gräfin Laurette v. Starkenburg von dem Lösegeld erbaute, welches ihr Balduin, Triers ritterlicher Erzbischof, den sie wegen einer Gebietsverletzung auf Burg Starkenburg gefangen hielt, zahlen musste. Die Franzosen schleiften 1734 die Feste.

Gegenüber lehnt sich an den mit Reben bepflanzten Bergesabhang der Flecken

l. **Traben** (*Claus)*, 1857 durch Brand sehr beschädigt. Steigt man den Berg hinauf, so befindet man sich auf einer weiten Fläche, auf welcher die Festung *Montroyal* stand, welche 1686 unter Ludwig XIV. angelegt wurde, aber schon 1697, obgleich ihr Bau Millionen gekostet hatte, nach den Bestimmungen des Ryswyker Friedens wieder geschleift werden musste. Man sieht jetzt nur noch einzelne Mauertrümmer. Aussicht schön.

r. *Enkirch* (*Immich). Ein Fusspfad führt in $1^1/_2$ St. von hier über die Berge nach Zell, der Wasserweg beträgt 3 St.

l. *Reil* (Barzen). Bei der Anfahrt zu

r. *Pünderich* (Schneiders) führt am linken Ufer des Flusses ein durch Rebengelände steil aufsteigender Bergpfad r. in $^1/_2$ St. zur *Marienburg*, Trümmer eines alten Schlosses oder Klosters. Die Aussicht ist eine der schönsten an der Mosel; oben eine kleine Gastwirthschaft. Man gebraucht nach der Alf hinab kaum $^1/_2$ St., während die Entfernung zu Wasser an 4 St. beträgt, die das Boot zu Thal in $^3/_4$ St., zu Berg in $1^1/_2$ St. durchfährt. Bei der Bergfahrt kann man daher, in Alf (s. unten) das Schiff verlassend, leicht die Marienburg ersteigen und zur Weiterfahrt rechtzeitig in Pünderich eintreffen. Bei der Thalfahrt ist dies schon schwieriger.

r. *Briedel* mit einem neuen Schulhaus.

r. *Zell (Melchiors; *Fier)*, Kreisstadt, 1857 durch Brand sehr beschädigt, von mancherlei Mauerüberresten umgeben.

r. *Merl* (Gisb. Scheid; Math. Jos. Scheid), grosses Dorf. Auf der Höhe erscheint die Marienburg von der Nordseite.

l. **Alf** (306') (**Jos.* Theisen*, zugl. Post u. Agentur der Dampfboote, recht gut, Wagen zu haben; *Bellevue* bei *C. J. Theisen)*, in herrl. Umgebung, am Eingang des reizenden Alfth als. Namentlich bei der Bergfahrt ist rathsam, hier das Boot zu verlassen und über die Marienburg bis zur Ueberfahrt bei Pünderich (kaum 1 St.) zu Fuss zu gehen. Wenn man auf der Marienburg das Boot bei Briedel sieht, hat man ausreichende Zeit, hinab zu steigen.

Ein Tag lässt sich sehr lohnend zu einem Besuch des *Bades Bertrich* und seiner vulcanischen Umgebungen verwenden. Der Weg von Alf nach Bertrich, 2 kleine Stunden (Einsp. hin und her 1¹/₃ Thlr., Zweisp. 2 Thlr.) führt durch das an 700′ tief eingeschnittene *Alfer Thal*, an den auf einem Bergkegel gelegenen Trümmern der *Burg Arras* vorbei, an deren Fuss die grossen *Eisenwalzwerke von Ferd. Remy u. Comp.* liegen. Höchst eigenthüml. ist der Schornstein einer Dampfmaschine, die bei kleinem Wasser die Werke treibt. Er lehnt sich, über 200′ hoch, an die steil aufsteigende Bergwand.

Bertrich (509′) (*Klering; *Werling; *Thomas zum Adler; *Schmidt zur Post), ist ein namentlich von Moselanern sehr besuchtes Bad, an 1000 Curgäste jährlich. Die 26° R. warmen alcalischen Quellen enthalten viel Glaubersalz (besonders wirksam gegen Gicht, Rheumatismus und Nervenkrankheiten) und versorgen eine Reihe Bäder im Curhaus, einen Trinkbrunnen und ein Armenbad. Die Lage des Orts in dem von hohen belaubten Bergen eingeschlossenen stillen Thal ist sehr anmuthig. An einer Anhöhe, der *Römerkessel* genannt, wo römische Alterthümer, Reste von Säulen mit Capitälen gefunden wurden, die jetzt im Curgarten aufgestellt sind, ist die kleine 1851 erbaute *evang. Capelle*, dabei das *Denkmal* der 1849 hier gestorbenen Gattin des Oberpräsidenten Eichmann.

Etwa 10 Min. westlich von Bertrich führt die Landstrasse auf zwei Brücken über den *Uesbach*. Bei der zweiten findet sich links am Berge ein 30′ l., 4′ bis 7′ br., 6′ bis 7 h. Gang, der *Käskeller genannt, eine Grotte aus Basaltsäulen, deren jede wieder aus 8 bis 9 abgeschalten und abgeplatteten Kugeln (Sphäroiden) gebildet ist. Die Aehnlichkeit der äussern Form mit holländ. Käse hat der Grotte (*Elfengrotte*) den prosaischen Namen gegeben. In der Nähe ist ein 50′ h. *Wasserfall*, über welchem eine Brücke schwebt. Ein basaltischer Lavastrom tritt auf verschiedenen Stellen im Bett des Uesbachs hervor.

Die neue Chaussee nach Lutzerath führt hoch an der l. Seite des *Uesbachthals* weiter bis zu einem Rondel (12 Min.), dann r. bergauf in starken Windungen nach dem Dorfe *Kenfuss* (22 Min.). Man geht hier gleich rechts auf dem Fusspfad hinter den Gärten durch und gelangt in 6 Min. auf die *Falkenlei (1276′), einen halbkugelförmigen vulcanischen Schlacken-Hügel, der auf der Südostseite abgeschnitten ist, und so in einer steilen schroffen, an 160′ hohen Felswand seine innere Zusammensetzung zeigt, unten feste Lavamasse, oben Schlackenasche, in welcher weite Spalten, Höhlen und Gänge sich gebildet haben. Sie sind zu einer niedlichen Einsiedelei benutzt. Die Temperatur im Innern dieser Gänge steigt selten über 6° R. Die Wand ist mit gelb-rothen Flechten und Moosen dicht bewachsen und erhält hierdurch ein eigenthümliches schwefelartiges Ansehen. Auf dem Gipfel dieses halbrunden Hügels, hat man einen umfassenden Blick über die zahlreichen vulcan. Höhen der Eifel, aus welchen nördlich die *Hohe Acht* (2340′), der höchste der Eifeler Berge, die *Nürburg* (2118′) mit dem Thurm und der *Hohe Kelberg* (2070′) besonders hervorragen. Westl. schliesst der einzeln liegende lange Rücken des *Mosenbergs* (S. 172) die Aussicht. Die Falkenlei ist 1¹/₂ St. von *Lutzerath* (1259′), Poststation an der Coblenz-Trierer Strasse. Zwischen Lutzerath und Alf über Bertrich 2mal täglich Postverbindung.

An der Mosel, Alf gegenüber, liegt

r. *Bullay*. Von hier in 50 Min. steilen Steigens auf den *König mit weiter Aussicht über das ganze Moselland aufwärts. Rückweg in 30 Min. nach Merl (S. 162).

l. *Aldegund* (Andries) mit einer sehr alten Kirche.

r. *Neef*, in Obstbäumen versteckt mit einem alten Burghaus. Ein Fusspfad über den Berg, auf dessen Gipfel der Kirchhof der Neefer mit der *Peterscapelle*, führt in ¹/₂ St. nach *Eller*, den grossen Bogen, welchen die Mosel hier macht, abschneidend. Der Spitze dieses Felsenvorsprungs gegenüber liegt

l. *Bremm* (*Amlinger, recht gut). Dann folgt
r. Kloster *Stuben*, im 12. Jahrh. erbaut, 1788 aufgehoben und in ein weltliches Damenstift verwandelt, 1793 verlassen und verfallen, so dass jetzt nur noch die Umfassungsmauern stehen. Von
l. **Eller** *(Gietzen; Mainzer)*, mit alten Burghäusern und Lehnhöfen, führt ein näherer Weg in 2 St. über die Berge nach Cochem; indess sind die Ufer des Flusses hier vorzugsweise schön, so dass man lieber diesem folgt. Das Dampfboot durchfährt zu Thal in 1½, zu Berg in 2½ St. die Strecke.
l. **Ediger** *(Maass)*, ein mit alten Befestigungen umgebener Flecken, auf der Höhe die Trümmer der *Kreuzcapelle*. Bei
l. *Senhals* werden häufig röm. Münzen u. dgl. ausgegraben.
r. **Beilstein** *(Lipmann)*, ein Städtchen, über welchem sich die *Burg Beilstein* erhebt, einst der gräflichen, jetzt fürstl. Familie Metternich-Winneburg (s. unten) gehörig, welche sie im 17. Jahrh. erhielt und lange Zeit bewohnte.
r. *Bruttig*, Geburtsort des bekannten Grammatikers Petrus Mosellanus, der 1524 in Leipzig als Professor starb.
l. *Ober-* und *Nieder-Ernst*. Zwischen beiden Orten liegt die neue hübsche zweithürmige Kirche nebst Schulhaus.
r. *Valwig*, ebenfalls mit einer Kirche. Im Hintergrund schliessen die Gebirge zusammen und gruppiren sich malerisch; man hat die Stelle mit der rheinischen Lurlei (S. 221) verglichen.
l. **Cochem** *(Union; *Kehrer)*, Kreisstadt, mit den Trümmern einer Burg, im 14. und 16. Jahrh. oft Sitz der Trierer Erzbischöfe. In dem malerisch auf einem Vorsprung gelegenen ehem. *Capuzinerkloster* lebte der durch seine Erbauungsschriften bekannte Pater Martin v. Cochem († 1712). Weiter ragen in einem Seitenthal auf einem hohen Bergkegel die Trümmer der *Winneburg* hervor, des ältesten Metternich'schen Stammschlosses (S. 198). Cochem bietet eines der schönsten landschaftl. Bilder an der Mosel.
l. *Clotten* (Thomas) mit einer alten Burg. Von hier werden die vortrefflichen Dachschiefer von *Müllenbach* versandt; eine gute Strasse führt von der Mosel nordwestl. nach dem 3 St. entfernten Ort mit seinen zahlreichen merkwürdigen unterirdischen Gruben.
r. **Treis** *(Castor; Raueiser)*, mit einer hübschen Kirche, 1830 von Lassaulx erbaut; im Hintergrund Burgruinen. Gegenüber
l. **Carden** *(Brauer)*, wo um die Mitte des 4. Jahrh. der heil. Castor ein Gotteshaus erbaute, das ihm zu Ehren im 12. Jahrh. in eine stattliche *Stiftskirche* mit 3 Thürmen verwandelt wurde.
l. *Müden.* Fussweg nach Schloss Eltz in ¾ St.
l. *Moselkern* (*Deiss), an der Mündung der *Eltz* in die Mosel.
In dem engen viel gewundenen Thal der *Eltz* erhebt sich, 1½ St. n.w. von Moselkern, auf einem steilen Bergkegel höchst malerisch das alte *Schloss Eltz* (930'), wohl erhalten und zum Theil bewohnt. Die Gewölbe und Rittersäle sind nach dem Geschmack verschiedener Jahrhunderte eingerichtet, mit Familien-Bildnissen, alten Rüstungen, Waffen u. dgl. Gegenüber ragen die Trümmer von *Trutz-Eltz* hervor, welches Erzbischof Balduin zur Belagerung des Schlosses in einer langwierigen

Fehde erbauen liess. 1 St. höher im Eltzthal die Trümmer des schönen Schlosses *Pyrmont*. Der schlechte Fahrweg von Moselkern nach Schloss Eltz führt 13mal durch die Eltz und ist für Fussgänger nicht geeignet; der sehr schmale Fussweg, am Berg hin am r. U. der Eltz, ist mit Gestrüpp und Gebüsch grossentheils überwachsen. Zu Wagen kann Schloss Eltz nur von **Münster-Maifeld** *(Maifelder Hof)* aus besucht werden, alte Stadt 1 St. n.ö. von Schloss Eltz. Die Stiftskirche von Münstermaifeld wird schon im J. 642 erwähnt, der Vorbau mit den Thürmen scheint einer uralten Befestigung anzugehören. Tägl. Personenpost in 3 St. zwischen Coblenz und Münstermaifeld.

Unterhalb Moselkern, *Burgen* gegenüber, sieht man l. am Berge einen hohen runden Thurm, den in der Mitte ein Kalkanstrich wie ein weisses Band umgiebt, Reste der um 1270 erb. *Burg Bischofstein*.

l. **Hatzenport**, *Hattonis porta* (*Moritz). Gegenüber öffnet sich oberhalb (r.) **Brodenbach** *(Joh. Probst)* eine Schlucht, welche nach $^3/_4$ St. in ein Wiesenthal führt, wo auf einem einzeln stehenden Bergkegel die Trümmer der *Ehrenburg aufsteigen, die schönste Burgruine des Moselandes. Weg an den Rhein nach Boppard S. 228.

l. Der *Tempelhof*, auch *Sternberg* genannt, ein zerfallenes gothisches Burghaus, aus Reben hervorblickend.

r. *Alken*, alter Flecken, durch Ringmauern und Thürme mit dem auf der Höhe liegenden *Schloss Thurant* verbunden, welches 1197 von Pfalzgraf Heinrich (S. 266) erbaut wurde. Die Erzbischöfe von Trier und Köln belagerten es von 1246 bis 1248; während dieser Zeit sollen von den Belagerern 3000 Fuder Wein getrunken worden sein.

l. *Katenes*.

r. *Oberfell*. — r. *Kühr* (*Günther). — l. *Lehmen* (*Zirwas) dann r. *Niederfell* (*Fasbender).

l. **Gondorf** (Haupt) mit einem ehem. Landsitz der Freiherren, später Grafen v. d. Leyen, 1560 von Kurf. Johann v. d. Leyen erbaut, vom Fürsten v. d. Leyen 1820 verkauft, und dem *Tempelhof*, einer restaurirten Burg rom.-goth. Stils, dem Banquier Clemens in Coblenz gehörend.

l. **Cobern** *(Simonis; Fischer)*. Durch die Weinberge führt ein steiler Fusspfad nach der *Niederburg*, einst Sitz der Edeln von Cobern. Innerhalb der Trümmer der höher liegenden *Ober*- oder *Altenburg* ist die architect. berühmte **Burgcapelle des h. Matthias*, nach Art der Heiligen-Grabkirchen angelegt, sechseckig, mit ansehnlich erhöhtem sechseckigem Mittelbau, in der ersten Hälfte des 13. Jahrh. durch einen Kreuzfahrer erbaut.

r. *Dieblich* (Nörtershäuser) mit einer neuen stattlichen Kirche.

l. **Winningen** *(Adler; Schwan)*, Marktflecken, welcher den besten Wein an der Unter-Mosel baut; dann r. *Lay* und l. *Güls*, in einem Walde von Obstbäumen, mit schöner Kirche, 1834 von Lassaulx erbaut.

r. *Moselweis*, in Obstbäumen versteckt. Wenn das Boot sich r. **Coblenz** (R. 44) nähert, erscheinen vorwärts die beiden Moselbrücken, darüber der *Ehrenbreitstein*; links der *Petersberg* (Feste Franz). Das Boot legt oberhalb der Eisenbahn-Brücke an.

32. Die vulcanische Eifel.

Ein Ausflug in diesen, den merkwürdigsten Theil der Eifel (*Vorder-Eifel*), lässt sich in folgender Art mit der Moselreise zweckmässig und in kürzester Zeitfrist verbinden: 1. Tag von Coblenz mit dem Dampfboot in 7 bis 8 St. nach der *Alf* (S. 162), *Marienburg* besteigen (1½ St.); zu Fuss in 2 kl. St. (oder im offenen Wagen) nach *Bertrich*; *Falkenlei* und *Käskeller* besichtigen (1½ St.), Nacht in Bertrich. 2. Tag zu Fuss über *Hontheim*, *Strotzbüsch*, *Trautzberg* und *Strohn* nach (4 St.) *Gillenfeld*, *Pulvermaar* (¾ St.), Mittag in *Gillenfeld*; Nachmittag über *Schalkenmehren*, *Weinfelder Maar*, *Mäuseberg* nach Daun (3½ St.). 3. Tag zu Wagen nach *Gerolstein* und zurück nach *Daun*, mit dem Aufenthalt 8 St.; Nachmittag zu Fuss in 3 St. von Daun nach Manderscheid. 4. Tag Umgebung von Manderscheid, zu Fuss in 4 St. nach Wittlich, nöthigenfalls auch noch 2 St. weiter nach Uerzig, von wo man am 5. Tag gegen 9 U. fr. das viermal wöchentlich nach Coblenz fahrende Dampfboot besteigt und Nachmittags in *Coblenz* eintrifft. Ein 6. Tag belohnt sich reichlich, wenn man mit der Post von Wittlich nach Trier fährt (1863 um 6 U. 35 Min. früh oder 6 U. 40 Min. Abs. in 4 St.) und den Tag in Trier (S. 155) zubringt.

Die *Moselreise* von Coblenz (179') bis *Alf* (306') und die Umgebung von *Bertrich* (509') bis zur *Falkenlei* ist S. 163 und folg. beschrieben. Am *Käskeller* (S. 163) führt eine Strasse s.w. nach (¾ St.) *Hontheim*, dann weiter ein Weg nördl. nach (1½ St.) *Strotzbüsch*, und über *Trautzberg* (vor Trautzberg scheint der Weg sich zu verlieren, man gehe geradezu auf das am Fuss eines Hügels liegende Dörfchen los) nach (½ St.) Strohn, Dorf im Alfthal. Auf der Ostseite dieses Thals, gleich bei Strohn beginnend und bis *Sprink*, 20 M. südl., sich ausdehnend, liegt der **Wartesberg** (1498'), einer der grössten Schlackenberge der Eifel, ohne Zweifel ein Krater, wenn auch wegen der grossen Ausdehnung der Schlackenmassen die Form desselben nicht gut zu erkennen ist.

Aufwärts im Alfthal ist (½ St.) **Gillenfeld** (1263') (**Klasen-Otto; Caspari*) der nächste Ort. Auf der Höhe, 20 Min. östl. von Gillenfeld, breitet sich in einem hohen an drei Seiten bewaldeten Bergkranz tief unten das fast kreisrunde ***Pulvermaar** (1249') aus, ein mit Wasser gefüllter 330' tiefer Kessel, der schönste und nach dem Laacher See (S. 266) grösste dieser Krater-Seen in der Eifel, angeblich 150 Morgen gross und 1 St. im Umfang. Der Wall besteht aus vulkanischem Sand, Tuff und Rapillen (*rapilli*, eigentlich *lapilli*, kleine rundliche Lavaschlacken). Auf dem südlichsten Punct erhebt sich ein stattlicher Schlackenfels, der *Römersberg* (1468'). (*Manderscheid*, S. 171, liegt 2 St. südwestl. von Gillenfeld; der Weg führt über *Eckfeld* und *Buchholz* (S. 171); 10 Min. jenseit Buchholz etwas am Walde entlang und in den Wald zum *Belvedere*, S. 171.)

Der Weg über *Saxler* nach Schalkenmehren führt durch mehrere eigenthümliche Kesselthäler. Das Dorf **Schalkenmehren**, 1¼ St. n. von Gillenfeld, eben so weit von Daun, dehnt sich am südl. Ufer des 90 Morgen grossen *Schalkenmehrer Maars* (1301') aus, an dessen Ostseite ein Torflager. Der *Alfbach* (S. 162) fliesst südl. aus. Das Maar hat von dem umliegenden Ackerland bei Regen Wasserzufluss und daher für Fische Nahrung, deren sich in den

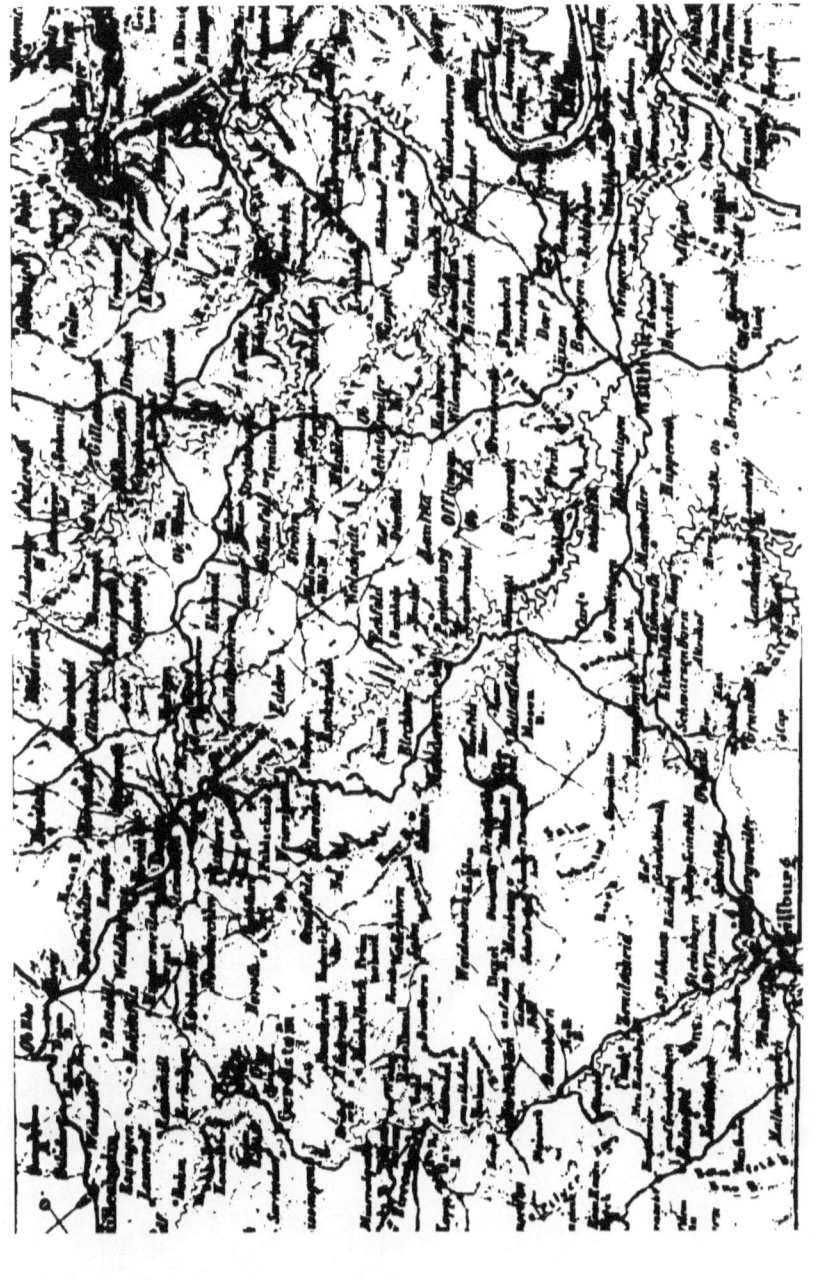

beiden höhern Maaren keine finden. (Im Whs. zu Schalkenmehren [nicht zum Uebernachten] ist gewöhnlich guter Hecht zu haben; sie werden nur bei nicht zu kühler Witterung gefangen.)

Der Weg nach Daun führt am westlichen Ufer entlang und steigt dann einen natürlichen Damm hinan, der das *Weinfelder Maar* (1475') von dem Schalkenmehrer Maar trennt. Es ist fast viereckig, umfasst 78 Morgen, und hat keinen sichtbaren Abfluss. Am nördl. Ufer erhebt sich die *Weinfelder Kirche*, Begräbnisscapelle bei dem Kirchhof für das Dorf Schalkenmehren.

Man verlässt hier die geradezu nach Daun führende Landstrasse, wendet sich links und steigt am nordwestl. Ufer des Maars den Berg hinan, dann ohne Weg immer in westl. Richtung auf halber Höhe des Berges weiter, bis man etwa 1/2 St. von der Weinfelder Kirche, tief unter sich in einem tiefen engen Kessel den dritten und kleinsten dieser Krater-Seen, das *Gemündener Maar* (1246') erblickt, 150' über der Lieser. Vom Gipfel des 489' höheren *Mäuseberges (1735'), dessen nördl. Wand ziemlich steil in das Gemündener Maar abfällt, eine sehr lohnende berühmte Rundsicht über einen grossen Theil der Eifel.

Diese drei „*Dauner Maare*" liegen in einer ausgedehnten Ablagerung von vulcan. Bildungen, meist Schlackensand und Rapillen, an einzelnen Stellen Schichten von vulcanischem Tuff. Die grösste Ausdehnung dieser Ablagerungen ist von Osten nach Westen, vom Dorf *Mehren* bis an das Gehänge des Lieserthals. Innerhalb derselben sieht man nur an einem Punct, nahe am Wasserspiegel des Weinfelder Maars, die Grauwacke zu Tage anstehen.

Vom Mäuseberg steigt man hoch oben am östl. Bergrand des Gemündener Maars in den Bergsattel hinab und erreicht an der Nordostseite desselben den Fussweg, der von der Weinfelder Kirche nach Daun führt, eine Strecke an der Nordseite des See's entlang, dann bergab auf die Landstrasse (vom Mäuseberg bis auf die Landstrasse 20 M.), in der Nähe des Dorfes **Gemünden**, von wo man im Thal der *Lieser* weiter in 30 Min. Daun erreicht.

Das Städtchen **Daun** (1254') (*Grethen, Z. u. F. 15 Sgr.; Wagen nach Gerolstein, Manderscheid oder Lutzerath 2 1/2 Thlr.; Post tägl. Morgens nach Lutzerath zum Anschluss an den Coblenz-Trierer Eilwagen; Nachts Post nach Wittlich), Kreisort, liegt ganz malerisch am Abhang eines Berges, von einem neuern grossen Gebäude überragt, das auf einer 100' h. Basaltkuppe sich erhebt, die einst das *Schloss* der Grafen von Daun trug, das Stammhaus jenes berühmten Geschlechts, das sich mehrere Generationen hindurch im österreich. Kriegsdienste auszeichnete. Ihr Wappen prangt noch über dem Eingangsthor. Im Gebäude wohnt der Königl. Oberförster.

Nördlich, etwa 1/2 St. vom Ort entfernt, steigt steil ein langer verschlackter Kraterrand auf, die *Dauner Lei* (vgl. S. 222), aus dem ein Lavastrom von fast gleicher Breite und Länge nach Westen

bis nahe an das Lieserthal geströmt ist. 1½ St. w. von Daun
der *Nerother Kopf* (1999'), ein Schlackenkegel mit Burgtrümmern.
Die Umgebung von Daun. namentlich in nordwestl. Richtung,
ist überhaupt für den Geologen von grosser Bedeutung. Er
findet hier, mehr als in irgend einem andern Theile der Eifel,
zahlreiche Beweise vulcan. Thätigkeit, welche die geschichteten
Gesteine (Grauwacke und Kalkstein) vielfach mit Mineralien bedeckt hat, die den zum Theil so schön und deutlich erhaltenen
Kratern entströmten. Die Gegend, in welcher diese Gebirgsbildungen so häufig und zusammengedrängt vorkommen, umfasst
2 bis 3 ☐Meilen und erstreckt sich gegen Nordwest bis *Hillesheim* und *Stefflen*, von ersterem Ort im Kyllthal abwärts bis *Birresborn*, dann östl. nach *Daun* und von hier nördl. bis *Dockweiler*
und *Dreis*. Zum Theil sind es Basalte, welche kegelförmig aus dem
umgebenden Gestein hervortreten, bei weitem zahlreicher aber sind
die Schlackenberge mit wohl erhaltenen Kratern oder Stücken von
Kraterringen.

Am deutlichsten erkennbar ist die frühere vulcan. Thätigkeit
an dem südl. von *Kirchweiler* gelegenen **Scharteberg** (2094').
Der höchste Punct desselben besteht aus blasigen Schlackenmassen, die die frühere Krateröffnung ringförmig umgeben. Etwa
100' unter derselben beginnen die Lavaströme, nach Norden,
Süden und Osten. Letzterer, obschon grossentheils mit Rapillen
und vulcan. Sand bedeckt, ist nicht allein in seiner Richtung
und Ausdehnung durch das Hervorragen einzelner Felsen aus der
Bedeckung zu erkennen, sondern es gestatten auch die in demselben
betriebenen Steinbrüche, bei *Steinborn*, eine nähere Beobachtung
seiner Beschaffenheit: unten poröse wenig zerklüftete basaltische
Lava, dann Schlacken von 3' bis 5' Mächtigkeit, darüber eine 20'
mächtige Schicht von Rapillen und vulcan. Sand, oben wieder,
zunächst der Oberfläche, Basaltlava (vgl. S. 267).

Der bedeutendste dieser grössern Krater ist der Kessel, in
welchem das Dorf **Hohenfels**, ½ St. nördl. von Kirchweiler
(s. S. 169), liegt. Die Höhen, welche diesen Kessel einschliessen,
bestehen sämmtlich aus grossen Schlackenmassen mit steilen oft
senkrechten Abhängen nach dem Innern, die höchste Kuppe 1825'.
der Spiegel des Baches an seinem Ausfluss aus dem Krater 1334'.

Vom **Erensberg** (2134'), dem höchsten Punct der Gegend,
zwischen Steinborn und Kirchweiler nördl. von der Strasse gelegen, zieht sich der Hauptstrom der dichten basaltischen Lava,
200' unter der Spitze beginnend, in nördlicher Richtung an
Dockweiler vorbei bis nahe an *Dreis*, wo sich am östl. und südl.
Rand des *Dreiser Weihers*, einer sumpfigen Wiese in einem Kessel an der Strasse, 2 St. nördl. von Daun, häufig Olivinkugeln,
vulcan. Auswürflinge, bis 1½' Durchmesser und 30 Pfd. Schwere
finden, in den Ablagerungen loser vulcan. Producte, welche alle
diese Basaltkuppen und Schlackenberge in grosser Ausdehnung

umgeben. Die Besteigung des Erensberges ist auch in landschaftl. Beziehung lohnend durch die ausgedehnte Aussicht.

Wer die merkwürdigsten Puncte der Dauner Umgegend in kürzester Frist sehen will, gehe zeitig von *Daun* aus über die Höhe in das Thal von *Neunkirchen* und *Steinborn;* hier liegt r. der *Felsberg,* l. der *Rimmerich,* zwei Krater mit Lavaströmen, etwas weiter die Schlackenberge von *Neroth* (S. 168). Von Steinborn l. in ein Seitenthal am südl. Gehänge des (S. 168) beschriebenen Lavastroms den *Scharteberg* hinauf u. über diesen auf den *Erensberg,* von wo über *Hinterweiler* nach *Hohenfeld* ins Kyllthal nach *Pelm* u. *Gerolstein:* mit Führer (15 Sgr.) eine 5- bis 6stünd. Wanderung.

Sonst ist im Allgemeinen und ohne diese geognostischen Beziehungen die Landstrasse von *Daun* nach *Gerolstein* (3½ St.), über das Gebirge, welches das Lieserthal vom Kyllthal trennt, meist schattenlos und unerquicklich, bergauf bergab, über eine Hochebene, auf welcher nur Hafer noch fortkommt, aber Schaf- und Bienenzucht gedeiht; sie wird für den Fussgänger erst da belohnend, wo er bei Pelm, ½ St. von Gerolstein, das Kyllthal erreicht. Wer in seiner Zeit beschränkt ist, und das Kyllthal nicht weiter südlich verfolgen, sondern nach Daun zurückkehren will, nimmt am besten zu Daun einen Wagen (S. 167), der ihn über die ärmlichen Dörfer *Neunkirchen, Steinborn,* wo ein aufbrodelnder Säuerling, und *Kirchweiler*, höchster Punct der Strasse, in 2 St. nach Pelm bringt, Dorf an der *Kyll,* in hübscher Lage, am Fuss der *Casselburg (1464'),* deren ansehnliche Trümmer auf einer bewaldeten Basaltkuppe 300' über dem Thal hervorragen. Die Burg war ursprünglich Sitz der Ritter von Castelberg, fiel dann an die Grafen von Manderscheid, und gehörte zuletzt dem Herzog von Aremberg; jetzt ist sie Staatseigenthum. Im *Försterhaus* am Eingang gute und billige Verpflegung; von der Burg schöne Aussicht ins Kyllthal.

Nordwestlich liegt ganz nah ein etwa 200' höher aufsteigender Schlackenkegel, an dessen Fuss auf der Nordseite Grauwacke, auf der Südseite Kalkstein ansteht. Zwischen diesem Schlackenkegel und der Casselburg sind Rapillen und vulcan. Sand abgelagert und an der Südseite derselben auch eine kleine Partie den Kalkstein bedeckenden bunten Sandsteins.

Die hohen steil abfallenden Kalkfelswände (Dolomit) des rechten Ufers geben dem *Thal der Kyll* von Pelm ab bis unterhalb Gerolstein ein eben so grossartiges als, verbunden mit dem anmuthigen Flussthal, auch malerisches Ansehen. In landschaftlicher Beziehung ist diese, 1 St. lange Strecke der Glanzpunct der Eifel; sie ist nicht minder für den Naturforscher bemerkenswerth. Unzählige Versteinerungen von Krabben, Korallen und Schalthieren aus der Zeit, wo noch das Meer den heutigen Thalkessel überfluthete, finden sich in diesen Kalkfelsen; das Seitenthal, welches südl. von Pelm nach *Gees* sich abzweigt, ist besonders ergiebig. Der Schulmeister in Pelm, in der Nähe der Brücke, besonders aber eine Frau Scholz in Gerolstein treiben ansehnlichen Handel mit solchen Versteinerungen.

Gerolstein (1218') *(*Schreiber*, Wagen nach Daun 2½ Thlr.; *Wwe. Clemens)* ist ein zwischen Fels und Fluss eingezwängter Flecken, überragt von Trümmern eines *Schlosses*, welches im J. 1794 noch von einem gräfl. Manderscheid'schen Beamten bewohnt wurde. Auf der Höhe des nördl. gegenüber aufsteigenden Kalkfelsgebirges ist ein kleiner Krater, die *Papenkaul*; von ihm zieht sich ein schmaler Lavastrom an dem nördl. Wiesengrunde hinab bis zum Kyllthal und auch in diesem auf der rechten Seite noch abwärts bis *Saresdorf*.

Thalabwärts, 1 St. weiter, liegt eine gute Strecke vor **Birresborn**, am rechten Ufer der *Kyll*, der sauber gefasste, mit einem auf Säulen ruhenden Dach versehene *Birresborner Mineralbrunnen*, der berühmteste und stärkste der Eifeler Säuerlinge, wegen seiner Heilkräfte auch in weitern Kreisen bekannt. An einem Hügel im Gerolsteiner Wald, der Mineralquelle gegenüber am linken Ufer der Kyll, etwa 100' über dem Fluss, ohne Führer nicht gut zu finden, ist eine Mofette, der *Brudeldreis* genannt, ein 2' breites, 1½' tiefes Loch, dem kohlensaures Gas entströmt. Es ist nur bei anhaltend feuchter Witterung mehr oder minder mit Regenwasser gefüllt und verursacht dann das Aufsteigen des Gases ein Wallen und Brausen, das man 300 bis 400 Schritte weit hört. Gewöhnlich ist das Loch wasserleer. Am Rand sieht man häufig todte Thiere, Mäuse, Vögel u. a., welche durch das Gas erstickt sind. Leichtere Gasentwickelungen aus dem Boden will man auch in der Umgebung beobachtet haben. (Vergl. S. 264.)

Die *Eishöhle von Roth*, eine viel gerühmte Merkwürdigkeit, 1 St. nordwestl. von der Casselburg, in der Nähe von *Roth*, ist weiter nichts als eine 14' tiefe Grotte in einem Lavakegel, eine verlassene Mühlsteingrube, in welcher, wie in den Basaltlava-Gruben zu Niedermendig, im Sommer Eis zu finden ist.

Wir folgen dem S. 166 vorgezeichneten Reiseplan, kehren nach Daun zurück und wenden uns südl. nach dem 3 St. entfernten *Manderscheid*. So lange die Landstrasse im Lieserthal bleibt, bietet sie manche landschaftliche Schönheiten. Sie führt über das S. 167 genannte Dörfchen (⅓ St.) *Gemünden*. Das Maar liegt 5 Min. von der Landstrasse, links auf der Höhe. Die Besteigung des *Mäusebergs* erfordert von hier kaum ½ St.

Unterhalb (½ St.) *Weyersbach*, im Lieserthal, zeigen sich auf der rechten Thalseite hohe mächtige Lavamassen, die beinahe ringförmig das 277' über der Lieser liegende Dorf *Uedersdorf* umgeben. Sie sollen ihren Ursprung theilweise aus einem Vulcan, südl. von Uedersdorf haben, dessen höchster Kraterrand, der nahe am Kyllthal gelegene Schlackenberg *Weberlei* (1453') ist, theilweise aus dem nordwestlichen 1698' hohen vulcan. Berg.

Manderscheid (1170') (*Pantenburg*, nicht theuer), ein nicht unansehnlicher Ort, liegt auf einer Hochebene zwischen der *Lieser* und *kleinen Kyll*. An der Südseite steigen höchst überraschend aus dem tiefen Thal der *Lieser*, auf zerrissenen zackigen von dieser umflossenen Schieferfelsen, zwei *Burgen empor, in ihren Trümmern noch gut erhalten, das Stammhaus der 1780 ausgestorbenen Reichsgrafen von Manderscheid, ein Punct, der an grossartiger malerischer Schönheit in dieser Eigenthümlichkeit von keinem am ganzen Rhein erreicht wird.

Hoch oben im Wald, im Hintergrund der Burg, sieht man eine baumleere Stelle, „*Belvedere*" genannt, wegen der Aussicht von den Einwohnern sehr gerühmt. Man gebraucht fast 1 St. sie zu ersteigen: unten auf der Brücke über die *Lieser*, stets dem Fahrweg nach, der sich allmälig durch Waldung aufwärts zieht, oben auf dem Ackerfeld auf den Kirchthurm von *Buchholz* (S. 166) los, dann im spitzen Winkel am südl. Rand des Waldes entlang wieder westl., zuletzt durch den Wald selbst. Die Aussicht von oben auf die Manderscheider Burgen und den Ort, weiter auf den Mosenberg und den Gebirgs-Hintergrund ist ganz eigenthümlich und grossartig, malerischer aber ist der Blick unten von der Lieserbrücke und dem nördlichen Thalgehänge auf die Burgen. Vom Belvedere scheint ein Fusspfad in das Thal zu führen, niemand aber lasse sich durch den Schein täuschen, es ist ein gefährlicher Pfad, der unten in der Lieser mündet. Man muss auf demselben Wege, den man gekommen, nach Manderscheid zurück. (Post [1866] von Manderscheid über Wittlich nach *Trier* um Mittern., nach *Bonn* über Daun, Kelberg u. Altenahr Ab.)

Von Daun nach Manderscheid ist Fussgängern statt der Landstrasse folgender Weg (3 gute St.) zu rathen, wodurch der Hin- und Rückweg von Manderscheid zum Belvedere (s. oben) erspart wird: bei *Gemünd* die Landstrasse verlassen, links bergan am Gemündener Maar und dem Weinfelder Maar (S. 167) vorbei. An der Ostseite desselben auf der Höhe weiter (tief unten erblickt man das Schalkenmehrer Maar, S. 166), durch Wald und Heide. In der Ferne ragt der Kirchthurm von *Buchholz* (s. oben) auf. Es geht aber erst quer durch zwei Thalschluchten und durch die Dörfer *Brockscheid* und *Eckfeld* (S. 166), ehe man Buchholz erreicht. Oben rechts bei der Kirche von Buchholz vorbei bis zu einem Wegweiser, der links nach Manderscheid, rechts einen „Waldweg" anzeigt, zu dem oben genannten *Belvedere* u. s. w.

Der schönste und ausgezeichnetste der vulcanischen Berge in der Eifel ist der *Mosenberg*, 1 St. westlich von Manderscheid. Man hat den dreigipfeligen Berg stets vor sich, der Weg ist kaum zu verfehlen, wenn man, ¼ St. von Manderscheid, ehe man in das tief in das Grauwackengebirge eingeschnittene enge Thal der *kleinen Kyll* gelangt, bei der Wegscheide links den Bettenfelder Weg einhält, der sich gegenüber am Mosenberg deutlich fortsetzt. Der Weg rechts führt nur bis zu der unten im Thal sichtbaren Mühle.

Der *Mosenberg* (1626'), ein von Süden nach Norden lang ausgedehnter Schlackenberg, hat vier Krater, deren an 50 F. hohe Schlackenwände in den wunderlichsten Formen aufsteigen.

Seine Basalt- und Schlackenmassen haben die Grauwacke durchbrochen und sich 240' hoch über diese erhoben. Der nördl. Krater enthielt früher eine Ansammlung von Wasser, welches im J. 1846 abgeleitet und ein Torfstich darin angelegt worden ist. Der südliche Krater hat eine Oeffnung, aus welcher die Lava abgeflossen ist. Dieser mächtige Lava-Strom ist $1/4$ St. weit bis zum *Horngraben* zu erkennen, wo er das Bett der *kleinen Kyll* erreicht; die Lava steht hier in mehr als 100' hohen senkrechten Felsen an. Schlacke und Rapillen (S. 166) umlagern den nur mit dürftigem Gras bewachsenen Berg. Die Aussicht ist sehr umfassend und lohnend. Das Dorf **Bettenfeld** (*Heidt*, sehr dürftig) liegt auf der Hochebene, 20 Min. westl. vom Mosenberg entfernt.

Etwa $1/2$ St. nördlich vom Mosenberg ist einer der grössten vulcan. Kessel der Eifel, das **Meerfelder Maar**, 1 St. im Umfang, nur an einer Seite noch mit Wasser gefüllt, der übrige Theil jetzt Wiesengrund, an der w. Seite das Dorf *Meerfeld*. Wer in der Zeit beschränkt und nicht Naturforscher ist, verliert nichts, wenn er auf den Besuch verzichtet. Das Maar liegt in Grauwacke und gewährt wegen der abgerundeten Formen der aus diesem Gestein bestehenden Höhen einen weniger schönen Anblick, als die bereits genannten weit kleineren Eifel-Maare. Die Auswürflinge des Mosenbergs, Rapillen und vulcanischer Sand, reichen bis zu den Höhen des Meerfelder Maars; sie sind gut von dem Auswurf des Kraters des Meerfelder Maars zu unterscheiden und nur auf einer kleinen Fläche mit einander vermengt. Meerfeld ist von Bettenfeld 15 Min. n., von Manderscheid 1 St. w. entfernt.

Vom Mosenberg führt ein Weg südlich hinab ins Thal zur (1 St.) *Neumühl*, da wo die *kleine Kyll* in die *Lieser* fällt. (Brücke 884' ü. M.) Die Thallandschaft ist eben so anmuthig als grossartig. Der Fussgänger erspart also 1 St. Wegs, wenn er nicht vom Mosenberg nach Manderscheid zurück kehrt.

Die Landstrasse von Manderscheid nach Wittlich ($4 1/2$ St., Wagen 2 Thlr.) senkt sich in zahlreichen Windungen in das Lieserthal hinab bis zur (1 St.) *Neumühl* und steigt in gleicher Weise am linken Ufer des Flusses wieder bergan, führt dann auf kurzer Strecke durch Wald und erreicht das unfruchtbare Heideland, welches die Hochfläche bedeckt. Bei ($1 1/2$ St.) *Gross*- und ($3/4$ St.) *Minder-Litgen* (1119') wird das Land wieder fruchtbarer, beide Dörfer sind von guten Wiesen umgeben und bauen viel Gemüse. Hinter Minder-Litgen senkt sich die Strasse in Windungen tief in's Thal hinab. Ein Fussweg, 10 Min. von Minder-Litgen, kürzt die sonst 1 St. weite Strecke fast um die Hälfte. Die *Aussicht auf das in üppigster Fruchtbarkeit prangende Flachland, welches sich bis zur Mosel senkt, von dem Moselgebirge begrenzt, durch den rothen Sandstein, dem die Grauwacke hier hat weichen müssen, gehoben, ist ein belohnender Abschluss der Wanderung.

Mainz
Mayence

1.	Actienbrauerey	F1
2.	Armenhaus u. Waisenhaus	DE2
3.	Bischöfl. Pallast	F2
4.	Casino (Hof z. Gutenberg)	F3
5.	Deutscher Haus	G4
6.	Eigelstein	C2
7.	Entbindungs Anst.	G2
8.	Fruchthalle	F2
9.	Gymnasium	F2
10.	Justiz Pallast	FG3
11.	Kaufhaus	F4

Kirchen

12.	Dom	F3
13.	St. Christoph	F3
14.	St. Emmeran	F2
15.	St. Ignatz	D3
16.	St. Johannes	E3
17.	Liebfrauen K.	E3
18.	St. Peter	G3
19.	St. Stephan	E.12
20.	St. Quintin	F3

Klöster

21.	Carmeliter Schule	FG3½
22.	Engl. Fräulein .9.	F2
23.	Frauenkl. zum guten Hirten	E.12

Monumente

24.	Gutenberg	E3
25.	Schiller	F2
26.	Regierungs Pall.	FG2
27.	Stadthaus	F3
28.	Schloss jetzt Lagerhaus mit	M.4
	Alterthümer Museum	
	Bibliothek	
	Gymälde Saal	
	Naturalien Cab.	
	Röm. germ Museum	
29.	Theater mit der Industriehalle	F3
30.	Invalidenhaus	F3
31.	Zuchthaus	DE3

Militair Gebäude

32.	Artillerie Direct.	G3
33.	Artillerie Bauhof	H3
34.	Casernen D.3 G3 F.3 F12	C2
35.	Festungs Gouvernem.	EF2
36.	Festungs Command.	G2
37.	Fortificat Bauhof	G.H.23
38.	Garnisons Spital	F1
39.	Genie Direct.	E.23
40.	Militair Casse	E.23
41.	Zeughaus	G4

Hôtels

a	Rhein Hof	F4
b	Holländischer H	F4
c	Englischer	FG4
d	Rhein	D4
f	Stadt Coblenz	E4
h	Karpfen	F4
i	Mainzer Hof	E4
k	Landsberg	F4

in Castel

l.	Barth	G6
m	Taunus	G6
n	Anker	G6

1:6700 d. Natur

Wittlich (498′) *(*Post)*, Kreisstadt an der *Lieser*, liegt mitten in diesem fruchtbaren Land; es betreibt viel Tabaksbau, hat aber sonst nichts, was zu einem Aufenthalt veranlassen könnte. Zweimal tägl. Schnellpost nach *Trier* in 4 St. s. S. 166.

Eine gute Strasse führt von Wittlich östlich über *Bombogen*, wo zwei Basaltköpfe aus der Ebene aufsteigen, in 2 St. nach *Uerzig* (326′) (*Post) an der Mosel (S. 161).

33. Mainz.

Gasthöfe. Am Rhein: *Rhein. Hof, Z. 1 fl., L. 18, F. 36 kr., M. 1 fl. 30. B. 24 kr.; *Holländ. Hof, Z. 54 kr., L. 15, F. 36, B. 21 kr., M. 1 fl. 12 kr.; *Engl. Hof; Hôtel Victoria. — Kölner Hof; Hôtel Taunus; *Mainzer Hof (Hôtel Wallau), Z. 48 kr., M. 1 fl., B. 18 kr., im Erdgeschoss gute Restauration; Stadt Coblenz. — In der Stadt: Karpfen, der Post gegenüber, in der Nähe des Rheins, von Geschäftsreisenden viel besucht, eng; Schützenhof, dem Dom gegenüber; Landsberg, Löhrgasse. Stadt Kreuznach, für bescheid. Ansprüche. — In *Castel* neben dem Bahnhof: *Hôtel Barth, Z. 1 fl., F. 30, B. 18 kr.; einzelne Reisende finden auch im *Anker ein Zimmer, 250 Schritt unterhalb Hôtel Barth, gute billige Restauration, Bier gut, auch von Offizieren besucht.

Kaffehäuser. Rheinisches, der Rhein-Brücke gegenüber; Café Français, daneben. Café de Paris am Theaterplatz, links, auch Restauration.

Conditoreien. Volk am Theaterplatz, rechts; Schuckan hinter dem Theater.

Restaurationen. *Café de Paris am Theaterplatz, links. Rothes Haus am Theaterplatz, rechts.

Bayrisch Bier im Café Neuf, auf der Insel und im *Anker zu Castel, letzterer zugleich gute billige Restauration (s. oben). *Actien-Brauerei* s. S. 181.

Bäder im Rhein, kalte und warme, in der Nähe des Bahnhofs. Ausserhalb des Neuthors die Schwimmanstalt.

Theater (S. 180) nur im Winter, fünf Vorstellungen wöchentl.

Militär-Musik der *preuss*. Besatzung um 12 U. bei der Wachtparade, Mittwochs auf dem Thiermarkt (jetzt Schillerplatz); der *österr*. Besatzung bei der Wachtparade, Donnerst. 12 U. auf dem Schlossplatz. Sonnabend, Abends zwischen 8. u. 9 U., im Sommer grosser *Zapfenstreich*, abwechselnd von den Musik-Corps der Besatzung beim Gouverneur, Commandanten und dem betr. Regiments-Commandeur. Mittwoch von 5—8 Uhr Abends *Militär-Concert* in der neuen Anlage (S. 184).

Bahnhöfe. Nach *Köln* (R. 53), *Ludwigshafen* (R. 6), *Frankfurt* (S. 43) und *Darmstadt* (S. 66) zu Mainz am obern Ende der Stadt, am Rhein (Eisenbahnbrücke s. S. 66). — Nach *Frankfurt* und *Wiesbaden* zu Castel (S. 59). *Ueberfahrts-Dampfboot*, *Omnibus* und *Droschken* von Bahnhof zu Bahnhof s. S. 59.

Dampfschiffe (s. Einl. S. XI). Die Dampfschiffe, welche rheinabwärts fahren, haben ihren Landeplatz unterhalb der Rheinbrücke, ebenso in Castel (S. 184), wo sie in directer Verbindung mit der Taunusbahn (S. 58) stehen. — *Ueberfahrts-Dampfboot* s. S. 59.

Telegraphen-Bureau in den Rheincolonnaden, dem ehem. Europäischen Hof gegenüber.

Droschken in Mainz. *Einsp.* 1/4 St. 1 bis 2 Pers. 12 kr., 3 bis 4 Pers. 18 kr., die Stunde 48 kr. oder 1 fl. Rheinlust, neue Anlage, Bäder oder Kirchhof 18 kr., Zahlbach 24 kr. *Zweisp.* etwa 1/4 mehr. Für Wartestunden, so wie für die Rückfahrt mit denselben Personen die halbe Taxe. Koffer 6 kr., kleineres Gepäck frei. Brückengeld (16 kr.) besonders. — In Castel: 1 Pers. 30, 2 Pers. 36, 3 Pers. 42, 4 Pers. 50 kr., jeder Koffer 6 kr.

Packträgertaxe. Von den Dampfbooten oder dem Bahnhof in die Gasthöfe am Rhein oder in der Nähe desselben: Koffer über 50 Pfd. 9, unter 50 Pfd. 6 kr., kleinere Gegenstände 3 kr., mehrere zusammen 6 kr. Nach *Castel* s. S. 59.

Thorschluss um 10 Uhr, später nur gegen Einlasskarte vom Platz-Commando, wenn man nicht mit Eisenbahn, Dampfboot oder Post ankommt.

Bei beschränkter Zeit die Wanderung so einrichten: Dom mit Denkmälern (S. 176), Gutenbergdenkmal (S. 179), Eigelstein (s. unten), Sammlungen im Schloss (S. 181), Abend in der neuen Anlage (S. 184), in Wiesbaden (S. 185) oder im Schlossgarten zu Biebrich (S. 194).

Mainz, unterhalb des Einflusses des gelbgrünen Mains in den weisslichgrünen Rhein, gehört unstreitig zu den geschichtlich merkwürdigsten Orten am Rhein; seine strategisch wichtige Lage zog zu allen Zeiten die Aufmerksamkeit der den Rhein gerade beherrschenden Völker auf sich. Schon Vipsanius Agrippa liess im J. 38 v. Chr. zur Sicherung seiner Operationslinie gegen die germ. Völker ein Lager auf der Stelle, wo jetzt Mainz steht, abstecken. Im J. 14 v. Chr. sandte Augustus seinen Stiefsohn Drusus als Oberbefehlshaber an den Rhein. Dieser war Gründer der Stadt Mainz, indem er auf dem der Mündung des Mains gegenüber sich erhebenden Berg das bedeutendste unter den damals eine Kette von Befestigungen am Rhein bildenden Castellen, das *Castellum Magontiacum*, anlegen liess. Festungs- und andere Bauten haben zahlreiche Andeutungen über das röm. Castrum, welches die Hochfläche zwischen Mainz und Zahlbach einnahm, gegeben, und eine reiche Ausbeute an werthvollen Ueberresten aus jener Zeit geliefert. Die erste Besatzung des Castell's bestand aus der 14. Legion, welche die ehrenvollen Beinamen *gemina, martia, victrix* (die zwiefache, kriegerische, siegreiche) führte. Sie veränderte unter Kaiser Titus ihre Standquartiere und wurde von der 22. Legion abgelöst. Eine Menge von Denkmälern (S. 181) erinnert an ihren Aufenthalt in dieser Gegend. Um den Rheinübergang zu sichern, war schon unter Drusus ein zweites Castell gegenüber am r. Rheinufer angelegt, welches dem Städtchen *Castel* Entstehung und Namen gegeben hat. Von den Strassen, welche aus dem *Castellum Magontiacum* nach den vier Himmelsgegenden führten, hat man in neuerer Zeit vielfache Spuren gefunden: Meilensteine von denselben sind mit andern röm. Alterthümern im Schloss (S. 181) aufgestellt.

Vor den Ringmauern jenes ersten röm. Castrums, in der heutigen **Citadelle** (mit ihren vier Basteien, der *Germanicus-, Drusus-, Tacitus-* und *Alarm-Bastei*), ward nach dem durch einen Sturz mit dem Pferde erfolgten Tod des Drusus diesem jungen Helden von der 2. und 14. Legion in den J. 9, 8 und 7 v. Chr. ein Denkmal errichtet (*„exercitus honorarium tumulum excitavit"* Sueton. Claud. 1.), der ***Eigelstein**, ein schon im frühen Mittelalter gebräuchlicher Name, der in kühner Deutung mit *aquila, aigle* zusammen gebracht ist, wobei angenommen wurde, dass die Spitze des Denkmals ein Adler gewesen.

„Es ist keine Statt an dem Rheinstrom darin mehr alter dingen gefunden werden dann zu Mentz, besunder hat Drusus, Keyser Augusti

Stieffsohn, der das Teutschland so hart bekriegt hat, in dieser Statt ein grosse Seul oder gantzer Steinen Thurn zu ewiger gedechtnuss hinder jhm verlassen, der steht auf einem hohen Bühel, vnd wird von seiner Figur der Eichelstein genennet."

Seb. Münster. 1550.

Die äussere Quader-Bekleidung dieses aus Gussmauer bestehenden Baudenkmals ist längst untergegangen, Höhe und Form haben bedeutende Veränderungen erlitten. Es ragt jetzt nur 42′ über dem Boden und erscheint als eine schwarzgraue runde thurmartige Steinmasse. Im J. 1689 ist im Innern eine Wendeltreppe gebrochen, auf der man auf die obere, von einem Geländer umgebene Fläche gelangt (hübsche Aussicht). Man meldet sich bei der Wache am Citadellenthor und wird dann von einem Unteroffizier umhergeführt (Trinkg. 12 kr.).

Eine Ausgrabung in der ersten Hälfte des vor. Jahrh. führte zur Entdeckung des sechseckigen Wasserbehälters, welcher den Bedarf des röm. Castells enthielt und in der Nähe des Gauthors, an der Stelle des jetzigen „*Entenpfuhls*" lag. Eine *Wasserleitung*, von welcher noch 62, zum Theil 30′ hohe Pfeiler übrig sind, und welche 500 derselben gezählt haben soll, führte das Wasser in dieses Becken. Ueberreste der Pfeiler in der Nähe von *Zahlbach*, ¼ St. s.w. von Mainz, vor dem Gauthor rechts, unfern der *Klubisten-Schanze*, jetzt *Stahlberg* genannt. Links am Abhang, in einer Acazienpflanzung, eine Anzahl röm. *Grabsteine* am Ort ihrer Auffindung, dem Begräbnissplatz der Legionen. Die Quelle, welche dieser Aquaeduct mit dem Castrum in Verbindung setzte, *Königs-* oder *Kunigs-Born* genannt, quillt noch oberhalb des an der Landstrasse nach Bingen gelegenen Ortes (1¾ St.) *Finthen (Fontanae)*.

Nach Mainz und zwar vor das Neuthor *(Porta principalis dextra)* verlegt die Sage jene siegverkündende Kreuzerscheinung *(XR. regnat, XR. vincit, XR. imperat)* am Himmel, als der erste christliche Kaiser Constantinus im J. 311 mit seinen Trevir. Legionen nach dem Morgengebet aufgebrochen war, um zur Bekämpfung des Maxentius gegen Rom zu ziehen. Mainz wurde nach Ausbreitung des Christenthums bald Sitz des ersten deutschen Bisthums. Papst Zacharias bestätigte im J. 751 den h. Bonifacius (Winfried † 755), den Apostel Mittel-Deutschlands, in seiner erzbischöflichen Würde. Ein Mainzer Bürger, Arnold Walpoden, nach Andern v. Thurn, war 1254 Gründer des rheinischen Städtebundes. Seine Vaterstadt wurde dadurch Mittelpunct und Haupt dieser mächtigen einflussreichen Verbindung. Sein Handel stieg um jene Zeit zu hoher Blüthe, und nicht mit Unrecht hiess es das „*goldene Mainz*". Zwei Jahrh. später (1462) verlor es jedoch den grössten Theil seiner ausgedehnten Rechte und Privilegien durch den gewaltsamen Ueberfall Erzbischof Adolfs v. Nassau, wobei 500 Bürger getödtet und die angesehensten verbannt wurden. Die bisher freie Stadt Mainz blieb, von der erzbischöflichen Burg beherrscht, fortan den Erzbischöfen unterthan. An der 1477 gestifteten, von den Franzosen aufgehobenen Universität wirkten unter dem letzten Kurfürsten Friedrich Carl Joseph v. Erthal, bis zur ersten franz. Revolution, Männer von bedeutenden Namen, Nic. Vogt, Joh. v. Müller, Georg Forster, Heinse, Sömmering u. a.

Fast ohne Schwertstreich rückten am 22. October 1792 unter Custine die franz. Republicaner, mit der rothen Jacobinermütze bekleidet, in Mainz ein; im folgenden Jahr, am 25. Juli 1793, wurde es von den Preussen unter Kalkreuth belagert und genommen; 1797 im Frieden von Campo Formio an Frankreich abgetreten und Hauptstadt des Departements des Donnersbergs; nach 1814 dem Grossherzogthum Hessen und bei Rhein zugetheilt. Die Anzahl der Einwohner beträgt an 42,000 (7000 Prot., 3000 Juden).

Die **Festung Mainz** ist deutsche Bundesfestung. Sie hat einen dreifach befestigten Umfang: 1) den Hauptwall, bestehend aus 14 Basteien mit einer Citadelle, schon in der Mitte des 17. Jahrh. in dieser Form erbaut und den S. 174 beschriebenen Eigelstein umschliessend; 2) eine Reihe vorgeschobener Forts, die durch Glacis mit einander verbunden sind; 3) mehrere theils schon während der Revolutionskriege, theils in neuerer Zeit von österr. und preuss. Ingenieuren erbaute oder verstärkte weiter vorliegende Schanzen, unter welchen sich das *Weissenauer Lager*, der *Hartenberg* und der 1844 erbaute *Binger Thurm* auszeichnen. Die Nordostseite der Stadt ziert das gewaltige 1846 aufgeführte *Kriegshospital*, Front nach dem Schlossplatz. Im Frieden hat die Festung als Besatzung 3000 Mann Oesterreicher und 3000 Mann Preussen, im Kriege die dreifache Zahl.

Der Bau des *Doms begann 978 unter Erzbischof Willigis. Sechsmal durch Brand mehr oder weniger zerstört, aber jedesmal grösser oder vollständiger im gleichzeitigen Stil wieder hergestellt, ist er eben deshalb für die Kunstgeschichte des 13., 14. und 15. Jahrh. eines der merkwürdigsten Bauwerke. Während der Belagerung von 1793 brannte alles Brennbare am ganzen Gebäude ab. Im Anfang der franz. Zeit diente er als Heumagazin, wurde aber 1804 seiner ursprünglichen Bestimmung zurückgegeben. Am 9. November 1813, beim Rückzug der Franzosen nach der Leipziger Schlacht lagen 6000 Mann im Dom, die wiederum Bänke und Stühle verbrannten. Während der Belagerung von 1814 war er zum Schlachthaus für die Besatzung bestimmt, später als Salz- und Getreide-Magazin. Von da an wurde er als Gotteshaus heilig gehalten und verdankt dem Oberbaudirector Moller in Darmstadt seine Wiederherstellung und Erhaltung. Er ist 356′ l., 140′ br. Die östl. *Rundthürme* (welche neue steinerne Dächer erhalten, das des nördl. ist bereits vollendet) gehören wohl noch dem ersten Bau, der östl. Giebel und Chor dem Anfang des 12. Jahrh. (1137) an, der Westchor ist von 1239, der Kreuzgang von 1412.

Die steinernen Dächer der w. Thürme sind nach dem Brand von 1756 aufgesetzt. Die Kuppel des östl. „*Pfarrthurms*" ist 1828 von Eisen verfertigt und mit Zink gedeckt. Die beiden nördl. *Thorflügel* am Eingang vom Markt, früher zur Liebfrauenkirche gehörig, sind aus Erz. Auf sie liess 1135 Erzb. Adalbert I. die der Stadt Mainz aus Dankbarkeit für seine Befreiung aus der Haft Kaiser Heinrich's V. (S. 147) verliehenen Freiheiten eingraben, worin er zugleich seine erduldeten Drangsale und die Veranlassung seiner Einkerkerung erzählt.

Das *Innere* des Doms, dessen Gewölbe auf 56 Pfeilern ruhen, wird, ähnlich dem Dom zu Speyer, in den Gewölben reich mit Farben und Vergoldung, auf den Wandflächen zwischen den Fenstern des Mittelschiffs mit Fresken von Veit ausgeschmückt und erhält neue Glasfenster; die Wände werden von der Tünche befreit, so dass der rothe Sandstein wieder sichtbar wird; der Westchor ist bereits vollendet. Der Dom zu Mainz ist an Grab- und Denkmälern von Kurfürsten und Erzbischöfen, von Bischöfen und Domherren reicher, als irgend ein anderer deutscher Dom. Die bemerkenswertheren sind in der nachfolgenden Uebersicht angegeben, in der Reihenfolge, wenn man beim Eintritt durch die nördlichen Thorflügel rechts im Kreuzarm beginnt. Die besten sind mit * bezeichnet, es sind namentlich die auf den innern Seiten des Hauptschiffs und das des Albert von Brandenburg. (Begleitung des Küsters ganz unnöthig.) *Nördl. Kreuzarm*, gleich rechts vom Eingang. Altar 1601 von Edlen v. Nassau gestiftet. Denkmäler der Domherren v. Kesselstadt (Pietas), 1738; v. Gymnich, florentin. Mosaikarbeit, 1739; *v. Breidenbach, 1497; *v. Gablentz, 1572. — *Nördl. Schiff.* Am 1. Pfeiler das durch die Sorge des Prinzen Wilhelm von Preussen († 1851) wieder hergestellte *Denkmal Alberts v. Brandenburg. Kurf. von Mainz und Erzb. von Magdeburg, das Standbild ausgezeichnet und von Portrait-Aehnlichkeit, 1545. Gegenüber in einer Capelle das *Denkmal der Familie Brendel v. Homburg, eine gute Anbetung des Kreuzes, in Stein, von 1563. Am 2. Pfeiler ausserhalb Kurf. Seb. v. Heusenstamm, 1555. (Innerhalb, im Chor, Kurfürst Uriel von Gemmingen, 1514; gegenüber, am südlichen Chorpfeiler, Kurf. Jacob v. Liebenstein, 1508.) Am 3. Pfeiler Kurf. Daniel Brendel v. Homburg, 1582. Am 4. Pfeiler *Adalbert v. Sachsen, Administrator des Erzstifts, 1484. Am 5. Pfeiler Kurf. Wolfgang v. Dalberg, 1601. Am 6. Pfeiler. innerhalb, der Kanzel gegenüber, *Kurf. Diether v. Isenburg, 1482. Am 7. Pfeiler Bischof Humann, 1834; gegenüber die Capelle der Waldbott v. Bassenheim, eine Grablegung in Sandstein, mit vielen Marmorreliefs. Am 8. Pfeiler, innerhalb, Kurf. Johann II. von Nassau, 1419. Am Altar an der Seite der h. Bonifacius (S. 172), Relief von 1357. Am 9. Pfeiler nichts. Am 10. Pfeiler, zunächst am Pfarrchor, Kurf. Peter v. Aspelt oder Aichspalt, 1320, in Farben, mit der Rechten auf Kaiser Heinrich VII., mit der Linken auf Ludwig den Bayer, welche er gekrönt (vgl. S. 50), gestützt, daneben König Johann v. Böhmen. — Am *Pfarrchor* nördl. (links) eine gute Steinarbeit von 1609, Denkmal des Domherrn v. Buchholz. Im Pfarrchor, dem *Tauf-becken* (Erzguss von 1328) gegenüber, das Denkmal des 1689 bei der Belagerung von Mainz gebliebenen kaiserl. Generals Grafen Lamberg. Rechts das Denkmal des Landgrafen Georg Christian v. Hessen, 1677. Am Pfarrchor südl. (in Farben) das Denkmal des Erzbischofs Mathias v. Buchegg, 1328. — *Südl. Schiff.* Am 10. Pfeiler Kurf. Philipp Carl v. Elz, 1743. Am 9. Pfeiler Kurf. Anselm Franz v. Ingelheim, 1695. Am 8. Pfeiler (in Farben) Erzb. Siegfried III. v. Eppenstein, 1249, welcher den Grafen Wilhelm v. Holland und den Landgrafen Heinrich Raspe von Thüringen zu Röm. Königen krönte. Innerlich Kurf. Adolph I. von Nassau, 1390. Am 7. Pfeiler *Kurf. Damian Hartard v. d. Leien, 1678. Bischof Colmar, 1818. In der Capelle gegenüber Schnitz-arbeiten auf Goldgrund, die zwölf Apostel und die Krönung der h. Jungfrau, 1514. Am sechsten Pfeiler die Kanzel, zu Ende des 15. Jahrh. in Stein gearbeitet, der Deckel von Holz. Am fünften Pfeiler nichts. Am vierten Pfeiler (nach innen) *Kurf. Berthold v. Henneberg, 1504, das schönste Denkmal im Dom, der Sage nach zu Rom gearbeitet.

Zur Linken des *Eingangs in die Memorie* und den Kreuzgang (S. 179) ist eine *Steintafel* eingemauert, mit einer Inschrift zur Erinnerung an *Fastrada*, die dritte Gemahlin Carls d. Gr., die 794 zu Frankfurt starb, und in der 1552 von Markgraf Albrecht v. Brandenburg zerstörten St. Albanskirche begraben lag. Der Stein, ursprünglich auf dem Grabe der Fastrada, ist später hier eingemauert worden. Die Inschrift lautet:

   Fastradana pia Caroli Conjunx vocitata,
   Christo dilecta, jacet hoc sub marmore tecta,
   Anno septingentesimo nonagesimo quarto,
   Quem numerum metro claudere Musa negat,
   Rex pie quem gessit Virgo, licet hic cinerescit:
   Spiritus haeres sit patriae quae tristia nescit.

An der andern Seite des Eingangs das Denkmal des Dom-herrn v. Holzhausen, eine Grablegung von 1588. Im *südl. Kreuzarm* verschiedene Denkmäler aus dem 18. Jahrh.; Dom-propst v. d. Leien 1714; Kurf. Johann Philipp v. Ostein, 1763; Dompropst Georg von Schönenburg, zugleich Fürstbischof von Worms, 1529, in Vergoldung und Farben. Als Kunstwerk ist jedoch nur der schöne Saturnkopf zu beachten, welcher das Denk-mal des Dompropstes v. Breidenbach-Bürresheim (1745) trägt, und das ausgezeichnete Denkmal des Erzb. Conrad II. v. Weins-berg von 1396, neben dem Westchor. Im *Westchor*, welcher 1861 neu in Farben und Gold ausgemalt worden ist, ausser den Glasmalereien des Mittelfensters, Kreuzigung und Auferstehung,

1831 von Helmle in Freiburg gebrannt, nichts Bemerkenswerthes. In der Höhe über den Chorstühlen die Grabmäler der Kurf. Johann Philipp (1673) und Lothar Franz (1729) v. Schönborn, als Kunstwerke von geringem Werth.

Aus dem Dom tritt man in die Memorie, den 1243 erbauten Capitelsaal (Versammlungsort des Capitels oder bischöfl. Reichsraths), jetzt Vorhalle des 1412 erbauten Kreuzgangs, ebenfalls gottesdienstl. Zwecken gewidmet. Unter den rhein. *Kreuzgängen* ist der des Mainzer Doms der am besten erhaltene: gedeckte Gänge ebener Erde, die einen viereckigen Hof umschliessen und durch offene Arcaden mit ihm in Verbindung stehen. Sie dienten der Stifts- oder Klostergeistlichkeit zu ihren stillen Wandelgebeten und Spaziergängen bei grosser Hitze oder rauher Luft und halfen die Klosterregel: „*post coenum stabis seu passus mille meabis*" aufrecht erhalten.

In der *Memorie* und in den neu hergestellten Kreuzgängen einzelne Denkmäler. An der Südwand *Schwanthaler's Marmordenkmal Frauenlob's*, eine weibliche Gestalt, welche einen Sarg mit einem Kranz schmückt, 1842 von Mainzer Frauen errichtet, dem Minnesänger Grafen Heinr. v. Meissen († 1318), genannt *Frauenlob*, „*dem frommen Sänger der h. Jungfrau, weiblicher Zucht und Frömmigkeit*", der zum Lohn für seine schönen Lieder von Frauenhänden zur Gruft getragen wurde, „und haben darnach alsbald so viel Weins in und auf sein Grab nachgegossen, dass es um's Grab geschwummen, wie sie ihm dann auch oftmals bei seinem Leben den Wein verehrt haben". Daneben über dem Eingang zur Bibliothek das *Denkmal des Vicedoms* (Statthalters) *Heinrich v. Selbold* († 1578), „*der letzt seines Stammes und Namens*". Weiter an der östl. Wand eine merkwürdige *Bildhauer-Arbeit*, 1839 aus dem Capuzinergarten hierher gebracht, die Versöhnung des Clerus mit der Bürgerschaft nach dem Aufstand von 1160, bei welchem Erzb. Arnold getödtet worden war. Nebenan der ältere Grabstein Frauenlob's, 1783 nach dem ursprünglichen Grabstein von 1318, den die Bauleute damals zerbrochen hatten, verfertigt.

Der Dom ist bis 11½ U. Vorm. und Nachm. von 2 bis 6 U. geöffnet. Eine Thür im südl. Kreuzarm führt zum Küster, welcher den Schlüssel zu dem 283' hohen *Thurm* hat. Die Besteigung bis zur Gallerie (18 kr. Trinkg.) ist sehr bequem, guter Ueberblick über Stadt und Umgegend, dem vom Eigelstein (S. 174) ähnlich, nicht so ausgedehnt als vom Stephansthurm (S. 183).

In der Nähe des Doms ist der ehem. *Theater-*, jetzt *Gutenbergsplatz*, schon 1804 auf Napoleons Befehl so genannt. Ihn ziert das von Thorwaldsen entworfene, in Paris gegossene *Standbild Gutenbergs* († 1468) (Pl. 24), des Erfinders der Buchdruckerkunst. An den Seiten des Fussgestells zwei Reliefs; die Vorderseite hat die Inschrift:

*Johannem Gensfleisch de Guttenberg patricium Moguntinum aere per totam Europam
collato posuerunt cives MDCCCXXXVII.*
(Johann Gensfleisch zum Gutenberg, dem Mainzer Patrizier, haben seine
Mitbürger, aus Beiträgen von ganz Europa, dieses Denkmal errichtet
im Jahre 1837.)

Die Inschrift der Rückseite aus Ottfr. Müllers Feder lautet:
*Artem, quae Graecos latuit latuitque Latinos,
Germani sollers extudit ingenium.
Nunc, quidquid veteres sapiunt sapiuntque recentes,
Non sibi, sed populis omnibus id sapiunt.*
(Jene den Griechen verborgene Kunst und den Römern verborgen,
Brachte der forschende Geist eines Germanen ans Licht.
Was jetzt immer die Alten, und was jetzt Neuere wissen,
Wissen sie sich nicht allein, sondern den Völkern der Welt.)

Gutenberg ist gegen Ende des 14. Jahrh. zu Mainz in dem
Eckhaus der Emmerans- und Pfandhausgasse geboren.
"Von dem J. Christi 1440 bis zum J. 1450 ward zu Mentz die edel Kunst
der Truckerey erfunden. Von Mentz kam sie gen Cöln, darnach gen Strassburg, vnd darnach gen Venedig. Der erste Anfänger vnd erfinder wird
genannt Johannes Gutenberg zum Jungen." Seb. Münster. 1550.

Das jetzige *Civil-Casino* (Pl. 4, am Anfang der Haupthandels-
und Gewerbstrasse, der *Schustergasse*) führt die Inschrift: *Hof
zum Gutenberg.* Im Garten liess die Casino-Gesellschaft 1824
ein kleines *Standbild* errichten und eine Gedächtnisstafel an der
Gartenmauer mit einer Inschrift anbringen.

Das **Theater** (Pl. 29), von Moller 1833 aufgeführt, ist neben
dem neuen Carlsruher und Dresdener das einzige moderne, welches
auch durch die äussere Form seine Bestimmung andeutet. Im
östl. Flügel ist die **Industrie-Halle**, eine Waaren-Ausstellung zu
festen Preisen, grösstentheils Mainzer Arbeit. Mainzer Möbel
und Lederwaaren sind in anerkanntem Ruf.

Die 1839 von Geier erbaute **Fruchthalle** (Pl. 8), in der
Nähe des Theaters w., ist eines der grössten Gebäude dieser Art
in Deutschland. Der innere Raum, 157′ lang, 111′ breit, 56′ hoch,
kann vermittelst einzufügender Decke und Fussbodens in einen
Saal umgeschaffen werden, welcher für 7—8000 Menschen Raum
hat. Er wird auch zu Musikfesten, Carnevalsbällen, Blumen-
ausstellungen u. dgl. benutzt.

Kehren wir zum Theater zurück und folgen w. der breiten Lud-
wigsstrasse, so gelangen wir auf den **Schillerplatz**, früher *Thiermarkt*, ein mit Linden bepflanztes längliches Viereck, südlich
von dem *Gouvernements-Gebäude (Osteiner Hof)*, westl. von der
preuss. Artillerie- (Bassenheimer Hof) und der *Infanterie-Caserne*
und dem *preuss. Militair-Casino (Schönborner Hof)* begrenzt. Die
Brunnen-Säule soll aus Carls d. Gr. Palast zu Ingelheim (S. 317)
herstammen. Der Schillerplatz war unzweifelhaft das *Forum gen-
tile*, der Marktplatz vor dem römischen Castell. Seit 1862 steht auf
demselben das **Standbild Schiller's**, Erzguss nach *Scholl's* Entwurf.

Eine neue breite Strasse führt vom Schillerplatz auf den
Kästrich, früher ein mit Reben bepflanzter Hügel, jetzt ein nach
der Zerstörung durch die Pulver-Explosion (18. Nov. 1857)

neu sich aufbauender Stadttheil mit einer Terrasse, die einen weiten Ueberblick über Stadt und Gegend gewährt. Hier erhebt sich das neue grossartige, die Stadt überragende Gebäude (mit den 3 Thorbogen in der Mitte) der *Actien-Brauerei*, deren vortreffliches Bier zwar nicht im Gebäude selbst, wohl aber in verschiedenen Wirthschaften in der Nähe verzapft wird.

Fast am nördlichen Ende der Schillerstrasse ist rechts das *Regierungs-Gebäude*, früher *Erthaler Hof*. Wir wenden uns hier östlich, und betreten die schnurgerade (23 Schr.) breite regelmässig gebaute **grosse Bleiche**, die längste (800 Schr.) Strasse in Mainz, welche die Nordseite der alten Stadt begrenzt und bis zum Rhein führt. An der Nordseite der Strasse ist der *Commandantur-Palast* (*Stadion'sche Hof*, Pl. 36), dann das ehem. *Bibliothek-Gebäude*. Auf dem kleinen Platz l. ist der *Neubrunnen*, zu Anfang des vor. Jahrh. errichtet, eine Spitzsäule mit symbol. Reliefs, unten Flussgötter. Das vergoldete Ross auf dem Giebel des weiter unten in der Strasse gelegenen Gebäudes lässt keinen Zweifel über die Bestimmung desselben; zur kurfürstl. Zeit Marstall, wird es jetzt als *Cavallerie-Caserne* und Reitbahn benutzt.

Am östl. Ende der Strasse, da wo sie in den grossen baumbepflanzten Schlossplatz mündet, ist r. die 1751 erbaute **St. Peterskirche** (Pl. 18), einst kurfürstl. Hofkirche. Im Innern wenig Bemerkenswerthes: im südl. Schiff ein Denkmal, ein knieender Ritter, dem die Religion den Lorbeerkranz darreicht, zum Andenken an den beim Sturm auf „Höchstheim" am 29. Oct. 1795 gebliebenen k. k. General-Feldzeugmeister, Reichsgrafen v. Wolkenstein-Rodenegg. Bei der Jahresfeier der Erstürmung der Bastille, am 14. Juli 1793, musste diese Kirche als Bastille dienen, und wurde wirklich zur Erhöhung der Feier gestürmt.

Das ehemal. **kurfürstl. Schloss** (Pl. 28) bildet die Nordostspitze der Stadt. Aus rothem Sandstein von 1627 bis 1678 aufgeführt, war es bis zum J. 1792 Residenz der Kurfürsten, nach Custine's Einrücken Versammlungsort der Mainzer Klubbisten, während der franz. Kriege Heumagazin, dann Lagerhaus für die Güter des Freihafens. Es dient jetzt bei aussergewöhnlichen Feierlichkeiten zu grossen Versammlungen, insbesondere aber den verschiedenen Sammlungen. Die Sammlung röm. Denkmäler ist die bedeutendste in Deutschland. Diese und die Gemälde-Sammlung sind Mittw. 2—5 U., Sonnt. 9—1 U. für Jedermann geöffnet, zu andern Zeiten den ganzen Tag gegen eine an der Südseite des Gebäudes, im „Octroi", für 18 kr. zu lösende Karte.

Römische, mittelalterliche und neuere Denkmäler (im Erdgeschoss). Modelle der Gutenbergsstatue (S. 180) von Thorwaldsen und der Schillerstatue (S. 177) von Scholl. Reliefs der sieben Kurfürsten, Kaiser Heinrichs VII. und des h. Martinus aus dem J. 1312, vom ehemaligen Kaufhaus. Röm. Altäre, Votivsteine, Sarkophage, Grabsteine römischer Legionsoldaten mit Bildwerken und Inschriften. Ein Obelisk, aus röm. Mosaik 1837 von König in Mainz verfertigt. Sämmtliche Fundstücke der von Lindenschmit beschriebenen Frankengräber bei Selzen.

In denselben Räumen ist auch die Sammlung des **Vereins für Rhein. Geschichte und Alterthümer** aufgestellt. Das **römisch-german. Museum**, von Lindenschmit 1854 begonnen, hat über 2000 Gypsabgüsse von Alterthümern der röm.-german. Zeit bis zu Carl d. Gr., (auch käuflich zu haben). Die **Münzsammlung** umfasst 2 bis 3000 röm. über 1800 Mainzer Münzen von Carl d. Gr. Zeit bis zum Untergang des Kurstaats, sowie gegen 1500 neuere Münzen u. Medaillen. Die **Bibliothek** (im 2. Stock) hat über 100,000 Bände, darunter alte Drucke von Gutenberg, Fust und Schöffer aus den Jahren 1459 bis 1462; der Bibliothek gegenüber das **physikalische Cabinet** und die **technischen Modelle**, u. a. das Modell der von Napoleon I. projectirten Rheinbrücke, sowie das der neuen Rheinbrücke; ferner Cartons von *Lindenschmidt*. Der *Akademie-Saal*, von dem letzten Kurfürsten Fr. Karl von Erthal 1775 erbaut; das Deckengemälde: „Jupiter fuhrt die Io in den Olymp" ist von J. Zick aus Coblenz; dem Portrait des Erbauers gegenüber das Bildniss des Grossherzogs Ludwig II. von *E. Heuss*. In diesem Saale tagte zur Zeit der franz. Occupation der Clubb. Im daran stossenden Saal Portraits hervorragender Mainzer Kurfürsten. Die **Sammlung der naturf. Gesellschaft** (im 3. Stock) ist gut geordnet und reichhaltig, besonders der zoolog. Theil, namentlich die grossen Vierfüssler.

***Gemäldesammlung** (im 2. Stock) der Stadt (die besten Bilder sind ein Geschenk Napoleons I.) und des Kunstvereins. 1. Saal: 1. David wird von Samuel zum Könige über Israel gesalbt (franz. Schule); 6. *Jac. van Artois* Gründung der Karthaus, eine grosse Landschaft, die Figur des h. Bruno von *L. Sueur*: 7. 8. 10 u. 11. 4 Tageszeiten nach Claud Lorrain; 30. u. 31. *Mignard* die Dichtkunst, Geschichte, Malerei und der Zeitgott. — II. Saal: 39. *Miereveldt* Brustbild des span. Staats-Secretairs Don Ruy Gomez; 50. *Hoffmann* fürstl. Küche. — III. Saal: F. *Bol* Abraham auf Moria. — IV. Saal: 124. *Lor. di Credi* Madonna; 126. —128. *Gaudenzio Ferrari* S. Hieronymus in einer Landschaft, Anbetung des Christkindes, der junge Tobias, drei treffliche Bilder; 132. *Tizian* Bacchanal. — V. Saal: 147. *Guido Reni* Jupiter als Stier entführt die Europa; 150. kindliche Liebe (*charité romaine*), venez. Schule; 155. *Schidone* Maria's Besuch bei Elisabeth. In der Mitte des Saals eine berühmte astronom. Uhr. — Im Erkerzimmer Gouache, Aquarell-Gemälde, Handzeichnungen etc. — VI. Saal: 181. *Velasquez* Kopf eines Cardinals; 182. *Murillo* Entendieb. — VII. Saal: *Jac. Jordaens* Christus unter den Schriftgelehrten; *Lud. Caracci* Krönungsglorie der h. Jungfrau. — VIII. Saal: (Altdeutsche Schule) 204. *Dürer* Adam und Eva; 207.—215. *Grünewald* die neun Seligkeiten der Maria; 240. *Holbein* altdeutsche Frau. — IX. Saal: (neuere Bilder des Kunstvereins) 1. *Heuss* Thorwaldsen in seiner Werkstatt; 8. *Seeger* Gegend an der Wurm; 11. *Stieler* Schutzengel; 13. *Dietz* Pappenheims Tod bei Lützen; 17. *Flüggen* Spieler; 18. *Schmitt* betende Italienerin; 23. *Weller* krankes Kind; 30. *Schotel* bewegte See; 31. *Jonas* Kuhstall; 32. u. 33. *Kempf*, Fischthurm in Mainz.

Dem kurfürstl. Schloss südlich gegenüber, die lange Seite ebenfalls dem Rhein zugewendet, erhebt sich das zu Anfang des 18. Jahrh. erbaute *Deutsch-Ordenshaus*, jetzt als **Palast des Grossherzogs** (Pl. 5) eingerichtet. Unmittelbar daran und durch eine Gallerie mit demselben verbunden, stösst das 1736 von Kurf. Philipp Carl von Elz erbaute **Zeughaus** (Pl. 41), in welchem neben einer Anzahl alter Waffen und Rüstungen, grosse Vorräthe neuer Waffen sich befinden. Wer dergleichen Sammlungen mehrfach gesehen hat, wird sich für die Umstände, welche hier mit der Besichtigung verknüpft sind, nicht belohnt finden. Erlaubnisskarte gratis im Festungs-Artillerie-Directions-Bureau, Ecke der grossen Bleiche und der Bauhofstrasse.

Auf einer Anhöhe unfern n.w. der Citadelle steht die schöne goth. **Stiftskirche zum h. Stephan** (Pl. 19) aus dem J. 1318, nach der

Pulver-Explosion (S. 180) sehr geschmackvoll restaurirt durch Baurath Geier; sie hat drei Schiffe von fast gleicher Höhe, eine am Rhein sehr seltene Form. Ihr 210' hoher achteckiger *Thurm*, auf dem höchsten Punct der Stadt (100' über dem Rhein), verdient wegen der Aussicht besonders empfohlen zu werden. Man schellt rechts zur Seite der nördlichen Thurmthür, der Thürmer wirft alsdann den Schlüssel, an einen Filzschuh gebunden, herab, den man mit hinaufbringen muss. Im Innern der Kirche einige nicht bedeutende altdeutsche Gemälde und Steindenkmäler, dann das Grab des Stifters der Kirche, Erzb. Willigis, und sein Messgewand; am linken Seitenaltar, als Altarblatt, eine Himmelskönigin mit dem Kind, Mainz segnend, von Veit (für den rechten Seitenaltar ist eine Steinigung des h. Stephanus von Veit in Arbeit). Altäre, Kanzel und Orgelgestell vortrefflich aus braun lackirtem Holz mit Vergoldung, in goth. Stil. Der *Kreuzgang* (vgl. S. 179) zeichnet sich durch die zierliche Construction der Decken u. Fenster aus. Neben der Stephanskirche ist das im J. 1853 von der Gräfin Hahn-Hahn gegründete *Kloster zum guten Hirten*.

Die übrigen Kirchen mag der Reisende, wenn er nicht besondere Bauzwecke verfolgt, unbeachtet lassen.

Der *Kirchhof, schon Begräbnissort der röm. Legionen und der ältesten christl. Kirche (St. Alban), westlich vor dem Münsterthor, fast ½ St. von der Rheinbrücke entfernt (Droschke s. S. 173), an einer Anhöhe, nicht weit von Zahlbach (S. 175), verdient wegen der Lage und der zahlreichen Denkmäler einen Besuch. Gleich vorn unweit des Eingangs steht über dem Grab des als Arzt bekannten *Geh. Raths Leidig* († 1828) ein Aesculap. Dahinter das Grab des rhein. *Geschichtsforschers Bodmann* († 1820). Weiter oben ein grosses Denkmal, angeblich zur Erinnerung an die „*unter Napoleons Fahnen gefallenen Mainzer*", in Wirklichkeit ein Gedächtnissstein für Mainzer, die als franz. Soldaten unter Napoleon I. gedient haben, wie die bis in die neueste Zeit reichenden Todesjahre darthun. Neben und unter diesem grossen Denkmal eine Anzahl Denkmäler preuss. Offiziere, u. a. des als militär. Schriftsteller sehr bekannten Generals *C. von Decker* († 1844). Auf der höchsten Stelle eine hohe canelirte Säule von rothem Sandstein mit dem Namen des Geschichtsschreibers *Eduard Duller* († 1856), zuletzt Prediger an der deutsch-kathol. Gemeinde. Die neue Kirchhofs-Capelle ist aus Holz erbaut. Im südwestl. Viertel zahlreiche Denkmäler österreich. seit 1816 hier gestorbener Offiziere und Soldaten, darunter auch ein Denkmal von rothem Sandstein, ein vierfaches Säulenbündel, oben der preuss. Helm und Säbel, unten die Inschrift: *Zum Andenken an die am 21. Mai 1848 in Mainz „getödteten" (5) Kameraden von ihren Waffengefährten*. Nebenan aus und auf gesprengtem Gestein ein Denkmal für die „in der Ausübung ihres Dienstes bei der Pulver-Explosion am 18. Nov. 1857" erschlagenen 12 preuss. Soldaten.

184 *Route 33.*   CASTEL.

Gleich ausserhalb Mainz, südöstlich, vor dem heutigen Neuthor, auf einer kleinen Anhöhe über dem Rhein, stand einst das kurfürstl. *Lustschloss Favorite*, 1792 nach der Kaiserkrönung Franz II. zu Frankfurt der Ort, wo das bekannte Manifest des Herzogs v. Braunschweig an die franz. Nation, vom 25. Juli 1792, von einer grossen Fürsten-Versammlung entworfen wurde. Die Kriege hatten Alles in Schutt gelegt. Nach und nach aber ist die Anhöhe mit ihrer Umgebung wieder unter dem Namen der *neuen **Anlage** (Restaur. *Voltz) zu einem reizenden Vergnügungsort (S. 173) umgeschaffen, jetzt von der Eisenbahn (S. 66) durchschnitten, aber in Folge dessen vergrössert und verschönert, mit schönster Aussicht auf Mainz, den Rhein und bis zum Taunus. Sehr lohnend ein *Spaziergang über die Eisenbahnbrücke, von wo grossartige Aussicht rheinaufwärts; da der Fussteig an der s.w. Seite, ist der Blick auf Mainz theilweise durch die Gitter verdeckt.

Die *Mainspitze*, gerade gegenüber, ist in neuerer Zeit ebenfalls durch ein bombenfestes Fort zur Beherrschung der Schifffahrt auf Main und Rhein befestigt. Unweit davon befinden sich noch die Reste einer von Gustav Adolph erbauten 6eckigen Sternschanze, der *Gustavsburg*, deren sechs Basteien die Namen *Gustavus, Adolphus, Rex, Maria, Eleonora, Regina* führten.

Mainz ist mit **Castel** (s. S. 59, Gasthöfe und *Bierhaus zum Anker s. S. 173) durch eine 740 Schr. lange *Schiffbrücke* (2 kr. Brückengeld) verbunden. Unterhalb derselben sind bei niedrigem Wasser Pfeiler-Reste einer frühern Brücke sichtbar, in welchen man 1818 u. A. einen im Museum aufbewahrten Legionenstein der 22. Legion, die unter Kaiser Trajan Mainz besetzt hatte, fand, so absichtslos mit anderm Material aber vermauert, dass hieraus auf eine Römerbrücke schwer zu schliessen ist. Wahrscheinlicher sind es die Reste der 25 Brückenpfeiler, welche Carl. d. Gr. von 793 bis 803 erbauen und eine hölzerne Brücke darauf errichten liess, die jedoch, vom Blitz entzündet, in drei Stunden völlig bis zum Wasserspiegel abbrannte. Die 17 *Schiffmühlen* ankern grösstentheils an den Grundpfeilern dieser Brücke. Napoleons Plan eines Brückenbaues (Modell s. S. 182) kam nicht zur Ausführung, weil der Ingenieur St. Far die Gewalt des Eisgangs für die Brücke seines Entwurfs zu bedeutend fand. Die 1832 vor der Brücke von österreich. Ingenieuren („*cura confoederationis*") gebaute bombenfeste Caserne bildet das Reduit von Castel. Die Verschanzungen der *Petersau* (S. 194) und der *Ingelheimer-Au*, das etwa 1000 Schr. von Castel entfernte *Fort Grossherzog von Hessen*, neben dem älteren kleineren *Fort Montebello*, von preuss. Ingenieuren erbaut, und die oben genannte Befestigung der Mainspitze, gehören zu den seit einigen Jahrzehnten sehr erweiterten Mainzer Werken. Eisenbahn von Castel nach Wiesbaden in 20 Min., nach Frankfurt in 1 St. s. S. 58.

34. Wiesbaden.

Vergl. Karten zu den Routen 11 u. 36.

Gasthöfe. *Vier Jahreszeiten (vornehm) und *Nassauer Hof am Theaterplatz; *Adler (Post) in der Langgasse; *Rose in der Nähe des Kochbrunnens, alle ersten Rangs, mit Bädern. *Taunushôtel (Z. 1 fl., L. 12, F. 30 kr., M. 1 fl., preiswürdige Weine; Abfahrt der Omnibus nach Schwalbach); Hôtel Victoria, mit Café, beide bei den Bahnhöfen. — Hôtel de France am Schillerplatz, Z. 1 fl., F. 30 kr., M. m. W. 1 fl.; *Grüne Wald, Marktstrasse, Z. 1 fl., L. 18, F. 28, B. 18 kr., recht gut.
Ausserdem gibt es noch eine Menge Badehäuser: Europ. Hof am Kochbrunnen, gut eingerichtet; Englischer Hof; *Bär (preiswürdige Weine); *Römerbad gut und nicht theuer; Engel; *Schwan am Kochbrunnen (behaglich und nicht theuer); Krone; Spiegel; Stern u.' a. Die Preise der Zimmer wechseln, im Römerbad z. B. gewöhnlicher Preis für ein Zimmer mit Bett in den Monaten October bis April wöchentlich 2 fl., Mai und September 5 fl., Juni und August 7 fl., Juli 9 fl., ein Bad in den 7 Wintermonaten 15 kr., in den 5 Curmonaten 24 kr., u. s. w.
Restaurationen. *Christmann; Lugenbühl (früher Hoffmann); Restaurant Français (bei Huck), alle drei untere Webergasse, in der Nähe des Theaterplatzes; Spehner, grosse Burgstrasse; Hôtel Lehmann, Mühlgasse, auch zum Logiren; in allen während der Curzeit Table d'hôte; Sulzer, grosse Burgstrasse, auch Delicatessen.
Conditorei. Röder in der Webergasse.
Bierhäuser. Christmann (s. oben), gute Restauration; Poths, Langgasse, dem Polizeibureau gegenüber; Engel, Langgasse, unweit des Kochbrunnens. Duensing, am Bahnhof. Bierkeller auf dem *Bierstadter-Berg, 10 M. süd-östlich vom Cursaal, Nachmittags viel besucht, schöne Aussicht, namentlich aber bei der Bierstadter Warte, auf demselben Wege weiter und dann einige 100 Schr. rechts im Feld.
Zeitungen in grosser Auswahl im Lesezimmer des Cursaals unentgeltlich; jeder anständige Cursaal-Besucher geht im Lesezimmer ebenso ungehindert ab und zu, wie in den übrigen Räumen.
Militair-Concert im Sommer tägl. Nachm. 4 bis 6 U. im Curgarten, abwechselnd von preuss., österr. und nassauischen Musikcorps ausgeführt. Das „Programm des Tages" ist an der Rückseite des Cursaals aufgehängt.
Cursaal. Während der Höhezeit der Cur, Samstag „*Réunions dansantes*", gegen besondere Eintrittskarten, die vom Cur-Commissariat ausgegeben werden. Freitags grosse *Concerte* unter Mitwirkung erster Künstler, Eintr. 1—3 fl.
Theater, zu den bessern der Rhein gehörend, Vorstellungen, Sonnt., Dienst., Mittw., Donnerst. und Samst., Anfang 6½ U. (im Mai geschlossen).
Droschken, vom Bahnhof in die Stadt 1—2 Pers. 30 kr., 3—4 Pers. 48 kr., gewöhnliches Gepäck (Koffer, Nachtsack, Hutschachtel) inbegriffen, jeder weitere Koffer 6 kr. In der Stadt die Fahrt einsp. 1—2 Pers. 18 kr., 3—4 Pers. 24 kr., ½ St. 24 oder 36 kr., die Stunde 48 kr. oder 1 fl.; zweisp. die Fahrt 24 oder 30 kr., ½ St. 36 oder 48 kr., die Stunde 1 fl. 12 oder 1 fl. 24 kr. Auf die griech. Capelle einsp. 1 fl., zweisp. 1 fl. 12 kr., hin- und zurück 1½ fl. oder 1 fl. 48 kr., auf die Platte hin und zurück 4 oder 5 fl., Schlangenbad 5 oder 7 fl., Schwalbach 6 oder 8 fl.
Esel an der Sonnenberger Strasse, dem Berliner Hof gegenüber, die Stunde (einschl. Trinkg.) 30 kr., auf die Platte hin und zurück 1 fl. 24 kr.
Bahnhöfe der Taunus-Bahn (S. 59) und der rechtsrheinischen Bahn („Nassauische Staatsbahn", nach Oberlahnstein, Ems, Limburg, Wetzlar vergl. R. 42 und 45) am östlichen Ende der Rheinstrasse neben einander.
Telegraphen-Station (Preussische) Bahnhofstr. 1., unweit der Bahnhöfe.
Brunnen (S. 187) wird von 6 bis 8 U. früh getrunken, seltener Abends.

Wiesbaden mit 20,797 Einw. (6022 Kath.), Hauptstadt des Herzogthums Nassau und mit Biebrich (S. 194) Residenz des Herzogs, ist einer der ältesten Curorte. „*Sunt et Mattiaci in Germania* *fontes calidi trans Rhenum, quorum haustus triduo fervet*" (jenseit des Rheins sind in Deutschland auch die warmen Mattiaker Quellen, die geschöpft drei Tage lang warm bleiben), berichtet Plinius *(hist. nat. XXXI. 2.)* von Wiesbaden. Auf dem *Heidenberg*, nördl. über der Stadt, wurden im J. 1838 spärliche Ueberreste eines röm. Castells entdeckt (500' lang und fast eben so breit, s. das Gypsmodell im Museum, S. 188), welches nach gefundenen Inschriften lange durch die 14. und 22. Legion besetzt war. Die auf dem *Neroberg* (S. 188), unfern der „Heidentränke", noch vorhandenen Trümmer sollen Ueberreste einer Villa des Kaisers Nero sein, eine um so gewagtere Namendeutung, als auf alten Flurkarten der auch anderweitig wohl vorkommende Name *Nehresberg* geschrieben ist. Wahrscheinlich im 4. Jahrh. n. Chr. erlag Wiesbaden, wie die übrigen röm. Festungen auf dem rechten Rheinufer, den Angriffen der Deutschen. Wenigstens findet man daselbst keine Spuren, welche auf eine spätere Periode hindeuten. Die *Heidenmauer*, 650' lang, 10' hoch, 9' dick, Gusswerk, zu dessen Herstellung Tempeltrümmer, Votivsteine u. dgl. verwendet worden sind, eine Art von Stadtmauer gegen N.W. (innerhalb der Stadt), mag als Verbindung des Castells auf dem Römerberg mit der Stadt gedient haben. Urnen, Geräthe, Waffen, Grabsteine röm. Soldaten u. dgl., welche bei verschiedenen Gelegenheiten gefunden wurden, sind im Museum (S. 188) aufgestellt.

Wiesbaden liegt an den süd-westl. Ausläufern des Taunus (S. 59), 335' ü. M., 90' ü. d. Rhein, von einem Kranze stattlicher Landhäuser in schönen Gärten umgeben. Ganze Strassen mit schönen Häusern sind seit den letzten 40 Jahren entstanden, namentlich in der Nähe des Cursaals und der Bahnhöfe viele „Landhäuser", die von Curgästen gern bewohnt werden, und deren Gärten mit den öffentlichen Anlagen ein reizendes Ganze bilden. Die Zahl der Fremden betrug 1863 an 35,000, darunter über ein Drittel Durchreisende. Des angenehmen Aufenthalts und der mancherlei öffentlichen Anstalten für Wissenschaft und Kunst wegen bleiben Fremde (an 1600) gern auch den Winter über hier. Im Winter ist das Leben viel billiger als im Sommer.

Von den *Bahnhöfen* (s.ö. Ecke der Stadt) kommend, tritt man rechts in die schattigen Baumreihen der 10 Min. langen, die innere Stadt an der ganzen Ostseite begrenzenden *Wilhelmstrasse*, an welcher weiterhin r. die neuen Anlagen mit Weiher und Fontaine. An der Einmündung der Frankfurter Strasse in dieselbe die neue *englische Kirche*. Am Ende der Allee ist links der *Theaterplatz*, ein mit einem zierlichen Blumengarten geschmücktes Viereck, von den Bad- und Gasthäusern *Vier Jahreszeiten* (über dem Thor die Inschrift: „*Curae vacuus hunc adeas locum, ut morborum vacuus abire queas, non enim hic curatur qui curat*"), *Hôtel Zais, Nassauer Hof* und dem *Theater* auf drei Seiten eingeschlossen, rechts der grosse Platz vor dem 1810 erbauten *Cursaal*, auf welchem zwei schöne *Springbrunnen* mit drei Wasserschaalen über einander (während der Curzeit öfter Abends durch Ringe von Gasflammen unter den Schalen beleuchtet). An beiden Seiten des Platzes lange geräumige *Colonnaden* im dorischen Stil, der *Bazar von Wiesbaden.

Der *Cursaal ist Hauptvereinigungsort der Fremden. Der Hauptsaal, 130' l., 60' br., 50' h., hat an seinen Seitenwänden Blenden mit zierlichen Marmorbildsäulen, Nachbildungen berühmter Antiken; 28 ganze und 4 halbe korinth. Säulen von inländischem grau-rothem Marmor tragen die an beiden Seiten hinlaufenden Orchester-Gallerieen. An der Nordseite sind die Restaurations-, an der Südseite die Spiel- (von 11 U. fr. bis 11 U. Ab., vergl. S. 95), Tanz- u. Gesellschaftssäle und Lesezimmer. Im *Garten* hinter dem Cursaal versammelt sich nach der Mittagstafel die bunte Menge zu Kaffe und Harmoniemusik (S. 185). Die Nachbarstädte senden namentlich Sonntags auf der Eisenbahn gewöhnlich eine solche Schaar von Gästen, dass an den vielen Tischen unter den Bäumen kaum Platz zu finden ist, während unzählige Gruppen um den grossen Weiher, aus dem Nachmittags eine Fontaine ihren Strahl 100' hoch empor schleudert, und in den Anlagen und dem Gebüsch lustwandeln. Die Park-Anlagen sind sehr ausgedehnt. Promenadenwege in einem anmuthigen Wiesenthal führen an der *Dietenmühle* (gutes Wirthshaus), wo 1862 eine Wasserheilanstalt (unter Leitung des Dr. Genth) eröffnet worden, vorbei zur (½ St.) Ruine *Sonnenberg* (Wirthsch.), und weiter zur (½ St.) *Rambacher Capelle*, wo 1859 ein römisches Castrum ausgegraben worden.

Der **Kochbrunnen** ist die bedeutendste der offenen warmen (55°) *Quellen*. Eine lange eiserne 1854 in Form einer Veranda errichtete offene *Trinkhalle* setzt ihn mit dem Curgarten in Verbindung. Die *Hygiea-Gruppe* auf dem Kranzplatz in der Nähe des Kochbrunnens hat Hoffmann aus Wiesbaden 1850 in Marmor gearbeitet.

Die warme (51°) Quelle im Garten des Gasthofes zum *Adler* (S. 185) ist auch als Trinkanstalt eingerichtet. Im *Schützenhof* (worin die Polizei) ist eine schon von den Römern in einem grossen Gewölbe gefasste Quelle (40°), in welchem sich auch Ueberreste röm. Bäder fanden. Hauptbestandtheil der Quellen ist Chlornatrium.

„Vnd thun die Bäder allhie zu Wiszbaden, nach Anzeig ihrer Mineralien, wärmen, trucknen, zertheylen, erweichen, ausz- und von oben herab ziehen, kochen, dünn machen, zuruck treiben, zusammen ziehen, vnd setzen, reinigen, heylen, purgieren" etc.   Merian. 1655.

Die **evang. Kirche**, goth. Stils, von Boos 1852—1862 aus geschliffenen Backsteinen aufgeführt, dem Schloss gegenüber, ist mit ihren fünf hohen Thürmen das hervorragendste Gebäude der Stadt. Im Chor die Colossal-Statuen aus weissem Marmor, Christus und die vier Evangelisten, von Hopfgarten (S. 189). Die Seitenschiffe haben Emporen. — Die 1844—1849 von Hoffmann erbaute schöne **katholische Kirche**, dreischiffiger Hallenbau mit Querschiff, aber im Rundbogen, mit hübschem Netzgewölbe, hat zwei neue Altarblätter, rechts eine Madonna mit Kind von *Steinle*, links ein h. Bonifacius von *Rethel*.

Von grösseren Gebäuden sind sonst noch das *herzogl. Palais* am Markt, 1840 erbaut, das *Palais des Prinzen Nicolaus* auf der Höhe am Cursaal, 1842 für die Herzogin Mutter († 1856) im Geschmack der Alhambra aufgeführt, das 1842 vollendete *Ministerialgebäude*, im florentinischen Palast-Stil, und das *neue Schulgebäude* auf dem Michelsberge, zu nennen.

Das **Museum**, im sogen. „Schlösschen" in der Wilhelmsstrasse, enthält ebener Erde, links vom Eingang, die *Alterthümer-Sammlung* (Mont., Mittw. u. Freit. von 3—6 U. öffentl.), namentlich zahlreiche hier ausgegrabene röm. Alterthümer, u. a. ein grosser höchst merkwürdiger Mithras-Altar, 1826 bei Heddernheim *(Novus Vicus)* an der Nidda, 1½ St. n.w. von Frankfurt ausgegraben, mit trefflich erhaltenen Bildwerken. Modelle der Gebäude machen Vieles deutlich. Das sogen. Schwert des Tiberius ist vor einigen Jahren in Mainz ausgegraben. Unter den *mittelalterlichen* Gegenständen ein in Holz geschnitzter vergoldeter Altar, aus dem 13. Jahrh., ehemals in der Abtei Marienstadt bei Hachenburg. Ebener Erde rechts der Anfang einer *Bildergallerie*. Daselbst permanente Gemäldeausstellung (Sonnt., Mont., Mittw. u. Freit. von 11—4 U. öffentlich). — Im mittlern Stock die vortrefflich geordnete *Sammlung naturgeschichtlicher Gegenstände*, besonders Geognostisches aus dem Herzogtbum Nassau, sodann die berühmte *Gerning'sche Insecten-Sammlung* (Mont., Mittw. u. Freit. v. 2—6 U., Mittw. auch von 11—1 U. öffentlich). — In der *Bibliothek* im obern Stock, Mont., Mittw., Freit. 9—12 und 2—5 U. geöffnet, schätzbare alte Handschriften, u. a. die Visionen der heil. Hildegard, Pergament-Codex mit merkwürdigen Miniaturen des 12. Jahrhunderts; die Visionen der heil. Elisabeth von Schönau, Pergament-Codex mit gemalten und vergoldeten Initialen; Handschrift des Sallust auf Papier u. s. w.

Die *Sammlung von Alterthümern und Kunstgegenständen* aus Italien des Prinzen Emil v. Wittgenstein, Friedrichstr. 5, ist Mont., Mittw. und Freit. Nachm. von 2—5 U. dem Publicum geöffnet.

Wiesbaden hat vortreffliche **Lehranstalten**, unter welchen das *Fresenius'sche chemische Laboratorium*, vorzugsweise von jungen Technikern besucht, die erste Stelle einnimmt; das *landwirthschaftliche Institut* auf dem alten Geisberg, die *Schirm'sche Handelsschule*, das *Real-Gymnasium* u. a.

Nördlich von Wiesbaden, auf halber Höhe des S. 186 genannten *Neroberges*, 20 Min. vom Cursaal entfernt, 573′ ü. M., glänzt die 1855 vollendete *russisch-griechische Capelle, die Gruftkirche der Herzogin Elisabeth, mit ihren vergoldeten Kuppeln weit in die Gegend hinein. Vom Platz vor derselben bietet sich eine weite Rundsicht über Wiesbaden und Mainz hinaus, südlich der Melibocus, südwestl. der lange Rücken des Donnersberges.

Die 86' hohe Capelle ist von Hoffmann, der auch die neue kath. Kirche (S. 187) gebaut, in der Form eines griech. Kreuzes, aus hellgrauem Sandstein in reichster Ornamentik mit vorherrschendem Rundbogen aufgeführt. Ueber derselben steigen eine Haupt- und vier Nebenkuppeln auf, alle schwer vergoldet, oben hohe russische Doppelkreuze, das höchste 183' vom Boden, mit herabhangenden vergoldeten Ketten befestigt, an den Kreml in Moskau erinnernd. Das Innere besteht nur aus Marmor, theils weissem, theils farbigem. Eine reiche Altarwand *(Ikonostas)* mit zahlreichen zum Theil in Russland besonders verehrten Heiligen, auf Goldgrund, in Russland gemalt, trennt das, nur dem Popen und den Dienern zugängliche Chor vom Schiff. Der Altar selbst, mit dem Glasbild des Heilands im Fenster, ist nur während des Gottesdienstes sichtbar. Von überraschender Wirkung ist in einer n. angebauten fünfseitigen Chornische das *Denkmal der Herzogin Elisabeth Michailowna* († 1845), zu deren Gedächtniss Herzog Adolf von Nassau, ihr Gemahl, den Bau aufführen liess. Die edle Gestalt der Fürstin, aus weissem Marmor, ruht auf einem Sarkophag; an den Seiten Statuetten, die 12 Apostel, an den Ecken Glaube, Liebe, Hoffnung, Unsterblichkeit, das Ganze nach Art des Denkmals der Königin Luise von Preussen zu Charlottenburg, ausgeführt von Prof. Hopfgarten aus Berlin (S. 187). Zu beachten der Blick auf die Gegend durch die rothen Glasscheiben der südl. Thür. Sonntags 10 U. ist hier russ. Gottesdienst, zu welchem jedoch nicht Jedermann Zutritt hat. Der Castellan, welcher in der Nähe wohnt, öffnet die Capelle, ein Einzelner 24 kr., 3 bis 4 Pers. 1 fl. Trinkgeld. Das Haus des Castellans, in welchem auch die Wachtstube, ist ebenfalls in russ. Geschmack erbaut. Dahinter ein sehr hübsch gehaltener *russ. Friedhof* mit manchen Denkmälern.

Noch 1/4 St. n.w. über der Capelle, auf der Höhe des *Nerobergs*, steht ein offener *Säulentempel* (705' ü. M.) mit weiter Umschau (dabei Wirthschaft). Spaziergänge und Anlagen mannigfaltigster Art durchkreuzen den Wald, sie ziehen sich bis zur *Platte* (S. 190) hin. Am südl. Fuss des Berges die *Wasserheilanstalt Nerothal*.

Der *Friedhof*, an der dem Neroberg gegenüber liegenden n.w. Bergseite, an der alten Limburger Landstrasse, 20 M. vom Cursaal, enthält manche hübsche Denkmäler, die bessern von dem Bildhauer Gerth ausgeführt. Russische Denkmäler finden sich manche. Rechts vom Leichenhaus unter Tannengebüsch ein Kreuz von grauem Marmor mit der Inschrift: *Georg Freiherr von Baring, geb. 1773, seit 1786 in der hannov. Armee, später in der Königl. deutschen Legion, Vertheidiger von La Haye Sainte in der Schlacht von Waterloo, starb zu Wiesbaden 27. Febr. 1848 als K. hannov. Generallieutenant*. Auf derselben Seite an der s.ö. Mauer, in der Mitte, ein Denkmal mit aufgeschlagener Bibel, zum Andenken an die Frau des frühern Popen. An der n.ö. Mauer eine abgebrochene Marmorsäule (aus der früheren, vor ihrer Vollendung eingestürzten

kath. Kirche) mit dem Namen des polnischen Generals *Uminsky*
(† 1851). Auf dem Grab der Herzogin *Pauline* († 1856), die auf
ihren Wunsch hier, nicht in der herzogl. Gruft zu Weilburg, beigesetzt wurde, ist eine einfache Capelle erbaut, südl. vom Leichenhaus.
Die *Platte, ein herzogl. Jagdschloss, 1½ St. nördlich von Wiesbaden, 1511' ü. M., wird der Aussicht wegen häufig von Wiesbaden
besucht. Die Spaziergänge auf dem *Neroberg* (S. 188) stehen mit der
Platte in Verbindung, man findet an der rechten Stelle allenthalben
Wegweiser. Der **Fahrweg** zur Platte ist die alte Limburger Landstrasse (Omn. n. Idstein Nachm.). (Links tief im Grunde das vormalige von Kaiser Adolf v. Nassau und seiner Gemahlin Imagina von
Limburg 1296 gestiftete Nonnenkloster *Clarenthal*, weiter oben die
ehem. *Fasanerie.*) Von der Plateforme des Jagdschlosses auf der
Platte sehr ausgedehnte Fernsicht, bei Abendbeleuchtung besonders lohnend, über Westerwald, Spessart, Odenwald und Donnersberg, das ganze Rheinthal bis zur Haardt, im Vordergrund Mainz;
man erkennt deutlich durch das grosse Fernrohr die Menschen
auf der Rheinbrücke. Das *Schloss* selbst, 1824 aufgeführt, entbehrt, einige Kehrer'sche Thierbilder abgerechnet, aller künstlerischen Ausschmückung. Die beiden schönen Hirsche am Eingang sind nach *Rauch's* Entwurf gegossen. In dem umzäunten Sau-
park werden 5 U. Nachm. auf einen Ruf mit der Trompete die Wild-
schweine gefüttert. Neben dem Schloss ein gutes Wirthsh. Man kann
von der Platte auch unmittelbar s.ö. nach Sonnenberg (S. 187) in
1¼ St. hinabsteigen. Der Weg führt bei dem Eichenwäldchen von
der Hauptstrasse links ab, er ist von der Plateforme deutlich zu erkennen. Von Sonnenberg nach Wiesbaden ½ St. südwestl. s. S. 187.

Wiesbaden ist mit *Mosbach* (S. 194) durch eine neue grossartig
angelegte, mit einer vierfachen Reihe von Rosskastanien bepflanzte
Chaussee verbunden. Auf der Höhe halbwegs, mit der Aussicht
über das Rheingau bis zur Rochuscapelle, Café-Restaur. *Adolphshöhe.*

Von dem 1 St. n.w. an der alten Wiesbaden-Schwalbacher Landstrasse gelegenen Forsthaus (Wirthsch.), das *Chausseehaus* genannt,
überblickt man die ganze Gegend bis zur Bergstrasse, Taunus u. s. w.
Hier geht l. der S. 193 beschriebene Fahrweg über Georgenborn
nach Schlangenbad ab. — Ausflug in den *Taunus* s. S. 59.

35. Schwalbach und Schlangenbad.
Vergl. Karte zu Route 36.

Gasthöfe in Schwalbach: *Alleesaal (Curhaus); *Post; *Herzog
von Nassau (viele Engländer), in diesen dreien Z. 1 fl., L. 15, F. 30 kr.,
M. o. W. 1 fl. 12 kr.; Hôtel Taunus, M. o. W. 1 fl.; *Hôtel Wagner
(gute Table d'hôte und guter Wein); *Russischer Hof, Mittag in beiden 48 kr., auch als Speisehäuser empfehlenswerth. Restauration
Dieffenbach, M. 36 kr.

Logirhäuser (ohne Mittagessen) unter vielen anderen folgende
gut gelegen und gut eingerichtet: Neglein, Kranich (wo die Telegraphen-Station und Abfahrt der Omnibus nach Wiesbaden), Wiener
Hof, Stadt Hanau, Einhorn (die beiden letzteren mit Gärten),

Victoria, Bellevue, Tivoli (gross u. schön, aber vornehm u. theuer), **Panorama, Wittwe Grebert, Pariser Hof** (auch Mittagessen), **Stadt Coblenz, Englischer Hof**. — *Mittagessen* aus dem Hause verabreicht zu 1 fl., 48 kr. und 36 kr. im Herzog v. Nassau, Hôtel Wagner, Restauration Dieffenbach und im Pariser Hof.

Lesecabinet im Alleesaal (Köln. Ztg., Kreuzztg., Augsb. Allg., Frankf. Journal), Abonnement 1 Woche 1 fl., 14 Tage 1 fl. 45 kr., 1 Monat 2 fl. 30 kr.

Bäder. Badhaus (1 fl. 6 kr das Bad; Badestunden geregelt: von 5 U. früh bis 11/2 U. Nachm.; am Schluss der Cur ist ein Trinkgeld von 1 fl. 45 kr. an die Badefrau üblich, obwohl verboten). **Kranich, Stadt Coblenz, Stadt Mainz, Engl. Hof, Einhorn, Baltzer,** in all diesen Privathäusern das Bad 54 kr. — *Beitrag zur Curmusik* für Curgäste 2 fl.

Wagen ohne Taxe, daher vorher accordiren; **Esel** nach gedruckten Taxen.

Eilwagen nach *Wiesbaden* 7 U. früh u. 11/4 U. Nachm. in 2 St., nach *Schlangenbad* (in 1 St.) u. *Eltville* (in 2 St.) 8 U. früh u. 51/2 U. Ab., nur im Sommer; nach *Diez* 8 U. Abends, in 4 St. — **Omnibus** nach *Wiesbaden* (Abfahrt vom Kranich) 71/2 U. fr. in 21/2 St.

Telegraphen-Station, preussische, im Kranich.

Langen-Schwalbach (925'), gewöhnlich einfach *Schwalbach* genannt, liegt 31/2 St. n.w. von Wiesbaden, 81/2 St. s.ö. von Ems, an der Landstrasse von Wiesbaden nach Nassau (vgl. S. 250). Die drei Hauptquellen, der *Stahlbrunnen* in dem einen, der *Wein-* und *Paulinenbrunnen* in dem andern Thal, sind durch einen niedrigen Gebirgsausläufer geschieden, durch Promenaden und Anlagen verbunden. Ausserdem sind noch mehrere Quellen gefasst, welche aber nicht benutzt werden. Das Wasser (Eisen-Säuerling) wird zum Trinken und Baden gebraucht, vorzüglich bei Bleichsucht und allen Nervenleiden, besonders des weiblichen Geschlechts.

„Es ist sehr kalt, von Farben überaus schön, hell, wie ein Crystall durchscheinend, zu trinken gar lieblich (wiewohl es einem anfangs seltsam vorkommt), am Geruch stark wie ein newer verjährter Wein, also, dass man bisweilen meynet, man wollt' nieszen." Merian. 1665.

Beim Weinbrunnen, welcher, als von mittlerer Stärke, am meisten benutzt wird, das herzogl. *Badhaus* (Bäder s. oben).

Der Weinbrunnen, schon 1730 die „Königin aller Mineralquellen" genannt, ist seit 300 Jahren im Ruf. „A. 1569, als der Weinbrunnen in Aufnahme zu kommen anfing, war die erste Curgästin eine fränkische Frau von Adel, welcher bei ihrer Hochzeit Gift beigebracht worden, davon sie an Händen und Füsen ganz erlahmt." Im J. 1628 besuchte Tilly Schwalbach, nachdem er in Wiesbaden die Cur gebraucht und dort ein „840 Thaler starkes Andenken" zurückgelassen. In den beiden letzten Jahrhunderten glänzte Schwalbach als Luxusbad ersten Ranges, jetzt ist es nur ein Heilbad, das im 19. Jahrh. als solches hauptsächlich durch den D^r. Fenner von Fenneberg († 1849), welcher sich 1813 auch um die Verpflegung der preuss. Truppen in Schwalbach verdient machte, gehoben wurde. Ausser von Deutschen ist es stark von Russen, Engländern und Amerikanern besucht. Zahl der Curgäste jährlich über 3000. Im Juli ist der Zudrang so stark, dass man wohl thut, sich vorher eine Wohnung zu sichern; alsdann sind auch die Preise am höchsten, daher gerathen, Anfangs oder Mitte Juni zu kommen. Trinkgeld an die Brunnenjungfer 1 fl. 45 kr.

Der Ort selbst zieht sich 15 Min. lang in einem anmuthigen Wiesenthal bergab. — **Spaziergänge**, ausser in den Anlagen und den angrenzenden Wäldern, zum nahen *Paulinenberg* (Kaffe,

Bier u. Wein); Aussicht noch hübscher von der etwas oberhalb gelegenen *Platte* (nicht mit der Platte (S. 190) bei Wiesbaden zu verwechseln). Weitere Ausflüge: in's Aarthal abwärts nach den Ruinen (³/₄ St.) *Adolphseck* (Whs. bei Kling) und (2 St.) *Hohenstein* (Whs. bei Ziemer). Durch das Aarthal abwärts führt eine Landstrasse nach *Diez* an der Lahn (S. 251). Nach Schlangenbad s. unten. — Ein guter Weg, welcher zur Landstrasse ausgebaut wird, führt von Schwalbach durch das *Wisperthal* in 7 St. nach *Lorch* am Rhein (S. 215).

Die meisten Reisenden werden von Wiesbaden (direct) oder von Eltville (Post über Schlangenbad 2mal tägl.) nach Schwalbach gelangen.

Die neue *Poststrasse von Wiesbaden nach Schwalbach* (Eilwagen 8¹/₂ U. Morg. u. 10 U. Ab. in 2¹/₄ St., Omnibus 5¹/₂ U. Ab. vom Taunushôtel, den Bahnhöfen gegenüber) verlässt eine kurze Strecke westl. von Wiesbaden die nähere alte, an dem Chausseehaus (wo der Fahrweg nach Schlangenbad abgeht, s. S. 190) vorbei und über die *Hohe Wurzel* (1600′) führende Landstrasse, und zieht sich, zur Vermeidung dieser bedeutenden Höhe, mehr nördl. über bewaldete Höhen in das *Aarthal* (wo sich östl. die Poststrasse nach Limburg an der Lahn (S. 252) abzweigt), welchem sie abwärts über *Bleidenstadt* bis *Schwalbach* folgt.

Die *Strasse von Biebrich nach Schwalbach*, *über Schlangenbad* (in Biebrich Privatwagen zu haben, bis Schlangenbad in 1¹/₂, bis Schwalbach in 3¹/₄ St.), führt über *Schierstein* (S. 195) und *Neudorf* (Krone), wo der Fahrweg von Eltville (S. 195) eintrifft, und von da, an dem ehemaligen Kloster *Tiefenthal* (jetzt Mühle) vorbei, durch ein anmuthiges von vielen Mühlen belebtes Thal, vom nahen Wald beschattet. Vorzuziehen ist aber der Umweg von ¹/₂ St. über Rauenthal: 5 Min. jenseit Neudorf zeigt ein Wegweiser links bergan nach (30 Min.) **Rauenthal** (*Nassauer Hof*, guter Rauenthaler Wein), weinberühmtes Dorf auf dem Kamm des Berges, mit einer alten Kirche. Auf einem in das Rheinthal sich senkenden Hügel, an 15 Min. von der Südseite des Dorfes entfernt (ausserhalb des Orts 50 Schritte jenseit des Kreuzes rechts, nicht gerade aus, dann links den Hügel hinan), öffnet sich von dieser Rauenthaler Höhe (1668′), *Bubenhausen* genannt (von Eltville in ¹/₂ St. zu erreichen), ein prächtiger *Ueberblick über den ganzen Rheingau von Mainz bis unterhalb Johannisberg, im Vordergrund das stattliche Eltville. Es soll ein Säulentempel auf dieser Stelle errichtet werden, was aber leider immer noch durch Streitigkeiten über das Grundeigenthum verhindert ist.

An der Nordseite von Rauenthal führt am Abhang des Gebirges ein neuer schattiger Promenadenweg in 45 Min. nach Schlangenbad. Wer die Landstrasse vorzieht, wendet sich 6 Min. vom Ort bei dem Wegweiser rechts bergab; nach 15 Min. ist man wieder auf der Landstrasse und erreicht in ¹/₂ St. den in einem engen Waldthal sich hinziehenden und aus etwa 50 meist neuen Gebäuden bestehenden Badeort **Schlangenbad** (770′) (*Nassauer Hof*, Table d'hôte 1 fl. 12 kr., Zimmerpreise fest; *Hôtel Victoria*, M. o. W. 1 fl. Der Nassauer Hof hat auch die Wirthschaft im obern und untern Curhaus und auf der Terrasse. *Hôtel Plan*z. Alle andern Häuser mit Gasthofschildern sind nur Logirhäuser, wo man jedoch Frühstück u. dgl. haben kann. *Restauration Priester*, dem Nassauer Hof gegenüber, M. 36 kr.). Das Wasser (23—26° R.) ist klar und ohne Geruch, ausser etwas Natron, ohne feste Bestandtheile, vorzüglich bei Hautkrankheiten, krampfhaften Erscheinungen, Nervenschwäche und dergleichen heilbringend. Hufeland meint, er kenne kein Bad, welches so ganz geeignet wäre, den Character der Jugend zu erhalten und das Altwerden zu verspäten, als Schlangenbad. Die Heilquelle soll vor 200 Jahren von einem Hirten entdeckt sein, welcher ein sich täglich von der Heerde absonderndes Rind aufsuchte und an der warmen Quelle fand. Die *Bade-Gebäude* („*Curhaus*") wurden 1694 von dem damaligen Landesherrn, dem Landgrafen Carl v. Hessen-Cassel aufgeführt und mit Anlagen umgeben. Auch ist eine *Molkenanstalt* eingerichtet. Auf der Terrasse herrscht der lebhafteste Verkehr der Curgäste, doch bieten auch die Umgebungen viele ausgedehnte und schattige Spaziergänge. Vom (½ St.) *Wilhelmsfelsen*, vom Weg nach Georgenborn (s. unten) links ¼ St. aufwärts, schöne Aussicht auf Schlangenbad, Rauenthal und den Rheingau, in der Ferne der Donnersberg.

Von **Schlangenbad nach Wiesbaden** (2½ St.) neue Fahrstrasse über Georgenborn, für Fussgänger der beste Weg, bis (1½ St. ö.) **Georgenborn** (1152′) stets steigend. Oben reizende Aussicht, die Gegend von Frankfurt bis zur Mündung des Mains, und den Rhein von Worms bis Bingen umfassend, im Hintergrund der Donnersberg. Von da in ¾ St. zum *Chausseehaus* (S. 187), und weiter nach (1¼ St.) Wiesbaden auf der alten Schwalbach-Wiesbadener Landstrasse, an *Clarenthal* (S. 187) vorbei.

Die Landstrasse von Schlangenbad, über *Wambach*, nach Schwalbach (1½ St. Gehens) steigt ¾ St. bis auf den Sattel des Gebirgszugs (oben weite Aussicht über das Taunusgebirge), und senkt sich dann ¾ St. bis *Schwalbach*.

36. Von Mainz nach Bingen. Rheingau.

Eisenbahn auf dem linken Ufer s. R. 55, bis **Bingen** in ¾ St.
Eisenbahn auf dem rechten Ufer, s. R. 43, von **Wiesbaden bis Rüdesheim** in 1¼ St.
Dampfboot, zu Thal 1¾, zu Berg 2½ St. zwischen Mainz und Bingen; *Landebrücken* zu Biebrich, Eltville und Bingen, *Kahnstationen* zu Walluf, Oestrich, Geisenheim und Rüdesheim. — Weit vorzuziehen ist die **Fuss-Wanderung** durch den *Rheingau* (bis Eltville mit Eisenbahn oder Dampfboot in 34 oder 45 Min., von Eltville bis Rüdesheim 4 St. Gehens), da keine Strecke am ganzen Rhein auf so engem Raum so viel Eigenthümliches bietet, als gerade die Gegend zwischen Eltville und Rüdesheim, der berühmteste Weingarten Deutschlands. Die Orte *Eltville, Erbach, Hattenheim, Oestrich, Mittelheim* und *Winkel, Geisenheim, Rüdesheim* dehnen sich am Ufer des Stromes aus, kaum 30 bis 40 M. je von einander entfernt; dazwischen liegen häufig Landhäuser, so dass der

Bædeker's Rheinlande. 14. Aufl.

ganze Strich das Ansehen einer einzigen lang gestreckten Ortschaft hat. Einspänner findet man fast an jedem Ort, von Rüdesheim bis Biebrich etwa 5 fl. Die Fahrt über *Schloss Johannisberg* muss ausdrücklich dem Kutscher vorgeschrieben werden, da die Landstrasse am Fuss desselben vorbei führt und das Schloss nicht berührt.

Wer die Ufer-Landschaft bereits kennt, wandert zu Fuss von Eltville landeinwärts nach *Kiederich* (1/2 St.), an dem grossen neuen Irrenhause *Eichberg* vorbei nach *Eberbach* (1 St.), über den *Bos* am *Steinberg* vorbei nach *Hallgarten* (3/4 St.), bei *Schloss Vollraths* vorbei nach *Johannisberg* (1 St.), und dann wieder an den Rhein nach *Geisenheim* (1/2 St.). Der Weg führt freilich meistens durch schattenlose Weinberge, aber die goth. Capelle zu Kiderich, die Klostergebäude von Eberbach, die herrliche Aussicht auf dem Bos und auf Schloss Johannisberg belohnen reichlich (s. S. 197).

Das Dampfboot fährt bald nach der Abfahrt von Mainz zwischen zwei Inseln durch, r. der *Petersau* (S. 184), l. der *Ingelheimer Au*. Auf der Petersau (*„in quadam insula contigua Magontiacae civitati"*), wo er sich eine Sommer-Wohnung hatte bereiten lassen, endete an Entkräftung, von Worms herabkommend, nach mehrtägigem Krankenlager, am 20. Juni 840, im 64. Lebensjahr, der Deutsche Kaiser Ludwig der Fromme, Carls d. Gr. Sohn und Nachfolger. Seine Leiche ward nach Metz geführt und dort begraben.

Rechts fern der Gebirgszug des Taunus. Alsbald erscheint **Biebrich** (**Rhein. Hof*, mit Garten am Rhein; *Europ. Hof*; *Bellevue*; Preise in allen dreien wie in Mainz, S. 173; *Krone*, mit schattigem Garten unmittelbar am Rhein, gutes Bier aus der Mainzer Actien-Brauerei; *Löwe*), mit dem n. angrenzenden **Mosbach** jetzt einen Ort bildend, Sommer-Residenz des Herzogs von Nassau. Am obern Ende eine grosse 1859 aus rothen Backsteinen erb. *Caserne*, am untern das 220 Schritte lange herzogl. *Residenzschloss*, letzteres 1706 im Renaissancestil aufgeführt. Ueber dem Rundbau, der aus der Mitte aufsteigt, ragt eine Gruppe Standbilder hervor, 1793 während der Belagerung von Mainz durch eine franz. Batterie auf der Petersau sehr beschädigt. Das Schloss war damals von preuss. Truppen besetzt. Garten und Park (1600 Schr. lang) sind sehr gut gehalten und bieten höchst anmuthige Spaziergänge. Das 1850 erbaute grossartige *Gewächshaus* ist eben so prächtig als zweckmässig, und bildet im März und April mit seinen anmuthigen Sitzen, Lauben und Wasserbecken einen reizenden Wintergarten. Eine kleine *Burg*, eine mittelalterliche Spielerei mit goth. Zimmern und alten Steindenkmälern Katzeneinbogen'scher Grafen aus der Abtei Eberbach (S. 196), wurde 1806 im Schlossgarten auf den Trümmern der alten *Kaiserpfalz Biburk*, in welcher Ludwig d. Deutsche 874 sich einige Zeit aufhielt, erbaut. Sie diente seit 1850 dem 1856 gest. Prof. Hopfgarten (S. 189) als Atelier, von dem einige Arbeiten hier aufgestellt sind (12 kr. Trinkg.). Die Station der rechts-rheinischen Bahn (S. 193) ist in der Nähe, vor dem nordöstl. Ausgangs-Gitterthor. Mit der Taunus-Eisenbahn steht Biebrich durch eine kurze Pferde-Zweigbahn in Verbindung (S. 193 u. 59), mit Wiesbaden auch

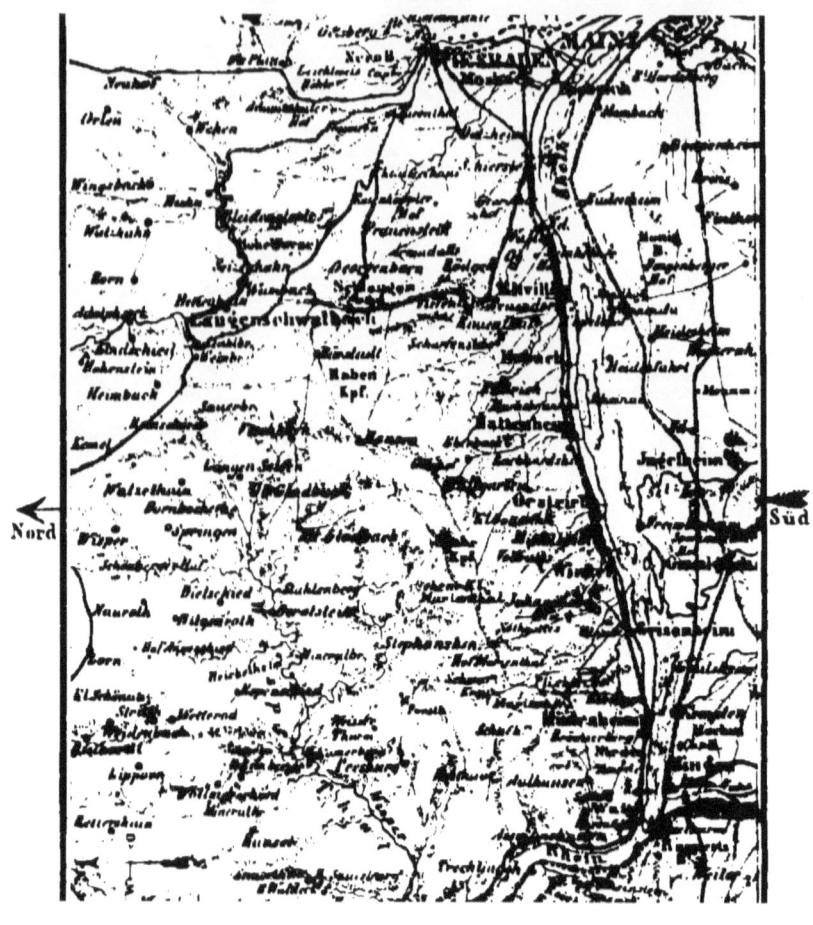

durch die rechtsrhein. Bahn (R. 43) und durch Omnibus (24 kr. mit Gepäck), letztere im Anschluss an die Dampfboote. Wagen über Schlangenbad nach Schwalbach s. S. 192.

Zu **Schierstein** *(Drei Kronen)*, altes Dorf, in einem Wald von Obstbäumen, hat Herr Archivar *Habel* eine sehenswerthe *Gemälde-* und *Alterthümer-Sammlung*. Die Fluss-Correction im J. 1858 war Veranlassung zur Erbauung des an 100 Morgen grossen, 12′ bis 18′ tiefen Winterhafens. Die Trümmer der *Burg Frauenstein* mit dem gleichnamigen Ort (weisses Ross) liegen ¹/₂ St. n.w. landeinwärts.

Bei dem alten, in einer Urkunde vom J. 770 schon genannten **Niederwalluf** *(*Schwan,* gut und nicht theuer; *Gartenfeld)* beginnt der weinreiche *Rheingau*, zu welchem vor Zeiten selbst Lorchhausen (S. 215) noch gerechnet wurde. Der ganze Landstrich war durch das „*Gebück*" befestigt.

„Es bestand aus einem 50 und mehr Schritt breiten Gürtel im Walde auf der Landesgrenze; man warf die in diesem Bezirk stehenden Bäume in verschiedenen Höhen ab, liess solche neuerdings ausschlagen, und bog die hervorgeschossenen Zweige zur Erde nieder. Diese wuchsen in der ihnen gegebenen Richtung fort, flochten sich dicht in einander, und brachten in der Folge eine dicke und verwickelte Wildniss hervor, die Menschen und Pferden undurchdringlich war."
Bär, diplom. Nachr. 1790.

Weg von Niederwalluf oder Eltville nach *Schlangenbad* und *Schwalbach*, zu *Neudorf* (Krone) in die Biebrich-Schlangenbader Poststrasse mündend, s. S. 192. Der Kirchthurm von *Rauenthal* (S. 192) tritt am Gebirge hervor. Die S. 192 beschriebene *Rauenthaler Höhe*, einer der Glanzpuncte des Rheingau's, ist in ¹/₂ St. von Eltville zu erreichen.

Vor Eltville sieht man in sorgfältig gepflegten Weinbergen einige Landhäuser, namentlich die kleine *Burg Rheinberg*, dem Grafen Grünne gehörig. Die *Insel* gegenüber hat ein in Russland zu grossem Vermögen gelangter Herr Marix aus Lyon angekauft und mit hübschen Anlagen, Schweizerhäusern u. dgl. verziert.

Zu **Eltville** oder *Elfeld (Rheingauer Hof: Engel;* *Rheinbahn-Hôtel)*. früher Hauptort des Rheingaus, entsagte 1349 der Deutsche König Günther von Schwarzburg, von seinem Gegner Carl IV. belagert und bedrängt, der Krone (S. 50). Im 14. und 15. Jahrh. war Eltville gewöhnliche Residenz der Erzbischöfe von Mainz; sie fanden hier oft eine Zuflucht, wenn sie Mainz wegen bürgerlicher Unruhen verlassen mussten. Bereits im J. 1465, noch bei Gutenbergs Lebzeiten (S. 179), 25 Jahre nach der Erfindung, bestand hier eine Buchdruckerei; Eltville war auch des Erzstiftes Münzstätte. Der schöne hohe Wartthurm mit dem Wappen des Erbauers und den neuen vergoldeten Thurmspitzen, nebst der anstossenden Burgmauer, der einzige Ueberrest der 1330 von dem Trierer Erzbischof Balduin als Verweser von Mainz aufgeführten Burg, jetzt Amtshaus; der Kirchthurm aus derselben Zeit; einige Landsitze und Wohnhäuser, u. a. des Grafen Eltz, des Freiherrn Langwerth

v. Simmern, geben dem Ort ein stattliches Ansehen. — Post über
Schlangenbad nach Schwalbach s. S. 191.

Zwischen Rebenhügeln versteckt, liegt 1/2 St. n.w. landeinwärts der
alte Wallfahrtsort **Kiederich** (*Fischer; Pape; Krone*), ein grosses Dorf mit
der sehenswerthen goth. *St. Valentinskirche* und der *St. Michaelscapelle*, um
1440 im schmuckreichen spätgoth. Stil aufgeführt, 1858 hergestellt. In
der Nähe ragt auf dem *Gräfenberg*, einem der berühmten Weinberge des
Rheingaus, der hohe Thurm der *Burg Scharfenstein* hervor, von Mainzer
Erzbischöfen Ende des 12. Jahrh. erbaut, von den Schweden 1632, von
den Franzosen 1682 zerstört.

Erbach (*Engel; Wallfisch*), schon 980 genannt, wird dem
Dampfbootfahrer bald von der 1/2 St. langen *Rheinau* verdeckt,
seit 1855 im Besitz der Prinzessin Albrecht von Preussen, ebenso
wie das an der Westseite des Orts gelegene Schloss *Reinhartshausen*. Dasselbe enthält eine Anzahl Bilder und Statuen, Eintr.
30 kr., Mont., Mittw. u. Freit. v. 10—5 U geöffnet. Erbach war
lange Zeit Sitz der einzigen Pfarrei für die etwa 1000 Protestanten,
welche neben 25,000 Katholiken im Rheingau leben (vgl. S. 199).

Ein breiter Weg führt von Erbach landeinwärts in 1 St. zu der einst
berühmten reichen Cisterzienser-Abtei **Eberbach**, 1131 vom h. Bernhard
v. Clairvaux (S. 31) gegründet, zwischen waldigen Anhöhen in einem einsamen Wiesenthal gelegen, wie denn der Orden gern in solchen Thälern
seine Klöster baute. Daher der latein. Spruch:

Bernardus valles, montes Benedictus amabat,
Oppida Franciscus, celebres Ignatius urbes.

Die Abtei wurde 1803 aufgehoben und bald darauf in ein Corrections-
haus umgeschaffen. Die Gebäude, zu verschiedenen Zeiten vom 12. bis
15. Jahrh. entstanden, alle ausgezeichnet, waren prachtvoll. Die roman.
Klosterkirche, 1186 eingeweiht, neuerdings hergestellt, besitzt eine Anzahl
Denkmäler, meist von Aebten, aus dem 12. bis 19. Jahrh., für die Kunst
nicht minder, als in geschichtlicher Beziehung merkwürdig. Ausgezeichnet ist das prächtige goth. Denkmal, welches die Grabsteine der
hier beerdigten Mainzer Erzbischöfe Gerlach († 1371) und Adolph II. von
Nassau († 1474) umschliesst. Das ansehnliche ehem. *Refectorium* (die
sogen. „ältere Kirche") aus dem 13. Jahrh., jetzt als *Kelterhaus* dienend,
ist seiner Bauart wegen sehenswerth. Die Gewölbe unter diesen Gebäuden werden vom Herzog von Nassau zu Kellern benutzt, in welchen
die „*Cabinets-Weine*" sich befinden, aus den besten Lagen des Rheingaus.
Der berühmte **Steinberg**, seit Ende des 12. Jahrh. von den fleissigen
Mönchen zu Eberbach zum Weinbau benutzt, an 100 Morgen gross und
mit einer hohen Mauer umgeben, jetzt dem Herzog gehörend, ist ganz
in der Nähe. Der hier erzeugte Wein wird dem Johannisberger gleich
geschätzt und fast sorgfältiger gebaut als dieser. Man übersieht ihn in
seiner ganzen Ausdehnung von dem *Bos* (altfränkisches Wort, eine Anhöhe oder einen Hügel bedeutend), einer Anhöhe unmittelbar beim
Kloster, 855' ü. M., mit herrlicher Aussicht. Eine Mooshütte gewährt
gegen Wind und Wetter Schutz. Oestlich des Eberbacher Thals glänzen
von weitem die grossartigen Gebäude der 1843 errichteten *Irrenpflege- und
Heilanstalt Eichberg*, 667' ü. M.

Zwischen Erbach und Hattenheim liegen im Rhein drei grosse
Auen, die oben genannte *Rhein-*, die *Langwerther* und die *Sandau*.

An der Grenze der Gemarkungen von Erbach und Hattenheim, rechts an der Strasse, trägt ein Brunnen die in Stein ge-
hauene Ueberschrift: *Markbrunnen*. In den angrenzenden, jetzt
von der Eisenbahn durchschnittenen Weinbergen wird einer der
feurigsten Rheinweine, der *Markobrunner* gezogen. Die farbigen
Grenzpfähle bezeichnen das Eigenthum der verschiedenen Be-

sitzer. Die meisten dieser Weinberge gehören Graf Schönborn; die herzogl. Districte sind durch weisse Pfähle angedeutet.

Jenseit des alten Fleckens **Hattenheim** *(Laroche)* schaut aus einem kleinen Park das gräfl. Schönborn'sche *Schloss Reichartshausen* hervor, einst Weinniederlage der Abtei Eberbach.

Zu **Oestrich** *(*Iffland)*, 20 Min. von Reichartshausen, huldigte die rheingauische Landschaft dem jedesmaligen neu erwählten Mainzer Erzbischof, der hierher kommen und zuvor die Freiheiten des Landes bestätigen musste. Der Ort mit dem vortretenden Rheinkrahnen, im Hintergrund Schloss Johannisberg, gewährt vom Rhein aus gesehen ein malerisches Bild.

Am Abhang des Gebirges, landeinwärts, erscheint das weinreiche Dorf **Hallgarten**, dann aus Bäumen hervorragend das wohlerhaltene *Schloss Vollraths*, wahrscheinlich 1362 von „Friedrich Greifenkla von Folraz" erbaut, heute noch im Besitz dieser Familie.

Am Rhein folgt **Mittelheim**, mit dem langen Flecken **Winkel** *(Rheingauer Hof)* zu einem Orte verbunden, „bis zur Ungeduld der Durchfahrenden in die Länge gezogen" (Goethe), einst *Vincella* genannt, nach einer grundlosen Sage den Römern, die hier ein Weinlager gehabt haben sollen, seinen Ursprung verdankend. Am westl. Ende des Fleckens das *Landhaus* des Hrn. *Brentano-Birkenstock* aus Frankfurt, in dem „Briefwechsel eines Kindes" (Bettina v. Arnim) mit Goethe genannt. Es hat noch Erinnerungen an Goethe, Zeichnungen, Briefe u. dgl. In der Nähe fand im Rhein Fräulein Caroline von Günderode, ebenfalls in Bettina's Dichtungen erwähnt, am 26. Juli 1806 im 26. Jahre freiwillig ihren Tod. Ihr *Leichenstein* auf dem Winkeler Kirchhof, dicht hinter der Kirche an der Mauer rechts, hat folgende (von Herder entlehnte) Grabschrift:

„Erde du meine Mutter, und du mein Ernährer der Lufthauch,
Heiliges Feuer mir Freund, und du o Bruder der Bergstrom,
Und mein Vater der Aether, ich sage euch allen mit Ehrfurcht
Freundlichen Dank; mit euch hab' ich hienieden gelebt;
Und ich gehe zur andern Welt, euch gerne verlassend,
Lebt wohl, Bruder und Freund, Vater und Mutter, lebt wohl!"

***Schloss Johannisberg** auf einem mit Reben bedeckten Vorberg, 580' ü. M., 340' ü. d. Rhein, bleibt auf weiter Strecke immer Augenpunct. Rechts zur Seite tritt das *Landhaus* des Frankfurter Weinhändlers Mumm hervor, im Hintergrund *Dorf Johannisberg* (Gasth. bei Klein und bei Mehrer; Restauration in der Badeanstalt [131], bei Wagner), von den Eisenbahnstationen Winkel und Geisenheim ½ St. entfernt. Das ansehnliche Schloss mit seinen zwei Flügeln führte 1716 der Fürstabt von Fulda, Adelbert v. Walderdorf, auf, an der Stelle, wo das im J. 1106 von dem Mainzer Erzbischof Ruthard gegründete Benedictiner-Kloster stand. Bei der Säcularisation der Abtei Fulda im J. 1802 kam auch Schloss Johannisberg an den Prinzen von Oranien (König Wilhelm I. der Niederlande); 1805 an den franz. Marschall Kellermann als Geschenk Napoleons. 1814 an Fürst Metternich als kaiserl. österr. Lehen. Die Weinberge, welche den berühmten Wein erzeugen (vgl. S. 193) haben einen Umfang von etwa 60 Morgen, die Einkünfte, welche der Fürst aus dem Johannisberg bezieht, betragen 75 bis 80,000 fl. jährlich. Er liess 1826 die Gebäude neu herstellen und einrichten; der Eintritt ist Fremden gestattet (24 kr. Trinkgeld; guter Johannisberger in der Schlosswirthschaft mindestens 5 fl. die Flasche, billigere Sorten gering). *Aussicht von dem langen Balcon über den ganzen Lauf des Rheins von den Hochheimer Höhen bei Mainz bis unterhalb Bingen. Die *innern Räume* sind sehr einfach verziert; sie enthalten wenig Sehenswerthes, einige Landschaften, zwei grosse neue Bilder in ganzer Figur, Vorfahren des Fürsten, welche einst auf dem Trierer und Mainzer Kurstuhl sassen, das Bild des Kaisers Franz, das des Mainzer Kurfürsten Johann Schweickert, des Deutschmeisters Walther, Büsten des Fürsten und des rhein. Geschichtsforschers Nic. Vogt, Statuetten von Kaiser Maximilian I. und seiner Gemahlin Maria von Burgund, Kaiser Carl V., Ulrich v. Hutten, Franz v. Sickingen, Gustav Adolph. In der im 12. Jahrh. erbauten, jedoch erneuten *Schlosscapelle* (Abends zwischen 6 u. 7 U. Gottesdienst), hat der Fürst zum Gedächtniss seines Lehrers Vogt, einst eine Zierde der Universität Mainz (S. 176), als Senator zu Frankfurt gestorben, hier jedoch begraben (vgl. S. 212), einen Stein aufrichten lassen, mit der Inschrift: „*Hier wählte seine Ruhestätte Nic. Vogt, geb. zu Mainz 6. Dec. 1756, gest. zu Frankfurt 19. Mai 1836. Dem treuen Verfechter des alten Rechtes, dem begeisterten Freunde des deutschen Vaterlandes, dem eifrigen Förderer der heimathlichen Geschichte widmet diesen Grabstein sein Freund und dankbarer Schüler C. W. L. Fürst von Metternich*". Den freien Platz vor der Kirche neben dem Schloss ziert das 1854 von Geerts in Löwen gearbeitete *Standbild Johannes des Täufers*.

Am Fuss des Johannisbergs ist die „*Klause*", Reste eines von Rucholf, dem Schwager des Erzbischofs Ruthard (S. 197), gestifteten Frauenklosters. Vom Schloss Johannisberg nach Winkel 20, nach Geisenheim 40 Min. Gehens. Die Maschinenfabrik von Forst, Bohn u. Klein zu Johannisberg liefert besonders Schnellpressen. Auch ist hier eine Wasser- und Fichtennadelbäder-Heilanstalt (guter Johannisberger Wein zu 48 kr. die Flasche).

Der saubere Flecken **Geisenheim** (*Stadt Frankfurt*, ganz gut; *Wyneken*), schon vor dem 8. Jahrh. genannt, hat eine stärkere Bevölkerung als die Stadt Eltville. Das *Portal* der im 15. Jahrh. erbauten Kirche und die durchbrochenen goth. *Thürme* sind von Hoffmann (S. 187 u. 189) um das J. 1836 neu aufgeführt. Der rothe Sandstein derselben leuchtet weithin in die Gegend. Das *Grabmal*, welches der Mainzer Erzbischof Johann Philipp von Schönborn seinem Vater in der Kirche errichten liess, ist unbedeutend. Das *Schönborn'sche Haus* liegt am östlichen Eingang von Geisenheim.

Rheingau. RÜDESHEIM. *36. Route.* 199

Das neue Rathhaus ist 1856 aufgeführt. Am westl. Ende des Orts die zwei *Lade*'schen Landsitze mit schönen Gärten. Auch Graf *Ingelheim* hat hier einen Landsitz. Beachtenswerth sind die *Glasmalereien* in dem *Zwierlein'schen Landsitz.* Geisenheimer Wein gehört zu dem besten des Rheingaus. Der *Rothenberger* wird besonders geschätzt.

Am Berg landeinwärts, neben dem Dorf Eibingen, sieht man das 1148 gestiftete, 1802 aufgehobene Frauenkloster gl. Namens, bis 1835 Zeughaus, seitdem die Kirche wieder zum Gottesdienst eingerichtet. Weiter n.ö. am Gebirge die Reste des 1390 eingeweihten Klosters *Nothgottes (Agonia Domini),* jetzt eine dem Herrn v. Zwierlein gehörige Meierei. 15 Min. weiter nördl. (3/4 St. von Rüdesheim) das Kloster *Marienthal* in hübscher Waldlage.

Gegenüber am linken Ufer des Rheins zeigt sich an dem Hügelabhang *Gaulsheim* (Engel), Eisenbahnstation (R. 55), weiter das Dorf *Kempten* (Whs. Aussicht). Am Fuss des rebenumgürteten *Rochusberges*, auf dessen Gipfel die weithin sichtbare Capelle (S. 204) und das Gasthaus (S. 205), glänzt die stattliche *Villa Lundy* mit ihrer langen Veranda, einem bückeburger Offizier, der eine reiche Bremerin geheirathet, gehörig. Die Zinnenmauern ziehen sich bis auf die halbe Höhe des Rochusberges.

Dem Rochusberg gegenüber das weinberühmte (r.) **Rüdesheim** (*Darmstädter Hof*, Z. u. L. 48 kr. bis 1 fl., M. m. W. 1 fl., F. 30, B. 18 kr.; *Rheinstein; Rheinischer Hof; Mussmann;* *Conditorei von Scholl,* hübsche Aussicht von dem stattlichen alten Zinnen-Thurm, am oberen Ende des Orts; Bahnhof am unteren Ende, unterhalb der Brömserburg; Ueberfahrts-Dampfboot zum Bahnhof Bingerbrück s. S. 205). Die ausgezeichnetsten Wein-Lagen sind der *Berg* (am Rhein bis nach Ehrenfels, S. 213) und das *Hinterhaus*. wie die Rebenterrassen unmittelbar hinter dem Ort genannt werden. Am obern Ende des Orts, dem der zwischen Rhein und Stadt aufgeführte Eisenbahn-Damm ein verändertes Aussehen gegeben, ausserhalb, die 1855 aufgeführte *evangel. Kirche*. Am untern Ende, in der Nähe des Bahnhofs, erhebt sich eine schwerfällige Steinmasse, die *Brömserburg*, eigentlich *Niederburg*, Eigenthum des Grafen Ingelheim.

„Man tritt in einen brunnenartigen Hof: der Raum ist eng, hohe schwarze Mauern steigen wohlgefügt in die Höhe, rauh anzusehen, denn die Steine sind äusserlich unbehauen, eine kunstlose Rustica. Die steilen Wände sind durch neu angelegte Treppen ersteiglich; in dem Gebäude selbst findet man einen eigenen Contrast wohleingerichteter Zimmer und grosser, wüster, von Wachfeuern und Rauch geschwärzter Gewölbe. Man windet sich stufenweise durch finstere Mauerspalten hindurch und findet zuletzt, auf thurmartigen Zinnen, die herrlichste Aussicht. Nun wandeln wir in der Luft hin und wieder, indessen wir Gartenanlagen, in dem alten Schutt gepflanzt, neben uns bewundern. Durch Brücken sind Thürme, Mauerhöhen und Flächen zusammengehängt, heitere Gruppen von Blumen und Strauchwerk dazwischen." Goethe. 1814.

Die Brömserburg soll ein röm. Castell gewesen sein. Die 3 überwölbten Stockwerke rühren aus dem 13. Jahrh. her. Das Ganze bildet ein Viereck, 105' lang, 83' breit und über 60' hoch. Die Aussenflächen der Giebelmauern nach der offenen Ecke tragen deutliche Spuren, dass zur Zeit ihrer Erbauung hier ein älteres Gebäude gestanden hat, und das neue gegen dasselbe gemauert worden ist. Bis ins 14. Jahrh. war die Burg häufig Aufenthaltsort der Mainzer Erzbischöfe, die späterhin das neuere Ehrenfels vorzogen. Dann besassen dieselbe die Ritter v. Rüdesheim, unter ihnen die berühmten *Brömser*, deren *Stammhaus*, noch wohl erhalten und von einem Thurm und Seitenthürmchen überragt, in der Nähe der Brömserburg sich befindet, und zu einem Armenhaus nebst Kleinkinderbewahranstalt eingerichtet ist. Im 16. Jahrh. war die Brömserburg schon halb Ruine.

Die Ober- oder Boosenburg, ein alter obeliskartiger Thurm hinter der Brömserburg, in neuerer Zeit mit einer Zinnenkrönung versehen, war über 300 Jahre Eigenthum der Grafen Boos. Sie gehört jetzt dem Grafen Schönborn.

Die goldne Brücke.

Am Rhein, am grünen Rheine, da ist so mild die Nacht,
Die Rebenhügel liegen in goldner Mondespracht.

Und an den Hügeln wandelt ein hoher Schatten hehr
Mit Schwert und Purpurmantel, die Krone von Golde schwer.

Das ist der Karl, der Kaiser, der mit gewalt'ger Hand
Vor vielen hundert Jahren geherrscht im deutschen Land.

Er ist heraufgestiegen zu Aachen aus der Gruft,
Und segnet seine Reben und athmet Traubenduft.

Bei Rüdesheim, da funkelt der Mond ins Wasser hinein,
Und baut eine goldne Brücke wohl über den grünen Rhein.

Der Kaiser geht hinüber und schreitet langsam fort
Und segnet längs dem Strome die Reben an jedem Ort.

Dann kehrt er heim nach Aachen und schläft in seiner Gruft,
Bis ihn im neuen Jahre erweckt der Trauben Duft.

Wir aber füllen die Römer und trinken im goldnen Saft
Uns deutsches Heldenfeuer, uns deutsche Heldenkraft.

E. Geibel.

37. Der Niederwald.

Rüdesheimer und Assmannshauser Tarif, von Amtswegen am 12. Juni 1855 und 21. August 1856 festgesetzt und streng gehandhabt. Esel mit Führer von Rüdesheim an den Tempel auf dem Niederwald (oder von Assmannshausen auf das Schloss) 48 kr., an alle Aussichten und das Schloss 1 fl. 12 kr., über alle Aussichten und das Schloss nach Assmannshausen (oder in gleicher Weise von Assmannshausen nach Rüdesheim) 1 fl. 24 kr. Führer allein die Hälfte obiger Sätze, Pferd mit Führer 12 bis 24 kr. mehr. Zweisp. Chaisen für 4 Pers. auf den Niederwald an das Schloss 3½, und hinab bis Assmannshausen 4½ fl.; dieselbe Tour und dann nach dem Johannisberg 6½ fl. Eisenbahn nach Assmannshausen s. R. 43. — Schiffer von *Rüdesheim* nach Rheinstein, 2 St. Aufenthalt, und Assmannshausen 1 fl. 54 kr., nach Assmannshausen allein 1 fl. 6 kr., Personenzahl unbeschränkt, so viel der Nachen laden kann. — „Sowohl zu Rüdesheim, als zu Assmannshausen ist von Obrigkeitswegen ein Aufseher bestellt, welcher, wenn der Reisende es nicht selbst thun will, auf dessen Wunsch und *ohne irgend eine Vergütung von Seiten desselben* die Führer, Kutscher, Schiffer, Pferde und Esel zu bestellen und für Ordnung zu sorgen hat." — Die Ueberfahrt von Rüdesheim nach Bingen kostet nach dem

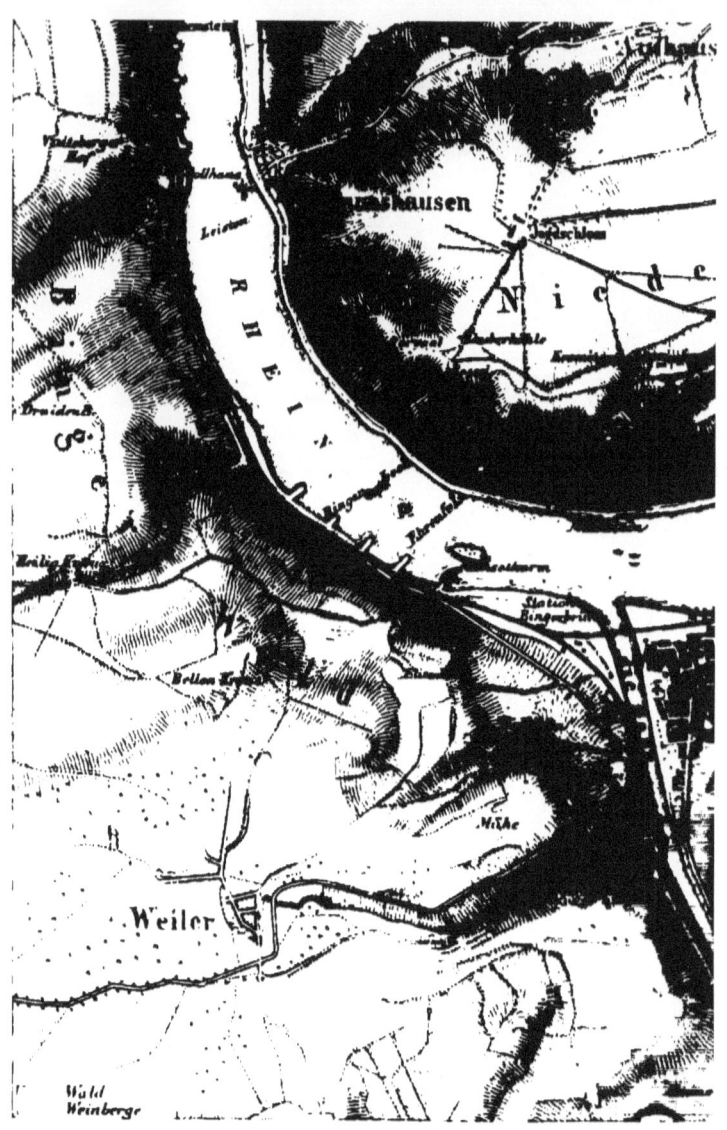

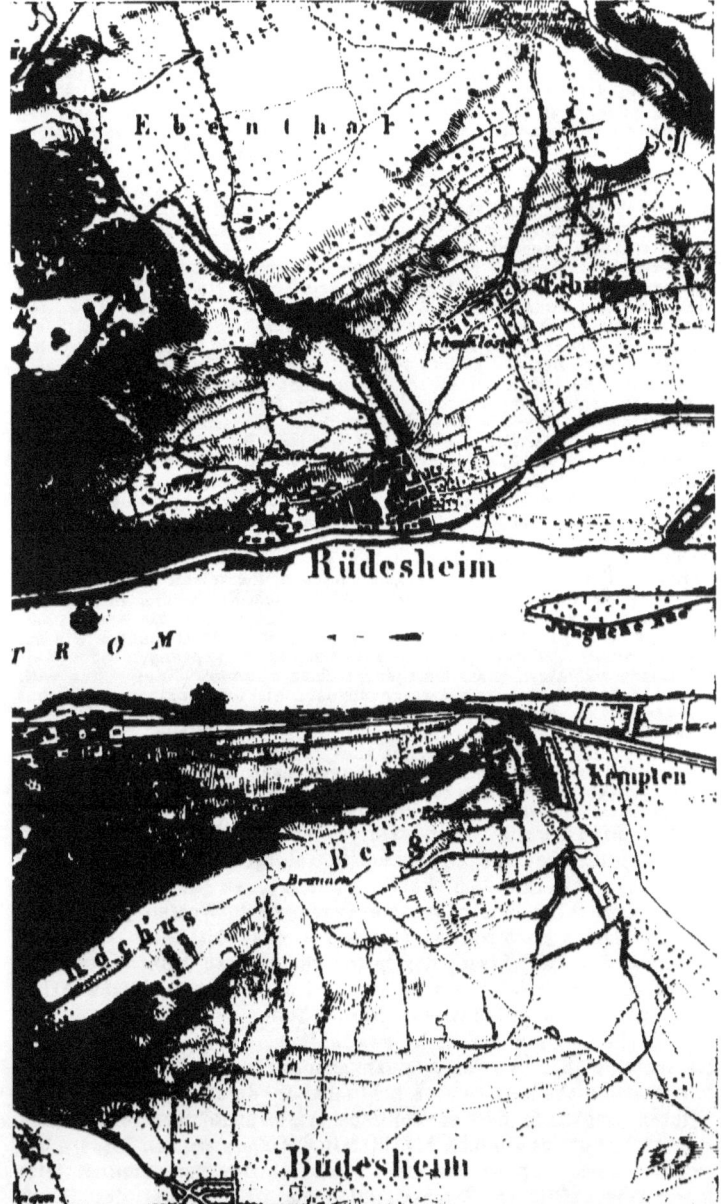

Tarif für 1—3 Pers. 12 kr., jede Pers. mehr 4 kr.; die Ueberfahrt von Assmannshausen nach Rheinstein für 2 Pers. 14 kr., 3 Pers. und mehr jede 5 kr., bei 2 St. Aufenthalt auf Rheinstein 1 oder mehrere Pers. 36 kr. Indess pflegen selbst die wohlhabenden Einwohner von Rüdesheim den Schiffer so zu bezahlen, dass er für seine Fahrt im Ganzen mindestens 30 kr. bekommt. *Ueberfahrts-Dampfboot* zwischen den Bahnhöfen zu Rüdesheim und zu Bingerbrück, I. Cl. 2 und II. Cl. 1 Sgr. Dasselbe steht nach der jedesmaligen Ankunft der Züge der rechtsrheinischen- und der Rhein-Nahe-Bahn zur Ueberfahrt bereit, legt jedoch nicht in Bingen an. Von Assmannshausen nach den Bahnhöfen zu Bingerbrück keine Taxe, daher vorher zu accordiren!

Binger Schiffertaxe, obrigkeitl. vom 26. Aug. 1858. Von *Bingen* nach Assmannshausen 1 bis 6 Pers. 1 fl. 10 kr., Rheinstein 1 fl. 30 kr., Rheinstein *und* Assmannshausen 1 fl. 48 kr., mehr wie 6 Pers. jede 6 kr., zurück die Hälfte mehr. — „Jeder Schiffer muss eine Nummer am Kleid haben. Bei jeder Fahrt müssen zwei Schiffer in einem Fahrnachen sich befinden. Die Schiffer haben den Reisenden mit Höflichkeit zu begegnen. §. 6. Es ist den Schiffern strengstens untersagt, höhere Gebühren anzusprechen, insonderheit auch kein Trinkgeld zu verlangen". — Ueberfahrt. „Für die Zwergfahrt und die Schrägfahrt nach dem Binger Loch": 1 Pers. allein 6 kr., 2 Pers. jede 3 kr., 3 und mehr Pers. jede 2 kr. Für die Schrägfahrt nach Rüdesheim, so wie für die Ueberfahrt bei hohem Wasser (9' Pegel) das Doppelte. „Ein Zusatz als Trinkgeld oder dergl. darf nicht gefordert werden". (Vgl. indess oben Ueberfahrt von Rüdesheim.)

Plan. Von Rüdesheim oder Bingen zu Wasser in 20—25. Min. nach Rheinstein fahren, hier den Nachen bis zur Rückkehr vom Schloss halten, und sich dann nach Assmannshausen übersetzen lassen, von wo der Weg zu Fuss über den Niederwald nach Rüdesheim bequem in 2½ St. zurückzulegen ist. Führer ganz unnöthig (s. die Karte); namentlich muss man in Bingen auf der Hut sein, in Gasthöfen wie am Rhein, einen „Führer" zu hohen Preisen sich andrängen oder aufschwatzen zu lassen (Assmannshäuser Taxe s. oben). Wer reiten will, nimmt den Esel nur von Assmannshausen bis zum Schloss, und lohnt ihn gleich ab, damit bei einer etwaigen Einkehr im Schloss der Esel nicht auf Kosten des Reisenden zecht. Vom Schloss zum Tempel ganz eben, schönste Waldspaziergänge; vom Tempel nach Rüdesheim bergab zu reiten nicht angenehm. (Von Bingen nach Rheinstein (Ueberfahrt über die Nahe an der Kirche, S. 212) ist 1 St. Gehens, von Assmannshausen nach Rüdesheim nicht viel weiter.)

Der **Niederwald**, jener waldige, an den südl. Abhängen mit Reben (Rüdesheimer Berg) bedeckte Gebirgskopf, dessen Südseite fast senkrecht aus dem Rhein aufsteigt, an dessen Fuss der Strom seinen im Rheingau von Osten nach Westen gerichteten Lauf plötzlich nach Norden (n.n.w.) wendet, ist neben dem Drachenfels die besuchteste der mittel-rheinischen Höhen; wie der Drachenfels nach Köln hin, so gewährt der Niederwald nach Mainz hin eine der ausgedehntesten Fernsichten.

Die Besteigung geschieht gewöhnlich, nach dem Besuch des Rheinsteins (S. 213), von Assmannshausen aus. Der Fahrweg tritt bei Assmannshausen in eine Schlucht, an deren gegen Süden geneigten Gehängen der vortreffliche Assmannshäuser rothe Wein wächst. Er steigt allmälig bis (30 Min.) *Aulhausen*, von Töpfern bewohntes Dorf. (Unfern das ehem. Frauenkloster *Marienhausen*, jetzt landwirthschaftlichen Zwecken dienend, Eigenthum des Herrn v. Zwierlein.) Bei der Kirche von Aulhausen verlässt unser Weg die Thalstrasse, und erreicht, stets Fahrweg und ansteigend, in 20 M.

das ehemals gräflich Ostein'sche, später Bassenheim'sche, 1853 mit dem ganzen Niederwald vom Herzog von Nassau angekaufte Jagdschloss (*Wirthschaft*, gute Weine; auch Z. 48 kr.). — Ein näherer Weg zum Jagdschloss führt bei dem Heiligenhäuschen, 3 Min. von Assmannshausen, r. steil den Berg hinan, von Assmannshausen bis zum Jagdschloss 35 Min.

Vom Jagdschloss nimmt man einen Knaben (6—12 kr. Trinkgeld) mit, der die Zauberhöhle und Rossel aufschliesst. Die „Zauberhöhle", 10 Min. s.w. vom Jagdschloss, ist ein kurzer dunkler Gang, am Ende eine Rotunde, durch deren 3 Fenster, durch Einschnitte in den Wald (Schneusen), als Endpuncte die Clemenscapelle u. Falkenburg, die Burg Rheinstein u. das Schweizerhaus (S. 214) sichtbar sind.

In derselben Richtung 5 Min. weiter ist die *Rossel (991' ü. M., 759' ü. Rh.), eine künstliche Ruine auf der höchsten Kuppe des Berges, mit schönster freier Aussicht besonders w. über die Nahe-Gegenden, im Hintergrund der Donnersberg und Soonwald, rechts die waldigen Höhen des Hunnsrück. Tief unten sieht und hört man unterhalb der Burgtrümmer von Ehrenfels den Rhein im Bingerloch und am Mäusethurm vorüber brausen. Jenseit breitet sich am Ufer Bingen mit der Feste Klopp aus, von dem unten rebenbewachsenen, oben bewaldeten Rochusberge beschattet. An der Nahe hin, die gegenüber in den Rhein sich ergiesst, schweift der Blick über zahlreiche Ortschaften (162) bis nach Kreuznach (Kreuznach selbst ist nicht sichtbar). Ganz nah tritt Burg Rheinstein mit dem Schweizerhaus heran, am Ufer des Rheins aus Bäumen die Clemenskirche, weiter die Falkenburg. Von der Rossel bis Rüdesheim 1¼ St.

Von der Rossel auf sandbestreuten Wegen s.ö. durch das kleine Fichtenwäldchen in 2 Min. zur *Adolfshöhe*, der Nahemündung gerade gegenüber; 10 Min. weiter an der *Eremitage* vorbei, einem offenen aus Baumstämmen gezimmerten Hause (*Aussicht beschränkt); 5 Min. weiter bei dem Steinsitz nicht links, sondern rechts; 10 Min. (also vom Jagdschloss 40 Min.) *Tempel (860' ü. M., 628' ü. Rh.), ein offenes Säulen-Rund mit Kuppelbedachung, am Waldabhang, auf der oberen Grenze der Rebenpflanzungen, mit freier weiter Aussicht über den ganzen Rheingau, s.ö. von den Taunusgebirgen, s. vom Melibocus, w. vom Donnersberg in der Ferne begrenzt. Der breite Fluss durchzieht die reizende Landschaft, zahlreiche dichtbelaubte Auen steigen aus ihm auf. Die Ufer, insbesondere das rechte, sind mit Dörfern, Landhäusern und Wohnungen übersäet. Selbst das weniger belebte linke Ufer mit seinen Ortschaften, Wäldchen und Baumgruppen hebt das landschaftliche Bild.

Von hier links auf dem Fahrweg weiter, 5 Min. Wegweiser (rechts „verbotener Weg zum Reiten", links „bequemer Weg nach Rüdesheim", angeblich 20 Min., bis zum Rhein aber 30 Min.), stets guter Fahrweg, an der Grenze der Weinberge. Der „verbotene Weg zum Reiten" ist ein etwas steiler Fusspfad durch die Weinberge, kaum 10 M. näher als der Fahrweg, und zur Zeit der Traubenreife, von Ende August an, geschlossen (zum Bahnhof ist derselbe 15 M. näher). — Entfernungen von Rüdesheim: Tempel 45 Min., Jagdschloss 40 M., Assmannshausen über Aulhausen 40 Min. Ein 10 Min. näherer aber steiler Fusspfad führt vom Jagdschloss geradezu nach Assmannshausen.

38. Bingen.

Gasthöfe, sämmtlich am Rhein: Hôtel Victoria (M. o. W. 1 fl. 12 kr.); *Weisses Ross, Z. 1 fl., L. 18, F. 30 kr., M. 1. fl. 12, B. 18 kr. (Hausknecht nicht einbegriffen). Bellevue. Engl. Hof und Deutsches Haus am Rhein billiger.
Kaffehaus und Restauration von Soherr am Markt.
Bier im Ehrenfels am Rhein, neben Bellevue.
Schiffer-Taxe nach Rheinstein und Assmannshausen s. S. 201.
Eisenbahn nach *Mainz* und *Köln* s. R. 55, nach *Saarbrücken* s. R. 39, (von Rüdesheim) nach *Wiesbaden* s. R. 36, nach *Oberlahnstein* s. R. 43.

Bingen war schon den Römern bekannt. Die aufständigen Trevirer kämpften dort im J. 70 unter der Regierung des Kaisers Vespasian gegen die Legionen des Cerialis. Tacitus (Hist. IV. 70) erzählt, dass Tutor, der Trevirer Führer, Mainz vermeidend, nach Bingen zurückgegangen sei, die Brücke abgebrochen habe, von den von Süden kommenden Cohorten des Sextilius aber, die eine Furth entdeckten, überfallen und geschlagen sei. *(Tutor. Treviris comitantibus, vitato Mayontiaco, Bingium concessit, fidens loco, quia pontem Navae fluminis abruperat. Sed incursu cohortium, quas Sextilius ducebat, et reperto vado, proditus fususque.)* Danach müsste damals Bingen auf dem linken Ufer der Nahe gelegen haben. Man hat eine Veränderung des Laufes des Flusses annehmen, und die Mündung an der Ostseite des Rochusberges bei Kempten (*caput montis* [?], S. 199) suchen wollen. Nivellements, die in neuerer Zeit statt fanden, haben dargethan, dass zur Zeit des Tacitus bei Kempten keine Nahe-Mündung gelegen haben kann. Die Stelle bei Tacitus bleibt also dunkel. (Einige röm. Alterthümer, unter denen Denksteine der 1. Pannon. und 4. Dalmat. Cohorte, bei Hrn. *Eberh. Soherr*.)

Sicher ist, dass Bingen Scheidepunct der röm. Heerstrassen nach Trier und Köln war, geschützt durch ein *Castell*, welches wahrscheinlich an der Stelle stand, wo sich jetzt die 1689 von den Franzosen zerstörte Burg *Klopp* erhebt, deren Trümmer den Haupttheil der ehemals *Faber'schen Gartenanlage* bildeten, später dem Grafen Mengden, seit 1854 dem Hrn. Cron aus Köln gehörig, der sie für 30,000 fl. gekauft hat und die Burg wieder ausbauen liess. Eingang fast unmittelbar hinter dem Gasthof zum Weissen Ross. Ein Gärtner öffnet das Gitterthor und führt Fremde umher (Trinkg. 12 kr.). Hübsche Aussicht nach allen Seiten.

Bingen hat 5612 Einw., darunter viele Juden. In der innerlich und äusserlich erneuerten goth. **Pfarrkirche** aus dem

15. Jahrh. ist ein alter Taufstein, angeblich aus Carolingischer, ohne Zweifel aber aus späterer Zeit. Das **Rathhaus** ist 1863 im mittelalt. Styl restaurirt.

Die siebenbogige steinerne **Brücke** über die *Nahe* ist von Erzbischof Willigis auf den Grundlagen einer römischen gebaut, später theilweise zerstört, dann wieder hergestellt. Die Nahe bildet hier die Grenze zwischen Hessen-Darmstadt und Preussen. Das neue stattliche Gebäude r. am Weg zur Brücke ist die Gräf'sche Tabaksfabrik.

An der Landstrasse von Bingen nach dem Hunnsrücken, welche unterhalb der Brücke die Landstrasse nach Coblenz verlässt, und sich l. in Windungen nach *Weiler* hinauf zieht, gewährt ein schön gewählter Punct, das *Rondel*, ½ St. von Bingen, eine *Aussicht nach drei Richtungen, als Landschaft von Manchen der Aussicht von der Rochuscapelle vorgezogen, weil Bingen und die Klopp den malerischen Vordergrund bilden, und die Fernsicht in den Rheingau fast dieselbe bleibt. Man lässt sich bei der Pfarrkirche über die Nahe setzen, und wandert an dem kleinen, Hrn. Oberforstmeister Höffler zu Coblenz gehörenden Landhaus, und den seit Stiftung des Zollvereins ausser Gebrauch gekommenen ehemaligen Zollgebäuden vorbei, die zwischen diesen und der Brücke befindliche Hunnsrücker Landstrasse hinan, wo aus der Ferne schon die mit Bäumen bepflanzte Stelle zu erkennen ist. Gleichfalls hübsche Aussicht von der nahen *Elisenhöhe*, 400' ü. d. Rhein. Einige Schritte unterhalb derselben ein neues von H. Wilhelm in Bingen erbautes Schlösschen im goth. Styl.

Die belohnendsten und am meisten besuchten Puncte um Bingen sind aber die *Rochuscapelle* (ö.) und der *Scharlachkopf* (s.ö.), jeder ½ St. von Bingen. Die breite Strasse hinter dem Engl. Hof führt hinauf, nach etwa 100 Schritten nicht rechts, sondern links, am **Kirchhof** vorbei, auf welchem ein Denkmal für alte Napoleonische Soldaten (S. 29 u. 183) und, auf dem zweiten Stein rechts vom Eingang, zur Erinnerung an eine Frau († 1826), von ihrem Mann gesetzt, folgende Inschrift:

Wohl auch die stille Häuslichkeit
Ist eines Denkmals werth;
Ihr sei es hier von mir geweiht.
Und wer die Tugend ehrt,
Auch in dem einfachen Gewand,
Mir, meinem Schmerz ist er verwandt.

Sie lautet ganz unbefangen: liest man aber nur die Anfangsworte, so ergiebt sich ein ganz anderer Sinn. Der witzige Notar Faber (s. S. 203) wurde von dem Wittwer, der mit der Verstorbenen nicht immer einerlei Meinung gewesen sein soll, aufgefordert, ihm eine Inschrift für das Grabmal zu machen; erst nach Jahren wurde der Doppelsinn bekannt. Vom Kirchhof erreicht man nach 15 Min. weitern Steigens auf gutem Fahrweg das Plateau des Rochusberges beim *Hôtel Hartmann* (von der Terrasse gute Aussicht); von hier, stets eben am Bergrande hin, in 10 Min. zur Capelle.

Die *Rochuscapelle, 360' ü. d. Rhein, auf der östlichen, steil zum Rhein abfallenden Spitze des Rochusberges, mit prächtigster, den ganzen Rheingau umfassender Aussicht, schon 1666 während der Pest gestiftet, 1795 zerstört, wurde 1814 hergestellt. Ein Andenken an diese Wiederherstellung ist das bei der Kanzeltreppe hängende, von Luise Seidler gemalte Bild (den h. Rochus darstellend, wie er als junger Pilger seinem verödeten Palast den Rücken wendet), ein Geschenk von Goethe und andern „wohldenkenden Anwohnern des Rheins und Mayns". Am Rochusfest (Sonntag nach dem 16. August), welches Goethe zu einer seiner reizendsten Schilderungen veranlasste, versammeln sich hier Tausende, welche mit der kirchlichen Feier die heiterste Lust bei Becherklang und Tanz vereinigen. Im Sommer ist Abends 7 Uhr die Capelle gewöhnlich geöffnet. Der Schlosser Hermann in Bingen hat den Schlüssel. Neben dem östl. Eingang ist eine *Steinkanzel* zu Predigten im Freien aufgebaut.

Vom Hôtel Hartmann führt ein Fahrweg stets am Nordwestrande des Berges allmählich steigend in 20 Min. auf den *Scharlachkopf, den Gipfel des rebenreichen Bergabhangs, an welchem, schon in der Gemarkung *Büdesheim*, der *Scharlachberger*, der beste Nahewein, wächst. Die Aussicht von dem mit einer Brüstungsmauer umgebenen und mit Ruhebänken versehenen freien Platz ist vortrefflich; sie umfasst das Nahethal und die dörferreiche Pfalz, deren Ferne der Donnersberg (S. 139) begrenzt. Der Rhein ist nur vom Einfluss der Nahe bis unterhalb des Mäusethurms sichtbar.

39. Von Bingen nach Saarbrücken.

Vergl. Karte zu Route 41.

19³/₄ M. Rhein-Nahe-Bahn bis Neunkirchen (S. 151), Fahrzeit 4¹/₂ St.; von da bis Saarbrücken (preuss. Saarbrücker Bahn, S. 151), Fahrzeit ³/₄ St.; Fahrpreise von Bingerbrück bis Saarbrücken 4 Thlr. 4, 2 Thlr. 26, 1 Thlr. 26 Sgr. — Der Bahnhof ist bei der Mündung der Nahe in den Rhein auf dem l. Naheufer, in der Nähe des Bahnhofs *Bingerbrück* der rhein. Eisenbahn (R. 55), von Eisenbahn- und Dampfschiff-Station zu Bingen, selbst wenn man sich bei der Pfarrkirche übersetzen lässt (S. 212), weit entfernt; daher wohlgethan, die Züge so zu wählen, dass man zu Bingerbrück direct von dem Zug der einen Bahn auf den der anderen übergehen kann. Billets werden auch auf dem Bahnhof zu *Bingen* ausgegeben. Eine Dampffähre von Bingerbrück nach Rüdesheim vermittelt die Verbindung der beiderseitigen Eisenbahnen.

Die Glanzpuncte der Fahrt in landschaftl. Hinsicht sind die Strecken von *Kreuznach* bis *Norheim* und bei *Oberstein*. In baulicher Beziehung ist die Strecke von Stat. *Fischbach* bis Stat. *Birkenfeld* die merkwürdigste (20 Nahebrücken und 10 Tunnel auf dieser Strecke). Im Ganzen 15 Tunnel, 25 Nahebrücken; der Nahe ist mehrfach ein neues Bett gegraben. — Das Gestein der zahlreichen Felsdurchbrüche ist meist Porphyr und dunkelrother Melaphyr, welche vielfach steile Wände und die seltsamsten Zacken und Nadeln bilden.

Die Bahn zieht sich von **Bingerbrück** am Fuss der Höhen, die den *Hunnsrück* bilden, auf dem linken Ufer der *Nahe*, der „Nava rascher Strom", wie Ausonius in der Mosella (S. 160) sie nennt, bald am Fluss, bald entfernt von ihm, durch fruchtbares Land und an Rebenabhängen hin, an einem alten Thurm vorbei, *Trutzbingen*, den 1494 der pfälz. Amtmann zu Kreuznach aufrichten liess, über *Münster*, *Sarmsheim*, *Laubenheim* (nicht mit dem gleichnamigen Ort oberhalb Mainz (S. 30) zu verwechseln) mit dem halben Kirchthurm, dessen vordere Hälfte, vor Jahren vom Blitz getroffen, eingestürzt ist, **Langenlonsheim** *(Weisses Ross)*, der grösste und wohlhabendste dieser Orte (Eisenbahnstation), und *Bretzenheim*.

Kreuznach und Umgebungen s. S. 209.

Die Bahn überschreitet bei der Ausfahrt aus dem Bahnhof die Nahe, umzieht die Stadt an der Ostseite (r. die Saline *Carlshalle*, S. 212) und windet sich dicht über dem Fluss am Fuss der steilen zackigen Porphyrwand der *Gans* (1070', S. 208) hin (gegenüber auf dem l. U. die langen Dorngradirhäuser der Saline *Theodorshalle*, S. 212). Bei der Brücke, welche die Bahn wieder auf das l. Naheufer bringt, starren l. plötzlich fast senkrecht die beiden schroffen Porphyrzacken des **Rheingrafenstein* (768', S. 211) empor. Stat. *Münster am Stein* (S. 211). Dann ein tiefer Felseinschnitt. Bei der Ausfahrt l. wieder der Rheingrafenstein und, durch das Thal der hier in die Nahe mündenden *Alsenz* (S. 142) von demselben getrennt, auf steilem Berg die in ein zinnengekröntes gutes Wirthshaus verwandelten Trümmer der **Ebernburg* (S. 211).

Unmittelbar darauf fährt der Zug zwischen der Nahe und der r. senkrecht an 900' ü. M. aufsteigenden zerklüfteten kahlen Porphyrwand des *Rothenfels* (S. 212) hin. Man kann sie, nachdem zwei unmittelbar auf einander folgende Tunnel durchfahren sind, bei der Flussbiegung vor dem langen Dorf (l.) *Norheim*, aus den Fenstern l. rückwärts sehen.

Die Bahn folgt den Windungen des engen malerischen Nahethals fortwährend auf dem l. Ufer. r. *Niederhausen*, l. *Oberhausen*, dann am Fuss eines r. steil aufsteigenden Felsen vorbei, dessen Gipfel die Trümmer des Schlosses *Böckelheim* krönen, in welchem Kaiser Heinrich IV. von seinem Sohn Heinrich V. um Weihnachten des J. 1105 gefangen gehalten wurde, um von ihm, bevor er auf dem Fürstentag zu Ingelheim (S. 317) gezwungen die Herrschaft niedergelegt hatte, die auf Burg Hammerstein (S. 258) bei Andernach verwahrten Reichskleinodien zu erpressen. Stat. *Waldböckelheim* für den in dem n. Seitenthal 40 Min. aufwärts gelegenen Ort.

Eine halbe Stunde von Waldböckelheim nördl. liegt **Burg und Abtei Sponheim**, die Wiege eines der ältesten rhein. Geschlechter, mit einer Kuppelkirche roman. Stils, für Kunstkenner zu beachten.

Hinter (r.) *Boos* ein Tunnel; bei der Ausfahrt links über der Nahe auf dem 20 M. östlich von Staudernheim aufsteigenden bewaldeten *Dissibodenberg die sehr ansehnlichen Ueberreste alter Pracht- und Kunstherrlichkeit, Trümmer des von dem h. Dissibodus, einem irländischen Bischof († 500), dem ersten Verkündiger des Evangeliums in diesen Gegenden, gestifteten, 1560 von seinen Bewohnern verlassenen und seitdem verfallenen Klosters, von dem früheren Eigenthümer des Berges, Hrn. Wannenmann († 1863), aus dem Schutt wieder ausgegraben und sinnreich mit Parkanlagen in Verbindung gebracht. Hübsche Aussicht auf den Lauf der *Nahe* (Staudernheim, Sobernheim) und der *Glan* (Odernheim), die sich am Fuss des Dissibodenberges in die Nahe ergiesst.

Stat. **Staudernheim**; der Ort selbst (*Salmen bei Will*, nicht theuer), landgräfl. hessen-homburgisches Städtchen, liegt am r. U. der Nahe; eine stattliche fünfbogige, 1850 aus rothem Sandstein aufgeführte Brücke, „Landgrafen-Brücke", führt hinüber.

Stat. **Sobernheim** *(Adler; Hoheburg)*, altes von einer Stadtmauer eng eingeschlossenes Städtchen. Einige alte Häuser haben Inschriften angeblich aus dem Freidank, der „Laienbibel" (13. Jahrhundert), z. B. „*Wer an der Strassen bauen will, der muss sich lassen thudeln viel. Doch thadelt mancher dieser Frist, dran ihm gar nichts gelegen ist. Das thut manch unbescheide Mann. der ihme selbst nicht rhaten kann*".

Stat. **Monzingen**; der Ort (Whs. zum *Pflug*) liegt rechts am Abhang des rebenreichen Gebirges, welches einen der besten Naheweine erzeugt. Folgt r. *Martinstein*, eigenthümlich an den Fels gebaut, die hochgelegene Kirche von einer schönen Baumgruppe beschattet. Dann öffnet sich r. ein Thalkessel, dessen Hintergrund die grossartige Ruine *Dhaun* bildet.

Dhaun, das im 12. Jahrh. aufgeführte, später, namentlich 1729 noch prachtvoll erweiterte Stammschloss eines 1750 ausgestorbenen Zweiges der Wild- und Rheingrafen, liegt 2¼ St. von Stat. Monzingen, 1¼ St. von Stat. Kirn (s. unten). Im J. 1804 verkaufte die französ. Regierung die Ruine; die Ankäufer liessen sie grösstentheils einreissen und benutzten die Steine anderweitig. Die noch vorhandenen ansehnlichen Trümmer, Eigenthum des Fürsten Salm-Salm, sind mit Anlagen und Spaziergängen in Verbindung gebracht und werden vor weiterm Verfall bewahrt. Ein Relief über einer Thur, einen Affen darstellend, der einem Kinde Aepfel reicht, erinnert an den durch einen Affen verübten, aber glücklich entdeckten Raub eines jungen Rheingrafen. Prächtige Aussicht, einerseits in das Nahethal bis zum Lemberg, andererseits in das Simmerthal und in die dunkeln Schluchten des Soonwalds.

Ist man von Monzingen nach Schloss Dhaun gewandert, so wähle man, um wieder in das Nahethal hinab zu steigen, den Weg von *Dorf Dhaun* (Whs. zum Dhauner Schloss) über *Johannesberg* (s. unten) auf der Höhe hin (von Dhaun nach Kirn 1½ St.). In der Kirche zu Johannesberg alte Grabsteine des Wild- und Rheingräfl. Geschlechts.

Vorwärts auf der Höhe r. die Kirche von *Johannesberg*. Das Thal verengt sich, ein Tunnel, dann der Bahnhof von **Kirn** (576') (*Hôtel Stroh*, am Bahnhof; *Post* bei *Medicus*; Bier bei *Ph. Andres*), nicht unansehnliches Städtchen mit einer alten Kirche, Schiff romanische Basilika, Chor gothisch, im 15. Jahrhundert angebaut, mit hübschem Sacramentshäuschen und einigen Grabdenkmälern von Pfalzgrafen. Ueber dem Ort auf einem Melaphyrkegel, von Weingärten umgeben, die Trümmer der alten *Kyrburg*, einst Residenz der Fürsten v. Salm-Kyrburg, deren letzter in Kirn wohnender, Friedrich, 1794 in Paris unter der Guillotine fiel. Die Ruine ist 1861 von entstellenden Anbauten gesäubert, durch Anlagen verschönert und eine *Restaurat. daselbst eingerichtet worden.

In dem bei Kirn mündenden *Hahnenbachthal*, durch welches eine Chaussee nach Berncastel (S. 161) und Trarbach (S. 162) an der Mosel im Bau, liegt, 1/2 St. n.w. von Kirn, die an den Fels wie ein Schwalbennest angeklebte Ruine Stein-Kallenfels. Im Hintergrund auf einer bewaldeten Höhe das vielfensterige weisse Schloss Wartenstein, als Warsbergisches Erbe Eigenthum des Herrn v. Dorth (S. 84). Am Eingang des Thals einige Achat-Schleifereien (vgl. S. 209). Von Wartenstein über *Oberhausen* nach *Dhaun*, von da über *Johannesberg* (S. 207) oder durch den Wald nach *Kirn* 3 1/2 St., lohnender Weg.

Die Bahn führt von Kirn durch ein breites fruchtbares von der Nahe durchflossenes Thal, Gegend ganz hübsch aber nicht ausgezeichnet. Erst nachdem die Bahn bei (r.) *Sulzbach* in das Fürstenthum Birkenfeld (Oldenburgisches Gebiet) getreten, schliesst sich das Gebirge, Melaphyrfels, näher zusammen. Vor Stat. *Fischbach* setzt die Bahn auf das r. Ufer über und zieht sich, nachdem abermals eine Brücke, ein Tunnel, und wieder eine Brücke zurückgelegt, an dem höchst malerisch gegenüber an den Felsen des l. U. gelegenen *Oberstein* vorbei. Die Station (*Restauration mit Pavillon, schöne Aussicht) ist 7 Min. vom Ort entfernt; Gasth. auf dem r. U. *Heindl* (Z. und F. 17, M. 12 1/2, A. 8 Sgr.), am l. U. *Hôtel Scriba* (vormals Post); hübsche nicht zu theure Achatwaaren in der Gewerbehalle, 2 Min. von hier in der Strasse r. Unterhalb Oberstein sieht man rechts an der Landstrasse ungeheure Massen von Conglomerat, die „*gefallenen Felsen*", welche sich von dem steilen Gehänge abgelöst haben und jetzt an dasselbe angelehnt stehen.

Oberstein ist der Glanzpunct des Nahethals. Die an 400' hoch steil aufsteigenden Melaphyrwände haben am linken Ufer der Nahe den Häusern kaum Raum gelassen, sich auszubreiten. Auf den Gipfeln derselben sind die ansehnlichen Trümmer zweier Schlösser der 1670 ausgestorbenen Herren v. Oberstein, westlich das *neue Schloss*, erst in den letzten Jahren ganz zerfallen, seit im Frühjahr 1855 das Dach abbrannte und in Folge davon die Mauern einstürzten; jetzt dem Staat gehörig (oben Erfrischungen zu haben). Das *alte Schloss* „zum obern Stein" krönt östlich die Melaphyrwand. Auf halber Höhe derselben, 200' über der Nahe, ist die *evang. Pfarrkirche* des Orts, halb in den Fels gehauen, halb aufgemauert, angeblich aus dem 12. Jahrh., 1482 durchaus erneuert. Das von den Felsen träufelnde Wasser sammelt sich in einem natürlichen Becken. Bemerkenswerth ist ein alter Grabstein, angeblich des Erbauers der Kirche, und ein Familienbild der Herren von Oberstein. Die Kirche sieht sehr klein aus, soll aber 500 Menschen fassen können. Ein Treppenaufgang, der Brücke gegenüber, führt zu ihr hinan; der Glöckner wohnt oben im letzten Haus links. — Die neue goth. kathol. *Kirche* aus rothem Melaphyr liegt auf dem r. U. in der Nähe der Bahn.

Oberstein hat an 3500 Einw. (¹/₄ kath.), die sich meist mit Schneiden und Schleifen der Achatsteine beschäftigen, welche früher hier in grosser Anzahl gefunden wurden. Die einheimischen Gräbereien haben fast ganz aufgehört, seitdem Steine aus Brasilien und Montevideo zu weit niedrigern Preisen und in grössern Stücken eingeführt werden. In neuerer Zeit hat man ein Verfahren entdeckt, färbende Stoffe in den Achat eindringen zu lassen, wodurch die unscheinbarsten Steine in Carneole, Onyxe, Sardonyxe u. dgl. verwandelt werden. Am *Idarbach*, der bei Oberstein in die Nahe fällt, stehen durch das ganze Thal herab über 50 Schleifmühlen; in **Idar** *(Görlitz)* (¹/₂ St. n.w. von Oberstein, 3mal täglich Postomnibus) ist eine sogen. Gewerbehalle (auch in Oberstein), wo die Erzeugnisse zu amtlich festgesetzten Preisen verkauft werden. Idar und Oberstein zählen über 100 sogen. Goldschmiede, welche die Steine in Metall fassen. — Lohnender Ausflug nach der *Wildenburg* (1¹/₂ St.) über das *Katzenloch*, Führer nöthig.

Bei Oberstein beginnt die schwierigste Strecke der Bahn, Brücken und Tunnel wechseln fortwährend (vgl. S. 202). Stat. *Kronweiler*, *Heimbach*, *Birkenfeld*. **Birkenfeld** *(Emmerich)*, die Hauptstadt des zum Grossherzogthum Oldenburg gehörigen Fürstenthums Birkenfeld, liegt 1 St. nördl. vom Bahnhof. Folgt Stat. *Türkismühle* (von wo Eilwagen nach Trier in 7¹/₄ St.). Etwas weiter, bei *Wallhausen* erreicht die Bahn den höchsten Punct (1225′), Wasserscheide zwischen Nahe und Saar. Dann fällt die Bahn stark bis Stat. **St. Wendel** *(Jochem)*, Kreisstadt mit schöner dreischiff. goth. Hallenkirche, darin eine goth. Kanzel von 1462. Folgt Stat. *Ottweiler*, Kreisstadt, dann der grosse (100 Ruthen l.) *Wiebelskirchener Tunnel*, worauf die Bahn im Bahnhof von **Neunkirchen** (S. 151) in die Saarbrücker Bahn mündet. Von hier bis *Saarbrücken* s. S. 151.

40. Kreuznach und Umgebungen.

(Vergl. Route 39 und Seite 141, sowie Karte S. 141 und 213.)

Gasthöfe: *Pfälzer Hof neben der Post; *Adler, beide in der Stadt. — Berliner Hof, in der Nähe der Bade-Insel. — Bad- u. Gasthäuser auf u. bei der Bade-Insel: Curhaus, Englischer Hof, Kauzenberg, Oranienhof, Rheinstein, Hof von Holland, Ebernburg; Hôtel Royal, Hôtel de France u. a.

Lohnkutscher (hin und zurück mit Aufenthalt von 4 St.): Münster am Stein einsp. 1²/₃, zweisp. 2¹/₂ Thlr.; Rheingrafenstein und Münster am Stein einsp. 2, zweisp. 3 Thlr.; Ebernburg 2 oder 3, Altenbaumberg 2 oder 3 Thlr.; Rothenfels 2¹/₃ oder 3, Dissibodenberg 2¹/₂ oder 4, Stromberg 2¹/₂ oder 3¹/₂ Thlr.; Rheinböller Hütte zweisp. 5, Schloss Dhaun 5 Thlr. Ueberall Chaussee- und Brückengeld inbegriffen, Trinkgeld nach Belieben.

Esel, am Curhaus (hin und zurück, bei einem Aufenthalt von einem halben Tag): Münster am Stein 1 Thlr., Rheingrafenstein 1 Thlr., Ebernburg 1 Thlr., Rothenfels 1 Thlr. Ein Ritt von Kreuznach über die *Gans*, *Rheingrafenstein*, *Ebernburg* und zurück nach *Kreuznach* kostet, nach vorhergegangener Verständigung, etwa 1¹/₃ Thlr. — Ein **Fussgänger** wird zu dieser sehr lohnenden Wanderung 4 St. gebrauchen. Zu empfehlen ist, oben auf dem Kühberg zu bleiben, sondern bei dem Wegweiser den Pfad rechts einzuschlagen. Er führt durch schattigen Wald und am Abhang des Gebirges hin und bietet viel Abwechselung und schönen Blick in das tiefe enge Thal der Salinen.

Nahe-Weine. Die besten wachsen am Scharlach- und Kauzenberg, zu Norheim, Monzingen, Niederhausen, Ebernburg. Münster am Stein, Winzenheim und Bosenheim.

*Statuetten in Elfenbeinmasse (in Stearinsäure getränkter Gyps) beim Bildhauer *Cauer*.

Kreuznach (11,000 Einw., ⅓ Kath.). Das Innere der von der Nahe durchflossenen Stadt ist unansehnlich. Von grosser Bedeutung aber sind für Kreuznach seit kaum drei Jahrzehnten die von etwa 6000 Curgästen jährlich besuchten und bei Skrophel-Krankheiten besonders wirksamen *Sool-Bäder* geworden. Sie finden sich auf und in der Nähe der **Bade-Insel** vereinigt, welche an die Nahebrücke grenzt. Ein neuer sehr schöner Stadttheil ist hier in letzter Zeit entstanden, unter diesen das 1840 aufgeführte *Curhaus*, mit Bädern, Conversationssaal u. dgl. Morgens und Abends ist diese Insel der Sammelplatz der Badewelt, die hier an der auf der Südspitze befindlichen, aus Porphyrfels entspringenden, brom- und jodhaltigen *Elisabeth-Quelle* ihren Brunnen trinkt und sich in den Spaziergängen und Anlagen ergeht. Im Sommer ist hier eine Haltestelle der Eisenbahn. In den Buden werden mancherlei Gegenstände zum Verkauf ausgeboten; eigenthümlich, aber theuer, sind die Arbeiten aus Achat, welche in den Schleifereien zu Oberstein (S. 209) verfertigt werden. Die **Kirche** auf der Insel ist 1768 aufgeführt, an der Stelle einer durch die Franzosen bei der Pfalzwüstung im J. 1689 zerstörten Kirche, von welcher nur noch die Trümmer des 1333 in zierlichem goth. Stil erbauten Chors übrig sind, die 1857 zu einer Kirche für Engländer ausgebaut wurden.

An der Nordwestseite der Stadt, auf dem linken Nabeufer, erhebt sich der **Schlossberg** (485′), eine mit Gärten und Parkanlagen gezierte Besitzung des Hrn. v. Recum. Auf den südl. Abhängen wächst ein feuriger trefflicher Wein. In belaubten Windungen führen Spaziergänge auf den Gipfel, mit *Aussicht auf das Nahethal vom Rheingrafenstein bis Bingen. Den Berg krönen die Trümmer des Sponheim'schen Schlosses *Kauzenberg*, 1689 von den Franzosen verwüstet. Ein in Stein gehauener Löwe, vom Schloss Dhaun (S. 207) hierher gebracht, ist ein Denkmal der Tapferkeit und Treue des Kreuznacher Fleischers Michel Mort, der in der Schlacht bei Sprendlingen (1½ St. östl. von Kreuznach), welche Joh. v. Sponheim 1279 gegen Erzbischof Werner v. Mainz schlug, seinem Fürsten das Leben rettete und blieb. Kreuznach war vom 13. bis 15. Jahrh. Hauptstadt der vordern Grafschaft Sponheim und kam dann an Kurpfalz.

Im Nahethal, 20 Min. von Kreuznach, zwar auf preuss. Gebiet, jedoch Eigenthum des Grossherzogs v. Hessen, liegen die nach dem letzten Kurfürsten von Pfalz-Bayern *Carls-* und *Theodorshalle* genannten grossen Salinen, die Bäder Privat-Unternehmung (*Hôtel Rees; Foreith*; in beiden Z. 3—5 Thlr. wöchentl.).

Zu **Münster am Stein** (362'), ½ St. weiter (Eisenbahnstation, S. 206), sind die ebenfalls bedeutenden königl. preuss. Salzwerke und salin. Bäder (Marmorwannen), welche ihre Brunnensoole (Badwasser) unmittelbar aus dem nebenan gelegenen Hauptbrunnen (24½° R.) in die Bäder leiten. Gute Wohnungen in der Saline selbst oder im Dorf *(Curhaus; Hôtel Löw).*

Von der Nahe bespült, steigt gegenüber am r. U. fast senkrecht der *Rheingrafenstein auf, eine Porphyrwand oder Nadel, 420' über der Nahe (768' ü. M.). Bei den Salinen übersetzen (links *Restauration), dann ziemlich steil, aber nicht unbequem bergan, oben schöne Aussicht. Auf dem Gipfel Trümmer der im 11. Jahrh. kühn erbauten Burg, früher Wohnsitz der Rheingrafen, 1689 von den Franzosen bei der Pfalzverwüstung gesprengt, jetzt, nebst den umliegenden Weinbergen und Ländereien und dem Rheingrafensteiner Hof, Eigenthum der Wittwe des aus dem Geschlechte der alten Wild- und Rheingrafen stammenden Prinzen Franz von Salm-Salm, in zweiter Ehe mit dem Prinzen Carl v. Solms-Braunfels vermählt, der im Sommer hier ein kleines Schloss bewohnt. (Von Kreuznach direct auf den Rheingrafenstein, s. S. 142.)

Von der *Gans (1070'), einem zackigen Porphyrkamm, ¼ St. nordöstl. vom Rheingrafenstein, ist die Aussicht ausgedehnter, über das Nahethal bis Bingen und einen Theil des Rheingaues: Rochuscapelle, Johannisberg, der Lauf des Rheins sind deutlich zu sehen; tief unten Rheingrafenstein und Ebernburg, fern links der Donnersberg, im Thal Münster am Stein, weiter aufwärts Norheim, gegenüber die kahlen Wände des Rothenfels.

Dem Rheingrafenstein westlich gegenüber erheben sich auf einem vorspringenden Berg die bereits in der bayr. Pfalz gelegenen Trümmer der *Ebernburg, Franz v. Sickingen's (geb. 1481, † 7. Mai 1523, s. S. 150) einst feste Burg, damals manchem Verbannten und Geächteten eine Freistätte, „der Gerechtigkeit Herberge", wie Ulrich v. Hutten die Burg nennt, als er, nirgend mehr seines Lebens und seiner Freiheit sicher, hierher geflüchtet war. Seine Briefe an Carl V., an den deutschen Adel, an das deutsche Volk, an die Fürsten, wurden auf der Ebernburg geschrieben. Wenige Wochen nach Sickingen's Tode wurde auch die Ebernburg von den verbündeten Fürsten von Hessen, Pfalz und Trier besetzt. Die Franzosen befestigten sie 1689 im Orleans'schen Kriege, sie musste aber 1698 in Folge des Ryswycker Friedens geschleift werden. Die Ruine blieb bis 1750, wo sie Kurpfalz erwarb, Eigenthum der Sickingen. Aus den Trümmern erhebt sich ein langes seltsames Gebäude mit gekrönten Zinnen, welches der jetzige Eigenthümer der Burg aufführen, zur *Wirthschaft einrichten und mit Bildnissen Sickingens, seiner Gattin Hedwig von Flörsheim, Ulrichs v. Hutten u. A. ausschmücken liess. Die beim Ausräumen eines 295' tiefen Brunnens gefundenen Waffen, Kugeln etc. liegen mit mancherlei altem Steinbildwerk im Hofe. Auch von der Ebernburg hat man eine schöne Aussicht, eigenthümlich durch den Einblick in das *Alsenzthal* (S. 142), wo die Trümmer der *Kronenburg* hinter Bergen hervorragen. Die Aussicht vom *Rothenfels, der kahlen steilen fast senkrecht aus dem Nahethal an 900′ ü. M. aufsteigenden Porphyrwand (S. 206), hat vor der Gans und Ebernburg den Vorzug, dass sie das Nahethal aufwärts bis zum Lemberg und das Alsenzthal bis zum Moschellandsberg umfasst. Der Blick in die Ferne ist eben so ausgedehnt, als von der Gans. Der Fussweg führt von der Saline hinauf durch schattigen Wald. Fuhrwerk und Esel s. S. 209.

Für weitere Ausflüge von Kreuznach sind der *Disibodenberg* (S. 207), *Schloss Dhaun* (S. 207) und *Oberstein* (S. 208) besonders zu empfehlen, sämmtlich vermittelst der Eisenbahn (R. 39) leicht zu erreichen (Lohnkutscher s. S. 209). — Von Kreuznach über Stromberg nach Bacharach s. S. 217.

41. Der Rhein von Bingen bis St. Goar.

Entfernung von Bingen bis Rheinstein 1 St., Niederheimbach (Lorch) 1¼, Rheindiebach ¼, Bacharach ½, Caub ½, Oberwesel 1, St. Goar 1½, zusammen 6 St. — Dampfschiff, zur Betrachtung der Gegend der Eisenbahn weit vorzuziehen, zu Thal in 1¼ St., zu Berg in 2½ St. *Kahnstationen*: Niederheimbach, Lorch, Bacharach, Caub, Oberwesel, St. Goarshausen; in St. Goar *Landebrücke*. — Eisenbahn (in 1 St.) am *linken Ufer* von Bingen nach St. Goar (vgl. R. 55), am *rechten Ufer* von Rüdesheim nach St. Goarshausen (vgl. R. 43). — Fussgänger, die von Bingen den Rheinstein besuchen wollen, schneiden bedeutend ab, wenn sie sich bei der Pfarrkirche (S. 205) übersetzen lassen.

Fortan bedeutet (r.) das rechte (bis Niederlahnstein, S. 233, noch nassauisch), (l.) das linke, von hier an preussische Ufer des Flusses.

Das Rheinthal verengt sich unterhalb Bingen plötzlich.

„Von Basel bis gen Mentz vnnd Bingen, ist der Rheinstrom ein Frey offen landt zu beyden seiten, aber zu Bingen thut er sich gar zu, vnd wird der Rhein da gezwungen in die enge Berg, vnnd fleusst also gefangen fern hinab biss gen Bonn". Seb. Münster. 1550.

Der Fluss hat sich hier voreinst aus dem Rheingauer See (s. Einl. IV) einen Durchbruch gebildet. Bingen fast gegenüber, nahe am r. U., ist in einem mit einem eingelegten schwarzen Kreuz bezeichneten Quarzfelsen im Rhein, dem „*Mühlstein*", das Herz des Geschichtschreibers *Vogt* (S. 198) auf seinen Wunsch eingesenkt.

Unterhalb der Stadt mündet die *Nahe* in den Rhein. Die beiden Nahebrücken und die Bahnhöfe der Rhein. und der Rhein-Nahe-Bahn s. S. 205 u. R. 55.

Auf einem Quarzfelsen im Rhein ragt der **Mäusethurm** empor.

„Er hat den Nammen von einer solchen Geschichte vberkommen. Es war ein Bischoff zu Mentz zu den zeiten des grossen Kaysers Otto, nemlich anno Christi 914, der hiesz Hatto, vnder dem enstund eine grosse Thewrung, und da er sahe dasz die Armen Leut grossen Hunger litten, versammelt er in ein Schewr viel armer Leut, und liesz sie darin verbrennen: Dann er sprach: es ist eben mit jnen als mit den Meusen die das Korn fressen, vnnd niergend zu nutz sind. Aber Gott liesz es nicht ungerochen. Er gebote den Meusen dasz sie mit hauffen vber jhn lieffen, jm Tag und Nacht keine ruhe lieszen, wollten ihn also lebendig fressen. Da flohe er in diesen Thurn, und verhofft er würd da sicher

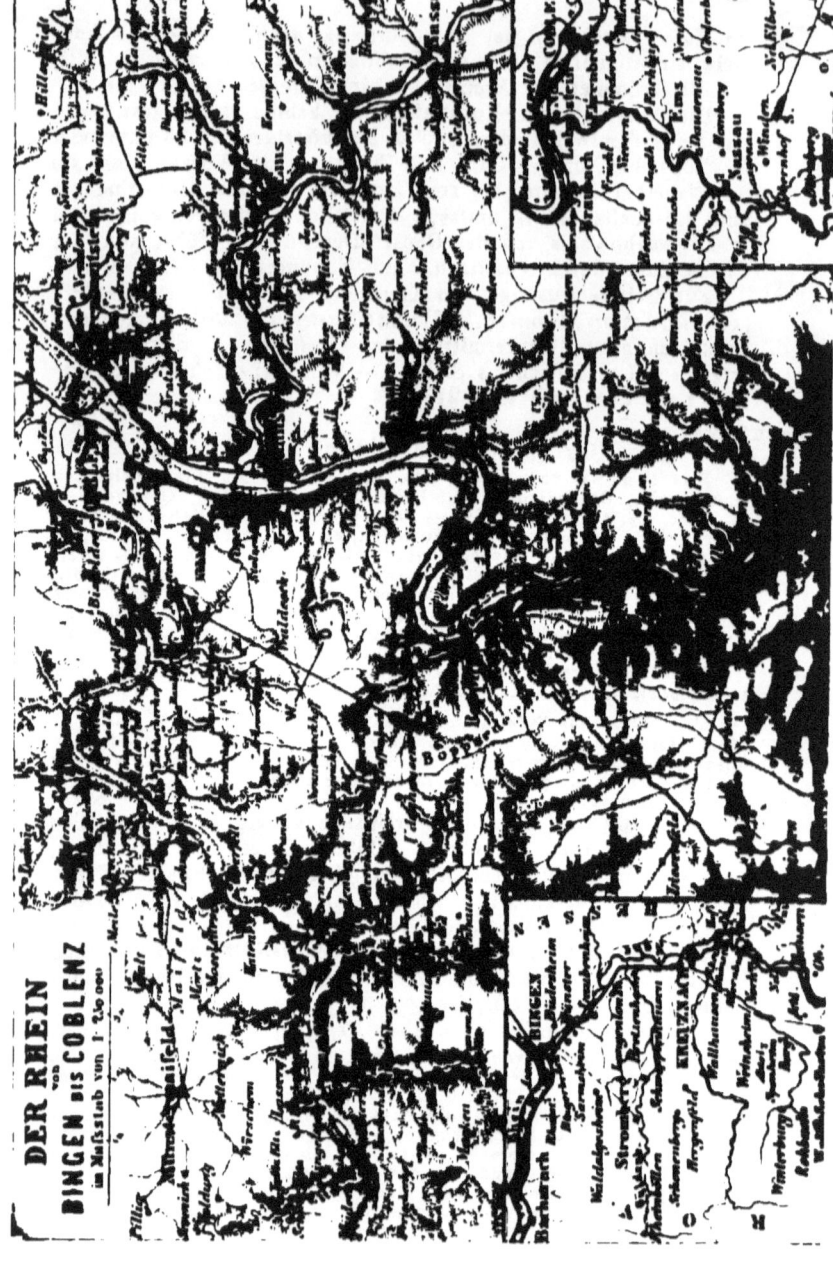

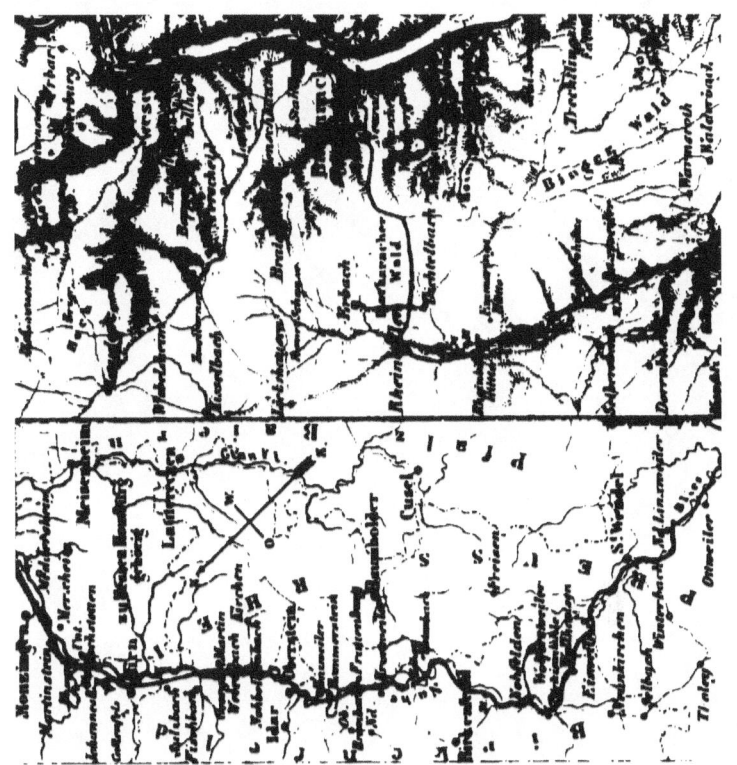

seyn vor den Meusen. Aber er mocht dem Urtheil Gottes nicht entrünnen, sonder die Meuss schwummen durch den Rhein zu jm. Da er das sahe, erkannt er das Urtheil Gottes und starb also under den Meusen. Wilt du es für ein Fabel haben, will ich nicht mit dir darum zancken, ich hab disz Geschicht mehr dann in einem Buch gefunden."
Seb. Munster. 1550.

Der Thurm ist im Mittelalter wahrscheinlich des Zolls wegen angelegt. Die Trümmer sind 1856 zu einer Warte ausgebaut, die als „Wahrschau-Station" dient, wo durch Einziehen der Flagge den zu Thal fahrenden Schiffen zeitig Nachricht gegeben wird, wenn im Binger Loch (s. unten) ein Schiff in der Bergfahrt begriffen ist.

Das gegenüberliegende (r.) **Ehrenfels**, um 1210 von dem Rheingauischen Vicedom (Statthalter) Phil. v. Bolanden erbaut, im 15. Jahrh. von den Mainzer Erzbischöfen häufig bewohnt, beschädigten die Schweden 1635 sehr; gänzlich zerstört wurde es jedoch erst 1689 von den Franzosen. Am südl. Abhang des „*Rüdesheimer Berges*" wächst der bekannte Wein (S. 199). Terrasse thürmt sich auf Terrasse, um das Erdreich an dieser steilen Abdachung (etwa 40 Grad) zu befestigen. Der ganze Berg ist von Mauern und Mauergewölben eingefasst. Der sorgfältige Bau lässt auf den Werth des Weinstocks an dieser Stelle schliessen. Eine Sage berichtet, Kaiser Carl d. Gr. habe einst von seinem Palast zu Ingelheim (S. 317) bemerkt, wie der Schnee am frühsten auf dem Rüdesheimer Berg geschmolzen sei, er habe daher Reben aus Orleans kommen und sie an dieser warmen Stelle anpflanzen lassen.

Wenige Schritte unterhalb Ehrenfels ist das **Bingerloch**, eine durch gewaltige eng zusammengedrängte Felsmassen gebildete Stromschnelle, an deren Erweiterung seit den Römer- bis zu unsern Tagen von Zeit zu Zeit gearbeitet worden ist. Die letzten Sprengungen geschahen 1830 bis 1832. Ein am linken Ufer, an der Strasse, errichtetes *Denkmal* berichtet: *An dieser Stelle verengte ein Felsenriff die Durchfahrt. Vielen Schiffern ward es verderblich. Unter der Regierung Friedrich Wilhelm's III., Königs von Preussen, ist die Durchfahrt nach dreijähriger Arbeit auf 210 F., das Zehnfache der frühern, verbreitet. Auf gesprengtem Gestein ist dieses Denkmal errichtet. 1832.*

Die Bergfahrt im Binger Loch ist für Frachtschiffe beschwerlich, und erfordert starkes Tauwerk und zahlreichen Vorspann. Bei der Thalfahrt wird nur den grossen Holzflössen, wenn sie nicht geschickt gesteuert werden, das Binger Loch noch gefährlich.

Der Strom dreht sich an (r.) **Assmannshausen** *(Anker; Krone)* vorbei, berühmt durch seinen rothen Wein (S. 201). In der Nähe Reste römischer Bäder. Weg auf den Niederwald s. S. 201. Das rechte Rheinufer bietet bis Lorch wenig Bemerkenswerthes, das Gebirge fällt schroff ab, unten Reben, oben Waldung. An der Mündung einer Thalschlucht wächst dort der gute *Bodenthaler*.

Auf dem linken Ufer, Assmannshausen gegenüber, 250' ü. d. Rhein, steigen die Thürme und Zinnen der Burg (l.) **Rheinstein** steil auf, ehemals *Faitsberg*, auch *Vauts-* oder *Voigtsberg, Castrum Voytsbery* genannt. Ihre Entstehung ist unbekannt; schon 1279 wird sie erwähnt, seit 1348 hielt sich urkundlich Kuno v. Falkenstein (S. 225) häufig daselbst auf; späterhin erscheint ihr Name nicht mehr. Prinz Friedrich v. Preussen liess 1825 bis 1829 die Burg nach einem neuen Plan mit möglichster Benutzung der vorhandenen Trümmer ausbauen; in der Burgcapelle auf der Südseite ist sein Grab († 1863). Die *Sammlung alter Waffen, Kunstwerke und Glasmalereien* ist Jedermann zugänglich (Trinkg. 7½ Sgr. ein Einzelner, 4 Pers. 15 bis 20 Sgr.). Die Aussicht ist beschränkt; auch die von dem auf dem südl. Bergvorsprung erbauten, unzugänglichen *Schweizerhaus* geht nicht über Bingen hinaus.

Etwas weiter, am Ufer, die (l.) **Clemenskirche**, durch Fürsorge der Prinzessin Friedrich wieder hergestellt. Ihren Ursprung kennt man nicht, doch besuchte sie schon Kaiser Maximilian I. Wahrscheinlich ist sie von Rittern v. Waldeck gestiftet, zum Seelenheil der bei Zerstörung der Raubburgen durch Kaiser Rudolf v. Habsburg gebliebenen oder hingerichteten Ritter.

Auf einer Anhöhe die Trümmer des 1689 von den Franzosen zerstörten Schlosses (l.) *Reichenstein*, gewöhnlich **Falkenburg** genannt, obgleich es in Urkunden nirgendwo unter diesem Namen vorkommt. Im Jahre 1252 zerstörte der rhein. Städtebund diese Raubburg; allein schon 1261 hatte sie Phil. v. Hohenfels wieder aufgebaut und trieb von ihr sein Räuberhandwerk nach wie vor. Kaiser Rudolf von Habsburg belagerte und eroberte sie nebst mehreren benachbarten Raubburgen, und liess alle Räuber darin, Ritter und Nichtritter, ohne Gnade aufknüpfen. Die Ruine ist Eigenthum des preuss. Generals von Barfus. Am Fuss der Anhöhe mündet das *Morgenbachthal*, auf der kurzen Strecke von ½ St. eines der sehenswerthesten wilden Seitenthäler des Rheins. (Gegenüber, am r. U., auf dem vorspringenden Felskopf, eine Eisensteingrube, deren Erzeugnisse auf einer Rutschbahn in das Thal und an den Rhein gelangen.)

Unterhalb (l.) **Trechtingshausen** *(Stern)* treten die Berge etwas zurück. Ueber dem Eingang einer Bergschlucht steigt hoch der schlanke Burgthurm von (l.) **Sooneck** empor. Von Erzb. Willigis v. Mainz um 1015 erbaut, ward die Burg, nachdem sie als Räuberaufenthalt früher Kaiser Rudolf zertrümmern und die Besitzer gleich ihren Nachbarn hatte hinrichten lassen, im 14. Jahrh. wieder aufgebaut. Die Ruine ist im J. 1834 durch Ankauf Eigenthum des Königs von Preussen und seiner Brüder geworden, und theilweise hergestellt.

Eine weite Aussicht öffnet sich hier bis Bacharach. Bald zeigt sich das langgestreckte Dorf (l.) **Niederheimbach**, mit den Trümmern der *Burg Hohneck*, gewöhnlich **Heimburg** genannt. Zu Niederheimbach steigen Fussreisende, die auf dem Dampfboot zu Berg kommen, und Rheinstein (1 St.), Assmannshausen und den Niederwald besuchen wollen, am zweckmässigsten aus. (Vergl. S. 201.)

Gegenüber zieht sich der lange Flecken (r.) **Lorch** (*Schwan, am obern Ende des Orts, Z. 48, F. 24 kr., M. o. W. 1 fl., Wein und Küche gut, Pensionspreis 2⅓ fl.; *Rhein. Hof)* am Rhein hin, das röm. *Laureacum* (?), urkundlich erwähnt im J. 832, im Mittelalter Sitz eines zahlreichen Adels, der hier, wie es in einer alten Urkunde heisst, „ein Leben wie im Paradiese" führte, und eine eigene mit dem Namen „Schuljunkerschaft" bezeichnete Gesellschaft bildete, welche für Unterricht und Erziehung ihrer Söhne eine Ritterschule gegründet hatte. Die stattliche hoch aufragende *Kirche* aus dem 12. Jahrh., mit dem schönsten Geläute im Rheingau, der bis hier sich erstreckte (S. 193), hat einen beachtenswerthen Altar von mittelalterl. Holzschnitzwerk, einen hübschen Taufstein von 1464, dann mehrere Denkmäler rheingauischer Adelsgeschlechter (*v. Waldeck, v. Breitenbach, v. Aschbach)*, vor allen das des Ritters *Joh. Hilchen v. Lorch*, Sickingens Waffengefährten, „*in den Zügen gegen den Erbfeind den Dürcken und dem König zu Francreich in den Jahren 1542 und 1544 oberster Veltmarschalck*". Sein fünfstöckiges *Wohnhaus* mit Steinbildwerk, 1546 erbaut, jetzt Hrn. v. Hausen zu Plauen gehörig, macht sich vor allen andern bemerklich.

Ueber Lorch steigt in zackigen Absätzen ein Felsrücken auf, die *Teufelsleiter* oder der *Kedrich*, den ein Ritter von Lorch mit Hülfe der Berggeister, die ihm eine Leiter erbaut, erstiegen und dadurch die Hand eines schönen Fräuleins erworben haben soll. Gegenüber, am r. U. der *Wisper*, die hier in den Rhein sich ergiesst, ragen 565' ü. Rh. die Trümmer der Burg (r.) **Nollich** od. **Nollingen** auf, wahrscheinlich Stammburg der Ritter v. Lorch. Unterhalb Lorch das Dörfchen (r.) **Lorchhausen**.

Durch das *Wisperthal* führt ein lohnender Fussweg in 7 St. nach *Schlangenbad* und *Schwalbach:* Von Lorch nach (2 St.) *Kammerberger Mühle*, (45 Min.) *Laukenmühle*, (45 Min.) *Geroldstein*, (1 St.) *Niederglaulbach*, (1 St.) *Hausen*, (1 St.) *Schlangenbad;* oder von Geroldstein in 3½ St. über *Langenseifen* nach *Schwalbach* (S. 191).

Im *Sauerthal*, welches ¼ St. östlich von Lorch in das Wisperthal mündet, liegen, 1½ St. von Lorch oder von Caub entfernt, die ansehnlichen Trümmer der 1689 von den Franzosen gesprengten, einst starken Sickingen'schen Feste **Sauerburg**. Auf dem Sauerberger Hof in der Nähe starb in drückendster Armuth im Jahr 1836 der letzte Sprosse in gerader Linie des berühmten Ritters (S. 150). Die ganze Leichenbegleitung bestand aus einem Bauern und dessen Knecht. Unten auf dem Sauerthaler Kirchhof steht ein Kreuz mit dem Wappen und der Inschrift: „*Frans von Sickingen, Reichsgraf, seines Stammes der letzte. Er starb im Elend. Von einem Freunde vaterländischer Geschichte*" (von Dr. K. Rossel in Wiesbaden).

Unterhalb (l.) **Rheindiebach** auf einem Felsvorsprung die stattlichen Trümmer der Burg (l.) **Fürstenberg**, 1243 als kölnisches Lehen an Pfalz übertragen. Als Kaiser Adolf (S. 34) 1292 zur Krönung nach Aachen fuhr, hielt ihn hier die pfälzische Besatzung an, den üblichen Rheinzoll zu erlegen, da er die aber weigerte, schoss man auf das Schiff. Kaiser Ludwig eroberte die Burg 1321, weil er sie im Besitze des Gegenkaisers Friedrich fand, und schenkte sie seiner Gemahlin, Margaretha v. Holland. Die Schweden nahmen sie 1632, die Franzosen zerstörten sie 1689. Sie ist seit 1847 Eigenthum der Prinzessin Friedrich der Niederlande, der Schwester des Königs von Preussen.

Der Bach, welcher am Fuss von Fürstenberg in den Rhein sich ergiesst, schied in uralten Zeiten das Gebiet der Kurfürsten von Mainz und Trier. Im Thal aufwärts liegen die Dörfer Oberdiebach (in der Kirche ein Altarblatt von dem Dresdener Maler Gerh. v. Kügelgen, † 1820, einem geb. Bacharacher) und Manubach, beide durch ihren Wein bekannt.

Ueber Bacharach erheben sich die Trümmer des einst sehr festen Schlosses (l.) **Stahleck**, die Wiege der Pfalzgrafen, und bis 1253 (s. S. 76) auch Sitz derselben. Die Franzosen belagerten und eroberten Schloss und Stadt von 1620 bis 1640 achtmal, Soldaten desselben Volkes zerstörten es 1689 bei der Pfalzverheerung. Die ansehnlichen ausgedehnten bis in das Thal hinabreichenden Schlosstrümmer sind Eigenthum der Königin-Wittwe Elisabeth v. Preussen, der Pfalzgrafen Enkelkind. Ein rother Denkstein in der Mauer meldet: *Carl Ludwig Pfalzgraf Churfürst erneuert mich Aº. 1666.* Die Aussicht ist schön, aber, ausser nach S. hin, beschränkt.

Ein altes rheinisches Volkslied, die schönste Seite der alten Zeit hervorhebend, mag hier am rechten Orte stehen:

Es fuhr ein Fuhrknecht übern Rhein. Es lebt der Fürst, es lebt der Knecht,
Der kehrt beim jungen Pfalzgraf ein. Ein Jeder thut das Seine recht.
Er fuhr ein schönes Fass voll Wein. So trank derFürst,so trank der Knecht,
Der Pfalzgraf schenkt ihm selber ein. Und Wein und Treue waren echt.

(1.) **Bacharach** *(Post)*, im Mittelalter *Ara Bacchi* genannt, war schon in alter Zeit durch seinen Wein berühmt.

Zu Klingenberg am Main   Hab' ich in meinen Tagen
Zu Würzburg an dem Stein   Gar oftmals hören sagen,
Zu Bacharach am Rhein   Soll'n sein die besten Wein'.
              Widtmanns music. Kurzweil. Nürnberg, 1623.

Bacharach war mit Köln bis zum 16. Jahrh. Stapelort der Rheingauer Weine und mag dadurch bekannter geworden sein, als durch das eigene Wachsthum, obgleich auch dieses, namentlich das der Thäler (*Steeg, Oberdiebach, Manubach* s. oben u. S. 216) geschätzt wird. Papst Pius II., bekannter als Aeneas Sylvius, liess jährlich ein Fuder „Bacharacher Wein" nach Rom bringen; für vier Fuder entband Kaiser Wenzel (S. 231) die Stadt Nürnberg ihrer Verpflichtungen gegen ihn. Noch heute fährt zu jeder Messe das „Bacharacher Weinschiff" nach Frankfurt und schenkt am Leonhardsthore (S. 50) seinen Wein.

Auf einer kleinen Anhöhe (Aufgang an der Südseite der Peterskirche) ragen die einsamen rothen Sandstein-Bogen der um 1428 im zierlichsten goth. Stil in der Form eines Kleeblatts erbauten *Wernerskirche* (vgl. S. 221) hervor, nur zu zwei Drittheilen noch vorhanden. Innerhalb des offenen Kirchenraums ist ein Begräbnissplatz. Ueber derselben (10 Min.) liegt die Ruine Stahleck (s. oben).

Die *Peterskirche*, die sogen. Templerkirche, eine spätroman. Kirche in schlanken Verhältnissen, berührt mit ihrem Chor die Strasse. Ein Thurm des alten *Templerhauses*, der letzte Ueberrest desselben, steht noch im Hofe der Posthalterei.

Die Trümmer der alten Burg **Stahlberg**, in dem nahen Thal von Steeg (s. unten), hat ein ungarischer Edelmann gekauft. Durch dieses Thal zogen sich am 1. Januar 1814 eine Anzahl Franzosen, vom Blucher'schen Corps verfolgt, zurück. Auf Antrag der Gemeinde heisst es seit 1854 *Blücherthal*.

Von **Bacharach** über **Stromberg** nach **Kreuznach**. Fussgänger, welche rheinaufwärts pilgern und die Gegend bis Bingen schon genauer kennen, gewinnen eine angenehme Abwechselung, wenn sie folgenden Bergweg (7½ St.) einschlagen: von Bacharach bis Rheinböller Hütte 3, Stromberg 2, Kreuznach 2½ St., von Stromberg bis Kreuznach jedenfalls fahren (Einsp. 1 Thlr.), da auf dieser Strecke die Fusswanderung weniger lohnend ist. Der Weg ist dieser (Führer nicht nöthig): Von Bacharach landeinwärts durch das enge *Steegerthal* (seit 1854 *Blücherthal* gen., s. oben) über (20 M.) *Steeg*. Bei dem (10 M.) Thurm mit dem kleinen Weiher links (nicht rechts) stets auf gutem Fahrweg an der Bergwand unter Obstbäumen bergan. Auf der (50 M.) Hochebene links gerade aus, nicht rechts ab; (15 M.) Wald, am (15 M.) Ausgang desselben links hinab nach dem Dorf (40 M.) *Rheinböllen*, dessen Kirchthurmspitze immer sichtbar ist, und nun auf der Landstrasse weiter durch Waldung zur (25 M.) Rheinböller Hütte (*Gasth. zur Eisenhütte), sehr ansehnlichen, Herrn Puricelli gehörigen Hüttenwerken (1080' ü. M.). Die Strasse, täglich von einem Eilwagen (Kirchberg-Kreuznach) befahren, führt durch das schöne bewaldete eng eingeschnittene Thal des *Güldenbachs*. Am Abhang rechts ein neuer Burgthurm, die *Carlsburg*, dann folgt ein zweites grosses Hüttenwerk, die *Sahler-Hütte*. Unmittelbar vor (2 St.) Stromberg (*Fustenburg) liegt rechts auf der Höhe Burg *Goldenfels*, in welcher 1793 der preuss. Lieut. v. Gauvain mit 35 Mann sich gegen 600 Franzosen einen ganzen Tag lang vertheidigte und fiel. Ein damals errichtetes Denkmal wurde 1796 von den Franzosen zerstört, 1833 aber wieder hergestellt, ein unscheinbarer dreiseitiger rother Sandstein, links im Gebüsch vor der Burg, mit einer vermoosten Inschrift (*J. L. von Gauvain, Lieut. des K. Pr. Füs.-Bat. von Schencke; er fiel als Held am 20. März 1793; sein Leben war des Heldentodes werth*). Jenseits Stromberg die umfangreichen Trümmer der *Fustenburg*. Dann folgt (½ St.) Schweppenhausen und (½ St.) Windesheim. Wo die Strasse sich ins Nahethal senkt, am (1 St.) *hungrigen Wolf* (671'), ½ St. vor Kreuznach (335'), prächtige weite Aussicht. (Eilwagen von Bacharach bis Rheinböllen 2mal tägl. in 2 St. für 10½ Sgr.)

Die Felsen unterhalb Bacharach, namentlich die des *wilden Gefährt's*, früher der Schifffahrt oft verderblich, sind 1850 von der preuss. Regierung durch Sprengungen theilweise weggeräumt.

Bald wendet sich der Strom. Die *Pfalz, oder der *Pfalzgrafenstein*, taucht plötzlich aus den Fluthen auf, an Schloss Chillon im Genfer See erinnernd, ein äusserlich und innerlich erhaltenes kleines Burggebäude auf einem aus dem Rheine aufragenden Felsriff, sechseckig, die scharfe südliche Kante mit ihren Eisenklammern und Verankerungen als Eisbrecher dienend, an derselben der pfälzische Löwe als Wappenhalter, nach allen Seiten hin Schiessscharten, oben 25 Thürmchen und zahlreiche Wetterfahnen. An der Ostseite ist in Mannshöhe über dem Felsen der Eingang durch eine Gatterthür. (Zur Besichtigung muss man sich auf der „Receptur" zu Caub (S. 219) melden, von wo Jemand mit hinüber fährt, 18—24 kr. Trinkgeld.) Der enge Hofraum ist rings von Bogengewölben umzogen. Der hohe fünfeckige Thurm ragt einzeln in demselben auf; von dem obersten Raum desselben ein eigenthümlicher Blick nach vier Seiten auf den Rhein. Der Brunnen steht ausser allem Zusammenhang mit dem Rhein. Der Einbau enthält verschiedene Gemächer und Wohnungen, welche noch an die letzten Bewohner, kurpfälz. Invaliden von der Gutenfelser Besatzung, erinnern, die jedes auf- oder abwärts kommende Fahrzeug dem Rheinzollamt zu Caub anmelden mussten. Schon im 13. Jahrh. war des Rheinzolls wegen auf dem Felsen eine kleine Warte erbaut. Zu demselben Zweck führte Kaiser Ludwig zu Anfang des 14. Jahrh. den festen Thurm auf, zu dessen Zerstörung Papst Johann XXII. den Erzbischof von Trier aufforderte. In jener Bulle vom J. 1326 heisst es: „*quod Ludowicus olim Dux Bavariae*" nicht aufhöre zu „*Cuve*" ungebührlich schwere Abgaben von den dort passirenden Waaren zu erheben und dazu „*turrim fortissimam*" auf einer Rheininsel erbaut habe. Woher die alte Sage entstanden, dass auf dieser Burg die Pfalzgräfinnen ihre Niederkunft abwarten mussten, ist schwer zu entscheiden.

„Kaiser Heinrich VI. suchte 1194 des Pfalzgrafen Conrad (S. 82) Tochter Agnes († 1204) an einen seiner Freunde oder Verwandten zu vermählen, um dadurch die Pfalzgrafschaft bei seinem Hause zu erhalten. Indess aber hatte Heinrich von Braunschweig, welcher ein schöner und tapferer Prinz war, schon ihr Herz gewonnen. Als Pfalzgraf Conrad hiervon Kunde erhielt, liess er, weil er den Zorn des Kaisers fürchtete, die Feste unter Bacharach mitten in dem Rheine erbauen und sperrte dahin seine Tochter ein. Aber weder die Tiefe des Rheines noch die Härte der Mauern konnten die List und Macht der Liebe abhalten. Heinrich wurde von der Mutter unterstützt u. heimlich in Pagenkleidern in die Feste eingelassen. Nach einiger Zeit wurde die Prinzessin gesegnet und nun trat die listige Mutter zu ihrem Gemahl und stellte ihm die Unmöglichkeit einer andern Vermählung als mit Heinrich von Braunschweig vor. So wurde dieser später Pfalzgraf, der Vater aber verordnete der Sicherheit wegen durch ein Familiengesetz, dass alle künftigen Pfalzgräfinnen in dem engen Kämmerlein der Rheinburg den Stammfürsten zur Welt bringen sollten. Noch bis auf diese Stunde zeigt man dasselbe allen Reisenden, welche die Festung besehen wollen. Es ist so enge, dass es kaum ein Bett und neben demselben eine Amme fassen kann. Die Zeugen müssen also an der Thür gestanden haben. Höchst wahrscheinlich ist diese Sage durch obige Liebesgeschichte entstanden, und die Feste hat von ihr eigens den Namen Pfalz oder Pfalzgrafenstein erhalten." Nic. Vogt (S. 198). 1817.

In der Neujahrsnacht 1814 hatte hier der Rheinübergang des 1. preuss. Armeecorps unter York und eines russischen Corps unter Langeron statt. Eine etwas oberhalb der Pfalz in den Felsen des linken Ufers befestigte gusseiserne Tafel meldet: „*Im Jahr des Heils 1813, am 31. Decbr. um Mitternacht zog siegreich an dieser Stelle Fürst Blücher v. Wahlstadt, Feldmarschall, gen. Vorwärts, mit seinen Tapfern über den Rhein, zur Wiedergeburt Preussens und des deutschen Vaterlandes. Errichtet im November 1853 von Ferd. Diepenbrock und C. Denzin*". Ein Augenzeuge, der preuss. General v. Grolmann († 1843), berichtet:

„Nach 12 Uhr Nachts trafen die Pontons von Nastätten ein und man begann nun unter rüstiger Mithülfe der Cauber Schiffer den Bau der Brucke dicht oberhalb Caub in der Richtung auf die Pfalz. Gleichzeitig mit dem Beginn des Bruckenbaues wurde eine 12pfund. Batterie auf dem rechten Ufer des Caub-Baches und eine halbe 12pfünd. Batterie bei den Ruinen von Gutenfels aufgefahren, um von hier aus das linke Rheinufer zu bestreichen. Eine Compagnie ostpreuss. Jäger, welche in Rüdesheim lag, wurde längs des Weges von Assmannshausen den Rhein abwärts so aufgestellt, dass sie an den schmalsten Stellen des Flusses die von Bingen nach Bacharach führende Landstrasse beschiessen konnten. Da es besonders schwierig war, ohne Aufsehen zu erregen, die benöthigten Kähne zum Heruberschaffen der Infanterie der Avantgarde zu erhalten, so musste man dieselben theilweise von Lorchhausen und Lorch während der Nacht in aller Stille den Rhein herunter führen, oder diejenigen Fahrzeuge, welche man sich anderweitig zu verschaffen gesucht hatte, vom Lande aus in den Fluss bringen lassen. Es war früh halb 3 Uhr, als sämmtliche Anordnungen so weit vorgeschritten waren, dass der Major Graf Brandenburg († 1850 als Minister-Präsident) und der Hauptmann v. Arnauld mit 200 Füsilieren des Brandenburger [jetzigen Brandenb. Gren.-Reg. N°. 12.] Inf.-Reg. die Kähne besteigen und den Uebergang über den Rhein eröffnen konnten. Die Nacht war sternenklar und kalt, im Thale war es aber weniger hell, so dass man die hier stattfindenden Bewegungen nicht bemerken konnte. Die Landung sollte unterhalb der franz. Wache, die in dem Douanenhäuschen aufgestellt war, ohne alles Geräusch ausgeführt werden. Bei der vollkommenen Ruhe auf feindlicher Seite musste man überdies auf einen verborgenen Hinterhalt gefasst bleiben. Die Ueberfahrt dauerte etwa eine Viertelstunde; das Licht im Douanenhäuschen brannte und man nahm keine Veränderung desselben wahr; der Feind hatte daher das diesseitige Unternehmen noch nicht bemerkt; kein Schuss fiel, Alles blieb still, bis die preuss. Füsiliere, aus den Kähnen springend, gegen das Verbot das linke Rheinufer mit einem lauten Hurrah begrüssten. In diesem Moment fielen die ersten Schusse aus dem Douanenhäuschen, wodurch ein Jäger und ein Führer, der sich freiwillig erboten hatte, die ersten preuss. Truppen über den Rhein zu geleiten, verwundet wurden. Etwas später entstand ein kleines Tirailleur-Gefecht mit unbedeutenden feindlichen Detachements, die von Oberwesel und Bacharach herbeigeeilt waren. Die letzteren wichen, nachdem sie von den auf der Pfalz postirten Jägern lebhaft beschossen wurden."

Ganz an derselben Stelle setzte im März 1793 ein preuss. Corps auf seinem Marsch nach Frankreich (vgl. S. 217) über den Rhein.

Das Städtchen (r.) Caub (*Grünewald; Nassauer Hof) ist Hauptsitz des rhein. Dachschieferbaues. Die nassauische Regierung hat viel für diesen wichtigen Betriebszweig gethan; sie hat zweckmässige Stollen zum tiefern Angriff angelegt, und ein Gebäude aufgeführt, wo die Schiefer (Leyen) gespalten werden.

Auf der Höhe thront das stattliche Schloss Gutenfels, mit dem Städtchen im J. 1178 von den Herren v. Falkenstein an Pfalz verkauft. Der englische Graf Richard v. Cornwallis, 1257 zum Deutschen Kaiser erwählt, soll auf Gutenfels die schöne Gräfin Beatrix v. Falkenstein kennen gelernt haben, mit welcher er sich nach dem Tode seiner ersten Gattin, im J. 1269 vermählte. Landgraf Wilhelm v. Hessen belagerte die Burg 1504 sechs Wochen lang vergeblich. Eine Steintafel, unfern des Rheinzollamts zu Caub in die Mauer eingefügt, spricht in Reimen von jener Belagerung. Die Burg hatte 1803 noch eine Besatzung von etwa 100 pfälz. Invaliden, kam mit dem Lande 1804 an Nassau, wurde 1805 auf Napoleons Befehl zerstört und 1807 auf den Abbruch versteigert. Jetziger Eigenthümer ist Hr. Archivar Habel zu Schierstein. Den Schlüssel hat der Schullehrer Müller zu Caub;

im Sommer ist gewöhnlich Jemand oben, der umherführt. — Ausgedehntere Aussicht hat man von dem Pavillon auf der *Adolphshöhe*, 15 Min. südl. von Caub.

In der Ferne treten die ansehnlichen malerischen Trümmer der (l.) **Schönburg** hervor, die Wiege eines mächtigen berühmten Geschlechts. Hier wurde 1615 Graf Friedrich Hermann v. Schönberg geboren, der unter Friedrich Heinrich v. Oranien kämpfte, 1668 in franz. Diensten die Spanier in Portugal zum Frieden und zur Anerkennung des Hauses Braganza zwang, 1688 durch die Zurücknahme des Edicts von Nantes aus Frankreich vertrieben, in die Dienste des Kurfürsten von Brandenburg trat, Gouverneur von Preussen, Staatsminister und Generalissimus wurde, und zuletzt mit Wilhelm v. Oranien nach England ging, die Stuarts 1690 an der Boyne in Irland besiegte, aber auf dem Schlachtfelde blieb. Er war Marschall von Frankreich, Herzog und Grand von Portugal, Herzog und Pair von England; seine Gebeine ruhen in der Westminsterabtei zu London. Im 30jähr. Kriege eroberten die Schweden die Schönburg; die Franzosen verheerten sie 1689 gleichzeitig mit Stahleck. Das Geschlecht erlosch 1713, die letzte Erbin war mit einem Grafen Degenfeld verheirathet, der sich dann Degenfeld-Schomburg nannte, und das Wappen der Schönberg mit dem seinigen vereinigte. Die Burg und der angrenzende Hof gehören dem Prinzen Albrecht v. Preussen.

Am Fuss der Schönburg liegt (l.) **Oberwesel** (*Goldener Pfropfenzieher*, am untern Rheinende in der Nähe des Ochsenthurms, Z. u. F. 16 Sgr.; das von Schrödter, dem bekannten geistreichen Genre-Maler, zum Andenken des häufigen Aufenthalts der Düsseldorfer Maler hierher verehrte Schild hängt jetzt im Saal; *Rheinischer Hof* am Rhein). Oberwesel ist der Römer *Vosavia*, wie sie Peutingers Karte nennt, einst Reichsstadt, deren Bürger zu sein die benachbarten Grafen von Katzenelnbogen sich zur Ehre rechneten, bis Kaiser Heinrich VII. Oberwesel seinem Bruder, dem Erzb. Balduin verpfändete und dadurch die ansehnliche, heute noch von alten Ringmauern und Wartthürmen umgebene Reichsstadt in eine kurtrierische Landstadt umschuf. Im Süden ragt die schöne goth., äusserlich schmucklose, zu Anf. des 15. Jahrh. erb. *Frauen- oder Stiftskirche* hervor, weithin sichtbar und kenntlich durch den rothen Sandstein. Chor und Mittelschiff erheben sich hoch und schlank über die Seitenschiffe. Der Lettner *(lectorium)*, welcher Chor und Schiff trennt, verdient besondere Beachtung. Auch die Holzschnitzwerke des Hochaltars, aus der Zeit der Erbauung, und zwei alte Gemälde, angeblich aus dem J. 1504, von Petrus Lutern, Canonicus an der Kirche, gemalt, sind bemerkenswerth. Auf dem einen, dem Altarbild der nördlichen Capelle, ist unten die Landung der 11,000 Jungfrauen (S. 299). Das andere Gemälde, an der nördl. Wand des Seitenschiffs, stellt nach der Apocalypse den Untergang der Welt und das jüngste Gericht in einer Reihe kleiner Bilder dar. In der nördlichen Capelle Grabsteine mehrerer Ritter und Grafen v. Schönberg; an der Westwand das Denkmal des Canonicus Lutern.

Vor der Kirche erinnert auf dem Kirchhof ein *Denkmal* an eine 1833 durch das Scheuwerden der Pferde hier verunglückte Frau v. *Lubieniecka*, geb. *O'Byrn* aus Dresden, „*Obersthofmeisterin bei weiland I. M. Maria Theresia, Königin von Sachsen*". Das alte Thor („*Eselsthurm*"), in der Nähe der Kirche und des Stations-Gebäudes der Eisenbahn, war vor Herstellung der neuen Strasse Stadtthor.

Die *Capelle* auf der Stadtmauer an der Rheinseite ist dem h. *Werner* (S. 216), einem der Sage nach 1286 von Juden ermordeten Knaben, geweiht. Das *Rathhaus* ist 1849 im mittelalterlichen Stil aufgeführt, mit rothen Sandsteinzinnen, von einem Flaggenthurm überragt. Der stattliche *Ochsenthurm*, am untern Ende der Stadt, gehörte ehemals zur Stadtbefestigung.

Oberwesel bietet eine der lieblichsten Landschaften am Rhein. Die Felsenthäler, welche sich von hier landeinwärts ziehen, werden häufig von Malern besucht. Sie erzeugen zugleich, besonders die *Engehöll* an der Schönburg, einen gewürzigen Wein, wohl den besten preuss. Rheinwein.

Um den *Rossstein*, eine Felsenecke des r. U., durch welche ein Tunnel der rechtsrhein. Eisenbahn getrieben ist, sich rechtwinkl. herumbiegend, schiesst der Rhein einer bei niedrigem Wasser aus dem Strom hervorragenden Klippen-Gruppe zu, die *sieben Jungfrauen* genannt, von welchen Schiffer sich erzählen, es seien einst Jungfrauen gewesen, die der Flussgott zur Strafe ihrer Sprödigkeit in Felsen verwandelt habe. Das Bett des Rheins verengt sich, der Fluss ist auf dieser Strecke am schmalsten und tiefsten, oberhalb der Lurlei $72^1/_2$ F. tief. Zu beiden Seiten steiles Felsgebirge.

In zerrissenen mächtigen Steinblöcken tritt eine gewaltige Felsenmasse, die (r.) Lurlei in den Strom vor, 420' h. über diesen aufragend. Oben an der abfallenden Kante zeigt die Felsbildung dem flussabwärts fahrenden aufmerksamen Beobachter ein halb liegendes Profil eines menschlichen Antlitzes, dem des Kaisers Napoleon I. nicht unähnlich. Am nördl. Fuss der Lurlei führt ein neuer steiler Weg, zum Theil auf Steintreppen, hin und wieder Ruhebänke, in 25 Min. auf die Lurlei, Aussicht beschränkt.

Die Sage von der Zauberin, die auf diesem schroffen Felsen wohnte und durch süsse Gesänge den Vorüberfahrenden lockte, bis sie selbst, von Liebe bezwungen, sich in den Strom stürzte, ist bekannt. Sie hat, seitdem Clemens Brentano im J. 1800 zu Jena seine Romanze Loreley gedichtet, besonders aber seit das Heine'sche Lied (1823) durch die Silcher'sche Weise allgemeine Verbreitung gefunden, unzählige Male Dichtern wie Malern den Stoff geliefert. Der Marner, ein altdeutscher Dichter (Mitte des

13. Jahrh.) berichtet: „*Der Nibelungen Hort* (S. 42) *lit in dem Lurlenberge"*. (Nach Andern soll der Nibelungen Hort, der reiche Brautschatz der Chriemhilde, zwischen Gernsheim und Oppenheim in den Rhein versenkt sein. Vergl. S. 42.)

Das *Echo* in diesem Kessel ist wohl nicht so bedeutend als sein Ruf; auf dem Dampfschiff hörte man natürlich von dem Wiederhall des (jetzt eingestellten) Schiessens und Blasens nichts, nur der Fusswanderer wird spät Abends oder Morgens früh nicht vergebens versuchen, dasselbe zu wecken.

„Veber dem Schloss New-Catzenelenbogen, dem Rhein auffwarts, ligt die Lorley, ein gäher, löcherichter Fels, so einen natürlichen fast starcken Widerhall gibet, darbey die vorüberreysende mit Trompeten, Schiessen, vnd rufen, viel Kurtzweil vben." Merian. 1656.

Beiläufig bemerkt, heisst „*Lei"* am Rhein soviel als Fels oder Schieferfels, z. B. Marlei, Erpeler Lei, Lurlei (Lauerlei). Es ist daher eine Wortverschwendung, die Lurlei den „*Lurleifelsen"* zu nennen, wie sehr häufig geschieht. Der Tunnel der rechtsrheinischen Eisenbahn, welcher durch die Lurlei getrieben ist, um die scharfe Krümmung des Ufers an dieser Stelle abzuschneiden, hat hübsche aus rothem Sandstein aufgeführte Portale. Auch gegenüber am linken Ufer zwei kleine Tunnels, ein etwas längerer gerade vor St. Goar.

Innerhalb dieses Kessels sind die berühmten St. Goarer Salmenfänge. Das tiefe, kühle, wenig von der Sonne erwärmte Wasser und der sandreiche Boden scheinen dem Fisch besonders gedeihlich. Er wird im Winter weithin versendet. In den kleinen Buchten mit stillem Wasser, welches der Fischer *Waag* nennt, lauert er in überbauten Kähnen, die nur ein Fenster haben, dem Salm auf, und hebt ihn, wenn er sich über seine Netze gewagt hat, schnell in die Höhe. Der Ertrag, sonst wohl an 8000 Pfd. jährlich, jetzt kaum 1000, ist durch die geräuschvollen Dampfschiffe und die Strassen- und Eisenbahn-Bauten an den Ufern sehr geschmälert. Das Pfund Salm wird je nach der Jahreszeit mit 20 Sgr. bis 1 Thlr. an Ort und Stelle bezahlt.

Unterhalb der Lurlei, fast in der Mitte des Stroms, legt sich, vom linken Ufer auslaufend, die *Bank*, eine verborgene Klippenreihe, dem Fluss in den Weg. In wilder Strömung toben die Wogen über dieselbe weg und bilden Wirbel, das *Gewirre* genannt, in welchem kleine Fahrzeuge sich wohl zu drehen pflegen, und oft eine Strecke rückwärts zu Berg gehen, ehe der Wasserzug sie weiter führt. Kähne halten deswegen besser den Thalweg auf der rechten Seite, den „*Fabian"*. Vor den Correctionsbauten wurden selbst grössere Flösse durch den Wassersturz an dieser Stelle, an ihrer Vorderseite wohl überfluthet und selbst in Stücke zerrissen und an das Ufer geworfen. Jenseit der Bank, wie nach überstandenem Kampfe, wälzt sich fast geräuschlos der Fluss weiter fort. Plötzlich erscheint rechts St. Goarshausen, links St. Goar.

(r.) **St. Goarshausen** (*Adler*, Z. 36, F. 24, M. 54, A. 36, B. 18 kr., auch Bier, Rheinbäder; *Rhein. Hof)* eignet sich besonders als Standquartier zu Ausflügen in die Umgegend (Schweizerthal, Lurlei, Reichenberg, Oberwesel, Caub, Bacharach) und als Ruhepunct. Der obere Theil des fast nur aus einer Reihe hübscher meist neuer Häuser bestehenden Städtchens ist so nahe an den Rhein gedrängt, dass gegen die Wasserfluthen schon frühe Schutzmauern aufgerichtet wurden, aus welchen zwei alte Wartthürme aufragen. Bei hohem Wasser diente vor Erbauung des Werfts die Mauer mit den angebauten Bogengängen den Bewohnern als einziges Verbindungsmittel *(„Nothweg")*. Eine neue protest. Kirche im Rundbogenstil ist 1863 vollendet. Ueberfahrt zwischen St. Goar und St. Goarshausen, am obern Ende beider Orte, ein Einzelner 2½ Sgr., mehr Pers. jede 1 Sgr.

(r.) *Feste Neu-Katzenelnbogen*, gewöhnl. die **Katz** genannt, 1393 von Graf Johann erbaut, dann nach dem Aussterben der Grafen v. Katzenelnbogen (1470) im Besitz der hessischen Fürstenhäuser, hatte bis zum J. 1806 eine kurhessische Besatzung. Als der Kurfürst 1806 sein Land verliess, kam der Ort nebst dem auf der rechten Rheinseite gelegenen Theil der Nieder-Grafschaft Katzenelnbogen, auch der *Hayrich* oder das *blaue Ländchen* genannt, unter franz. Verwaltung. Das Schloss wurde Ende des Jahres 1806 von den Franzosen gesprengt. Es gehört einem Mecklenburgischen Edelmann, Hrn. v. Hahn. Einzelne Räume sind neuerdings hergestellt. (In St. Goarshausen im Rheinischen Hof einen Führer mit den Schlüsseln zur Burg mitnehmen, 18 kr. Trinkgeld.)

In der Schlucht zeigt sich oben am Rand des rebenbepflanzten Abhanges das Dorf (r.) **Patersberg**. Oestlich, ½ St. von da, 1 Stunde von St. Goarshausen, liegt Burg **Reichenberg** mit ihrer stolzen Warte, 1280 von Graf Wilhelm I. v. Katzenelnbogen erbaut, zur hessischen Zeit Sitz des Oberamtmanns oder Statthalters der Niedergrafschaft. Sie wurde 1818 auf den Abbruch verkauft; doch ist von dem stattlichen Gebäude mehr erhalten, als dies bei den meisten rhein. Burgen der Fall ist. Die Ruine ist eben so grossartig, als eigenthümlich; ein Portal mit Granitsäulen im Schlosshof erinnert an Maurisches; das Innere eines hoch über romanischen Säulen, deren Zwischengebälk ausgebrannt, mit zierlichen Spitzbogengewölben geschlossenen Gebäudes scheint einer frühern Capelle anzugehören. Der jetzige Besitzer, Herr Archivar Habel zu Schierstein (S. 219), sorgt für ihre Erhaltung. Der Fahrweg (Poststrasse nach Nastätten) nach Reichenberg führt durch das unterhalb St. Goarshausen mündende *Haselbachthal* (Bierbrauerei); in St. Goarshausen sind Wagen zu haben. Am besten der Hinweg zu Fuss durch das an der Katz oberhalb St. Goarshausen mündende *Schweizerthal, ein hübsches ¾ St. langes Thal mit schroffen Felsen, kleinen Wasserfällen, grünem Laubholz und einzelnen Anlagen, über Patersberg nach Reichenberg, und durch das Haselbachthal nach St. Goarshausen zurück. — Wer vom Schweizerthal aus die Lurlei besuchen will, verfolgt den „Promenadenpfad" für Fussgänger bis auf die Höhe, zuletzt einige Min. durch Wald, dann rechts ein Wegweiser, welcher nach dem *Hühnerberg* zeigt, Pavillon mit *Aussicht auf St. Goar und St. Goarshausen. Vom Hühnerberg zur Lurlei führt ein nicht ganz directer Fahrweg bis zu einem kleinen Gebüsch, wo man rechts abbiegt nach der Lurlei. Von derselben auf dem S. 221 beschriebenen Pfad hinab an den Rhein.

(1.) **St. Goar** *(Lilie; Krone; Löwe)* entstand durch Anbau um die Capelle des h. Goar, der zur Zeit Siegberts, Königs von Austrasien (570). hier das Evangelium predigte, und von dem gläubigen Schiffer vor Zeiten als Retter in Schiffsnoth angerufen wurde. St. Goar war bis 1794 Hauptort der kurhess. Nieder-Grafschaft Katzenelnbogen (vgl. S. 63), und hat von allen kleinern Rheinstädten das stattlichste Aeussere, gehoben durch die Trümmer der *Festung Rheinfels* auf der Höhe, von welcher Mauern und Thürme die Stadt umziehen und theilweise bis zum Ufer hinabreichen. — Die *evang. Kirche*, um 1468 ausgebaut, enthält *Denkmäler hess. Fürsten*, des Landgrafen Philipp († 1583) und Gemahlin, aus Marmor, mit Beider Standbildern, u. a. An der Altarplatte fehlt ein Stückchen, welches Gustav Adolf im J. 1632 im Zorn über die durch die Spanier verübte Verwüstung mit dem Schwert ausgehauen haben soll. Die Krypta an der Ostseite, in welcher ehemals die Gebeine des h. Goar geruht haben, dient jetzt zur Aufbewahrung von Löschgeräthschaften. — Die *kath. Kirche*, mit dem Bild des Einsiedlers in alter Steinarbeit und der Ueberschrift: *S. Gour Monachus obiit 611*, war nebst dem Pfarrgebäude vormals Eigenthum eines Jesuiten-Collegiums. Das neue stattliche Gebäude am Rhein, in der Mitte des Städtchens, gehört den Geschw. Lenders zu Köln. Unterhalb der Stadt ein neuer Hafen.

Ein alter Brauch in St. Goar, angeblich aus Carls d. Gr. Zeiten stammend, das Hänseln, hat sich bis zum Beginn der Dampfschifffahrt (1827) erhalten. Jeder Reisende, der zum erstenmal nach St. Goar kam, wurde von seinen Gefährten an das früher am Zollhaus befestigte messingene Halsband geführt und angeschlossen. Er konnte sich nur durch die Wasser- oder Weintaufe erlösen. Wählte er die erstere, so wurde ihm ein Eimer Wasser über den Kopf gegossen, im andern Fall musste er einen mit Wein gefüllten Becher auf das Wohl Kaiser Carls d. Gr., der Königin von England, des Landesherrn und der Gesellschaft leeren. Dann wurden ihm die Gesetze des lustigen Ordens vorgelesen, eine vergoldete Krone ward ihm aufgesetzt und er mit „der Fischerei auf der Lurlei und der Jagd auf der Bank" belehnt. Zuletzt musste er einen Armenbeitrag geben und sich in das Hänselbuch eintragen. Krone und Becher nebst den Hänselbüchern (von 1713 an) in der Lilie.

Ein sehr bequemer, von Nussbäumen beschatteter Fahrweg führt vom unteren Ende des Städtchens zu den ansehnlichen Trümmern der (l.) **Festung Rheinfels**, 368' ü. d. Rhein. Durch die öden Fensteröffnungen und Thorwölbungen blickt das Blau des Himmels. Die Festung wurde 1245 von Graf Diether III. von Katzenelnbogen, dem Freunde Kaiser Friedrichs II., erbaut, und ein neuer Rheinzoll dort angelegt. Zehn Jahre später vereinigten sich 26 Städte am Rhein (S. 175) und belagerten die Feste wegen des neuen Zolls, mussten aber nach einer 15monatl. Belagerung erfolglos abziehen. Später kam Rheinfels an Hessen, und wurde 1568 unter Landgraf Philipp d. J. bedeutend verstärkt. Der franz. General Graf Tallard schloss die Festung 1692 mit 24,000 (?) Mann ein und griff sie wiederholt hartnäckig an, jeder Sturm wurde aber durch die muthvolle Vertheidigung des hess.

Generals v. Görz mit grossem Verlust von Seiten der Belagerer abgewiesen, so dass endlich die Franzosen, bedrängt von den zum Entsatz von Coblenz herannahenden brandenburg. und pfälz. Hülfstruppen, am 1. Jan. 1693 abziehen mussten. Am 1. Dec. 1758 überrumpelte das franz. Regiment St-Germain unter dem Marquis de Castreis die damals schwache und vertheidigungslose Festung und hielt sie bis 1763 besetzt. Obgleich die Werke inzwischen ansehnlich verstärkt waren, verliess dennoch 30 Jahre später der kurhess. Commandant am 1. Nov. 1794 Nachts 11 Uhr, mit Hinterlassung ansehnlicher Vorräthe von Geschütz und Kriegsbedarf, die Festung, nachdem wenige Tage vorher sich kaum einige franz. Vorposten hatten blicken lassen. Drei Jahre später wurde Rheinfels von den Franzosen zerstört und im J. 1812 für 2500 Fr. veräussert. Die ansehnlichen Trümmer, umfangreicher als irgend eine der alten mittelrheinischen Burgen, sind 1843 vom Prinzen von Preussen, jetzigen König, angekauft. Die Aussicht ist schön, wenn auch beschränkt, Katz und Maus bilden die Endpuncte. Den Schlüssel zur Festung hat der Aufseher Herpell in St. Goar, der im Sommer gewöhnlich oben ist (5 Sgr.).

Schiffer und Flossführer gebrauchen zur Bezeichnung des rechten und linken Rheinufers die Ausdrücke „*Hessenland*" und „*Frankenland*". Veranlassung zu ersterer Benennung mag die hessische Nieder-Grafschaft Katzenelnbogen (vgl. S. 223) gegeben haben. Bei „Frankenland" darf nicht an Frankreich gedacht werden, vielmehr an die beiden Herzogthümer des rhein. und ripuarischen Frankens, zu welchen das linke Rheinufer gehörte.

42. Der Rhein von St. Goar bis Coblenz.
Vergl. Karte zu Route 41.

Entfernung von St. Goar nach Hirzenach 1¼, Salzig 1¼, Boppard 1, Niederspay (Braubach) 1½, Rhense ½, Capellen ¾, Coblenz 1¼ St., zusammen 7 St. — Dampfboot, zur Betrachtung der Gegend der Eisenbahn weit vorzuziehen, zu Thal in 1½ St., zu Berg in 2½ St. Zu Boppard und Oberlahnstein *Landebrücken*; zu Hirzenach, Camp, Spay und Capellen *Kahnstationen*. — Eisenbahn am *linken Ufer* von St. Goar nach Coblenz (vgl. R. 55), am *rechten Ufer* von St. Goarshausen nach Oberlahnstein (vgl. R. 43).

Unterhalb St. Goar tritt (r.) **Welmich** mit seiner kleinen goth. Kirche malerisch hervor, hoch oben von den Trümmern der Burg *Thurnberg* oder *Deurenburg* überragt, deren Bau Erzb. Boemund v. Trier begann, den aber erst sein Nachfolger Kuno von Falkenstein 1363 vollendete. Die Grafen von Katzenelnbogen nannten sie im Gegensatz ihrer „Katz" (S. 223) höhnend die **Maus**, die schöne Aussicht, besonders gegen St. Goar hin; auch die Räume des Innern bieten noch beachtenswerthe architectonische Einzelheiten. (Bergweg von Welmich nach Braubach s. S. 229.) Der Fluss wendet sich w. Die Weinberge verschwinden, schroffe zackige Thonschiefer-Felsen steigen am Ufer steil auf. (r.) **Ehrenthal**, ein nur aus einigen Häusern bestehender Ort, von Bergleuten bewohnt, die in den nahen Bleibergwerken arbeiten, lehnt sich an den schmalen Ufersaum. Gegenüber, oberhalb (l.) **Hirzenach** *(Comes)*, zeigt sich am Gebirge das Zechenhaus eines Dachschieferbruchs. Das neue goth. Kirchlein mit den beiden stumpfen Thürmen, am obern Ende des Dorfes, am Berg, ist eine Synagoge; sie war erst, in anderer Form, am Rhein erbaut, musste aber der Eisenbahn weichen. Die stattliche vormalige *Probstei* mit der um 1170 erbauten Kirche gehörte früher der Abtei Siegburg. Rechts auf fruchtbarem Vorland zeigt sich **Nieder-Kestert** *(Stern)*. Links tritt das Gebirge etwas zurück. In der fruchtreichen Ebene blickt aus einem Wald von Obstbäumen der Kirchthurm von (l.) **Salzig** *(Schl. Liebenstein)* hervor, so genannt von einer schwachen Salzquelle. Ganze Schiffsladungen von Kirschen werden von hier im Sommer nach dem Niederrhein, nach Holland und selbst nach England zum Verkauf gebracht.

Aus sorgfältig gebauten Weinbergen steigen auf zerrissenen Felsen die Trümmer der beiden *Brüderburgen* (r.) **Liebenstein** und **Sterrenberg** empor, unten im Thal Kloster **Bornhofen** mit der 1435 erbauten zweischiff. goth. Kirche, ein namentlich im September sehr stark besuchter Wallfahrtsort. Die Sage von den beiden Burgen, den „feindlichen Brüdern", erzählt H. Heine so:

Oben auf der Bergesspitze
Liegt das Schloss in Nacht gehüllt;
Doch im Thale leuchten Blitze,
Helle Schwerter klirren wild.
Das sind Brüder, die dort fechten
Grimmen Zweikampf, wuthentbrannt.
Sprich, warum die Brüder rechten
Mit dem Schwerte in der Hand?
Gräfin Laura's Augenfunken
Zündeten den Brüderstreit.
Beide glühen liebestrunken
Für die adlig holde Maid.
Welchem aber von den beiden
Wendet sich ihr Herze zu?
Kein Ergrübeln kann's entscheiden:
Schwert heraus, entscheide du!

Und sie fechten kühn verwegen,
Hieb auf Hiebe niederkracht's.
Hütet euch, ihr wilden Degen,
Grausig Blendwerk schleicht des Nachts.
Wehe! Wehe! blut'ge Brüder!
Wehe! Wehe! blut'ges Thal!
Beide Kämpfer stürzen nieder,
Einer in des andern Stahl.
Viel Jahrhunderte verwehen,
Viel Geschlechter deckt das Grab;
Traurig von des Berges Höhen
Blickt das öde Schloss herab.
Aber Nachts, im Thalesgrunde,
Wandelt's heimlich, wunderbar;
Wenn da kommt die zwölfte Stunde,
Kämpfet dort das Brüderpaar.

Sterrenberg hatten schon im 12. Jahrh. die Herren v. Boland vom Reich zu Lehen. Später kam Kurtrier in den Besitz beider Burgen. Zeit und Ursache des Verfalls sind unbekannt. *Sterrenberg*, auf der äussersten Bergspitze liegend und durch Graben und eine sehr dicke Mauer, vom Volk die *Streitmauer* genannt, von *Liebenstein* getrennt, überrascht durch grossartige Ausdehnung der Ruinen und die höchst malerische Aussicht in die felsenumstarrten Schluchten des Rheinthals. Im J. 1859 ist begonnen worden, die Ruinen durch Anlagen zugänglich zu machen. Ein schattiger Weg führt am Rhein von Bornhofen unter Nussbäumen und an Weingärten vorbei, nach dem Flecken (r.) **Camp** *(Anker; Rhein. Hof)*. Ein Erdaufwurf oben auf dem Berg, wohl aus dem 30jährigen Krieg herrührend, angeblich ein röm. Lagerort *(campus)*, soll Veranlassung zum Namen gegeben haben. (Bergweg nach Braubach s. S. 228.)

Jenseit der Flussbiegung dehnt sich am Ufer die ehem. Reichsstadt (l.) **Boppard** *(*Post* in der Stadt; **Spiegel* am Rhein; *Rhein. Hof)*, die uralte *Baudobriga*, stattlich aus, seit 1501 zu Kurtrier gehörig. Der Name zeigt den keltischen Ursprung. Die *Notitia dignitatum utriusque imperii*, eine statist. Uebersicht des röm. Reichs aus dem 2. Jahrh., lässt hier den *praefectum militum ballistariorum* wohnen; hier gefundene Steine deuten auch auf die Station der 13. Legion. Die Vertheidigungsmauer, welche in länglichem Viereck die innere Stadt umschliesst, ist röm. Gussmauer, wenngleich mannigfach zerrissen; die äussere, viel ausgedehntere Ringmauer ist mittelalterlich. Wie in St. Goar und Bacharach, stand hier ein *Tempelhof*, noch zu erkennen an dem mit Rundbogenfenstern verzierten Gemäuer, im obern Theil der Stadt. Tempelritter von Boppard werden bei einer Belagerung von Ptolemais in Palästina unter den Kreuzfahrern genannt.

Die um 1200 im spätroman. Stil erbaute *Pfarrkirche* zeichnet sich in baulicher Hinsicht durch eine merkwürdige Ueberwölbungsart aus, ein spitzbogiges Tonnengewölbe mit fächerartig aufgesetzten Wulsten als Rippen. Die *Carmeliterkirche*, im Spitzbogenstil, besitzt ein gutes Marmorrelief, ein Epitaphium der Frau Marg. v. Eltz († 1500), die h. Dreifaltigkeit darstellend; ebenso sind die geschnitzten Chorstühle aus dem 15. Jahrh. für den Kunstkenner von besonderem Interesse. Bei der kürzlich stattgehabten Restauration der Kirche sind einige Freskomalereien zu Tage getreten. Zu der 1851 aufgeführten *evang. Kirche* soll König Friedrich Wilhelm IV. den Bauplan angegeben haben. Das ehem. *St. Martinskloster*, an der Südseite des Orts, früher Eigenthum des Naturforschers Ph. F. v. Siebold, ist seit 1857 von der preuss. Regierung zu einer Besserungsanstalt für verwahrloste Kinder evang. Confession eingerichtet. Das ehem. *Franciscanerkloster* nebst Kirche wurde 1856 vom Staate zum Zwecke der Errichtung eines kathol. Lehrerseminars erworben.

Das ehem. Benedictiner-Frauenstift **Marienberg** *(Mons Beatae Mariae Virginis)*, dessen grosse Gebäude (285′ ü. M., 95′ ü. d. Rh.), nach dem Brand von 1738 neu hergestellt, aus dem Obstwald hinter der Stadt hervorragen, ist 1839 in eine durch ihre Lage und die Fülle und Frische des Wassers sehr begünstigte *Wasserheilanstalt* verwandelt; sie steht unter der Leitung des Hrn. Dr. Krimer. Unterhalb Boppard am Rhein ist das *Mühlbad*, ebenf. eine Wasserheilanstalt, Eigenthum des Hrn. Kreisphysicus Dr. Heusner. In beiden Mittelpreis für Kost, Wohnung, Bäder u. ärztl. Honorar 12½ Thlr.

Belohnendster Ausflug von Boppard nach der 2 St. südlich, links ½ St. zur Seite der auf den Hunnsrücken führenden Landstrasse, 1663' ü. M. gelegenen *Fleckertshöhe (zwischen den Meilensteinen 0,84 und 0,85 links ab, an einem Tannenwald vorbei, wo man bald das Signal sieht), mit umfassender Fernsicht auf das Siebengebirge, die Eifel, den Hochwald, Idar und Taunus, Monrepos (S. 257) deutlich hervortretend. Die Ausläufer des Berges reichen bei Hirzenach (S. 226) bis an den Rhein, der Rhein selbst ist aber von der Höhe nur auf sehr kurzer Strecke bei Ehrenthal (S. 226) sichtbar. Auf dem höchsten Punct ein trigonom. Signal. An der Südwestseite, etwa 10 Min. unter dem Gipfel, sind im *Mermicher Hof* Erfrischungen zu haben. Man kann die (1866) 8 U. 45 M. Morg. u. 3¾ U. Nachm. von Boppard nach Simmern fahrende Post bis auf die Höhe benutzen. Wer nach Süden weiter will, geht über *Weiler* nach *Hirzenach*.

Auch die Alte Burg, eine Berghöhe unterhalb Boppard, am Ausgange des Mühlthales (wo das Mühlbad, s. oben), ist der Aussicht wegen besuchenswerth. Ein neuer guter Weg führt hinauf, oben ein Pavillon, schon von weitem sichtbar; an einer Stelle daselbst, dem „Viersee'nplatz", erscheint der Rhein, in seiner Krümmung durch vorstehende Berge theilweise verdeckt, als 4 verschiedene See'n.

Wer von Boppard nach der Mosel (3 St.) wandern will, steigt den Kreuzberg hinan, über *Buchholz* (1229'), bis dahin Führer (10 Sgr.) nöthig. Hinter *Herschwiesen* etwa ½ St. links hinab nach der *Ehrenburg* (S. 165), und dann im *Ehrenburger Thal* weiter nach *Brodenbach* (S. 165).

Unterhalb (r.) **Filsen** richtet der Fluss seinen Lauf scharf nach Osten. Die Abhänge des linken Ufers, der *Bopparder Hamm*, welche durch diese Wendung des Rheins dieselbe günstige und geschützte Lage gegen Süden, wie die Rheingauer Weinberge haben, sind auf weiter Strecke mit Reben bepflanzt. Auf der Höhe erblickt man (l.) den *Jacobsberger Hof*, 500' ü. d. Rhein, früher Eigenthum des Jesuiten-Collegiums, jetzt des Gymnasiums zu Coblenz. Ein stark betretener Bergweg, fast 1 Stunde näher als die Landstrasse, führt daran vorbei nach *Rhense* (S. 229), quer den Bogen durchschneidend, welchen der Rhein auf 2 Stunden Länge beschreibt.

Ueber dem früher reichsritterschaftlichen Flecken (r.) **Osterspay** *(Anker)* liegt auf waldiger Höhe das freundl. helle Schlösschen **Liebeneck**, wahrscheinlich von der 1793 ausgestorbenen Familie v. Waldenburg, genannt v. Schenkern erbaut, welcher Osterspay unterthan war, jetzt Eigenthum der Herren v. Preuschen.

Ueber Liebeneck nach Camp (S. 227) führt ein bedeutend abkürzender Bergweg, oben über das ebene Berg-Plateau zum südl. Rand desselben, wo sich eine überraschende Aussicht auf den Lauf des Rheins von Salzig (S. 226) bis unterhalb Boppard (S. 227) öffnet, gerade gegenüber die hoch über die das Rheinthal einschliessenden Höhen emporragenden Gebirge des Hunnsrückens, der höchste Punct der Fleckert (s. oben). Nun hinab durch Weinberge nach dem zu Fussen liegenden *Camp*. (Umgekehrt ist der Weg unangenehm, wegen des steilen Steigens an den die Sonnenstrahlen zurückprallenden Weinbergmauern.)

Bald wendet der Fluss sich wieder nordwärts. Auf dem vom Rhein umströmten Vorland zeigt sich (l.) eine halb verfallene *Capelle*, einziger Ueberrest des verschwundenen Ortes *Peterspay*; dann folgen nahe bei einander **Ober- und Niederspay**, durch eine Nuss-Allee verbunden.

(r.) **Braubach** (*Philippsburg* am obern, *Arzbächer* am untern Ende; *Deutsches Haus*, mit Biergarten, beim Stationsgebäude der Eisenbahn, unterhalb des Orts), dem 1276 Kaiser Rudolph Stadtrechte verlieh. Die Eisenbahn, welche sich auf hohen Mauern an der Rheinseite des Orts entlang zieht, und der die drei malerischen Thürme am obern Ende haben weichen müssen, hat dem Ort ein (nicht zu seinen Gunsten) verändertes Aussehen gegeben. Auf hohem Fels erhebt sich über dem Städtchen die stattliche **Marksburg**, 480′ ü. d. Rhein, die einzige unzerstörte alte Feste, früher das *Braubacher Schloss* genannt, bis Graf Philipp v. Katzenelnbogen 1437 auf ihr eine Capelle zu Ehren des h. Marcus stiftete, nach dem das Schloss fortan „*Marcusburg*" genannt wurde, von 1651 bis 1803 in Besitz von Hessen-Darmstadt, seitdem nassauisch. Sie dient gelegentlich als Staatsgefängniss und wird von einer kleinen (etwa 20 M.) Besatzung bewacht. Der innere Hof und die verschiedenen Räume sind eng und finster, Aussicht vom Thurm in die grünen Thäler und auf den Fluss abwärts malerisch. Im Geschützhaus stehen schwed. Kanonen aus dem 30jähr. Krieg, auch französische. Dem Castellan 12 kr. Trinkgeld ein Einzelner, mehr Pers. 18 bis 24 kr.

— Zwei Wege führen auf die Festung, nördlich ein kürzerer aber steiler Fussweg aus der Stadt selbst; und der Fahrweg südl., an der uralten *Martinscapelle* vorbei, dann an der Ostseite des Bergs (der Eingang in die Burg ist an der Nordseite).

In dem frischen grünen zwischen schönen Waldbergen eingeschlossenen Wiesenthal südöstl. von dem Bergkegel, auf welchem die Marzburg steht, zieht sich ein Fahrweg allmälig aufwärts nach (1½ St.) *Dachsenhausen* (Whs.), einem auf der Hochebene gelegenen Dorfe. Von hier möge der Wanderer den südwestl. gelegenen *Dachskopf* besteigen, ein trigonometr. Signalpunct mit weiter Aussicht auf das Siebengebirge, den Rhein unterhalb Andernach, die Eifelgebirge u. s. w., und durch das *Dinkholder Thal* (in welchem der Mineralbrunnen, s. unten) abwärts nach Osterspay oder Braubach gehen. Wer nicht diesen ganzen Weg machen will, wird sich belohnt finden, wenn er, von der Marksburg kommend, etwa ½ St. weit in dem oben genannten Wiesenthal vordringt. Ueberraschend ist namentlich der Gegensatz, wenn man aus dem parallel laufenden Rheinthal bei der Martinscapelle (s. oben) durch den kleinen in den Fels gehauenen Hohlweg (zugleich der Weg zur Burg) kommt.

Bad Ems (S. 247) ist von Braubach auf fahrbarem, aber aussichtlosem Waldweg (ohne Führer) über das Gebirge in 2½ St. für Fussgänger zu erreichen. Im *Oberlahnsteiner Forsthaus*, unweit *Frücht* (S. 250), Erfrischungen. Beim Hinabsteigen schöne Aussicht auf Dausenau (S. 249) und das Lahnthal.

„Nach Welmich 2½ St." meldet ein Wegweiser am zweiten Seitenthal oberhalb Braubach (im ersten quillt, hinter der zweiten Mühle, der *Dinkholder Brunnen*, ein kräftiges Stahlwasser, dem Schwalbacher Wasser ähnlich). Man hat auf der Höhe dieses viel betretenen Bergpfads eine treffliche Aussicht; er führt über *Prath* und mündet der Burg Thurnberg (S. 225) gegenüber an dem wilden Felsenthal hinter Welmich.

Der Marksburg gegenüber landeinwärts in einem Obsthain das Dörfchen (l.) **Brey**; l. am Rheinufer eine neu eingerichtete Weberei. Dann folgt das früher kurköln. Städtchen (l.) **Rhense**

KÖNIGSSTUHL. Von St. Goar

(Königsstuhl, mit Garten am Rhein; *Siebenborn),* noch mit Mauern und Gräben umgeben, die der Kölner Erzbischof Friedrich III. im J. 1370 aufführen liess. Nachen bis Coblenz 20—25 Sgr.; Fussweg nach Boppard (vgl. S. 228) vor dem südl. Thor bei dem Wegweiser gleich rechts bergan.

Etwa 10 Min. unterhalb Rhense steht zwischen der Landstrasse und dem Rhein, aber vom Dampfboot wegen der ihn umstehenden Nussbäume kaum sichtbar, der **Königsstuhl**. Der alte Bau, welcher 1376 auf Befehl Kaiser Carls IV. errichtet worden war, verfiel während der Franzosenherrschaft, so dass zu Anfang dieses Jahrhunderts kaum noch Trümmer zu finden waren. Er hatte 24′ im Durchmesser und 18′ Höhe, war achteckig und gewölbt und ruhte auf neun Pfeilern, einer in der Mitte. Oben waren sieben Sitze für die Kurfürsten, durch Steinplatten bezeichnet, auf einer gemauerten Bank, die ringsum lief. Vierzehn Stufen, oben durch eine Eisenthür geschlossen, führten von der Mittagsseite hinauf. An der entgegengesetzten Seite war der Reichsadler ausgehauen, daneben die Wappen der Kurfürsten. Das gegenwärtige Gebäude aus Basaltlava ist im J. 1843 durch einen Verein vaterländisch gesinnter Männer zu Coblenz, an der alten Stätte und in der alten Gestalt neu aufgeführt; Fuss und Capitäl der Mittelsäule sind die einzigen Ueberreste des alten Baues.

Auf dem Königsstuhl versammelten sich die Kurfürsten zur Berathung über Reichsangelegenheiten, zum Abschluss des Landfriedens, zur Kaiserwahl. Zum erstenmal als gewöhnlichen Vereinigungsort, „von altersher", nennt ihn die Geschichte 1308 bei der Wahl Heinrich's v. Lützelburg. Nach des Kaiser's Tod vereinigte sich im Mai 1313 auf dem Kurverein zu Rhense die Luxemburgische Partei auf Ludwig von Bayern als Gegencandidat gegen die Habsburger, welche Friedrich von Oesterreich wollten. „In dem Baumgarten zu Rens, an dem Gestade des Rheins, allda des Kaisers Stuhl ist, und die sieben Kurfürsten oft zusammen kommen und des Reiches Sachen zu verhandeln pflegen", wie der Eingang der Urkunde vom 6. Juli 1338 lautet, fassten die sechs Kurfürsten (König Johann von Böhmen war ausgeblieben) jenen denkwürdigen Beschluss: „dass die kaiserliche Würde und Gewalt unmittelbar von Gott komme, und dass von Rechts und alter Gewohnheit wegen, sobald Einer zum Kaiser oder König gewählt sei, er sogleich vermöge der Wahl für einen wahren König und römischen Kaiser zu halten sei, ohne dass er erst die Bestätigung des Papstes nöthig habe". Acht Jahre später (1346) wurde Carl IV. als Kaiser hier ausgerufen, von hier gingen 1348 die Wahldecrete Eduards v. England und Friedrichs v. Meissen aus, hier wurde am 21. Aug. 1400 Pfalzgraf Ruprecht III. zum Deutschen König erwählt (S. 78), und noch 1486, bei der Krönungsfahrt nach Aachen, Kaiser Maximilian zum Reichseid aufgefordert.

Dem Königsstuhl gegenüber begrenzten sich mitten im Rhein die

Unterhalb des Königsstuhls ist im Rhein 1857 eine schon im vor. Jahrh. bekannte Mineralquelle neu entdeckt, gefasst und ans l. U. geleitet worden.

In der fruchtbaren obstreichen Gemarkung, dem Königsstuhl gegenüber, wird zwischen Bäumen (r.) eine kleine weisse *Capelle* sichtbar, in welcher sich am 20. August 1400 die rhein. Kurfürsten versammelten, die deutsche Kaiserkrone von dem Haupt des Böhmischen Königs Wenzel nahmen, und das Reich für erledigt erklärten. Folgenden Tags fuhren sie über den Rhein, und erwählten auf dem Königsstuhl den S. 230 genannten Pfalzgrafen Ruprecht.

Die Capelle liegt vor dem südl. Thor der uralten Stadt (r.) **Oberlahnstein** (*Hôtel Weller; Hôtel Lahneck)*, die schon in einer Urkunde vom J. 890 vorkommt. Gleich der Marksburg hat auch Oberlahnstein beinahe noch dieselbe äussere Gestalt, wie sie in Merians Topographie (1646) dargestellt ist, und gewährt, wenn auch durch die Eisenbahnbauten manches sich geändert hat, noch ein anschauliches Bild der Städtebefestigung aus der Mitte des 14. Jahrh. Das stattliche vormals kurmainz. *Schloss* am obern Ende ist von 1394, der neuere Anbau aus dem vor. Jahrh. Am Rhein Niederlagen von Eisenstein, Braunstein und Masseln (Roheisen). (Eisenbahn nach Ems und Wetzlar s. R. 46, nach Wiesbaden und Frankfurt vgl. R. 43.)

Vom Rhein etwas entfernt, auf steilem Bergkegel über der Lahn, die Burg (r.) **Lahneck**, jetzt Eigenthum eines Engländers, Mr. Moriarty, der dieselbe mit zweckmässiger Benutzung der wohlerhaltenen Ruinen neu aufgebaut hat. Die Franzosen zerstörten die Burg 1688, gleichzeitig mit Stolzenfels. Goethe dichtete 1774 beim Anblick von Lahneck seinen „Geistes-Gruss":

Hoch auf dem alten Thurme steht „Sieh, diese Sehne war so stark
Des Helden stolzer Geist, „Dies Herz so fest und wild,
Der, wie das Schiff vorüber geht „Die Knochen voll von Rittermark,
Es wohl zu fahren heisst. „Der Becher angefüllt.
„Mein halbes Leben stürmt' ich fort,
„Verdehnt die Hälft' in Ruh,
„Und du, du Menschen-Schifflein dort,
„Fahr immer, immer zu!"

Ueber dem Dorf (l.) **Capellen** (*Stolzenfels*, mit schattigem Garten am Rhein; **Bellevue)* steigt auf einem waldbewachsenen Berge, 490′ ü. M., 300′ ü. d. Rh., die höchste Thurmzinne 410′ ü. Rh., das königl. Schloss **Stolzenfels** auf. Der Schlossweg führt durch und über einen grossartigen Viaduct in Windungen bergan, an welchen zwei alte röm. Meilensteine aufgestellt sind, zuletzt durch die *Klause* (Stallungen) und über die Zugbrücke. Die Besichtigung ist Jedermann gestattet (Trinkg. ein Einzelner 10 Sgr., eine Gesellschaft 20 Sgr. bis 1 Thlr.). Der Andrang ist gewöhnlich so gross, dass man nicht selten im Vorhof warten muss; man kann jedoch während dieser Zeit die prachtvolle *Aussicht (s. S. 233) von dem südöstl. Eckthurm geniessen. — Capellen ist *Eisenbahn-* und *Dampfboot-Station*. Wagen von Coblenz nach Capellen s. S. 237, *Nachen* von Capellen nach Coblenz 20 Sgr. Esel am Fuss des Berges, bis ans Schloss 8 Sgr., hin und zurück 12 Sgr., auf den Kühkopf (S. 242) 20 Sgr., hin und zurück 1 Thlr. Stolzenfels ist 1¼ St. Gehens von Coblenz, der Königsstuhl (S. 230) ½ St. von Capellen.

Schloss Stolzenfels ist ohne Zweifel von dem Trier'schen Erzb. Arnold v. Isenburg um 1250 erbaut, jedenfalls verstärkt; es war im Mittelalter vielfach Sitz der Trier'schen Erzbischöfe. Erzb. Werner bewohnte fast während der ganzen Zeit seiner Regierung (1388—1418) die Burg; sie wurde 1436 Residenz des abgedankten Kurf. Ulrich v. Manderscheid. Noch im J. 1688 hatte Stolzenfels kurtrier'sche Besatzung, wurde aber im folgenden Jahr von den Franzosen zerstört. Die Ruine, seit 1802 Eigenthum der Stadt Coblenz, wurde von dieser 1823 dem Kronprinzen v. Preussen (König Friedrich Wilhelm IV.) zum Geschenk dargebracht. Preussische Ingenieur-Offiziere, die Hauptleute Naumann und Schnitzler, unter Oberleitung des Obersten v. Wussow, haben, zum Theil nach Schinkel'schen Plänen, von 1836 bis 1845 das Schloss unter Benutzung der vorhandenen Trümmer ganz im alterthümlichen Stil, herrlicher und prachtvoller als je, hergestellt und ausgebaut. Die Baukosten betrugen weit über 350,000 Thlr.

In der Burgcapelle *Fresken auf Goldgrund von *E. Deger*, Schöpfung, Sündenfall, die ersten Opfer und die Hauptmomente des göttlichen Erlösungswerkes (Verkündigung, Geburt, Kreuzigung, Auferstehung, Himmelfahrt, Pfingstfest, jüngstes Gericht). — An der Aussenwand über der Gartenhalle: Kaiser Ruprecht (S. 230) und sein Neffe, der Graf von Hohenzollern, besuchen den Erzbischof von Trier auf Stolzenfels, am 20. Aug. 1400, Freskobild von *Lasinsky*. — Im Wintergarten Jung Siegfried, Erzstatue von *Hartung*. — Am Treppenaufgang ein alter Kölnischer Kamin mit Reliefs. — Im kleinen Rittersaal *Fresken mit allegorischen Randverzierungen von *Stilke*, die Grundzüge des Ritterthums darstellend: 1. Gottfried von Bouillon am heil. Grabe nach der Eroberung Jerusalems (Glaube); 2. Kaiser Rudolf von Habsburg hält Gericht über die Raubritter (Gerechtigkeit); 3. Minnesänger begleiten den König Philipp v. Schwaben und Irene, seine Gemahlin, auf einer Rheinfahrt (Poesie); 4. Kaiser Friedrich II., der Hohenstaufe, begrüsst am Rhein seine Braut Isabelle, Prinzessin von England (Minne); 5. Hermann v. Siebeneichen rettet mit Aufopferung seiner selbst den Kaiser Friedrich I., Barbarossa (Treue); 6. König Johann v. Böhmen (S. 155), der blinde, in der Schlacht bei Crécy (Tapferkeit). An der Fensterwand ritterliche Heilige, Gereon, Georg, Mauritius, Reinhold. — Im grossen Rittersaal (50' l., 30' br.) alte werthvolle Trinkgefässe, Rüstungen, Waffen, Glasbilder, u. a. am westl. Fenster eine Hindeutung auf den ersten Gründer der Burg, Erzbischof Arnold, und den königl. Bauherrn. — In den obern Räumen Gutenberg in drei Begebenheiten aus seinem Leben, von *Herbig* in Berlin gemalt; eine Copie des Kölner Dombildes (S. 300), von *Deckenkamp* angefertigt; ein Goldgemälde von *Heideloff*, den Schwanen-Orden-Altar zu Ansbach darstellend; etwa 50 kleinere ältere Bilder von *Dürer*, *Holbein*, *v. Dyck*, *Rembrandt*, *Teniers* u. a. Ein sehr altes byzantin. Kreuz; alte schöne Möbel. Zwölf Statuetten, Copien der im Thronsaal zu München aufgestellten Schwanthaler'schen Standbilder Wittelsbacher Fürsten. Modell des Kölner Doms in seiner Vollendung, aus Dragant; Ruine Stolzenfels, vor dem Ausbau, in Kork.

Aussicht. Wie das engere Rheinthal, der romantischere Theil desselben, am Bingerloch mit der Burg Ehrenfels beginnt, so schliesst der erste Abschnitt dieses Felsenthals mit der Burg Stolzenfels auf das würdigste. Wohl von keinem Punct am Rhein bietet sich ein so anziehender Blick auf eine mittelalterliche Umgebung. Die Aussicht von oben in schöner Abendbeleuchtung ist vielleicht die herrlichste am Rhein; an malerischer Wirkung wird sie von keiner andern erreicht. Südlich ragt die Feste *Marksburg* mit ihrem hohen Hauptthurm hervor. zu ihren Füssen das alte Städtchen *Braubach;* näher schimmert in der fruchtbaren Getreide- und Obstgemarkung von Oberlahnstein die weisse *Wenzels-Capelle* hervor; gegenüber bei dem Städtchen *Rhense* liegt hinter Bäumen versteckt der *Königsstuhl*. Vor uns blickt die neu hergestellte Burg *Lahneck* in das Thal hinab; unter ihr schirmen die grauen Thürme und Mauern der alten Stadt *Oberlahnstein* das noch unversehrte einst kurmainz. Schloss, welches seine rothen Sandstein-Mauern im Rhein spiegelt. In dem einsamen Thal der Lahn erhebt sich, an 400' über dem Fluss, der *Allerheiligenberg*, der die Capelle, einen früher vielbesuchten Wallfahrtsort, trägt. Da, wo die Lahn in den Rhein fliesst, steht die neu hergestellte roman. *Johanniskirche*. Hinter ihr blickt aus Obstbäumen das betriebsame Städtchen *Niederlahnstein* hervor, unter dem die Eisenbahnbrücke über die Lahn führt. Im Rhein abwärts dehnt sich die lange Insel *Oberwerth* hin, mit dem grossen Laudhaus, früher Damenstift. Oben, rechts über den grünen Bergen, erscheinen die hellen Massen des *Ehrenbreitstein*, gegenüber am l. U. des Rheins *Feste Constantin*, zwischen beiden *Coblenz* und das Thal Ehrenbreitstein, durch die Eisenbahnbrucke verbunden. Im nördl. Hintergrund die Höhen von *Vallendar* und das Städtchen mit der stattlichen Kirche. Tief unten wälzt der Rhein seine Fluthen.

Unterhalb der (r.) Mündung der *Lahn*, blickt aus Bäumen einsam die roman. (r.) **St. Johanniskirche** hervor. Schon im 30jähr. Krieg zum Theil zerstört, war sie während der 40jährigen Dauer eines Prozesses über die Verpflichtung zur Unterhaltung gänzlich zerfallen; einer der beiden Thürme stürzte 1844 nebst einem Theil des Schiffes ein. Die Kirche selbst ist 1857 hergestellt worden, für die Erhaltung sorgt jetzt der nassauische Alterthumsverein. Am 1. Januar 1814 ging hier der russ. General St. Priest über den Rhein. **Niederlahnstein** *(Douqué)*, am rechten Lahnufer, soll sich vormals bis zur Johanniskirche, seiner alten Pfarrkirche ausgedehnt haben. Die Lahn ist bis Weilburg schiffbar; auf ihr werden besonders Erzeugnisse des Herzogthums Nassau, Braun- und Eisenstein, Mineralwasser, Metalle, Früchte u. A. in den Rheinverkehr gebracht. Eisenbahn von Ober-Lahnstein nach Ems und Wetzlar, s. R. 46.

Die Ebene zwischen Niederlahnstein und dem preuss. Grenzdorf (r.) **Horchheim** *(*Holler)* ist höchst fruchtbar und obstreich. Horchheim erzeugt einen guten rothen Wein. Schnell eilt nun der Strom gen Coblenz, nachdem die *Insel Oberwerth* ihn in zwei Arme getheilt. Sie verdeckt dem Dampfbootfahrer die in einer freundlichen Schlucht, fast an der Landstrasse gelegene, unter der Leitung des Hrn. Dr. Petri stehende, 1841 gegründete, sehr besuchte Wasserheilanstalt (l.) *Laubach* (Pensionspreis 8½ bis 20 Thlr. wöchentlich, einschliesslich des ärztlichen Honorars). Das Damenstift auf Oberwerth ist in der franz. Umwälzungszeit aufgehoben, die Klosterruinen sind später in einen Landsitz und Wirthschaftsgebäude verwandelt. Gegenüber liegt das oben genannte (r.) *Horchheim* mit Landhäusern (Kaufm. Rottmann, Banquier Mendelssohn), Gärten und Anlagen an den Fluss sich anlehnend, weiter das anmuthige (r.) **Pfaffendorf** mit seinem hohen Spitzthurm. Am l. U. erstrecken sich die neuen *Anlagen (S. 238) fast bis zur Laubach. Das Dampfboot fährt unter dem mittlern Bogen der neuen Eisenbahnbrücke hindurch, begrüsst dann das einst kurfürstliche, jetzt königliche Schloss (S. 238), schiesst durch die Ponton-Oeffnung der 470 Schritte langen Rheinschiffbrücke und legt am Coblenzer Werft an. *Coblenz* s. R. 43.

43. Von Wiesbaden nach Oberlahnstein (Coblenz).
(Eisenbahnfahrt.)

Vergl. die Karten zu den Routen 11, 27 und 41.

Nassauische Staatsbahn. Fahrzeit bis Oberlahnstein 3 St., Fahrpreise 4 fl. 3, 2 fl. 18 oder 1 fl. 33 kr. Retourbillets sind im Verhältniss billiger und gelten 5 Tage; sie müssen, wenn die Rückfahrt nicht am selben Tage erfolgt, beim Antritt derselben abgestempelt werden. Bei Unterbrechung der Fahrt ist Visirung durch den Stations-Vorsteher erforderlich. — Die Plätze *links* gewähren die Aussicht auf den Rhein.

Sobald der Zug Wiesbaden verlassen hat, zeigen sich r. die Gebäude der *Gasfabrik*; hübscher Rückblick auf die Stadt, Platte (S. 190), Neroberg und griechische Capelle (S. 188). Die Bahn läuft anfangs neben der Taunusbahn hin und wendet sich erst kurz vor der Stat. *Curve* in grossem Bogen r. ab. Links jenseit des Rheins erscheinen die Thürme von *Mainz*; diesseit die stattliche neue *Caserne* bei Biebrich, dann folgt der herzogl. *Park* und *Schloss* (S. 194). Stat. *Mosbach*. Der nördl. Eingang zum Park ist ganz in der Nähe des Bahnhofs. Wer rheinaufwärts kommt und nach Castel und Frankfurt will, wird von Mosbach direct zur Stat. *Curve* befördert, wo die Rheingauer Züge ohne Wagenwechsel an die Taunusbahn anschliessen.

Die Bahn nähert sich dem Rhein; l. die Hüttenwerke der Actiengesellschaft *Rheinhütte*. Stat. *Schierstein* (S. 195); r. auf der Höhe der *Nürnberger Hof*, Wirthsch., lohnende Aussicht. Folgt Stat. *Niederwalluf*; am Gebirge rechts der Kirchthurm von *Rauenthal* (S. 192). Gegenüber am l. Ufer des Rheins die Capelle von *Budenheim* (Leydecker), von wo man in 30 Min. den *Leniaberg* (im Forsthaus Erfrisch.) besteigen kann, oben ein Thurm mit *Aussicht auf den Rheingau.

Weiter führt die Bahn fortwährend durch Weinberge, r. und l. einzelne Landhäuser. Stat. **Eltville** (S. 195; *Rheinbahn-Hôtel* am Bahnhof); von hier im Sommer 2mal täglich Post nach *Schlangenbad* und *Schwalbach* (R. 35). Rechts die *Bubenhäuser Höhe* (S. 192, ½ St.); der stattliche Thurm im Hintergrund ist der *Scharfenstein* bei *Kiederich*, mehr im Thal die *St. Valentinskirche* und *St. Michaelscapelle*. Bei dem Flecken *Erbach* führt die Bahn dicht am Rhein hin, hübscher Blick auf den von grünen Auen belebten Strom. (Für die Detailbeschreibung der nun folgenden Orte vergl. *Rheingau* S. 196 u. ff.) Stat. *Hattenheim*; r. auf der

Höhe der berühmte Weinort *Hallgarten*, dicht darunter der *Steinberg*, Abtei *Eberbach* und Irrenanstalt *Eichberg*. Links Schloss *Reichartshausen;* am andern Ufer des Rheins, mehr landeinwärts, *Nieder-Ingelheim*. Folgt Stat. *Oestrich-Winkel*, das Stationsgebäude liegt zwischen beiden Orten in *Mittelheim;* r. Schloss *Vollraths*. Von Winkel bequemer Weg auf den *Johannisberg* 35 Min. Rechts an der Bahn Dorf *Johannisberg*. Vor Geisenheim r. der gräfl. *Ingelheim'*sche Landsitz, dahinter, nur einen Moment sichtbar, das *v. Zwierlein'*sche Haus. Stat. *Geisenheim*. Rechts am Berge Dorf und Kloster *Eibingen*. Sowie der Zug aus Geisenheim ausfährt, öffnet sich nach vorn die Aussicht auf den *Rochusberg* mit Capelle und neuem Wirthshaus, am Fuss das Dörfchen *Kempten*, die *Villa Lundy*, dann *Bingen* mit der Ruine *Klopp* (S. 203).

Vor Stat. **Rüdesheim** führt die Bahn auf hohem Damm dicht am Rhein hin; r. die *Brömserburg*. Traject nach *Bingerbrück* 1. Pl. 7 kr., 2. Pl. 4 kr., Billets auf dem Bahnhof zu Rüdesheim. Hinter Rüdesheim der Rüdesheimer Berg, oben der *Tempel* auf dem *Niederwald* (S. 202). Die Bahn führt unmittelbar am Rhein weiter. Links unterhalb Bingen die Mündung der *Nahe*, über welche zwei Brücken führen; am Berge auf dem linken Ufer derselben ein neues Schloss (Herrn *J. Wilhelm* gehörig). (Für die nun folgenden Orte vergl. die Routen 41 und 42.) Rechts dicht an der Bahn Ruine *Ehrenfels*. gegenüber auf der Insel mitten im Rhein der *Mäusethurm*. Dann folgen die Stromschnellen und Wirbel des *Bingerlochs;* auf dem l. Ufer hoch oben das *Schweizerhaus* und die malerisch gelegene Burg *Rheinstein*. Stat. *Assmannshausen*, von wo aus gewöhnlich der Niederwald besucht wird. Eine 28° warme Quelle, die schon zur Römerzeit zu Bädern benutzt wurde, soll zur Anlage eines Bades verwandt werden, daher die Neubauten unterhalb Assmannshausen l. dicht am Rhein. Gegenüber am l. Ufer hinter Rheinstein die *Clemenskirche*, dann die Ruine *Falkenburg* an der Mündung des *Morgenbachthals*, und weiter, unterhalb *Trechtingshausen*, die schlanke Burg *Sooneck* und *Niederheimbach*, überragt von dem runden Thurm der *Heimburg*. Folgt Stat. *Lorch;* beim Vorbeifahren sieht man von der Bahn aus das stattliche *Hilchenhaus*. Unterhalb Lorch r. oben auf steilem Felskegel Ruine *Nollingen*, an der n. Seite des *Wispertals*.

Die Bahn durchschneidet das Dörfchen *Lorchhausen*. Links *Rheindiebach*, dann die Ruine *Fürstenberg*. Das alterthümliche *Bacharach*, von der Ruine *Stahleck* überragt, breitet sich malerisch am Ufer aus. Folgt Stat. *Caub*, darüber die Trümmer der Burg *Gutenfels;* mitten im Rhein die *Pfalz*. Am l. Ufer das stattliche *Oberwesel* mit der *Schönburg*. Die Bahn durchbohrt den *Rossstein* mittelst eines Tunnels und beschreibt dann eine bedeutende Curve, um sogleich nochmals in einen Tunnel einzudringen, der unter der *Lurlei* hindurchführt. Beim Austritt aus letzterm öffnet sich eine überraschende Aussicht auf eine der schönsten Rheinlandschaften: 1. *St. Goar* mit den grossartigen Trümmern des *Rheinfels*; r. *St. Goarshausen* (Stat.) mit der Ruine *Katz*, gleich oberhalb des Orts das *Schweizerthal*, s. S. 223. Die Bahn berührt nun zunächst *Welmich*, darüber die Ruine *Thurnberg* (die „*Maus*"), und erreicht dann (am l. Ufer der freundliche Flecken *Hirzenach*) Stat. *Kestert*. Im Hintergrund werden hier schon die „*Brüder*" sichtbar, die Trümmer der Burgen *Liebenstein* und *Sterrenberg*. Am Fuss derselben Kloster *Bornhofen*, vielbesuchter Wallfahrtsort. Die Bahn führt dicht an den weitläufigen Gebäuden hin. Stat. *Camp*. Einen überraschenden Eindruck macht von hier aus das freundliche *Boppard* (S. 227). Beim Vorbeifahren treten besonders die beiden Kaltwasserheilanstalten hervor. *Marienberg* und am untern Ende des Orts *Mühlbad*. Der Rhein beschreibt hier einen grossen Bogen, dem die Bahn folgt. Boppard gegenüber liegt der kleine Ort *Filsen*. Am l. Ufer zeigt sich hoch oben der *Jacobsberger Hof*, dann am r. Ufer, über Stat. *Osterspay*, das freundliche Schlösschen *Liebeneck*. In der Ferne erscheint die *Marksburg*; am l. Ufer die Dörfer *Ober-* und *Niederspay*. Bald erreicht nun der Zug Stat. *Braubach*; die Bahn führt an der Rheinseite des Orts auf hohen Mauern hin. Am l. Ufer folgt das Dörfchen *Brey*, dann *Rhense* mit dem *Königsstuhl*, im Hintergrund *Stolzenfels* (S. 231). Dem Königsstuhl gerade gegenüber die histor. merkwürdige *Wenzelscapelle*; der Zug fährt l. dicht an derselben vorüber und erreicht gleich darauf den Bahnhof von **Oberlahnstein** *(Hôtel Weller; Hôtel Lahneck)* s. S. 231.

Von Oberlahnstein nach Coblenz und Wetzlar s. R. 46.

44. Coblenz.

Gasthöfe am Rhein: *Riese (Pl. a) und *Bellevue (Pl. b), Z. 15—20, L. 5, F. 10, M. 24, B. 6 Sgr.—*Anker (Pl. c), Z. und F. 22 Sgr.; Preuss. Hof (Pl. d), Z. und F. 19 Sgr. — In der Stadt: *Trierscher Hof (Pl. e), am Clemensplatz, ruhig, Z. 15, F. 8, M. 20, B. 5 Sgr. — *Stadt Lüttich (Pl. f), nicht weit vom Bahnhof, Wildes Schwein (Pl. g.) und Traube, bürgerl. Art; Berliner Hof. — In Ehrenbreitstein: Weisses Ross, im Garten schöne Aussicht auf den Rhein; König von Preussen.

Kaffehäuser. Trinkhalle vor dem Holzthor in den Anlagen (S. 241); im Sommer ein Café am Rhein dem Landungsplatz der Dampfschiffe gegenüber, beide mit schöner Aussicht; Hubalek bei der Post; Café du Théâtre, am Clemensplatz; in allen auch Flaschenbier.

Conditorei. Mosler am Plan; Hoffmann, Jesuitengasse.

Bierhäuser. Dotzler (nur bairisch) in der Gemüsegasse; Kratz am Münzplatz; Laupus am Mainzer Thor (in beiden billige Speisen).

Zeitungen im Casino (Pl. 5), Zutritt nur durch Vermittelung eines Mitgliedes.

Packträgertaxe vom Dampfboot in einen der *am Rhein* gelegenen Gasthöfe, für eine Kiste oder einen Koffer ohne Unterschied des Gewichts 2 Sgr.; *in die Stadt* 3 Sgr.; nach *Ehrenbreitstein* 4 Sgr.; für einen Mantelsack oder eine Reisetasche oder jedes sonstige kleine Gepäckstück 1 Sgr.. 2 Sgr. oder 2½ Sgr.

Wachtparade tägl. 12, Sonnt. 11½ U. auf dem Clemens- oder grossen Paradeplatz. Sonnt. u. Mittw. mit Musik.

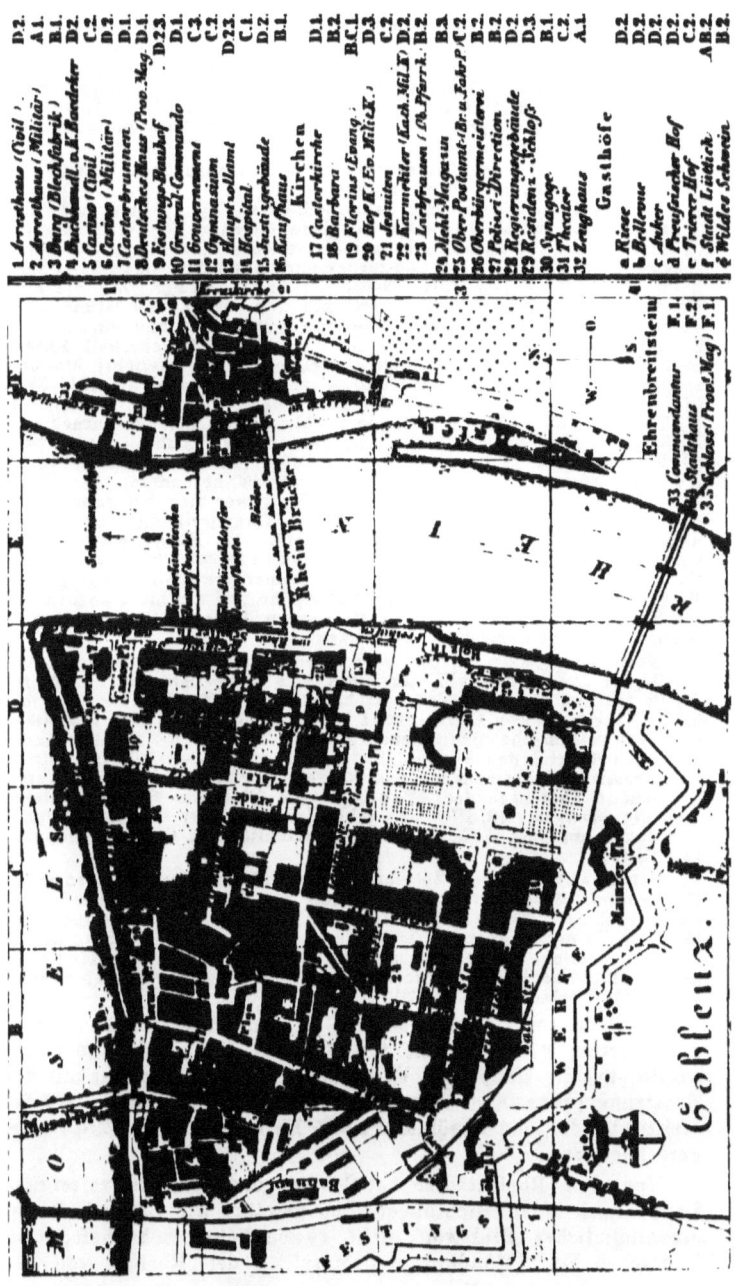

1 Arresthaus (Civil)	D.2.
2 Arresthaus (Militär)	A.1.
3 Burg (Blechfabrik)	B.1.
4 Buchwalt u.Fabrikater	D.2.
5 Casino (Civil)	C.2.
6 Casino (Militär)	D.2.
7 Castorbrunnen	D.1.
8 Deutsches Haus (Prov. Mag.)	D.1.
9 Festungsbauhof	D.2.3.
10 General-Commando	D.1.
11 Gouvernement	C.3.
12 Gymnasium	C.2.
13 Hauptzollamt	D.2.3.
14 Hospital	C.1.
15 Justizgebäude	D.2.
16 Kaufhaus	B.1.
Kirchen	
17 Castorkirche	D.1.
18 Barbara	B.2.
19 Florins (Evang.)	BC.1.
20 Hof (K.Ev.Milit.K.)	D.3.
21 Jesuiten	C.2.
22 Karmeliter (Kath.Mil.K)	D.2.
23 Liebfrauen (Ob.Pfarrk.)	B.2.
24 Mehl-Magazin	B.3.
25 Ober-Postamt-Br.u.Fahr.P	C.2.
26 Oberbürgermeisteramt	B.2.
27 Polizei-Direction	B.2.
28 Regierungsgebäude	D.3.
29 Residenz-Schloß	B.1.
30 Synagoge	C.2.
31 Theater	A.1.
32 Zeughaus	
Gasthöfe	
a Riese	D.2.
b Bellevue	D.2.
c Anker	D.2.
d Preußischer Hof	D.2.
e Trier-Hof	C.2.
f Stadt Lüttich	AB.2.
g Wilder Schwein	B.2.
Ehrenbreitstein	
33 Casematten	F.1.
34 Stadthaus	F.2.
35 Schloss (Prov.Mag)	F.1.

Bäder im fliessenden Wasser im Rhein an der Schiffbrücke bei Ehrenbreitstein, und in der Mosel am 1. Ufer (*Ueberfahrt* 1 Sgr.). Schwimmern ist die Schwimm-Schule im Rhein, am r. Ufer (Pl. F. 1) zu empfehlen, das Bad 5 Sgr., wofür man auch Schwimmhose und Handtuch erhält.

Bahnhof an der Westseite der Stadt (Pl. A. 2), innerhalb der Umwallung.
Telegraphen-Bureau: Schlossrondel Nr. 11.
Kutschertaxe. Einsp. die Fahrt 1—2 Pers. 5 Sgr., 3 Pers. 7, 4 Pers. 8 Sgr.; stundenweise die erste 15, jede folgende 7½ Sgr.; *Laubach* (S. 233) 10, hin und zurück mit 1stündigem Aufenthalt 15 Sgr.; Capellen (*Stolzenfels*, S. 228) 17½, hin und zurück und 1stünd. Aufenthalt 27½ Sgr., halber Tag 1 Thlr. 7½, mit *Königsstuhl* 1 Thlr. 27½ Sgr. Auf die *Karthaus* (S. 242) bis zur *schönen Aussicht*, hin und zurück und 1stünd. Aufenthalt 1 Thlr. Auf den *Ehrenbreitstein* (S. 244), hin und zurück und 2stündiger Aufenthalt 1 Thlr. 7½ Sgr.; *Arenberg* (1 St. oberhalb Ehrenbreitstein, sehenswerther Calvarienberg, prächtige Aussicht) hin und zurück und 2stünd. Aufenthalt 1 Thlr. 5 Sgr.; *Niederlahnstein* hin 22½ Sgr., hin und zurück und 1stünd. Aufenthalt 27½ Sgr., mit Aufenthalt von ½ Tag 1½ Thlr.; *Ems* (S. 247), hin 2 Thlr. 5 Sgr., hin und zurück und ½tägiger Aufenthalt 2 Thlr. 20 Sgr., ganzer Tag 3 Thlr. 10 Sgr.; *Sayn* (S. 251) hin und zurück und 2stünd. Aufenthalt 1 Thlr. 22½ Sgr. — Zweisp. kosten die Hälfte mehr. *Brückengeld* besonders, jede Fahrt über die Brücke Zweisp. 6, Einsp. 4½ Sgr.; wer also bei Fahrten auf dem rechten Ufer, nach Ems z. B., in Ehrenbreitstein den Wagen nimmt, erspart jedenfalls das Brückengeld. Am *Rhein* unterhalb des Gasthofs zum Riesen, am *Mainzer Thor*, und in *Ehrenbreitstein* an der Promenade bei der Brücke, findet man im Sommer gewöhnlich angespannte Wagen. NB. Die Privatwagen der Gastwirthe und die nicht angespannten Kutscherwagen haben keine feste Taxe und pflegen theurer zu sein; ebenso die nicht numerirten Droschken.

Mosel-Dampfboot s. S. 160. Wer in zwei Tagen einen der schönsten Theile der *Mosel* sehen will, fahre mit dem Mosel-Dampfboot nach der *Alf* (S. 162), nehme einen Wagen nach *Bertrich* (S. 163), 12/3 Thlr., oder bis in die Nähe des Dorfes *Kenfuss*, etwa 2½ Thlr., besichtige hier den merkwürdigen vulcanischen Schlackenberg, die *Falkenlei* (S. 163), auf dem Rückweg nach Bertrich den *Kässkeller* (S. 163) mit dem Wasserfall, in Bertrich Badeanstalt und Promenade, und kehre denselben Abend noch durch das schöne Thal nach der *Alf* zurück. Am folgenden Morgen besteige man die *Marienburg* (S. 162), den schönsten Punct der Mosel, und fahre mit dem Dampfboot zurück, welches Nachmittags in Coblenz ankommt (S. 163 ff.).

Bei beschränkter Zeit am Rheinwerft abwärts, am Deutschen Eck vorbei, Mosel aufwärts und durch das Thor, Castorbrunnen und Castorkirche (S. 238), Moselbrücke (S. 239), die südlichen Festungsthore (S. 241), die neuen Anlagen am Rhein und die neue Rheinbrücke (S. 241 und 242), Aussicht von der Karthause (S. 242), auf dem Rückweg den Kirchhof (S. 242), was in 4 St. bewerkstelligt werden kann. *Ehrenbreitstein s. S. 244, *Stolzenfels s. S. 231.

Coblenz, am Einfluss der *Mosel* in den *Rhein*, durch den Sitz der obersten Provinzialbehörden (General-Commando und Oberpräsidium) die Hauptstadt der preuss. Rheinprovinz, hat mit der Besatzung (etwa 5000 Mann) 27,767 Einw. (3752 Evang., 415 Israeliten), oder, die Bevölkerung von Ehrenbreitstein (4287) mitgerechnet, an 32,000.

Von allen Rheinstädten hat Coblenz unstreitig die reizendste Lage; nach allen Richtungen hin gewährt die Landschaft ein eigenthümliches Bild von nicht gewöhnlicher Schönheit, vom Deutschen Eck (Mündung der Mosel in den Rhein), von der

Rhein- und der Moselbrücke, vom Ehrenbreitstein, von der Pfaffendorfer Höhe, von der Karthause. Coblenz, in gleicher Entfernung von Köln wie von Mainz, an dem Kreuzungspunct der Rhein-, Mosel- und Lahnlinie, ist der *Mittelpunct* des malerischen Rheinlandes und in dieser Beziehung auch der *Glanzpunct* desselben. Coblenz ist zugleich Hauptort des Mittelrheins. Eigenthümlich ist in dem ganzen Gebiete desselben, besonders an der Mosel, der zierliche Kopfputz der Landmädchen, gold- und silbergestickte Sammetmützchen mit goldenem oder silbernem Pfeil, die zu tragen die streng überwachende Sitte nur den Jungfrauen gestattet.

Die dem Rhein zugewendete Seite der Stadt besteht aus einer Reihe hoher Gebäude: Schloss, Regierungsgebäude, grosse Gasthöfe u. a., meist in neuerer Zeit aufgeführt, mit der alten Castorkirche und dem Deutsch-Ordenshaus (Pl. 8) unmittelbar an der Mündung der Mosel in den Rhein abschliessend. Die lange Moselseite ist unansehnlich, sie reicht über die alte Moselbrücke hinaus bis zu der neuen Eisenbahnbrücke.

Ueber den röm. Ursprung von Coblenz kann kein Zweifel stattfinden. *Confluentes* gehörte zu der Anzahl neuer Festen, welche Drusus (S. 174) zum Schutz der linksrhein. Lande gegen Ueberfälle german. Grenzvölker, 9 J. vor Chr., am Rhein entlang aufführen liess. *Ammianus Marcellinus* († 390 n. Chr.) meldet (1. 16, c. 3), dass in dieser Gegend „*nec civitas ulla visitur, nec castellum, nisi quod est apud Confluentes, locum ita cognominatum, ubi amnis Mosella confunditur Rheno*". Gerade wo die Mosel in den Rhein sich ergiesst, wurden noch im J. 1844 beim Bau des neuen Rheinwerfts röm. Münzen aus der ersten Kaiserzeit mehrere Fuss tief unter dem Bette des Rheins ausgegraben.

Bis zur Stiftung des rhein. Städtebundes (S. 175) blieb Coblenz ein wenig bedeutender Ort, wenn auch innerhalb seiner Mauern einige Fürsten- und Kirchen-Versammlungen gehalten wurden. Im 30jährigen Kriege war es abwechselnd von Schweden, Franzosen und Kaiserlichen belagert und besetzt. Die franz. Beschiessung von 1688 zerstörte zwar den grössten Theil der Stadt, Marschall Boufflers musste jedoch ohne Erfolg wieder abziehen. Nach Vollendung des Schlosses 1786 verlegte der Kurfürst von Trier seine Residenz hieher. Wenige Jahre später (23. Oct. 1794) rückten die Franzosen ein und legten der Stadt eine Brandschatzung von 4 Mill. Fr. auf. Coblenz ward 1798 Hauptstadt des Rhein- und Moseldepartements. Die Franzosen wichen den Heeren der Verbündeten am 1. Januar 1814. Im folgenden Jahr kam die Stadt an die Krone Preussen.

*St. Castor (Pl. 17), auf der Landspitze am Einflusse der Mosel in den Rhein, 836 gegründet, der jetzige Bau von 1208, das spitzbogige Netzgewölbe erst 1498 eingefügt (das Hauptschiff hatte ursprünglich eine Flachdecke). Die Kirche, 181' l., 68' br., hat 4 Thürme, 3 Schiffe und Querschiff. Im Chor nördl. das *Grabdenkmal des Erzb. Kuno v. Falkenstein († 1388, s. S. 225), goth. Sarkophag-Nische mit einem Wandgemälde (Anbetung des Gekreuzigten, r. Johannes und der h. Castor, l. der Erzbischof, knieend, Maria und Petrus), auf Goldgrund, dem einzigen bekannten aus dieser Zeit, welches dem berühmten Meister Wilhelm von Köln (S. 295) zugeschrieben wird. Das *Grabmal* seines Nachfolgers *Werner* († 1418), gegenüber südl., ebenfalls eine goth. Sarkophag-Nische, ist von ungleich geringerm Kunstwerth. Der *Chor* ist reich in Farben und Vergoldung geschmückt. Die beiden schönen *Freskobilder* hat Settegast 1849 und 1852 gemalt. Das *Grabmal der h. Risa*, der Sage nach einer Tochter Ludwigs d. Frommen, im nördl. Seitenschiff, ist aus neuerer Zeit. Die Inschrift meldet: *Hic quiescit beata Risa miraculis clara elevata a. d. 1275 de hoc St. Castoris collegio praeclare merita et patrona munifica, filia Ludovici pii Roman. et Francor. regis, hujus basilicae fundatoris magnifici.* Die 4 Propheten über den Arkaden des Hauptschiffs, von Fuchs in Tuffstein ausgeführt, sind 1858 aufgestellt. Das neue *Portal* der Kirche ist 1862 aufgeführt.

Dem Eingang der Kirche gegenüber steht der **Castorbrunnen** (Pl. 7), den der letzte franz. Präfect zur Feier des Einzugs der Franzosen in Moskau errichten liess, Inschrift: „*An 1812. Mémorable par la campagne contre les Russes. Sous le préfecturat de Jules Doazan*". Der russische General St. Priest, der am 1. Januar 1814 in Coblenz einrückte, liess die Worte: „*Vu et approuvé par nous Commandant Russe de la ville de Coblenz. Le 1. jan. 1814*" darunter eingraben.

An den Castorplatz grenzt das **General-Commando** (Pl. 10), vormals gräflich *Leyen'scher Hof*, 1791 Wohnung der franz. Prinzen, der Grafen v. Provence (Ludwig XVIII.) und v. Artois (Carl X.), seit 1800 Präfectur, 1804 (17.—20. Sept.) Absteigequartier Napoleons I. und seiner Gemahlin, jetzt Wohnung des commandirenden Generals in der Rheinprovinz. Das Gebäude von unschönem Aeusseren wurde unter den Franzosen verändert, die schöne Spitzbogenhalle neben dem Eingang rechts mag aus dem J. 1500 sein.

Einige Schritte nördl. bringen den Wanderer zur Moselstrasse, auf der er, beim *Krahnen* vorbei, dann auf dem Moselwerft aufwärts schreite. Durch den Bogen der *Moselbrücke gelangt er an ein Thor *(Wolfsthor)*, und durch dieses beim *Metternicher Hof*, dem Geburtshaus des Fürsten Metternich (S. 197) vorbei, auf die 475 Schr. lange, 9 Schr. br. Brücke, die wegen der Aussicht besucht wird. Kurfürst Balduin liess sie um 1344 auf 14 Bogen aufführen; der feste Thurm ist erst 1832 hinzugefügt. Durch die Brücke geht eine von dem Kurf. Clemens Wenceslaus angelegte Wasserleitung, welche 42,000' lang, von den Metternicher Höhen her die Brunnen der öffentlichen Plätze in Coblenz mit Wasser versorgt. Oberhalb dieser alten Moselbrücke ist

240 *Route 44.*   COBLENZ.   *Liebfrauenkirche.*

die 1858 innerhalb Jahresfrist erbaute 1030' l. **Eisenbahnbrücke**, eine eiserne Gitterbrücke von vier Strom-Oeffnungen zu je 132', mit einer steinernen Flutbbrücke von 6 Bogen zu je 50', an beiden Enden der Strom-Oeffnungen befestigte Thurmpfeiler. Ueber der Eisenbahnbrücke glänzen westlich, 1 St. entfernt, die blauen Dächer des Dorfes **Rübenach** mit dem spitzen die Höhe überragenden Kirchthurm, wo die preuss. Truppen 1792 vor ihrem Marsch nach der Champagne mehrere Wochen im Lager standen. Der kurtrier. Minister v. Duminique hatte eine 16' hohe *Spitzsäule* dort errichten lassen, mit der Inschrift: *Hic castra posuit Fridericus Wilhelmus II. Borussorum rex, dum proficisceretur ad vindicandam regiam majestatem, jura imperii Germanici, justitiam, ordinem, leges per inimicam humano generi sectam violatas, anno 1792, mensis Julii 26. Frans.* Soldaten und Bauern zerstörten zwei Jahre später das Denkmal.

Neben dem Brückenthor östl. steht die ehemals erzbischöfliche **Burg** (Pl. 3), jetzt eine berühmte Fabrik lackirter Blechwaaren *(Schaaffhausen und Dietz)*, 1276 aufgeführt, mit späteren Anbauten, namentlich der hübschen südl. Thurm-Treppe, Lieblingsaufenthalt des Kurf. Lothar v. Metternich, der hier im J. 1609 die kath. Liga stiftete. Späterhin bewohnten die Grafen Kesselstadt die Burg. Sie wurde von den Franzosen 1806 verkauft.

Die **Kirchen** enthalten, ausser St. Castor (S. 238), wenig, was zu einem Besuche veranlassen könnte. Der Bau der einen, der **Liebfrauen-** oder **Oberpfarrkirche** (Pl. 23), begann schon im 13. Jahrhundert, wurde aber erst im 15. vollendet; sie ist 1853 gründlich gesäubert. Der goth. Chor mit hohen Spitzbogenfenstern, in welchen neue Glasgemälde, ist gegen 1405 hinzugefügt; schöner neuer goth. Hochaltar. Die Thurmspitzen sind nach der Belagerung von 1688 aufgesetzt. In der Vorhalle einige alte Grabsteine, an der südlichen Aussenseite ein 1841 von dem Bildhauer Schorb ausgeführter gekreuzigter Christus. — Die 1673 aufgeführte **Carmelitenkirche** (Pl. 22) ist 1853 als kathol. Garnisonkirche neu eingerichtet, nachdem sie, von der franz. Revolution an, 50 Jahre lang anderen Zwecken gedient hatte. Sie hat 1859 ein grosses neues von Anschuez gemaltes Bild erhalten, durch bauliche Verhältnisse leider so hoch gehängt, dass wenig davon zu erkennen ist; die heil. Jungfrau mit dem Kind, der heil. Mauritius und heil. Georg, die heil. Barbara und der heil. Joseph, als Schutzpatrone der vier Waffengattungen (Infanterie, Cavallerie, Artillerie und Pioniere). — Die (evang.) **Florinskirche** (Pl. 19), mit den geschmacklosen nach der Zerstörung durch Blitz 1791 aufgesetzten Thurmhelmen, ist zu Anfang des 12. Jahrh., der Chor seit 1356, erbaut, später aber mehrfach verändert.

Bei dieser Kirche nördl. ist das **Kaufhaus** (Pl. 16), 1480 als Rathhaus aufgeführt und bis 1805 als solches benutzt, der obere Theil bei der Belagerung 1688 sehr beschädigt. Unterhalb der *Stadtuhr* daselbst schaut eine bärtige Figur hervor, bei jeder Pendelschwingung die Augen verdrehend, bei jedem Stundenschlag den Mund aufsperrend, das *Handwerksburschen-Wahrzeichen* der Stadt Coblenz.

Jesuitengasse N° 6 über der Thür eine Gedenktafel: „*Johannes Müller*, geb. zu Coblenz am 14. Juli 1801, gest. zu Berlin am 28. April 1858 als Professor der Physiologie, errichtet am elterlichen Hause von seiner Vaterstadt".

Das ansehnl. **Schloss** (Pl. 29) in der „Neustadt" liess der letzte Kurfürst von Trier, Clemens Wenceslaus († 1812 zu Oberndorf bei Augsburg), ein sächs. Prinz, von 1778—1786 aufführen und bewohnte es bis zum 5. Oct. 1794. Bald nach seiner Abreise (23. Oct. 1794) rückten 8000 französ. Republicaner ein und benutzten das Schloss als Lazareth, später als Caserne. Die preuss. Regierung liess es wieder herstellen und 1845 als Königswohnung einrichten. Die prächtig eingerichteten obern Räume dienen der regierenden Königin Augusta von Preussen als Sommer-Residenz. Im Erdgeschoss ist das Oberpräsidium. Die ehemal. kurfürstl. *Hofcapelle* (Pl. 20) im n. Flügel ist 1854 als evang. Garnisonkirche eingerichtet worden.

Auf dem die grossen Baumpflanzungen nördlich begrenzenden Platz (Wachtparade s. S. 236), dem *Clemensplatz*, steht in der Mitte eine 60' hohe *Brunnensäule*, von dem letzten Kurfürsten errichtet, mit der Inschrift: „*Clemens Wenceslaus Elector vicinis suis, Ao. 1791*". Die Inschrift wurde 1794 zerstört, Napoleon I. liess sie 1809 wieder herstellen. Das gegenüber neben dem Trierschen Hof gelegene, um dieselbe Zeit erbaute *Theater* (Pl. 31, Vorst. nur im Winter) hat die Inschrift: „*Musis, moribus et publicae laetitiae*".

Die südlichen Thore, das **Mainzer-** und das **Löhrthor**, machen den Eindruck grossartiger Römerbauten. Sie gehören zur Stadtbefestigung, sind casemattirt, und dienen der Artillerie und den Pionieren als Casernen. Ein Blick von der Zugbrücke vor dem Thor in die Gräben gewährt eine Idee von der Befestigung der Stadt, die weniger bedeutend ist, da die Hauptstärke der Position in den grossartigen Aussenwerken liegt, im Ehrenbreitstein und in den Befestigungen auf der Karthause und auf dem Petersberg. Die *Glacis*, welche die Stadtbefestigung umgeben, sind von schattigen Promenadenwegen durchschnitten. Die neuen *Anlagen, mit Schweizerhäuschen (*Trinkhalle* s. S. 236), eine Schöpfung der Königin Augusta von Preussen, vor dem Holzthor, am Rhein aufwärts, verdienen insbesondere wegen der herrlichen *Aussicht einen Besuch. Am Ausgange des Glacis zwischen zwei hohen alten Silberpappeln steht **M. von Schenkendorf's Denkmal**, den 11. Dezember 1861 enthüllt. Ein schwarzer Marmorstein mit Büste, auf der Vorderseite sein Name, Leier, Schwert und Lorbeerkranz, und aus E. M. Arndt's Gedicht auf seinen Tod die Worte:

> Er hat vom Rhein,
> Er hat vom deutschen Land
> Mächtig gesungen,
> Dass Ehre auferstand
> Wo es erklungen.

Rechts und links sein Geburts- (Tilsit 1784) und Todesjahr (Coblenz 1817). — Unmittelbar neben dem Denkmal führt die neue **Eisenbahngitterbrücke** über den Strom in 3 schlanken Bogen von je 308' Spannung. Die Brücke, nach *Sternberg's* Entwurf im Nov. 1862 begonnen, Frühjahr 1864 vollendet, hat incl. der Landpfeiler eine Länge von 1065'; das dazu verwandte Eisen wiegt 3½ Million Pfund. Bahnhöhe 50' über mittlerm Wasserstand.

Die Befestigungen auf dem *Karthäuser-Berg* (514'), auf dem rechten Mosel-Ufer, bestehen aus der Oberfestung auf der Hunnenhöhe (*Feste* **Alexander**), und der Unterfestung (*Feste* **Constantin**), welche letztere die Stelle des vorm. Karthäuser-Klosters einnimmt. Zwischen beiden zieht sich die baumbepflanzte Strasse nach dem Hunnsrücken aufwärts, vor Erbauung der Rheinstrasse (1811) die grosse Post- und Landstrasse nach Bingen und Mainz. Der Blick, den man von der Strasse auf halber Höhe des Berges in das Rheinthal hat, gehört zu den schönsten: unten die fruchtbare obst- und weinreiche Ebene, der Rhein auf weiter Strecke, durch die grosse Insel Oberwerth (S. 233) in zwei Arme getheilt, im Hintergrund das Halbrund der schönen Rheingebirge, aus welchen Schloss Stolzenfels (S. 231) und gegenüber Lahneck (S. 231) hervortreten. An der, der Mosel zugewendeten westlichen Abdachung des Karthäuser-Berges, 150 Schritte südlich vom Kugelfang des Infanterie-Schiessstandes oben auf dem Exercierplatz, gewährt ein mit Geländer umgebener und mit Ruhebänken versehener Felsvorsprung (*„die schöne Aussicht"*) einen sehr überraschenden Einblick in das anmuthige stille Moselthal. Von hier zurück zur Feste, wo an der West- und Nordseite der Werke ein hübscher pappelbepflanzter breiter Fahrweg am Glacis in gleicher Höhe mit wechselnden Aussichten sich fortzieht und zwischen Feste Alexander und Constantin sich mit der Strasse vereinigt.

Ein 645' über der Karthäuser Bergebene gelegener Punct, der *Kühkopf, 1159' ü. M.,* der mit Tannen bedeckte Kamm des südl. vorliegenden, bewaldeten Berges, ½ St. weiter als der Exercierplatz, bietet ebenfalls eine prächtige und ganz eigenthümliche Aussicht, besonders von der „Louisen-Linde" auf drei schiffbare Flüsse: Rhein, Mosel und Lahn, sehr lohnend. Oben eine offene Hütte zum Schutz gegen Wind und Wetter. Ein Fahrweg, nur Fussgängern zugänglich, führt in der Nähe des Kühkopfs von der Hunnsrücker Strasse nach Schloss Stolzenfels (S. 231).

Am nördl. Fuss der Feste Alexander breitet sich der *Kirchhof* mit seinen Denkmälern und Trauerweiden aus. Auch er gewährt von seinen Anhöhen eine hübsche Rundsicht. Auf dem nordöstl. Quadrat, etwa in der Mitte, 114 Schritte von der kleinen östl. Eingangsthür, in der Nähe eines kleinen abgestumpften Obelisks von rothem Sandstein, welchen alte Lützower einem ihrer Kameraden errichteten, ruht der Dichter *Max v. Schenkendorf* († 1817). Ein unscheinbares goth. Kreuz schmückt seinen und seiner Gattin Grabeshügel. Das *Leichenhaus* ist in der Form der sechseckigen Capelle bei Cobern (S. 165) erbaut. Am westl. Ende des Kirchhofs steht ein *Denkmal zum Gedächtniss ehem. zu Coblenz gestorbener Soldaten des franz. Kaiserheers* (vgl. S. 29, 147, 180); gleich l. bei demselben, an dem ansteigenden Weg, das Denkmal eines franz. Majors (*Louis Malval*, † 1811), der in Aegypten mitgefochten, wie der Turban oben und Pyramiden, Kameel und Palmen im Wappen andeuten, auf der Rückseite maurerische Sinnbilder. Auf der Anhöhe verschiedene Denkmäler preuss. Officiere, des Generals *v. Thielmann* († 1824), vom achten Armeecorps seinem commandirenden General errichtet, des Generals *v. Griesheim* († 1854), des Generals *v. Hirschfeld* († 1859) u. a. Hier ruht auch (r. am Abhang) *Karl Baedeker* († 1859) und dessen ältester Sohn *Ernst* († 1861); ein schwarzer Marmorstein bezeichnet ihr Grab. Auch sonst sind hier noch manche hübsche Denkmäler.

Jenseit der Moselbrücke erhebt sich der niedrige *Petersberg* mit der *Feste Franz*, welche die Stadt und die beiden gerade auf sie zulaufenden Strassen von Köln und Trier nebst der ganzen Ebene bestreicht. Zwei durch unterirdische Gänge mit dem Hauptwerk verbundene kleinere ähnliche Werke rechts und links desselben, nebst einem dritten in der Neuendorfer Fläche, so wie einige Schanzen, vervollständigen diesen Theil der Befestigung zu einem grossen verschanzten Lager, das leicht an 100,000 M. unter den Kanonen der Festung aufnehmen kann. Als Beweis von der umsichtigen und zweckmässigen Construction aller Festungswerke, sowohl auf dem linken als dem rechten Rheinufer, kann angeführt werden, dass 5000 M. (Alexander und Constantin 2000, Franz 500, Stadt 800, Ehrenbreitstein 1200, Asterstein 500 M.) ausreichen, um diese wichtige Position selbst gegen einen an Kräften weit überlegenen Feind zu vertheidigen, wenn auch die Kriegsbesatzung auf das Dreifache festgesetzt ist.

Im Kernwerk der Feste Franz, gleich links vom Eintritt, bezeichnet eine *Marmorplatte* ohne Inschrift, von vier Prellsteinen umgeben, das *Grab des franz. Generals Hoche* (S. 255), der nach seinem Tode (15. Sept. 1797) von Wetzlar nach Coblenz gebracht und an dieser Stelle beerdigt wurde, wenige Schritte von seinem 1796 („*an 4 de la République*") bei Altenkirchen gebliebenen Waffengefährten *Marceau* („*soldat à 16 ans, général à 22 ans*"), dessen Denkmal den Festungswerken weichen musste. König Friedrich Wilhelm III. liess es 1819 auf seiner jetzigen Stelle wieder aufrichten, 15 Min. von der Moselbrücke, an der Kölner Landstrasse links, am östl. Fuss des Kernwerks der Feste Franz, eine abgestumpfte *Pyramide* aus Lavaquadern, unter welcher Marceau's Gebeine beigesetzt sind, mit langer franz. Inschrift.

    Bei Coblenz steht auf eines Hügels Kamm
    'ne Pyramide, einfach, schmucklos, klein,
    Sie krönt die Spitze von dem grünen Damm
    Und schliesst die Asche eines Helden ein;
    Er war uns Feind — doch Ehre dem Gebein
    Marceau's u. s. w.   Byron.

EHRENBREITSTEIN.

Die fruchtbare Ebene, welche sich von Coblenz bis Andernach erstreckt, der gewöhnliche Schauplatz der grossen Kriegsübungen, ist für den Soldaten ein klassischer Boden. Seit den Tagen der Römer, *Cäsars* erstem Rheinübergang (bei Engers?), 55 vor Christo, den Kämpfen *Carls d. Kahlen* mit *Ludwig d. Deutschen* (871), den Verheerungszügen der Normannen (882), den Kriegen zwischen dem Welfen *Otto* und dem Hohenstaufen *Philipp* (1198—1204), bis zu den Stürmen des 30jährigen Kriegs (1631—1636, *Gustav Adolph*, *Baudissin*, *Johann v. Werth*), dem Mordbrennerzug unter Ludwig XIV. (1689), dem spanischen Erbfolgekrieg (1702, *Marlborough*, *Opdam*, *Coehorn*) und den französ. Revolutionskriegen (1794—97, *Jourdan*, *Marceau*, *Hoche*) haben diese Ebenen Blutvergiessen, Siege und Niederlagen in buntem Wechsel gesehen. Die Denkmäler der beiden letztern (vgl. S. 243) bezeichnen ungefähr Anfang und Ende der Wahlstatt. In derselben liegt, etwa 20 Min. nordwestl. von Marceau's Monument entfernt, *Schönbornslust*, einst ein Lustschloss des Kurf. von Trier, jetzt bis auf die Oeconomie-Gebäude verschwunden. Es wurde 1792 von den franz. Prinzen (S. 239) und andern angesehenen Ausgewanderten häufig bewohnt, die von hier ihre erfolglosen Unternehmungen gegen das republicanische Heer leiteten.

45. Der Ehrenbreitstein.

Erlaubnisskarten zur Besichtigung des Ehrenbreitstein, nur für den Tag der Ausstellung gültig, erhält man für 5 Sgr. die Person (Ertrag zu einem milden Zwecke bestimmt) zu *Thal-Ehrenbreitstein*, im Bureau des zweiten Commandanten (Pl. 33), die erste Thür rechts, wenn man die kleine Brücke über den Hafen überschritten hat. Auf dem Ober-Ehrenbreitstein nimmt ein Unterofficier die Fremden in Empfang und führt sie umher. (1 bis 2 Personen 5, 3 und mehrere 10 Sgr. Trinkgeld). Die Aussicht von der *Pfaffendorfer Höhe* (S. 246) ist der vom Ehrenbreitstein ähnlich. Zur Besteigung derselben braucht man keine Erlaubniss, weil man dort nicht durch Festungswerke kommt. 2 St. genügen, um von Coblenz aus den Ehrenbreitstein zu besteigen, sich oben umzusehen und zurück zu kehren.

Der Moselmündung gegenüber liegt, 377′ ü. d. Rhein, 556′ ü. M., der *Ehrenbreitstein, auf einem steilen Felsen, der sich durch seine schönen Formen auszeichnet. Ob dieser militärisch wichtige Punct schon von den Römern befestigt war, lässt sich nicht nachweisen. Die Burg Ehrenbreitstein soll schon 636 durch den Frankenkönig Dagobert den Trier'schen Erzbischöfen geschenkt worden sein. Gewiss ist, dass Kaiser Heinrich II. dieses Besitzthum 1018 bestätigte. Die Herren von Ehrenbreitstein, ein fränkisches Geschlecht, welches zu Anfang des 13. Jahrh. erlosch, waren Vasallen der Trier'schen Kirche und in der Gegend begütert. Daher waren die Erzbischöfe bemüht, die Burg Ehrenbreitstein, welche ihnen ein vortrefflicher Zufluchtsort war, zu vergrössern und zu verstärken. Hermann oder Hillin (1152 bis 1169) liess, nach dem Zeugniss der Chronisten, die Gebäude der Burg herstellen, die Befestigungswerke vermehren und eine Cisterne anlegen, und besetzte die Burg mit einer angemessenen Zahl von Burgmännern, unter welchen Wilhelm, der Sohn Ludwigs von Palatio, erzbischöflichen Statthalters von Trier, obenan steht. Dieser erbaute auf dem südlichen tiefer gelegenen Vorsprung des Felsens eine zweite Burg, den *Hillin-* oder *Hermannstein*, später *Helfenstein* genannt, welche letztere Benennung sich noch bis auf den heutigen Tag erhalten hat. Auch diese Burg fiel 1532 dem Erzstift anheim, gerieth aber kurze Zeit danach in Verfall. Die Burg Ehrenbreitstein ward durch den Trier'schen Kurf. Johann v. Baden vergrössert, auch damals (1481 bis 1484) der Brunnen gegraben. Auf der nördl. Seite wurden von 1664 an nach dem Entwurf des Jülich'schen Baumeisters Maximilian v. a Pasqualin zwei Basteien erbaut und in spätern Jahren noch mehrere Aussenwerke hinzugefügt, wodurch sich die Burg allmälig in eine *Festung* neuerer Art verwandelte. Sie wurde stets für so wichtig gehalten, dass der Commandant nicht allein dem Landesherrn, sondern auch Kaiser und Reich den Eid der Treue schwören musste. Nur zweimal ist sie durch List und Hungersnoth überwältigt worden. Kurf. Philipp Christoph v. Sötern hatte sich 1631 in franz. Schutz begeben. Das Domcapitel aber war dagegen und wollte Stadt und Festung dem Kaiser erhalten wissen. Der Kurfürst liess deshalb insgeheim die Franzosen kommen, und damit diese freieres Spiel hätten, einen Theil der Besatzung auf die Moselbrücke rücken unter dem Vorwand, die in der Nähe stehenden Spanier beabsichtigten einen Ueberfall auf Coblenz. Die Franzosen waren bei Bingen über den Rhein gegangen und marschirten von Lorch über Montabaur nach Ehrenbreitstein, wo die geringe zurückgebliebene Mannschaft ihnen nun ohne Widerstand die Thore öffnete. Fünf Jahre später (1637) kam der kaiserliche General Johann v. Werth wieder in den Besitz der Festung.

Während der franz. Revolutionskriege wurde der Ehrenbreitstein vom 16. Sept. bis 18. Oct. 1795, vom 8. bis 17. Juni und 2. Juli bis 17. Sept. 1796, und vom 19. bis 26. April 1797 umzingelt. Die Besatzung bestand aus kaiserl. und kurtrier. Truppen; die ersteren zogen sich zurück. Dann wurde nochmals die Festung mitten im Frieden vom 11. März 1798 bis 27. Januar 1799 belagert. Der tapfere kurtrier. Oberst Faber übergab sie erst, als alle Vorräthe aufgezehrt waren. Sogleich nach der Einnahme legten die Franzosen auf den Hochflächen n. vor dem Ehrenbreitstein mehrere neue Schanzen an, sprengten und zerstörten 1801 aber in Folge des Luneviller Friedens sämmtliche zu dieser Festung gehörigen Werke in dem Grade, dass davon bei Anlage der jetzigen neuen Befestigung nur äusserst wenig benutzt werden konnte. Napoleon liess nach dem Rückzug aus Russland den Zustand der Festung durch Ingenieure aufnehmen, in der Absicht, den Berg wieder in Vertheidigungszustand zu setzen. Im zweiten Pariser Frieden wurde Frankreich für den Wiederaufbau 15 Mill. Fr. an Kriegssteuer auferlegt. Der Bau begann im J. 1816 unter der Oberleitung des Generals Aster († 1855), zehn Jahre später war er mit einem Kostenaufwand von 8 Mill. Thaler vollendet. Die neue Feste dehnt sich über einen Theil der schmalen Hochfläche aus, ihre gewaltigen Werke haben in der Kriegsbaukunst weit über Deutschland hinaus Aufsehen erregt.

Eine 470 Schritte lange *Schiffbrücke* verbindet die Städte Coblenz und *Thal-Ehrenbreitstein*. Am Brückenpfeiler sind hohe Wasserstände aus neuerer Zeit angezeigt, der höchste vom 30. März 1845.

Der Weg auf den Ehrenbreitstein führt von Thal-Ehrenbreitstein, jenseit der Hafenbrücke an dem ansehnlichen, 1747 für die kurfürstlichen *Dicasterien* aufgeführten Gebäude, jetzt als Proviant-Magazin dienend, entlang, durch das Thor, dann rechts auf breiter Strasse bergan, oberhalb des ehem. kurfürstl. *Pagenhauses* vorbei, welches der Strasse eine Ecke hat abtreten müssen, und über den *Helfenstein* oder *Unter-Ehrenbreitstein*. Um den Weg herzustellen, haben viele Felsen gesprengt werden müssen. Die von der Rheinseite steil emporsteigende *Steintreppe* (575 Stufen) wird nicht mehr benutzt und ist geschlossen. An den Seiten derselben befanden sich während des Baues Eisenschienen zur Hinaufschaffung von Baumaterialien auf Wagen, welche vermittelst eines Seiles hinaufgezogen wurden.

Von drei Seiten ist der Ehrenbreitstein, der alle umliegenden Höhen beherrscht, unzugänglich; nur von Norden her kann er angegriffen werden und hier schützt ihn eine doppelte Reihe von Bollwerken. Die *Aussicht* gehört zu den schönsten am Rhein. Sie umfasst das reiche fruchtbare Rheinthal von Stolzenfels bis Andernach, und die zahlreichen vulcanischen Bergkegel des Maifelds und der Eifel (S. 165). Tief unten Rhein und Mosel, und auf dem grossen Dreieck-Land das stattliche Coblenz.

Fort **Asterstein**, auf der *Pfaffendorfer Höhe*, südlich dem Ehrenbreitstein gegenüber, bildet im Zusammenhang mit letzterem die Befestigung des rechten Rheinufers. Der 1856 am westlichen Abhang erbaute *Louisenthurm* hat am Balcon zu Ehren der Grossherzogin Louise v. Baden, der Tochter des Königs v. Preussen, die Inschrift: *„Der Louisenthurm bin ich genannt, weil vor Ihrem Aug' ich erstand, und spann' der Erinnerung Band, wenn Sie gezogen ins Nachbarland. Gott segne Sie und die Ihr verwandt"*.

Coblenz und Thal-Ehrenbreitstein sind auch durch Goethe's Aufenthalt im Sommer 1774 merkwürdig. Damals verweilte der Dichter des Götz und Werther mit Lavater und Basedow („Prophete rechts, Prophete links, das Weltkind in der Mitten", s. Goethe's „Diner zu Coblenz") in diesen Gegenden, und in dem Hause des kurtrier. Kanzlers v. La Roche und seiner Gattin Sophie, zu Thal Ehrenbreitstein (das letzte Haus links beim Ausgang nach der Festung), fanden die heitern Zusammenkünfte statt, deren Andenken in Goethe's Dichtung und Wahrheit (3. Theil) so anziehend hervortritt.

46. Von Coblenz nach Wetzlar.
Ems und das Lahnthal.
Vergl. Karte zu Route 47.

Eisenbahn. Fahrzeit bis Oberlahnstein 15 Min., bis Ems 1 St., bis Wetzlar 3½ St. Fahrpreise bis Oberlahnstein 12, 8 oder 5 Sgr., bis Ems 23, 15 oder 11 Sgr., bis Wetzlar 3 Thlr. 8, 2 Thlr. 1, oder 1 Thlr. 12 Sgr. Ausserdem noch Dampfboot nach Oberlahnstein. Fahr- u. Fussweg nach Ems S. 248. Wagen s. S. 237.

Noch innerhalb der Umwallung trennt sich unsere Linie von der linksrheinischen Bahn, wendet sich links an dem Löhr- und Mainzer-Thor (S. 241) vorbei und führt auf einem Viaduct über den Rheinanschluss und die stehende Brücke (S. 242) oberhalb der Schiffbrücke über den Rhein. Links schöner *Blick auf Coblenz (Schloss und Rheinseite der Stadt) und Ehrenbreitstein; r. im Hintergrund Schloss Stolzenfels. Die Bahn betritt alsdann in einem kleinen Bogen am Fuss des Astersteins (S. 246) das rechte Rheinufer, führt an den Ortschaften *Pfaffendorf* (im Rhein die Insel Oberwerth, dahinter der Kartbäuserberg (S. 242) mit seinen Forts) und Stat. *Horchheim*, preuss. Grenze, nach *Niederlahnstein*, geht über die Lahn (r. Schloss Stolzenfels in herrlicher Lage) und erreicht den Bahnhof von **Oberlahnstein** (S. 231, *Bahnrestauration). Nach Rüdesheim und Wiesbaden s. R. 43.

Bei Ober-Lahnstein, wo die nassauische Staatsbahn beginnt (öfters Wagenwechsel), umzieht der Zug, langsam fahrend, in einer starken Curve den steilen waldigen Berg, welcher die Burg *Lahneck* (S. 231) trägt. Vor Ems die weiter unten genannten Hütten.

[Ausser der Eisenbahn führt noch von Thal-Ehrenbreitstein nach Ems 1) die 1839 gebaute **Landstrasse** über *Pfaffendorf*, *Horchheim* und *Niederlahnstein* (s. S. 233), dann das anmuthige malerische Thal der an verschiedenen Stellen mit neuen Schleusenwerken versehenen *Lahn* hinauf, am *rechten* Ufer des Flusses, an der *Hohrainer*, der *Ahler* und der grossen *Nieverner Hütte* vorbei, durch *Fachbach*, eine Entfernung von 4 St., zu Wagen 2 St.; 2) der **Fussweg** in gerader Richtung über das Gebirge über (½ St.) *Arzheim*, (1 St.) auf der Höhe des Berges, wo ein Wegweiser, (½ St.) *Fachbach*, (½ St.) *Dorf Ems*, zusammen 2½ St., auch ohne Führer wohl zu finden.]

Gasthöfe in Ems. Engl. Hof, am unteren Ende; Russ. Hof, in der Mitte des Orts; *Vier Jahreszeiten und Europ. Hof beim Cursaal; Darmstädter Hof (Post) bei dem alten Curhaus. *Guttenberger Hof; Hôtel de France, beide am l. Lahnufer, in der Nähe des Bahnhofs. Ausserdem eine grosse Anzahl Logirhäuser für Curgäste, besonders auch die Neubauten am l. Ufer der Lahn, Panorama, Pariser Hof, *Prinz Wales, Stadt London u. a.

Droschke nach *Arnstein* und zurück 6 fl.; *Braubach* 5, zurück über *Lahnstein* 7; *Coblenz* 5, hin und zurück 7; *Thal-Ehrenbreitstein* 4½, hin und zurück 6; *Nassau* u. zurück 3½, für den ganzen Tag 5½; *Lahnstein* 3½, hin u. zurück 5, für den ganzen Tag 6 fl., incl. Trinkg., Brücken- u. Wegegeld

Esel nach *Thal-Ehrenbreitstein* 1½ fl., *Braubach* 1½ fl. (auf die *Marksburg* 18 kr. mehr), *Nassau* 1 fl. 20 kr. (auf die Burg 18 kr. mehr), *Arnstein*

1 fl. 48 kr., *Fachbach* und *Nievern* 40 kr., *Mooshütte* 30 kr., *Mooshütte höchster Punct* 40 kr., von da über *Dausenau* zurück 1 fl., *Niederlahnstein* 1½ fl., *Oberlahnsteiner Forsthaus* 54 kr., *Frücht* 1 fl. 12 kr. Alle Preise sind für den Hin- und Zurückritt, den Eseljungen einige Kreuzer Trinkgeld. — *Zweisp. Eselwagen* etwas mehr als das Doppelte obiger Preise.

Telegraphen-Bureau (nur während der Bade-Saison, vom 15. Mai bis 1. Octbr.) im „Fürstenhof", neben dem Englischen Hof.

Ems (291'), schon den Römern bekannt, wie mancherlei hier ausgegrabene Alterthümer (Gefässe, Münzen) darthun, in Urkunden als warmes Bad 1354 vorkommend, wurde Jahrhunderte hindurch gemeinschaftlich von Hessen-Darmstadt und Oranien-Nassau verwaltet, bis es 1803 dem letzteren ausschliesslich zufiel. Die frühere Zerrissenheit des deutschen Reichs verursachte, dass man von der Lahnbrücke, die sonst gerade keine weite Aussicht gewährt, in acht verschiedener Herren Länder blicken konnte, nämlich in die von Mainz, von Stein, von der Leyen, Trier, Metternich, Nassau-Weilburg, Oranien und Hessen-Darmstadt.

Der Ort (3000 Einw., ⅓ Kath.) hat in neuerer Zeit eine ganz andere Gestalt bekommen. Viele Jahre hindurch war er auf die lange Reihe stattlicher Häuser beschränkt, welche am rechten Ufer der Lahn zwischen Fluss und Felswand sich hinzieht. Nach und nach ist am linken Ufer, auf dem gegen das Gebirge allmälig ansteigenden obstreichen Vorland, ein neues Ems entstanden, eine Gruppe behaglicher Häuser, den Wohnungen am rechten Ufer weit vorzuziehen, deren Vorderseite der Mittagssonne, die Rückseite der kalten dunkeln Felswand ausgesetzt ist. (Bahnhof ebenfalls am l. Ufer.) In den Anlagen hat der belgische Violinist *de Beriot* ein Landhaus im Schweizergeschmack sich erbaut, in gleicher Höhe mit der neuen kleinen *englischen Kirche*. Aus dem Gebüsch höher am Abhang des Berges blickt das *Schweizer-Haus („Café-Restaurant"*), mit hübscher Aussicht, hervor. Auf dem Gipfel des bewaldeten Berges, dem *Mahlbergs-Kopf*, zu welchem bequeme schattige Wege führen, ein Thurm mit Aussicht (bis Stolzenfels). Rückweg über die *Lindenbach* (*Whs.). Silberhütte, ½ St. unterhalb Ems, wo eine Gitterbrücke über die Lahn.

Von grössern Gebäuden sind zu nennen: das *Badehaus zu den vier Thürmen*, am untern Ende an der Lahn, zu Anfang des vor. Jahrh. von dem kaiserl. Feldmarschall v. Thüngen erbaut; das *alte Curhaus*, durch eine zierliche eiserne offene Halle, in welcher Kaufläden, verbunden mit dem 1839 erb. *Cursaal*, wo die Spielbank (vergl. S. 95), welche bis gegen Mitternacht geöffnet ist. Das *neue Badhaus* auf dem linken Lahnufer, 1854 errichtet, ein grosses Viereck, durch einen Mittelbau getheilt, hat zwei innere Höfe mit Gartenanlage und 2 Springbrunnen mit Mineralwasser, durch eine Dampfmaschine getrieben. Die Bäder in demselben sind behaglich eingerichtet, den nur durch Halbwände getheilten des alten Curhauses weit vorzuziehen. Seit 1858 auch ein Inhalations-Apparat. Eine gedeckte eiserne *Gitterbrücke* über die

Lahn bringt das Badhaus mit den Gartenanlagen am r. U. in Verbindung. In dem *Curgarten* ein 1860 errichtetes Büsten-Denkmal in Bronze des auch als Pomologe bekannten Emser Brunnenarztes *Diel* († 1839). Die berühmtesten Trinkquellen, der *Kesselbrunnen* (38° R.), das *Krähnchen* (21—24° R.) und der *Fürstenbrunnen* (27—28° R.) befinden sich in den 1854 erweiterten Hallen des alten Curhauses. Die Hauptbestandtheile des Emser Wassers sind doppelt kohlensaures Natron und Chlornatrium. Es äussert seine Hauptwirkungen auf Krankheiten der Athemwerkzeuge und auf Frauenkrankheiten; an 150,000 Krüge werden jährlich versandt. Die Zahl der Curgäste beläuft sich jährlich auf etwa 5000 (im Jahre 1823 nur 1200), meist den höhern Ständen angehörig. Der Höhepunct der Curzeit ist von Mitte Juli bis Ende August. Abends zwischen 6 und 8 Uhr sieht man dann in den Anlagen des Curhauses die glänzendste Gesellschaft lustwandeln. Morgens zu denselben Stunden wird ebendaselbst der Brunnen getrunken.

An der östlichen Seite von Ems ragt über der Landstrasse die *Bäderlei* steil und hoch empor (Aufgang neben dem alten Curhaus), eine zackige Gruppe von Schieferfels, mit neu erbautem Aussichtsthurm *(Concordiathurm)* auf der Spitze, in halber Höhe ein Pavillon, von wo bester Ueberblick des Ortes. Auf halbem Weg zu dieser sind die *Hanselmanns Höhlen*, kleine Zellen bildend und äusserlich kleinen Casematten mit Schiessscharten nicht unähnlich, die sich tief in der Grauwackenschicht verlieren. Ihre Entstehung ist bis jetzt nicht enträthselt; man hat sie für das Product uralter bergmännischer Arbeiten ausgeben wollen.

Von der vorderen Kuppe des *Winterbergs* schöne Aussicht. Oben ein 1859 ausgegrabener röm. Wachtthurm und Ueberreste eines Pfahlgrabens.

Die Eisenbahn nach Limburg bleibt bis vor Nassau (Fahrzeit 11 Min.) auf dem l. U. der Lahn. Ungefähr halbwegs gegenüber auf dem r. U., an der Landstrasse, **Dausenau** mit einer alten achteckigen Warte. Bahn und Landstrasse überschreiten vor Stat. *Nassau* den Fluss.

Nassau *(Krone)*, kleines Städtchen, Geburtsort des preuss. Ministers v. Stein († 1831) „des Rechtes Grundstein, des Bösen Eckstein, der Deutschen Edelstein". Zum Andenken an die Befreiungskriege liess im J. 1815 Herr v. Stein einen *goth. Thurm* an sein *Schloss* anbauen. Am Eingang stehen in Blenden die Standbilder des h. Adalbert und des h. Alexander Newsky, beide von Imhof in Köln; über dem Thor das Wappen der Stein und Luthers Worte: „*Eine feste Burg ist unser Gott*". Im untern Bibliothek-Zimmer die Bildnisse von Maximilian I., Carl V., Luther, Friedrich d. Weisen, Wallenstein, Kurf. Maximilian v. Bayern, Prinz Wilhelm v. Oranien, Prinz Ludwig v. Baden, Friedrich Wilhelm Kurf. v. Brandenburg, Friedrich d. Gr., Maria Theresia

Blücher, Gneisenau und Scharnhorst. Im obern Zimmer sind
auf Gedächtnisstafeln Schlacht- und andere bemerkenswerthe
Tage aus den Jahren 1812 bis 1815 in vergoldeter Schrift verzeichnet. In einer Blende die Büsten der drei Monarchen Alexander,
Franz, Friedrich Wilhelm III., über den Büsten die Worte: *Ver-
trauen auf Gott, Muth, Einigkeit, Beharrlichkeit*. Auf der Rückseite
des Thurms Standbilder des h. Georg und des h. Leopold. In
diesem Thurm, der Fremden auf Verlangen geöffnet wird (18 kr.
Trinkg.), weilte Herr v. Stein bei seinem Aufenthalt in Nassau am
liebsten; es ist eine Stelle voll ernster Erinnerungen, — die Manen
des Erbauers schweben darin. Die ganze Besitzung gehört jetzt
dem Schwiegersohn des Hrn. v. Stein, dem Grafen Kielmansegge.

Die körperliche Hülle des Frhrn. v. Stein ruht in der Familiengruft
zu Frücht, einem am linken Ufer der Lahn auf der Höhe zwischen
Braubach und Ems gelegenen Dorf (S. 229). Die Grabschrift auf einer
Marmorplatte (mit Hochrelief-Bildniss) in der Gruftcapelle lautet: *Heinrich
Friedrich Carl Reichsfreiherr vom und zum Stein, geb. 27. Oct. 1757, gest. 29.
Juni 1831, ruhet hier; der Letzte seines, über sieben Jahrhunderte an der Lahn
blühenden Rittergeschlechtes; demüthig vor Gott, hochherzig gegen Menschen, der
Lüge und des Unrechts Feind, hochbegabt in Pflicht und Treue, unerschütterlich
in Acht und Bann, des gebeugten Vaterlandes ungebeugter Sohn, im Kampf und
Sieg Deutschlands Mitbefreier. „Ich habe Lust abzuscheiden und bei Christo zu
sein.“* Die Grabschrift, welche der Minister seinem Vater gesetzt hat,
lautet: „*Sein Nein war Nein gerechtig, sein Ja war Ja vollmächtig, seines Ja
war er gedächtig, sein Mund, sein Grund einträchtig, sein Wort, das war sein
Siegel*.“ Es ist dieselbe, welche in dem alten Karthäuserkloster zu Wesel
auf dem Grabe des Grafen Adolf I. von der Mark († 1448) sich befand.
Den Schlüssel zu der in Form einer Capelle aufgeführten Gruft hat der
Förster zu Frücht, Trinkgeld 18 kr., eine Gesellschaft 30 kr. bis 1 fl.

Vor Nassau westl., an der Landstrasse nach Ems, l. die Haupt'-
sche Wasserheil- und Kiefernadelbad-Anstalt, r. ein neues Hospital.

Jenseit der Lahn auf dem Gipfel des schön bewachsenen
Bergkegels die Trümmer der *Burg Nassau* (von dem Thurm
schöne Aussicht), Stammschloss des Nassauischen Hauses, erbaut
um 1101; unterhalb derselben die verfallene *Burg zum Stein*.
Der Berg ist von Promenadenwegen umzogen. Auf einem Vorsprung ein kleiner offener Pavillon mit schöner Aussicht.

Am Fuss dieses Berges vorüber führt die Landstrasse nach
Schwalbach und Wiesbaden zunächst am Abhang eines grossartigen Thals aufwärts, dann über unerquickliche Hochebene durch *Sing-
hofen, Holzhausen, Kemel, Schwalbach* (S. 191), *Wiesbaden* (S. 185).

Die Bahn führt von Nassau im Lahnthal aufwärts an der 1244
erb. *Burg Langenau* vorbei, dem Grafen Kielmannsegge gehörig,
Stammsitz der österr. Familie v. Langenau, deren rhein. Zweig 1603
ausstarb. Wartthurm und Ringmauern sind wohl erhalten, innerhalb derselben ein neues Wohngebäude. Jenseit der Lahn blickt
malerisch von einem waldigen Felskegel *Kloster Arnstein* mit
seiner Kirche und den vielfensterigen Gebäuden in das Thal
hinab. Die mächtigen Grafen v. Arnstein bauten um die Mitte
des 14. Jahrh. die Burg. „Sie was vnuszsprechlychen feste von
allen Orten, vff eyner syetten hayt sye neyt me dann eynen engen
weyck, der was beslossen mit starcken yseren keden vnd regelen",

heisst es von ihr in einer gleichzeitigen Chronik. Der Letzte dieses Stammes schuf 100 Jahre später aus seiner Burg ein Prämonstratenser-Kloster, welches erst 1803 aufgehoben wurde. Die vorhandenen bewohnbaren Gebäude dienen als Besserungshaus für kath. Geistliche. Bei **Obernhof**, wo im Sommer einzelne Züge anhalten, sind alte Blei- und Silbergruben durch eine engl. Actien-Gesellschaft aufs Neue in Betrieb gesetzt.

Die Bahn führt an *Kalkofen* vorbei; 15 Min. dem „*alten Haus*" gegenüber, einer auf dem Gebirgskamm am linken Ufer einzeln aufstrebenden Mauer, Ruine eines Nonnenklosters; Stat. **Laurenburg**, Dorf mit einem kleinen Schloss und einer Burgruine, in frühesten Zeiten Wohnsitz der Nassauischen Grafen.

Vor der Kirche steigt hier ein Weg links den Berg hinan; er führt über das auf der Höhe liegende Dorf Scheid (25 Min.), und 8 Min. weiter von der breiten Fahrstrasse wieder rechts abwärts in das Lahnthal nach (30 Min.) Geilnau. Die Lahn macht zwischen Laurenburg und Geilnau eine mehrere Stunden weite Krümmung. Der Geilnauer Mineralbrunnen (ohne Whs.) ist 10 Min. oberhalb des Orts; das Wasser wird nach auswärts viel versendet, Curgäste aber verlieren sich nicht hierher. Die Strecke in dem engen Flussthal von Geilnau bis zur Fähre von (1 St.) *Balduinstein* ist sehr anmuthig.

Die Eisenbahn bleibt im Lahnthal und führt, ohne Geilnau zu berühren, vor Stat. **Balduinstein** (Whs. bei *Noll*) durch den grossen *Cramberger Tunnel*, welcher hier die Krümmung der Lahn auf weiter Strecke abschneidet. Hinter dem Dorf erheben sich auf Thonschieferfelsen die grossartigen Trümmer des *Schlosses Balduinstein*, 1319 von Erzbischof Balduin von Trier erbaut, in einer engen Thalschlucht. Hoch oben rechts blickt, etwas weiter, von einer bewaldeten Basaltkuppe Schloss **Schaumburg* in das Thal hinab, einst Sitz der Fürsten von Anhalt-Schaumburg, nach deren Aussterben (1812) dem Erzherzog Palatin, Gemahl der Tochter des letzten Fürsten, jetzt deren Sohn, dem *Erzherzog Stephan* gehörig, der es seit 1848 bewohnt und ansehnliche Um- und Neubauten vorgenommen hat. In der Bibliothek viele naturwissenschaftliche und geograph. Prachtwerke. Die Mineraliensammlung ist bedeutend, sie nimmt das untere Geschoss des Neubaues ein. Auch lebende Bären, Adler, Damwild, werden gehalten. Im Gewächshaus seltene Pflanzen. Erfrischungen im Wirthschaftsgebäude.

Fussweg von Stat. Balduinstein auf Schloss Schaumburg etwas steil, Fahrweg gelinde ansteigend in 20 bis 25 Min.

Folgt Stat. *Fachingen* mit dem berühmten **Fachinger Brunnen** (neben dem Gebäude der Brunnen-Verwaltung ein Whs.), von dem jährl. 300,000 Krüge versendet werden. Das Verfahren bei der Füllung und Verkorkung sieht sich ganz hübsch an.

Dietz (**Holländ. Hof*; **Hôtel Lorenz*; Post nach Schwalbach S. 250), sauberes Städtchen, malerisch an der Lahn und an einem Berg gelegen, von dem Schloss der alten Grafen, jetzt als Zuchthaus benutzt, überragt. Die Marmorschleiferei (vgl. S. 252), welche von den Züchtlingen betrieben wird, ist sehenswerth. Erlaubniss zur

252 *Route 46.*   LIMBURG.   *Lahnthal.*

Besichtigung ertheilt der Inspector. Im Magazin sind mancherlei Gegenstände käuflich zu haben. Interessant ist die alte steinerne *Brücke* über die Lahn; zwei Pfeiler liegen umgestürzt als compacte Massen, wie der Heidelberger Schlossthurm (S. 81), im Flussbett, und sind später andere Pfeiler senkrecht darauf aufgemauert worden.

Weiter führt die Bahn an dem auf dem l. U. der Lahn gelegenen, 1676 erbauten und zu Zeiten vom Herzog von Nassau noch bewohnten *Schloss Oranienstein* vorbei. Es enthält nichts Merkwürdiges. Ein Zimmer ist mit einer Anzahl weiblicher Bildnisse aus dem Zeitalter Ludwigs XIV. verziert. Zu Anfang dieses Jahrh. wohnte mehrere Jahre lang Fürst Wilhelm V. von Oranien-Nassau, der vertriebene Statthalter der Republik Holland, der Urgrossvater des jetzigen Königs der Niederlande, darin.

Limburg (*Preuss. Hof* bei der Post, Z. 48, M. 36, F. 18 kr.; *Nassauer Hof und *Deutsches Haus* bei der Brücke) an der *Lahn*, über welche hier eine im J. 1315 erb. *Brücke* führt. Weit über die Stadt ragt auf einem Felsenvorsprung der Lahn der *Dom mit seinen 5 Thürmen hervor, „*Basilica St. Georgi erecta* 909", wie die Inschrift über dem Portal meldet, von dem Salier Conrad Kurzbold, dem mächtigen Grafen im Niederlahngau, dessen *Burg* der Dom begrenzt, gegründet, der jetzige Bau 1235 geweiht, eine der schönsten Kirchen des Uebergangsstils, Cathedrale des Bischofs. Rechts neben dem Portal schellt man um Einlass (18 kr. Trinkg.). Im Innern ein sehr alter *Taufstein*, im nördl. Querschiff das *Grabdenkmal des Gründers Conrad I.* († 918), mit dem liegenden Bilde des Kaisers. Sein Körper ruht in der Klosterkirche zu Fulda, wo er auch starb.

Hinter Limburg verflachen sich die steilen Felswände des Lahnthals auf kurzer Strecke. Links *Dietkirchen* mit der ältesten Kirche des Landes auf steil aus der Lahn aufsteigendem Felsen. Stat. *Eschhofen;* dann

Runkel (*Wied'scher Hof*), alte Stadt auf beiden Ufern der Lahn, mit einem umfangreichen zum Theil erhaltenen fürstlich Wied'schen Schloss. Folgt Stat. *Villmar*; grosse Marmorbrüche; dann *Aumenau* mit Eisensteingruben. Auf der ganzen Strecke bis Weilburg wechseln fortwährend Tunnel, Thal- und Flussübergänge.

Weilburg (**Deutscher Hof;* **Taube; Schwan* vor der Brücke), einst Residenz der 1816 ausgestorbenen Herzoge von Nassau-Weilburg, deren 1721 neu aufgeführtes Schloss auf einem steil von der Lahn aufsteigenden Fels sehr malerisch sich darstellt. Links sieht man das Mundloch des 1845 vollendeten Tunnels, der durch den Fels gebrochen ist, um die Schwierigkeiten der Schifffahrt an dieser Stelle zu beseitigen und dieselbe abzukürzen.

Folgt Stat. *Löhnberg, Stockhausen, Braunfels.* Das Städtchen *Braunfels* (Solmser Hof; Harzheim), Residenz des Fürsten von Solms-Braunfels, liegt auf der Höhe südl. Stat *Albshausen.*

Wetzlar s. S. 319 u. ff.

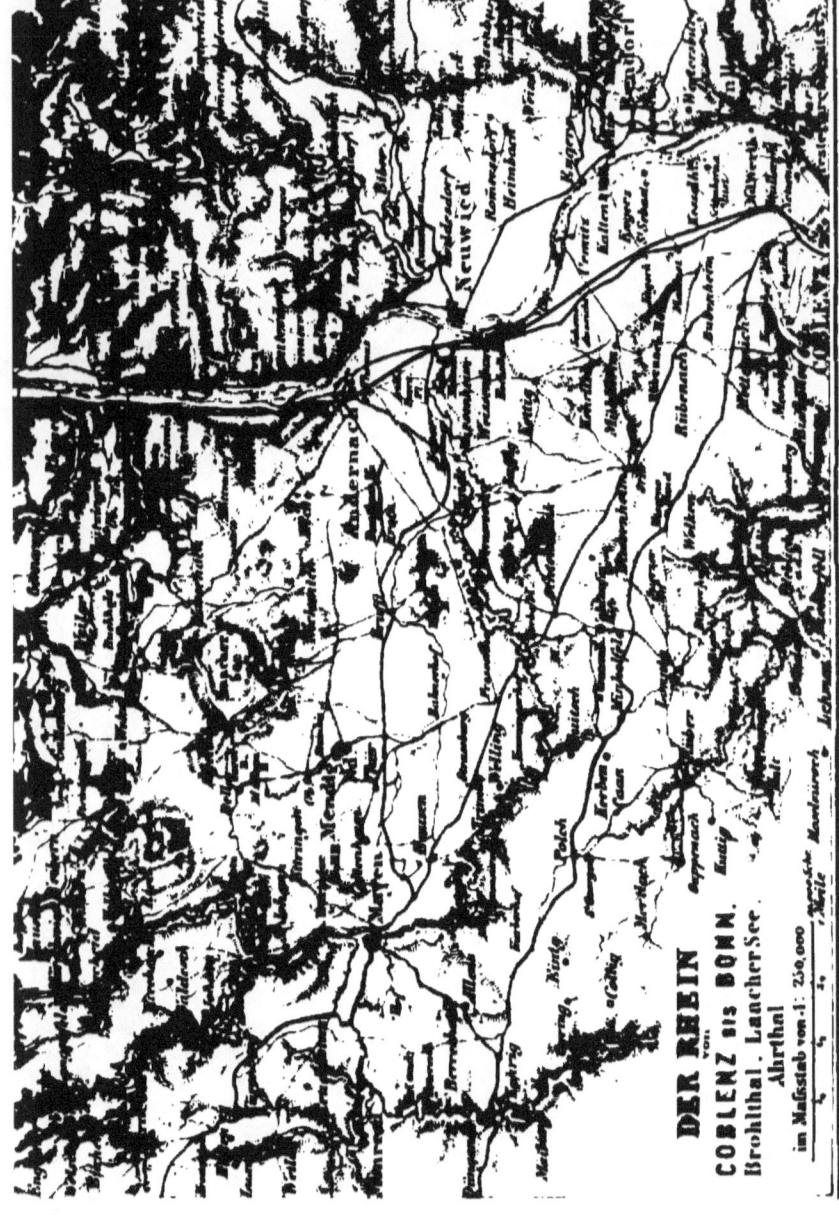

47. Der Rhein von Coblenz bis Remagen.

Entfernung von Coblenz bis Neuwied 3 St., Andernach 1 St., Brohl 1½ St., Nieder-Breisig ¾ St., Sinzig ¾ St., Remagen 1 St., zusammen 8 St. — Dampfboot, zur Betrachtung der Gegend der Eisenbahn weit vorzuziehen, zu Thal in 2, zu Berg in 3½ St. (Fahrpr. 16 oder 10 Sgr.); Landebrücken zu Neuwied, Andernach, Linz und Remagen; Kahnstationen zu Engers, Urmitz, Leutesdorf, Brohl, Hönningen, Nieder-Breisig. — Eisenbahn, am l. Ufer, s. R. 55, Fahrzeit 1 St., Fahrpr. 30, 22½ od. 15 Sgr.

Das Dampfboot fährt unter den Felsen und Mauern des Ehrenbreitstein (S. 244) hin. Rhein und Mosel gleichen einem weiten See, aus welchem die hohen Bogen der alten Moselbrücke (S. 239) aufsteigen, welche die gleich oberhalb stehende Eisenbahnbrücke (S. 240) verdecken. Das rechte Ufer bildet weiterhin meist sanfte Abhänge, das linke Ufer ist flach. (l.) **Neuendorf** ist grösstentheils von Flössern bewohnt. Die *Flösse* liegen gewöhnlich eine Zeit lang hier still, ehe sie, mehrere zu einem vereinigt, weiter abwärts fahren, die grössern 850 bis 900' l., 180' bis 250' breit, in der Mitte eine Anzahl Bretterhütten für die Bemannung, 150 bis 160 Ruderknechte und Arbeiter. Man sagt, dass der Flosshandel mindestens ein Capital von 300,000 Thlr. erfordere, ein Drittel für Holz im Wald, ein Drittel für Holz auf dem Wasser, ein Drittel für Transportkosten vom Oberrhein bis Dordrecht. Folgt (l.) **Wallersheim**.

Am r. U. blickt oben am Berge aus einem Obstwald das Dorf *Urbar* hervor. Tiefer unten zeigt auf einem Vorsprung sich (r.) *Haus Besselich*, einst den Tempelherren gehörend, dann bis 1804 Augustinerinnen-Kloster, seit 1830 Eigenthum des Hrn. v. Stedmann, der einige ausgewählte Bilder besitzt. Schöne Aussicht aus den Gärten. Das am Fuss liegende Dörfchen (r.) **Mallendar** war früher grösstentheils Besitzung des Deutschen Ordens.

Auf der langen Insel (r.) **Niederwerth** der gleichgenannte Ort. In der um 1500 erbauten *Kloster-Kirche* ein geschnitztes Altarblatt und Reste guter Glasgemälde. Eduard III. v. England bewohnte hier 1337 kurze Zeit einen kurfürstlichen Hof und hatte hier wie in Coblenz verschiedene Zusammenkünfte mit Kaiser Ludwig und andern Fürsten.

Durch die Insel theilweise verdeckt, liegt (r.) **Vallendar** *(Capitain; Albert)*, ein gewerbreicher Ort, Schifffahrt und Handel mit Mineralwasser, Steingutwaaren, Eichenholz, Obst. Die 1839 im roman. Stil von Lassaulx erbaute *Kirche* ist als Bauwerk und wegen ihrer Steinmetzarbeiten und neuen Glasgemälde sehenswerth (thronende Maria, nach einem Entwurf von Hess in München angefertigt). Der Kirchthurm daneben ist aus dem 15. Jahrh.

Im Thal hinter Vallendar (¼ St.) die wohlerhaltenen altgoth. Thürme und Trümmer des 1567 verlassenen, später von den Schweden zerstörten *Frauenklosters Schönstatt*, jetzt zu einer Tuchfabrik benutzt. Eine neue schöne Strasse führt hier links ansteigend durch ein reizendes Wiesenthal zwischen bewaldeten Höhen nach (1 St.) **Höhr** *(Müllenbach)*, wohlhabendes nassauisches Dorf auf der Höhe, Hauptsitz der „Krug- u. Düppenbäcker", der ausgedehnten Fabrication von Steingut.

Dem Niederwerth gegenüber zeigen sich die Dörfer (l.) **Kesselheim**, dann (l.) **St. Sebastian**, (r.) in Obstbäumen der Flecken **Bendorf** (*Rhein. Hof; Beringer*) mit roman. Kirche, einer Basilika mit eigenthüml. Verzierungen und Formen. Bei (r.) **Mühlhofen**, wo der *Saynbach* sich in den Rhein ergiesst, erheben sich die Hochöfen der Saynerhütte (s. unten). Weiter zurück liegt die *Concordiahütte*.

Vom Dampfboote erblickt man die ½ St. landeinwärts auf der Spitze eines Bergkegels gelegenen Ruinen der im 10. Jahrh. erbauten und im 30jähr. Kriege von den Franzosen zerstörten *Burg Sayn*. In einem Gewölbe der Burg befindet sich ein Sarcophag mit der aus dem 13. Jahrh. stammenden, aus einem Eichenstamm geschnitzten Statue eines Grafen Heinrich von Sayn, des Erbauers der in der Nähe liegenden Abtei Sayn. Am Abhange des Bergkegels blickt die Trümmer der Burgen *Stein* und *Reifenberg*. Am Fuss des Gebirges liegt das 1850 grösstentheils neuerbaute ansehnliche *Schloss Sayn*, Eigenthum des Fürsten zu Sayn-Wittgenstein-Sayn, in der Regel zugänglich Sonntag und Donnerstag von 1—5 Uhr gegen ein kleines Eintrittsgeld zum Besten der Ortsarmen. Das Schloss ist prächtig eingerichtet und hat eine sehr gewählte *Sammlung neuerer Bilder*, u. a. *Krüger* grosses Bildniss des russ. Feldmarschalls Wittgenstein, Vaters des Fürsten; *Hor. Vernet* Rückkehr von der Falkenjagd (Bildniss der Fürstin und der furstl. Familie); von demselben Skizze zu dem bekannten Mazeppabild; ferner Bilder von *Gudin*, *Isabey*, *Wappers*, *Verboeckhoven*, *Steinbrück*, *Granet*, *Cattel*, *Adam*, *Winterhalter*, *Decamps*; kleinere von *Wouwermann*, *F. Bohl* u. A. Dann einige Sculpturen: *Bartolini* die Barmherzigkeit, Marmorgruppe; *L. Bienaimé* die Unschuld, Marmorstatue und einige Büsten von *Rauch*. Die sehenswerthe Silberkammer wird Fremden nur ausnahmsweise gezeigt. Die schöne gothische, erst kürzlich vollendete Schlosscapelle u. Crypta enthält u. a. einen werthvollen Christus von Elfenbein von *Giovanni da Bologna*, eine Statue der Madonna von carrarischem Marmor und Fenster aus der K. Glasmalerei-Anstalt in München. Der Bergkegel, auf welchem die weit ausgedehnten Burgtrümmer liegen, sowie das ihn umziehende Thal wurden zu einem reizenden Park umgeschaffen. Oben eine vortreffliche Aussicht, ähnlich der vom Friedrichsberg (s. unten). Wintergarten und Palmenhaus ebenfalls sehenswerth.

Nebenan die grosse früher königl. **Sayner Hütte** (*Burg Sayn* oder *Post*), seit 1865 im Besitz des H. Commerzienr. Krupp (S. 347). Das 1830 aufgeführte Huttengebäude besteht fast ganz aus Gusseisen und Glas.

Ueber dem Thal steigt der Friedrichs- oder **Renneberg** auf, unter nassauischer Regierung als Lustpark angelegt, im Sommer, namentlich an den beiden Pfingsttagen, aus der Umgegend viel besucht. Die Aussichten von der Höhe, in das reich angebaute mit Obstbäumen übersäete Rheinthal, und die engen Schluchten des romant. Saynthals, durch welches die Strasse nach Altenkirchen fuhrt, sind reizend, ein sehr lohnender Spaziergang. Oben im Saynthal (1¼ St. von Sayn) liegen auf einem Bergkegel die Trümmer der *Isenburg*, der Stammsitz eines noch blühenden Geschlechts.

An den waldigen s.w. Abhängen des Bergkranzes, der den schönen *Engersgau* umzieht, ragt der Kirchthurm von *Heimbach* hervor. Die ehem. *Abtei Rommersdorf*, in der Nähe, jetzt Eigenthum des Herzogs von Aremberg, hat einen schönen Kreuzgang und Capitelsaal, um 1200 aufgeführt. Einige Säulen sind aus Verde antico.

Zwischen *Sayn* und *Engers* (½ St.) wird auf freiem Felde an verschiedenen Stellen, kaum 10' unter der Erdoberfläche, ein eigenthümliches Bimsstein-Conglomerat gegraben, welches, mit Mörtel zu Bausteinen von der doppelten Dicke gewöhnlicher Backsteine geformt („Engerser Sandstein") und an der Luft getrocknet, ein sehr geschätztes Baumaterial für Innen-Wände bildet, da die Steine leicht und trocken sind. In neuerer Zeit hat man aber auch angefangen, statt einzelne Steine zu formen, die aus Balken gezimmerten Wände bis auf eine gewisse Höhe auf beiden Seiten mit Brettern zu bekleiden und die ganze frisch angemachte Masse oben hineinzugiessen und so fort bis zur Vollendung, wodurch eine eigenthümliche Art von Gusswerk entsteht. Die Bank, welche diesen Bimsstein liefert, ist an einzelnen Stellen 20′ mächtig. Es lässt sich geologisch nachweisen, dass, bevor der Rhein das Gebirge bei Andernach durchbrach, das Becken von Neuwied ein tiefer See war. Der Bimsstein-Auswurf aus den Vulcanen des linken Rheinufers wurde durch Regen in den See geschwemmt, wo er sich als Niederschlag mit dem lössartigen Bindemittel vereinigte.

Am Ufer des Rheins, vor (r.) **Engers** (*Römerbrücke;* Dampfbootstation) „Villa Bella", der Frau Blank-Hauptmann gehörig. In der Nähe sieht man alte Mauerreste (Gusswerk, in welchem zuweilen röm. Münzen aus der Zeit der Constantine gefunden werden), vielleicht Widerlager einer röm. Brücke oder auch Reste einer Brückenschanze. An dieser Stelle soll nämlich, etwa 50 Jahre vor Chr., Caesar's zweiter Uebergang über den Rhein stattgehabt haben.

„Caesar postquam ex Menapiis in Treviros venit, duabus de causis Rhenum transire constituit: quarum erat altera, quod auxilia contra se Treviris miserant; altera, ne Ambiorix ad eos receptum haberet. His constitutis rebus, paullum supra eum locum, quo ante exercitum transduxerat, facere pontem instituit. Nota atque instituta ratione, magno militum studio, paucis diebus opus efficitur. Firmo in Treviris praesidio ad pontem relicto, ne quis ab iis subito motus oriretur, reliquas copias equitatumque transducit." *Caesar de bello Gallico VI., 9.* (Als Caesar von den Menapiern zu den Trevirern gekommen war, beschloss er aus zwei Gründen, den Rhein zu überschreiten, zum einen, weil sie den Trevirern Hülfstruppen gegen ihn geschickt hatten, zum andern, damit nicht Ambiorix eine Zuflucht bei ihnen fände. Demnach begann Caesar etwas oberhalb des Orts, wo er früher das Heer hinübergeführt, eine Brücke zu schlagen. Durch den grossen Eifer der Soldaten wird das Werk in wenigen Tagen vollendet. Nachdem er auf der Treviser Seite eine starke Schutzwache bei der Brücke zurückgelassen hatte, damit nicht ein Aufstand losbräche, führte er die übrigen Truppen und die Reiterei hinüber.)

Engers, früher *Kunostein-Engers* genannt, war in ältester Zeit Hauptort des Engersgaues. Erzb. Kuno v. Falkenstein (S. 239) hatte daselbst 1386 ein festes Schloss erbauen lassen mit rundem Thurm, dessen epheubewachsener Rumpf unterhalb des Schlosses noch hervorragt, zum Schirm gegen die Angriffe der westerwälder Gaugrafen, welche der Rheinschifffahrt beschwerlich fielen. Kurf. Johann Philipp von Walderdorf liess 1758 an dessen Stelle das jetzige Schloss aufführen; im Saal Freskobilder (Deckengemälde) von Jan. Zick. In dem Schloss befindet sich jetzt die vierte preuss. Kriegsschule (7. und 8. Armeecorps). Oben fern am Saum des waldigen Gebirges glänzt das helle fürstl. Wied'sche Schloss *Monrepos* (S. 257).

Engers gegenüber (l.) **Kaltenengers**, dann **Urmitz**, weiter abwärts der *Gute Mann*, ehem. Einsiedelei, mit einer neuen Capelle. In der Nähe Kalköfen und eine Fabrik Engerser Steine (S. 254). Dann folgt der Flecken (l.) **Weissenthurm** *(Riese)*, mit der kleinen 1836 von Lassaulx erbauten Kirche mit Freskogemälden von Gassen. Am Ende des Orts steigt eine hohe viereckige *Warte* empor, 1370 von Erzb. Kuno v. Falkenstein als der äusserste befestigte Punct der Trier'schen Grenze erbaut, „allda sich das Trierische Land vom Cölnischen scheidet, und das Niederland vom Oberland". (*Merian* 1646.)

Auf der Anhöhe über dem Ort das **Hoche-Denkmal**, ein kleiner Obelisk zum Andenken an den franz. General Hoche, der 1797 mit der Armee hier über den Rhein setzte, die kaiserl. Linien nahm, bis Wetzlar vorrückte, dort aber, 30 Jahre alt, plötzlich starb. Die Inschrift lautet: „*L'Armée de Sambre et Meuse à son Général Hoche*". Nicht die Armee jedoch, sondern die Wittwe († 1859) hat es aufführen lassen. Die preuss. Regierung hat es vor gänzlichem Verfall gerettet, und, wie Marceau's Grabmal bei Coblenz, dauerhaft wiederhergestellt. An dem Grabe von Hoche bei Coblenz (S. 243) waren bei seiner Beerdigung sechs Fähnchen aufgepflanzt, die von ihm meldeten: „*Général en chef à 24 ans, il débloqua Landau, il pacifia la Vendée, il vainquit à Neuwied, il chassa les fripons de l'armée, il déjoua les conspirateurs*".

Schon von weitem zeigt sich das freundliche betriebsame (r.) **Neuwied** (*Anker, Wilder Mann; beide am Rhein; Brüdergemeinde; Dampfbootbrücke am r. U., Eisenbahnstat. (S. 315) am l. U., Ueberfahrts-Dampfschiff ½ Sgr.). Am untern Ende der Stadt das stattliche Schloss und der Park des Fürsten. Graf Friedrich gründete den Ort im J. 1653, an der Stelle des im 30jähr. Krieg verödeten Langendorf.

„In einer der newlichsten Frankfurtischen Relationen ist einkommen, dass hochwohlgedachter Herr Graf Friedrich von Newen Wied, so zwischen Andernach und Coblentz an dem Rhein residirt, gesinnet seye, Jedermann in sein Land auffzunehmen, ohne vnterschied der Religion vnd ohne einigen Pfenning zu zahlen. Er wolle auch Landgüter austheilen, darauf sich ein redlich Mann, mit seinem Hauswesen, ernehren könne." Merian. 1656.

Unter seinem Schutz blühte das regelmässig gebaute und durch 40' breite Strassen in Vierecke gesonderte Neuwied schnell auf, durch Gewerbfleiss und Handel gehoben. Es zählt jetzt 7000 Einw., Protestanten und Katholiken (2000), Herrnhuter, Mennoniten, Quäker und Juden, die hier friedlich neben einander leben. Stärkemehl- und Cichorien-, ebenso Weissblechfabriken werden hier mit Erfolg betrieben.

In der Fasanerie, einem abgesonderten, im Park gelegenen Gebäude, ist die *naturgeschichtl. Sammlung, welche Prinz Maximilian 1817 aus Brasilien und 1836 aus Nordamerica brachte, zu jeder Stunde zugänglich; Anmeldung beim Portier, am Eingangsthor in den Schlosshof, ein Einzelner 10, eine Gesellschaft 20 Sgr. Trinkg. Die kleine Sammlung röm. Alterthümer in einem Zimmer des an die Strasse grenzenden Gebäudes, drei Treppen hoch aufgestellt (ein Genius in Erz, Opferschalen, Ringe, getriebene Silberreliefs, Lanzen, Votivsteine der 8. und 22. Legion u. A.), hat nur Bedeutung, weil alle diese Gegenstände in der Umgegend von Neuwied, auf der Stelle der Veteranenstadt *Victoria* bei *Heddesdorf*, bei *Niederbiber* etc. ausgegraben sind. Die Reihe der röm. Münzen reicht bis zum J. 260. in welchem vermuthlich dieses von keinem Geschichtschreiber erwähnte Standlager (*Biber, Hiberna*) von den Franken zerstört wurde. Die Ausgrabungen, welche 1791, dann 1819 und neuerdings (1857) bei Niederbiber (1 St. vom Rhein) statt hatten, sind wieder verschüttet; der Pflug des Landmanns lockert den Boden, welcher das 840' lange, 631' breite röm. Castell bedeckt.

Die Herrnhuter Gemeinde zählt an 400 Mitglieder und bewohnt ein eigenes Viertel der Stadt. Ihre Einrichtungen, die Schulen, Schlaf- und Betsäle, die Kirche, verdienen genauere Besichtigung, weil sie einen Blick in das Leben der Gemeinde gestatten. Die unverheiratheten Brüder wohnen in einem abgesonderten Gebäude zusammen und betreiben für gemeinschaftliche Rechnung mancherlei Gewerbe. Von ihren Fabricaten sind die Fayence-Oefen und die hirschledernen Handschuhe die bekanntesten; sie zeichnen sich durch saubere Arbeit und Dauerhaftigkeit aus. Die Erlaubniss zur Besichtigung der Anstalt wird gern ertheilt, zuvor wird man indess gewöhnlich in eine der Werkstätten geführt, um etwas zu kaufen. In ähnlicher Weise sind auch die Einrichtungen des Schwesternhauses. Die Schwestern tragen eine besondere Kleidung und sind leicht an den eigenthümlichen weissen Hauben zu erkennen. Mädchen tragen dunkelrothe Bänder an der Haube, Jungfrauen hellrothe, Frauen blaue und Wittwen weisse. Von Zeit zu Zeit werden Liebesmahle in der Kirche mit Gesang, Gebet und religiöser Anrede gefeiert, wobei Thee umhergereicht wird. Die Richtung, welche im Allgemeinen sich in den Herrnhuter Gemeinden fortdauernd gleichmässig erhalten hat, spricht sich auch bei der Neuwieder besonders durchgebildet aus. Berühmt sind ihre Erziehungsanstalten, die aus vielen Gegenden Deutschlands, namentlich aber auch von jungen Engländern, zahlreich besucht werden. Ueberhaupt ist Neuwied der Ort, wo solche Anstalten gedeihen. Neben derjenigen der Herrnhuter, befinden sich noch drei bis vier andere hier, deren keiner es an Zöglingen gebricht.

(Das fürstl. Lustschloss *Monrepos* (1008'), 2 St. n. von Neuwied entfernt, welches mit seinen weissen Mauern aus dem dunkeln Wald am Abhang des Gebirges rückwärts hervorglänzt, bildet, im ganzen Thalkessel von Stolzenfels an, einen hellen Punct im Hintergrund der Landschaft.)

Dem fürstl. Park gegenüber mündet (l.) die *Nette* in den Rhein. Der westl. aufsteigende Berg mit dem Doppelgipfel ist der *Plaidter Hummerich* (909'). An der Landstrasse und Eisenbahn liegt der (l.) *Netterhof*, bedeutend wegen seiner mannichfaltigen Mühlenwerke (Korn-, Oel-, Trass-, Gyps- und Knochen-Mühlen).

Unterhalb Neuwied, vor dem Fischerdorf (r.) *Irlich*, fliesst der *Wiedbach* in den Rhein. Eine kleine Eisenbahn bringt hier den Rhein mit der landeinwärts gelegenen grossen *Rasselsteiner Eisenhütte* in Verbindung, dem ersten Puddlingswerk in Deutschland, 1824 angelegt. Aus Obstbäumen blickt von der fruchtbaren Anhöhe die roman. *Feldkirche* hervor. Am Rhein zeigt sich das (r.) *Teufelshaus*, Trümmer des im 17. Jahrh. begonnenen nie vollendeten Schlosses *Friedrichsstein*, jetzt theilweise von armen Leuten bewohnt. Die Bauleute gaben ihm wegen der drückenden Frohnarbeit den jetzigen Namen. In der Nähe desselben das niedliche Landhaus des Hrn. v. Röntgen. Der kleine Ort unterhalb des Teufelshauses heisst *Fahr*. Ueber demselben, am Bergrande, Andernach gegenüber, zwei neue Landhäuser.

Das stattliche alterthümliche (l.) **Andernach** (**Hackenbruch; Kroth;* Dampfboot- und Eisenbahnstation) reicht mit seiner alten Bastei, dem Römerthor und dem hohen Wachtthurm bis an den Rhein. Unter dem Namen *Antonacum* (*statio ante Nacum*, Station vor der Nette) war Andernach röm. Grenzfeste, Standquartier des *praefectus militum Arinsensium*, der *Legio XXI. rapax* und der *Legio XXII. primigenia*, der *Cohors Ticinensis* und der *Cohors Asturiensis*. Es wurde im J. 335 von den Allemannen erobert, aber schon 359 durch Kaiser Julian wieder genommen.

258 *Route 47.*   LEUTESDORF.   *Von Coblenz*

Im Mittelalter Reichsstadt, wurde Andernach von Kurköln 1496 mit Gewalt bezwungen, und 1688 von den Franzosen an sechs Orten in Brand gesteckt.

Sie zerstörten auch das aus Basalt im J. 1109 von dem Kölner Erzbischof Friedrich 1. aufgeführte, 1688 von kurbrandenburg. Truppen gegen Franzosen vertheidigte *Schloss*, dessen grossartige Trümmer neben dem Coblenzer Thor aus dem tiefen Graben aufsteigen. An dem gewölbten spitzbogigen *Stadtthor* sind deutlich Spuren gewaltsamer Zerstörungsversuche zu erkennen.

Die *Pfarrkirche* ist eine der schönsten spätromanischen (1206), Chor von 1120, ausgezeichnet durch vier Thürme und reiche Portale. Das Gewölbe über dem Schiff trägt drei Wappen, das städtische, kaiserliche und jenes des kölner Erzbischofs Hermann IV. († 1508). Das Chor ist 1856 in Gold und Farben ausgemalt. Die Kanzel in Holzschnitzwerk ist 1807 aus der Kirche der Abtei Laach (S. 266) hieher verpflanzt.

Der hohe *Wachtthurm* am Rhein, unten rund, oben achteckig, ist 1414 bis 1468 erbaut. Er zeigt noch an der Westseite die breite Bresche, welche die Franzosen 1688 schossen.

Die vulcan. Producte der Umgegend von Andernach, Mühlsteine (Lava, S. 267), Tuffsteine (gewöhnlich Duckstein genannt) und Trass (S. 264), bilden einen ansehnlichen Handelsartikel und werden nach allen Weltgegenden ausgefuhrt; in neuester Zeit sind z. B. zum Bau der grossen Eisenbahnbrucke über die Weichsel bei Dirschau Mendiger Steine und Brohler und Plaidter Trass in grosser Menge verwendet worden. Diese merkwürdigen Basaltlava-Gruben sind bei *Niedermendig*. in der Nähe des *Laacher See's* (S. 266), 2½ St. w. von Andernach, Gruben und See also am besten von hier aus zu besuchen, Rückweg an den Rhein durch das Brohlthal (S. 264).

Unterhalb Andernach verengt sich das Rheinthal. Rechts breitet sich an ergiebigen Reben-Felswänden der ansehnliche Flecken (r.) **Leutesdorf** *(Eisen)* am Ufer aus. Weiter abwärts liegt auf dem linken Ufer an bewaldeten Bergabhängen, vom Rhein kaum sichtbar, das Dörfchen (l.) **Namedy** mit einer kleinen niedlichen goth. Klosterkirche aus dem 15. Jahrh., durch eine Reihe dünner Säulen in zwei Schiffe geschieden, und einem Schloss, einst Sitz der „Hausmänner von Namedy", jetzt der Frau Ober-Regierungsrath Linz zu Coblenz gehörig.

Der *Fornicher* oder *Weghübler Kopf*, oberhalb (l.) **Fornich**, weithin kenntlich an den einzelnen aus niedrigem Buschwerk hervorragenden Bäumen, ist der dem Rheinthal nächste Vulcan; der ansehnliche Lavastrom, in mächtigen Pfeilern abgesondert, unmittelbar an der Strasse, ist vom Dampfboot gut zu beobachten.

Ein gewaltiger Grauwacken-Felskegel tritt am rechten Ufer bis hart an den Rand des Stroms vor; die Trümmer der (r.) *Burg Hammerstein* bedecken den Gipfel. Kaiser Heinrich IV. weilte 1105, als er von seinem Sohn Heinrich V. verfolgt wurde (S. 317), eine Zeit lang auf Hammerstein; die Reichskrone nebst den Insignien wurde hier aufbewahrt, bis Heinrich V. sie abholen liess. Zur Zeit des 30jähr. Kriegs war die Burg abwechselnd von Schweden,

Spaniern, Kurkölnern und Lothringern besetzt, wurde aber um 1660 als zu gefährliche Nachbarschaft auf Betrieb des Erzstifts Köln zerstört. Flussabwärts (r.) **Ober-Hammerstein** *(Burg Hammerstein)*, dann **Nieder-Hammerstein**, guten Wein erzeugend.

Oestlich, 1½ St. vom Rhein entfernt, auf der Höhe des Gebirges, ist der Lauf des **Pfalgrabens**, der bekannten röm. Befestigung gegen die Angriffe der Germanen, deutlich zu erkennen und von Monrepos (S. 257) bis zum Siebengebirge zu verfolgen. Das Plateau oberhalb Hammerstein, unmittelbar am Pfalgraben, heisst heute noch *Marsfeld;* nicht selten werden heute noch röm. Münzen u. A. dort gefunden.

Am linken Ufer fällt der *Brohlbach* in den Rhein, bei dem Dorf (l.) **Brohl**, Dampfboot- und Eisenbahnstation *(Nonn sen. und jun.)*, das am Abhang und im Thal sich ausbreitet, mit dem kleinen Oertchen **Nippes** fast vereinigt. Von hier wird besonders der im *Brohlthal* (S. 264) gegrabene Duck- oder Tuffstein versendet.

Etwa 1000 Schritte unterhalb des letzten Hauses an der Brohl führt von der Landstrasse ein Fussweg den waldbewachsenen Berg hinan, welcher (l.) *Schloss Rheineck trägt. Der Fahrweg schlängelt sich an der Nord- und Westseite um den Berg, an dessen Fuss hier tief unten im Thal das Dörfchen *Thal Rheineck* sich schmiegt. Der viereckige 65' hohe Wartthurm an der Südseite ist der einzige Ueberrest der 1689 von Franzosen, 1692 von kurköln. Soldaten zerstörten, 1785 abgebrannten alten Burg Rheineck, der Wiege eines 1548 ausgestorbenen gleichnamigen Geschlechts. Herr v. Bethmann-Hollweg kaufte die Ruine und liess im J. 1832 durch den Coblenzer Baumeister v. Lassaulx das neue Schloss im Rundbogenstil aufführen. Est ist geschmackvoll und behaglich eingerichtet, in einem Zimmer ein Oelbild von *Begas*, Kaiser Heinrich IV. im Schlosshof zu Canossa, in der Capelle die Bergpredigt und die acht Seligkeiten al fresco 1839 und 1840 von *Steinle* gemalt, gekreuzigter Christus in Marmor von *Achtermann* in Rom. Die Erlaubniss zur Besichtigung wird selten verweigert (ein Einzelner 5 bis 7½ Sgr. Trinkg., eine Gesellschaft 20 Sgr. bis 1 Thlr.). Die *Aussicht aus den Gärten, für Jedermann stets geöffnet, beherrscht den ganzen Bogenlauf des Rheins von weit oberhalb Andernach bis zum Apollinarisberg: die Kuppen des Siebengebirges ragen über die vorliegenden Hügel hinaus. Der Punct verdient neben dem Drachenfels genannt zu werden. Der betende Knabe in Erz ist ein Abguss der berühmten Antike (Adorante) im berliner Museum.

Die Burggrafschaft hatte als uraltes freies Reichslehn Sitz und Stimme auf der schwäb. Bank, bestand aber nach Moser (Deutsches Staatsrecht) in der zweiten Hälfte des 18. Jahrh., „aus dem Schloss mit zwölf armen Unterthanen, einem Juden, drei Höfen und zwei Mühlen, so dass man keine miserablere Beschreibung von dem Gebiete eines Reichsstandes lesen kann". Rheineck ist seit den ältesten Zeiten Völkerscheide. Abwärts wohnten zu Caesars Zeiten die Eburonen, aufwärts die Trevirer jenen gegenüber die Sicambern, diesen die Ubier und höher hinauf die Usipeter und Tenchterer. Auch heute noch bildet Brohl die scharf hervortretende Grenze zwischen mittel- und niederrhein. Dialect; der niedliche Kopfputz der Landmädchen (S. 238) hört hier ebenfalls auf. Neueste Forschungen wollen auch hier die Grenze zwischen Germania superior und Germania inferior gefunden haben.

Unterhalb Rheineck dehnt am Ufer sich (l.) **Nieder-Breisig** (Dampfboot- und Eisenbahnstation) aus, an dessen Südseite, nahe dem Eingang des Orts, noch ein Theil des *Tempelhofes* steht, als Malteser-Eigenthum zur franz. Zeit verkauft. Der Ort gehörte vor der ersten franz. Revolution der Fürst-Aebtissin von Essen (S. 347).

Die Berge des rechten Ufers treten etwas zurück. (r.) **Rheinbrohl** *(Krone)* mit seiner stattlichen, 1855 vollendeten, von dem Kölner Baumeister Statz aus Grauwacke aufgeführten goth. *Kirche*, und (r.) **Hönningen** *(*Kraus)*, zwei ansehnliche Ortschaften, breiten sich auf der fruchtbaren Fläche aus.

Auf einer Anhöhe glänzt mit seinen vergoldeten Thurmknöpfen und Dachfahnen das früher fürstl. Leyensche (r.) *Schloss* **Argenfels**, so genannt von einer Gräfin v. Are, der Gemahlin des Erbauers, Heinrich v. Isenburg, seit 1849 Eigenthum des Grafen Westerholt, der es nach den Plänen des Dombaumeisters Zwirner († 1861) sehr stattlich umbauen und herstellen liess. Ein eigenthümlicher hoher runder steinerner Thurm überragt das Schloss. Im Rittersaal eine Anzahl schöner alter Waffen. Die Anlagen dehnen sich auf dem Bergrand aus, treffliche Aussichten gewährend.

Zu (r.) **Ariendorf** hat Herr v. Lorch („genannt Lorch Lerche von der Licht") 1852 ein hübsches Landhaus aufführen lassen. In dem nahen (r.) **Leubsdorf** ist ein alter königl. Saalhof, das kleine Gebäude mit den vier Thürmchen. Dann schaut aus einer Schlucht der Burgthurm von (r.) *Dattenberg* mit dem Landhaus des Hrn. v. Mengershausen hervor. Gegenüber fliesst die *Ahr* (S. 269) in den Rhein. Die schöne Kirche von *Sinzig* (l., ½ St. vom Rhein entfernt an der Eisenbahn, S. 314) ist vom Dampfboot sichtbar.

Von der (l.) **Krippe**, Dörfchen am Rhein, durch eine fliegende Brücke mit Linz verbunden, führt westl. ein Weg bei dem Rittergut *Godenhaus* vorbei zu dem *Sinziger Brunnen*, einem eisenfreien muriatischen Natronwasser. Er mündet dem Badhaus gegenüber in die Landstrasse, auf dem linken Ahrufer, unfern der Brücke über die Ahr unterhalb Sinzig (S. 270).

(r.) **Linz** *(*Nassauer Hof)*, alte ummauerte einst kurköln. Stadt. Die dreischiffige *St. Martinskirche*, eine der schönen rundbogigen, aus dem Anfang des 13. Jahrh., besitzt schöne Glasmalereien und ein vortreffliches Flügelbild, von demselben Meister, der das Bild zu Sinzig (S. 314) gemalt hat, mit der Jahreszahl 1463, auf den äussern Flügeln Verkündigung und Kreuzigung, auf den innern

Verkündigung und Krönung Mariae, im Bilde selbst Geburt, Anbetung, Darbringung im Tempel und Erscheinung Jesu bei seiner Mutter. Für die 1850 bewirkte Herstellung des Bildes durch den Maler C. Müller (S. 263) sollen 600 Thlr. bezahlt worden sein. Die alten Freskobilder sind 1860 erneuert. Schöne Aussicht vom Kirchhof und vom *Donatus-* oder *Kaiserberg* (S. 262), wo eine Capelle und neue Stationen; südwestl., gerade über dem Einfluss der Ahr in den Rhein, tritt auf einem fernen Bergkegel der runde Thurm von Schloss Olbrück (S. 268) besonders hervor. In der Umgebung von Linz wächst viel rother Wein, das Städtchen ist während der Weinlese Mittelpunct des muntersten Treibens.

Höchst beachtenswerth sind die grossen *Basaltbrüche bei Linz, zu *Dattenberg* und auf dem *Minderberg*. Der Weg zum Minderberg führt östlich im Thal aufwärts bis zur *Sternerhütte*, die hier Kupfer, Vitriol und Zink erzeugt. (In der Nähe das 1846 erbaute Schloss des Prinzen v. Salm-Kyrburg. Oberhalb der Sternerhütte der *Renneberg*, auf der Höhe ein Rundschauthurm.) Von der Sternerhütte führt der Weg links die Höhe hinan; bald zeigen sich oben in der Ferne die Wände des Steinbruchs. Es ist eine weite Halle des schönsten schwarzen Säulenbasalts, ein grosses Lager theils aufrecht stehender, theils später durcheinander gefallener Schichten prismatischer, 3 bis 10 Zoll im Durchmesser haltender, bis zu 20 Fuss langer, vier- bis sechsseitiger Säulen von hellem metallischem Klang, gleich Meilern von Holzkohlen dicht zusammen gedrängt, so dass sie wie eine grosse zusammenhangende Felswand erscheinen, an Schönheit die der Fingalshöhle auf der Insel Staffa übertreffend. Die *Aussicht, von der Höhe über dem Steinbruch (1328' ü. M., 1180' ü. d. Rhein) wird von Manchem der vom Oelberg (S. 276) gleich geachtet. Den Rückweg wähle man westlich durch das *Kasbachthal* (s. S. 262), an dessen Ausgang eine Eisenbahn zum Transport der Steine von der Höhe in das Thal. Führer ist unnöthig. Die ganze Partie lässt sich von Linz, hin und zurück, in 3 St. machen.

Der *Basaltbruch von Dattenberg oberhalb Linz, in einem vom Rhein ausgehenden Seitenthal, ist kaum 1½ St. von Linz entfernt. Die Säulen sind so hoch wie die Minderbergs, aber weit stärker, der Dattenberger Basalt ist massenhafter. Schöne Aussicht am Fuss der nahen *Schlossruine* (S. 260), von der dem Hrn. v. Mengershausen gehörenden Anlage, besonders auf die Schlangenwindungen der gegenüber mundenden Ahr, im Hintergrund der Basaltkegel der Landskron (S. 270).

Diese Basaltlager dürfen von keinem Reisenden unbeachtet bleiben, sie gehören zu den merkwürdigsten Naturgebilden des Rheinthals. „Was das Entstehen der säulenförmigen Absonderung bei Basalten u. s. w. betrifft, den Ursprung der dieselben bedingenden Spalten und Risse, so erscheint in allen bekannten Fällen die Prismen-Gestaltung als eine Folge des Abkühlens und der Zusammenziehung der im Schmelzungszustande befindlichen Gesteinmassen, vermittelst Berührung mehr oder weniger dichter, flüssiger Medien (Wasser oder Luft), oder fester Körper (der Felsboden, über welchen Laven sich ausbreiten; die Gestein-Wände der Spalten, innerhalb deren Basalte, Porphyre u. s. w. emporstiegen)."
v. Leonhard.

Die Basalte liefern ein vortreffliches Strassenbau-Material; bei Bauten werden sie wohl zu den Fundamenten, selten aber zum Oberbau benutzt, weil die Steine Feuchtigkeit anziehen. Die Stadtmauer und der Thurm zu Linz, manche Häuser zu Unkel u. a. O. sind damit erbaut. Auch zu Prell-, Geländer- und Grenzsteinen dienen sie häufig. Die bedeutendste Ausfuhr findet nach dem Niederrhein und nach Holland statt, wo sie zu Deichbauten gebraucht werden. Basaltsäulen von 10 bis 12' (längere sind selten) werden mit 1½—2 Thlr., kleinere der Fuss mit 2½—3 Sgr., Pflastersteine das 1000 mit 8 bis 10 Thlr. bezahlt.

Oestl. von Linz erhebt sich der *Hummelsberg* (1345'), auf welchem von Linzer Bürgern am 17. Oct. 1838, dem 25. Jahrestag der Leipziger Schlacht, zur Erinnerung an diese ein 40' hohes Kreuz aufgerichtet ist. Ein anderes Kreuz auf dem *Kaiserberg* (S. 261), näher am Rhein, ist zwei Jahre später zum Gedächtniss der Schlacht von Belle-Alliance aufgepflanzt. Am Hummels- und Kaiserberg sind ebenfalls Basaltbrüche in lebhaftem Betrieb.

Unter Linz liegt (r.) **Linzerhausen** (Whs. *Vorstadt Linz*). Dann folgt *Kasbach*, an der Mündung eines Bachs, von den epheuumrankten Burgtrümmern von *Ockenfels* überragt. Weiter abwärts bei dem Flecken (r.) **Erpel** steigt die *Erpeler Lei* (625'), ein Basaltberg, steil empor. Seine Brüche sind die einträglichsten am Rhein, weil die Steine unmittelbar in Schiffe eingeladen werden können; die Säulen selbst sind aber stärker und weniger zierlich als die des Datten- und Minderbergs (S. 261).

(l.) **Remagen**, Dampfboot- und Eisenbahnst. (*HôtelFürstenberg; *König von Preussen; *Hôtel Monjau). — Polizeiliche Lohnkutscher-Taxe (einschl. Chaussee- u. Trinkgeld): nach Ahrweiler Einsp. 1¹/₃, Zweisp. 2 Thlr., Rückfahrt 20 Sgr. oder 1 Thlr.; Altenahr 2¹/₂ oder 3 Thlr., Rückfahrt 20 Sgr. oder 1¹/₃ Thlr.; Hin- und Rückfahrt auf 24 Stunden gerechnet 4 oder 5¹/₂ Thlr.; Laacher See hin und zurück (1 Tag) 3 oder 4²/₃ Thlr., über Andernach hin oder zuruck 4 oder 6 Thlr. Diese Taxen sind hier absichtlich so ausfuhrlich angegeben, weil keiner der zwischen Coblenz und Bonn gelegenen Rheinorte sich so gut als Standquartier für Ausflüge eignet.

Das Städtchen Remagen kommt als *Rigomagus* schon auf der Peutinger'schen Karte der Römerstrassen (aus dem 2. Jahrh.) vor. Bei dem unter pfalz-bayr. Regierung 1763 begonnenen Bau der Strasse fand man u. A. einen im J. 162 nach Chr. gesetzten Meilenstein, der berichtete, dass bereits unter den Kaisern M. Aurelius und L. Verus an dieser Strasse gebaut worden war. Die Entfernung von Köln wird darauf zu 30,000 Passus angegeben, was mit den 19 gallischen Leuken zu 1¹/₂ Millien der Tabula Peutingeriana ziemlich stimmt. Einige dieser Steine sind später in das Museum nach Bonn (S. 287) gekommen.

Der Chor der *Kirche* ist, wie eine Inschrift an der äussern Chorthür besagt, im J. 1246 aufgeführt. Im Innern des Chors einige alte, bei Ablösung der Tünche im J. 1842 entdeckte Wandgemälde. Die Kirchhofmauer neben der äussern Westseite des Chors besteht aus einem Stück röm. Gussmauer.

Das *Portal neben dem kathol. Pfarrhaus*, an der Nordseite des Orts, ist bemerkenswerth. Die seltsamen grotesken Sculpturen daran gehören in sehr frühe Zeiten und sind mehrfach gedeutet worden, früher meist auf Jagd, Landbau u. a., neuerdings jedoch auf bibl. Vorstellungen aus der Offenbarung Johannis; so sagt Prof. Braun, das Portal sei ursprünglich das einer christl. Kirche gewesen, und erklärt die Figuren: „Draussen aber bleiben die Hunde, die Giftmischer, die Schamlosen, die Mörder, die Götzendiener und die Lügner".

Unterhalb Remagen erhebt sich auf einem von der Strasse steil aufsteigenden Thonschieferfels, dem (l.) *Apollinarisberg, die zierliche goth. Kirche, welche Graf Fürstenberg-Stammheim († 1859) seit 1839 unter der Leitung des Köln. Dombaumeisters Geh.-Rath Zwirner († 1861) aus Tuffstein (S. 264) erbauen liess. Links am Felsen beim Aufgang ist ein wohlerhaltener römischer Votivstein aus der Zeit Trajans, mit Inschrift, eingemauert, der 1857 beim Bau der Eisenbahn hier ausgegraben wurde. Früher war auf dem Apollinarisberg eine reiche Siegburger Probstei, ein besuchter Wallfahrtsort, bis 1836 Eigenthum der Gebr. Boisserée (S. 290). Die neue Kirche (Zutritt 9½—12 U. u. 2—6 U., Samstag und an Vorabenden der Feste 9½—12 u. 2—4 U., Sonnt. u. Feiertage 11—12 u. 1—3 U., gegen Eintrittskarten zu 2½ Sgr., am Haupteingang zu haben) ist mit 10 grossen Freskomalereien geschmückt; sie ist für den Kunstfreund wie für den Laien ein Juwel, selbst in dem in dieser Beziehung sonst nicht armen Rheinland. Auch die überaus malerisch abgeschlossene Aussicht auf den grünen Strom, von Hönningen bis Königswinter, auf die frucht- und obstreichen Auen des rechten Ufers und die waldigen Höhen des Siebengebirges, ist sehr lohnend. Das Haus vor der Kirche ist ein altes Burghaus, die frühere Probstei, jetzt ein Franciscaner-Kloster.

**Fresken: beim Eintritt in die Kirche, links Darstellungen aus dem Leben des Heilands (Anbetung der Hirten von *Deger*, Darbringung im Tempel, Jesus unter den Schriftgelehrten von *Ittenbach*); rechts Darstellungen aus dem Leben der h. Jungfrau (oben, Geburt von *Carl Müller*; Mittelbild, Frauen des alten Testaments von demselben; unten Begegnung des h. Joachim mit der h. Anna, und Maria die Tempelstufen ersteigend von *Ittenbach*). Im südl. Querschiff: Bischofsweihe des h. Apollinaris und Auferweckung eines Mädchens; im nördl.: Zerstörung der Götzenbilder, Tod des Heiligen und Glorification, alle von *Andreas Müller*, grosse Kreuzigung von *Deger*. Im Chor rechts Krönung der h. Jungfrau von *C. Müller*, links Auferstehung aus dem Grabe von *Deger*. In der Chornische der Weltheiland mit Maria und Johannes dem Täufer von *Deger*, St. Petrus und St. Apollinaris oder der vier Evangelisten von *Ittenbach*. — In der Krypta der alte Sarkophag aus dem 14. Jahrh., auf welchem ein modernes Standbild des Heiligen, von *Stephan* in Köln. Nebenan in der Halle ein Crucifixus, Holzschnitzwerk von *Veit Stoss*.

48. Brohlthal, Laacher See, Niedermendiger Lavagruben.

Vergl. Karte zu Route 47.

Fussgänger-Entfernungen: von Brohl (S. 259) bis Tönnisstein 1½ St., Wassenach ¾ St., Abtei Laach 1 St., Niedermendig 1 St., Mayen 1 St. Von Mayen 2mal tägl. Personenpost in 3 St. nach Coblenz, 1mal in 2½ St. nach Andernach und 1mal in 2¼ St. nach Neuwied (zum Bahnhof). Zu Wagen wird der Laacher See am besten von Andernach aus besucht, Zweispänner von Andernach über Niedermendig, Laach (Mittag), Tönnisstein, Brohl, bis zurück nach Andernach 3 Thlr., Fahrzeit bis zur Abtei Laach 2 St., von da nach Brohl in 2 St., von Brohl bis Andernach 1 St. Der Weg zwischen dem See und Tönnisstein, früher nicht überall gut, ist jetzt neu und bequem hergestellt.

Das *Brohlthal ist seit länger als einem halben Jahrhundert Gegenstand unermüdeter Forschungen gelehrter Geognosten, Collini's, de Luc's, Forster's, Humboldt's, Nöggerath's u. A. So schön auch das tief eingeschnittene, viel gewundene, zu beiden Seiten von hohen Waldbergen eingeschlossene, von einem raschen Bach durchflossene, durch Mühlen und saubere Wohnhäuser belebte enge Thal ist, merkwürdiger noch wird es durch seine grossen Lager von *Tuffstein*, uneigentlich auch *Trass* genannt, obgleich Trass nichts als gepochter („gemahlener") Tuffstein ist, der mit Kalk gemischt unter dem Wasser sich härtet und daher viel nach Holland ausgeführt wird, wo man ihn bei den zahlreichen Wasserbauten benutzt. Auch zu Bauwerken ist der Tuffstein früher viel benutzt worden, fast alle Kirchen aus dem 12. und 13. Jahrh. am Rhein hinab bis Holland sind aus Brohler und Plaidter Tuffstein aufgeführt, die Kanten und Einfassungen aus Drachenfelser Trachyt, der aber der Verwitterung viel eher unterliegt, als der Tuffstein. Später hat man den Tuffstein hierzu nicht mehr benutzt, bis in neuester Zeit die Kirche auf dem Apollinarisberg (S. 263) wieder aus diesem Stein aufgeführt ist. Es ist ein weiches weisslich-graues, auch lichtgelbes Gestein mit schwammartigen Poren, vielfach mit Bimsstein durchsprengt, der italien. Puzzolan-Erde sehr ähnlich, vielleicht das Product vulcan. Schlammströme. Es findet sich von weichern sandigen Massen, losem Bimsstein u. a. vulcan. Aschen überdeckt, von welchen die ersteren gesiebt als „wilder Trass" in den Handel kommen. Wo der Tuffstein einzeln vorkommt, nimmt man an, dass er durch Feuerkräfte im Innern der Erde aufgekocht und durch Spaltenöffnungen aufquellend einen Ausweg zur Erdoberfläche gefunden habe. Im Brohlthal aber sind die Tufffelder zu einer solchen Annahme zu gross, die ganze Thalsohle bildet eine einzige 15—50' mächtige Tuffmasse, so dass *C. v. Oeynhausen* in den Erläuterungen zu seiner vortrefflichen *„geognostisch-orographischen Karte der Umgebung des Laacher See's (8 Blätter, Maassstab 1:25,000, Berlin 1847)"*, die Ansicht zu begründen versucht, ein grosser Schlammstrom sei aus den Vulcanen vom *Dachsbusch* und *Hütteberg*, 1 St. südl. von *Nieder-Zissen* (S. 268) ausgeflossen und habe das ganze Brohlthal ausgefüllt. Erst später habe der *Brohlbach* nach und nach einen grossen Theil dieses Schlammstroms zerstört, der Bach habe sich „durchgekendelt" und so sei das heutige Brohlthal entstanden. Dass der Schlammstrom heiss ausgeflossen, ergibt sich aus den verkohlten Baumstämmen, die sich im Tuffstein wohl finden.

Die zahlreichen Sauerquellen in der Umgebung des Laacher See's und namentlich im Brohlthal können als Beweis dienen, dass die vulcan. Thätigkeit dieser Gegend noch nicht aufgehört hat. Sie werden gebildet, indem die in den Klüften des Schiefergebirges emporsteigende Kohlensäure sich mit dem Wasser der

Quellen vereinigt. Süsswasser ist im Brohlthal selten, wohl die Hälfte des aus dem Brohlthal durch den Brohlbach in den Rhein abfliessenden Wassers mag mineralisch sein. Die Zeit der Entstehung des Tuffsteins lässt sich nicht nachweisen, selbst das neueste Product vulcan. Auswürfe, der *Bimsstein*, der in grossen Lagen häufig den Tuffstein bedeckt, reicht in den Rheinlanden über die historische Zeitrechnung hinaus, da schon die Römer, die frühesten Berichterstatter, ihre Todten z. B. bei Andernach in einer solchen Bimssteinlage beerdigt haben. Bemerkenswerth aber ist, dass die Pflanzenreste, welche der Tuffstein einschliesst, sämmtlich noch lebenden Pflanzenarten angehören.

Die *Tuffsteinbrüche* finden sich an beiden Thalwänden; sie sind theils offen, terrassenartig aufsteigend oder eingeschnitten, theils werden sie unterirdisch betrieben, Stollenbau, im Innern weite Höhlen und Gänge mit Aussparung von Pfeilern. Hin und wieder ist auch wohl ein solches Gewölbe eingestürzt und auf dem stehen gebliebenen Pfeiler grünt eine üppige Pflanzenwelt, begünstigt durch verwitternden Tuffstein. Diese verschiedenen Gebilde machen das Brohlthal eben so malerisch als abwechselnd. Sonst sind die Tuffsteinbrüche bei Plaidt (S. 268) jetzt ergiebiger, als die des Brohlthals. Eine gute Fahrstrasse führt durch das Brohlthal bis Ober-Zissen (S. 268), ein fahrbarer Weg von Tönnisstein (s. unten) zur Abtei Laach und nach Niedermendig.

Am Eingang des Brohlthals liegt an der nördl. Bergwand, von dem Wasser des Baches getrieben, eine *Papierfabrik*, umgeben von Gärten mit Gewächshäusern und Anlagen. Weiter (30 Min.) steigt plötzlich mitten im Thal auf einem Kegel die kleine vielfensterige **Schweppenburg** auf, wahrscheinlich im 16. Jahrh. aufgeführt, Eigenthum des Hrn. v. Geyr. Im Garten ist ein hier gefundener röm. Altar aufgestellt. In dem südl. hier sich abzweigenden Thal quillt, 15 Min. von der Schweppenburg, ein in neuerer Zeit wieder bekannter gewordenes, dem Marienbader Kreuzbrunnen ähnliches Mineralwasser von salzigem, aber erfrischendem Geschmack, der *Heilbrunnen*.

Zwanzig Min. von der Schweppenburg scheiden sich die Wege: gerade aus weiter westl. im Brohlthal geht's nach *Olbrück* (S. 268), links ab südl. in ein Seitenthal zum *Laacher See*. In diesem Seitenthal, unfern der Wegescheide, ist der **Tönnissteiner Brunnen** (332'), dessen Wasser, dem Selterswasser ähnlich, wegen der Menge kohlensauren Gases sich vorzugsweise zur Weinmischung eignet. Die Marmorfassung hat die Buchstaben *I. C. C. Z. K. H. I. B.* (Joseph Clemens Curf. zu Köln, Herz. in Bayern) und die Jahreszahl 1700. Sein Nachfolger Clemens August ergänzte die Anlagen. 1861 ist auf den Substructionen des alten Curhauses ein neues errichtet, mit Bädern (gute Verpflegung, auch für Passanten). Während der Curzeit Table d'hôte um 1 U.

Der Weg steigt 7 M. von Tönnisstein bei der Klostermühle, an den (l.) Trümmern des ehem. Carmelitenklosters *Antoniusstein* (daher der verstümmelte Name „Tönnisstein") vorbei über **Wassenach** (869') (*Laacher Hof*, sehr einfach); er führt meist über hellgrauen vulcan. Sand, tritt dann in den Wald und senkt sich gegen den Laacher See. Rechts erhebt sich der bewaldete *Veitskopf* (1228'), ein vulcan. Kegel, mit einem nach Westen geöffneten weiten schönen Doppelkrater und einem stark abfallenden breiten Lavastrom. Ueberraschend ist der Anblick des See's, von einem bewaldeten Bergkranz umgeben.

Bei Andernach am Rheine liegt eine tiefe See;
Stiller wie die ist keine unter des Himmels Höh.
Einst lag auf einer Insel mitten darin ein Schloss,
Bis krachend mit Gewinsel es tief hinunter schoss.
Da findt nicht Grund noch Boden der Schiffer noch zur Stund,
Was Leben hat und Odem ziehet hinab der Schlund.
Fr. Schlegel.

Am s.w. Ufer erhebt sich die von Pfalzgraf Heinrich II. 1093 gestiftete, 1802 aufgehobene Benedictiner-Abtei *Laach, einst eine der berühmtesten und reichsten in Deutschland. Die Kirche (zum Gottesdienst nicht mehr benutzt) mit einer Kuppel und fünf Thürmen und Krypta, im roman. Stil, reich an Ornamenten, 1156 vollendet, ist für den Kunstkenner wie für den Kunstfreund von gleich hohem Werth. Der schöne 1859 hergestellte *Kreuzgang* (vgl. S. 179) ist aus der Schlusszeit des 12. Jahrh., das *Grabmal des Stifters* vom Ende des 13. Jahrh., ein Sarkophag mit liegendem Bild, überragt von einer wunderlichen sechseckigen Säulenarchitectur, die vordern Säulen Monolithe aus Kalksinter. Die Abtei, von 1820 bis 1863 Eigenthum der Familie Delius, ist jetzt im Besitz der Jesuiten, die dort eine Schule für Ordens-Zöglinge eingerichtet haben; die Kirche ist Eigenthum des Staats. Das früher als Gasthaus benutzte Gebäude im Baumgarten ist jetzt von den Jesuiten eingenommen, statt dessen ist ausserhalb des Gartens ein neuer Gasthof „Maria Laach" entstanden.

Der *Laacher See (846' ü. M.), fast rund, 8700' im Durchmesser, 2 St. im Umfang, in der Mitte 170' tief, der grösste der rhein. und Eifeler kraterförmigen See'n (S. 166), ist in den letzten Zeiten der vulcan. Thätigkeit am Rhein entstanden. Er ist nicht selbst ein Krater, sondern eine Folge der in seiner Umgebung stattgefundenen vulcanischen Ausbrüche, hauptsächlich durch die Sperrung des frühern Ausflusses in Folge der Erhebung des Veitskopfs (s. oben), vielleicht vergrössert durch Einstürze, welche durch die an nahe gelegenen Puncten erfolgten Eruptionen entstanden. Auf dem Wall, der den See umgiebt, finden sich verschiedene Krater, wie der *Krufter Ofen* (1443'), an der Ostseite des See's, 20 Min. von diesem entfernt, dessen kahle, ziegel- und braunrothe Schlackenwände in den See sich senken (vgl. S. 274).

Der Weg führt an der Westseite des See's, die Ostseite aber ist für den Geologen die bei weitem merkwürdigere. In der n.ö. Ecke, 15 Min. ö. vom Wassenacher Weg, unmittelbar r. neben der kahlen Stelle am Rain, vom Fusspfad links, etwa 20' über dem Wasserspiegel ist in einer Thonablagerung eine *Mofette* (vgl. S. 170), eine 7' weite, 3' bis 4' tiefe Grube, die stets erstickte Thiere, Vögel, Eichhörnchen, Mäuse, Frösche birgt, in welcher eine beständige, bald schwächere bald stärkere Entwickelung kohlensauren Gases aus der Erde stattfindet, die letzten Regungen vulcan. Thätigkeit (vgl. S. 264). Die untern Luftschichten dieser Grube äussern selbst auf den Menschen eine erstickende Wirkung, wovon man sich durch Beugung des Kopfes überzeugen kann. Im 12. Jahrh. liessen die Benedictiner nach einer Ueberschwemmung, welche das Abteigebäude zu zerstören drohte, auf der Südseite einen Stollen graben, der das Wasser des See's unter dem Berge fort, zur Nette (S: 257) führt. Ein ähnlicher 1845 vollendeter Stollen in der Nähe hat den Spiegel des See's um 23' tiefer gelegt.

Die grossen *Basaltlava-Gruben* von *Niedermendig* befinden sich 1 St. südlich vom Laacher See. Das unterirdische Grubenfeld, 1 St. lang, ½ St. breit, dehnt sich zwar bis zum Krufter Ofen (S. 266) aus, doch hat der Lavastrom, der wahrscheinlich aus den Kratern des *Forstberges* (1842'), ½ St. nordwestl. bei *Bell*, sich ergossen hat, bei Niedermendig seine grösste Mächtigkeit. In diesem hohen und breiten Lavastrom sind nun die Gruben abgeteuft und zu geräumigen Hallen ausgearbeitet, von mächtigen Pfeilern unterstützt. Der Betriebsbezirk, an der Nordseite des Dorfes **Niedermendig** *(Müller)* gelegen, heisst „*in den Leyen*" (vgl. S. 222). Die Gruben, wahrscheinlich schon von den Römern in Angriff genommen, stehen grossentheils mit einander in Verbindung, sie sind bis zu 70' tief und erhalten von oben durch weite brunnenartige Schachte Luft und Raum zur Förderung der Steine. Enge Treppen, auf allen Seiten ummauert, leiten in die Tiefe. Ein Führer (10 Sgr.) mit einer Fackel geht voran, die Besichtigung nimmt kaum 1 St. in Anspruch. Die Luft unten ist kalt, so dass selbst im Sommer Eiszapfen und auf der Sohle grosse Massen Eis zu finden sind. Ausser Mühlsteinen liefern sie auch treffliche Pflastersteine, Treppenstufen, Thür- und Fenstergesimse u. s. w. (vgl. S. 258). Der Stein ist bei seiner fast absoluten Unverwitterbarkeit von unberechenbar langer Dauer. Die Hallen der verlassenen Gruben werden als Bierkeller benutzt, und haben dem *Mendiger Bier* Ruf verschafft.

Bei **Mayen** (684') (*Müller; Post*), Kreisstadt (Postverbindung mit Coblenz, Neuwied und Andernach s. S. 263) sind ebenfalls viele Lavagruben (hier und bei Niedermendig über 100), nicht so tief als die Niedermendiger und zum Theil offen. Das ausgedehnte Lavafeld, auf welchem sie betrieben werden, ist der

BURGBROHL.

Abfluss aus den eingestürzten Vulcanen des **Ettringer-Beller-Kopfs** (1287'), ½ St. n. von Mayen. Auf dem ö. Kraterrand desselben lohnende Aussicht in die fruchtbare Niederung zwischen Mayen und Andernach und in das Rheinthal. Das äusserste südl. Ende des Lavafeldes steht ½ St. s.ö. unterhalb Mayen im Nettethal bei der *Reifer Mühle* und dem Dachschiefer-Bruch von *Radscheck* in schroffen Wänden zu Tage.

Von Laach nach Mayen führt auch ein Weg mehr s.w. über *Bell*, gleiche Entfernung (2 St.) wie über Niedermendig, an den merkwürdigen Beller Backofenstein- u. Haustein-Brüchen vorbei, dem Tuffstein (S. 264) ähnlich; weiter den *Forstberg (1842') zu besteigen, dessen Krater auf der Höhe sich nach N.W. öffnet. Ein auf der westl. Seite desselben befindlicher hoher Felsblock, der *Hochstein*, bietet die schönste Aussicht von dem sonst dicht bewaldeten Gipfel, auf den Laacher See, die Eifel, den Rhein, bis zum Siebengebirge. Unter dem Hochstein eine uralte künstliche Höhle, Ursprung unbekannt. Dann über *Ettringen* und den oben gen. *Ettringer-Beller-Kopf* nach Mayen.

Vom **Laacher See** an den **Rhein** (oder von Niedermendig) führen drei Wege: 1. der alte Fuss- u. Fahrweg nach *Andernach* (3 St.), einförmiger Weg, die Dörfer *Nickenich* und *Eich* bleiben in kurzer Entfernung rechts liegen; 2. die Landstrasse nach *Andernach* (2½ St.) bei *Kruft* (im Grund die Trümmer der *Korretsburg*), *Plaidt*, *Miesenheim* vorbei, wo nördl. die Andernacher Strasse von der Neuwieder sich abzweigt. Die letztere führt nordöstlich, am *Netterhammer* vorbei, nach dem *Netterhaus*, an der Coblenzer Landstrasse, bei dem Bahnhof von *Neuwied*. — 3. *Coblenz* ist auf dem geraden Wege (über *Ochtendung, Bassenheim* und *Rübenach*) 5 St. von Niedermendig entfernt. Er führt ½ St. von Niedermendig bei der **Frauen**- oder **Genovefakirche** vorbei, wo nach der Sage die b. Genovefa in der Wildniss von ihrem Gemahl Siegfried, Pfalzgraf zu Hohensimmern, wiedergefunden ward. Beider Grabmäler sind in der Kirche. An einem kleinen über den Weg fliessenden Bach unweit der Frauenkirche sprudeln am Wege unzählige Sauerquellen (S. 264) aus der Erde.

Wer seinen Weg im Brohlthal bei der S. 265 genannten Wegescheide weiter fortsetzt, gelangt in 20 Min. nach **Burgbrohl** (*Salentin), einem malerisch gelegenen Dorf (471'), mit einem zum Theil noch bewohnten alten *Schloss* auf einem Bergvorsprung, Sitz des gleichnamigen, im 15. Jahrh. ausgestorbenen Geschlechts, später 200 Jahre lang bis vor Kurzem Eigenthum der Herren v. Bourscheid. Die überaus grossen Massen von Kalktuff, welche hier Felsmassen bilden, sind von den Sauerquellen abgesetzt, wie der Sprudelstein zu Carlsbad. Folgt (1 St.) **Nieder-Zissen** (605') (*Burcharts), 25 Min. **Ober-Zissen**, 20 Min. **Hain** (*Rademacher*), 20 Min. Schloss **Olbrück** (1456'), das Ziel der Wanderung, einer der höchsten Puncte der Gegend, mit umfassender Aussicht auf die vulcan. Höhen der Eifel und das durchschnittene Hügelland bis zum Rhein. Namentlich das Siebengebirge und die vorliegende Ebene treten besonders hervor. Einzelne Theile des Schlosses bewohnte noch zu Anfang dieses Jahrh. ein Pächter. Der allein stehende hohe feste viereckige Thurm ist wohl erhalten, er ist allenthalben in der Rheinebene am Siebengebirge sichtbar. Sonst ist alles verfallen, doch sorgt die preuss. Regierung, welche 1856 die Ruine als Eigenthum erworben hat, für Erhaltung. Der Kegel, auf welchem die Ruine sich erhebt, ist Klingsteinfels (Phonolith), ein ebenfalls vulcan. Product. Noch ausgedehnter ist die Aussicht vom *Perler Kopf* (1800'), 1 St. w. von Olbrück. (Von Olbrück s.w. nach *Kempenich* (S. 273) 1¼ St., von da auf die *Hohe Acht* (S. 273) 3½ St.

Zur Rückkehr an den Rhein, und zur Vermeidung desselben Wegs durch das Brohlthal, empfiehlt sich ein Weg, der bei *Nieder-Zissen* (S. 268) an der nördl. Bergwand ansteigend, bald durch niedrigen Wald *(Scheiderwald)* führt, unmittelbar fast an der Kuppe des (45 Min.) vulcan. *Herchenbergs* (997') vorbei, dessen westl. Abhang aus Schlacken, die Spitze und der östl. Abhang aus Tuff, der südl. aus säulenförmig zerklüfteter Lava besteht; 25 M. Ober-Lützingen, 25 M. Nieder-Lützingen *(*Paulsen)*, dann bei der Capelle links ab, über den Kamm des Berges, zuletzt durch Wald, hier mehr rechts halten, 40 M. Schloss **Rheineck** (S. 259), also von Nieder-Zissen bis Rheineck 2¼ St.

Dieser Weg berührt bei Nieder-Zissen den Fuss des *Bausenbergs* (1056'), der nördl. vom Ort, 450' über diesem, aufsteigt. Sein Gipfel bildet den schönsten und am meisten geschlossenen Krater in der Umgegend des Laacher See's, der innere Kraterrand aus steil abfallenden Schlackenfelsen 79' h., nordwestl. geöffnet. Der Lavastrom ist auf 1 St. Wegs nordöstl. zu verfolgen, bis in das Thal des *Pfingstbachs* bei *Gönnersdorf,* wo mächtige Felsmassen mit säulenförmiger Zerklüftung dessen Ende bezeichnen.

49. Das Ahrthal.
Vgl. Karte zu Route 47.

Von Remagen bis Ahrweiler 3 (Bodendorf 1, Heppingen 1, Ahrweiler 1 St.), von da bis Altenahr 2½ St. Gehens. Eilwagen von Remagen und von Sinzig bis Ahrweiler 2mal tägl. in 1½ St., bis Altenahr 1mal in 3 St. Lohnkutscher von Remagen nach Altenahr, einsp. für 1—4 Pers. 3⅙, zweisp. 4⅓ Thlr., einschliesslich Chaussee- und Trinkgeld hin und zurück (vgl. S. 202).

Der Fussweg von Remagen nach Heppingen (1½ St.) schneidet das grosse Dreieck der Landstrasse ab, und kürzt ½ St. Bei der Apollinariskirche schreitet man links durch die Steinbrüche und erreicht nach etwa 500 Schritten den breiten fahrbaren Weg. Nach 10 M. rechts, nicht links, bald in Gebüsch. Am (½ St.) Ausgang liegt links der *Köhlerhof.* Wir bleiben aber auf dem geraden Wege bis zu (10 M.) zwei neuen Häusern, hier theilt sich der Weg; gerade aus gehts nach (½ St.) Heppingen weiter, links aber an den Obstbäumen vorbei, auf die *Landskron,* deren Gipfel von hier ½ St. entfernt ist.

Der dunkelrothe würzige Wein, welcher im Ahrthal, in vollen Herbsten an 20,000 Ohm, wächst (der beste zu *Walporzheim, Ahrweiler* und *Bodendorf*), ist unter dem Namen *Ahrbleichert* berühmt. Der Name wird aber oft missbraucht, und von Wirthen und Weinhändlern am Rhein nicht selten allem rothen Wein zugelegt, der am Niederrhein wächst.

Rümpchen *(cyprinus phoxinus),* kleine kaum fingergliedlange Fischchen, werden in der Ahr zu Millionen gefangen, in Salzwasser abgekocht und in Weidenrinde verpackt versendet; sie werden mit Essig und Oel aufgetragen und von Feinschmeckern geschätzt.

Die *Ahr* entspringt bei *Blankenheim* in der Eifel, durchfliesst ein meist enges tiefes viel gewundenes 18 St. langes Thal und fällt unterhalb *Sinzig* in den Rhein. Sie ist schon bei mittlerm Wasserstand reissend und tritt häufig aus ihrem Bett. Gleich vor der hölzernen Ahrbrücke (S. 260) bei *Sinzig*, auf dem linken Ufer des Flusses, führt von der grossen Kölner Strasse die Ahrstrasse in das Anfangs offene, von wenig steilen Bergabhängen eingeschlossene Thal, über *Bodendorf, Lohrsdorf, Heppingen, Wadenheim, Hemmessem* nach *Ahrweiler*. Bis hier noch keine Spur von der wilden Gestaltung des obern Ahrthals; das Land ist hier vielmehr sehr fruchtbar und äusserst fleissig angebaut; die der Mittagssonne zugewandten Bergabhänge liefern einen guten Wein, die Höhen des rechten Ufers sind mit Wald bedeckt, der sich, (1 St.) **Bodendorf** gegenüber, bis an den Fluss hinabzieht. Die breite Thalsohle der Ahr erzeugt viel Weiden, die zu verschiedenen Zwecken nutzbar gemacht werden, zu Korbwaaren, Faschinen u. dgl.

Die **Landskron** (856'), ein Basaltkegel, erhebt sich über die gewöhnliche Höhe der das untere Ahrthal einschliessenden Bergränder. *Burg Landskron*, auf dem Gipfel, soll 1205 durch Kaiser Philipp, den Hohenstaufen, gegründet sein, bei Gelegenheit seines Zuges zur Kaiserkrönung nach Aachen, als Zwingköln gegen den ihm abholden Kölner Erzbischof Bruno. Von der Landskron aus geschahen alsdann Philipps Unternehmungen gegen das Erzstift, welches dem welfischen Gegenkaiser Otto IV. beistand, die Eroberung von Bonn, Neuss u. a. Orte. Die Burg, im 14. und 15. Jahrh. Sitz eines gleichnamigen Rittergeschlechts, wurde 1677 von den Franzosen zerstört, die Trümmer kamen durch Erbschaft sammt dem Burgbereich an den Frhrn. v. Stein (S. 249) und ist jetzt Eigenthum seines Schwiegersohnes, des Grafen Kielmannsegge. Die reich bestiftete Capelle oben auf der Südwestseite des Bergkegels ist verschont geblieben; als Sacristei dient ihr eine Basaltgrotte. Nebenan eine Gruppe Massenbasalt auf Säulenbasalt gelagert. Die Aussicht von der Landskron umfasst das Ahrthal von Ahrweiler bis zum Rhein, das Siebengebirge in den höhern Kuppen, südl. die Vorder-Eifel mit der Ruine Olbrück, westl. Ruine Tomberg bei Meckenheim. Von Westen her nimmt sich unten von der Landstrasse die Landskron mit ihrer weissen Capelle und dem Bogen der alten Burg unter der Kuppe sehr stattlich aus.

Am südl. Fuss der steil aufsteigenden Landskron liegt (1 St.) **Heppingen**. Die hier entspringende *Heppinger-* und die *Landskroner Mineralquelle* sind angenehme Säuerlinge.

Vor (½ St.) **Wadenheim** ist 1853 ein neuer Säuerling gefasst, der *Apollinarisbrunnen*. Gegenüber, am r. U. der Ahr, erhebt sich **Bad Neuenahr**, Kurhaus im engl. goth. Stil, an der Ostseite ein Flügelbau mit einer Reihe von Bädern, Actien-Unternehmen, 1858 eröffnet. *Badeärzte:* Dr. Schultz, Dr. Weidgen und Dr. Praessar. Gasthöfe und Hôtels garnis: *Concordia, Schnitzler, Praessar, Schwipper,* auch

Privatwohnungen zu haben. Das Mineralwasser, 28—36° warm, sprudelt in grosser Fülle; Hauptbestandtheile sind kohlensaures Natron, Magnesia und Kalk, also dem Emser Wasser (S. 249) sehr ähnlich, besonders wirksam gegen Lungenkrankheiten, Gicht, Skropheln. 1861 ist ein intermittirender 30° R. warmer Sprudel, ähnlich dem zu Nauheim (S. 320), erbohrt worden. Auf dem hohen waldbedeckten Basaltkegel (1008'), an dessen Fuss das Dorf *Beul* und das Bad *Neuenahr* liegt, stand einst die schon 1371 zerstörte *Burg Neuenahr*, Sitz eines mächtigen Grafengeschlechts, eines jüngern Zweigs der Grafen von der Are, die erst im 16. Jahrh. ausstarben (S. 313). Ahrweiler ist ³/₄ St. von Neuenahr u. Wadenheim. In der kleinen Kirche von *Heimersheim* (³/₄ St. ö. von Neuenahr), mit Kuppelthurm, der Sinziger Kirche nahe verwandt, spät-roman. Stils, alte Glasmalereien.

Ahrweiler (319') (*Krone*; *Stern*; Bair. Bier und Restauration bei *J. Kreutzberg*) ist ein freundliches, mit alten Mauern umgebenes Städtchen. Die 1245 gegründete gothische *Kirche* ist unter den kleinern dieser Zeit sehenswerth, Dach und Thurmspitze sind nach 1689 aufgesetzt. Damals scheint auch das Städtchen Mauern und Thore erhalten zu haben. In der Fehde des Kölner Domcapitels gegen den entsetzten Erzbischof Ruprecht (v. d. Pfalz) wurde es im J. 1473 drei Wochen lang vergeblich belagert. Auch in der spätern Fehde (1583) gegen den entsetzten Erzb. Gebhard (S. 313) stand Ahrweiler auf Seiten des Domcapitels. Die Franzosen setzten 1646 und 1689 die Stadt in harte Bedrängniss; 1689 ging sie bis auf 10 Häuser in Flammen auf. Schöne Aussicht vom *Calvarienberg*, einem Felsenvorsprung, 10 Min. südl. vom Ort, mit einem 1678 erbauten *Franciscanerkloster*, das 1838 Ursulinernonnen übertragen wurde, die eine vielbesuchte trefflich geleitete Erziehungsanstalt dort gegründet haben.

Vor dem Eingang in das engere Thal liegt (15 M.) **Walporzheim** *(St. Petrus)*, welches den besten Wein an der Ahr erzeugt. Das Auge erfreut sich an den reinlich gehaltenen Weinbergen; der Winzer pflegt den Weinstock, der ihn nährt, auf das sorgfältigste.

Nun beginnt eine Felsschlucht (zackiges zerklüftetes Schiefergebirge); links rauscht die Ahr, rechts steigt fast senkrecht eine steile an 200' hohe schwarze Schieferwand empor, an welcher ein einzelnes Riff, die *bunte Kuh* genannt, hervorragt. Rechts von der Strasse die Trümmer des zu Anfang der franz. Revolution verlassenen Fräuleinstifts (25 Min.) *Marienthal*.

Vor (15 Min.) **Dernau** führt ein Fussweg, der staubigen Landstrasse vorzuziehen, stets an der Ahr hin, bei einer alten steinernen Brücke vorbei, die aber nicht überschritten wird, in etwas erweitertem Thal bis (30 Min.) **Rech**. Hier aber verengt es sich wieder. Durch schroffe wilde Felsgegenden windet sich die Ahr, und hart daran am l. U. die Strasse um die am r. U. schroff aufsteigende *Saffenburg* nach (25 Min.) **Mayschoss** und zur (10 Min.) **Lochmühle**, wo ausreichendes Nachtquartier, reinliche Betten, Verpflegung und Wein gut, Abendessen, Z. u. F. 22 Sgr.

Man kann in derselben Zeit von der Brücke zu Rech über die Saffenburg nach der Lochmühle gehen, unmittelbar bei der Brücke (am r. U.) rechts am Bergabhang durch schattenlose Weinberge (während der Traubenreife, gewöhnlich von Ende August bis Mitte October, geschlossen) allmälig den Sattel hinan, auf dessen Gipfel die spärlichen Trümmer der **Saffenburg** (794') (Aussicht hübsch, aber beschränkt) liegen. Sie wurde 1703 im span. Erbfolgekrieg noch berannt. Von dem gewaltig tapfern franz. Commandanten derselben erzählt man, dass er, zur Uebergabe aufgefordert, erklärt habe, er finde sich dazu gar nicht abgeneigt, indessen sei es gegen Kriegsgebrauch, eine Festung ohne Schuss zu übergeben. Man möge ihm also die Ehre erzeigen, drei Kanonenschüsse auf die Burg zu thun. Hierin wurde ihm willfahrt, worauf er denn mit „allen Ehren" abzog und die Burg übergab, die im folgenden Jahr gesprengt wurde. An der w. Seite der Saffenburg geht's dann scharf bergab zur Mayschosser Brücke, wo der Fussweg die Landstrasse wieder erreicht, ganz in der Nähe der *Lochmühle* (Wirthsch. s. oben). (Von der Brücke zu Rech über die Saffenburg zur Lochmühle 35 Min., auf der Landstrasse über Mayschoss (S. 271) einige Minuten weiter.)

Bei der Lochmühle ist ein 40' h. Felseneinschnitt, die Wände Grauwacke. Folgen unmittelbar hinter einander die Häusergruppen *Laach* und *Reimershofen*, bald darauf ein 92 Schr. langer, 10 Schr. breiter Fels-Durchbruch (Tunnel). An der w. Seite breitet sich (40 Min. von der Lochmühle entfernt) der saubere Ort **Altenahr** *(Caspari; Winckler)* aus.

Weit lohnender ist, 20 Min. von der Lochmühle, bei *Reimershofen*, die Landstrasse zu verlassen und dem Fusspfad durch Weinberge bergan zu folgen, auf dem man in 15 Min. das *Kreuz* erreicht, welches man unten schon sieht. Es steht auf einem Felsriff hoch oben auf dem Bergkamm, 350' über dem Fluss. Die *Aussicht von hier wird in dieser Eigenthümlichkeit von keiner des Rheinthals erreicht, sie ist der *Glanzpunct des Ahrthals* und übertrifft die von der Burg, weil diese hier den Vordergrund der grossartigen wilden Landschaft bildet. Der Pfad an der andern Seite des Berges nach (8 Min.) *Altenahr* führt an einem verfallenen Thorweg, der den Eingang zur *Burg Altenahr* bildet, vorbei. Oben auf dem Gipfel einer hoch emporstrebenden grossartigen Felswand, 838' ü. M., 348' über dem Ort, hangen wie ein Adlernest die Trümmer der Burg, einst Sitz des mächtigen Geschlechts der Grafen von der Are und Hostaden oder Hochsteden. Der letzte des ältern Zweiges, Conrad, Erzb. von Köln, legte 1248 den Grundstein zum Kölner Dom. Die Burg Are wurde 1690 den Franzosen durch Capitulation übergeben, war im span. Erbfolgekrieg von Bayern besetzt und wurde in Folge des Utrechter Friedens (1714), wie die Saffenburg und Landskron, von den Eigenthümern selbst oder doch mit deren Einwilligung zerstört, weil von diesen kleinen Festungen aus die Umgegend durch Freund und Feind häufig verheert und geplündert worden war. Den Eingang zur Burg und die Aussicht lässt sich der Eigenthümer mit 3 Sgr. für die Person (ein Einzelner sogar 5 Sgr.) bezahlen. Der Portier ist im Sommer gewöhnlich oben, man thut indess wohl, sich in Altenahr zu erkundigen.

Eine der schönsten *Aussichten, von vielen der vom weissen Kreuz vorgezogen, bietet das *Horn oberhalb Altenahr, bis *Altenburg* 15 Min., von da noch 45 Min. Steigens bis zum Pavillon, ohne Führer leicht zu verfehlen.

Die enge Strecke von der *bunten Kuh* bis *Altenahr* ist die wahre Schule der Düsseldorfer Landschaftsmaler; man begegnet ihnen in diesem Felsenthal häufig mit ihren Skizzenbüchern. Doch bietet auch oberhalb Altenahr die Ahr noch manche hübsche Puncte (tägl. Schnellpost von Altenahr nach Adenau in 1³/₄ St.). Eine der besten Ansichten hat man von der Ahrbrücke; weiter links die schroffen Felsen der *Teufelskanzel*, dann die grossartige Felsmasse, welche den Namen der *alten Burg* trägt. Das helle Schloss, sehr malerisch auf schroffem Bergkegel bei **Kreuzberg**, gehört Hrn. v. Böselager. Bei **Dümpelfeld** (2 St. von Altenahr) verlässt die Strasse den Fluss und führt in gerader Richtung nach (2 St.) **Adenau** (922′) (*Halber Mond)*, Hauptort des Kreises, in dessen Nähe die beiden höchsten Eifelberge, zwei Basaltkegel, 1¹/₂ St. südl. die steile **Nürburg** (2118′) mit dem hohen, die Burgruinen weit überragenden Thurm; 2 St. östl. die *Hohe Acht (2340′), letztere namentlich mit ausgedehnter sehr lohnender Rundsicht weit über die ganze Eifel bis zu den Rheingebirgen; der Kölner Dom selbst soll sichtbar sein. Auf dem Kegel ist unmittelbar unter dem Gipfel ein kleines Schutzhaus. Führer von Adenau 10 Sgr., er nimmt das gute Fernrohr des königlichen Landraths mit. Man kann auch fast bis auf den Gipfel der Hohen Acht fahren (Wagen 2¹/₂ Thlr., Fahrzeit 1¹/₂ St.). Von der Hohen Acht n.ö. über (1 St.) *Kaltenborn*, (1 St.) *Leimbach* nach (1¹/₄ St.) *Kempenich* (Comanns, leidlich). Schloss *Olbrück* (S. 268) von hier 1¹/₄ St. n.ö., *Laacher See* (S. 266) 3¹/₂ St. ö. unerfreulichen Gehens. Wagen von Adenau über die Hohe Acht nach Laach und Andernach 7 Thlr., Gebirgswege, Eifelgegend, Fahrzeit von der Hohen Acht nach Kempenich 2 St., von da nach Laach 2 St., von Laach nach Andernach 1¹/₂ St.
— Von Adenau über die Hohe Acht, Virneburg, Mayen (S. 267) nach Andernach fährt man 1 St. rascher und 1 Thlr. billiger. Von der Hohen Acht über *Virneburg* (Whs. bei Müller, nicht übel) nach Mayen 5 St. Gehens.

An der Ahr selbst, welche die Strasse bei *Dümpelfeld* (s. oben) verlässt, sind noch zwei hübsche Puncte: bei **Schuld**, 1 St. w. von Dümpelfeld, und bei **Antweiler** *(Neubusch)* der *Aremberg*, eine

Basaltkuppe, mit den Trümmern des Stammschlosses der Herzoge von Aremberg, die eine 50′ hohe Warte dort haben aufführen lassen. Antweiler liegt 2 St. westl. von Adenau.

50. Das Siebengebirge.

Ein Tag ist ausreichend, die merkwürdigsten und schönsten Puncte des Siebengebirges zu sehen, sofern nicht besondere geognost. Zwecke verfolgt werden. Die Wanderung würde zu *Königswinter* beginnen, nach (1 St.) *Heisterbach*, (1¼ St.) *Grosser Oelberg*, über den (1¼ St.) *Drachenfels* nach (½ St.) *Königswinter*, also zusammen 4 St. Führer- u. Eseltaxe s. S. 283. Führer zwar angenehm, aber bei der nachfolgenden genauen Beschreibung des Wegs und der Karte nicht gerade nöthig.

Das Siebengebirge dehnt sich vom Rhein östlich kaum mehr als 1 St. aus, und umfasst von Norden nach Süden einen Strich Landes von etwa 3 St., an dessen westl. Rand in der Mitte Königswinter liegt. Es besteht aus einer Gruppe von Kuppen, Kegeln und lang gezogenen Bergrücken in weichen abgerundeten Formen, theilweise mit Hochwald und üppigem Grün bewachsen. Sie sind alle vulcan. Natur, durch Feuerkraft entstanden und, in Gängen das Grauwacken-Gebirge durchbrechend, empor getrieben.

„Als Folge einer grossen, aber localen Kraftäusserung im Innern unsers Planeten, heben elastische Dämpfe entweder einzelne Theile der Erdrinde zu domförmigen ungeöffneten Massen feldspathreichen Trachyts und Dolerits (Puy de Dôme, Siebengebirge) empor; oder es werden die gehobenen Schichten durchbrochen, und dergestalt nach aussen geneigt, dass auf der entgegengesetzten innern Seite ein steiler Felsrand (S. 166 u. 266) entsteht."   A. v. Humboldt.

„Durch die Erhebungskrater entweichen die gespannten Dämpfe; eine so grosse erhobene Masse fällt aber wieder zurück, und verschliesst sofort die nur für solche Kraftäusserung gebildete Oeffnung. Es entsteht kein Vulcan."   Leopold v. Buch.

Das Siebengebirge besteht theils aus Trachyt (*Drachenfels* 1001′, *Wolkenburg* 1009′, *Lohrberg* 1355′ ü. M.), theils aus Basalt, jüngern Ursprungs als der Trachyt (*Oelberg* 1429′, *Löwenburg* 1413′, aus Dolerit bestehend; *Nonnenstromberg* 1036′, ein 300 Schritte langer Rücken; *Petersberg* 1027′ ü. M.). Diese *sieben Bergspitzen*, von welchen das Gebirge den Namen hat, zeigen sich zusammenhangend nur in der Nähe von Köln; schon vor Bonn verdeckt der Nonnenstromberg die Löwenburg. Ausser diesen sieben Kuppen giebt's aber noch manche andere, so namentlich den zuckerhutförmigen trachytischen *Hemmerich* (1114′), der südl. die Vorberge scharf überragt, den *Rosenau* (999′) und *Stenzelberg* (886′), östl. an den Nonnenstromberg grenzend. Der Rheinspiegel hat bei Königswinter 146′ Meereshöhe, wonach also die relative Höhe der einzelnen Berge zu berechnen ist. Von allen diesen Bergen gewährt der *Drachenfels* (S. 281) die am meisten malerische, der *Oelberg* (S. 276) die weiteste Aussicht (bis zum Taunus). Für den Naturforscher, namentlich den Geognosten, weniger den Botaniker, ist eine Reise durch's Siebengebirge höchst belohnend (s. oben). Jenem ist der vortreffliche

geognost. Führer in das Siebengebirge am Rhein von Dr. *H. v. Dechen,* nebst einer geognost. Karte (Bonn bei Henry u. Cohen), unentbehrlich.

Ein viel betretener Pfad führt von Königswinter bis zur halben Höhe des **Petersbergs** (1027', auf dem Gipfel eine Capelle mit schöner Aussicht, auch gute Wirthschaft mit Molkenkur), dann um den westl. und nördl. Abhang des Berges, meist durch Wald in 50 Min. zu der still in einem schönen Thalkessel, dem *„Heisterbacher Muntel"*, gelegenen ehem. Cisterzienser-Abtei **Heisterbach* (446'). Das Thor, durch welches man in die Obstbaum-Allee tritt, zeigt noch das Abtei-Wappen, eine *Heister* (junge Eiche) und einen *Bach;* zur Seite stehen als Wächter St. Benedictus und St. Bernhardus (vgl. S. 196). Von der roman. Kirche ist nur noch der äusserste Theil des Hochchors vorhanden, mit dünnen zierlichen Basaltsäulen, wohl eine der am meisten malerischen Ruinen.

> „Ein wunderlicher Bau — es gleiten
> Viel Schatten durch den öden Raum,
> Und Säulen treten dort hervor,
> Ein alt verfallner Kirchenchor.
> Es steht ein Weihstein vor dem alten Chor
> Von grauem Steine, halb verwittert,
> Und Immergrün, das ihn umgittert,
> Und Epheu wächst am morschen Fuss empor;
> Auch wilde Rosen sehn ihr lieblich Bild
> Im nächt'gen Thaue, der das Becken füllt." Hackländer.

Das alte prachtvolle Gebäude, von 1202 bis 1233 aufgeführt, wurde vor 60 Jahren verkauft und grösstentheils niedergerissen. Die Trachytquader verwandte man zum Schleusenbau am Nordcanal (S. 331). Einige der schönsten altdeutschen Bilder der Münchener Pinakothek stammen aus der Heisterbacher Klosterkirche. Die Wirthschaftsgebäude werden wie ehemals für den Feldbau benutzt. Gute Gastwirthschaft beim Pächter. Das ganze Klostergut mit seinen Teichen ist Eigenthum des Reichsgrafen zur. Lippe zu Obercassel. Ein gusseisernes *Kreuz* am Fuss des Berges, bei dem gräfl. Erbbegräbniss, erinnert an eine Gräfin von *Bentheim-Tecklenburg* († 1834), gleich daneben ein *Denkmal*, errichtet von den Offizieren der 15. Division, für den 1822 zu Köln gestorbenen preuss. *Gen.-Lieut. v. Hobe,* der hier mit seiner Gattin (geb. *v. Rothschütz,* † 1822) begraben liegt.

Der Weg zum Grossen Oelberg führt gleich an der östl. Abtei-Mauer rechts. Nach 15 Min. theilt er sich; auf dem Wege rechts erreicht man in ½ St. den **Stenzelberg** (886'), wo der bedeutendste Trachytbruch im Siebengebirge betrieben wird. Das Gestein stellt sich hier säulenförmig dar, fast durchgängig vollkommen senkrecht, aber weit kolossaler, in Säulen von 3' bis 15' Dicke, und minder regelmässig als beim Basalt (S. 261). Hin und wieder kommen Säulen vor, die sich mehrmals abschalen und von den Steinhauern *Umläufer* genannt werden, grossen versteinerten Baumästen ähnlich, die halb erhaben aus der Steinbruchswand hervorragen.

Auf dem Wege links auf der Landstrasse voran, verlässt man alsbald den Wald, und schreitet über's Feld auf das rothe Haus los, das Schulgebäude von *Heisterbacherott*. Dann auf der breiten Strasse rechts, bald wieder in den Wald, endlich, 1 St. von Heisterbach entfernt, da wo unser Weg in den Königswinterer Fahrweg (s. unten) fällt, am Fuss des Kegels links 20 Minuten lang bis zum Gipfel steil in Windungen bergan. Der *Grosse Oelberg (1429')** ist eine Basaltkuppe, welche den Trachyt durchbrochen hat. Die Aussicht ist die ausgedehnteste am Niederrhein, im Vordergrund eben so malerisch, als nach der Ferne umfassend, in vieler Beziehung verschieden von derjenigen des Drachenfels (S. 282) und daher neben dieser noch besuchenswerth. Das ganze waldige Siebengebirge liegt wie eine Reliefkarte da, der nahe Rhein schimmert aus den Thalöffnungen hervor, sein Lauf ist bis unterhalb Köln zu verfolgen. Im Süden begrenzen die Taunus-, nordöstlich die Höhen des Bergischen Landes den Gesichtskreis. Oben eine ganz gute Wirthschaft.

Vom Oelberg nach Königswinter 1¼ St. (bergan 2 Stunden). Der oben genannte Fahrweg, in welchen am Fuss des Kegels der Weg von Heisterbach mündet, führt westlich bergab geradezu nach Königswinter. Etwa halbwegs führen von diesem Fahrweg zwei breite Wege links ab zu den Steinbrüchen des *Ofenkaulen-Bergs*, sogen. Backofenstein, ein Trachyt-Conglomerat. In der Nähe von Königswinter ist der *Wintermühlenhof*, ein Landgut des Hrn. Mühlens in Köln.

Man steigt in 10 Min. vom Gipfel zum Fuss des Kegels und wandert auf der Fahrstrasse südl. weiter nach (10 Min.) *St. Margarethenkreuz* (1027'), Häusergruppe, an der Ecke ein Kreuz mit Relief, St. Margaretha mit dem Kreuz und dem gefesselten Drachen.

Vom Oelberg nach dem Drachenfels 1¼ St. Etwa 100 Schr. südl. von St. Margarethenkreuz führt ein waldiger Fussweg r. ab von der Fahrstrasse in westl. Richtung ziemlich in gleicher Höhe am nördl. Abhang der Bergkette fast am Kamm hin in 1 St. zum Drachenfels, Weg nicht zu verfehlen, schliesslich bei den Steinbrüchen der Wolkenburg links an der südl. Wand der Wolkenburg vorbei.

Auf dem Fahrweg gelangt man von St. Margarethenkreuz in südl. Richtung weiter in 10 Min. nach dem Dorf **Lahr**, hier bei den ersten Häusern rechts bergan, dann den ersten Weg links zwischen zwei Häusern durch bergan; 10 Min. auf der Höhe des Gebirges. Nun rechts in einem Hohlweg bergab zwischen dem *Lohrberg* (1355') rechts, der grössten Trachytmasse des Siebengebirges, und den *Scheerköpfen* (1215') links hindurch; 10 Min. **Löwenburger Hof**, wo Erfrischungen zu haben, etwa 100 Schritte von der Rhöndorfer Strasse links zur Seite. 300' unter dem Gipfel der *Löwenburg (1413')*, Ruine auf einer mit Hochwald bewachsenen Kuppe von Dolerit, einem vulcan. Gestein, das in flüssigem Zustand hier über den Trachyt und die Granwacke emporgequollen ist. In der Burg, deren bedeutende Trümmer vom Rhein aus noch erkennbar, hielt der Kölner Kurf. Hermann, Graf zu Wied. Zusammenkünfte mit den Reformatoren Melanthon und Bucer. ehe er 1541 zum Protestantismus überging (S. 286). Hier wohnte zuletzt noch im J. 1583 während der Kriegsunruhen (S. 313) Kurf. Gebhard Truchsess v. Waldburg mit der aus dem Stift Gerresheim (S. 339) bei Düsseldorf entführten ihm angetrauten schönen Gräfin Agnes von Mansfeld. Treffliche Aussicht.

Der Weg vom Löwenburger Hof bis (1 St.) *Rhöndorf* ist nicht zu verfehlen. Er führt stets bergab durch ein enges zuweilen nasses Berg-Wiesenthal, durch Buchen- und Eichenwald. Die Bergkuppen und Rücken, welche den Weg nördl. begrenzen, heissen *Geisberg, Schallerberg, Bolverhahn*, dann *Wolkenburg* und *Drachenfels*, sämmtlich Trachytberge. Die alte Feste auf der *Wolkenburg*, im 12. Jahrh. den in Köln verfolgten Juden vom Erzbischof Arnold I. als Zufluchtstätte angewiesen, hat längst den ansehnlichen seit vielen Jahrhunderten in Betrieb stehenden Steinbrüchen der Südseite Raum geben müssen. *Drachenfels* s. S. 278; die Besteigung von der Südseite ist weit beschwerlicher als von der Nordseite. **Rhöndorf** *(Beul)* ist 20 M. von Königswinter (S. 282), wie von Honnef (s. unten) entfernt. An der Seitenmauer der kleinen Kirche von Rhöndorf, an der Landstrasse, befindet sich, aus Drachenfelser Trachyt, ein eingemauerter wohl erhaltener Grabstein des letzten Ritters von Drachenfels mit dem Wappen vom J. 1530, ehemals in der Abtei Heisterbach.

Der Thalboden zwischen dem südwestl. Fuss des Siebengebirges und dem Rhein, 1 St. lang, ½ St. breit, glänzt in üppigster Fruchtbarkeit, ein steter Wechsel von Ackerland, Rebenhügel und Obstgelände. „Es ist", wie Arndt meinte, „einer der schönsten und sonnigsten Flecken, mit einem hohen grünen Bergmantel, dem Siebengebirge, umzogen, der ihn gegen die scharfen Nord- und Ostwinde schirmt." Die Ortschaften in demselben, *Rheinbreitbach, Honnef, Rhöndorf,* dehnen sich immer mehr aus. Die milde Luft, die reizende Landschaft, die ländliche Ruhe ziehen im Sommer zahlreiche Fremde an, die sich hier, namentlich zu Honnef, längere oder kürzere Zeit aufhalten. **Honnef** *(*Hotel Klein*, M. o. W. 15 Sgr.; *Wittwe Tillmann)*, das rheinische Interlaken, hat sich in den letzten Jahren sehr vergrössert. Eine Menge geschmackvoller Landhäuser sind entstanden, die zum Theil auch an Fremde vermiethet werden. Für längern Aufenthalt gute Unterkunft bei *Dr. de Berghes*, in schöner Lage und Einrichtung, Pensionspreis für Zimmer und Kost 1—1⅓ Thlr.; geräumige freundliche Wohnungen auch bei *G. Schmits*, grosses neues Haus im obern Theil des Orts. Regelmässige Omnibusfahrten nach dem Ueberfahrtsplatz, gleich oberhalb des Stationsgebäudes in Rolandseck.

Ausflüge von Honnef: einer der schönsten, eine Wanderung von 2 St., über die *Zicklenburg* (Bauernhaus) nach *Menzenberg* (am Abhang des Berges wächst der beste rothe Wein der Gegend), an dem grossen *Hager Hof* (Eigenthum des Hrn. Weyermann aus Elberfeld mit stattlichen Neubauten) vorbei, Fussweg nach Rheinbreitbach, auf der Landstrasse nach Honnef. Eine kürzere Wan-

derung (½ St.) ist die nach *Menzenberg* (wo *K. Simrock* aus
Bonn, der Dichter und Sprachforscher, ein Landhaus besitzt), am
Rebenhügel des Herrn Weyermann vorüber, dem sogen.
Hager Köppelchen (schöne Aussicht). — Auch der *Kirchhof* von Honnef
bietet eine schöne Aussicht. — Lohnendster Aufgang auf die
*Löwenburg (S. 276) von Honnef (1¼ St. bis zum Gipfel);
immer schöner öffnet sich dem steigenden Wanderer die Land-
schaft des Rheins und des Siebengebirges, rechts auf halber
Höhe Blick in ein enges Wiesenthal, in welchem eine neue
Landstrasse (nach Siegen) angelegt wird. Rückweg von der
Löwenburg (Wirthschaft) über (1¼ St.) Rhöndorf nach (20 Min.)
Honnef s. S. 277.

Ausflüge von *Rheinbreitbach* (Clouth, Pensionspreis
1 Thlr. und mehr): auf das nahe *Breitbacher Kreuz*, hübsche
Aussicht; nach der (¾ St.) *Haanenburg, Besitzung des Weinhändlers Haan zu Köln, durch Weinberge auf breitem durch
Kreuze bezeichnetem Fusswege; Thurmzinne der Haanenburg besteigen, prächtige Aussicht; schöner Rückweg um die Haanenburg herum über den *Heidekamm*; Hühnengräber ½ St. von
Honnef. In der Nähe der Haanenburg das Kupferbergwerk *Marienberg*. Weiter ½ St. nördlich die Kupfer- und Bleigruben des
Virneberg, schon bei den Römern in Betrieb. Die Erze werden
auf der Sterner Hütte (S. 261) bei Linz verhüttet. Vom Virneberg durch den Tannenwald nach *Farinasruhe* und von da nach
dem *Menzenberg* (½ St.).

51. Der Rhein von Remagen bis Bonn.
Vergl. Karte zu Route 47.

Das Dampfboot (zu Thal in 1, zu Berg in 1¾ St.; Landebrücken zu
Rolandseck, Königswinter und Bonn; Kahnstationen zu Unkel, Plittersdorf [Godesberg] und Obercassel) ist der Eisenbahn namentlich auf dieser landschaftlich so schönen Strecke weit vorzuziehen. — Eisenbahn
in 40 Min. s. R. 55.

Der Rhein beschreibt von Remagen bis Unkel einen weiten
Bogen. Unterhalb des Apollinarisberges sieht man l. eine Eisenbahn vom Berge kommen, welche die Basalte 1 St. Wegs bis an
den Rhein bringt. Unter den vielen schönen Landhäusern, die
sich zu beiden Seiten des Flusses hier erheben, ragt hervor das
neue Schlösschen *Marienfels* des Herrn Frings (aus Uerdingen),
gleich unterhalb der Apollinariskirche. Das hübsche Haus beim
Thaleinschnitt l. gehört dem Dichter G. Pfarrius. Das stattliche
(r.) **Unkel** (*Clasen;* Dampfbootstation) tritt nahe an den Rand
des Flusses. Der Flecken (l.) **Oberwinter** *(Fussbender)* gehörte
einst zum Herzogthum Jülich.

Es entfaltet sich jetzt eine Landschaft, welcher an Mannig-
faltigkeit und Erhabenheit keine am Rhein gleich kommt. Rolandseck und Drachenfels mit den Burgtrümmern, die kahlen
schroffen Wände der Wolkenburg und die ganze Reihe des aus

mehr als 30 zusammengedrängten Kegeln bestehenden Siebengebirges (S. 274), am Ende rechts die abgestumpfte Kuppe der Löwenburg mit Ruine (der einzeln aufstrebende spitze Kegel ganz rechts ist der Hemmerich), gestalten sich zu einem unvergleichlichen Gebirgsrund, im Vordergrund der mächtige Strom und das anmuthige Eiland Nonnenwerth. Jede Sonnenhöhe, jede vorüberziehende Wolkenmasse giebt diesem reizenden Bilde eine andere Färbung.

Am linken Ufer löste sich, Unkel gegenüber, im Winter 1846 durch mechanischen Druck ein halber Berg (der *Birgeler Kopf*) los, rückte gegen den Rhein hin und hob die Landstrasse über 40' hoch. Das Geröll und die steil abfallenden kahlen gelben Wände der stehen gebliebenen Hälfte im Hintergrund bezeichnen die Stelle des Bergschlipfs ganz genau; auch die sonst regelmässigen Basaltschichtungen im Innern des Berges geriethen hierbei aus ihren Lagen.

Auf dem ebenen Thalboden des rechten Ufers (S. 277) erscheinen zwischen Berg und Fluss die Ortschaften: 15 Min. *Scheuern*, 15 M. *Rheinbreitbach*, 45 M. *Honnef*, 15 M. *Rhöndorf* (S. 277).

Aus Baumpflanzungen auf der Insel **Rolands- oder Nonnenwerth** heben sich die ansehnlichen vielfensterigen Gebäude eines Frauenklosters hervor. Die Gründung desselben reicht in das Zeitalter der Sage. Es wird zuerst in einer Urkunde des 12. Jahrh. erwähnt. Die jetzigen Gebäude mit ihrem Thurm sind nach dem Brande von 1673 aufgeführt. Im J. 1802 wurde das Kloster aufgehoben, ist jedoch 1845 wiederum Eigenthum einer geistlichen Corporation geworden und dient jetzt zu einer von Franciscaner-Nonnen geleiteten viel besuchten weiblichen Erziehungsanstalt.

Bei (l.) **Rolandseck**(Dampfboot- und Eisenbahnstation) (*Hôtel Rolandseck bei *Groyen;* *Rolands-Hôtel bei *Küpper*, zugleich Wasserheilanstalt; *Hôtel Billau am Landeplatz der Dampfboote, *Bahnhofs-Restauration, gut, Alles nach festen Tarifpreisen; von der das ganze Stationsgebäude umziehenden oberen, auf eisernen Pfeilern ruhenden Terrasse schönste **Aussicht auf das Siebengebirge und rheinaufwärts bis Remagen). Nordwestlich vom Bahnhofe die grossartige Villa des Hrn. Deichmann aus Amsterdam; südwestl. hochgelegen die neue Villa des Herrn Sölling († 1860). Auf dem Berg ragt der einsame Bogen der *Ruine Rolandseck* in die Lüfte, 15 Min. vom Bahnhof, Aufsteigen neben Hôtel Roland (Esel 10 Sgr.). Die *Aussicht (bei Abendbeleuchtung am schönsten) von diesem 340' ü. Rh. (472' ü. M.) hohen Basaltfels dehnt sich zwar nicht so weit aus, als die vom Drachenfels (S. 282), ist aber malerischer, weil Drachenfels und Wolkenburg im Vordergrund der Landschaft hervortreten; sie umfasst die bewaldeten Berge des Siebengebirges sammt der mit Landhäusern reich geschmückten Ebene von Rhöndorf, Honnef und Rheinbreitbach, unten die Insel Nonnenwerth mit dem Kloster, die Insel Grafenwerth, dann den Fluss von Unkel bis Bonn, r. südl. auf einem fernen Bergkegel Ruine Olbrück (S. 268).

Die Sage bezeichnet den Ritter Roland, Pair von Frankreich, Paladin Carls d. Gr., der in der Schlacht von Ronceval blieb, als den Erbauer der Burg. Eginhard, Carls d. Gr. Geheimschreiber, nennt in dem Bericht über die Roncevalschlacht unter den Gebliebenen *Hruodlandum Brittanici limitis praefectum*, den Hüter der Nordseeküste, dessen Gebiet sich bis dahin erstreckt haben soll, wo die Berge des Rheins beginnen. Nicht unwahrscheinlich ist, dass Roland die Burg erbaut hat, wenigstens spricht der Name für diese Annahme, und der gleiche Name des Inselklosters deutet auf eine Beziehung der Burg zum Kloster. Urkundlich kommt sie erst 1040 bis 1045 vor, sie hiess damals *Rulcheseck*, das spätere Kloster *Rulcherwerth*. Zu Erzb. Friedrich's Zeiten war die Burg aber schon zerstört. Er liess 1120 eine neue Ringmauer und Warten zum Schutz gegen Kaiser Heinrich IV. (S. 317) aufführen. Die Feste stand noch zu Ende des 15. Jahrh., ging aber in den Kämpfen des entsetzten Kölnischen Erzbischofs Ruprecht v. d. Pfalz (S. 271) und Karls des Kühnen von Burgund gegen Kaiser Friedrich III. grösstentheils zu Grunde. Eine der schönsten Sagen knüpft sich an Burg und Kloster, die auch Schiller in seinem *Ritter Toggenburg* bearbeitet hat. *A. Kopisch* giebt sie so:

> Von Spanien kam die Kunde, wie jener Held von Stahl,
> Roland, gefället worden im Thal von Ronceval.
>
> Da nahm den frommen Schleier die schöne Hildegund,
> Gelobte Gott die Seele mit todesbleichem Mund.
>
> Doch bald viel andre Kunde sandt' aus der grüne Rhein:
> Kein Schwert konnt ihn besiegen, die Liebe nur allein!
>
> Es ward die schärfste Lanze ihm durch das Herz gerannt,
> Als Hildegund, die Schöne, er Gott vermählet fand!
>
> Auf hohem Felsen thät er sich eine Klause bau'n,
> Von da zu ihrem Kloster im Rhein herabzuschau'n.
>
> Da scholl von grüner Insel der Nonnensang empor:
> Die holde Stimme wähnt' er zu hören aus dem Chor.
>
> Wie Blumenseim die Biene sog er den süssen Schmerz,
> Bis Minne ihm gebrochen das tapfre Heldenherz.

Auf dem Bergkamm, 10 Min. westl. von der Ruine, hat im J. 1848 Hr. Jacob vom Rath aus Köln einen 120 Stufen hohen *Thurm* aufführen lassen, der eine nördl. weit ausgedehntere Aussicht gewährt, über Godesberg, das Vorgebirge, und die Landschaft zwischen Bonn und Köln, die von der Ruine Rolandseck nicht zu sehen sind. Sonntags ist gewöhnlich ein Wächter oben (2½ bis 5 Sgr.), der den Thurm aufschliesst; sonst ist unten in dem Landhaus des Hrn. vom Rath, dem Rolandshôtel gegenüber, der Schlüssel zu haben. Vom Thurm übersieht man auch den fast in gleicher Höhe, etwa 12 Min. nördl. liegenden *Roderberg*, einen ringsum geschlossenen Krater von etwa 60′ Tiefe, an den Rändern abgerundet, 1000′ im Durchmesser. Der Boden des alten Kraters, auf dessen Rändern überall Bimssteine zu Tage liegen, ist fruchtbares Ackerland, welches vom *Bruchhof*, der in der Mitte liegt, bewirthschaftet wird. Nur eine kleine Fläche ist sumpfig.

(l.) **Mehlem** (*Stern; Krone; Goldenes Schiff* dicht am Rhein, mit Garten und schöner Aussicht, zu längerm Aufenthalt zu empfehlen, Pension tägl. 1—1⅓ Thlr.), Geburtsort eines der berühmteren Meister der Kölnischen Malerschule (Joh. v. Mehlem). Eisenbahn-Station und fliegende Brücke nach Königswinter s. S. 313. Park der Frau Deichmann aus Köln, Villa etwas zurückliegend.

(r.) Burg **Drachenfels** (vgl. S. 277) (1001' ü. M., 855' ü. Rh.) liess Anfangs des 12. Jahrh. Arnold I., Erzbischof v. Köln, neu aufführen und belehnte damit 1149 das Cassiusstift in Bonn. Späterhin erscheinen, als Lehnsträger des Stifts, Burggrafen von Drachenfels. Heinrich, Burggraf von Drachenfels († 1348), schloss 1306 mit dem Domcapitel zu Köln einen Vertrag wegen des Steinbruchs am Drachenfels zum Dombau. Dieser Steinbruch heisst noch jetzt der Dombruch oder die *Domkaul*, ein rother, an der Domkaul wachsender Wein, *Drachenblut*. Im 30jährigen Kriege hatten die Schweden die halb verfallene Burg noch besetzt, Herzog Ferdinand von Bayern, Kurfürst von Köln, nahm sie nach einer längeren Belagerung, liess sie dann aber gründlich zerstören, um nicht eine Besatzung in derselben halten zu müssen.

In der vom Rhein sichtbaren *Höhle* bei den Weinbergen, auf halber Höhe des Berges nach der Flussseite, soll der Drache gehauset haben, den Siegfried (S. 42), der Held aus Niederland, erschlug und durch Drachenblut „hörnen" wurde.

Wer badet sich im Drachenborn,
Des Leib wird fest, des Haut wird Horn,
Gegen jede Waffe ist er gefeit,
Gegen jede Gefahr und jedes Leid.

Von dem Drachen berichtet auch die alte Legende:

In Kränze winden wir dich ein
Des Drachen Opfer musst du sein
„Um dich liegt mancher Held todt:
Von Zwietracht sind viel Blumen
roth."

„Du Christenjungfrau bist zu schön
Drum musst am Drachenfels du
steh'n!"

Der Drach' aus seiner Höhle kam:
Ein Kreuzlein von der Brust sie nahm.

Der Drache sah's — da floh er fort
Und fiel zum tiefsten Höllenort.

„Ihr Helden kommt nun, Weib und Mann,
Und betet den Erlöser an!"

Da bogen alle ihre Knie,
Die schöne Jungfrau taufte sie.   A. Kopisch.

Man besteigt den Drachenfels am bequemsten von Königswinter, in 50 Min. Der Weg (breiter Fahrweg, Führer ganz unnöthig) führt von der Dampfbootbrücke zwischen den beiden Gasthöfen durch gerade aus bis an den (7 Min.) Fuss des Berges und wendet sich dann im rechten Winkel an der Esel-Station (S. 283) vorbei, hier anfangs ziemlich steil bergan (ausserdem ein neuer „Promenaden-Weg", bei der sog. Höhle beginnend und durch ein schattiges Thal in sanfter Steigung auf den Drachenfelser Weg führend). Halbwegs ist eine Bude mit Siebengebirgs-Mineralien und unter einem „Parapluie" ein Fernrohr. Etwas weiter theilt sich der Weg. Beide Richtungen führen zur Platte, der neue Weg rechts um den Fels herum stets mit Aussicht auf den Rhein, aber sehr der Nachmittagssonne ausgesetzt, der alte Weg links durch Wald. Oben ist ein *Gasthof mit etwa 20 Betten zu 20 Sgr., F. 7½ Sgr.; Pension, Z. F. M. u. A. 1½ Thlr.

Auf der Platte stand zum Andenken an den preuss. Major v. *Boltenstern* vom Garde-Jäger-Bataillon und an den Führer des

Siebengebirgischen Landsturms *Joseph Genger*, Bürger von Königswinter, welche beim Rheinübergang 1814 ihr Leben verloren, ein Denkmal, welches indess in den 40er Jahren ganz verfiel. An derselben Stelle steht jetzt eine weithin sichtbare 46' hohe goth. *Spitzsäule*, nach Zwirner's Entwurf errichtet, welche folgende Inschriften hat: ö. „*Zur Erinnerung an die patriotische Hingebung des rhein. Volkes und an die Errichtung des freiwilligen Landsturmes vom Siebengebirge in den J. 1813, 1814, 1815.*" n. „*Neu errichtet (in dankbarem Rückblick auf die 42 Friedensjahre) unter der gesegneten Regierung Friedrich Wilhelms IV. durch freiwillige Beiträge im J. 1857.*" w. „*Preis und Ehre dem Höchsten; Freiheit, Ruhm und Friede dem Vaterlande; deutsch und frei für immer.*" s. „*Dank den gefallenen Streitern*" (s. oben).

Die *Aussicht gehört zu den schönsten. Oestlich ragen einzelne Kuppen des Siebengebirges, südöstlich die Basaltkuppen hinter Honnef, der Breiberich, Mittelberg, Bruderkunzberg, Leyberg, das Rehköpfchen, der Minderberg (S. 261), der Hemmerich (S. 274) u. a. hervor, und verflachen sich nach und nach in sanft abfallende Hügel bis zur Rheinebene (S. 277); auf dem rechten Ufer, unten Rhöndorf, Honnef, Rheinbreitbach, Unkel, Erpel; auf dem linken Ufer Remagen und der Apollinarisberg mit der goth. Kirche; im Hintergrund die vulcan. Spitzen der Eifelgebirge mit den Ruinen Olbrück (S. 268) und Tomberg (S. 270); näher Oberwinter, die Inseln Grafenwerth und Nonnenwerth, die Bogentrümmer des Rolandseck; daneben in dem runden Krater eines erloschenen Vulcans, des Roderbergs (S. 280), ein in Bäumen verhüllter Meierhof. Weiter nordwestl. einige Ortschaften, dann der Kreuzberg, Bonn, selbst Köln.

Der Drachenfels thront steil und wild	Die Flur hat reichlich Korn und Wein,
Hoch über'm weitgewund'nen Rhein,	Es krönt sie alter Städte Glanz,
Dess breite Wogenbrust hinschwillt	Der weithin strahlt ins Land hinein.
In rebenreicher Ufer Schrein.	Welch reizend Bild! wie doppelt
Rings prangt der Blüthenbäume Kranz,	schön, Wenn du es könntest mit mir sehn'
	Byron. 1816.

(r.) **Königswinter** (146') (*Europ. Hof; *Berliner Hof*, beide am Landeplatz der Dampfboote, Kölner Preise; *Hôtel Rieffel* in der Hauptstrasse fast am n. Ende des Orts, bürgerlich gut. Z. u. F. 16, M. 12 Sgr.; *Düsseldorfer Hof*; *Zum Drachenfels*, wird gelobt. Gute Pension bei *Remigius Schmitz*, dem Badeschiff gegenüber, am Rhein, mit schattigem Vorplatz, Pensionspreis 1 Thlr. 5 Sgr.; ferner beim Steinhauer *Bonn*, der Post gegenüber, gleicher Preis). Königswinter, das rheinische Nizza, ist ein sauberes modernes Städtchen, bekannt durch seine ansehnlichen Steinhauereien, sehr belebt durch den Verkehr der Reisenden und der Bonner und Kölner, welche häufig hierhin Lustreisen machen. Es will sein Entstehen bis in die australischen, sogar in römische Zeiten zurückführen (?). Die Eisenbahnstation *Mehlem* am l. Ufer ist 10 Min. von Königswinter. *Wanderung durchs Siebengebirge* s. S. 274. Omnibus nach Honnef 5 Sgr., an der fliegenden Brücke.

Trägertaxe. Reisesack vom Dampfboot in die Stadt $1^1/_2$ Sgr., nach Honnef (S. 277) 5 Sgr.; Koffer in die Stadt $2^1/_2$, nach Honnef 6 Sgr.; Begleitung von Fremden auf den Drachenfels und zurück incl. Tragen leichter Effecten $7^1/_2$ Sgr., Heisterbach oder Petersberg 8 Sgr.; Oelberg, Löwenburg oder sonstige Gebirge $12^1/_2$ Sgr.; halber Tag 10, ganzer Tag 20 Sgr. „Ausser den vorstehend angegebenen Sätzen durfen besondere Trinkgelder oder Entschädigung für Beköstigung während der Reise nicht gefordert werden." Polizeil. Verordn. v. 30. Juni 1854.

Eseltaxe. (Standort am Drachenfelser Weg, 10 M. östlich vom Landeplatz des Dampfboots.) Drachenfels oder Wolkenburg 10 Sgr.; Drachenfels und Wolkenburg 15, Heisterbach 15, Honnef 15, Petersberg 15, Löwenburg 20, Oelberg 20, Oelberg und Heisterbach 25 Sgr. Für den ganzen Tag 35 Sgr.; für den Ritt nach verschiedenen Gebirgen, ohne inzwischen zum Standort zurück zu kehren, darf die Taxe für einen ganzen Tag nicht überschritten werden, sobald bei Annahme des Thiers diese Tour bezeichnet wird; andernfalls müssen die betreffenden Taxsätze bezahlt werden. Für den Rückritt nach 1 bis 2stünd. Aufenthalt, gleichviel von welchem Gebirge oder Ort (einschl. Lohn des Fuhrers) wird den obigen Taxen 5 Sgr. zugesetzt; für jede Stunde länger $2^1/_2$ Sgr. Vorführen des Thieres zum Aufsitzen am Gasthof oder an der Privatwohnung $2^1/_2$ Sgr. „Das Fordern von **Trinkgeld** ist unbedingt verboten." Polizeil. Verordn. v. 12. Juli 1857.

Nachen nach Nonnenwerth, hin und zurück, 20 bis 25 Sgr., dauert der Aufenthalt 1 St., 1 Thlr.; nach Bonn 20 bis 25 Sgr.

Von Königswinter führt ein Weg an der *Lungenburg* und am *Pfaffenröttchen* vorbei durch den Wald nach *Heisterbach* (S. 275). Zu (l.) **Rüngsdorf** hat Hr. Geb. Rath *L. Camphausen*. 1848 preuss. Minister, dann preuss. Bevollmächtigter bei der prov. Central-Gewalt zu Frankfurt, seinem Landhaus einen hohen Thurm anbauen lassen.

Am l. U. erhebt sich aus der Ebene, $^1/_2$ St. vom Rhein, ein 275' hoher Bergkegel, welcher den 100' hohen stattlichen Schlossthurm von *Godesberg* (S. 313) trägt.

(r.) Am Rhein **Niederdollendorf** (*Frembgen* mit Garten, auch Pension); 10 Min. landeinwärts **Oberdollendorf**, am Eingang des Heisterbacher Thals (S. 275).

(l.) **Plittersdorf** ist Kahnstation für das 20 Min. s.w. entfernte Godesberg.

(r.) **Obercassel** mit altem Kirchthurm (aus dem 11. Jahrh.) dicht am Rhein, der Ort selbst zwischen einer Menge von Obstbäumen am Fuss des Gebirges angenehm gelegen als gesunder Aufenthalt und als Mittelpunct zu lohnenden Ausflügen *Zur Wolfsburg* bei *Stecker*. M. 12 Sgr., recht gut, Pensionspreis 1 Thlr.: Z., F., M., Nachm. Kaffe und Abendessen; Familienpension bei Lehrer *Sartorius*, der auch Knaben zu Pflege und Erziehung aufnimmt, und in andern Häusern).

Spaziergänge und *Ausflüge* in der nähern Umgebung: Chaussee nach Niederdollendorf und am Rhein, zum „steinernen Häuschen" (hübsche Aussicht), und am Gebirgsabhang, nach dem Walde; weiter aufwärts die Obercasseler Lei (mit noch schönerer Umsicht) oder *Rabenlei* (viele Steinbrüche, aus denen vorzügliche Pflastersteine, sog. Tafelbasalt, gewonnen werden); ins Heisterbacher Thal (S. 275) uber Oberdollendorf (1 St.); zum Pfaffenröttchen über Niederdollendorf ($^3/_4$ St., schöner Blick von der Höhe); zum

Ennert (3/4 St.): von *Küdinghoven* (guter Kaffe, auch Wein bei *Maaph*) aus zu besteigen, oben am sog. *Foveauxhäuschen* und weiter auf der Höhe prächtige Aussicht: Bonn und Beuel mit dem Finkenberg malerisch im Vordergrund (letztern wollte Napoleon I. zur Festung umwandeln, der höhere Ennert soll ihn davon abgehalten haben), in der weiten Ebene, die sich bis ins Bergische Land erstreckt, das Dorf Vilich, in der Ferne der Kölner Dom, aufwärts das Siebengebirge, Nonnenwerth und Rolandseck. Vom Ennert nordöstl. die *Hardt*, eine kahle graue Berghöhe, mit reichen Braunkohlenlagern und Alaunwerken, am Fusse derselben das ehem. Carmeliterkloster Pützchen (berühmter Herbstjahrmarkt).

Gleich unterhalb Obercassel bedeutende Cementfabrik (General-Director Bleibtreu) und im Hintergrunde die ehem. Deutschordens-Commende (r.) *Ramersdorf*, an Hochwald angelehnt, früher Eigenthum des Fürsten Salm-Dyck, jetzt dem Baron von Francq gehörig. Eine früher hier befindliche alte Capelle (aus dem J. 1200) wurde, weil sie bei einem Neubau der Gebäude nicht in den Plan passte, abgebrochen und auf dem Kirchhof zu Bonn (S. 290) wieder aufgebaut. Am Rhein (r.) der Rumpf eines alten Wartthurms, später als Windmühle benutzt.

Unter der ansehnlichen Reihe stattlicher Häuser, die an der Südseite von (l.) *Bonn* im Lauf der letzten vier Jahrzehnte entstanden sind, ist eines der ältesten das kleine bescheidene röthlichgelbe Haus von Ernst Moritz Arndt († 1860), unter Bäumen, auf dem hohen Rheinufer neben dem neuen „Château du Rhin" im venetian.-goth. Stil mit Zinnenthürmen.

52. Bonn.

Gasthöfe. In der Stadt: *Stern, am Markt, sehr gut gehalten, Table d'hôte berühmt. Vor dem Coblenzer Thor, mit Gärten, die an den Rhein grenzen: *König l. Hof, Z. 20, L. 6, B. 6 Sgr.; Bellevue, Z. 16—20, L. 5, F. 8, B. 6 Sgr.; *Hôtel Kley, Z. 15, L. 4, F. 8, M. 15, B. 5 Sgr., zugleich gute Restauration und Hôtel garni, Pensionspreis von 1½ Thlr. an, für Z., F., M. u. Ab. — *Rheineck, am Landeplatz der Dampfboote, Z. 15, F. 7, M. 15, B. 5 Sgr.; Rheinischer Hof bei Brewer; Schwan bei Honecker, gut und bürgerlich; ebenso Braun's Gasth., zunächst am Bahnhof. — *Hôtel garni:* Château du Rhin (s. oben).

Wein- u. Speisehäuser. *Perrin in der Wenzelgasse; Breuer „im Zehrgarten", am Markt; *Nettekoven in der Neugasse; Schmitz (früher Jaqué), Belderberg; Clouth Sandkaul, im frühern A. W. von Schlegel'schen Hause.

Kaffehäuser. Schweizer Caffehaus neben der Jesuitenkirche; *Conditorei* von Laubinger am Markt, dem Stern gegenüber.

Bairisch Bier und Restauration bei *Voss* in der Wenzelgasse, auch Austernstube; bei Nettekoven in der Neugasse, s. oben.

Zeitungen und Restauration in der *Lese- und Erholungsgesellschaft*, der Universität gegenüber; wissenschaftliche Zeitschriften in sehr bedeutender Auswahl (mehr als 200) im *academischen Leseximmer*, zu beiden Einführung durch ein Mitglied.

Bäder. *Warme* bei Rüss, 8 Sgr., ein Staubbad 8 Sgr. *Kalte Flussbäder* in Kasten, im Rhein, 3 Sgr. Auf der rechten Rheinseite Schwimmanstalten, 5 Sgr. das Bad; von 5 Uhr Nachm. an fahren alle halbe Stunden am südl. Ende der Stadt Nachen hinüber.

Droschke. Die Fahrt für 1 bis 2 Pers. 5, jede Person mehr 2½ Sgr., Koffer 1 Sgr.; halbe Stunde 7½ oder 10 Sgr.

Bahnhof bei der Poppelsdorfer Allee (S. 289) rechts; vgl. S. 312.

Telegraphen-Station: Fürstenstrasse 38½.

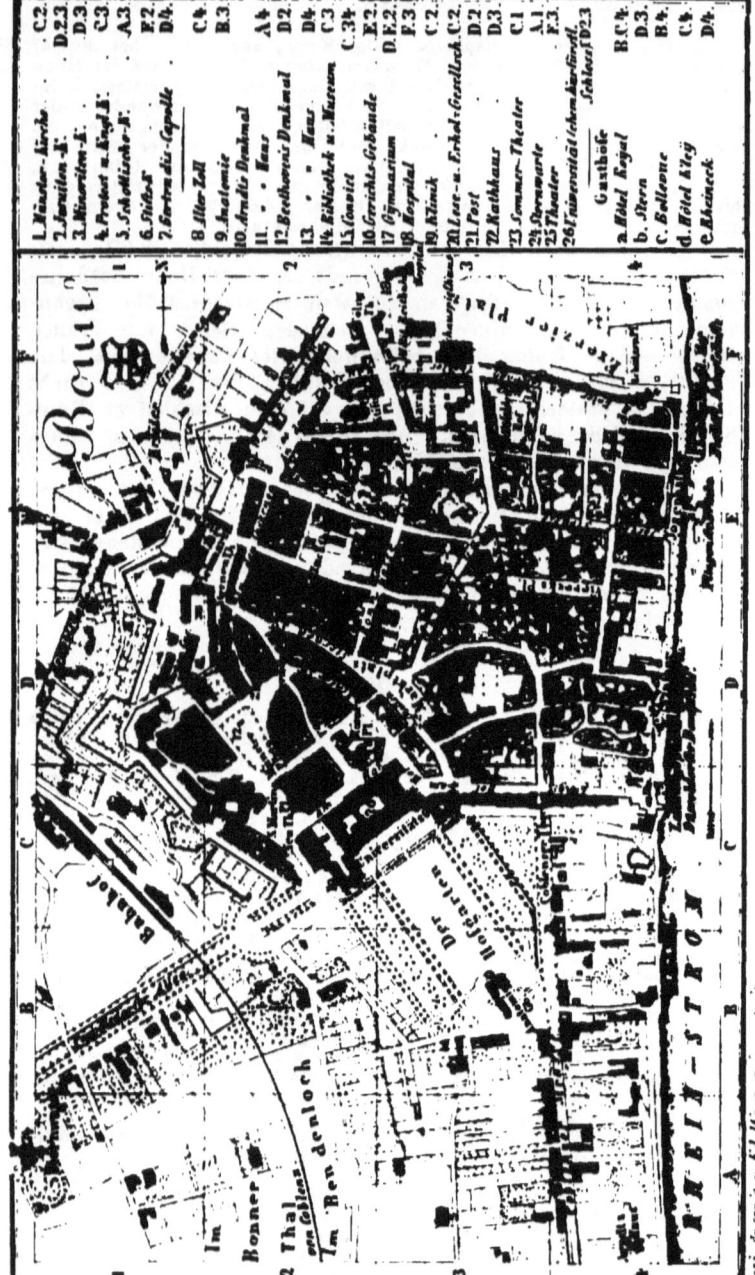

Bei beschränkter Zeit zu besichtigen: **Münster** (S. 288) von aussen und Denkmal Beethovens (S. 289), Sammlung rhein.-westfäl. Alterthümer (S. 287), Fresken in der Aula (S. 287), naturw. Sammlungen im Schloss zu Poppelsdorf (S. 289), Kreuzberg besteigen wegen der Aussicht (S. 290), Denkmäler auf dem Kirchhof (S. 290), Aussicht vom alten Zoll (S. 288).

Der hohe Thurm der Münsterkirche, die zum Theil prächtigen Villen (die bedeutendsten, südl. beginnend, der Hrn. Löschigk, mit Palmenhaus, Troost, Busch, Dr. Prieger, Dr. Krantz „Rhein. Mineralien-Comptoir", Spiess, Clason, Kyllmann, das S. 284 gen. venetian.-goth. „Château du Rhin" und das der Frau Frank) in schönen Gärten am Rhein oberhalb der Stadt, die Baumgruppen der Anlagen am *alten Zoll*, einer unmittelbar vom Rhein aufsteigenden ehem. Bastei, gewähren der Musenstadt ein heiteres anmuthiges Ansehen, wenn man sich ihr auf dem Dampfboot rheinabwärts nähert. Einen weniger erfreulichen Eindruck macht die Rheinseite bei der Bergfahrt von Köln, wo man den alten Theil der Stadt zuerst erblickt. Doch hat auch die Rheinseite der Altstadt in den letzten Jahren durch Erbauung des neuen breiten mit einer Doppelallee bepflanzten Werfts viel gewonnen; weitere Verschönerungen stehen hier in Aussicht.

Bonn *(Bonna)*, die *Castra Bonnensia)*, von Tacitus mehrfach genannt *(Hist. IV. 20. 25. 62. 70. 77. V. 22.)*, war eines der ersten Römercastelle am Rhein, wahrscheinlich von Drusus erbaut, der Standort der 1., 5., 15., 21. und 22. Legion und der Asturischen Cohorte. Berühmt scheint ihr Marstempel und die *Ara Ubiorum*, der Hauptaltar der Ubier gewesen zu sein, der entweder in dem *Castrum Bonna* oder in der *Colonia Agrippina* (Köln) stand *(Tacit. Ann. I. 39. 57)*. Eine der beiden Brücken, welche, wie Florus berichtet, Drusus über den Rhein schlagen liess, befand sich hier, die andere bei Mainz; seine Kriegsflotten schirmten sie. Sie stand an der Ausmündung des heutigen *Stein-* oder *Heerwegs*, auch bisweilen *Bruchweg* genannt, der von *Endenich* herkommt, am *Wichelshof* (S. 291), nördl. von Bonn, wie Ausgrabungen im J. 1818 dargethan haben. Claudius Civilis, der Heerführer der gegen die Herrschaft der Römer aufgestandenen Bataver, drang im J. 70 n. Chr. bis zu den *Castris Bonnensibus* vor und lieferte eine siegreiche Schlacht, *Bonnense proelium*, wie Tacitus *(Hist. IV. 20)* meldet.

„Tria millia legionariorum et tumultuariae Belgarum cohortes, simul paganorum lixarumque ignava, sed procax ante periculum, manus, omnibus portis erumpunt, ut Batavos numero impares circumfundant. Illi, veteres militiae, in cuneis congregantur, densi undique et frontem tergaque ac latus tuti. Sic tenuem aciem nostrorum perfringunt. Cedentibus Belgis, pellitur legio, et vallum portasque trepidi petebant. Ibi plurimum cladis; cumulatae corporibus fossae; nec caede tantum et vulneribus, sed ruina et suis plerique telis interiere." (Dreitausend Legionssoldaten und unruhige Cohorten von Belgen sammt der Landleute und Marketender feiger, aber vor der Gefahr frechzüngiger Mannschaft, brachen aus allen Thoren heraus, um die an Zahl ungleichen Bataver zu umzingeln. Diese, alte Soldaten, rotten sich in Keile zusammen, dicht allenthalben, vorn, im Rücken und in den Seiten geschützt. So durchbrechen sie der Unserigen dünne Schlachtreihe. Die Belgen weichen, die Legion wird geschlagen, zitternd eilen sie nach Wall und Thoren.

Da ist die Niederlage am grössten; die Gräben sind mit Körpern gefüllt; aber nicht dem Schwert und den Wunden erliegen die meisten, sondern der Verschüttung und den eigenen Geschossen.)

Unter Constantin d. Gr. (S. 175), dessen Mutter Helena das Münster gestiftet haben soll, scheint Bonn ein blühender Ort gewesen zu sein. Um die Mitte des 4. Jahrh. wurde er von den Alemannen zerstört. Kaiser Julian liess zwar kurz darauf die Mauern wieder herstellen, indessen kam Bonn erst im Mittelalter wieder zu höherer Bedeutung, als Erzb. Engelbert (v. Falkenburg), von den Bürgern aus Köln vertrieben, 1268 seine Hofhaltung und den Sitz seiner weltlichen Regierung hierhin verlegte. Auf einem Grabmal in der Münsterkirche, ebenso auf dem ältesten Siegel der Stadt, so wie auf Münzen und in Urkunden des 10. und 11. Jahrh. wird diese *Verona* (zu deutsch *Bern*) genannt; so hiess die Municipalstadt, die Stadt der Bürger, welche mit der Kriegerstadt, dem *Castrum Bonna*, in Verbindung stand.. Die Deutschen Könige Friedrich v. Oesterreich (1314) und Carl IV. (1346) wurden im Münster zu Bonn gekrönt.

Die reformatorischen Bestrebungen der Kölner Erzbischöfe Hermann (v. Wied) und Gebhard (Truchsess v. Waldburg) während des 16. Jahrh., namentlich die Vertreibung des letztern (S. 313), brachten mancherlei Ungemach über Bonn. Auch im niederländ. Freiheits-, im 30jähr., besonders im span. Erbfolgekrieg hatte Bonn mehrfach Belagerungen zu erdulden. Die Kurfürsten aus dem bayerischen Hause waren um diese Zeit stets in Bündniss mit Frankreich gegen das Haus Oesterreich. Die Belagerung von 1689 befehligte an der Spitze von kaiserl., kurbrandenburg., holländ. und münster'schen Truppen Kurf. Friedrich III. v. Brandenburg (König Friedrich I.). Bonn sah überhaupt in jenen Zeiten die berühmten Feldherren Alexander v. Parma, Montecuculi, Marlborough, Opdam, Coehorn u. A. unter seinen Mauern; letztere wurden erst 1717 in Folge eines Artikels des Badener Friedens auf Verlangen der Holländer geschleift.

Unter den prachtliebenden Kurfürsten des 18. Jahrh. Clemens August (v. Bayern), 1723 bis 1761, Max Friedrich (v. Königseck) bis 1785, Maximilian Franz (v. Oesterreich) bis 1793, erhob sich Bonn zu hohem Wohlstand. Max Friedrich stiftete 1777 eine *Academie*, welche drei Jahre später unter seinem Nachfolger zur *Universität* erhoben wurde. Sie bestand nur bis zum Einmarsch der Franzosen, 7. October 1794.

Während der franz. Zeit sank Bonn zu kümmerlichem Dasein. Die Zahl der Einwohner verminderte sich von 9500 bis 7500: sie beträgt jetzt an 21,000 (3000 Prot., 500 Juden, 800 Studenten, 900 Soldaten). Die Stiftung der **Universität** *(Rheinische Friedrich-Wilhelms-Universität)*, am 18. October 1818, hat neuen Glanz über Bonn verbreitet. „Auch fernerhin bin ich gesonnen, das Wohl und Gedeihen des preuss. Staates hauptsächlich auf die sorgfältig geleitete Entwickelung aller seiner geistigen Kräfte zu gründen", lauten des Königs Worte in der Stiftungsurkunde. Ganze Strassen mit stattlichen Gebäuden sind, besonders an der Südseite, im Lauf der letzten Jahrzehnte entstanden, das Innere der Stadt hat ebenfalls eine andere Gestalt erhalten. Das alte Bonn ist nur in den Gassen des nördlichen Stadttheiles noch zu erkennen, schöne alterthümliche Häuser sind aber auch hier wegen der häufigen Belagerungen selten.

Die Vorlesungen werden, mit Ausnahme der naturwissenschaftl. und landwirthschaftl., im **Schloss** (Pl. 26) gehalten, welches Kurf. Clemens August um 1730 als Residenz aufführen liess. Brand und Kriegsverheerungen wurden zur franz. Zeit dem Gebäude verderblich. Die preuss. Regierung liess es von Grund aus herstellen und ausbauen. Es nimmt weit über die Hälfte der südl. Stadtseite ein und wird an Ausdehnung und Schönheit von keinem Universitätsgebäude in Europa übertroffen. Die Länge des Gebäudes beträgt an 1400'; an der Ostseite führt das Michaels- oder Coblenzer Thor hindurch. Ausser den *Hörsälen* enthält es die durch Hrn. Geb.-Rath Ritschl neu geordnete *Bibliothek* (Pl. 14) von 200,000 Bänden mit einer grossen Anzahl von Portraitbüsten, darunter Original-Marmorbüsten von Niebuhr, A. W. von Schlegel, E. M. Arndt, F. G. Welcker, und der reichen *Münzsammlung* (4000 röm. und griech., 400 mittelalterliche); das *Museum vaterländischer Alterthümer* (s. unten); das *physical. Cabinet*; die ausgezeichneten *klin. Anstalten;* die *Aula*, darin die ihrer Zeit berühmten vier Freskobilder, die vier Facultäten vorstellend. Das erste derselben, protestantische Theologie, wurde im Jahre 1824 unter Cornelius Leitung begonnen und von dreien seiner Schüler, Förster, Götzenberger und Hermann, ausgeführt. Die andern drei Gemälde, welche die juristische, die medicinische und philosophische Facultät darstellen, sind von Götzenberger allein. Die Aula zeigt der Oberpedell (5 Sgr. links unter den Hallen des Universitätsgebäudes). Die Bibliothek, das acad. Kunstmuseum und das Museum vaterländ. Alterthümer sind für Fremde jederzeit zugänglich, wenn sie sich deshalb an den ersten Bibliothekdiener wenden, auf der Bibliothek jederzeit zu finden. Trinkgeld ein Einzelner 10, eine Gesellschaft 20 Sgr. Die ehem. kurfürstliche *Hofcapelle* dient zum evang. Gottesdienst. Das ausgezeichnete *academ. Kunst-Museum* (Pl. 14), Gypsabgüsse, (über 500) Statuen, Basreliefs, Gemmen u. dgl., ist in neuester Zeit durch neue Abgüsse aus Rom und Paris bedeutend vermehrt und in die dazu hergerichtete geräumige ehem. Universitäts-Reitbahn verlegt worden.

Das **Museum vaterländ. Alterthümer** (Pl. 14), ist eine ausgedehnte merkwürdige Sammlung von Denksteinen und andern Gegenständen aus der Römerzeit, in der Rheinprovinz und in Westphalen aufgefunden. Die S. 285 erwähnten Nachgrabungen am Wichelshof haben reiche Ausbeute geliefert. Das Bemerkenswertheste ist wohl ein 6' hoher röm. Siegesaltar aus Muschelkalk, früher im Schlossgarten zu Blankenheim, 1809 hierher gebracht und bis 1822 auf dem Römerplatz aufgestellt, mit der Inschrift „*Deue Victoriae sacrum*", mit Figuren, Thiergestalten und Opferwerkzeugen in erhabener Arbeit geziert. Früher galt er für die berühmte *Ara Ubiorum* (S. 285), deren *Tacitus (Ann. I.* 39 und 57*)* gedenkt. Die zahlreichen Stein-Inschriften der Sammlung erstrecken sich fast über das ganze Gebiet des röm. Cultus, aber auch gallischer Matronendienst und selbst ein Altar der deutschen Hludana findet sich hier. Von Grab-Inschriften ist eine historisch bedeutende des Centurio Marcus Caelius, in welcher die Schlacht im Teutoburger Wald *(bellum Varianum)* erwähnt wird, und eine in Bonn gefundene griechische sehr merkwürdig. Im Eingangszimmer eine Reihe antiker und mittelalterlicher Capitäle.

Die Anlagen am Coblenzer Thor, östlich, in einer alten Bastei, der *alte Zoll (Pl. 8) genannt, unmittelbar am Rhein aufsteigend, verdienen wegen der *Aussicht, welche sich hier über den Rhein und das ganze rechte Ufer, auf *Beuel*, welches mit Bonn durch eine fliegende Brücke in Verbindung steht, auf *Bensberg* (S. 291), *Siegburg* (S. 318), besonders auf das Siebengebirge (S. 274) öffnet, vorzugsweise einen Besuch. Auf demselben wurde am 29. Juli 1865, dem Jahrestag der Schlacht bei Belle-Alliance, das **Denkmal Arndt's**, Erzguss nach *Afinger's* Modell, enthüllt. Die Gestalt ruht mit der linken Hand auf einem Eichenstamm, während die rechte hinaus zum Rheine zeigt. Die vier Inschriften lauten: *Ernst Moritz Arndt. Der Rhein, Deutschlands Strom, nicht Deutschlands Gränze. Der Gott, der Eisen wachsen liess, der wollte keine Knechte. Errichtet vom deutschen Volke MDCCCLXV.*

Unter den Kirchen steht das *Münster (Pl. 1), eine der schönsten des Uebergangsstils, 1847 hergestellt, oben an. Vormals Archidiaconalstift zu den hh. Cassius und Florentius, leitet es, wie viele Kirchen am Rhein, seine Entstehung aus Constantin d. Gr. Zeit. Aus diesem Grunde sieht man auch das eherne *Standbild der h. Helena*, seiner Mutter, im Münster aufgerichtet, als Kunstwerk ohne besondern Werth, zu Anfang des vor. Jahrh. in Italien gegossen. Das Chor mit seinen Thürmen und der Gruftkirche (Krypta), zu welcher eine Glasthüre vor dem Chor führt, sowie der Kreuzgang mit seinen zierlichen Säulencapitälen wurden gegen 1157, die Kirche um 1270 erbaut. Im Innern nur zwei *Basreliefs* sehenswerth, Geburt und Taufe Christi, an den Altären rechts. Unweit des Hauptportals der *Sarkophag* des Erzbischofs Engelbert v. Falkenburg († 1275) (s. S. 286). An die Kirche schliesst sich das alte *Capitelhaus*, zu einer grossen Pfarrwohnung eingerichtet.

Die übrigen Kirchen, *Minoritenkirche* (Pl. 3), goth. Stils des 15. Jahrh., *Jesuitenkirche* (Pl. 2) und *Stiftskirche* (Pl. 6), sind weniger bemerkenswerth. Die erstere hat ein Altarbild von Spielberg, die Taufe des Frankenkönigs Clodwig durch den h. Remigius;

dann ein neueres von Ittenbach, Maria als Himmelskönigin, und eine vorzügliche Orgel.

Auf dem Münsterplatz das von Hähnel in Dresden entworfene *Denkmal Beethoven's (Pl. 12), aus Erzguss, 1845 errichtet. Das Geburtshaus des grossen Tonmeisters ist in der Rheingasse (Pl. 13). Die Brunnensäule auf dem Markt errichtete im J. 1777 laut der lateinischen Inschrift die Bürgerschaft von Bonn dem vorletzten Kurfürsten von Köln, für die eifrige Vertheidigung der Rechte des Erzbisthums, die Fürsorge bei drohender Hungersnoth, die Erbauung eines Armenhauses und die Gründung der Academie.

Durch ein Gitterthor in der Nähe des Münsters s.ö. gelangt man in den *Hofgarten* und in den Hauptspaziergang Bonns, die von einer vierfachen Reihe schöner Ross-Kastanien gebildete, 10 Min. lange Poppelsdorfer Allee. Zur Rechten der *Bahnhof*, etwas weiter, links, die stattliche neue Sternwarte (Pl. 24) mit ihren sechs Thürmchen, überragt von einem höhern Thurm, vier davon mit beweglichen Dächern versehen. In dem grössern steht auf einem von Grund aus gemauerten mächtigen Pfeiler, an dem eine gusseiserne Wendeltreppe bis zur Höhe führt, ein prachtvolles achtfüssiges Heliometer. Den neuen Bau mit den beiden Giebeln und dem durchbrochenen Thurm hat ein Bonner Baumeister aufgeführt.

Am Ende der Allee liegt das „Poppelsdorfer Schloss", das ehem. kurf. Lustschloss *Clemensruhe*, welches König Friedrich Wilhelm III. der Universität übergeben hat. Es enthält die *naturwissenschaftl. Sammlungen*, an 150,000 Nummern. Ausgezeichnet, und besonders durch den rastlosen Fleiss des Geh. Bergraths Nöggerath entstanden, ist die *Sammlung von Mineralien und Versteinerungen*. Sie erläutern die ganze Geologie des Rheins und der vulcan. Ablagerungen des Siebengebirges (R. 50) und der Eifel (R. 33 u. 48). Vortrefflich geordnet in den hohen Sälen der Schlossrotunde ist das reiche *zoolog. Cabinet*. Im „*Grottensaal*", aus kurf. Zeit, zahlreiche Modelle zur Erläuterung des Bergbaues, dann kleine *Relief-Darstellungen* des Siebengebirges, des Harzes, des Montblanc, eines Theils des Berner Oberlands, der böhm. Gebirge, des Vesuv, meist von dem Conservator Dickert angefertigt und käuflich zu haben, endlich eine Darstellung der Rheinlande von Mainz bis Bonn nebst dem Herzogthum Nassau, von Ravenstein gearbeitet, 12' l., 10' br. Der Castellan wohnt gleich links, wenn man in das Gebäude tritt, Trinkg. ein Einzelner 7½, eine Gesellschaft 15—20 Sgr. Eben daselbst sind auch die *chemischen und technolog. Laboratorien und Apparate*. (Das physicalische Cabinet ist im Schloss zu Bonn.) Der *botanische Garten* am Schloss (Dienstags u. Freitags 3—7 U. für Jedermann offen, sonst gegen ein Trinkg. wie oben), sehr geräumig, reich, gut gelegen und sorgfältig gepflegt, mit grossen eisernen 1852 aufgeführten Gewächshäusern, ist sehenswerth. Gegenüber die Gebäude der 1847 eingerichteten *landwirthschaftl. Academie*, mit Hörsälen, Sammlungen und der Wohnung des Directors.

290 *Route 52.* **BONN.** *Kirchhof.*

Ueber dem Dorfe Poppelsdorf erhebt sich der an 400' hohe *Kreuzberg mit der weithin sichtbaren weissen Kirche, 15 Min. vom Poppelsdorfer Schloss entfernt. Kurf. Ferdinand (v. Bayern, † 1650) liess hier 1627 ein Kloster aufführen. Nur die Kirche steht noch, sehenswerth wegen der *heil. Treppe* aus italien. Marmor, gebaut unter Kurf. Clemens August († 1761), in der Capelle hinter dem Altar. Sie hat 28 Stufen, die nur mit den Knieen berührt werden dürfen, eine Nachahmung der *Scala santa* beim Lateran zu Rom, die von jenen 28 Marmorstufen erbaut sein soll, welche zur Vorhalle des Praetoriums in Jerusalem hinaufführten und vom Heiland erstiegen wurden, als er vor Pilatus erschien. Unter der Kirche liegen in einer wenige Fuss tiefen Gruft 25 in dem Thonboden mumienartig ausgetrocknete *Leichen von Mönchen*, die älteste 200, die jüngste 70 Jahre alt, angeblich wegen der „Clausur" (in dem jüngst hergestellten Gebäude neben der Kirche befindet sich jetzt eine kleine „Mission" von Jesuiten, die rings um ihren Garten eine Reihe von Stationen errichtet haben), nicht mehr zu sehen. *Schöne und weite Umsicht vom Thurm.

Beim Rückweg vom Kreuzberg mag man, etwa in der Mitte der Poppelsdorfer Allee, den Weg links einschlagen, der zum *Kirchhof vor dem Sternenthor führt. (Wenn das östl. Hauptthor geschlossen ist, Eingang rechts durch ein kleines Gitterthor.)

Grabdenkmäler. An der Mauer rechts, *Niebuhr* († 1831), Architectur-Monument im neuröm. Stil, von dem Kronprinzen von Preussen (Friedrich Wilhelm IV.) seinem Lehrer und Freund errichtet, vorn ein Marmor-Relief von Rauch, Niebuhr und seine Gattin († 1831) darstellend, nach Art der altröm. Grab-Reliefs, darüber das dornengekrönte Heilands-Haupt. In demselben Gang weiter r. *Carl Friedr. Heinrich* († 1838), Prof. d. Philologie; r. *Ernst v. Schiller* († 1841), des Dichters ältester Sohn, und des Dichters Wittwe, *Charlotte v. Lengefeld* († 1826); r. *Nasse* († 1851). der Mediciner, mit Marmorbüste von Afinger, dem Engel auf dem Grabe der Frau *Heidel* gegenüber. — Nun zurück durch den zweiten Gang; l. der niederl. General *v. Roisin* († 1849); r. *Hüllmann* († 1846), der Geschichtsforscher; l. *Lersch* († 1849), der Archæolog; r. der preuss. General. *v. Boyen* († 1845). — Am und in der Nähe des Rondels: die kath. Theologen *Scholz* († 1852) und *Hermes* († 1831); dann *Aug. Wilh. v. Schlegel* († 1845) mit Medaillonbild in Erz. — An der Südseite des Rondels die als Kunstkenner und Gemälde-Sammler berühmten Gebrüder *Boisserée* (Melchior † 1851, Sulpiz † 1854), mit Christuskopf, Relief in Marmor. Etwas weiter r. *Mackeldey* († 1834), der Jurist. — Die *Capelle in der Mitte des Kirchhofs, eines der edelsten kleinen Gebäude zierlichsten spätromanischen Stils, zu Ramersdorf (S. 284) um das Jahr 1200 erbaut, wurde 1847 hierher verpflanzt; in derselben von Boisserée geschenkte Glasgemälde. — Gleich hinter der Capelle links *Bernh. Thiersch* († 1855), Gymnasial-Director in Dortmund, der „Dichter des Preussenliedes", dessen erste Strophe, Text und Noten, hier zu lesen sind, das Denkmal in goth. Stil von einem Kreuz überragt. auf Anordnung des Königs Friedrich Wilhelm IV. dem Dichter errichtet. Etwas weiter in gerader Richtung hinter der Capelle: *Robert Schumann* († 1856), der Componist; nicht weit davon *Dahlmann* († 1860) mit Medaillonbild in Erz. — Von der Capelle führt ein Weg r. ab zu dem Grabe von *Ernst Moritz Arndt* († 1860), dicht an der östl. Kirchhofsmauer. Unfern des östl. Hauptthors, an der ö. Mauer: *Ph. J. v. Rehfues* († 1843), Curator der Universität, als belletr. Schriftsteller bekannt; *Ch. K. J. Frhr. v. Bunsen* († 1860), mit Marmor-Medaillon.

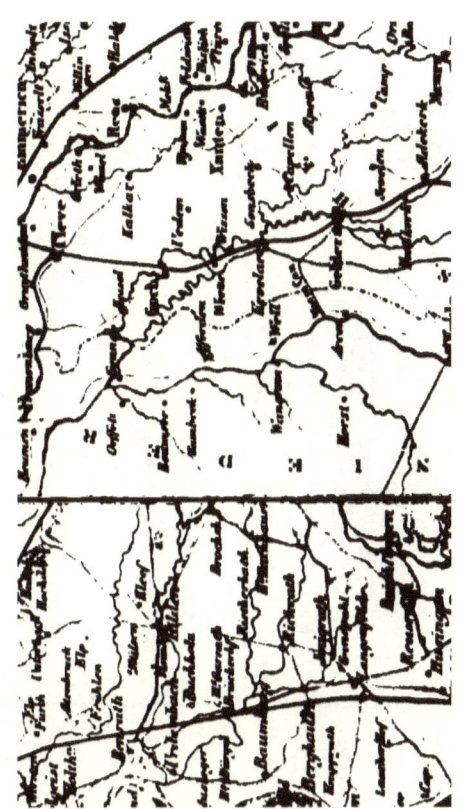

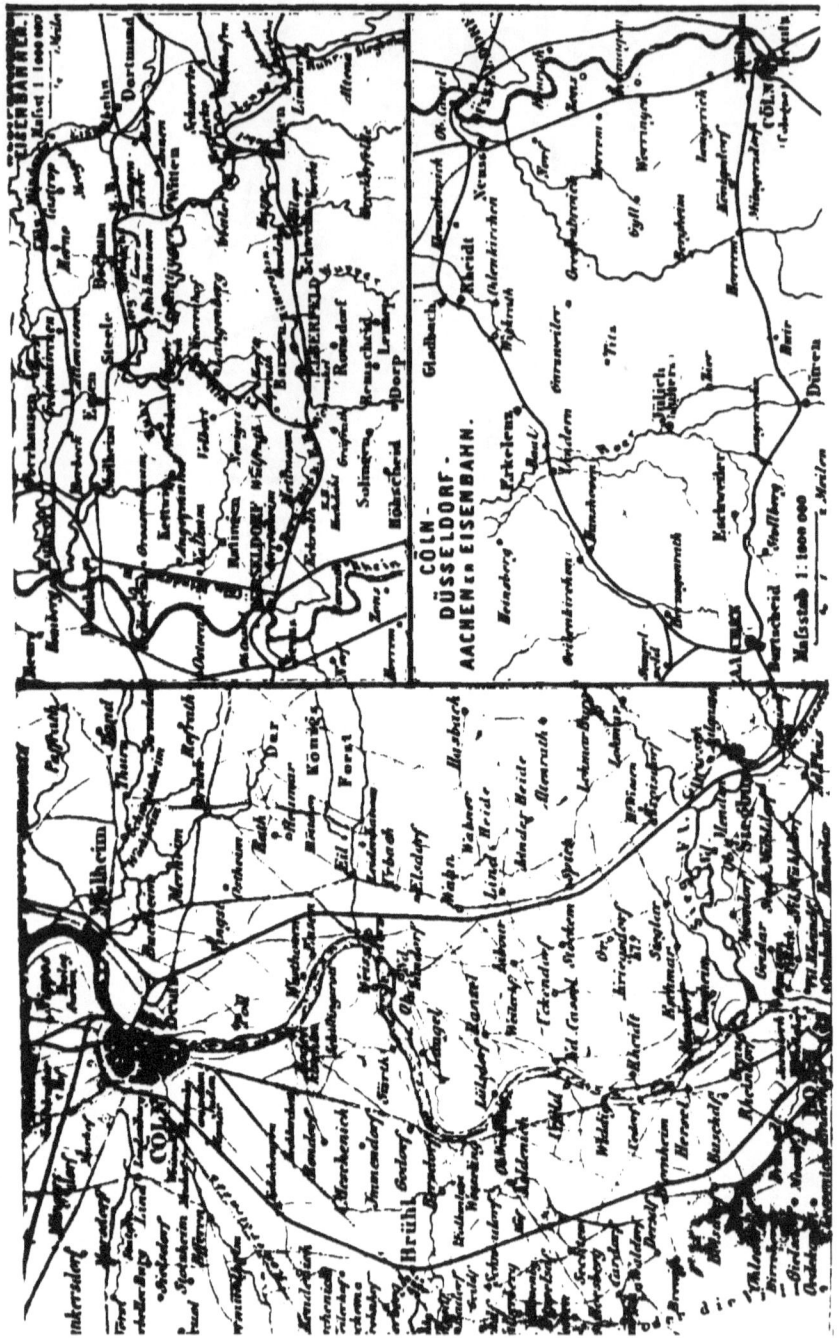

53. Der Rhein von Bonn bis Köln.

Dampfboot zu Thal in 1¼, zu Berg in 2½ Stunden für 8 oder 5 Sgr.
— Eisenbahn s. R. 55, Fahrzeit Schnellzug ½ St., gewöhnlicher Zug
1 St., Fahrpreise 20, 15, 10 Sgr. —. Droschken s. S. 282 u. 290.
Die Ufer des Rheins verflachen sich nördlich von Bonn;
das Malerische der Gegend hat aufgehört. Links zeigt sich der
S. 284 genannte *Wichelshof*, dann der *Jesuitenhof*. Rechts blickt
über Weidengebüsch die Kirche von Schwarz-Rheindorf hervor,
eine der äusserst seltenen Doppelkirchen, d. h. zwei übereinanderstehend, von welchen nur die obere zum Gottesdienst gebraucht
wird, im J. 1151 von Erzbischof Arnold (v. Wied), der auch in
ihr eine Grabstätte hat, eingeweiht. Sie zeigt noch keine Spur
des Spitzbogens und ist für die Geschichte der Baukunst von
besonderm Werth. Dabei hat sie eine fast um die ganze Kirche
führende Arkaden-Gallerie mit vielen kleinen Säulen, die sowohl an den Füssen als an den Knäufen ein ganze Reihe
der mannigfaltigsten Verzierungen und Profile darstellen, von
Bauleuten und Kunstfreunden wohl zu beachten. In der untern
Kirche interessante Wandgemälde aus dem 12. Jahrh.

Etwas weiter fliesst (r.) die *Sieg* in den Rhein. Am Abhang
der Hügelkette, 3 St. aufwärts, schimmern die Gebäude der ehem.
Benedictiner-Abtei Siegburg, jetzt Irren-Heilanstalt, s. S. 318.
Siegburg ist Station an der Köln-Giessener Eisenbahn (R. 56);
zwischen Bonn und Siegburg täglich mehrmals Postverbindung
in 1¼ St. (9 Sgr.); zwischen Beuel und Siegburg regelmässige
Omnibusfahrten (3¼ Sgr.).

Im Rhein liegt, unterhalb des Sieg-Einflusses, (l.) *Grau-Rheindorf* gegenüber, das (r.) *Graupenwerth*, auf welchem im 30jähr.
Krieg die Holländer eine Schanze, die „*Pfaffenmütze*" hatten,
von den Spaniern nach der Eroberung *Isabellenschanze* genannt.
Dann folgt (r.) *Mondorf* mit dem alten Sieg-Ausfluss, von Fischern
und Korbmachern bewohnt, (l.) das lange *Hersel*, (r.) *Rheidt*,
(l.) *Widdig*, (r.) *Nieder-Cassel*. Bei (r.) *Lülsdorf* hatte Kaiser
Friedrich III. einen Jülich'schen Zoll angelegt, den nachher die
Stadt Köln kaufte. Eine alte Schlossruine wird (r.) nicht weit vom
Rheinufer sichtbar. Der Rhein macht eine grosse Biegung gegen
(l.) *Ober-* und *Nieder-Wesseling*. Zwischen (l.) *Godorf*, (r.)
Langel, (l.) *Sürdt* und *Weiss*, (r.) *Ober-* und *Nieder-Zündorf*,
ist derselbe sehr breit. Folgen rechts die Dorfschaften *Porz*.
Enzen, *Westhofen*, links das ansehnliche *Rodenkirchen*. Schloss
Bensberg, 3 St. vom Rhein entfernt, im Hintergrund r. auf der
Anhöhe, lange Augenpunct, 1705 von Kurf. Joh. Wilhelm von der
Pfalz (S. 324) als „Königsschloss bei Rhein" aufgeführt, wurde
1836 zu einer königl. preuss. Cadettenanstalt eingerichtet. Ein
goth. *Denkmal*, am Fuss des Bensbergs, mit der Inschrift: „*Ruhestätte österr. Krieger, 1794; errichtet 1854 von Franz Joseph, Kaiser
von Oesterreich*", erinnert an österr. Soldaten (etwa 2000), die

hier nach der Schlacht von Jemappes im Lazareth starben. Oestl. (¼ St.) erhebt sich die *Erdenburg*, ein Bergkegel, auf dessen Kuppe ein Steinwall, mit Resten von Zwischenmauern, vielleicht altgermanischen Ursprungs (vgl. S. 61 und 145).

Das majestätische *Köln* mit dem schönen malerischen Zinnenthurm an der Südspitze, dem *Bayenthurm* aus dem 14. Jahrh., mit seinen hohen alten Ringmauern und neuen Bollwerken, seinem neuen Sicherheitshafen, mit seiner Häusermasse, seinen Kirchthürmen, unter ihnen der Riesenbau des Doms, beschreibt einen fast stundenlangen Halbkreis am Strom, über welchen in ansehnlicher Höhe die neue Eisenbrücke (S. 310) führt. Die grossen *Gasthöfe* unmittelbar am Rheinwerft haben ein verlockendes Aeussere, wer aber vermeint, mit seinem Reisesack in der Hand in diese gelegenen Häuser sogleich eintreten zu können, wird sich sehr getäuscht fühlen. Sie haben wegen' der städt. Lebensmittel-Steuer von der Rheinseite keinen Eingang, dieser ist auf der Westseite in der engen Strasse (Thurnmarkt). Droschken s. S. 293.

54. Köln.

Gasthöfe. *Am Rhein:* *Holländischer Hof (Pl. d), Z. 16, L. 6, F. 10, M. 20), B. 6 Sgr.; Königlicher Hof (Pl. f); *Kölnischer Hof (Pl. e), Z. u. F. 23, M. 17, B. 7½ Sgr. — *In der Nähe des Rheins:* *Hôtel de Russie (Pl. g), Friedr. Wilh. Str. 4, klein, Z. 12, F. 8, M. m. W. 22, B. 5 Sgr.; *Hôtel Victoria oder Clement, Heumarkt. — *In der Stadt:* *Hôtel Disch (Pl. a), Z. 17, L. 5, F. 10, M. 24, B. 7½ Sgr.; *Mainser Hof (Pl. b); *Wiener Hof (Pl. c), alle drei in der Glockengasse die beiden letzten wegen der guten Table d'hôte (20 Sgr. o. W.) bekannt; *Hôtel du Nord (Pl. h), an der stehenden Brucke, am Frankenplatz, Z. 15—20, F. 10, M. 20, B. 6 Sgr. *Hôtel Ernst, Trankgasse 3, das nächste beim Bahnhof, Z. u. F. 1 Thlr. 3 Sgr. — *Zweiter Classe:* *Pariser Hof (Pl. k), Drususgasse 3, Z. u. F. 20, M. m. W. 19 Sgr.; *Laacher Hof (Pl. i), in der Nähe des Neumarkts, im westl. Theil der Stadt; *Hôtel du Dome (Metz), Domhof 7—9, M. o. W. 17 Sgr.; *Hôtel Kleff (zugleich *Café Restaurant St. Paul*, s. unten), Z. u. F. 20, M. m. W. 17 Sgr.; Hôtel Hilgers (Pl l), Hochstr., am Augustinerplatz; Hôtel Bilstein, Friedrich-Wilhelm-Str. — *In Deutz* (1. Cl.): *Bellevue (Pl. n) und *Prinz Carl (Pl. o), Z. 15, F. 8, B. 5 Sgr.; Hôtel Fuchs (Pl. p), letzteres mehr Restauration.

Weinhäuser (auch warme Speisen), die besuchtesten in den genannten Gasthöfen zu Köln und einigen der Köln. Gasthöfe, namentlich dem Köln. Hof; dann Gertrudenhof („Geistensterz"), grossartig eingerichtet, mit einem grossen Wandgemälde von Nik. Meister und Kleinenbroich, die Burg Hohenzollern darstellend (Sonnt., Mittw., Freit. 7½ U. Ab. Concerte à 5 Sgr.); Reichard Herzogstr.; Hamspohn (im Freischütz) Hochstrasse; Simon („ewige Lampe") Comödienstr. 8; *von der Helm Minoritenstrasse; Disch Minoritenstr.; Picht Trankgasse (am Bahnhof); *Keller im Gürzenich (s. unten); Steinbring an der Artill.-Kaserne an den Dominikanern 22.

Kaffehäuser und Conditoreien. *Café du Dome (Metz), zum Hôtel du Dome (s. oben) gehörig, fremde Biere u. viele Zeitungen; Café-Restaurant St. Paul (Hôtel Kleff, s. oben); Café Knippscheer, beide ganz nahe beim Centralbahnhof; die *Restauration im Gürzenich (Eingang Martinsstrasse); *Restauration auf dem Centralbahnhof von *Tappert* (im Sommer Table d'hôte um 4 Uhr); Café Kobell (früher deutsches Kaffehaus) Schildergasse, mit dem Thalia-Theater verbunden, mit einem Wandgemälde von Nik. Meister, den Montblanc darstellend;

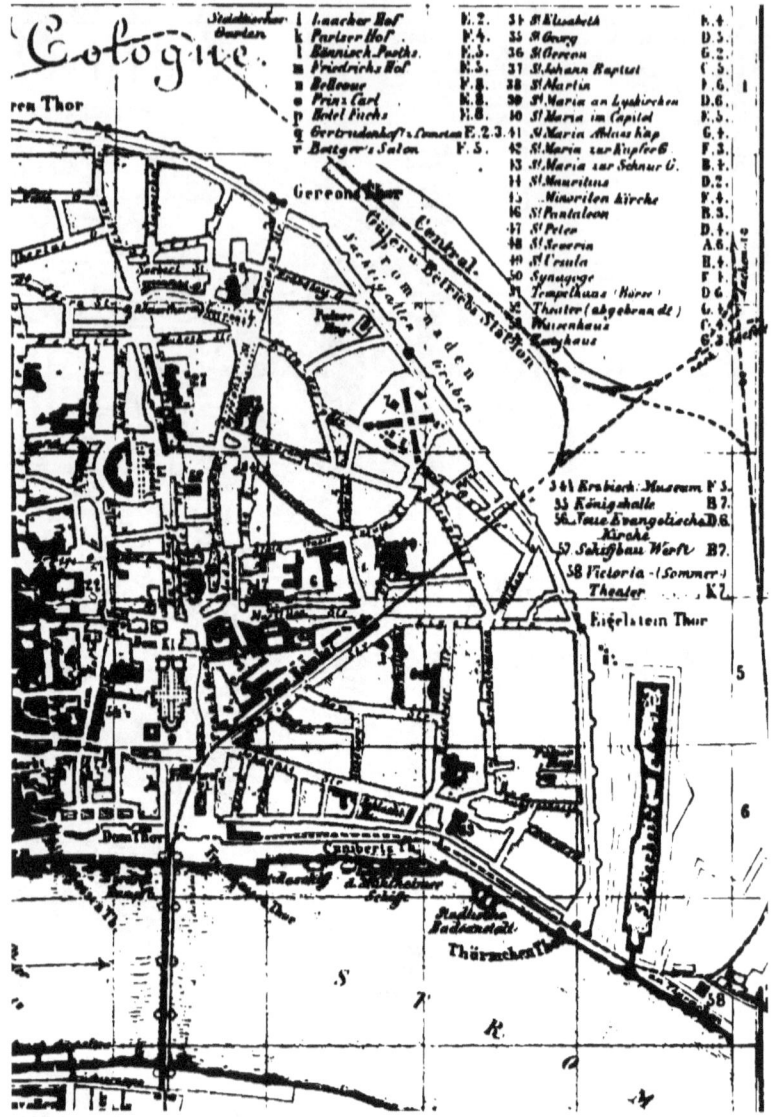

KÖLN. *54. Route.* 293

Palant Hochstrasse 119, Ecke der Minoritenstr., viele Zeitungen. — **Mosler** (erste Conditorei, bester Caffe) Oben-Marspforten; **Reichard** Hochstrasse, gutes Eis, auch von Damen besucht, u. a. Die Börse, Kaffehaus und Restauration auf dem Heumarkt (viele Zeitungen).
Bairisch Bier, warme und kalte Speisen: *Wanscheidt Salomonsgasse, zwischen Rathhaus und Hochstrasse; *Horn, kl. Sandkaul 7, Picht Elogius-Platz; Lenz Erholung, Sandbahn 1, hinter dem Gurzenich. Austern- und Delicatessensalon. *Bettger u. Comp., kleine Budengasse 6 (Pl. r), elegantes Local mit grossen neuen Salons.

Oeffentliche Belustigungsorte. Die Gärten der Deutzer Gasthöfe, **Bellevue** („*Marienbildchen*") und **Prinz Carl**, treffliche Aussicht auf Köln und den belebten Verkehr auf der Schiffbrücke; im Sommer jeden Abend Militärmusik. Die Brücke ist dann stets mit Spaziergängern gefüllt. Das *Bayenhaus an der südlichen Rheinspitze der Stadt. — Der Zoolog. Garten (*Restauration) und die Flora (s. unten) beide nördl. vor der Stadt. Auch Brühl (S. 312) wird häufig besucht.

Theater. Das Stadttheater in der Comödienstrasse, tägl. Vorstellungen; das Thalia-Theater in der Schildergasse (S. 292), Vorstellungen im Winter tägl., Anfang 7 Uhr. — Im Puppentheater (Wehrgasse Nr. 1, unweit dem Domthor, 1. Pl. 5, 2. Pl. 2½ Sgr., Anf. 7 Uhr), dem „*Hennes'chen*", sprudelt der Köln. Volkswitz, nicht immer der feinsten Art und meist nur demjenigen verständlich, dem Köln. Verhältnisse und Köln. Mundart nicht fremd sind.

Musikfreunde mögen sich Samstag Abends (7½) in die „musicalische" oder in die „philharmonische Gesellschaft" einfuhren lassen. Köln ist Sitz der *Rheinischen Musikschule*. Von Ende Oct. bis Anfang April Gesellschafts-Concerte (gewöhnlich Dienstags) in dem grossen Gürzenichsaale (S. 306) mit sehr reicher Besetzung (Fremdenkarten à 1 Thlr., Plätze wo möglich im Hauptsaale zu wählen und nicht auf der Gallerie (15 Sgr.) wegen der übermässigen Hitze).

*Diorama (Pl. 8) Wolfsgasse 5, nahe am Neumarkt (S. 304). 1. Pl. 15, 2. Pl. 10 Sgr. Auf dem 2ten sieht man eben so gut, als auf dem 1ten. Vergl. S. 44.

*Zoologischer Garten, ¼ St. unterhalb der Stadt, beinahe Mülheim (S. 335) gegenüber, s. S. 310. Eintritt 10 Sgr., Sonntags 5 Sgr., Mittwochs Nachm. (4—8 U.) bei gutem Wetter Militärconcert gratis. Fahrgelegenheit dahin s. unten.

*Botanischer Garten der *Gesellschaft* „*Flora*", neben dem Zool. Garten, s. S. 311. Eintritt 10 Sgr., an Concerttagen 15 Sgr.

Wachtparade nebst Militärmusik 12½ U. (Sonnt. 12) auf dem Neumarkt.

Bäder. *Warme* bei Siegen in der Schildergasse, auch russische Dampfbäder u. a. Im Badeschiff, Eingang von der Rheinbrücke. *Kalte Bäder* im Rhein in Kasten, durch welche das Wasser fliesst (6 Sgr.): unterhalb der Trankgasse, hinter dem Rheinau und am Bayenthurm; auf der rechten Rheinseite unter dem Garten der Bellevue in Deutz, und auf der einige Schritte davon entfernten Schwimmanstalt (5 Sgr.).

Bahnhöfe. Die Züge der rhein. Bahn nach *Bingen* (Mainz, R. 55), *Aachen* (Belgien, R. 57), und *Crefeld-Cleve* (Dusseldorf, R. 60 u. S. 334), so wie die Courier und Schnellzüge der Köln-Mindener Bahn (S. 334) gehen vom Central-Bahnhof zu Köln (n. vom Dom) ab, die gewöhnl. Züge der KölnMindener Bahn, so wie die der Köln-Giessener (R. 56) vom Bahnhof zu Deutz (in der Nähe der stehenden Brucke).

Telegraphen-Bureau in der Cäcilienstr. 4.

Dampfboote s. Einl. S. X. Zwischen Köln und Mulheim (S. 335) fahren unausgesetzt Dampfboote hin und her (1. Pl. 2 Sgr.). Sie fahren von der Schiffbrücke ab und legen bei St. Cunibert (S. 302) und in der Nähe des Zoolog. Gartens (s. oben) und der Flora (s. oben) an.

Droschken, 1 bis 2 Pers. 5, 3 Pers. 7½, 4 Pers. 10 Sgr. für jede Fahrt innerhalb der Stadt (also auch zum Bahnhof). Fur die Fahrt nach Deutz und bis zum Köln-Mindener Bahnhof wird derselbe Preis, nebst 6 Sgr. Brückengeld, welches auf die Köpfe der Fahrgäste vertheilt wird, bezahlt; nach dem zoolog. Garten oder der Flora für 1 und 2 Personen

294 *Route 54.*   KÖLN.

7½, für 3 und 4 Pers. 12½ Sgr. Bei Zeitfahrten für jede halbe St. 1 bis 2 Pers. 7½, 3 bis 4 Pers. 10 Sgr. Ein Kind unter 10 Jahren ist frei, 2 bis 3 solcher Kinder gelten für eine, 4 für zwei erwachsene Personen. Der Kutscher ist verpflichtet von dem Haltplatz nach der Wohnung des Fahrgastes zu kommen und daselbst, einschliesslich der Zeit, die er zur Fahrt von dem Haltplatz gebraucht, 10 M. zu warten. Bei längerem Aufenthalt ist er für jede beginnenden 10 Min. 2½ Sgr. zu fordern berechtigt. Vor 7 U. fr. und nach 10 U. Ab. kann der Kutscher 5 Sgr., die auf die Kopfzahl sich vertheilen, mehr fordern.
Omnibus fahren von Morgens 7½ jede Viertelstunde vom Südende nach dem Nordende der Stadt (1½ Sgr.) und weiter zum zoolog. Garten und der Flora (bis hierhin 2 Sgr.) und in umgekehrter Richtung.
Packträgertaxe vom Dampfboot zum Wagen für 1—2 Stücke 1 Sgr., für jedes Stück mehr 6 Pf. Für einen Karren in die Stadt ohne Rücksicht auf die Zahl der Stücke bis zu 3 Ctr. 7 Sgr. Transport eines Reisewagens vom Dampfboot in die am Rhein gelegenen Gasthöfe 10, in entferntere 12 Sgr. Alle diese Sätze gelten auch für den Transport nach Deutz, Brückengeld besonders. Es wird den Packträgern schwer, sich mit dieser Taxe zu befreunden. Ausserdem etwa 400 Dienstmänner (rathsam, den Lohn vorher festzusetzen).
Kölnisch Wasser *(Eau de Cologne)*, wird wohl an 24 verschiedenen Orten hier verfertigt. Das feinste und beste findet man bei den verschiedenen Firmen *Farina*, gegenüber dem Jülichsplatz, Hochstr. 129 dem Westportal des Doms gegenüber etc. Kistchen von 6 Flaschen 2 Thlr. 10 Sgr.
Gemalte Porzellansachen, Vasen, Fruchtkörbe, Teller aller Art, Tassen, Figuren u. dgl. m. werden in der *Porzellan-Manufactur* von J. W. Bruckmann Söhne zu Deutz verfertigt, Niederlage zu Köln Drususgasse, dem neuen Museum gegenüber. — Niederlage der Berliner Porzellan-Manufactur Oben-Marspforten Nr. 21 A. und Wallraffsplatz, Ecke der Hochstr. 168.
Kunstgegenstände aller Art, Bilder, alte Möbel, Waffen, Holzschnitzwerke u. dgl. in grosser Auswahl beim Antiquar Heberle (gr. Budeng.).
Wanderplan. Bei sehr beschränkter Zeit: *Dom*, Inneres, und Wanderung auf dem äussern Chorumgang (S. 301); *St. Gereon* (Aeusseres und Inneres, S. 303, Pl. 36); *Apostelnkirche* (Aeusseres, S. 304, Pl. 30); *St. Maria im Capitol* (Inneres, S. 305, Pl. 40); *Gürzenich* (S. 306, Pl. 15); *Rathhausfaçade* (S. 306, Pl. 26), *Museum* (S. 308, Pl. 45), neue *Rheinbrücke* (S. 310).
Zwei Tage. In den Morgenstunden (7 bis 10 U.) die bis dahin gewöhnlich geöffneten Kirchen. Von 10 bis 1 U. **Museum Wallraf-Richartz*. (S. 308), *Diorama* (S. 293, Pl. 8) u. a. weltliche Gebäude. Nachmittags nähere Besichtigung und Besteigung des **Doms, des *erzbischöfl. Museums* (S. 302), Spaziergang am Rhein und über die neue und alte Rheinbrücke, Abend in den Gasthofsgärten zu Deutz (S. 292), im zoolog. Garten (S. 293) oder in der Flora. Die wichtigsten Kirchen etc. sind zweckmässig in folgendem Rundgang zu vereinigen: flüchtiger Gang durch den *Dom* (S. 296, Pl. 9); *St. Cunibert* (S. 302, Pl. 33); **St. Ursula* (S. 302, Pl. 49); *Jesuiten* (S. 303, Pl. 20); *St. Andreas* (S. 303, Pl. 29); durch die Comödienstr. (1. *Justizgebäude*, Pl. 21; l. Zeughaus, Pl. 54; r. *Regierung*, Pl. 27; l. *Römerthurm*, alle S. 303); **St. Gereon* (S. 303, Pl. 36); **St. Aposteln* (S. 304, Pl. 30); die neue *Mauritiuskirche* (S. 305); zurück über den Neumarkt (l. die Pferde, S. 304), am *Bürger-Hospital* (S. 305, Pl. 4) vorbei nach *St. Peter* (S. 305, Pl. 47); Ausgang südl. in der Sternengasse, an *Rubens Geburtshaus* (S. 305, Pl. 19) vorbei nach **St. Marien* (S. 305, Pl. 40); Ausgang nördl. auf den Lichhof, zum *Gürzenich (S. 306, Pl. 15; *Rathhaus* (S. 297, Pl. 26); **St. Martin* (S. 298, Pl. 38); der *Königin-Augusta-Halle* S. 307; *Minoriten* (S. 298, Pl. 45), das *Museum* und die *Synagoge* (S. 308, Pl. 50). Nur die sehr entfernten Kirchen *St. Severin* (S. 308, Pl. 48) und *St. Pantaleon* (S. 308, Pl. 46) bleiben dann noch übrig.

Die Namen der Strassen, welche nach dem Rhein führen (von W. nach O.), sind roth, die Namen der Strassen, welche mit dem Rhein parallel laufen (von S. nach N.), schwarz an den Strassenecken angeschlagen. Die Häuser rechts haben gerade, die links ungerade Nummern.

(*Polizeidirection* (Pl. 23) nebst Pass-Bureau, Glockengasse 30. — Königl. *Bank-Comptoir* (Pl. 2) Georgstrasse 7. — *Ober-Postamt* (Pl. 24) Glockengasse 25—27, *Brief-* und *Packet-Abgabe* auch im Centralbahnhofe im südlichen Flügel, *Brief-*, *Packet-* und *Geld-Ausgabe*, so wie *Fahrposten* nur in der Glockengasse.)

Köln verdankt den Ubiern seine Gründung. Sie verlegten, von den Sueven bedrängt, ihre Wohnsitze von dem rechten auf das linke Ufer des Rheins, und erbauten an der Stelle, wo das heutige Köln sich in weitem Bogen am Rhein hinzieht, eine Stadt. Agrippina, des edlen Germanicus (S. 63) Tochter, Nero's Mutter, hier geboren, führte im J. 50 n. Chr. eine röm. Veteranen-Colonie dahin, die *Colonia Agrippinensis*, später *Colonia Claudia Agrippina* genannt. Die neue Niederlassung wurde Hauptstadt Niedergermaniens *(Germania inferior)*. Constantin d. Gr. begann im J. 308 den Bau einer *Steinbrücke* über den Rhein, welche von Marspforten nach der damaligen Insel St. Martin, von dort nach Deutz führte; sie wurde schon zur Zeit der normänn. Einfälle zerstört und auf Erzbischof Bruno's (S. 308) Befehl im J. 960 abgetragen, bei dieser Gelegenheit auch der linke Rheinarm ausgefüllt. Pfeilertrümmer sind bei sehr niedrigem Wasserstand noch sichtbar. Die jetzige Stelle des Rathhauses wird als jene des *Praetoriums* der Römerstadt angegeben.

Im Mittelalter (12. bis 15. Jahrh.) war Köln Sitz des blühendsten Handels. Es wurde 1201 Mitglied der Hansa und hatte als solches in der Guildhall zu London seine Hauptniederlage. Im Jahr 1212 wurde Köln freie Reichsstadt. Sie huldigte dem jedesmaligen Erzbischof, aber nur „als lang er uns hält in Rechte und Ehren, bei unser guter alter Gewonde, die wir und unsere Vorfahren herbracht haben". Daraus entsprangen stets erneuerte Zwistigkeiten zwischen der Stadt und den Erzbischöfen, weshalb Erzbischof Engelbert 1262 seinen Sitz nach Brühl, später nach Bonn (S. 286) verlegte. Die Kämpfe zwischen den „Geschlechtern" und „Gaffeln" oder Zünften (Adel und Bürgern) im 13. Jahrh., die Vertreibung der zahlreichen unruhigen Tuchmacher im J. 1372, die sich in Aachen und Eupen niederliessen, der Protestanten im J. 1608, welche ihre Wohnsitze zu Crefeld, Elberfeld, Düsseldorf, Mülheim nahmen, brachten dem Gemeinwesen grossen Nachtheil.

Köln blieb aber die erste Stadt am Rhein. Die Kunst prangte in schönster Blüthe. Die altkölnische *Malerschule* hat Ende des 14. und während des 15. Jahrh. treffliche Arbeiten geliefert. Die Namen der Maler aber sind mit Ausnahme der beiden berühmteren, des Meisters *Wilhelm* (um 1380) und des Meisters *Stephan* 1410 (S. 301), nicht bis auf uns gekommen. Einzelne ihrer Bilder sind im Dom (S. 301) und Museum (S. 306), andere, während der franz. Revolution von den Gebr. Boisserée (S. 290) gesammelt, in der alten Pinakothek zu München. Auch die 1388 gestiftete *Universität* war, als Hauptsitz der scholastischen Theologie und Philosophie, berühmt; sie verlor aber später ihre Bedeutung und löste sich zu Ende des vor. Jahrh. auf.

Bis zum Einrücken der Franzosen (6. Oct. 1794) hatte Köln seine Würde als freie Reichsstadt behauptet. Durch den Frieden von Campo Formio (17. Oct. 1797) wurde es dem franz. Reich einverleibt und dem Roer-Departement zugetheilt, dessen Hauptort Aachen war. Klöster und geistliche Stiftungen wurden 1802 aufgehoben und die Güter als National-Eigenthum erklärt. Während der 20 Jahre der Fremdherrschaft hatte die Zahl seiner Einwohner nur um 2000 zugenommen (1794: 44,512; 1806: 42,596; 1813: 46,857). Erst nach dem Frieden, unter der preuss. Regierung, hob sich Kölns Wohlstand mehr und mehr. Die erfolgreiche Entwickelung der Dampfschifffahrt, der Eisenbahnen, die Thätigkeit seiner Bürger haben Köln seitdem zu einem der angesehensten Handelsplätze in Deutschland gemacht. Eine neue Bedeutung erlangte es durch Vollendung (1859) der festen *Rheinbrücke* (S. 310).

Köln hat (Ende 1864) 117,800 Einw. (13,605 Evangelische, 2452 Israeliten) und 5162 Militär-Bevölkerung (Deutz 7977 Einw.); die älteren Strassen und Gassen sind meist enge und düster, doch sieht man allenthalben neue Strassen entstehen. Köln, einst das „heilige" genannt, hatte noch zu Anfange dieses Jahrhunderts (vor der Säcularisation) an 200 der Gottesverehrung geweihte Gebäude; jetzt begnügt es sich mit 25 Kirchen (2 evangelischen) und einigen Capellen.

Der **Dom (Pl. 9) ist stets erstes Wanderziel jedes Reisenden[1]). Erzbischof Conrad v. Hochsteden (S. 272) legte am 14. August 1248 in Gegenwart des wider Friedrich II. erwählten Gegenkaisers Wilhelm den Grund zum jetzigen Dom. Den ersten Gedanken hatte Erzbischof Engelbert I. der Heilige, Graf von Altena und Berg, gefasst, den am 7. Nov. 1225 Friedrich v. Isenburg am

---

1) Zur Warnung. Zudringliche Lohndiener aller Art belästigen bis zur Ungebühr den Fremden vor, besonders aber im Dom. Ihre Dienste sind völlig nutzlos. Das Schiff mit den Glasgemälden ist den ganzen Tag für Jedermann geöffnet. Wer einen Beitrag zum Dombau geben will, legt ihn auf den zinnernen Teller, welchen ein Schweizer vorhält. Die Kosten der Besichtigung sind folgende (allemal für 1 bis 5 Pers.): 1. Oeffnen des hohen Chors, der Chorcapellen und des Dombildes 15 Sgr.; 2. Aufgang zu dem obern Chorumgang, um den äussern Dom und auf den Domthurm 15 Sgr.; 3. Oeffnen der Schatzkammer, des Reliquienschreins der heil. drei Könige und des Dombildes 1 Thlr. 15 Sgr. Einer der „Dom-Schweizer" mit dem Stabe giebt die Karten aus. Auch hier pflegen die Lohndiener sich als Vermittler anzudrängen, auch hier sind ihre Dienste überflüssig. Bleibt man in der Nähe des Dom-Schweizers, so ergiebt sich von selbst für einen Einzelnen die Gelegenheit, einer schaulustigen Gesellschaft als Fünfter sich anzuschliessen. Trinkgeld ist nirgendwo zu zahlen. Heiligenschrein und Schatzkammer haben nur für Kunstkenner Bedeutung; die 1½ Thlr. hierfür kann ein Laie sich also ersparen. Sehr lohnend aber ist die *Wanderung oben um den Dom bis auf den mittlern Domthurm.

Gevelsberg bei Schwelm (S. 342) ermordete, dessen Gebeine in dem silb. Prachtkasten ruhen, welcher in der Schatzkammer des Doms aufbewahrt wird. Als ersten Baumeister nennt man den *Meister Gerard von Riehl*, letzteres der Name eines Dorfes in der Nähe von Köln, dem das Domcapitel 1257 wegen seiner lobenswerthen Leistungen eine Schenkung machte.

Der Bau rückte nur langsam voran, nicht wenig gehemmt durch die Kämpfe zwischen den Erzbischöfen und der Stadt (S. 295). Erst 1322 konnte der Chor unter Erzbischof Heinrich (Graf v. Virneburg) eingeweiht werden. Zwar wurde später noch fortgebaut, die Arbeit wurde aber im Beginn des 16. Jahrh. gänzlich eingestellt, nachdem nur der Chor zur Vollendung, und der südwestl. Hauptthurm kaum zu $^2/_5$ seiner planmässigen Höhe gelangt war. Seitdem gerieth das unfertige Gebäude mehr und mehr in Verfall. Die Franzosen hatten es 1796 in ein Heumagazin verwandelt und durch die Entwendung des Bleies von der Bedachung den Verfall beschleunigt.

Die Könige von Preussen Friedrich Wilhelm III. und IV. retteten den Meisterbau vor völliger Vernichtung. Der erstere liess im J. 1816 das Gebäude von dem berühmten Baumeister Schinkel untersuchen und darauf hin von 1817 bis zu seinem Todesjahr 1840 über 200,000 Thlr., bis 1833 unter Ahlert's, von da unter Zwirner's († 1861) trefflicher Leitung, zur Erhaltung des Gebäudes und Herstellung des Chors verwenden, wozu noch etwa 120,000 Thlr. an Cathedralsteuer und Geschenken kamen. Von 1842 bis 1865 sind fast 2 Millionen Thlr. für den Bau, der seit Zwirner's Tode unter Voigtel's Leitung fortgesetzt wird, verausgabt worden, davon die grössere Hälfte aus Zuschüssen aus der königl. General-Staats-Casse, die kleinere von den verschiedenen Dombau- und andern Vereinen, Privatpersonen und durch die Cathedralsteuer, seit 1865 auch durch eine Lotterie (Dombau-Prämien-Collecte) aufgebracht. Das Innere des Doms ist seit 1863 vollendet. Die Abschlussmauer, welche seit Jahrhunderten das Chor vom Mittelschiff trennte, ist entfernt, so dass nun der Eindruck, den das majestätische Ganze hervorbringt, ein wahrhaft überwältigender ist. Das prachtvolle, 220' h. *südliche Portal*, dessen Baukosten (700,000 Thlr.) aus königl. Staatsfonds geflossen sind (der Bilderschmuck: Christus und die vier Evangelisten, 6' h. Standbilder; Passion, Relief nach Schwanthaler's Entwurf von Mohr ausgeführt; im Mittelpfeiler Petrus, daneben r. und l. die Heiligen: Stephan und Laurentius, Margaretha und Agnes, Bonifacius und Apollinaris, Cosmas und Damianus, ebenfalls von Mohr, Alles Geschenk des jetzigen Königs von Preussen), ist 1859 fertig geworden, ebenso das einfachere *nördliche Portal*, von den Dombauvereinen gebaut. Beide Portale ausschliesslich nach Zwirner's Entwürfen, da hierzu Originalzeichnungen nicht mehr vorhanden sind. Auf dem *südl. Thurm* streckt der *Domkrahn*, das Wahrzeichen von

Köln, seinen 55′ langen Arm aus, ganz so wie vor 400 Jahren, wie auf dem von Memling 1486 gemalten Reliquienschrein der h. Ursula im Johannesspital zu Brügge zu ersehen ist. Beim Anblick des Domkrahnens im Jahre 1814 sang prophetisch Max. v. Schenkendorf:

„Seh ich immer noch erhoben auf dem Dach den alten Krahn,
Scheint mir nur das Werk verschoben, bis die rechten Meister nahn."

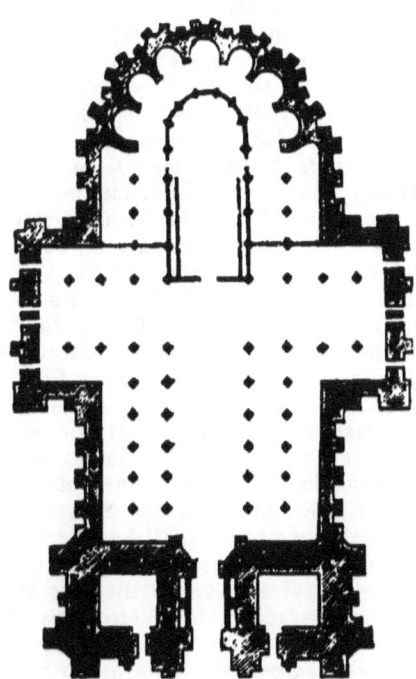

Der *nördl. Thurm* ist erst 80′ h. Der eiserne *Mittelthurm* (Dachreiter) über der Kreuzung, 150′ über der Dachfirst aufsteigend, und der (ebenfalls eiserne) Dachstuhl über dem Langhaus und Querschiff sind 1861 vollendet und mit Blei eingedeckt worden. Die ganze Dachfirst ist mit einem durchbrochenen Kamm aus vergoldeten Lilien bekrönt.

Der Dom erhebt sich am Rande eines 63′ ü. dem Rhein aufragenden Hügels. Das Innere der fünfschiffigen Kirche ist 421′ l., 140′ br., Querschiff 234′ l., Chor 140′ h. Der für den Gottesdienst bestimmte Flächenraum, abzüglich der Pfeiler, beträgt 62,918 □′ rh. (Mailänder 87,229, Antwerpener 50,442, Speyerer 45,615, Strassburger 41,702, Mainzer 37,506). Nur der südl. Thurm, jetzt als Glockenthurm gebraucht, hat etwas mehr als ein Drittel (189′) der Höhe des ursprünglichen Plans (476′) erreicht. Der Kölner Dom gilt als das vollendetste Meisterwerk goth. Baukunst.

„Die Pracht des himmelan sich wölbenden Chors hat eine majestätische Einfalt, die alle Vorstellung übertrifft. In ungeheurer Länge stehen die Gruppen schlanker Säulen da, wie die Bäume eines uralten Forstes; nur am höchsten Gipfel sind sie in eine Krone von Aesten gespalten, die sich mit ihren Nachbarn in spitzen Bogen wölbt, und dem Auge, das ihnen folgen will, fast unerreichbar ist. Lässt sich auch schon das Unermessliche des Weltalls nicht im beschränkten Raume versinnlichen, so liegt gleichwohl in diesem kühnen Emporstreben der Pfeiler und Mauern das Unaufhaltsame, welches die Einbildungskraft so leicht in das Gränzenlose verlängert."   G. Forster. 1790.

Glasgemälde im Schiff. Die fünf Glasfenster im nördl. Seitenschiff, 1508 und 1509 gebrannt, Erzbischöfe, Heilige, Wappen darstellend, werden den besten alten Glasmalereien zugezählt. Die neuen *Fenster des südl. Seitenschiffs stiftete 1848 König Ludwig I. von Bayern. Gegenstand der Hauptdarstellungen (die 3 ersten von *Jos. Fischer*, die beiden letzten von *Hellweger* gezeichnet): 1. Johannes der Täufer; 2. Geburt des Heilands; 3. oben letztes Abendmahl, unten Christi Tod; 4. Ausgiessung des heil. Geistes; 5. Steinigung des h. Stephanus, des ersten christlichen Blutzeugen. Unten Propheten, Evangelisten, Kirchenväter, in ganzer Figur. Ein sechstes Fenster, an der Westseite des südl. Querschiffs, ist 1855 eingesetzt, zu Ehren von *Joseph v. Görres („catholicae veritatis in Germania defensori glorioso, nato Confluent. 1776, denato Monachi 1848")*, nach Entwürfen von Hess u. A. gemalt, oben die h. Jungfrau mit dem Christuskinde, vor ihr der jugendliche Görres im blauen Gewand der Münchener philosoph. Facultät, neben ihm der h. Joseph, unten der h. Bonifacius und Carl d. Gr., Kirche und Staat nach Görres Idee versinnbildlichend. Die neuen Glasfenster am Südportal, ein Geschenk König Wilhelms I., sind in Berlin, die des Nordportals, von einem Verein zum Andenken an die Cardinals-Erhebung des verst. Erzbischofs von Cöln, Johannes von Geissel, gestiftet, in Cöln von Baudri angefertigt. Diese Glasmalereien beweisen, wie rasch diese fast verschollene Kunst zu neuer glänzender Entwickelung gelangt ist. Als Glasmaterial ist zuerst im Kölner Dome das aus England bezogene, gegossene *Cathedralglas* zur Anwendung gekommen, dessen Glanz der Farben eine den mittelalterl. Glasmalereien gleichkommende Wirkung erzeugt.

Chor. Aus den 14 Pfeilern des Mittelbaues, des eigentl. Chorraums, springen Tragsteine hervor, auf welchen für die Geschichte der Sculptur des Mittelalters merkwürdige *Standbilder*, aus dem Anfang des 14. Jahrh., Christus, Maria und die zwölf Apostel, 1842 in Farben und Gold wieder hergestellt. Die neuen Standbilder im Transsept sind 1866 aufgestellt worden. In den Bogenwinkeln hat 1844 Steinle mit Berücksichtigung der kirchlichen Symbolik, je nach ihrer höhern Vollendung verschiedenfarbig, die neun *Engelchöre al fresco* gemalt; sie haben 9000 Thlr. gekostet und sind am besten oben vom Chorumgang zu betrachten. Die Wände hinter den Chorstühlen sind mit auf Seide gestickten Bildern nach *Rumboux's* Entwürfen geschmückt, in neuester Zeit von Kölner Frauen gearbeitet, das Nicaeische Glaubensbekenntniss darstellend. Die schönen in Holz geschnitzten *Chorstühle* sind aus dem 14. Jahrh. Unter einer Messingplatte mit eingeätztem Bildniss in ganzer Figur ruht der Erzbischof Graf Spiegel vom Desenberg († 1835). Ueber der (innern) Triforien-Gallerie des hohen Chors eine fortlaufende Reihe trefflicher alter Glasmalereien (die Könige von Juda u. s. w.) mit 8' hohen Figuren.

Capellen. 1. (Maternus-) Capelle links (nördlich): Grabmal des Erzb. *Philipp* (v. *Heinsberg* † 1191), in der Form einer Stadtmauer mit Thürmen, Thoren und Zinnen; er wird als der Erbauer der alten Ringmauern (S. 310) von Köln genannt. Altaraufsatz altes schönes Holzschnitzwerk, vergoldet, die Passion darstellend. Unter Glas der nördl. Original-Grundriss des südwestl. Domthurms und die östl. Original-Ansicht eines Theiles des südl. Thurms, auf Pergament, 1816 zu Paris aufgefunden (vgl. 2. Capelle).

2. (Johannis-) Capelle. Grabmal des Gründers des Doms (S. 296), des Erzb. *Conrad v. Hochsteden* († 1261), das Bild des Erzbischofs in Erzguss, 1847 hergestellt. Beachtenswerth der *St. Claren-Altar* mit Malereien des Meisters Wilhelm, Geschenk der Gebr. Boisserée. Unter einem 15′ h. Spiegelglas in einem mächtigen Rahmen von Eichenholz der Original-Aufriss der Westfaçade des Doms mit den beiden Thürmen in ihrer Vollendung, auf Pergament, laut der geschnitzten Unterschrift auf dem Rahmen zum Theil 1814 in Darmstadt, der andere Theil 1816 zu Paris aufgefunden und hier neu zusammengesetzt.

3. (Engelbertus-) Capelle, in welcher die Gebeine des Erzbischofs *Engelbert von der Mark* bis zum J. 1633 ruhten, die jetzt in einem silbernen Prachtkasten in der Schatzkammer aufbewahrt werden.

4. (Drei Königen-) Capelle. Die Gebeine der h. drei Könige liess die Kaiserin Helena nach Constantinopel bringen. Späterhin nach Mailand versetzt, gelangten sie 1164 durch Erzbischof Reinald (v. Dassel), dem sie Kaiser Friedrich I. nach der Zerstörung Mailands geschenkt hatte, nach Köln. Der Reliquienschrein, Ende des 12. Jahrh. gefertigt, in kunstvoller Arbeit mit Reliefdarstellungen, war einst an Gold, Edelsteinen und Perlen überreich. (Die drei Kronen im rothen Feld hat Köln in das obere Schild seines Wappens aufgenommen, dessen unteres Schild, 11 goldene Flammen (Funken) im weissen Feld, an die 11,000 Jungfrauen (S. 302) erinnert.) Bei Ankunft der Franzosen 1794 wurden Heiligthümer und Schätze geflüchtet; zehn Jahre später kamen erstere zurück, letztere nur theilweise. Der grössere Theil ist zu Ende des Jahrhunderts in Prag, besonders aber im J. 1803 zu Darmstadt eingeschmolzen und verkauft worden. Die Kurfürsten aus dem bayr. Hause ruhen ausserhalb dieser Capelle. Auch das Herz der *Maria v. Medicis* (S. 305) ist unter einem Stein ohne Inschrift vor der Capelle begraben. Gegenüber an der Rückseite des Hochaltars das *Grabmal des h. Engelbert* (S. 342).

5. (Agnes-) Capelle. Altarblatt (verschlossen) das berühmte *Dombild, von Goethe die „Achse der niederrheinische Kunstgeschichte" genannt, ein Mittelbild (Anbetung der Könige) mit Flügeln (St. Gereon und St. Ursula, aussen die Verkündigung), früher in der Capelle des Rathhauses (S. 307). Es trägt die Jahres-

zahl 1410 (1450?) und ist wahrscheinlich von Meister *Stephan Lochner* (S. 295).

„Das Dombild ist die Krone von allen Werken der kölnischen Malerschule; es ist einzig in seiner Art, wie auch der unvollendete Dom unter den gothischen Gebäuden einzig geblieben ist. Ein wunderbarer Fleiss der Ausführung und die strahlende Farbenpracht sind in diesem Bilde von einer Vortrefflichkeit, wie es auch auf den besten altdeutschen Gemälden in dem Grade nur äusserst selten gefunden wird. Anordnung und Ausdruck werden selbst Künstler der jetzigen Zeit vortrefflich finden müssen. In Rücksicht des Reichthums an so ausdrucksvollen und doch so vollendet ausgearbeiteten grossen Köpfen, kann man dieses Gemälde den grössten Schöpfungen von Raphael vergleichen."

Fr. Schlegel (1804).

6. (Michaels-) Capelle. Grabdenkmal des Erzbischofs *Walram v. Jülich* († 1349). Altaraufsatz in Holzschnitzwerk aus dem 15. Jahrh.

7. (Stephans-) Capelle. Grabdenkmal des kaiserl. Generals *v. Hochkirchen* (fiel 1703 im span. Erbfolgekrieg vor Landau), von dem Florentiner Bildhauer Fortini verfertigt, früher in der Franciscanerkirche. Bei derselben das mit Steinbildwerk und trefflichen kleinen Heiligenfiguren verzierte umgitterte *Grabmal des Erzbischofs Friedrich* (v. *Saarwerden*, † 1414), auf dem Sarkophag der Erzbischof in Erzguss, das Ganze 1847 hergestellt. In der Capelle („Muttergottes-Chörchen") als Altarblatt seit 1855 *Overbeck's Himmelfahrt Mariae*, vom Düsseldorfer Kunstverein um 6000 Thlr. für den Dom angekauft. Der Altar selbst ist 1856 nach Zwirner's Zeichnungen ausgeführt. Die *Glasfenster* dieser Capelle, Stiftung der akadem. Dombau-Vereine zu Bonn und zu Münster, in Köln verfertigt und 1857 eingesetzt, enthalten Darstellungen aus dem Leben der h. Jungfrau nach alten bei der Restauration des Chors 1842 entdeckten Wandgemälden.

Beim Eintritt in das südl. Querschiff an einem Pfeiler das 10' h. *Standbild des h. Christoph*, Handwerksburschen-Wahrzeichen des Doms.

Die Schatzkammer (Eingang im nördl. Chorumgang) enthält ausser dem silbernen Reliquienkasten des heil. Engelbert kostbare Monstranzen, namentlich die 1848 vom Papst Pius IX. geschenkte, ferner Kreuze, das Schwert der Gerechtigkeit, welches der Kurfürst von Köln beim Krönungszug zu Frankfurt (S. 48) trug, priesterl. Kleidungen, 10 Tafeln aus Elfenbein, meisterhaft geschnitzt durch Melchior Paulus von 1703 bis 1733, mit Scenen aus der Leidensgeschichte u. A.

Höchlichst zu empfehlen ist die *Wanderung oben auf dem innern Chorumgang* und den *Umgängen an der Aussenseite des Chors*, so wie die Besteigung des (vollendeten) *mittlern Thurms mit offener Gallerie* (Aufgang mit Karte, s. S. 296, neben dem Südportal, 243 Stufen zu ersteigen). Man übersieht das Innere der Kirche, und wandelt draussen durch den Bogenwald von Steinlaubwerk, in welchen die Strebepfeiler auslaufen: hier erst offenbart sich die Grossartigkeit des gewaltigen Bauwerks. Eine herrliche *Aussicht öffnet sich, besonders von der offenen Gallerie des mittleren Thurms, über das Häusermeer Kölns, auf Ebene und Fluss, von den Bergischen Höhen bis zum Siebengebirge und dem Vorgebirge.

Das erzbischöfl. Museum, der Südseite des Doms gegenüber, 1862 durch Anbau erweitert, enthält eine Sammlung mittelalterlicher kirchl. Kunstgegenstände, Gefässe und Geräthschaften, Ornate und Paramente, Tafelmalereien in tempera, Pergamentbücher mit Miniaturen und Initialen, Sculpturwerke in Stein und Holz u. dgl. Es ist auf der Stelle errichtet, wo im Mittelalter der erzbischöfl. Palast und später das Offizialat sich befand, von welch letzterm auch die spätgoth. Capelle herrührt.

Ganz in der Nähe des westl. Domportals, am Ausgang der Strasse Unter-Fettenhennen nach der Trankgasse, ist zum Andenken an das alte Stadtthor *(Pfaffenpforte)*, welches bis zum J. 1826 hier stand (jetzt am Museum, S. 308, aufgestellt), eine alte röm. Inschrift in die Mauer des nordwestl. Eckhauses vom Domkloster eingefasst *(C. C. A. A. Colonia Claudia Agrippina Augusta)*, und eine moderne lateinische Inschrift (Chronodystichon) erhält das Andenken an das Pfaffenthor.

Die Aufzählung der übrigen Sehenswürdigkeiten Kölns ist dem S. 294 empfohlenen Rundgang angepasst.

St. Cunibert (Pl. 33), am Rhein, im nördlichen Stadttheil, von Erzb. Conrad im J. 1248 eingeweiht, in demselben Jahr, wo er den Grundstein zum Dom legte, hat alte *Glasmalereien* (Chorfenster) und einige alte kleine *Heiligenbilder* auf Goldgrund, wahrscheinlich aus der altköln. Schule, für Kunstfreunde sehenswerth. In jüngster Zeit ist der (1829) eingestürzte Hauptthurm neu hergestellt und der innere Chor mit enkaustischen Wandmalereien von Welter geschmückt worden. — Gegenüber das aus freiwilligen Beiträgen erbaute *Marienhospital* für unheilbare Kranke.

*St. Ursula** (Pl. 49) soll schon Anfangs des 11. Jahrh. von Kaiser Heinrich II. hergestellt sein. Im linken Seitenschiff zunächst dem Chor das 1658 angefertigte *Grabmal der h. Ursula*, einer britischen Königstochter, das Bild der Heiligen in ganzer Figur aus Alabaster, eine Taube zu ihren Füssen. Nach der Legende wurde sie mit ihren 11,000 Begleiterinnen, auf der Rückreise von einer Pilgerfahrt nach Rom, zu Köln grausam ermordet. Die Geschichte ist in einer Reihe alter übermalter Bilder, gleich rechts beim Eintritt an der Wand, dargestellt. Die zahlreichen Gebeine der h. Jungfrauen sind in zierlichen Fächern mit Goldrahmen allenthalben in der Kirche, besonders vorn beim Eintritt und oben hoch im Chor angebracht. Zehn uralte Apostelbilder, eines mit der Jahreszahl 1224, auf Schieferplatten gemalt, sind gleich links bei der südl. Eingangsthür. An dem

Pfeiler unter der Orgel l. eine gute alte goth. Steinarbeit, eine Kreuztragung.

Die **Jesuitenkirche** (*Mariae-Himmelfahrtskirche*, Pl. 20), um 1636 in dem diesem Orden eigenthümlichen Stil erbaut. Die Communionbank, mit Arabesken und Basreliefs, ist Arbeit eines Jesuiten. Kanzel und Hochaltar sind mit Verzierungen überladen. Die Glocken der Kirche sind aus den in Magdeburg genommenen Kanonen gegossen und ein Geschenk Tilly's.

St. Andreas (Pl. 29), mit romanischem Schiff und erhöhtem gothischem Chor. In einem neuen, von V. Statz in gothischem Stile entworfenen und ausgeführten reich verzierten Altare in der ersten Capelle r. das *Reliquiarium des Albertus Magnus*, welcher in dem benachbarten Dominikanerkloster (jetzt Artillerie-Kaserne) lebte und starb. Der Reliquienschrein ist eine reich verzierte und vergoldete Holzschnitzarbeit vom Ende des 15. Jahrh., mit Gemälden ringsum verziert. In der benachbarten Strasse „*Unter Sachsenhausen*" befinden sich zwei palastartige Gebäude: das erste, mit besonders reicher Façade, ist der Sitz des *A. Schauffhausen'schen Bankvereins*, das zweite hat die *Köln. Feuerversicherungs-Gesellschaft* gemeinschaftlich mit der *Köln. Hagelversicherungs-Gesellschaft* errichtet.

In der Comödienstrasse ist r. das 1859 abgebrannte *Theater* (Pl. 52) wieder aufgebaut, l. an einem freien Platz (Appellhofsplatz) das *Justizgebäude* (Pl. 21), von ungünstigem Aeussern, 1834 in Hufeisenform von Weyer erbaut; links das *Zeughaus* (Pl. 54), 1601 aufgeführt; rechts das palastartige *Regierungsgebäude* (Pl. 27), 1830 von Biercher erbaut. In derselben Richtung weiter westl., Ecke der Apernstr., der „*Römerthurm*", ein mit verschiedenfarbigen Steinen musivisch eingelegter alter runder Thurm, der hier die Ecke der röm. Stadt gebildet haben soll, von deren Mauer in der Nähe (auf der „Burgmauer") noch ansehnliche Ueberreste vorhanden sind. Der Kern ist unzweifelhaft römisch, die Bekleidung gehört wohl der Frühzeit der fränk. Herrschaft an, Oberbau aus neuester Zeit. Durch die Steinfeldergasse gelangt man nach

***St. Gereon** (Pl. 36). Diese Kirche der Märtyrer der thebaischen Legion, welche, 408 an der Zahl, mit ihren Hauptleuten Gereon und Gregorius, den spätern Schutzpatronen Kölns, in der grossen Christenverfolgung unter Diocletian im J. 286 hier für den Glauben starben, ist auf der Stelle einer ältern erbaut, welche der Sage nach die Kaiserin Helena hatte aufführen lassen. Ihre Bedachung bestand aus vergoldeten Erzplatten, daher der alte Name der Kirche *ad aureos sanctos*.

„In dem altchristlichen Baustyl, von welchem die St. Gereonskirche zu Köln ein so vollendetes Urbild darbietet, ist jenes Grundschema von Dreieck und Quadrat, Kreuz und Rotunde, sowie auch das sternförmige Sechseck, und andere noch zahlreichere Vieleck-Figuren, nicht blos in der innern Structur verborgen, sondern sie treten in einer, wenn man so sagen darf, geometrischen Schönheit, sichtbar an den Hauptmassen und dem höchsten Gipfel des Gebäudes hervor, und geben dem Ganzen dadurch eine eigene siderische Gestaltung, deren wunderbare Zusammensetzung einen geheimnissvollen Eindruck macht und wohl angemessen für eine Kirche, als ein geheiligtes Gebäude, welches gleichsam ein Nachbild von der ewigen Structur des Himmels im Kleinen darbieten soll."

Fr. Schlegel. 1804.

In der Vorhalle sind an den Wänden alte Grabsteine aus dem frühern Kreuzgang. Das Schiff besteht aus einem von einer schlanken Kuppel überwölbten Zehneck, an der Stelle eines viel älteren Rundbaues, 1227 vollendet; man sieht an den Seiten hervorstehende eingemauerte Steinsärge, darin die Gebeine der Märtyrer. Ihre Schädel, über 200 zum Theil in Sammet eingehüllt, sind unter vergoldeten Arabesken oben an beiden Seiten des 1069 (sammt der Krypta) dem älteren (an der Stelle des jetzigen Zehnecks befindlichen) Bau angefügten Langchors, aufgestellt. Altarbilder unbedeutend. Reste alter Wandmalereien sind in neuerer Zeit entdeckt worden. Der Küster öffnet die Kirche gegen 10 Sgr. für 1 bis 3 Personen.

Etwa 100 Schritte östl. an der baumbepflanzten Strasse ist der *erzbischöfl. Palast* (Pl. 12), vor welchem aus freiwilligen Beiträgen eine *Mariensäule* zum Andenken an die Verkündigung des Dogma's von der unbefleckten Empfängniss, nach dem Entwurfe des Hrn. Statz 1858 errichtet ist, die Statuen (Propheten und Madonna) nach Zeichnungen von Steinle.

Weiter nördl., am Klingelpütz, das 1838 strahlenförmig aufgeführte *Arresthaus* (Pl. 7).

*St. Aposteln (Pl. 30), am Neumarkt, mit ihren Thürmen, Giebelspitzen und Kuppel ein höchst stattlicher Bau, 1200 begonnen, während der höchsten Blüthe und lezten Entwickelung des roman. Stils. Das sehr geräumige westl. Querschiff zeigt schon den Spitzbogen. Am westl. Eingang steigt der schwere Glockenthurm mit einem Spitzdach empor. Bilder in der Kirche unbedeutend; an der w. Wand ein h. Michael, Oelbild, 1839 v. Mengelberg gemalt.

In der Apostelnkirche wurde 1357, als die Pest in Köln wüthete, Richmodis v. Lyskirchen, Gattin des Ritters Mengis v. Adocht, lebendig begraben. Durch den Todtengräber, welcher sie im Grabe ihres goldenen Rings berauben wollte, aus ihrer Ohnmacht geweckt, kehrte sie mit der zurückgelassenen Laterne des entflohenen Räubers in das Haus ihres trauernden Gatten zurück. Diesem war die Begebenheit so räthselhaft, dass er ausrief, er wolle eher glauben, dass seine Pferde auf den Söller stiegen und zum Fenster hinaus schauten. Alsbald hörte man, so erzählt die Sage, auf der Treppe Huftritte und erblickte oben aus dem Fenster Pferdeköpfe. Frau Richmodis aber genas völlig, lebte noch lange und schenkte der Apostelnkirche ein selbstgesponnenes noch vorhandenes Fastentuch. — *Zwei Pferdeköpfe* an dem Hause des Ritters von Adocht (mit dem Thurm, an der Nordseite des Neumarktes) sollen im obern Stock, wo sie noch zu sehen sind, zum Andenken an diese Begebenheit angebracht sein. Andere behaupten, es sei das Zeichen des Turnierstalls, der im Hofe war.

Westl. das neue *Gymnasium* („an der Apostelkirche"), ein hübscher Backsteinbau im Rundbogenstil.

St. Maria im Capitol. KÖLN. *54. Route.* 305

(In der Nähe des Neumarkts das S. 293 gen. Diorama; am Wege von Gereon nach Aposteln der S. 303 genannte *Römerthurm*.) Die neue **Mauritiuskirche** (Pl. 44) (Mauritius Steinweg) ist von Vincenz Statz im gothischen Stile erbaut.

Das 1846 vollendete grossartige **Bürgerhospital** (Pl. 4) für heilbare Kranke, Invalide und Irren, nimmt fast ein ganzes Strassenviertel ein. Bei dem Bau desselben wurde ein grosser, jetzt im Museum ausgestellter Mosaikboden (S. 308) ausgegraben. Die Pflege wird von Ordensschwestern geleitet. Die innere Einrichtung kann Nachmittags besichtigt werden. Man giebt für die Armen etwas bei Einzeichnung des Namens; dem Führer eine Kleinigkeit. Am Telegraphen-Amte vorbei nach

St. Cäcilia (Pl. 31), um 1200 erbaut, 1850 theilweise hergestellt, neben dem Hospital, dient als Spitalkirche. Sie hat eine merkwürdige Krypta, mit Resten von röm. Bauwerk.

St. Peter (Pl. 47), neben St. Cäcilia, 1524 erbaut, hat als Altarblatt **Rubens Kreuzigung Petri*, aus Paris 1814 hierher zurückgekehrt. Sie ist hinter einem unbedeutenden Bilde versteckt. Der Küster zeigt sie für den hohen Preis von 15 Sgr., indem er die Altartafel umdreht. Eine Copie des Bildes hängt über der nördl. Seitenthür. Die Besichtigung des altdeutschen Altars von altem Schnitzwerk, mit Gemälden, angeblich von *Lucas von Leyden*, kostet abermals 5 Sgr.

Der südl. Ausgang der Peterskirche führt in die Sternengasse. In dieser liegt weiter abwärts, links, Nro. 10, **Rubens'** (angebliches) **Geburtshaus** (Pl. 19), durch eine im J. 1822 auf Wallraf's (S. 308) Veranlassung eingefügte Denktafel und das in Holz geschnitzte Bild von Rubens (geb. 1577) über der Thür als solches bezeichnet. Die Tafel an der andern Seite meldet, dass *Maria v. Medicis* (S. 300), die Wittwe Heinrichs IV. von Frankreich, 1642 dürftig in der Verbannung hier starb.

St. Maria im Capitol („Zint Märjen"*, Pl. 40), so genannt, weil an dieser Stelle das röm. Capitolium (?), vielleicht auch der fränk. Königshof lag, soll von der hier begrabenen Plectrudis, Gemahlin Pipins von Heristal, Mutter Carl Martel's, erbaut sein. Doch ist dies nicht die noch vorhandene Kirche roman. Stils, deren Anlage der ersten Hälfte des 11. Jahrhunderts angehört. In der südlichen (Hardenraths-) Capelle (von 1466) alte *Wandgemälde von Israel v. Mekenem* (Meckenheim), Heilige in ganzer Figur, kürzlich aufgefrischt; ganz hübsch die kleine Gruppe von Chorsängern. In der nördl. (Tauf-) Capelle ein (durch einen Vorhang verdecktes) *Altarblatt* von 1521, angeblich von *Dürer* (?), die sterbende Maria von den Aposteln umgeben, auf der Rückseite die Trennung der Apostel. Beachtenswerth sind auch die alten *Glasgemälde* und das reiche *Steinbildwerk* unter der Orgel, 1623 gearbeitet. An der n. Eingangsthür in Holz geschnitzte Reliefs aus dem 11. Jahrh.; an der äussern Chormauer das lebensgrosse Steinbild

der Plectrudis (wahrscheinl. ein Sargdeckel) aus dem 10. Jahrh.
Auch diese Kirche hat eine geräumige Krypta. Gleich anstossend
s.ö. ein kleiner neuerlich restaurirter Spitzbogen mit Bildwerk, der
als *Thor* den Eingang zur Königsstrasse bildet.

Weiter östlich, in derselben Strassenrichtung, Rheingasse Nro. 8,
liegt rechts das **Tempelhaus** (Pl. 51), aus dem 12. oder Anfang
des 13. Jahrh., 1840 mit Glück hergestellt, in der Stadtgeschichte
als Zunft- und Gildehaus häufig genannt, heute ähnlichen Zwecken
dienend, als *Börsenhaus* (12 Uhr geöffnet), zu Versammlungen
der Handelskammer, der Schifffahrtsvereine u. dgl. Die drei
Zimmer ebener Erde sind im Geschmack des Zeitalters der Erbauung ausgemalt, die Grundfesten des mittelalterlichen Staats-
lebens, Priesterthum, Ritterthum und Bürgerthum, andeutend.

Der *Gürzenich (Pl. 15), 1441 begonnen, 1474 vollendet,
1856 durch einen Anbau an der Nordseite erweitert und im Innern umgebaut, ist das grossartigste der ältern nicht kirchlichen
Gebäude Kölns, rundum mit Zinnen und an sechs Stellen mit
zierlichen kleinen Wachtthürmen versehen. Ueber den Thoren
der Ostseite stehen die *Standbilder des Agrippa und des Marsilius,*
des Gründers und des Vertheidigers der Stadt zur Römerzeit.
Die alten ganz verwitterten Standbilder sind 1859 durch neue,
vom Bildhauer Mohr angefertigte, vom Maler Kleinerz in der
ursprünglichen Weise polychromirte ersetzt worden. Das Erdgeschoss dient als Pack- und Lagerhaus. Der grosse *Festsaal
wurde im Mittelalter bei feierlichen Gelegenheiten benutzt, besonders wenn die Stadt den deutschen Kaisern bei ihrer Anwesenheit Feste gab. Er bildet jetzt nach dem Umbau (1857)
in Form einer mächtigen Halle ein 46′ h. Mittelschiff mit 22
reichgeschnitzten hölzernen Säulen und ringsum laufende 25′ h.
Seitenschiffe. Um den 169′ l., 71′ br. Saal führt über den Fenstern ringsum eine Gallerie. Die neuen Glasbilder zeigen die
Wappen der mittelalterl. Verbündeten Kölns, Jülich, Cleve, Berg
und Mark, St. Petrus als Stadtpatron, zwei Reichsadler, das
Wappen der Stadt Köln, die Wappen der zur Zeit des ersten
Baues regierenden 6 Burgemeister, und diejenigen der 22 Zünfte.
Die zwei grossen alten *Kamine* mit reichem Bildwerk, Darstellungen
aus der frühern Geschichte der Stadt, sind bemerkenswerth. Im
Vorzimmer („kleiner Gürzenich") mehrere Wandgemälde, darunter
der Einzug der Kaiserin Isabella (Gemahlin Friedrich's II.) u. s. w.

Das *Rathhaus (Pl. 26), Vorderseite w. nach dem Stadthausplatz, Rückseite ö. nach dem alten Markt, dessen Bau im 13.
Jahrh. begann, erhielt erst 1549 seine jetzige Ausdehnung und
ist in jüngerer Zeit gänzlich restaurirt worden. Der ansehnliche
*Vorbau (Porticus mit Loge) nach dem Stadthausplatz ist 1569
bis 1571 im Renaissancestil aufgeführt. „*Senatus populusque
Ubiorum*" haben sechs lange latein. Inschriften eingefügt, Dank-
schriften an *Jul. Caesar, Augustus, M. Vipsanius Agrippa, Con-*

stantin, Justinian und den deutschen Kaiser Maximilian. Das Relief in der Mitte (auf dem linken Simson dem Löwen den Rachen zerreissend, auf dem rechten Daniel in der Löwengrube) deutet auf eine Sage, nach welcher Erzbischof Engelbert (S. 295) dem Burgemeister Gryn nach dem Leben getrachtet habe.

„In nachgehnden zeiten hat der Bischoff vnderstanden, die Statt wider vnder sich zu bringen, der Statt vnd den Burgern alle Freiheit zu nemmen, wie dann mit andern Stetten mehr beschehen ist. Desshalben die Bischoff anfiengen viel seltsamer Prackticken, aber die Burger merckten es vnnd waren jnen zu gescheid. Zur selbigen zeit hetten zwen Thumbherren ein Löwen, den zogen sie dem Bischoff. Vnd nachdem sie ein heimlichen hass trügen wider den Burgermeister, nemlich Herrn Gryn, namen sie sich grosser Freundschafft gegen jm an, vnd auff ein zeit luden sie jn zu gast und liessen den Löwen wohl hungerig werden. Vnd do der Burgermeister kam, führten sie jn zum Löwen, vnnd ungewarnter sachen stiessen sie jn in die Kammer zum Löwen, vnd schlossen die Kammer zu, damit der Löw jn zerzerret. Aber der Burgermeister was nicht vnbehend, da der Löw gegen jm sprang, wicklet er sein Mantel vmb die Lincken Hand, vnd stiess sie jm in den auffgesperrten Rachen, vnnd mit der rechten Hand erstach er den Löwen, vnd kam also vngeschedigt darvon." Seb. Münster. 1550.

Die *Rathscapelle*, in welcher sich früher das Domhild (S. 301) befand, war vor der Judenvertreibung (1349) Synagoge. — In dem (1407—1414 erb.) gothischen *Rathhausthurm*, im ehemaligen Rathssaal, befindet sich vorläufig die *Wallraff'sche Bibliothek* und das *Archiv*, täglich 10—12 U. offen.

*Gross-St. Martin (Pl. 38), in der Nähe des Rheins, 1172 eingeweiht, ist ein kühnes, zierliches romanisches Bauwerk: der gewaltige Thurmbau, projectirt mit 4 hohen Eckthürmen (wovon der dritte erst in jüngster Zeit aus freiwilligen Beiträgen wieder aufgebaut ist, der vierte noch fehlt), ruht auf 4 beinahe 100' hohen, 40' weiten Rundbogen, deren einzige Widerlage die drei schönen Halbrotunden bilden. Der untere Theil der Kirche ist mehr als ein Jahrhundert später gebaut und geht in den Spitzbogen über. Ein antiker *Taufstein* mit Löwenköpfen und Laubwerk, Geschenk Papst Leo's III., eine der sehr seltenen Bildhauer-Arbeiten aus dem 8. Jahrh., befindet sich l. am Eingang in der Ecke der Kirche. Auf den obern Seitenaltären 6 *neue Steinbilder* von Hoffmann in Rom, links St. Martinus, St. Eliphius und St. Brigitta, rechts die h. Jungfrau mit Engeln. Schöne Kreuzabnahme von du Bois, und Christus vor Annas von Honthorst, im nördl. Schiff. Die Kanzel ruht auf einem umgestürzten Drachen.

Zwischen der Brückenstrasse und der Hochstrasse ist Ende 1863 eine Glaspassage „*Königin-Augusta-Halle*" eröffnet worden, zum Theil mit Läden versehen, in der Mitte ein Kaffehaus; eine nicht besonders glückliche Nachahmung der Brüsseler „Passage".

Die Minoritenkirche (Pl. 45), aus dem 13. Jahrh., äusserlich im alten (Spitzbogen-) Stil in neuerer Zeit ebenfalls durch die Grossmuth des Commerzienraths Richartz († 1861 s. S. 308) hergestellt, soll gleichzeitig mit dem Dom und zwar von den Werkleuten in den Feierstunden gebaut sein. Der Grabstein des berühmten

Theologen und Philosophen *Joh. Duns*, gen. *Scotus* († 1309), hat die Inschrift: *Scotia me genuit, Anglia me suscepit, Gallia me docuit, Colonia me tenet.* Der schöne spätgoth. Kreuzgang, an der Nordseite, ward beim Bau des neuen Museums (S. 308) erhalten und zur Aufstellung röm. und mittelalterl. Alterhümer benutzt.

Nebenan das neue *Museum (Pl. 22), das sog. *Wallraf-Richartz-Museum*, dessen Bau 1855 begann, und welches am 1. Juli 1861 feierlich eröffnet wurde, ist von J. Felten entworfen u. ausgeführt. Das Hauptgebäude ist 175′ l. u. 70′ tief, die Flügel 98′ l. u. 32½′ tief. Ein Kölner Bürger, der Commerzienrath Richartz († 1861), spendete die Geldmittel (ungef. 200,000 Thlr.) zu dem Bau. In den Anlagen an der Ostseite der altröm. Bogen des sogen. *Pfaffenthors* (s. S. 302). Am Hauptportal (Nords. des Gebäudes) von W. nach O. die Standbilder von: 1. Erzbischof Bruno von *Werres;* 2. Kaiserin Helena, 3. Agrippina, beide von *Blaeser;* 4. Erzb. Engelbert I. von *Werres*. An der Ostseite von N. nach S.: 1. Matth. Overstolz, 2. Albertus Magnus, beide von *Fuchs;* 3. Meister Gerhard, 4. Meister Stephan, beide von *Mohr;* 5. Rubens, 6. Bürgermeister Hardenrath, 7. Adam Schall v. Bell, der ber. Jesuit, die 3 letzten von *Fuchs*. In demselben ist vorzugsweise die Sammlung von Gemälden und Alterthümern aufgestellt, welche Prof. Ferd. Wallraf († 1824) seiner Vaterstadt als Erbschaft hinterlassen hat (Eintritt an Sonn- und Feiertagen und im Winter Mittw. Nachm. frei, ausser dieser Zeit 7½ Sgr.).

Im Erdgeschosse befinden sich *rechts* die *römischen Alterthümer:* Statuen und Statuetten (1—24), Büsten, Köpfe, Masken (25—55), Altäre mit Reliefs und andere Relief-Darstellungen (56—69), Votivsteine (70—111), Grabdenkmale, Särge, Columbarien, Aschenkisten (112—136), Grabsteine (137—176), ferner die bekannten Gipsabgüsse des Laokoon, Apollo, der Venus u. s. w.; die Kupferstich- u. Münzsammlung, Manuscripte, Schnitzwerke u. s. w.; *links* alte Waffen und Rüstungen. In dem *untern* Kreuzgange *Mosaikböden*, namentlich ein grosser, vielleicht aus dem 3. Jahrh., welcher wohl zu einem Bibliothekzimmer gehört hat und beim Bau des neuen Hospitals an Cäcilien gefunden wurde, mit den Bildern des Diogenes, Kleobulus, Sokrates und Sophokles; Architecturstücke und Sculpturen; auch ein 1862 im Brohlthal gefundenes Legionen-Denkmal des Hercules Saxanus. Im *obern* Kreuzgange: Gegenstände des Kunsthandwerkes, Glasmalereien, Gefässe u. s. w., namentlich eine Sammlung von 30 *neueren Glasgemälden*, in München angefertigt, Copien besonders altköln. und niederl. Meister, ein Vermächtniss der Gebrüder Boisserée. Ferner befindet sich im Erdgeschosse links, in 3 Sälen, die Werke der *altkölnischen Malerschule:* a) Gothische Bilder aus der Zeit von 1250—1350 (2—11). 7. Passion in 27 Feldern; 8.—11. Passion. b) Meister Wilhelm und seine Schule (12—84). *12. Altar mit Flügeln; 13. u. 14. Kreuzigung; 63. die Legende der h. Ursula mit der Ansicht der Stadt Köln, um die Mitte des 14. Jahrhunderts. c) Meister Stephan und seine Schule (85—112). *85. Madonna in der Rosenlaube; 88. das jüngste Gericht. d) Die kölnischen Maler unter den Einflüssen der Schule Hub. u. Joh. v. Eyck's von 1450—1550 (113—372). 148. Glorification Mariae; 150. das jüngste Gericht; 151. Anbetung der heil. drei Könige; 152. die Messe des h. Gregor; 153. u. 154. zwei Flügel mit Heiligen; *155. Altar mit den heil. Sippen; *161. Altar vom heil. Kreuze; *162. Tod Mariae; 311. u. ff. von Barth. Bruyn; 363. Ant. Woensam aus Worms, Kreuzigung. Im Treppenhause *Frescomalereien* von Steinle, die Kunstgeschichte Kölns zur Zeit der Römer, des Mittelalters und der Renaissance darstellend.

Im oberen Stock im Empfangssaal: Nro. 925. „Landschaft, Sage, Geschichte und Monumentales der Rheinprovinz", in 26 Blättern illustrirt von Casp. Scheuren (1862). Rechts und links vom Empfangssaale, sowie in einem dritten Zimmer (rechts neben dem Treppenhause) Bilder der *niederdeutschen Schule* (427—750): 555. P. P. Rubens, die Stigmatisation des h. Franciscus; und ohne Nr. die h. Familie, bestehend aus Portraits der Familie Rubens; 558. A. v. Dyck, Portrait des kölner Patriciers E. Jabach; 562. Jordaens, Prometheus; 577. Honthorst (?), Geburt Christi; 617. Dav. Teniers d. A., trinkende Bauern; 623. Ostade, gleiches Sujet; 638. Bakhuizen, Marine; 697. u. 698. Breughel, zwei Blumenstucke. Weiter links: die *italienische Schule* (751—859), Bilder von untergeordneter Bedeutung, wie auch die der im anstossenden Zimmer befindlichen *französ. Schule* (860—900). Im Saale links neben dem Treppenhause eine Sammlung *moderner Bilder* (901—923): 901. Gottl. Schick, Eva, die ihr Bild in einem Bache sieht; 902. u. 903. K. Begas, Portraits seiner Eltern und sein eigenes; 904. Simon Meister, kämpfende Löwen; 905. Ed. Bendemann, die trauernden Juden; 906. K. Fr. Lessing, Klosterhof im Schnee; 907. derselbe, Landschaft; 908. J. Fay, Simson und Delila; 909. W. Camphausen, Prinz Eugen in der Schlacht bei Belgrad; 911. K. Piloty, Galilei im Kerker; 912. R. S. Zimmermann, der Schrannentag; 913. Erich Correns, Bildniss des Dombaumeisters Zwirner; 914. Fr. Voltz, ruhende Vichherde; 915. Jul. Schrader, Cromwell am Todesbette seiner Tochter; 918. H. Schmidt, Gebet an einer Leiche. Rechts (südw.) die *fränkische Schule*: 373. M. Wohlgemuth, Tod Mariae; *380. Albr. Dürer, Trommler und Pfeifer; 381. angeblich von Dürer, Madonna mit dem Kinde. Die *sächsische Schule*: 393. L. Cranach d. A., Christus u. Johannes; 394. u. 395. L. Cranach d. J., die h. Familie, und die Familien der sächsischen Fursten. In den Räumen an der Westseite befindet sich die *permanente Ausstellung des Köln. Kunstvereins* mit wechselnden neuen Bildern.

St. Severin (Pl. 48), am s. Ende der Stadt, der roman. Chor 1237 geweiht, das goth. Schiff, mit seinen leichten zierlichen Verhältnissen, aus dem 14. Jahrh.; der sich an der Wests. der Kirche erhebende spitze Thurm 1394—1411 aufgeführt. Das Flügelbild am Altar r., ein h. *Abendmahl von de Bruyn*, um 1536 gemalt, ist eines der besten dieses Meisters. Ein grosses *Wandgemälde von Meister Wilhelm* (S. 295), in der Sacristei, ist leider in schlechtem Zustande.

St. Pantaleon (Pl. 46) wird schon um das J. 670 in Urkunden genannt. Erzbischof Bruno († 965), Bruder Kaiser Otto's d. Gr., soll zur Erweiterung der Kirche und zum Bau der Abtei den Ueberrest der Constantin'schen Brücke (S. 295) gebraucht haben. Sein Grab mit dem sächs. Wappen ist vor dem Chor. Rechts neben dem Hochaltar das *Grabmal der Kaiserin Theophania* († 999), Gemahlin Otto's II., links das des *Grafen Hermann v. Zütphen*, Abtes des Klosters, Bruders der h. Irmgard, beide Denkmäler aus dem vorigen Jahrhundert. Das schöne alte goth. *Steinwerk* unter der Orgel ist erneuert. Die Kirche, eines der ältesten Gebäude Kölns aus der christlichen Zeit, ist für den Gottesdienst der Besatzung beider Confessionen eingerichtet. An den Pfeilern *Gedächtnisstafeln* der in den Kriegen von 1813 bis 1815 Gebliebenen.

Die neue evangel. **Trinitatiskirche** (Pl. 56), im Basilikenstil, flache Holzdecken, über den Arcaden der Seitenschiffe Emporen, nach Stüler's Entwürfen von Kramer erbaut, ist 1860 geweiht.

Die neue **Synagoge** (Pl. 50), im maurischen Stil, nach Zwirner's Entwürfen, eine Schenkung des Banquiers Oppenheim, hat eine stattliche vergoldete Kuppel.

Eines der grossartigsten Bauwerke seiner Art ist die noch sehr gut erhaltene **Ringmauer** der Stadt mit ihren tiefen breiten Gräben, und ihren ausgezeichnet schönen *Thorthürmen*, Ende des 12. Jahrh. unter Erzb. Philipp (S. 300) begonnen, im 15. Jahrh. vollendet. Sie beschreibt einen Halbkreis, dessen Durchmesser, 3800 Schr. lang, das *Rheinufer* bildet.

An diesem herrscht der lebendigste Verkehr. Es ist unterhaltend, die ganze Strecke vom **Bayenthurm** (S. 292 u. 293) bis zum Nordende der Stadt zu durchwandern. Nicht weit vom Bayenthurm ist der Rheinarm zwischen dem Ufer und der ehemaligen Rheinau in den J. 1848 ff. zu einem **Sicherheitshafen**, namentlich für Dampfschiffe, umgestaltet und dabei ein *Schiffsbauwerft* angelegt. Die Anlagen auf der Insel gestalten sich allmälig wieder zu einem Spaziergang. Am südl. Ende des Hafens ragen die hohen Schornsteine der von einer Actiengesellschaft angelegten *Baumwollenspinnerei* über dieses grossartige Etablissement hervor.

Im **Freihafen**, gleich unterhalb der Schiffbrücke, liegen Waaren aller Art unverzollt angehäuft, theils unter grossen offenen Schuppen, theils in den *Lagerhäusern*, namentlich dem stattlichen hohen, 1838 im Stile des Gürzenich aufgeführten, dessen Eckthürmchen ebenfalls die S. 306 schon genannten Römer Agrippa und Marsilius zieren. Der Ausgang in die Stadt ist durch das Mühlengassenthor (der Freihafen verhindert den directen Weg am Rhein zur Eisenbahnbrücke); in nördl. Richtung gelangt man sogleich durch das *neue Domthor* wieder an den Rhein und steht vor der von 1855—1859 aufgeführten **Eisenbahnbrücke**, eigentlich zwei völlig gesonderten, neben einander auf gemeinschaftlichen Pfeilern ruhenden Gitterbrücken, von Ufer zu Ufer 1312' lang (4 Spannweiten zu 313', 3 Strompfeiler zu 20'), zusammen 61' im Eisen breit (24' für die beiden Schienengeleise, 27' für den gewöhnlichen Verkehr). Die Eisenbahnbrücke hat doppeltes, die andere Brücke einfaches Gitterwerk, 27$\frac{1}{4}$' hoch, 53' über dem 0 Punct des Pegels (47' über dem mittlern Wasserstand), die Rampe am r. U. 600' lang, am linken 1200'.

Neben der Brücke nördl. am *Trankgassen-Thor* und dem ehem. Bahnhof der Rheinischen Eisenbahn gelangt man abwärts an St. Cunibert (S. 302) vorbei (wo die Dampfschiffe nach dem zoolog. Garten und nach Mülheim anlegen), zum Nordende der Stadt („am Thürmchen"), dann auf einer Brücke über die Einfahrt zum *alten Sicherheitshafen* und weiter abwärts an schönen Gärten und Villen reicher Kölner vorbei zum *Zoologischen Garten, tägl. im Sommer von 6 U. Morg. bis zum Abend, im Winter von 8 U. Morg. bis zum Dunkelwerden geöffnet, Eintritt („für Fremde") 10 Sgr., Sonntags 5 Sgr. Mittwochs Nachmittags im Sommer gewöhnlich Militairconcert. Die Anlage desselben ist vortrefflich, die Thiere sind in ausgezeichneten Exemplaren vorhanden. In demselben gute Restauration. Droschken und Omnibus s. S. 293. Die Dampfschiffe zwischen Köln und Mülheim legen in der Nähe an (vgl. S. 293); zur Rückfahrt nach Köln wird jedesmal im zoolog. Garten zeitig geläutet, um das Schiff bequem erreichen zu können. Neben dem zoolog. Garten der *botanische Garten* der Gesellschaft *Flora* mit sehr geschmackvollem Gewächshaus, 1863 eröffnet.

Das *Glacis* der **Stadtbefestigung**, welches beim alten Sicherheitshafen (S. 310) beginnt, gewährt einen angenehmen Spaziergang rings um die Stadt, zur Seite die rheinische Eisenbahn. Westlich zwischen dem Gereons- und Ehrenthor ist der 24 Morgen grosse **städtische Garten** nebst Baumschule, Trinkhalle für Mineralwässer und Restauration. Feldwärts, einige 100 Schritte vor der Stadtmauer, bemerkt man in der ganzen Ausdehnung der Stadt eine Anzahl *fester Thürme* (**Forts**). Hinter dem äussersten Fort am Rhein (also dem südöstlichsten) haben sich die Anlagen der Köln. *Maschinenbau-Gesellschaft* zu einer Art Vorstadt *(Bayenthal)* erweitert, in welcher schon eine Kirche im Bau begriffen ist.

Eine viertel Stunde vom Hahnenthor westl. entfernt, an der Aachener Landstrasse, liegt der *(Melatener)* **Kirchhof**, ein kaum übersehbares Todtenfeld, mit einzelnen schönen Denkmälern.

Auf dem rechten Rheinufer, Köln gegenüber, liegt **Deutz** (Gasth. s. S. 292), der Brückenkopf von Köln, das *Castrum Divitensium* der Römer, wohl schon im 1. Jahrh. befestigt, von Constantin, wie es scheint, stärker auf dem Gebiete besiegter Franken hergestellt. Es war unzweifelhaft ein Römercastell, bestand 1114 noch als festes Schloss und ward später oftmals befestigt, aber immer wieder zerstört, indem sich eine dortige dauernde Niederlassung mit den Privilegien der Stadt Köln nicht vertrug. Deutz wurde nach 1816 gleichzeitig mit Köln befestigt. In den Gebäuden der ehem. Benedictiner-Abtei ist eine grosse *Artillerie-Werkstätte*. Die *Cavallerie-Caserne* ist neu aufgeführt. Nahe dabei ist der *Köln-Mindener Bahnhof* (vgl. S. 293 u. 334). Eine neue goth. evang. Kirche *(Johanniskirche)* wurde 1861 eingeweiht.

Eines der schönsten Denkmäler goth. Baukunst, in Plan und Stil mit dem Kölner Dom nahe verwandt, die 1255 gegr., 1379 gew. Kirche der ehemal. *Cistercienser-Abtei* *Altenberg*, der „Bergische Dom", liegt 4 St. nordöstl. von Deutz, in dem grünen *Dhünthal.* Durch die Fürsorge des Königs Friedrich Wilhelm IV. steht seit 1847 der durch Feuersbrunst im J. 1815 und spätere Ereignisse ganz in Verfall gerathene, 378' lange Prachtbau in untadelhafter Wiedervollendung. Die Ahnen des Königs, die Grafenbrüder Adolf und Eberhard vom Berge, waren im J. 1133 Gründer der Abtei; mehrere Glieder dieses Grafengeschlechts haben hier Grabdenkmäler. Ein Einzelner kann die 6 U. Morgens von Köln abgehende Lenneper Schnellpost bis *Strasserhof* benutzen, die 8 U. Ab. wieder durch Strasserhof nach Köln fährt. Altenberg ist kaum 1½ St. entfernt; bei *Schmitz* in *Engelrath*, nahe bei Strasserhof, gute Bewirthung. Will man nicht einen ganzen Tag aufwenden, so kann man mit Dampfboot (S. 293) oder Eisenbahn (S. 334) nach *Mülheim* fahren, zu Fuss über *Odenthal* in 3 St. nach *Altenberg* wandern, Abends von Strasserhof mit der Post nach Köln. Sind 3 oder mehr Personen, so nimmt man in **Deutz** eine Droschke, 2 St. Fahrzeit, Preis etwa 4 Thlr.

55. Von Köln nach Mainz.
(Eisenbahnfahrt.)
Vergl. die Karten zu den Routen 53, 47, 41 u. 27.

Rheinische Eisenbahn bis *Bingen*, von dort bis *Mainz* Hessische Ludwigs-Bahn. Schnellzug (bis Basel) ohne Wagenwechsel, vgl. S. 6) bis Mainz in 4 St., gewöhnliche Züge in 5¼ bis 5¾ St.; Fahrpreise 4 Thlr. 25, 3 Thlr. 15 oder 2 Thlr. 10 Sgr. Retour-Billets sind im Verhältniss billiger und gelten 3 Tage; sie müssen, wenn die Rückfahrt nicht am selben Tag erfolgt, beim Antritt derselben abgestempelt werden (solche 1. und 2. Classe gelten 5 Tage und kann man mit ihnen die Fahrt, im Ganzen, 2mal unterbrechen, wenn man sie beim Aussteigen visiren lässt). — 50 Pf. Freigepäck. — Nur die Plätze links gewähren die Aussicht auf den Rhein.

Sobald der Zug die grosse Glashalle des *Central-Bahnhof's* nördl. vom Dom, verlassen hat, durchschneidet er nordwestlich in gerader Richtung die Stadt und die Stadtbefestigung (S. 311). Dann zweigt sich unsere Bahn in einer starken Curve links von der Crefelder (R. 60) und Aachener Bahn (R. 57) ab, durchzieht den *Central-Güter- und Betriebs-Bahnhof* und führt, am (r.) *städtischen Garten* (S. 311) vorüber, an der ganzen Westseite der Stadt hin, von welcher man nur einzelne Thürme über die hohe Ringmauer emporragen sieht, die bald links dem Auge entschwinden.

Stat. *Kalscheuren*. Hier beginnt westl., etwas entfernt von der Bahn, eine Kette niedriger Hügel, das *Vorgebirge* genannt, woran zahlreiche obstreiche Ortschaften liegen. Links ist die Gegend ganz flach, nur in der Ferne sieht man die unbedeutenden Höhenzüge jenseits des Rheins.

Folgt Stat. **Brühl** (*Pavillon* und *Belvedere* gute Gasthäuser; bei *Barion* an der Kölner Landstrasse gut und nicht theuer, Gastzimmer eine Treppe hoch). Der Zug hält im Angesicht des jetzt königl. *Schlosses*, 1728 von Kurf. Clemens August erbaut, mit einer Pracht, die heute noch überall durchschimmert. Während der franz. Zeit war Marschall Davoust mehrere Jahre lang im Besitz; zuletzt wurde es der 4. Cohorte der franz. Ehrenlegion überwiesen. Lange stand das Schloss öde und gerieth in Verfall, bis König Friedrich Wilhelm IV. es 1842 herstellen liess. In den Sälen alte Bildnisse rhein. Kurfürsten und anderer Fürsten. Schlossgarten und Park werden von Köln aus viel besucht. In der Nähe des Bahnhofs eine Wasser-Heilanstalt.

Die Bahn durchschneidet den Park und die Allee, welche zu dem (l.) ehem. *Jagdschloss Falkenlust*, jetzt Privateigenthum, führt. Am Abhang des hier waldigen, mit Dörfern, Landhäusern und Wohnungen bedeckten Vorgebirges zeigen sich von *Rösberg* an, südwestl. von Stat. *Sechtem*, bereits einzelne Weinberge. Bei Stat. *Roisdorf* quillt ein Mineralbrunnen, dem Selterswasser ähnlich. Wenn der Zug sich Bonn nähert, erscheint links der hohe spitze Thurm der Münsterkirche (S. 288). Rechts der *Kreuzberg*, links der *Kirchhof* und die S. 290 genannte Capelle.

Bonn s. S. 284. Die *Münsterkirche* nimmt sich bei der Ausfahrt aus dem Bahnhof (l. ganz stattlich aus. Die Bahn durchschneidet die *Poppelsdorfer Allee* (S. 289); weiterhin rechts auf der Höhe über *Kessenich* die *Rosenburg*. Etwas vorher ehe die Bahn die Bonn-Coblenzer Landstrasse kreuzt, l. von der Bahn und der Strasse das **Hochkreuz**, eine 30' hohe sehr schöne goth. Spitzsäule in drei Absätzen, 1332—1349 errichtet, angeblich als Sühnekreuz für einen im Zweikampf hier getödteten Ritter, 1854 ganz hergestellt. Die meisten der stattlichen, dem Bahnhof von (r.) **Godesberg** *(*Blinzler)* gegenüber liegenden Privatgebäude sind Eigenthum reicher Kölner, Elberfelder und Crefelder Kaufleute. Die im byzant. Stil 1857 aufgeführte evang. Kirche liess Hr. v. Rigal aus Crefeld erbauen. Das durch seine phantastische bunte Bauart auffallende Landhaus mit dem goth. Thurm im Garten, unweit des Bahnhofs, gehört Hrn. Ph. Engels in Köln. Der *Draischoder Sauerbrunnen* (Kaffe- und Bierwirthschaft), ein schwaches, alcalisch-salinisches Stahlwasser, war schon den Römern bekannt, wie ein im 16. Jahrh. auf dem Schlossberg ausgegrabener, dem Aesculap geweihter Votivstein beweist, jetzt im Alterthümer-Museum zu Bonn befindlich. Nördlich erhebt sich über Godesberg auf einem 275' h. Bergkegel der 100' h. stattliche *Schlossthurm*, vom Bahnhof 10 Min. entfernt. Am Fuss des Berges soll eine Römerniederlassung, auf dem Gipfel ein Castell, der Sage nach von Kaiser Julian (360) gegründet, und ein Tempel des Jupiter, späterhin eine christliche Kirche gestanden haben. Kölner Erzbischöfe liessen die Burg im 13. Jahrh. aufführen und im folgenden Jahrhundert stärker befestigen, vorzüglich zum Schutz in den Fehden mit den köln. Bürgern, die mehrmals bis Bonn vordrangen (S. 295). Im J. 1583 vertheidigte Graf Adolf v. Neuenahr, der letzte seines Stammes (S. 271), Schloss Godesberg gegen die Bayern, die für den neu gewählten Kurf. Ernst (v. Bayern) gegen den zum Protestantismus übergetretenen und seiner erzbischöfl. Würde entsetzten Kurf. Gebhard (Truchsess v. Waldburg) ausgerückt waren. Sie stürmten das Schloss und sprengten es. Nur der Thurm ist ganz unversehrt geblieben, und gewährt von seiner Plateforme, zu welcher 150 Stufen führen, eine weite reizende Aussicht auf die Gebirgslandschaft sowohl, als die fruchtbare Ebene. Die Aussicht am Fuss des Thurms, wo eine kleine Gastwirthschaft, ist indess fast dieselbe. Innerhalb des Burgrings ist der *Gottesacker* des Dorfes. Die Ruine ist Eigenthum der Königin v. Preussen.

Bei der Weiterfahrt treten links jenseits des Rheins die schönen Formen des Siebengebirges (S. 274 u. 281) hervor. Stat. *Mehlem* ist die Station für das gegenüber am r. U. gelegene *Königswinter* (S. 282), von der Station bis an den Rhein 5 Min., Ueberfahrt auf der fliegenden Brücke 5 Min. Der Ort *Mehlem* (S. 280), welchen die Eisenbahn durchschneidet, liegt eine Strecke weiter südlich.

Vor Rolandseck, gegenüber *Nonnenwerth* (S. 279), tritt die Bahn an den *Rhein* und bleibt bis Remagen an demselben, oft unmittelbar über dem Strom. **Rolandseck** (herrlich gelegene grossartige *Bahnhofs-Restauration, von Köln und Bonn viel besucht, reizendste **Aussicht (vgl. S. 279) über das Thal von Honnef, das Siebengebirge, Drachenfels, Rolandseck, Nonnenwerth, und über den Fluss auf weiter Strecke), und von dort bis Remagen s. S. 279 und 278. Die Bahn umzieht das Dorf *Oberwinter* (S. 278) an der Bergseite und durchschneidet dann den S. 279 genannten Bergschlipf des *Birgeler Kopfs*. (Hier, wie auch bei Rolandseck, sind durch den Bahnbau eigenthümliche Gestein-Schichtungen offen gelegt.) Prächtiger *Blick vor Remagen auf den Rhein.

Remagen und *Kirche auf dem Apollinarisberg* s. S. 262 u. 263. Remagen u. Sinzig (s. unten) sind die Stationen für das *Ahrthal* (R. 49).

Bei Remagen verlässt die Bahn den Rhein und durchschneidet den grossen Bogen, welchen der Strom von Nieder-Breisig (s. unten) bis Remagen beschreibt. Das höchst fruchtbare Land auf dieser Strecke heisst die „goldne Meile". Der Zug fährt an dem S. 260 gen. (l.) Rittergut *Godenhaus* vorbei, überschreitet die *Ahr* und hält bei Station **Sinzig** *(Hôtel Baur; Deutsches Haus)*, der Römer *Sentiacum* (?), ein mit hohen Mauern umgebenes sehr altes Städtchen, ½ St. vom Rhein entfernt. Auf den Trümmern des fränkischen Königshofes, später Reichspfalz, rechts von der Bahn, hat Herr Bunge aus Antwerpen 1858 ein malerisches gothisches Schlösschen durch den Kölner Architecten Statz aufführen lassen. Auf dem *Helenenberg* (Landhaus des Hrn. Andreae mit hübschen Gärten), rechts von der Bahn an der Südseite des Orts, wo später das Minoritenkloster stand, soll Kaiserin Helena ein Bethaus errichtet haben, wie eine Urkunde von 763 berichtet. Die zierliche *Pfarrkirche* im besten Uebergangsstil, mit noch vorherrschendem Rundbogen ist aus Tuffstein (S. 264) wahrscheinlich zu Anfang des 13. Jahrh. erbaut. In einer Capelle wird unter Glasbedeckung eine vor etwa 200 Jahren auf dem Kirchhof ausgegrabene natürliche Mumie, der sog. *heil. Vogt*, aufbewahrt und gezeigt. Die Franzosen hatten sie mit nach Paris genommen. Ein werthloses Bild, 1708 gemalt, deutet auf die S. 172 erzählte Kreuzerscheinung hin, die von Einigen, jedoch ohne allen Grund, nach Sinzig verlegt wird. Im Chor ein Flügelbild auf Goldgrund, Christi Kreuzigung und Himmelfahrt, und Mariae Tod, von einem niederländ. Meister („Joh. Foeten 1480"). 1855 hergestellt, vortrefflich. (*Ahrthal* s. R. 49, Eilwagen von Sinzig (1866) nach Neuenahr (S. 269) und Ahrweiler (S. 269) 10½ U. Morg. in 1½ St.)

Bei Stat. *Nieder-Breisig* (S. 260) nähert die Bahn sich wieder dem Rhein, gegenüber am r. U. Schloss *Argenfels* (S. 260). Der Zug fährt unter Schloss *Rheineck* dicht am Rhein hin und hält bei Station *Brohl* (S. 259), der Kirche von *Rheinbrohl* gegenüber. (*Brohlthal* u. s. w. siehe R. 48.) Bei der Weiterfahrt streift der Zug den Lavastrom des Fornicher Kopfs (rechts wird das S. 258 genannte ehemals von Solemacher'sche Schloss zu *Namedy* sichtbar) und tritt beim *Krahnenberg* unterhalb Andernach, wo bei dem wegen Bergrutschungen besonders schwierigen Bau der Bahn Trümmer einer römischen Villa entdeckt wurden, wieder dicht an den Rhein, stromauf- und abwärts eine reizende *Aussicht bietend.

Die Bahn umzieht **Andernach** (S. 257) an der Bergseite, die schöne Kirche, die alten Stadtmauern mit ihren Thürmen, und die Schlossruine treten besonders hervor. Der Bahnhof ist über $1/4$ St. südöstl. von der Stadt entfernt, nicht weit von der (r.) vormaligen Augustiner-Frauen-Abtei *St. Thomas*, jetzt Aufbewahrungs-Anstalt für unheilbare Irren des Regierungs-Bezirks Coblenz.

Der Zug berührt die Anlagen des *Netterhofs* (S. 257), überschreitet die *Nette* und hält im Bahnhof gegenüber **Neuwied**, von der Stadt (S. 253) am r. U. 20 Min. entfernt. Bei der Weiterfahrt bietet sich links ein hübscher Blick über Neuwied und die Ebene des r. Rheinufers bis zu dem Gebirgskranz des Engersgaues (S. 254), aus welchem Schloss *Monrepos* (S. 257) hervorleuchtet. Rechts treten über dem Ort *Weissenthurm* (S. 255) das Denkmal des französischen Generals Hoche und der alte Grenzthurm gegen den Horizont scharf hervor. Dann verlässt die Bahn, nachdem sie den letztgenannten Ort an der Rheinseite passirt hat, bis oberhalb Coblenz den Rhein und durchzieht die grosse S. 241 beschriebene Ebene. Rechts zeigen sich an einer mit Obstwaldung bedeckten im Halbkreis sich hinziehenden Hügelkette die Dörfer *Kettig*, *Kehrlich* und *Mühlheim*, näher bei Coblenz links die Oekonomiegebäude des ehem. kurtrier'schen Lustschlosses *Schönbornslust* (S. 244), rechts auf der Höhe der spitze Kirchthurm des Dorfes *Rübenach* (S. 240).

Am Fuss des befestigten *Petersbergs* r. die Grabpyramide Marceau's (S. 243); dann durchfährt der Zug den Güterbahnhof unter den Mauern der (r.) *Feste Franz* und über die Moselbrücke (schöne Aussicht l. über die alte Brücke auf die Ehrenbreitstein) in die Stadtbefestigung von Coblenz, wo der Bahnhof.

Coblenz s. S. 236. Von der Stadt selbst sieht man von der Eisenbahn aus nichts als einen Theil der alten Stadtmauer. Der Zug windet sich zwischen Militair-Magazinen durch und tritt durch einen kleinen Tunnel unter dem südl. Wall wieder in's Freie. Die neueren Befestigungen (S. 241) lassen sich bei der Ausfahrt flüchtig beobachten. Die Bahn zieht sich am Fuss des (r.) *Fort Constantin* (S. 242) vorbei und erreicht den Rheinarm, welcher durch die *Insel Oberwerth* (S. 233) gebildet wird. Von hier bis Bingen bleibt die Bahn mehr oder weniger nah am Rhein, so dass im Wesentlichen auf die Beschreibung in R. 42 und 41 zu verweisen ist.

Stat. **Capellen** am Fuss des *Stolzenfels* s. S. 231. Gegenüber die Mündung der *Lahn* mit der Eisenbahnbrücke, darüber Burg

316 *Route 55.*   ST. GOAR.

Lahneck und **Oberlahnstein**. Nassauische Staatsbahn nach Wetzlar s. R. 46, nach Rüdesheim und Wiesbaden s. R. 43.

Die Bahn führt dicht bei dem (l.) *Königsstuhl* (S. 230) vorbei, durchschneidet das alte Städtchen *Rhense*, worauf l. bald *Braubach* und die *Marksburg* (S. 229) sich zeigen. Unterhalb des gegenüber am r. Ufer gelegenen Ortes *Osterspay*, über dem von bewaldeter Höhe das weisse Schlösschen *Liebeneck* (S. 228) herabblickt, tritt die Bahn dicht an den Rhein und folgt am Fuss der Berge des weinreichen *Bopparder Hamm* (S. 228) der grossen Krümmung, welche der Strom hier macht, bis **Boppard** (S. 227). Der Bahnhof ist hinter der Stadt. Von hier bis St. Goar s. S. 226 und 225. (Gegenüber auf dem r. Ufer die Brüderburgen *Liebenstein* und *Sterrenberg*, am Fuss Kloster *Bornhofen*; weiter, über *Welmich*, die *Mans*, S. 225.)

Vor **St. Goar** (S. 224) führt die Bahn hart am Fuss der *Festung Rheinfels* (S. 224) hin (gegenüber auf dem r. U. über *St. Goarshausen* die *Katz*, S. 222), dann hoch hinter der Stadt (wo der Bahnhof) und durchdringt unmittelbar darauf in einem 1200' langen Tunnel den Felsen an der sog. „Bank von St. Goar" (S. 222). Bei der Ausfahrt zeigt sich l. gegenüber die **Lurlei* (S. 221), durch welche ebenfalls ein Tunnel, für die rechtsrheinische Bahn, gesprengt ist. Folgen kurz nach einander zwei kleinere Tunnel, durch die Felsen am „Bett" (800' l.) und am „Kammereck" (750' l.). Bald zeigt sich dann **Oberwesel** (S. 220) in *herrlicher Lage, an dessen Rheinseite die Bahn sich hinzieht. Der Bahnhof ist am oberen Ende, bei der S. 220 genannten *Frauenkirche*, am Fuss der *Schönburg*. Von hier bis Bacharach s. S. 219 bis 216. (Gegenüber auf dem r. U. über *Caub* die Ruine *Gutenfels*, im Rhein die *Pfalz*.)

Auch bei Stat. **Bacharach** (S. 216) führt die Bahn an der Rheinseite entlang. Der Anblick der zwischen hier und Bingen besonders zahlreichen Burgen des linken Ufers (S. 215 bis 213) geht bei der Eisenbahnfahrt fast verloren. Ueberraschend ist der *Blick in den fernen Rheingau, wo sich bei der Annäherung an Bingen das enge Flussthal öffnet. Der Bahnhof **Bingerbrück** (*Hôtel Rheinstein; Ruppertsberg*) ist unterhalb der Nahemündung. Angesichts des *Mäusethurms* (S. 212), in der Nähe des Bahnhofs der Rhein-Nahe-Bahn, R. 39.

Die Bahn überschreitet auf einer eisernen Gitterbrücke die *Nahe* (weiter aufwärts die alte steinerne Brücke, S. 204) und führt an der Rheinseite von **Bingen** (S. 203) entlang. Der Bahnhof ist östlich von der Stadt, am Rhein. Beim *Rochusberg* (S.199 u. 204) verlässt die Bahn den Rhein, das Romantische der Gegend hat aufgehört, die Strecke bis vor Mainz ist flach und höchst einförmig, meist Sand und dürftiges Nadelgehölz, nur dann und wann links ein Blick auf den *Johannisberg* (S. 197) und die Höhen des Rheingau's gegenüber. Stationen *Gaulsheim* (Engel), *Gau-Algesheim*.

Zu **Nieder-Ingelheim** *(Post; Löwe; Hirsch)* stand einst ein berühmter Palast Carls d. Gr., den Chronikenschreiber und Poeten (*Ermoldus Nigellus, Poeta Saxo* u. a.) als einen der prächtigsten schildern („*domus alta centum perfixa columnis*" etc.). Papst Hadrian I. hatte im J. 784 dem Erbauer Mosaiken, Marmor- und andere Arbeiten aus dem Palast zu Ravenna dazu gesandt. Die Granitsäulen am Brunnen auf dem Heidelberger Schloss (S. 80) waren einst am Palast zu Ingelheim; auch an andern Orten findet man noch Ueberreste, zu Mainz, zu Eberbach etc. In Ingelheim versammelten sich am 30. December 1105 die Bischöfe von Mainz, von Köln und von Worms, „vnd traten zum Keyser Heinrich IV., namen jm die Kron von dem Haupt, vnd zugen jn von dem Stul darauff er sasz, vnd beraubten jn aller Keyserlichen Gezierd. Da erseufftzet der Keyser von Hertzen vnd sprach zu jnen: Gott der ein Herr der Rach ist, wöll zusehen, vnd wölle rechen die Vngerechtigkeit so jr heut an mir begond. Ich leyde heut ein schmach, die nicht erhört ist worden. Die Bischoff stopfften jre Ohren zu, vnd kerten wider von Ingelheim gehn Mentz, vnd brachten seinem Sohn die Keyserliche Kleynot." Seb. Münster. 1550.

An der Südseite des Fleckens steht an der Landstrasse südl. eine *Spitzsäule*, welche die Strasse als diejenige Carls d. Gr. bezeichnet, „*vollendet im 1. Jahr der Regierung Napoleons, Kaisers der Franzosen*". Man hat hier die ausgedehnteste Rundsicht über den Rheingau. Der bei Ingelheim wachsende rothe Wein wird sehr geschätzt, sowie auch der bei Stat. *Heidesheim* (*Friedrich), Eltville (S. 195) gegenüber, der dem Ingelheimer gleich geachtet wird. Bei den folgenden Stationen *Budenheim* und *Mombach* (auch oberhalb Mainz bei Weissenau, S. 31) wird ein mit kleinen Schnecken *(Litorinellen)* ganz erfüllter Kalkstein in ungeheuern Massen gebrochen, von den leeren Kohlenschiffen rheinabwärts bis Holland geführt, und vorzugsweise zu landwirthschaftlichem Gebrauch in zahllosen Kalköfen am Rhein entlang gebrannt.

Die Bahn erreicht erst bei Mombach, gegenüber *Biebrich* (S. 194), den Rhein wieder und gewährt auf kurzer Strecke einen Blick auf den hier sehr ausgedehnten Strom. Dann durchschneidet sie bei dem Sicherheitshafen die Befestigung von Mainz und führt an der ganzen Rheinseite der Stadt entlang, aber ohne alle Aussicht, hinter Mauern, zum Bahnhof am oberen Ende von **Mainz**, s. S. 173.

56. Von Köln über Giessen nach Frankfurt.

Eisenbahn; bis Giessen in 5¼ St. für 4 Thlr. 12½, 2 Thlr. 28½ oder 2 Thlr. 6½ Sgr. Von Giessen nach Frankfurt Courierz. (nur I. u. II. Cl.) in 1 St. 33 M., Schnellzug in 1¾ St., gewöhnl. Zug in 2½ St. für 1 Thlr. 23, 1 Thlr. 0 oder 22½ Sgr.

Die Bahn geht von Deutz rheinaufwärts, aber vom Strom entfernt, durch flache Gegend. Stat. *Wahn, Troisdorf*. Auf der *Wahner Heide*, 10 Min. östlich, finden im August die grossen Schiess-Uebungen der Artillerie des 8. preuss. Armeecorps statt. Links die schöne neue goth. Kirche von *Spiech*.

Vor Stat. **Siegburg** (*Stern;* Post nach Bonn mehrmals tägl. in 1½ St. für 9 Sgr.; Omnibus 3½ Sgr.) über die *Agger*, an deren r. Ufer, rechts der Bahn, das grosse Eisenwerk *Friedrich Wilhelmshütte*. Die Gebäude der ehem. Benedictiner-Abtei, auf einem freistehenden vulcan. Kegel, dienen jetzt der musterhaft eingerichteten Provinzial-Irren-Heilanstalt. Die schöne Kirche enthält das Grab ihres Stifters, des h. Anno II., köln. Erzbischofs, Vormunds und strengen Erziehers Kaiser Heinrich's IV. Anno starb 1075 nach ruhmwürdiger Thätigkeit, welche ein uralter deutscher Lobgesang (das „Annolied") preiset.

Die Bahn überschreitet die *Sieg* zum erstenmale bald jenseits Siegburg (r. das Siebengebirge, der höchste Berg desselben östl., der Oelberg 1429' ü. M., S. 273) und verlässt darauf das Rheinthal, um das Siegthal aufwärts über 38 Brücken und durch 13 Tunnels bis Betzdorf und Siegen zu verfolgen. Stat. *Hennef*. Schloss *Allner*, l. am Walde, der Familie v. Loë gehörend, an der Einmündung des Broelthals in das Siegthal. Folgt l. Kloster *Bödingen*, von Weinbergen umgeben, dann l. Haus *Attenbach*, ehemals Eigenthum des Freih. v. Hallberg, des „Eremiten von Gauting". Gegenüber r. auf der Höhe das Dorf *Blankenberg*, vormals eine ansehnliche, durch Lage und Befestigung wichtige Stadt, mit den Trümmern des gleichnamigen Schlosses. Vor Stat. *Eitorf* (Post; Hôtel Gerlach) ein Tunnel; nach der Ausfahrt auf der Höhe r. rückwärts Kloster *Merten*. Die das Thal einschliessenden bewaldeten Hügelketten werden höher. Folgen zwei Tunnel bei *Herchen* (*Glasmacher) und *Hoppengarten*. Dann bei *Windeck*, mit den Ruinen des gleichnamigen Schlosses, auf der Höhe links, welches Landrath Danzier von Mülheim theilweise wieder aufbauen liess, der 140' tiefe Felsdurchstich, in welchem zugleich die Landstrasse neben der Bahn angelegt ist, nachdem erstere vor dem Einschnitt, auf einem Brückenbogen, letztere überschritten hat. Stat. *Schladern* (tägl. 2mal Postverbindung mit *Waldbroel*). Hier hat die Sieg in einem tiefen Felseinschnitt ein neues Bett erhalten und wird das alte von Schladern, an Windeck vorbei, auf einer Länge von ungefähr ⅜ Meilen trocken gelegt. Folgt ein Tunnel, dann Stat. *Au* (Postverbindung mit *Altenkirchen* 2 mal tägl.), Stat. *Wissen*. Etwas weiter, gegenüber auf dem linken Ufer der Sieg, über einer schönen Baumgruppe, das alte Schloss *Schönstein*, der fürstl. und gräfl. Familie Hatzfeld-Wildenburg gehörig.

Bei Stat. *Betzdorf* theilt sich die Bahn in die Richtung nach Siegen und die nach Giessen.

Die erstere Strecke bis Siegen wird seit 10. Januar 1861 befahren. Stationen: *Kirchen* (Post und bei Bender), wo mehrere Baumwollenspinnereien des Hrn. Jung, *Niederschelden*, dann

Siegen (*Goldner Löwe;* in der Nähe des Bahnhofs eine Bierwirthschaft) (7100 Einw.), alte Bergstadt mit 2 Schlössern der 1743 ausgestorbenen Fürsten v. Nassau-Siegen. Im untern Schloss das Denkmal des berühmten Prinzen *Moriz von Oranien* († 1625). Nach neuern Forschungen ist Siegen der Geburtsort des grossen Malers *Peter Paul Rubens*. Der Ort,

Mittelpunct der altberühmten Eisenindustrie des Landes, ist belebt und gewerbreich.

Die Eisenbahn von Siegen nach Hagen *(Ruhr-Sieg-Bahn)*, Fahrzeit 3½ St., Fahrpreise 2 Thlr. 25, 2 Thlr. 4, 1 Thlr. 13 Sgr. (Stationen: *Geisweid*, *Creuzthal*, *Welschenenst*, *Altenhundem*, *Grevenbrück*, *Finnentrop*, *Plettenberg*, *Werdohl*, *Altena*, *Letmathe*, *Limburg*, *Kabel*, *Hayen*), tritt jenseits Creuzthal in das Thal der *Hundem*, welches sie bei *Altenhundem* verlässt, und geht nun im Thal der *Lenne* bis *Hohensyburg* (S. 343) über *Altena* (Quitmann), dessen altes Schloss, das Stammschloss der Grafen von der Mark, eine treffliche Aussicht gewährt, nach *Hagen* (Deutsches Haus; Hôtel Lünenschloss), wo sie sich mit der Bergisch-Märkischen Bahn vereinigt (s. S. 343). Die engen Windungen des Lenne-Thals machen 16 Brücken über den Fluss und 8 Tunnels nöthig, die Bahn ist daher neben ihrem Reichthum an Naturschönheiten (dem Ahrthal, R. 49, ähnlich) und dem gewerblichen Leben, auch durch Grossartigkeit ihres Baues eine der sehenswerthesten Deutschlands.

Die Bahn nach Wetzlar und Giessen geht von Betzdorf im Thal der *Heller* aufwärts über Stat. *Herdorf*, *Neunkirchen* und *Burbach* und, nach Ueberschreitung der Wasserscheide zwischen *Heller* und *Dill* bei *Würgersdorf*, in scharfen Windungen durch den *Hickengrund*, um diesseits *Haiger* die Nassauische Grenze zu überschreiten. Im Herzogthum Nassau verfolgt sie das Dillthal und berührt die Stationen *Haiger*, *Dillenburg* (Post; Hirsch), hübsches Städtchen mit den Ruinen des gleichnamigen Schlosses, wo im J. 1533 *Wilhelm von Oranien*, der Schweigsame, der Befreier der Niederlande geboren wurde; dann *Herborn* (im Ritter) und *Sinn*. Nachdem die Bahn bei *Eidingen* das preuss. Gebiet wieder betreten, die Stat. *Ehringshausen* passirt und bei *Hermannstein* auf kurze Zeit das hessen-darmstädtische Gebiet berührt hat, gelangt sie bei Wetzlar in das Lahnthal, in welchem die Lahnbahn (von Lahnstein nach Wetzlar) sich anschliesst.

Wetzlar *(*Herzogl. Haus)*, früher freie Reichsstadt, von 1698 bis 1806 Sitz des Reichskammergerichts, malerisch an der Lahn gelegen, von der Burgruine **Kalsmunt* überragt. Letztere (auf halber Höhe Schützengarten) und die **Metzeburg* (Gartenwirthschaft) sind die schönsten Puncte in der Nähe der Stadt. — Der älteste (n.w.) Theil des Doms, Heidenthurm genannt, ist im 11. Jahrh. aufgeführt, der schönste, die n. Abseite aus dem 14. u. 15., die Portale aus dem 15. u. 16. — Nahe dem Dom am Buttermarkt die neue stattliche *Hauptwache* von rothem Sandstein. — Das Sitzungsgebäude des *Reichskammergerichts* mit Reichsadler dem Herzogl. Haus gegenüber. Das reichskammergerichtl. Archiv, nahe dem Häuser Thor, ist jetzt Kaserne. — Wetzlar ist reich an *Goethe-Erinnerungen.*

Goethe lebte hier, beim Reichskammergericht arbeitend, vom Frühling bis Herbst 1774, angeblich in der engen Gewandgasse, nahe beim Kornmarkt (das Haus ist durch verblasste Malereien von Aussen kenntlich). Wetzlar und Umgegend ist Schauplatz der Begebenheiten in „Werthers Leiden", in welchen der jugendliche Dichter das tragische Geschick eines Legations-Sekretärs Jerusalem der Schilderung einer ihn selbst verzehrenden leidenschaftlichen Neigung zu Grunde legte. Die Wohnung des Amtmanns Buff, Lotte's Vater, war an der Pfaffengasse, das gelbe Haus links im Hofe des Deutsch-Ordens-Hauses; hier spielte die berühmte Kinderscene. Ein Zimmer enthält einige Erinnerungen an Lotte, ihr Klavier,

Schreibhefte etc. Am Schillerplatz bei der Franziskanerkirche ist das Haus (mit 2 Erkern), in welchem Jerusalem sich erschoss. Dicht vor der Stadt vor dem Wildbacher Thor (der Weg führt zwischen 2 Kasernen am Kirchhof vorbei) erinnert ein Brunnen, der sogen. „Werther Brunnen" mit einer alten Linde, bedeutsam an Goethe, es war sein Lieblingsplatz. „Es vergeht kein Tag", schreibt er, „wo ich nicht eine Stunde da sitze". Die *Umgegend* von Wetzlar ist sehr anmuthig, „ringsumher ist eine unaussprechliche Schönheit der Natur", wie Goethe im „Werther" sagt. Ein schöner Weg führt nach *Garbenheim* (1/2 St.), dem aus dem „Werther" bekannten Wahlheim: „die Lage an einem Hügel ist sehr interessant, und wenn man oben auf dem Lustpfade zum Dorfe herausgeht, übersieht man auf einmal das ganze Thal". Der Platz vor der Kirche (Wertherplatz) ist noch da, aber „vertraulich" und „heimlich" ist er nicht mehr, ein 1849 errichtetes Denkmal bezeichnet den „Ruheplatz des Dichters Goethe". Rückweg über die Garbenheimer Warte (hübsche Aussicht). 1 St. von Wetzlar am Abhang eines Berges das freundliche *Volpertshausen*, wo in einem Jagdhause (jetzt Schulhaus) der im „Werther" beschriebene Ball statt hatte.

Die Bahn verfolgt das Lahnthal aufwärts und vereinigt sich, nach Ueberschreitung der hessen-darmstädtischen Grenze bei *Dutenhofen*, in Giessen mit der Main-Weser-Bahn, unter welcher sie kurz vor dem Bahnhofe durch ein Brückthor hindurch geführt ist.

Die Thäler der Sieg, Heller, Dill und Lahn zeichnen sich seit Jahrhunderten vorzugsweise durch Eisenindustrie aus, für welche die umliegenden Berge die vorzüglichsten Eisenerze liefern. Auch Blei, Kupfer und Silber wird an mehreren Orten gewonnen. Ueberall sieht man zu beiden Seiten der Bahn Gruben und Hüttenwerke, deren Aufblühen und Bestand durch dieses neue Communicationsmittel auch für die Zukunft gesichert wird.

Eigenthümlich ist der hier seit Jahrhunderten gepflegte Wiesenbau und die Haubergs-Wirthschaft, bei welcher alle 16—20 Jahre das Niederholz der Berggehänge gefällt und während 3 Jahren Korn, Hafer und Heideloff gebaut wird.

Vor Giessen links auf Anhöhen die Ruinen *Gleiberg* und *Felsberg* (preussisch).

Giessen (*Einhorn; Rappe; Prinz Carl;* gutes Bier und schöne Aussicht im *Felsenkeller*), an der Lahn, ist eine grossentheils moderne Stadt, mit wenig alten Gebäuden, Sitz einer 1607 gegründeten Universität (400 Studenten), mit herkömmlichen Universitäts-Apparaten und Sammlungen.

Folgt an der Main-Weser-Bahn Stat. *Langgöns*, dann *Butzbach*, Städtchen in der fruchtbaren Wetterau. Links etwa 1 St. entfernt die ausgedehnten Trümmer des im 30jähr. Krieg zerstörten Schlosses *Münzenberg* mit 2 Thürmen, von dem einen (145' h.) weite Aussicht.

Nauheim (*Hôtel de l'Europe*, Z. u. F. 1 fl. 18 kr.; Nr. 7 ist über der Küche, hat also bis Mitternacht Küchenlärm; *Curhaus*; *Hôtel Henckel; Hôtel de Paris*), Saline und Badeort am n.ö. Abhang des Taunus, nimmt sich von dem hochgelegenen Bahnhof ganz stattlich aus, besonders wenn der 1855 erbohrte 27° warme *Soolsprudel* milchweiss und schäumend in einer Perlengarbe 56' hoch armdick aufsteigt, was bei Vorüberfahrt der Bahnzüge zuweilen geschieht. Nauheim, kurhess. Enclave, ist als Saline lange bekannt, als Badeort aber erst seit einigen Jahren, besonders seitdem auch hier der grüne Tisch seine Gäste anzieht, etwa 3000 Curgäste jährlich. Der grösste Theil des Orts besteht aus neuen Häusern. Zu beiden Seiten des Sprudels lange Trink- und Badehallen. — Vom *Johannisberg*, einer bewaldeten Anhöhe, 20 M. w. vom Cursaal, umfassende Umsicht; auf dem Gipfel der Thurm eines alten Klosters. Der alte runde epheuumrankte Thurm im Thal ist der Rumpf eines Windmühlenthurms.

Zwischen den Gradirhäusern hindurch fährt der Zug in wenig Min., zuletzt auf einem 70' h. Viaduct, nach **Friedberg** *(Hôtel Trapp; Simon)*, einst freie Reichsstadt, mit 2 schönen goth. Kirchen und ansehnlichen Ringmauern, die an der Ostseite der Bahn haben weichen müssen; an der Nordseite ein wohlerhaltener schöner hoher Wartthurm: bei demselben in den ehem. Festungsgräben der reizende Schlossgarten.

Folgt Stat. *Nieder-Wöllstadt* (rechts das Taunusgebirge), *Gross-Karben, Dortelweil, Vilbel* (hier über die *Nidda* vgl. S. 58), *Bonames, Bockenheim* mit der Warte, *Frankfurt* s. S. 43.

57. Von Köln nach Aachen.

Vergl. Karte zu Route 53.

Rheinische Eisenbahn. Fahrzeit 1½ od. 2 St. Fahrpr. 2 Thlr. 15, 1 Thlr. 25, 1 Thlr. 8 Sgr.; Retour-Billets nur für den Tag der Ausgabe und den folgenden Tag gültig. Abfahrt aus dem Central-Bahnhof (S. 293). Droschken s. S. 293 u. 324.

Neben der belgischen Bahn durch das Vesdrethal bieten wenig Bahnen im nördl. und westl. Deutschland auf so kurzer Strecke so mancherlei Arten des Eisenbahnbaues, als die Rhein. Eisenbahn auf der Strecke von Köln bis zur belg. Grenze. Der Königsdorfer Tunnel und die Viaducte bei Aachen und an der Geul gehören zu den bedeutenderen Bauwerken dieser Art.

Ausfahrt aus dem Centralbahnhof durch die Stadt und Befestigung s. S. 312. Links entschwindet die Stadt mit ihren Ringmauern, dem Dom, dem gekrönten Thurm der St. Ursula-Kirche, den Thürmen der Gereons- und Aposteln-Kirche schnell dem Auge. Die Bahn führt durch die fruchtbare mit zahlreichen einzelnen Wohnhäusern und Fabrikgebäuden übersäete Ebene; rechts die neuen grossen Werkstätten der Rhein. Eisenbahngesellschaft. Das weisse burgartige Gebäude links im „Ehrenfeld" ist eine Tapetenfabrik, in der Nähe ist eine grosse Runkelrüben-Zuckerfabrik. Die Hügel links sind die Ausläufer des Vorgebirges (S. 312). Vor Stat. **Königsdorf** erblickt man rechts in der Ferne das Dorf *Brauweiler* mit der ehem. Benedictiner-Abtei, jetzt Arbeits- und Besserungsanstalt. Die alte *Klosterkirche*, im spätroman. Stil zu Anfang des 13. Jahrh. aufgeführt, enthält eine für die Kunstgeschichte bemerkenswerthe Grabplatte mit gravirten Umrissen aus dem 15. Jahrh. Gleiche Bedeutung haben auch die alten Malereien am Gewölbe des Capitelsaals.

Fast unmittelbar hinter Königsdorf beginnt ein tiefer Bergeinschnitt, der bald in den über 5000' langen *Königsdorfer Tunnel* übergeht, 130' unter der Oberfläche des mit Eichen schön

Bædeker's Rheinlande. 14. Aufl.

bewaldeten, reiche Braunkohlenlager enthaltenden, von Bonn aus fast 5 Meilen nach Norden sich fortziehenden Höhenzuges, des oben genannten „Vorgebirges". Der Zug fährt in 3 Min. durch und hält dann bei Stat. **Horrem**. Hier öffnet sich die fruchtbare, reiche, im schönsten Wiesengrün prangende walddurchschnittene Niederung der *Erft*, über welches Flüsschen drei Brücken führen. Rechts *Schloss Hemmersbach (Horremer Burg)* gehört dem Grafen Trips, Schloss *Frenz* dem Grafen Beissel. Das **Erftthal** ist überhaupt reich an Schlössern und Burgen des rhein. Adels, der sich in *Bedburg*, 2 St. nordwestl. von Stat. Horrem, ein eigenes Gymnasium für seine Söhne gegründet hat. Der hohe spitze Kirchthurm links ist der von *Kerpen*. Folgt Stat. **Buir**, dann die gewerbreiche in einer fruchtbaren Ebene liegende Stadt **Düren** (*Bellevue* am Bahnhof), das *Marcodurum* des Tacitus, überragt von dem hohen Thurm der St. Anna-Kirche. Ausser dieser, sowie den Tuch-, Teppich-, Flachs-, Papier- und Eisenfabriken nichts Bemerkenswerthes. Vom Bahnhof sieht man die Gebäude der 1855 errichteten grossen Flachsspinnerei. Im J. 1842 ist hier durch freiwillige Beiträge der ganzen Rheinprovinz eine *Blindenanstalt* gegründet.

Unmittelbar hinter Düren fährt der Zug über die fünfbogige Brücke der *Roer* (sprich Ruhr). Links begrenzt den Blick ein langer Gebirgszug, der *Hochwald*, über welchem in der Ferne der *Burgberg*, als Kegel aus buntem Sandstein auf dem Grauwackengebirge aufgesetzt, besonders hervorragt. Gegenüber auf dem aus der Roer steil aufsteigenden Felsen die Ruine des Schlosses *Niedeggen*, 1180 erbaut, einst Lieblingsaufenthalt der Grafen von Jülich. Am Fuss dieser bewaldeten Berge sieht man das Dorf *Merode* mit dem stattlichen viergethürmten alten Schloss gleichen Namens, Stammsitz des in Belgien viel begüterten Geschlechts. Das Schloss, im 13. Jahrh. erbaut, ist noch gut erhalten und enthält eine Gemäldesammlung, die Ahnen der Familie bis in's 12. Jahrh. darstellend. Die blauen Berge, welche links den Gesichtskreis schliessen, sind die Vorberge der *Eifel*.

Das durch seine Töpferwaaren bekannte Dorf **Langerwehe**, am Abhang der Hügel, erscheint nun. Links am Gebirge zeigen sich mehrere Dörfer, unter diesen *Werth* und *Gressenich*. Ersteres ist der Geburtsort (?) des berühmten Johann v. Werth († 1651), des gefürchteten kaiserl. Feldherrn, des Siegers über Schweden und Franzosen in vielen Gefechten des 30jähr. Kriegs, der in den Julitagen des J. 1636 mit einigen tausend kaiserl. Reitern selbst bis vor Paris rückte und Ludwig XIII. zittern machte. Gressenich ist der alte Königshof *Grassiniacum*, in dessen Nähe bedeutende Eisenstein-, Galmei- und Bleierz-Bergwerke, welche schon von den Römern bebaut wurden, wie die in ihnen gefundenen röm. Münzen beweisen. Rechts von der Bahn, bei dem Dorf *Nothberg*, liegt eine alte Burg mit vier Thürmen, weiter das

Röttger Schloss, Eigenthum des Hrn. v. Burtscheid. Dann folgt die gewerbreiche Stadt **Eschweiler** *(Raisin)*, mit dem zinnengekrönten Burgbau der Familie Englerth, jetzt ein Hospital. Links glühen Coaksöfen und ein Puddlingswerk.

Unmittelbar hinter der Station ist ein nur 800' langer, durch den *Ichenberg* gesprengter Tunnel (Durchfahrt $^1/_2$ Min.); dann folgt die Brücke über die *Inde*. Die Gegend ist wahrhaft reizend, mit Wohnungen übersäet, allenthalben von hohen Schornsteinen überragt, Dampfmaschinen angehörig, welche zur Bewältigung der Wasser und zur Kohlenförderung in den reichen Steinkohlengruben dienen. An der Bahn links unmittelbar am Tunnel-Einschnitt die Hochöfen-Anlage der Gesellschaft *Concordia;* dann folgt das grosse Puddlings- und Walzwerk „*in der Au*". Der Zug hält an der *Kumbacher Mühle*, Station für die $^1/_2$ St. südl. sich ausbreitende Stadt **Stolberg** *(Hissel; Welter)*, deren Aeusseres schon von dem Wohlstand ihrer Bewohner Zeugniss ablegt. Das alte Schloss wird für ein Jagdschloss Carls d. Gr. gehalten.

Stolberg und seine Umgebung bis nach Eschweiler ist von hervortretender Bedeutung wegen der daselbst in grosser Zahl und Ausdehnung betriebenen meist metallurgischen Gewerbe. Die **Messinghütten** in Stolberg legten im 17. Jahrh. Protestanten an, die zuerst Frankreich und dann Aachen zu verlassen genöthigt waren. Sie wurden Veranlassung zu dem hohen Wohlstand des Orts, ihre Producte gingen nach allen Erdtheilen. Jetzt sind sie nur noch von geringer Bedeutung im Vergleich zu den ausgedehnten Zink-, Blei- und Silberhütten. Diese entnehmen ihre Erze zum grössten Theil den zahlreichen Gruben in der nächsten Umgebung von Stolberg, zum Theil jedoch aus der Eifel und von anderen entfernteren Puncten. Ausser diesen Hütten sind in Stolberg Fabriken von Näh- und Stecknadeln, Kratzen, Spinnereien und mehrere ansehnliche Glashutten, eine grossartige Spiegelfabrik, im Thal der *Inde* abwärts nach Eschweiler eine chemische Fabrik, Maschinenfabrik, Eisen-Hohöfen, und mehrere im grossartigsten Maassstab betriebene Puddlings- und Walzwerke. Nicht häufig wird man auf einem so engen Raum eine so ausgedehnte und in so verschiedenen Zweigen sich bewegende Gewerbthätigkeit finden. Die Ursache derselben liegt theils in dem Vorkommen vieler und reicher Erzlagerstätten, anderntheils aber in dem Vorhandensein des Brennmaterials, welches die Gruben bei Stolberg, besonders aber die bei Eschweiler-Pumpe, nahe dem Eisenbahn, gelegenen Steinkohlengruben liefern. Letztere sind eben so bemerkenswerth wegen der Güte der Kohlen, als wegen der bedeutenden Tiefe (200 Lachter) und wegen der grossartigen Anlagen, die zur Förderung der Kohlen und zum Auspumpen der Wasser nothwendig waren. Fast sämmtliche Etablissements, die über 12,000 Arbeiter beschäftigen, sind Eigenthum von Actien-Gesellschaften. Stolberg ragt durch seine metallurgische Gewerbthätigkeit nicht allein im Rheinland, sondern selbst im preuss. Staat hervor. Die Erzeugnisse der Stolberger Hüttenwerke an Silber, Blei, Zink und Messing betrugen im Jahr 1860 mehr als zwei Millionen Thaler an Werth, die in der Umgegend geförderten Steinkohlen mehr als eine Million.

Die Bahn führt nun anfangs durch Hochwald, den *Reichsbusch*, dann durch den 2300' langen *Nirmer Tunnel* (Fahrzeit 1 Min.). Unmittelbar an der Bahn das Puddlings- und Walzwerk zu *Rothe Erde*. Dann zeigt sich links *Burtscheid* (S. 328), rechts, von einem Hügelkranz umgeben, die alte Kaiserstadt **Aachen**, überragt von der Kuppel ihres hohen Doms, in der fruchtbarsten Gegend, von Spaziergängen durchschnitten, mit Landhäusern geschmückt, rechts im Hintergrund begrenzt vom Lousberg und dem Salvatorberg mit der weissen Wallfahrtskirche. Der Zug fährt an der *Frankenburg*, Carl's d. Gr. Lieblingsaufenthalt (S. 329), welche rechts fast an der Bahn liegt, vorbei, über den 892' langen *Viaduct*, auf 15 kleinen und 20 grossen Bogen, in der Mitte, wo das Wurmthal (S. 330) 50' tief ist, auf Doppelbogen. Fast am Fuss des Lousbergs (S. 328) r. die stattlichen Backsteingebäude des neuen *Krankenhauses* (S. 328).

58. Aachen.

Gasthöfe. *Hôtel Dremel (Grand Monarque, Z. 20, L. 6, F. 12, B. 8 Sgr.), *Hôtel Nuellens dem Elisenbrunnen gegenüber, beide Hrn. Dremel gehörig, im grossen Stil mit angemessenen Preisen. Hôtel Frank oder Bellevue. Dragon d'Or, Z. 15, L. 4, M. 20, B. 5 Sgr. *Hôtel Hoyer zur Kaiserl. Krone, Z. und F. 1 Thlr. 10, M. m. W. 22½, B. 5. Sgr. Hôtel de l'Empereur mit Bädern. *Veuve Dubick's Grand Hôtel, mehr Familien-Hôtel. Quatre Saisons. — Zweiten Ranges: *König von Spanien; *Hôtel Royal, am Rhein. Bahnhof; *Hôtel Schlemmer im Elephanten, Z., F. u. L. 20 Sgr., recht gut; Hôtel du chemin de fer, dem Rheinischen Bahnhof gegenüber.

Bairisch Bier bei Fausten („Alt-Bayern"); im Felsenkeller am Fuss des Lousbergs (S. 328), u. a. O.

Weinhaus und **Restauration** im *Klüppel östl. des Elisenbrunnens; *Bernarts in der Adalbertsstrasse; Scheufer, Kaufmannstr.

Droschke (*Vigilante*) 1 Pers. mit Handgepäck 2½ Sgr., mit grösserm Gepäck 5 Sgr. „Für eine besondere Vigilante mit Ausschluss anderer Fahrgäste zahlt 1 Pers. mit oder ohne Gepäck 5 Sgr."

Eisenbahn nach *Köln* s. R. 57, nach *Düsseldorf*, *Crefeld*, *Ruhrort* R. 59, nach *Mastricht* S. 330. Nach *Lüttich* 7 Züge tägl. in 2 bis 2½ St., *Brüssel* 5 Züge in 4½ bis 5¾, *Antwerpen* 5 Züge in 4½ bis 6 St., *Ostende* 3 Züge in 7 bis 9 St.; vergl. *Baedeker's Belgien und Holland*.

Telegraphen-Bureau auf dem Bahnhof der Rhein. Eisenbahn.

Porzellan- und **Glasmagazin** von Gerdes-Neuber, sehr reich, östl. unfern des Elisenbrunnens, dem Klüppel gegenüber.

Aachen, die alte Kaiserstadt, hat im Aeussern wenig Züge, welche an ihre Geschichte erinnern. Nur einzelne Bauten aus alter Zeit finden sich noch, Münster, Kornhaus, Rathhaus, einige Thore. Aachen ist eine ganz neue Stadt geworden, die dem eintretenden Fremden den Anblick breiter freundlicher Strassen mit neuen ansehnlichen Häusern, grossartigen Fabrikgebäuden und glänzenden Kaufläden darbietet. Von dem *Aquisgranum*, der *Civitas Aquensis* der Römer, von dem Standort der *Legio prima* keine Spur mehr. Selbst die Erinnerungen an Carl den Grossen sind in seinem Geburtsort und Lieblingsaufenthalt nur dürftig, obgleich er der eigentliche Gründer von Aachen war und es zur zweiten Stadt in seinem Reich, zur Hauptstadt des Gebiets nördl. von den Alpen, zum Krönungsort der deutschen Kaiser erhob, daselbst im 72. Jahr seines Lebens starb und in dem von ihm gegründeten Dom begraben liegt. Seit seinem Tod (28. Jan. 814) bis zum J. 1531 wurden hier alle deutschen Kaiser (37) gekrönt Als Reichsstadt wurde Aachen vorzugsweise des h. röm. Reichs freie Stadt und der königl. Stuhl genannt („*urbs Aquensis, urbs regalis, regni sedes principalis, prima regum curia"*). Ihr Gebiet bestand aus 18 Dörfern. Die Reichskleinodien wurden erst im

Jahr 1793 von hier nach Wien gebracht, wo sie in der kaiserl. Schatzkammer aufbewahrt sind. Aachen hat jetzt mit Burtscheid ca. 68,000 Einw. Die Arbeiterbevölkerung ist meist in den zahlreichen Tuch-, Nadel- und Maschinenfabriken beschäftigt. Die 1853 eröffnete *Spiegel-Manufactur*, eine der grossartigsten des Festlandes, jetzt von einer franz. Gesellschaft betrieben, hat ihre Hütten und Schleifereien in Stolberg (S. 323), Vollendung u. Lager in Aachen.

Zu Aachen fanden vielfach Reichstage, Kirchenversammlungen und Friedenscongresse statt, zuletzt 1818 in Gegenwart der drei Monarchen, welche hier den Beschluss fassten, die deutschen Heere, welche Frankreich noch besetzt hatten, zurück zu ziehen. Am 2. Mai 1668 wurde hier der Friede zum Abschluss gebracht, welcher den „Devolutionskrieg" endigte, den Ludwig XIV. 1667 mit Spanien führte, weil er nach dem Tode Philipps IV., seines Schwiegervaters, auf einen grossen Theil der span. Niederlande Anspruch machte. Der zweite Aachener Friede vom 18. Oct. 1748 endigte den österreichischen Erbfolgekrieg.

Im **Rathhaus** (Pl. 18), 1358 vom Ritter Chorus, dem Erbauer des Münsterchors, aufgeführt, wurde der Friede unterzeichnet. Der *Saal* ist in seiner ursprünglichen Grösse und Pracht erneuert und mit grossen *Fresken von Rethel († 1860) und Kehren geschmückt. Auf den 36 Tragsteinen werden kleine Standbilder deutscher Kaiser aufgestellt.

Fresken im Kaisersaal: 1. Kaiser Friedrich Rothbart am Grabe Carl's d. Gr., 2. Sturz der Irmensäule, 3. Sarazenenschlacht bei Corduba, 4. Eroberung Pavia's im J. 774 (diese vier von *Rethel*), 5. Taufe Wittekinds und Alboins, 6. Krönung Carl's d. Gr. in St. Peter zu Rom, 7. Erbauung des Aachener Münsters, 8. Carl's d. Gr. Abschied und Krönung seines Sohnes Ludwig, alle von *Kehren*. Im Sitzungssaal des Gemeinderaths: Bildniss Friedrich Wilhelm's III., 1817 von *Hensel* gemalt; Bildniss Napoleons, 1807 von *Boucher* gemalt, und Bildniss Josephinens, 1805 von *Lefèvre* gemalt, einst ein Geschenk des Kaisers an die Stadt Aachen, dann in Berlin, 1840 der Stadt von König Friedrich Wilhelm IV. wieder geschenkt; Bildnisse der Kaiser Leopold II., Carl VI. und VII., der Kaiserin Maria Theresia, der Friedensgesandten. Ferner das älteste und berühmteste Bildniss Carl's d. Gr., von einem unbekannten Meister.

Gegen Westen ist noch ein alter halbrunder Thurm, der *Granusthurm*, welcher der ehem. Kaiserpfalz angehörte und diese mit dem Dom in Verbindung setzte. Der viereckige *Thurm an der Ostseite* ist aus dem Anfang des 13. Jahrh. Der *Springbrunnen* vor dem Rathhaus hat ein Standbild Carl's d. Gr. aus Erzguss, 1620 aufgerichtet, von geringem Kunstwerth. Die Franzosen hatten es nach Paris mitgenommen.

Die **Münster-** oder **Domkirche** (Pl. 1) besteht aus zwei Theilen von ganz verschiedener Bauart. Der von Carl d. Gr. von 796 bis 804 aufgeführte Kuppelbau, von Papst Leo III. damals eingeweiht, uneigentlich das *Schiff* der Münsterkirche genannt, ist ein Achteck von 50′ Durchmesser, umgeben von einem sechzehnseitigen Umgang, von 100′ Höhe bis zur Kuppel (das hochaufsteigende phantastische Dach derselben ist aus dem 17. Jahrh.);

es ist eines der ausgezeichnetsten Denkmäler *altchristlicher* Baukunst, durch allerlei spätern Zopf leider entstellt. Eine doppelte Säulenreihe von Marmor und Granit, theils aus Rom und Ravenna hierher geschenkt, stützte die Bogen des Achtecks. Die Säulen wurden von den Franzosen 1794 muthwillig ausgebrochen und theilweise nach Paris gebracht, sie kamen 1815 zurück und sind 1845 auf Anordnung und Kosten König Friedrich Wilhelms IV. neu aufgeputzt und an der alten Stelle wieder aufgerichtet, auch mit einzelnen aus nordischen Findlingsblöcken der Berliner Gegend gearbeiteten Säulen ergänzt. An der Kuppel ist mit einer Kette ein *Kronleuchter*, ein grosser Reif von vergoldetem Kupfer, befestigt, den Kaiser Friedrich I. der Kirche schenkte. Er hängt über dem Grabe Carl's d. Gr., welches ein Stein mit der Inschrift „*Carolo Magno*" bezeichnet, Kaiser Otto III. liess im Jahre 1000 dieses Grab öffnen; man fand die Leiche des grossen Kaisers auf einem aus Marmorplatten zusammengesetzten *Stuhl*, der später bei den Kaiserkrönungen gebraucht wurde, jetzt aber auf dem obern Umgang, dem „*Hochmünster*", aufgestellt ist. Auch der antike *Sarkophag* aus parischem Marmor, in welchem nach der Ausgrabung die Gebeine Carl's d. Gr. 50 Jahre lang beigesetzt waren, bis sie später in einem aus Silber und Gold gearbeiteten Sarg aufbewahrt wurden, steht hier; auf der Vorderseite der Raub der Proserpina. In einer Vorhalle des Umgangs alte *Gemälde* ohne besonderen Kunstwerth.

Der hohe schlanke in neuester Zeit sehr ausgebesserte und von unpassenden Umgebungen und Anbauten befreite *Chor, im schönsten goth. Stil, mit vielen hohen schmalen dicht neben einander gereihten Fenstern, wurde von 1353 bis 1413 an den alten Kuppelbau angebaut, zu dem er freilich wenig passt, in dieser Zusammenfügung störend wirkt und den alten Bau zu einem Vorhof des Chors macht. Neu vergoldete und angemalte *Standbilder*, Carl's d. Gr., der h. Jungfrau, der Apostel, wahrscheinlich dem Zeitalter der Erbauung des Chors angehörig, sind an den Pfeilern aufgestellt. Neue *Glasgemälde, Darstellungen aus dem Leben der h. Jungfrau (u. a. Himmelfahrt und Krönung. 27' hoch, nach einer Zeichnung von Cornelius, von König Friedrich Wilhelm IV. geschenkt) schmücken die 85' hohen, 17' br. Chorfenster. Die *Evangelienkanzel*, mit Goldplatten in getriebener Arbeit, mit Achaten, Gemmen und Elfenbein-Schnitzwerken geziert, wurde von Kaiser Heinrich II. hierher gestiftet. Der Schweizer, welcher Kanzel, Sarkophag und Kaiserstuhl zeigt (1 bis 3 Pers. 15 Sgr.), schlägt die Holzhülle, mit welcher sie gewöhnlich bedeckt ist, zurück.

In der **Sakristei** werden die Schätze und Heiligthümer aufbewahrt. Die „grossen Reliquien", ein gelblich-weisses baumwollenes Gewand der h. Jungfrau, die wollenen Windeln, worin Jesus gewickelt gewesen. jetzt einer schwammartigen Masse ähnlich, das blutgetränkte Leintuch, in welches nach Johannes Enthauptung der Leichnam gewickelt wurde, und das Linnentuch (*Perizonium*), welches Christus am Kreuz um seine Lenden hatte, werden gekrönten Häuptern zu jeder Zeit, dem Volk aber in öffentlicher Ausstellung nur alle sieben Jahre gezeigt. Die zahlreichen "**kleinen Reliquien**, der lederne Gürtel des Heilands, ein Stück vom heil. Kreuz, ein Theil des Schweisstuchs, der Gürtel der heil. Jungfrau u. A. sind in mancherlei silbernen, vergoldeten und kunstreich gearbeiteten mittelalterlichen Gefässen, Kasten und Monstranzen aufbewahrt. Unter den Schätzen zeigt man den Schädel, den rechten Arm und das Jagdhorn Carl's d. Gr. In einem andern Kasten fand man in neuerer Zeit die übrigen Gebeine des Kaisers. Das Innere der Flügelthür des Wandschranks, in welchem alle diese Kostbarkeiten aufbewahrt werden, ist mit kleinen *Gemälden*, angeblich von Hugo v. d. Goes, einem Schüler van Eyck's, geschmückt. Die kleinen Reliquien werden (1 Thlr. für 1 bis 8 Personen) von zwei jungen Geistlichen gezeigt, die ein an der Sacristei bereit stehender Diener herbeiruft.

Die *Kirchenthüren*, so wie die *Gitter* aus Erzguss an den Bogenöffnungen des obern Umgangs, sind noch aus der Zeit Carl's d. Gr., der eigenthümliche *Kreuzgang* (vgl. S. 179) mit seinen kurzen Säulen ist aus dem 12. und 13. Jahrhundert.

Vor der westlichen Hauptthür stehen links und rechts auf modernen Pfeilern eine *Wölfin* und ein *Pinienapfel*, Erzguss, etwa 3' hoch, röm. Ursprungs. Ehedem zierten sie einen Springbrunnen auf dem Fischmarkt. Aus den in den Brüsten der Wölfin befindlichen Oeffnungen floss Wasser; wurden diese Oeffnungen verstopft, so sprang das Wasser aus vielen kleinen Löchern des auf der Spitze des Brunnens angebrachten Pinienapfels. Auch diese hatten die Franzosen nach Paris mitgenommen. Nach einer alten Sage war beim Kirchenbau das Geld ausgegangen. Satanas erbot sich, das Fehlende zu liefern, wenn die erste Seele, welche in das fertige Gotteshaus eintrete, sein eigen sei. Der Magistrat genehmigt diesen Pact.

    Da nun das Fest der Tempelweih erschien,
    Gebot er stracks den Wolf ans Hauptthor hinzutragen,
    Und als die Glocken jetzt begannen anzuschlagen,
    Des Käfichs Fallthür aufzuziehn.
    Das Raubthier fuhr mit Wetterschnelle
    Ins öde Kirchenhaus hinein,
    Und grimmig sah auf seiner Lauerstelle
    Herr Urian sich dieses Opfer weihn;
    Doch rauschend wie ein Sturm warf er sich hinterdrein,
    Und schlug voll Wuth, weil man ihn hintergangen,
    Das Thor von Erz so zu, dass seine Flügel sprangen.
    Bis heute lässt man diesen Spalt
    Von allen Reisenden begaffen,
    Und triumphirt, dass eines Pfaffen
    Verschmitztheit mehr als Teufelskünste galt.
    Damit auch der Beweis nicht fehle,
    Wird an dem Kirchenthor der Wolf in Erz gezeigt,
    Nebst seiner ewiglich verlornen armen Seele,
    Die einem Tannenzapfen gleicht.   Langbein.

Die übrigen Kirchen Aachens bieten wenig. Die *Augustinerkirche* (Pl. 2) besitzt ein Gemälde von Diepenbeck, einem Schüler von Rubens, die *St. Michaelispfarrkirche* (Pl. 3) eine Kreuzabnahme von Honthorst, die *St. Leonhardskirche* (Pl. 4) eine Geburt Christi von de Crayer. Die *Marienkirche*, in der Nähe des Bahnhofs der Rhein.Eisenbahn, ist noch im Bau begriffen.

328 *Route 58.*   BURTSCHEID.

In der Nähe des Doms das *Kornhaus (Pl. 15) mit Standbildern der 7 Kurfürsten auf Tragsteinen, wahrscheinlich aus dem 12. Jahrh.

Die berühmten warmen, schon den Römern bekannten *Schwefelquellen* entspringen theils in der Stadt selbst, theils in und bei dem benachbarten Burtscheid, aus Kalkstein, einige eisenhaltige Quellen aus Grauwackenschiefer. Die bedeutendste ist die *Kaiserquelle* (am Abhang des Markthügels im *Hôtel de l'Empereur*), welche das Kaiserbad, das Neubad, die Königin von Ungarn und den Elisenbrunnen mit Wasser versorgt. Das Quirinusbad und die drei untern Quellen im *Comphausbad* sollen schwächer sein.

Der Trinkbrunnen, nach der Königin-Wittwe von Preussen **Elisenbrunnen** (Pl. 14) genannt, wurde 1824 erbaut; in der Rotunde die *Büste* der hohen Frau, von Tieck in Berlin. Während der Curzeit ist in dem neuen Curgarten hinter dem Säulengang Morgens von 7—8 U. Harmoniemusik. Er liegt in der Nähe des stattlichen, laut Inschrift „*Musagetae Heliconiadumque Choro*" gewidmeten, 1825 aufgeführten **Theaters** (Pl. 20), in der schönen breiten Strasse, welche vom Bahnhof in die Stadt führt.

Das alte **Curhaus** (Pl. 16), in der Comphausbadstrasse auf der Ostseite der Stadt, 1782 erbaut, enthält die Lese-, Restaurations- u. a. Zimmer (5 Sgr. Eintr.), von 10 U. fr. (Lesezimmer von 8 U.) bis 10 U. Ab. geöffnet. Nebenan ist (1863) der neue **Cursaal** erbaut, für grössere Bälle, Concerte etc. Im Garten von 3 bis 4½ U. Orchestermusik.

Zwischen dem Köln- und Sandkaul-Thor ist 1850 ein grossartiges *Krankenhaus*, „*Mariahilf*", aufgeführt worden, von barmherzigen Schwestern geleitet, mit schönen Gartenanlagen. — In der Promenadenstr. die **neue Synagoge** im orientaL Stil.

Interessant sind die geognostischen Verhältnisse der Umgegend von Aachen. Die Schichten des Grauwacken- und des Steinkohlengebirges mit verschiedenen Kalksteinlagern stehen zum Theil zu Tage, zum Theil sind sie mit Schichten der Kreideformation (Lousberg, Aachener Wald) und der Tertiärformation (Nirm) bedeckt, in denen schöne Versteinerungen sich finden. Eine ausgezeichnete Sammlung derselben besitzt Hr. Dr. *Müller* in *Aachen*.

Burtscheid (*St-Charles; Rosenbad; Schwertbad*, letzteres von kath. Geistlichen viel besucht), durch neuere Anbauten jetzt mit Aachen verbunden, ist ebenfalls seiner Bäder wegen berühmt. Der *Kochbrunnen* hat 55° R., man kann Eier darin sieden; die obern Quellen liefern das heisse Wasser in solcher Menge, dass sie vereinigt den *warmen Bach* bilden. Durch einen Fussweg getrennt, fliesst daneben ein *kalter Bach*. 10 Min. von Burtscheid vereinigen sich beide zu dem *warmen Weiher*.

Der *Lousberg, ein 200' hoher waldiger Bergrücken, nördlich unmittelbar vor dem Pont-Thor, dessen Gipfel vom Rhein. Bahnhof in 40 Min., vom Pont-Thor in 15 Min. zu erreichen, ist mit Anlagen und Spaziergängen durchkreuzt; am Fuss ist der S. 324 genannte *Felsenbierkeller*. Auf der Höhe steht als Punct früherer trigonometr. Vermessungen eine *Spitzsäule*, in der Nähe ein grosses *Kaffe-* und *Speisehaus*. Oben reizende Aussicht auf das gewerbthätige ansehnliche Aachen, auf die waldige, hügelige Umgebung, östl. in gerader Richtung von der Eisenbahn durchschnitten, und auf das grüne, mit Landhäusern übersäete *Soersthal*, von Bergabhängen begrenzt, an welchen eine Anzahl hoher Schornsteine hervorragen, die den Steinkohlengruben (S. 330) dieses Reviers angehören. Die weisse *Wallfahrtskirche* auf dem benachbarten *Salvatorberg* ist weithin sichtbar.

Die **Frankenburg** (S. 324), 20 Min. östl. vom Rhein. Bahnhof, war einst Jagdschloss Carl's d. Gr. Aus jener Zeit ist nur ein alter mit Epheu umrankter Thurm noch vorhanden. Das in neuester Zeit wieder hergestellte Hauptgebäude ist, wie die Jahreszahl unter dem Wappen angibt, von 1642. An den die Burg umgebenden Teich, einst ein grosser See, knüpft sich eine der schönsten Sagen. Der magische Ring der *Fastrada* (s. S. 178), Carl's d. Gr. vor ihm verstorbenen Gemahlin, soll in den See versenkt gewesen sein und den grossen Kaiser an diese Stelle gebannt haben; er soll tagelang in die Tiefe geblickt haben, seine Fastrada betrauernd. Das Gut ist Eigenthum des Hrn. v. Coels.

In derselben Richtung, 15 Min. weiter, ist **Trimborn**, ein Wäldchen, wo ein röm. Legionstein und ein Hünensarg sich vorfinden. Am Eingang des Wäldchens hat man aus den Bruchstücken einer hinter dem Wolfsbrunnen einst vorhandenen Capelle aus den Zeiten Carl's d. Gr. eine künstliche *Ruine* gebaut. In der Nähe eine kleine Restauration.

An der Trierer Landstrasse, einige Min. südl. von Aachen, ist 1844 ein kleiner, an drei Seiten offener *Bau* aus Marmor aufgeführt, zum *Andenken des Aachener Congresses* von 1818, oder vielmehr der zu dieser Zeit an derselben Stelle in Gegenwart der drei Monarchen statt gehabten Dankesfeier für den Sieg bei Leipzig.

Von der **Carlshöhe**, ¼ St. von der Stat. *Ronheide* (an der Bahn nach Belgien), schönste Aussicht auf Aachen von verschied. Puncten der hier im Aachener Stadtwald 1848 angelegten Spaziergänge.

Unfern des grossen *Geul-Viaducts* (Bahn nach Belgien, 1¼ St. s.w. von Aachen) liegt am Gebirge ein uraltes Schloss, heute noch die **Emmaburg** genannt, aus welcher Carl's d. Gr. Geheimschreiber Eginhard die Kaisertochter Emma entführt haben soll. Ganz in der Nähe, am *Altenberg*, sind die bedeutenden Galmeigruben und Zinkhütten der Gesellschaft *Vieille Montagne*, auf neutralem, Belgien und Preussen gemeinschaftlich gehörigem Boden der Gemeinde *Moresnet* gelegen.

Cornelimünster, mit dem ehemaligen schönen *Abteigebäude*, in dem lieblichen Thal der *Inde*, 2 St. südöstl. von Aachen, an der Strasse nach Trier, am Fusse des *Hohen-Venn* gelegen, ist ein wegen seiner Lage viel besuchter Vergnügungsort.

59. Von Aachen nach Düsseldorf, Crefeld, Ruhrort.
Vergl. Karte zu Route 53.

Eisenbahn; bis Düsseldorf in 2½ St. für 2 Thlr. 9, 1 Thlr. 22 oder 21 Sgr., bis Ruhrort in 3¾ St. für 2 Thlr. 25, 2 Thlr. 4 oder 26 Sgr.

Diese 1853 eröffnete Bahn ist die n.w. Seite des Dreiecks, welches sie mit der Aachen-Kölner (R. 57) und Köln-Crefelder Bahn (R. 60) bildet. Sie kürzt die Fahrt von Aachen nach Düsseldorf um mindestens 1 Stunde, die Fahrt von Aachen nach Oberhausen (Berlin) um 2 Stunden, bei einer Ersparniss von einigen Thalern Fahrgeld, da die Wagen 2. Cl. hier eben so gut sind, als die 1. Cl. auf der rhein.-belg. Bahn. In landschaftl. Beziehung hat die Bahn nur Anfangs einige hübsche Puncte; sie dient vorzugsweise als Vermittlerin des grossartigen Verkehrs in einer der gewerbreichsten Gegenden des preuss. Staats (16,000 Menschen auf der ☐Meile), welche sie mit den reichen Steinkohlen-Revieren an der Ruhr und bei Aachen in Verbindung bringt.

Die Bahn hat zu Aachen zwei Bahnhöfe, den einen am *Marschierthor* in der Nähe des Rhein. Bahnhofs, den andern an der Nordwestseite der Stadt, am *Templerbend*, beim *Pont-Thor*. Sie hat die Mauern der alten Reichsstadt durchbrochen, die hier sonst noch unversehrt stehen und mit einer hohen Warte, jetzt als *Pulverthurm* gebraucht, an dieser Stelle endigen, und führt neben dem *Lousberg* (S. 328) an manchen saubern Landhäusern vorüber. Bei **Richterich** zweigt sich links die *Mastrichter Bahn* ab, durch deren Fortsetzung nach *Landen*, an der Lüttich-Löwener Bahn, der Umweg über Lüttich vermieden wird. (Fahrz. von Aachen nach Mastricht 1 St., Haltplätze *Simpelfeld*, *Wylre*. *Valkenburg*, *Meerssen*.)

Die hohen Schornsteine, welche bei **Kohlscheid**, und gegenüber auf der rechten Seite der *Wurm* bei **Bardenberg** allenthalben hervortreten, deuten auf den Reichthum an Steinkohlen hin. Bei Kohlscheid beginnt die starke Neigung, welche die Bahn in das anmuthige walddurchwachsene belebte *Wurmthal* hinab führt; sie endigt am Herzogenrather Bahnhof, der Höhen-Unterschied der Bahnhöfe beträgt 200 Fuss. Bei **Herzogenrath** (franz. *Rolduc*), Städtchen mit einer alten Burg, blickt links von der Höhe die bereits im Herzogthum Limburg gelegene ehemalige *Abtei Klosterrath* herab, jetzt Sitz einer geistlichen Knaben-Erziehungs-Anstalt. Am Bahnhof ein colossaler Moses, Sandstein-Statue, die 1855 in der Austellung zu Paris war, und nach der Rückkehr von dem Eigenthümer, dem Besitzer eines nahen Steinbruchs, hier aufgestellt worden ist.

Vor **Geilenkirchen** links die Schlösser *Rimburg* und *Zweibrüggen*, jenseit Schloss *Trips*. Dann verlässt der Zug die Wiesenthäler der Wurm, durchschneidet das fruchtbare hügelige Ackerland des Herzogthums Jülich, überschreitet zwischen **Lindern** und **Baal** die wiesenreiche Niederung der *Roer* (S. 322) und führt an **Erkelenz**, alte Stadt mit 1674 zerstörtem Schloss, dessen Ruinen malerisch sich darstellen, und einer schönen Kirche aus dem 14. Jahrh., und **Wickrath**, kleinem Ackerstädtchen, vorbei nach **Rheydt** (am Bahnhof eine neue kath. Kirche) und **Gladbach** *(Mönchen-Gladbach* genannt, zur Unterscheidung von dem 2 St. n.ö. von Köln gelegenen *Bergisch-Gladbach)*. Das stattliche neue fensterreiche Backsteingebäude am Bahnhof, mit dem goth. Portal und den Eckthürmchen und den in gleichem Stil aufgeführten Nebengebäuden ist eine *Actien-Baumwollspinnerei*.

Zwei Stunden östlich von Rheydt liegt das dem Fürsten von Salm-Reifferscheid-Dyck gehörige **Schloss Dyck** mit schönen Park- und Garten-Anlagen und der reichsten Cacteen-Sammlung in Europa. (Guter Gasthof bei Rosen, dem Schlossportal gegenuber.) In der Nähe ist 1852 unter dem Schutz des Fürsten eine *Ackerbauschule* mit tüchtigen Lehrkräften gegründet. *Schloss Liedberg*, 1 St. nördlich von Dyck auf einer Höhe, die über das Flachland hinaus ragt, gewährt eine weite Umsicht.

Rheydt *(Krüsemann)*, **Gladbach** *(Herfs)* und **Viersen** *(Hilgers)*, die folgende Station der Crefelder Bahn, nebst dem südlich 1 St. von Rheydt gelegenen **Odenkirchen** *(Krosch)*, und den 1 St. westl. und nördlich von Viersen gelegenen Städtchen **Dülken** *(Siemes)* und **Süchteln** *(Horst)*, zeichnen sich durch eine grossartige Gewerbthätigkeit aus. Dieser „*Gladbacher Fabrikdistrict*" bezieht für den Bedarf seiner Weberei jährlich an 4 Mill. Pfund Baumwollengarn aus England; Viersen ist der verhältnissmässig bedeutendste Platz für glatte Seidenstoffe, Sammet- und dergl. Bänder in Deutschland. Die Einsicht und Beharrlichkeit der Arbeitgeber, vereint mit dem Fleiss und der Lernfahigkeit der Arbeiter haben diesen Fabrikdistrict in wenig Jahren zu einem der wohlhabendsten gemacht. Erfreulich dabei ist, dass die grosse Mehrzahl der Arbeiter zugleich einen kleinen Landbesitz hat, der in Mussestunden oder von den Frauen bearbeitet wird.

Auf dem Bahnhof zu *Gladbach* gabelt sich die Bahn; der Arm rechts führt durch walddurchwachsenes flaches Acker-, Wiesen- und Weideland über **Kleinenbruch**, **Neuss** (S. 333), Obercassel und mündet Düsseldorf (8. 335) gegenüber am linken Ufer des *Rheins*, bei der Schiffbrücke.

Der Arm, welcher die nördliche Richtung beibehält, die *Crefelder Bahn*, berührt das oben genannte Viersen, durchschneidet den nach Vollendung der Eisenbahn nicht mehr befahrenen *Nordcanal*, den Napoleon 1. zur Verbindung von Rhein (bei Neuss) und Maas begann (vgl. S. 275), aber unvollendet liess (die preuss. Regierung machte im J. 1823 die Strecke von Neuss bis zur Crefeld-Aachener Landstrasse, 1½ St. nordöstlich von Gladbach, für Fahrzeuge bis zu 300 Centner schiffbar), und erreicht (an Station *Anrath* vorbei) Crefeld (*Oberheim, Z. u. F. 18, M. m. W. 20 Sgr.; * *Wilder Mann)*, Hauptsitz der Seiden- und Sammet-Fabriken im preuss. Staat, deren Erzeugnisse, an Werth gegen 10 Mill. Thlr. jährlich, in Feinheit und Vollendung mit der Lyoner Waare wetteifern und meist nach America ausgeführt werden. Die Crefelder Fabriken haben im J. 1853 über 750,000 Pf. Rohseide, vorzugsweise von Mailand und Turin, bezogen und verarbeitet (Zürich 70,000 Pf. mehr, Elberfeld 300,000 Pf. weniger).

Die Stadt selbst hat ganz den Charakter einer neuen wohlhabenden Stadt, sie bildet ein längliches von Strassen mit wohnlichen Häusern regelmässig durchschnittenes Viereck, bietet aber ausser ihren Fabriken nichts was zu einem Aufenthalt veranlassen könnte. Crefeld hatte vor 25 Jahren 14,000, jetzt nahe an 51,000 Einw., darunter 13,000 Protest. und 950 Mennoniten. Die letzteren siedelten sich zu Ende des 17. Jahrh. nebst einer grossen Anzahl von Reformirten hier an, nachdem religiöse Verfolgungen sie aus den Herzogthümern Jülich und Berg vertrieben hatten, während sie hier unter der Herrschaft der Oranier (1600—1702) Schutz fanden. Im J. 1702 fiel Crefeld, wie die Grafschaft Meurs, mit welcher es seit ältester Zeit verbunden gewesen war, durch Erbschaft an die Krone Preussen. Am 23. Juni 1758 schlug auf der Crefelder Heide Prinz Ferdinand v. Braunschweig, der Feldherr Friedrichs d. Gr., die Franzosen unter dem Prinzen von Bourbon-Condé, Grafen von Clermont. An dem 100jähr. Gedenktage ist eine goth. Säule auf dem Schlachtfeld errichtet worden. (Eisenbahn nach Köln und Cleve s. S. 333.)

Die Bahn führt von Crefeld in gerader Richtung östlich nach **Uerdingen** *(Dornbusch)*, betriebsames Handels-Städtchen am Rhein, mit bedeutenden Liqueur-Fabriken, und wendet sich nördlich, an dem alten zweithürmigen *Haus Dreven* vorbei (der stattliche Thurm am rechten Rheinufer ist der von *Duisburg*, S. 339), nach **Homberg**, dem Endpunct der Bahn, von wo die Reisenden auf einem Dampfboot in 8 Min. nach dem gegenüber, am rechten Rheinufer gelegenen **Ruhrort** *(*Clev. Hof)* auf den Bahnhof der Köln-Mindener Bahn gebracht werden. Im Homberger und im Ruhrorter Hafen sind 1856 zwei 120' hohe Thürme aufgeführt, als *Hebewerke*, um die beladenen Waggons, durch eine Vereinigung der Dampf- und Wasserkraft, auf ein Schienen-Dampfboot auf- und abzuheben, zum Behuf des Uebergangs der Güter von der Aachen-Ruhrorter auf die Köln-Mindener Bahn.

Bei Ruhrort fliesst die *Ruhr* in den Rhein, die hier einen vortrefflichen Hafen bildet, den grössten Flusshafen Deutschlands, 1822 angelegt, seitdem ansehnlich erweitert, so dass 400 Schiffe darin liegen können. Auf der Ruhr gelangen die Producte der ergiebigen Steinkohlengruben (S. 344) an den Rhein. Der Handel hiermit ist so ausgedehnt (25 Millionen Centner jährlich), dass Ruhrort eine kleine Flotte von Schlepp-Dampfbooten (16) besitzt, welche die Steinkohlen rheinaufwärts bis Strassburg bringt. Die Hälfte, etwa 12 Mill. Centner, wird nach Holland in Segelschiffen verladen. Ruhrort allein hat etwa 400 eigene Fahrzeuge, es hat auch ansehnliche *Schiffswerfte*. Die 1847 im Hafen errichtete Granitsäule erinnert an den westfälischen Oberpräsidenten *Ludwig von Vincke* († 1844), den eifrigen Förderer der Ruhrschifffahrt, oben eine Felicitas, unten Medaillonbild und Wappen, nördl. das des Freiherrn, südl. das der Stadt Ruhrort. Dem Bahnhof gegenüber die 1854 erbauten 6 *Hoh-* und 108 *Puddlingsöfen* der Actien-Gesellschaft *Phönix*. Auf der kleinen Zweigbahn gelangt der Zug von Ruhrort in 20 Min. nach **Oberhausen** (S. 348), Station an der Köln-Mindener Bahn.

60. Von Köln nach Crefeld und Cleve.

Vergl. Karte zu Route 53.

Eisenbahn; Fahrzeit 1½ St., Fahrpreise 3 Thlr. 5, 2 Thlr. 10 oder 1 Thlr. 17½ Sgr.; Retour-Billets nur für den Tag der Ausgabe und den folgenden Tag gültig. Abfahrt aus dem Central-Bahnhof (S. 293).

Die Bahn (Actienbahn) ist 1860 mit der „rheinischen Eisenbahn" vereinigt. Sie führt stets über flaches Land, berührt aber einige geschichtlich merkwürdige Orte. Stat. *Longerich*, dann **Worringen**, das *Buruncum* der Römer, Standort ihrer Reiterei, z. B. der *Ala Indiana*. Bekannter ist es durch die Schlacht (4. Juni 1288) der Kölner und Brabanter mit dem Herzog v. Berg gegen den Erzb. von Köln und den Herzog v. Geldern, durch welche das Herzogthum Limburg an Brabant kam. (In der Nähe liegt, am Rhein, *Zons*, der Römer *Sontium*, ehem. kurköln. Städtchen mit vielen Thürmen.) Folgt **Horrem**, Stat. für **Dormagen**, das *Durnomagus* der Römer, Standort der 22. Legion *(Transrhenana)*. Ausgezeichnete Sammlung röm. Alterthümer bei Hrn. V. Delhoven. Stat. *Norf*.

Neuss *(Drei Könige; *Rhein. Hof)*, zugleich Station an der Aachen-Düsseldorfer Bahn (S. 331), ist eine der ältesten Städte Deutschlands, von den Ubiern 35 v. Chr. gegründet, als *Novesium* ein, namentlich von Tacitus oft genanntes Römercastell, Standort der 6. und 16. Legion, 1474 v. Carl d. Kühnen, Herzog von Burgund, 48 Wochen lang vergeblich belagert, 1586 von Alexander Farnese erobert und grausam behandelt. Es lag einst unmittelbar am Rhein, jetzt ½ St. von demselben entfernt. Seine grosse **Quirinuskirche* gehört der Uebergangszeit aus dem roman. in den goth. Stil an, 1209 gegründet. Die Blenden des westl. Portals sind 1853 mit zwei grossen *Standbildern* von Bayerle in Düsseldorf, St. Petrus und St. Paulus, geschmückt. Auf der nach dem Blitz von 1741 aufgeführten Kuppel des schweren viereckigen Ostthurms steht das *Standbild des h. Quirinus*, vermuthlich eines römischen Soldaten. Das Gymnasium besitzt eine ansehnliche *Sammlung römischer Alterthümer*.

Die Bahn führt weiter über Stat. *Osterath* nach *Crefeld* (S. 331). Dann folgt Stat. *Kempen*, altes Städtchen mit wohlerhaltener Kirche in roman. Styl, wahrscheinlich Geburtsort von Thomas von Kempen († 1471 in Zwolle). Die fruchtbare Landschaft nimmt bereits einen mehr niederländischen Character an. Stat. *Aldekerk*, *Nieukerk*, *Geldern*, früher Hauptstadt des gleichnamigen Herzogthums, seit 1713 preussisch. Die Bahn überschreitet hier die *Niers*, in deren Niederung sie weiter führt über die Stationen *Kevelaer*, berühmter Wallfahrtsort, und *Weeze* nach *Goch*, im Mittelalter nicht unbedeutender Ort. Dann wendet sie sich den Sandhöhen zu, welche die **Wasserscheide** zwischen Rhein und Maas bilden, überschreitet dieselben in mässiger Steigung, und bald zeigt sich links **Cleve** (*Maiwald* südl. auf der Anhöhe; *Robbers* und *Hôtel Stirum* (bei *Arntz*) westl. vor der Stadt im Thiergarten, beide mehr für längern Aufenthalt; *Hôtel Lufferiere* neben dem Schloss, nicht theuer: *Kaiserl. Hof*), einst Hauptstadt des Herzogthums gleichen Namens, freundliche Stadt, auf drei Hügeln in einer reizenden Umgebung, an einem waldbekränzten Bergrücken, welcher das ursprüngl. Ufer des Rheins bildet, 1½ St. westl. von Emmerich, im Sommer viel von Holländern besucht. Die 1345 erbaute *Stiftskirche* hat einige Grabmäler der Grafen und Herzoge von Cleve, namentlich Adolfs VI. († 1394) und Margaretha's v. Berg († 1425). Ein 1861 errichtetes *Standbild des Kurf. Johann Sigismund* († 1619), von Bayerle gefertigt, erinnert an die Brandenburgische Besitznahme (1609) des Clevischen Landes. In der Mitte der Stadt auf einer malerischen, steilen Anhöhe erhebt sich das *Residenzschloss* der vorm. Herzoge (im Schlosshof ein in der Nähe gefundener *röm. Altar*) mit dem 180' hohen *Schwanenthurm*, den Herzog Adolf I. 1439 an der Stelle eines damals eingestürzten angeblich von Caesar erbauten Thurmes aufführen liess, wie eine alte Inschrift am Thurm meldet. Vom Schwanenthurm und von dem ¼ St. entfernten *Clever-Berg* hat man die lohnendste Aussicht am Niederrhein. Südlich dehnt sich der Bergabhang über den der Prinzessin zu Waldeck und Pyrmont gehörenden *Prinzenhof*, früher Sitz des Prinzen Moritz von Nassau (1663), kurbrandenburg. Statthalters des Herzogthums Cleve, 1 St. weit aus, nach „*Berg und Thal*", wo des Gründers († 1679) *Grabmal*, durch Napoleon 1811 hergestellt. Westlich windet sich die Hügelreihe, *Thiergarten* genannt, in reizenden Parkanlagen an der Landstrasse nach Nymegen hinab. Eil- und Personenwagen in 2¼ St. von Cleve nach *Nymegen* (Eisenbahn im Bau).

Von Cleve nach Xanten am Rhein s. S. 350.

61. Von Köln nach Düsseldorf.

Vergl. Karte zu Route 53.

Köln-Mindener Eisenbahn. Fahrzeit 1¼ St. Fahrpreise: 30, 20 oder 15 Sgr. Die Courier- und Schnellzüge gehen aus dem Centralbahnhof in *Köln* (S. 293), die gewöhnlichen Züge aus dem Bahnhof in *Deutz* (S. 311) ab. Droschken s. S. 293 und 335. — Auf der Eisenbahn des **linken Ufers** (Köln-Neuss-Obercassel, vgl. S. 393 und 331) werden Retour-Billets ausgegeben, welche für den Tag der Ausgabe und den folgenden Tag gültig sind. Diese linksrheinische Bahn mundet. Düsseldorf gegenüber, bei der Schiffbrücke (S. 331).

Der *Rhein* zwischen Köln und Düsseldorf macht grosse Krümmungen, seine Ufer sind flach (Dampfboote zu Thal in 2½, zu Berg in 5 St.). Naturschönheiten kann er hier nicht mehr bieten, an seinen Ufern liegen aber einzelne geschichtlich merkwürdige Orte (S. 333). — Die *Köln-Mindener Bahn* verlässt ihn schon bei Mülheim. Der Bahnzug durchschneidet die Festungs-

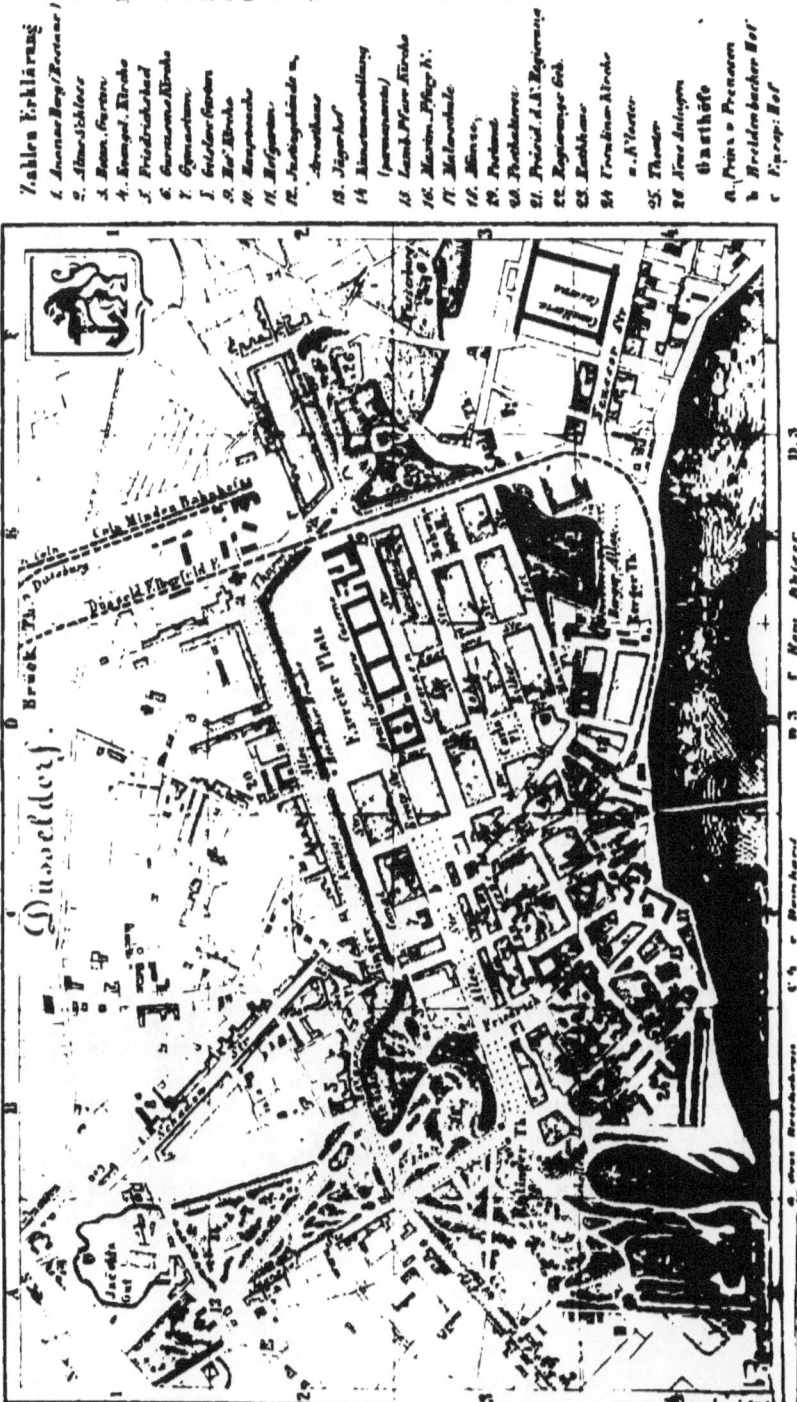

Zahlen Erklärung

1. Ananas Berg (Zoo) B.3.
2. Akademie C.4.
3. Bot. Garten B.2.
4. Bergel Kirche D.3.
5. Friedrichsbad B.2.
6. Garnison Lazareth B.3.
7. Gymnasium C.3.
8. Hof Kirche B.1.
9. Hofgarten C.3.
10. Kasperle C.3.
11. Katasteramt B.3.A.2.
12. Jägerhof B.4.
13. Kunstausstellung A.1.
14. (permanent) C.3.
15. Land Pfleger Kirche C.3.
16. Marien Pflege K. B.4.
17. Maternahle C.4.
18. Museum C.4.
19. Postamt E.2.
20. Polytechn. D.2.
21. Präsid. d. K. Regierung C.3.
22. Regierungs Geb. C.3.
23. Rathhaus C.3.
24. Terminus-Kirche B.4.
25. Theater C.4.
26. Neue Anlagen F.2.

Gasthöfe

a. Prinz v. Preussen E.2.
b. Breidenbacher Hof C.3.
c. Europ. Hof K.1.

werke von *Deuts*, Wall und Graben. Erste Station **Mülheim**, wohlhabende gewerbreiche Stadt, welche ihre Blüthe protest. Bürgern verdankt, die zu Anfang des 17. Jahrh. aus Köln auswanderten (S. 295); unfern des Bahnhofs die neue schöne goth. Kirche. Unterhalb am Rhein liegt *Schloss Stammheim*, dem Grafen Fürstenberg (S. 263) gehörig, der hier eine ausgedehnte Kupferstichsammlung hat, namentlich an Portraits sehr reich. Am **Küppersteg** überschreitet der Zug die *Dhün*, vor **Langenfeld** die *Wupper* (S. 340), nachdem er das rechts unmittelbar an der Bahn gelegene saubere *Schloss Reuschenberg* berührt hat, welches Graf Fürstenberg 1834 gekauft und neuerlich eine grosse Kunstmühle, durch Turbinen getrieben, dabei angelegt hat. Gegend meist flach, fruchtbares Ackerland, hin und wieder kleines Gehölz. Den östl. Horizont begrenzen die Bergischen Höhen. Vor **Benrath** schaut aus Baumreihen links das stattliche königl. *Schloss* hervor, 1756—1760 von Carl Theodor, Kurfürsten von der Pfalz, als Wittwensitz für seine Gemahlin erbaut. Dann folgt r. Schloss *Eller*, Besitz des Prinzen Friedrich von Preussen († 1863), und **Düsseldorf**.

62. Düsseldorf.
Von Düsseldorf nach Duisburg.

Gasthöfe. Prinz von Preussen (nicht billig); Europ. Hof; Prinz Friedrich, alle drei in der Nähe der Bahnhöfe. *Breidenbacher Hof; Drei Reichskronen, alle in der Stadt, Preise Z. 15, F. 8, M. o. W. 20 Sgr. — *Köln. Hof; *Röm. Kaiser bei Engels, Z. und F. 20, gute Table d'hôte o. W. 17 Sgr.

Restaurationen. Im *Köln-Mindener Bahnhof; *Thürnagel, Elberfelderstr., auch Delicatessen; *Stelzmann (auch Gasthof), diesem Bahnhof gegenüber; im Elberfelder Bahnhof, von Thürnagel; *Seulen am Carlsplatz.

Kaffehäuser. Geisler's Conditorei in der Mittelstrasse und auf dem Ananasberg im Hofgarten; Jungius, Burgplatz 11; der frühere Geissler'sche Garten, mit dem Sommertheater und der Tonhalle, wo die grossen Musikfeste Statt finden, in der Schadowstr., nahe dem Hofgarten, ist jetzt Eigenthum der Stadt (Wirthsch.).

Bier- u. Speisehäuser. *Drevermann; Germer, beide am Carlsplatz; Bockhalle; Beckmann neben dem Röm. Kaiser; Eiskellerberg von Memmingen am Sicherheitshafen, zugleich Kaffehaus.

Droschke die Fahrt 5 Sgr., die Stunde 15, halbe St. 10 Sgr.

Telegraphen-Station auf dem Köln-Mindener Bahnhof.

*Permanente Kunstausstellung bei *E. Schulte (Buddeus'sche Buchhandlung)*. Alleestr. 42, Eintritt 5 Sgr.; in 3 Sälen stets eine grosse Zahl der neuesten Bilder, da die Düsseldorfer Künstler ihre Werke, einer Vereinbarung gemäss, anderswo in Düsseldorf nicht öffentlich ausstellen dürfen.

Düsseldorf zeichnet unter vielen Städten des Rheinlands sich durch freundliche Bauart aus. Es hat, die Vorstädte mitgerechnet, 46,849 Einw. (8604 Prot., 600 Juden). An Alterthümlichkeit mag die Stadt mit den meisten ihrer Nachbarinnen sich nicht vergleichen; sie ward erst in neueren Zeiten durch ihre Fürsten gross, die Herzoge von Berg, die Düsseldorf zu Anfang des

16. Jahrh. zu ihrer ständigen Residenz erkoren, und nach deren Aussterben (1609) die Fürsten aus dem Pfälzischen Hause, die aber nach dem Tode des prachtliebenden Kurf. Johann Wilhelm († 1716) ihre Residenz nach Mannheim, später nach München verlegten. Auch unter Joachim Murats (1806 bis 1808) und Napoleons (1808 bis 1813) Herrschaft blieb Düsseldorf Hauptstadt des Herzogthums (1806 bis 1815 Grossherzogth.) Berg, und kam 1815 an die Krone Preussen. Zum Nachfolger Murats war 1809 der ältere Bruder des Kaisers Napoleon III. bestimmt.

Düsseldorf, seit den letzten 10 Jahren eine Fabrikstadt mit bedeutenden Kattundruckereien, Türkischroth-Färbereien, Puddlings-Werken, Zündhütchen-Fabrik, Wollen- und Baumwollen-Spinnerei und Weberei. ist unter den rhein. Städten vorzugsweise die Stadt der Kunst, ihre *Malerschule* wird weit über Deutschlands Grenzen hinaus genannt, seitdem früher (1822 bis 1826) Cornelius, dann (bis 1860) Schadow († 1861), jetzt Bendemann die von Kurf. Carl Theodor 1767 gestiftete, von Friedrich Wilhelm III. 1822 erneute **Kunst-Academie** (Pl. 2) leitet. Dieselbe hat ihren Sitz in dem in der Nacht vom 6. auf den 7. Oct. 1794 von den Franzosen unter Bernadotte durch Bomben grösstentheils eingeäscherten kurfürstl. Residenzschlosse. Der nördl. Flügel desselben ist 1846 im ital. Stil neu aufgeführt.

Die einst so berühmte *Gallerie*, von Kurf. Johann Wilhelm zu Anfang des 18. Jahrh. aus Landesmitteln gegründet, liess der König von Bayern, Maximilian Joseph, angeblich zum Schutz der Gallerie in den damaligen Kriegsunruhen, im J. 1805 nach München bringen, wo sie heute noch den werthvollsten Theil der alten Pinakothek bildet. Alle Reclamationen, selbst der Beweis, dass die Gemälde Bergisches Landeseigenthum gewesen, waren erfolglos. Nur Unbedeutendes ist in Düsseldorf geblieben.

Gallerie: *Cima da Conegliano* Madonna mit dem Kind, Johannes der Täufer und der h. Bernhard; *Bellini* Madonna; *Rubens* Himmelfahrt Mariæ; *Velasquez* Bildniss eines Cardinals; *Schadow* Paradies, Fegfeuer, Hölle. Hübsche ältere Portraits. Ein seltener Schatz von Originalskizzen und Zeichnungen der grössten Maler aller Schulen, über 14,000. Grosse Sammlung von Kupferstichen, darunter als Unicum ein eigenhändiger Kupferstich *Raphaels*. Aquarell-Copien (248) nach italien. Meistern von *Ramboux*, eine treffliche Uebersicht der italienischen Kunst vom 14. bis ins 16. Jahrh. gewährend.
*Städtische Sammlung, im Entstehen, einige 20 meist grosse neue Bilder (Eintr. 5 Sgr., von 9 bis 6 U. offen), im grossen Saal der städt. Tonhalle aufgestellt, u. a. *Cornelius* die thörichten und klugen Jungfrauen; *Lessing* Vertheidigung eines Kirchhofs im 30jähr. Krieg; *K. Sohn* Tasso und die beiden Leonoren; *Tidemand* Norweg. Sectirer (Haugianer); *Knaus* Kartenspieler; *Hasenclever* Weinprobe; Landschaften von *J. W. Schirmer* und *Andr. Achenbach* (Hardangerfjord bei Bergen in Norwegen; Motiv aus dem Erftthale; Marine); *Köhler* Hagar und Ismael; *Wilh. Sohn* Jesus mit den Jüngern auf dem stürmischen Meer; *Röting* Bildnisse von Schadow und Lessing; *Osw. Achenbach* Strasse in Palestrina; *Salentin* Dorfpredigt; *R. Jordan* häusliche Scene.

Im Schloss ist noch die ansehnliche **Landesbibliothek**, im Hof ein *Marmor-Standbild* des in Düsseldorf geborenen Kurf.

Johann Wilhelm († 1716). Die überlebensgrosse *Reiterbildsäule desselben Kurfürsten, von Grupello in Erz gegossen, das Wahrzeichen von Düsseldorf, erhebt sich auf dem Marktplatz, nach der Inschrift *(urbis amplificatori pinacothecae fundatori posuit grata civitas 1711)* von der Bürgerschaft, eigentlich aber vom Kurfürsten selbst errichtet, bei seinen Lebzeiten. Seine Absicht, nach dem Vorgange von Sachsen (Polen) und Brandenburg, ein „Königreich bei Rhein" (vgl. S. 291) zu stiften, wurde wegen „Mangels erlauchter Descendenz" aufgegeben.

Die Kirchen Düsseldorfs sind als Bauwerke von geringer Bedeutung. In St. Andreas (Pl. 9), der ehem. *Hof-* und *Jesuitenkirche*. 1629 vollendet, mit dem damaligen Collegium, dem jetzigen Regierungsgebäude, zusammenhangend, ruhen in einer besondern Halle des Chors, in Särgen die unverwesten *ausgetrockneten Leichname* (vgl. S. 290) mehrerer Landesfürsten und Prinzessinnen, namentlich des Pfalzgrafen Wolfgang Wilhelm († 1653) und des oben genannten Kurfürsten Johann Wilhelm. An den Seitenaltären zwei neuere Bilder, links *Deger's* h. Jungfrau, rechts *Hübner's* Christus an der Säule. *Mücke's* h. Jungfrau, Johannes u. a. Heilige, 1833 in einer Seitencapelle rechts neben dem Chor al fresco gemalt, ist halb zerstört. St. Lambertus (Pl. 15) gehört dem Uebergangsstil des 14. Jahrh. an, und enthält hinter dem Hochaltar das *Marmor-Grabmal* der beiden letzten Herzoge von Cleve und Berg, Wilhelm IV. und Johann Wilhelm III. († 1609) und anderer Glieder dieser Familie, durch Pfalzgraf Wolfang Wilhelm 1629 errichtet. Gegenüber ist ein von *Andr. Achenbach* auf Goldgrund gemaltes und der Kirche, in welcher er zum Katholicismus übergetreten, geschenktes Bild, die Patrone der Kirche darstellend. An einem der nördl. Pfeiler ist der *Grabstein* des berühmten Kanzlers *Melchior Voets (Voetius)* († 1675). In der Maximilians-Pfarrkirche (ehem. *Franciscaner-Kirche*, Pl. 16) hat *Settegast* 1844 ein Freskobild, eine Kreuzigung, gemalt, mit Seitenbildern.

Das schöne neue Postgebäude (Pl. 19), bei den Bahnhöfen, ist im florent. Palaststil erbaut; die schwarzen Marmorsäulen, welche die Stiege tragen, sind aus dem Neanderthal (S. 339).

Auf dem grossen schönen 1802 angelegten Gottesacker, nördl. 20 Min. von der Stadt entfernt, ruht, vom östl. Eingangsthor rechts 70 Schritte entfernt, an der linken Seite, unter einer Trauerweide, *Carl Immermann*. Das Kreuz aus Erz nennt Geburts- (24. April 1796) und Sterbetag (25. Aug. 1840).

Die angenehmsten Spaziergänge bietet der 1769 angelegte *Hofgarten (Pl. 11, Restauration auf dem Ananasberg s. S. 335), besonders seit 1802, nach Schleifung der Festungswerke, erweitert und verschönert. Dicht beim Eingang an der Alleestrasse haben „dem Schöpfer dieser Anlagen, *Maximil. Weyhe* seine dankbaren Freunde" im J. 1850 ein sitzendes *Standbild* errichtet, aus

Sandstein von Hoffmann gearbeitet. In der Nähe ein Treibhaus für tropische Wasserpflanzen („Victoria-Regia-Haus"). Unweit davon, auf schwarzer Marmorsäule, die Büste der Königin *Stephanie von Portugal*, geb. Prinzessin v. Hohenzollern († 1860), von Bayerle. — Der sog. **Jägerhof** ist als Fürstenwohnung eingerichtet; er war bis 1848 Sitz des Prinzen Friedr. v. Preussen, seit 1850 des Fürsten von Hohenzollern-Sigmaringen. — Der s.ö. fast angrenzende ehem. **Jacobi'sche Garten**, *Pempelfort*, einst Wohnort des berühmten Philosophen Friedr. Heinr. Jacobi († 1819) und Sammelplatz der edelsten Geister Deutschlands, wo u. A. Goethe, Hamann, Herder, Wieland, Georg Forster, Heinse, Hemsterhuis, die Fürstin Gallitzin, Graf Friedrich Leopold Stolberg, längere oder kürzere Zeit verweilten, ist seit 1860 Eigenthum des Künstler-Vereins „*Malkasten*" und Mittelpunct des geselligen Lebens der Künstler.

Freunde und Förderer der „*innern Mission*" innerhalb der evang. Kirche finden in der Nähe n. von Düsseldorf unfern der Köln-Mindener Eisenbahn einige sehr beachtenswerthe Anstalten. Rechts von der Bahn zeigen sich bei der Fahrt mitten im Feld, von einer langen Mauer eingeschlossen, die Gebäude des ehemaligen Trappistenklosters **Düsselthal**, 1819 dem Grafen *Adalbert v. d. Recke* vom Staate geschenkt und von diesem erweitert und zu einer heute noch unter Staatsaufsicht in gedeihlicher Wirksamkeit stehenden *Rettungsanstalt verlassener Kinder* eingerichtet, deren gewöhnlich 180 bis 200 dort erzogen werden. Mit der Anstalt ist ein *Seminar für Armenlehrer* verbunden.

Die uralte Stadt **Kaiserswerth** (*Pfälzer Hof*), ½ St. w. vom Bahnhof zu **Calcum**, welchen die Bahnzüge in 20 Min. von Düsseldorf erreichen, ist Sitz ähnlicher milder Stiftungen und Anstalten, jedoch in weit grossartigerem Maassstabe, im J. 1836 von dem evang. Pfarrer *Fliedner* († 4. Oct. 1864) gegründet und fortwährend geleitet, deren Wirksamkeit auf einen grossen Theil des protest. Deutschlands und auch nach andern Ländern sich verzweigt (Constantinopel, Jerusalem, Smyrna, Alexandrien, Pittsburg u. a. Orte). Diese Stiftungen umfassen in verschiedenen Gebäuden eine *Diaconissen-Anstalt* (Mutterhaus), zur Erziehung von Krankenpflegerinnen (über 250 Schwestern, von welchen ⅔ auswärts beschäftigt sind); das *Diaconissen-Krankenhaus* (1865 779 Kranke, durchschnittlich täglich 100); das *Seminar* zur Bildung von Elementar- und Kleinkinder-Lehrerinnen und Gouvernanten; die *Kleinkinderschule*; das *Waisenstift* und das *Asyl für entlassene weibliche Gefangene* u. *Magdalenenstift*; die *Heilanstalt für weibliche Gemüthskranke*.

In der alten *Stiftskirche* zu Kaiserswerth, romanischen Stils, im 12. und 13. Jahrh. aus Tuffstein (S. 264) aufgeführt, ruhen, in einem silbernen *Reliquienschrein* trefflichster Arbeit, aus der zweiten Hälfte des 13. Jahrh., die Gebeine des *h. Suitbertus*, der hier um 710 das Evangelium zuerst verkündete. Aus der *Königspfalz* zu Kaiserswerth wurde 1062 der junge Heinrich IV. nach Köln entführt, auf dem Schiff des Erzbischofs Anno II. (S. 318); im J. 1184 erbaute Kaiser Friedrich I. aufs neue die-

Feste. Sie blieb lange kölnisch und wurde nach der Vertreibung der Franzosen durch die Holländer 1702 von diesen geschleift, bis auf einige Aussenmauern der „Königsburg".

Folgt Stat. **Grossenbaum**, in dessen Nähe aus Waldung links Schloss *Heltorf* hervorblickt, Eigenthum des Grafen Spee, mit mancherlei Kunstschätzen, namentlich *Fresken*, aus den ersten Zeiten der Düsseldorfer Schule, aus dem Leben des Kaisers Friedrich Barbarossa von *Lessing* (Schlacht bei Iconium) und *Plüddemann* (Tod Friedrichs); alle übrigen, mit Ausnahme des von *Stürmer* herrührenden ältesten, sind von *Mücke*. In der Capelle ein herrliches Altarbild, die Himmelskönigin von *Deger*.

Duisburg *(Rhein. Hof)*, die nächste Station, ebenfalls eine sehr alte Stadt, von Carl d. Gr. bereits befestigt, seit 1145 Reichs-, seit 1201 Hansestadt („*Seine Schiffe bedeckten den ganzen Rhein von Holland bis Strassburg*", erzählt die Chronik des 14. Jahrh.), bis 1818 Sitz einer im J. 1655 von dem grossen Kurfürsten gegründeten Universität (*Goethe* besuchte hier mehrere bedeutende Lehrer, als er von dem Feldzuge in der Champagne zurückkehrte), hat 14,000 Einw. (5000 Kath). Die *Salvatorskirche*. 1850 hergestellt, ist eine der schönern goth. des 15. Jahrh. Die *rheinisch-westfälische Pastorats-Gehülfen-Anstalt*, eine Vorbildungsschule für „evang. Helfer in der Seelsorge", hauptsächlich für Kranken-, Armen-, Kinder- und Gefangenen-Pflege, hat 30 bis 40 Diaconen, zu jeder Dienstleistung und Arbeit in und ausser dem Hause verpflichtet. Zur Uebung in der Krankenpflege hat sie ein *Krankenhaus*, eine *Rettungsanstalt für verwahrloste Knaben*, und zu *Lintorf*, 2 St. von Duisburg, ein *Asyl für entlassene männliche Sträflinge*.

Von Duisburg geht, als Zweig des Bergisch-Märkischen Eisenbahnnetzes, eine Bahn nach Witten und Dortmund: *Mülheim*, *Essen*, *Steele*, *Bochum* berührend (S. 346).

63. Von Düsseldorf nach Dortmund über Elberfeld.

Vergl. Karte zu Route 53.

Düsseldorf-Elberfelder und Bergisch-Märkische Bahn. Fahrzeit 3¼ St., Fahrpreise: Schnellzug 2 Thlr. 15, 1 Thlr 18, 1 Thlr. 7 Sgr., gewöhnl. Zug 2 Thlr. 4, 1 Thlr. 13, 1 Thlr. 2 Sgr. Sehr belohnende Fahrt, schöne Landschaften, gewerbreiche Gegenden, grossartiger Bahnbau.

Plätze **links** nehmen, die Aussicht ist meist auf dieser Seite.

Der *Elberfelder Bahnhof* liegt unmittelbar neben dem „Prinz von Preussen" (S. 335). Die Erdarbeiten an dieser Bahn waren schwierig; hohe Dämme und tiefe Einschnitte in Grauwackenfelsen mit fast senkrechten Wänden wechseln mit einander ab. Aus dem Stift zu **Gerresheim** (erste Station, schöne *Stiftskirche* aus dem 12. Jahrh.) entführte im J. 1582 der Kölnische Erzb. Gebhard († 1601) die schöne Gräfin Agnes v. Mansfeld (S. 313). Dann hält der Zug bei **Erkrath**, wo eine Wasserheilanstalt, und steigt 20 Min. bergan bis **Hochdahl** (grosse Eisenhütte *Eintracht*), welches 480' höher als Düsseldorf liegt.

Links 20 M. von Hochdahl entfernt, ist das von Düsseldorf wie Elberfeld viel besuchte **Neanderthal** (*Steineshof*; *Holthöfer*), auch das *Gestein* genannt, eine enge von der *Düssel* durchströmte waldige Thalschlucht, mit einigen Kalkstein-Höhlen; die grösste, 90' l., 40' br., 16' h., eine weite offene Halle mit grossartigem halbrundem Bogen, erhielt wie das Thal ihren Namen von dem evang. Prediger *Joachim Neander*, der von 1640 bis 1660 in Düsseldorf lebte und hier manches seiner frommen Lieder dichtete. Die *Neanderhöhle* ist am besten auf einem Spaziergang vom Steineshof aus zu erreichen, 15 Min. von diesem entfernt. Im Neanderthal wird schwarzer und grauer Marmor, theils aus Steinbrüchen, theils von Blöcken, die im Felde liegen, gewonnen, und zu Denkmälern, Säulen (vergl. S. 337), Tischplatten, Vasen, Ofen-Einfassungen u. dgl. verarbeitet. Der rothgeaderte Marmor wird aus Belgien, der weisse aus Italien bezogen. Das Thal hat durch Felssprengungen bereits einen Theil seiner Reize eingebüsst.

Bei **Vohwinkel**, Station für die südl. liegenden ansehnlichen Orte (¼ St.) *Gräfrath* und (2 St.) *Solingen*, durch Localposten mit dem Bahnhof in Verbindung, mündet die **Prinz-Wilhelms-Bahn** *(Steele-Vohwinkel)*, ein Zweig der Bergisch-Märkischen Bahn, auf welcher besonders Steinkohlen aus dem untern Ruhrthal befördert werden.

Die *Prinz-Wilhelms-Bahn* überschreitet bei der *Kopfstation* die Wasserscheide zwischen Wupper und Ruhr, bleibt dann im Thal der *Deile*, den Wallfahrtsort Neviges, wo ein altes Schloss der Hardenberger Grafen, jetzt Herrn v. Wendt gehörig, weiter das wohlhabende und betriebsame (Seidenfabriken) Städtchen Langenberg berührend, und tritt bei Dilldorf (Stat. *Kupferdreh*) plötzlich in das Ruhrthal. Dieser Uebergang aus den engen Windungen des Deilethals in das breite malerische schöne Ruhrthal ist höchst überraschend. Die Bahn zieht sich nun fortwährend an Steinkohlengruben hin bis zu der grossen Steinkohlengrube *Gewalt*, in deren Zechenhaus vermittelst einer einfachen sehenswerthen Maschine, „Fahrkunst" genannt, die Bergleute binnen 9 Min. 800' tief einfahren. Ueber eine Brücke der Ruhr (hübscher Blick aufs Ruhrthal) gelangt man nach *Königssteele* und *Steele* (Gasth. Weymann); zwischen beiden Orten bildet ein Bach die Grenze von Westfalen und Rheinprovinz. Steele ist ein altes Städtchen, wo schon 942 Kaiser Otto I. einen Reichstag abhielt; das grosse Waisenhaus, ursprünglich als Jesuitenkloster erbaut, stammt aus der Mitte des vor. Jahrh. In der Nähe die hübsch gelegene Zeche *Deimelsberg* (Steinkohlenbergwerk) und zwei besuchte Aussichtspuncte des untern Ruhrthals mit Gastwirthschaft: *Spillenburg* und *Isenberg* (nicht mit dem bei Hattingen [S. 344] zu verwechseln). Fahrzeit von Vohwinkel bis Steele 1¼ St.; Fahrpreise 27, 20, 13 Sgr.; Stationen: *Dornap*, *Aprath*, *Kopfstation*, *Neviges*, *Langenberg*, *Nierenhof* (S. 344), *Kupferdreh*, *Ueberruhr*. Bei *Königssteele* mündet die Prinz-Wilhelms-Bahn in einen andern Zweig der **Bergisch-Märkischen Bahn**, welcher *Dortmund, Witten, Langendreer, Bochum* (Gussstahlfabrik einer Actiengesellschaft), *Steele, Essen, Mülheim, Duisburg* und *Oberhausen* direct verbindet (S. 346).

Hinter Vohwinkel tritt der Zug bei **Sonnborn** plötzlich aus dem Gebirge in das Thal der *Wupper*, überschreitet diese auf einer sechsbogigen Brücke, und läuft hoch am Abhang des Gebirges hin, tief unten Elberfeld, aus welchem im Vordergrund der stattliche Thurm der neuen reformirten und die beiden Thürme der kath. Kirche emporragen. Der Zug fährt an dem alten Düsseldorf-Elberfelder (*„Steinbecker"*) Bahnhof vorbei und hält in dem neuen (*„Döppersberger"*) Bahnhof der Bergisch-Märkischen Bahn im Mittelpunct der Stadt.

Elberfeld (*Curpfälzerhof* bei *Herminghaus*; *Weidenhof*, beim Döppersberger Bahnhof; *Mainzer Hof* oder zur *Post* bei *Hilger*), mit 60,000 Einw. (12,000 Kath.), und **Barmen** *(Clev. Hof)*, mit ebenfalls

60,000 Einw., bei der Wupperbrücke beginnend (letzteres aus mehreren, früher durch ziemliche Zwischenräume getrennten, jetzt meist durch neue und werdende Stadttheile verbundenen Ortschaften, *Unterbarmen, Gemarke, Wupperfeld, Rittershausen, Heckinghausen, Wichlinghausen* u. a., bestehend), bilden eine fast 2 St. lange Reihenfolge von Häusern und Strassen, die sich rechts und links am Abhang des Gebirges ausbreiten, durchschnitten von der Eisenbahn, der Landstrasse und der Wupper, der Lebensquelle dieses grossartigen bevölkerten Fabriklandes. Mit Ausnahme einiger englischen Städte mag es kaum einen Raum der Erde geben, wo eine solche Menschenzahl sich zusammendrängt. Beide Städte erhoben sich schnell seit der letzten Hälfte des vorigen Jahrh. zu ihrer jetzigen Bedeutung in Handels- und gewerblicher Beziehung. Höchst ansehnlich sind die Baumwolle-, Seide- u. Bandfabriken, die Türkischroth-Färbereien, Stearinlichter-, Seifen- und chemische Fabriken. Wer an Manufacturen und Fabriken besondern Antheil nimmt, wird hier die beste Gelegenheit haben, seine Wissbegierde zu befriedigen. Sehenswerth sind auch einige neuere Gebäude: in Elberfeld die kath. *Kirche* mit einigen Fresken, das ganz aus Quadern erbaute *Rathhaus* mit Fresken, 1842 von Plüddemann, Clasen, Fay u. Mücke gemalt, leider schon beschädigt, 4′ hoch, 198′ lang, histor. u. symbol. Darstellungen des öffentlichen Lebens der Deutschen von der frühesten Zeit an; die neue *reform. Kirche* nach Zwirners Entwurf; die neue *luther. Kirche*; das *Landgerichtsgebäude* mit Vorhalle; das neue grosse *Krankenhaus*. In Barmen: die *evang. Kirche* in Unterbarmen, nach einem Entwurf von Hübsch (S. 87) aufgeführt; das *Missionshaus* und *Missionskinderhaus*, mit einer sehr sehenswerthen Sammlung von Merkwürdigkeiten aus Heidenländern; das neue *Realschulgebäude*; der vorzügliche neue *Concertsaal* der Gesellschaft Concordia etc.

Für den Freund von Naturschönheiten giebt es einen unvergleichlichen Punct in Elberfeld: die *Elisenhöhe, ein Rundschauthurm, welchen Herr Eller auf der *Haardt* hat erbauen lassen. Weithin sichtbar bildet er, sobald man bei Sonnborn das Wupperthal erreicht hat, den Hintergrund der Landschaft. Wenn man vom Döppersberger Bahnhof die Wupperbrücke überschritten hat und dem Strassenzug östlich folgt, gelangt man bald an einen Punct, wo zwei Strassen, die *Kipdorfer* und *Hofkamper*, in der *Berliner Strasse* sich vereinigen. Die zweite Strasse links steigt man den Berg hinan und gelangt in englische Anlagen, die *Haardt* genannt, welche ein *Denkmal* zu Ehren ihres Stifters *Diemel* ziert, und seit 1859 das 10′ h. in Sandstein von Bayerle gearbeitete *Standbild des h. Suitbertus*, „des ersten Boten des Evangeliums im Lande der Berge, geboren in England, gest. in Kaiserswerth den 1. Nov. 713". Sobald man etwas höher aus dem Gebüsch tritt, hat man den Thurm in einem Garten (5 Sgr. Trinkg.) vor sich. Einige Zimmer in demselben sind geschmackvoll eingerichtet. Die Kuppel gleicht der eines Leuchtthurms; Glasfenster an allen Seiten und eine Gallerie gewähren die reichste herrlichste Aussicht auf das ganze 2 St. lange *Wupperthal*, von der Höhe von Rittershausen bis weit hinab, wo die Wupper sich nach Sonnborn wendet, auf ein breites, mit stattlichen Wohnhäusern, grossen Fabrikgebäuden, besonders Turkischroth-Färbereien und kleineren Wohnungen, die sich bis auf den Kamm des Thal rechts und links einengenden

Gebirges hinauf ziehen, übersäetes und von dem regsten Gewerbfleiss belebtes Thal, ein Anblick, wie ihn Deutschland in dieser Eigenthümlichkeit kaum wieder zu gewähren vermag.

In dem oben beschriebenen Thal, am Abhang des östl. Gebirges, zieht sich die *Bergisch-Märkische Eisenbahn* hin, unmittelbar hinter Elberfeld an einem gusseisernen goth. *Denkmal* vorbei, welches Barmer Bürger zum Gedächtniss Friedrich Wilhelms III. errichteten. Links auf dem Berge der runde Thurm der Elisenhöhe, unten im Thal das stattliche neue Krankenhaus und das Landgerichtsgebäude mit seinen Bogengängen. Die Züge machen bei **Barmen** (S. 340) und **Rittershausen** Halt, letzteres ebenfalls zu Barmen gehörig. Die prächtige Aussicht auf das Thal ist mehrfach von Erdeinschnitten unterbrochen. Bei dem letzteren Ort überschreitet die Bahn die *Wupper*, verlässt das Herzogthum Berg, und tritt in die Grafschaft Mark ein, Westfalens Mark, deren erste Stadt **Schwelm** *(Hôtel Rosenkranz; Prinz von Preussen)* die Züge von Elberfeld in 30 Min. erreichen.

Unfern des **Schwelmer Brunnens**, eines mineralischen Wassers, jetzt selten von Badegästen besucht, beim *Hause Martfeld*, beginnt ein langer, 130′ tiefer steiler Felsen-Einschnitt (viele Petrefacten und auf der Westseite eine ganze Gallerie zierlicher Höhlenbildungen), den die Züge in weitem Bogen langsam durchfahren. Am nördl. Ende, bei **Milspe**, öffnet sich eine höchst überraschende Aussicht in das Thal der Ennepe. (Etwa 20 Min. vom Haltplatz thalaufwärts ist die *Kluterl*, eine grosse Tropfsteinhöhle.) Der Zug sauset an den Bergen dahin, und senkt sich, Fluss und Landstrasse auf Brücken und Dämmen 100′ hoch überschreitend, allmälig der Ebene zu, immerhin aber noch in mässiger Höhe am östl. Gebirgsabhang der *Enneper-Strasse* hin.

Eine lange Reihe vereinzelter Häuser zu beiden Seiten der alten Schwelmer Landstrasse bildet das Dorf **Gevelsberg** *(Drererrmann).* In einem Hohlweg, in der Nähe des Pfarrhauses, erschlug am 7. Nov. 1225 Graf Friedrich v. Isenburg seinen Vetter, den Kölner Erzbischof Engelbert (S. 300), Grafen v. Altena und Berg, bei der Rückkehr von dem Rittertag zu Soest, vor welchen der Erzbischof den Grafen zur Verantwortung geladen hatte, wegen allerlei Ungebühr, die Friedrich gegen die Abteien Essen und Werden, deren Schirmvogt er war, verübt hatte. Heinrich v. Molenark, Engelberts Nachfolger, nahm den Leichnam mit zum Fürstentag nach Nürnberg, Sühne von Kaiser und Reich fordernd. Friedrich von Isenburg wurde zum Tode verurtheilt und ein Jahr später, da man nicht früher seiner habhaft wurde, vor dem Severinsthor zu Köln gerädert.

Der kleine Fluss im Thal, die *Ennepe*, bringt vielseitige gewerbliche Thätigkeit hierher. In zahlreichen Eisenhämmern, die der Fluss treibt, werden besonders Schüppen, Sensen und „Sackhäuer", zur Fällung des Zuckerrohrs, verfertigt und nach allen Welttheilen versendet. Der Eisenbahnfahrer bemerkt diese Hämmer kaum, dem Fusswanderer aber werden sie allenthalben durch den raschen lauten Schlag vernehmlich, besonders Abends, wenn aus den Schornsteinen die Funkengarben aufsteigen. Dies Land ist's, „wo der Märker Eisen reckt". Bei Station **Haspe** das Puddlings- und Walzwerk *Markana*.

Hagen *(Deutsches Haus; Lünenschloss)*, wo mit Erfolg Tuch- und Eisenfabriken und Türkischrothfärbereien betrieben werden, ist 15 Min. vom Bahnhof entfernt.

Eisenbahn nach Siegen *(Ruhr-Sieg-Bahn)* s. S. 319.

Der Zug überschreitet die *Volme* und vor **Herdecke** nochmals. Den Gesichtskreis nordöstl. begrenzt das steil in die Ruhr abfallende *Ardeygebirge*.

Auf einem dieser Berge, 1½/ St. von Herdecke, ragt *Hohen-Syburg hervor. Hier war einst der Hauptwaffenplatz des letzten Sachsen-Herzogs Wittekind, der 32 Jahre lang gegen das Christenthum und die fränkische Macht kämpfte, zuletzt aber um das Jahr 775 von Carl. d. Gr. bezwungen, den christlichen Priestern grollend sein Haupt zur Taufe beugte. Papst Leo verrichtete selbst, so berichtet die Sage, in Gegenwart des Franken-Kaisers, der des heidnischen Herzogs Taufpathe wurde, die heilige Handlung. Der Taufbrunnen *(Petersbrunnen,* am Abhang des Berges) ist noch vorhanden, des Kaisers und des Papstes Bild ist über der Thür am Gewölbe noch zu erkennen. Die kleine Kirche ist unstreitig eine der ältesten. Die Burgruine gehört dem spätern Mittelalter an. Aussicht vortrefflich, einfache Wirthschaft neben der Ruine. Als „Vincke-Denkmal" (vgl. S. 332) ist 1857 ein weithin sichtbarer, 102 Stufen (90') hoher achteckiger Rundschau-Thurm hier erbaut, Medaillonbild und Wappen über der Thür. Am Fuss des Berges ergiesst sich die *Lenne* in die Ruhr. Gute Verpflegung am *Cabel* (Eisenbahn-Station mit schöner Aussicht), von wo Hohen-Syburg in 1 St. zu erreichen.

Der Bahnzug umfährt den *Kaiserberg*, auf welchem Carl d. Gr. einst sein Lager gehabt haben soll. Plötzlich tritt auf einer Anhöhe des rechten Ruhrufers ganz malerisch die „Freiheit" **Wetter** hervor, der ehem. Burgfrieden, mit den ansehnlichen Trümmern der Burg, die jetzt eine grosse Maschinenfabrik bergen. (Auf dem linken Ufer am Bergabhang das freundliche Dorf *Volmarstein* (*Wehberg) mit den Trümmern einer Burg und prächtiger Aussicht, ein im Ruhrthal viel besuchter Punct.) Die Bahn folgt, nachdem sie die *Ruhr* überschritten hat, dem Lauf dieses Flusses, und erreicht, zuletzt durch zwei steile Felseneinschnitte, das lang gestreckte, besonders durch Korn und Steinkohlen-Verkehr und Hüttenwerke lebhafte Städtchen **Witten** (**Voss;* **Glitz,* am l. Ufer der Ruhr, Witten gegenüber, sehr bes. Gastwirthsch.). (Eisenbahn nach Oberhausen und Duisburg s. S. 348.) Die stehende Brücke über die von hier an schiffbare Ruhr, 1853 erbaut, dient ausschliesslich zum Steinkohlen-Transport. Den Hintergrund der malerischen Landschaft bildet die auf waldigem Berg liegende *Burg Steinhausen,* früher der Familie Stael von Holstein, dann den Herren von Elverfeld gehörig, jetzt Eigenthum des Holländers den Tex. Weiter unten im Ruhrthal abwärts sind die, von hier nicht sichtbaren Trümmer der *Burg Hardenstein*, einst Eigenthum der Grafen von Hardenberg, in grauer Vorzeit ein Lustschloss Wittekinds (s. oben).

Kaum 2 St. von Witten ist einer der schönsten Puncte des Ruhrthals, in dem Städtchen **Blankenstein** *(Koch,* mit Garten, auch Restauration, bei der alten schön gelegenen Burg), nämlich die unvergleichliche stundenweite *Aussicht vom Gethmann'schen Garten auf das heitere grüne breite Ruhrthal, mit zahllosen rothbedachten Wohnungen übersäet, von Viehheerden belebt, von Waldgebirgen eingeschlossen, tief unten (250')

344 *Route 63.* DORTMUND. *Von Düsseldorf*

zu den Füssen des Beschauers der Fluss, der seine Wogen schäumend und brausend über ein langes Wehr wälzt, — das Wanderziel aller Naturfreunde der nähern und weitern Umgebung. Von Witten täglich Postgelegenheit nach Blankenstein. Von Blankenstein gelangt man in 1½ St. über **Hattingen**, am *Isenberg* vorbei (oben schöne Aussicht, auch Gastwirthschaft), wo einst eine Burg des Grafen Friedrich von Isenburg, des Mörders des Erzbischofs Engelbert (S. 342), stand, nach **Nierenhof** (S. 340). Haltplatz an der Steele-Vohwinkler Bahn, und kann auf dieser nach Elberfeld oder Düsseldorf zurückkehren.

Der westfälische *Steinkohlenbergbau* concentrirt sich hauptsächlich an der Ruhr und ihrer nächsten Umgebung, von hier bis zu ihrem Einfluss in den Rhein bei Ruhrort (S. 332). Diese betriebsame Gegend liefert weit über ein Drittel der ganzen Steinkohlenförderung des preussischen Staats, sie ist der Hauptbezirk des Westfälischen Oberbergamts, das seinen Sitz in Dortmund hat.

Die Bahnzüge verlassen bei Witten (am Bahnhof die grosse *Steinhauser Hütte* mit 35 Puddlingsöfen) das Ruhrthal und erreichen, durch fruchtbares hügeliges baumdurchwachsenes Ackerland sich windend und verschiedene Steinkohlenzechen und Fabrikanlagen *(Hamburg, Johannes-Erbstollen, Wiendahlsbank, Luise-Tieflau, Arndt u. C.,* früher Dortmunder Hütte, *Rothe Erde)* berührend, in 25 Min. Dortmund (*Römischer Kaiser* in der Stadt; *Bellevue* am Bahnhof). Hauptstation an der Köln-Mindener Eisenbahn (S. 334), im Mittelalter die einzige ganz freie Reichs- und Hansestadt auf westfälischem Boden und von Mauern und Thürmen umgeben („*so fast as Dürtem*", wie es damals sprüchwörtlich hiess), in neuester Zeit aus einer Ackerstadt zum Mittelpunct der westfälischen Industrie, besonders des Steinkohlenbergbaues und des Hüttenwesens, emporgewachsen (25,000 Einw., ⅓ Kath.). Nur einzelne kirchliche Gebäude haben sich aus früherer Zeit erhalten. In der grossen *Reinoldikirche* sind in dem goth. Chor (1421 bis 1450 erb.) Glasmalereien, worin einzelne Felder den Reichsadler mit den westfäl. Farben (grün schwarz weiss) zeigen. Am Altar altes Holzschnitzwerk: die Kreuzigung und die 12 Apostel, je zwei unter einem goth. Baldachin, Reinold, „das kühne Haimonskind", und Carl d. Gr. als Hüter des Chors. Chorstühle im spätgoth. Stil des 15. Jahrh., Kanzel reiche Renaissance. Daneben die schlanke schöne *Marienkirche, Schiff und Thurm romanisch (11. Jahrh.), Chor gothisch; sie hat ein kürzlich aufgefrischtes Bild, Anbetung der Könige, von einem Meister der zu Anfang des 15. Jahrh. blühenden westfälischen, einer Abzweigung der altköln. Schule. Die Bilder dieser westfälischen Meister sind selten. Die goth. *kathol. (Dominicaner-) Kirche* (Chor 1353 vollendet) besitzt noch ein grosses schlecht gehaltenes Altarblatt in fünf Abtheilungen von Dünwegge, einem spätern westfälischen Meister, 1508 gemalt, mit Anklängen an die niederländische und oberdeutsche Schule, früher Flügelbild, Geburt Christi, Anbetung der Könige und Kreuzigung darstellend, auf der Rückseite Apostel und Kirchenväter. Auch der schön in Stein gearbeitete Heiligenschrein neben

DORTMUND. *63. Route.* 345

dem Hochaltar, sowie der verfallene gothische Kreuzgang verdienen Beachtung. Das *Rathhaus*, eins der ältesten Deutschlands (11. Jahrh.), auf dem Markt, ist durch spätere Restaurationen leider verunstaltet; in dem Archiv mehrere kaiserliche Urkunden, die älteste von Kaiser Friedrich II.

Für die Geschichte des Mittelalters ist Dortmund von grosser Bedeutung. Als im 12. Jahrhundert ein Zustand völliger Rechtlosigkeit in Deutschland eingetreten war, bildete sich in Westfalen das **Vehmgericht** (erster Freigraf war sehr wahrscheinlich, als Herzog von Westfalen, der Kölnische Erzbischof Engelbert, S. 342), und dehnte seine Wirksamkeit und Macht im 14. und 15. Jahrh. über ganz Deutschland aus. Die Zahl der Freischöppen oder „Wissenden", die für die Ausführung des Spruches des Gerichts verantwortlich waren, soll über 100,000 betragen haben. Nur in Westfalen, die „*Rothe Erde*" genannt, nach der Ansicht Einiger von der rothen Fahne, mit welcher die Vehmgerichte, als dem Zeichen der Hoheit und des Blutbanns, vom Kaiser belehnt waren, konnte ihre Aufnahme stattfinden, nur hier sass der *Freigraf* mit seinen Schöppen zu Gericht und sprach in folgender Form die Acht: „*den beclayeden man, mit namen N., den neme ich hir up und uit dem vreden, uit den rechten und frieheil, as de Paiste und Kayser gesatt hebn — in dem lande to Westfalen, und werpe ene neder und sette ene uit allen vreden in den hogesten unvreden und ungnade, und make en unwerdich, achteloss, rechtloss, vredeloss und unbequeme, und wyse synen Hals dem reype* (Weidenschlinge), *synen lychnam den vogelen und dieren in der luft to verteren, und bevele syne seyle Gott ran hemel in syne gewalt, und sette syne lene und gut ledich den heren, dar die van rorende sint, syn wiff vedure, syne kinder weysen.*"

Dortmund war Sitz des obersten Freistuhls. Auf dem „*Königshofe unter der Linde*" zu Dortmund wurde im J. 1429 Kaiser Sigismund „wissend gemacht", nachdem er auf das entblösste rechte Knie, unbedeckten Hauptes, vor dem Freigrafen sich niedergelassen, die zwei vordern Finger der rechten Hand auf den Strick und die beiden kreuzweis liegenden Schwerter gelegt, und so den Eid, die Vehm geheim zu halten, ausgeschworen und die Losung der Vehm, „*Strick, Stein, Gras, Grein*", empfangen hatte. Die Bedeutung derselben, so wie des Nothwortes der Freischöppen „*Reinir dor Feveri*" kannten nur Wissende; sie ist von ihnen so treu bewahrt worden, dass sie nicht auf unsere Zeit gekommen ist. Im Lauf der letzten Jahrhunderte sank die Vehme zu einem Ruge- und Polizei-Gericht, vor welchem die Insassen des Gebiets der Reichsstadt Dortmund Recht nehmen mussten. Das letzte derartige „Freistuhlsgericht" fand im Jahre 1808 statt. Der letzte Freigraf war Zach. *Löbbecke* († 1827).

Der ursprüngliche *Freistuhl* befand sich auf der nordwestlichen Seite der Stadt, von dort wurde er zu Anfang des 16. Jahrh. unter die *Linde* verlegt, die, erweislich über 400 Jahre alt, noch auf einer kleinen Anhöhe an der Westseite des Bahnhofsgebäudes steht (eine zweite hat der Sturm zerstört); die Alles gleichmachende Hand des Eisenbähners hat die letzten Reste des berühmtesten Freistuhls auf Rother Erde verschont.

> Dies sind die Linden; — beide morsch und alt!
> Rechts die zerbarst; — sie klafft mit jähem Spalt
> Auf von der Wurzel bis zur Splitterhaube.
> Weit aber greift sie mit den Aesten aus;
> Fast wie die Schwester prangt sie grün und kraus,
> Und schmückt die Stirn mit frühlingsfrischem Laube.

> Dies ist der Tisch; — hart unterm Lindenpaar
> Erhebt er sich; — du kannst des Reiches Aar
> Zur Stunde noch auf seiner Platte schauen.
> Der Stadt des Reiches flog sein Adler vor;
> Hier auf dem Tische, dort auch überm Thor,
> Und in den Kirchen weist er seine Klauen.

Ein todt Gethier! — der Welschland überflog,
Um Syriens Palme kühne Kreise zog,
Das heil'ge Grab und Golgatha beschirmte,
Der mit dem Wappenleu'n Castilla's
Auf Einem Deck, auf Einer Flagge sass,
Und durch die Wälder der Kaziken stürmte, —
  Die Zeit erlegt ihn! — Steine sind sein Pfühl!
Wer weckt des Kaisers trotzig Federspiel?
Im Steine träumt es wie der Falk im Ringe.
Sein Träumen aber? — Schlachtfeld und Gelag,
Blutbann und Blut: — auf diesem Tische lag
Das nackte Schwert einst und die Weidenschlinge.

        Ferd. Freiligrath. 1839.

64. Von Dortmund nach Düsseldorf über Oberhausen.

Vergl. Karte zu Route 52.

Köln-Mindener Bahn. Fahrzeit: Schnellzug 1½ St., gewöhnl. Zug 2¾ St.; Fahrpreise: Schnellzug 2 Thlr. 20½, 1 Thlr. 23½, 1 Thlr. 10½ Sgr., gewöhnl. Zug 2 Thlr. 4½, 1 Thlr. 13, 1 Thlr. 21½ Sgr. — Vgl. S. 334.

Die Fahrt von *Dortmund nach Düsseldorf* auf der *Köln-Mindener Bahn* bietet weniger; sie bleibt stets in der Ebene und umgeht in weitem Bogen die Gebirge, welche die Bergisch-Märkische und Düsseldorf-Elberfelder Bahn (R. 63) durchschneiden. Allenthalben die urgermanische Eigenthümlichkeit dieser westfälischen Gegenden: Wald, Wiese, Kornfeld, frisches Ackerland, dazwischen einzeln zerstreut die rothbedachten Bauernhöfe, in anmuthiger malerischer Abwechselung, s. Taciti Germ. 16:
„Nullas Germanorum populis urbes habitari satis notum est: ne pati quidem inter se junctas sedes. Colunt discreti ac diversi, ut fons, ut campus, ut nemus placuit. Vicos locant, non in nostrum morem, connexis et cohaerentibus aedificiis: suam quisque domum spatio circumdat, sive adversus casus ignis remedium, sive inscitia aedificandi." (Dass die Völker Germaniens keine Städte bewohnen, ist hinlänglich bekannt: nicht einmal dulden sie unter einander verbundene Wohnsitze. Sie bauen getrennt und abgesondert, wie ein Feld, wie ein Quell, wie ein Wald gefiel. Die Dörfer legen sie nicht auf unsere Weise mit verbundenen und zusammenhängenden Gebäuden an: jeder umgiebt sein Haus mit einem freien Platze, entweder zum Schutz gegen Feuersbrünste, oder aus Unkunde zu bauen.)

Die Gegend ist gewerblich sehr belebt, allenthalben stattliche Gebäude, zu Steinkohlenzechen und Hüttenwerken gehörig, bei Dortmund die neue Dortmunder Hütte, bei *Huckarde* der ansehnliche 270' h. Schornsteinthurm der Zeche *Hansa*. Die waldigen Höhen, Stat. **Mengede**, wo ein Gut des Grafen Droste zu Vischering, südl. (links) gegenüber, gehören zum *Haus Bodelschwingh*. Rechts zwischen Mengede und Stat. **Castrop**, in einiger Entfernung von der Bahn, erblickt man *Haus Ickern*, Eigenthum der Familie v. Vincke, wo Ludwig v. Vincke (S. 332), der westfälische Oberpräsident, die Jahre des Harrens (1810 bis 1813) mit landwirthschaftlichen Arbeiten eifrigst beschäftigt zubrachte. *Haus Bladenhorst* rechts, in dessen unmittelbarer Nähe der Zug vorübersauset, ist Eigenthum des Freiherrn v. Romberg. Folgen die Stationen **Herne** (**Bochum**) (rechts *Haus Strünkede*, dem Hrn. v. Forell gehörig), **Gelsenkirchen** (r. der schlanke hohe Schornstein der Steinkohlenzeche *Neu-Essen*, 1. vor Essen die stattlichen Gebäude der Zeche *Zollverein*, Hrn. Franz Haniel gehörend) und **Essen** *(Schmidt; Sauer; Höltgen)*, ¹/₂ St. südl. vom Bahnhof (an dem Hr. *Huyssen* zwei *Villen*, die eine mit einer Glaskuppel und mytholog. Reliefs, hat aufführen lassen), eine der ältesten Städte der Gegend, in neuester Zeit durch grosse Regsamkeit im Bergbau sehr emporgekommen (40,000 Einw., 12,000 Prot.), bis zum J. 1802 freie Reichsstadt. Die *Münsterkirche* wurde von Bischof Alfred von Hildesheim, der vom Oberhofe Essen stammte, gegründet, 873 geweiht (Westchor mit Octogon, dem des Aachener Münster ähnlich, aus dem Ende des 9. Jahrh., Schiff 1316 vollendet, Chor 1445, das Ganze 1855 erneuert). In derselben ein merkwürdiger grosser siebenarmiger Leuchter aus Erzguss, vor dem hohen Chor, von der Abtissin Mechtildis, Schwester Otto's II., im J. 998 geschenkt; ferner neben andern alten Kostbarkeiten vier Goldkreuze mit Edelsteinen reich verziert, zwei im J. 974 von der Abtissin Alhaidis, Tochter Otto's I. geschenkt, eines vermuthlich von jener Mechtildis, ein viertes von der Abtissin Theophanu († 1060), von welcher auch ein Evangelienbuch mit goldenem Deckel und kunstvollem Elfenbeinschnitzwerk. *Kreuzgang* theils im roman. Stil des 11., theils im Stil der Uebergangsperiode des 12. Jahrh., 1850 hergestellt, ebenso ein schönes *Altargemälde* von 1522, von *Barth. de Bruyn* (S. 308) gemalt. Essen ist Mittelpunct eines der ergiebigsten Steinkohlen-Reviere (S. 344), und als Folge davon einer gewerblichen Bewegung, welcher kaum ein Strich Landes in Deutschland gleichkommt. Allenthalben recken hohe Schornsteine ihre Zinnenkronen empor, Eisen- und Zinkhütten, Maschinenfabriken u. dgl. Die weltberühmte *Krupp'sche Gussstahlfabrik*, mit einem leuchtthurmartigen Schornstein von ausserordentlicher Höhe (220' hoch und unten 30' Durchm.), der zu einem Riesendampfhammer von 1000 Ctr. Gewicht gehört, und mit vielen andern hochragenden Schloten, besteht aus einer Anzahl grossartiger Gebäude auf einem bedeutenden Flächenraum; sie versendet ihre Erzeugnisse, besonders Radbänder, Schienen, Federn, Räder und Achsen für Eisenbahnen, letztere zugleich für Dampfschiffe, auch Gussstahlkanonen und gussstählerne Geschosse, durch ganz Europa und darüber hinaus (Japan). Viele der hier beschäftigten Arbeiter (deren ganze Zahl ca. 8—9000 beträgt) wohnen in grossen Arbeiterhäusern, die eine Art Colonie bilden. Im Süden der Stadt, unmittelbar vor dem Kettwiger Thor, ist der Bahnhof der neuen Witten-Duisburg-Oberhausener Eisenbahn (S. 348). Nahe dabei das *Krankenhaus (Huyssens-Stiftung)* der ev. Gemeinde Einige Minuten weiter der „*Städtische Garten*" mit schöner Tonhalle (Restauration).

Zwei Stunden südl. von Essen liegt **Werden** *(Hicking* an der Brücke, mit hübscher Aussicht; *Unterharnscheidt)* an der Ruhr, in anmuthigster Umgebung, einst Sitz einer uralten Benedictiner-Abtei (die Abteigebäude dienen jetzt als Strafanstalt), aus deren handschriftlichen Schätzen der

„Codex argenteus", die berühmte im 4. Jahrh. von dem Gothen-Bischof Ulfilas veranstaltete Evangelien-Uebersetzung mit silbernen Buchstaben auf purpurfarbigem Pergament geschrieben, im 30jähr. Krieg nach Prag kam und in schwedische Hände fiel, heute noch das wichtigste Denkmal für die germanische Sprache, im Besitz der Universität Upsala. Die *Kirche*, im spätroman. Stil, mit Spitzbogen, 1849 hergestellt, verdient besondere Beachtung, namentlich die schönen Seitenportale auf der Nordseite; an einem Seitenaltar Gemälde von Mintrop in Düsseldorf (von einem Bauernhof bei Werden gebürtig): Maria mit dem Kinde, h. Ludgerus, Stifter der Abtei, und h. Benedictus, dem sie geweiht war. In der Krypta (von 1059) der alte Steinsarg des h. Ludgerus († 809), ersten Bischofs von Münster; die Gebeine in einem silbernen Sarg im Hochaltar.

Die folgende Station **Berge** (Borbeck), unmittelbar bei *Haus Berge*, Eigenthum des Landraths Devens, dient hauptsächlich nur zur Aufnahme von Steinkohlen. Es werden hier mehrere Hüttenwerke sehr lebhaft betrieben, ganze Schlackenberge haben sich an der Bahn aufgethürmt.

In der Nähe von **Oberhausen** (*Bahnhofs-Rest.*) liegt, mit der Köln-Mindener Bahn durch eine Zweigbahn verbunden, eines der grossartigsten *Eisenwerke*, Eigenthum der Herren *Jacobi*, *Haniel* und *Huyssen* (S. 347), an der Bahn links die Steinkohlen-Zeche, rechts die grosse Hohöfen-Anlage, im Hintergrund das grosse ältere Puddlings- (80 Oefen) und Walzwerk, durch 26 Dampfmaschinen getrieben und 2700 Menschen beschäftigend; $^3/_4$ St. n. von da entfernt, zu *Sterkrade*, die ebenfalls sehr bedeutende Eisengiesserei, Maschinen- und Brückenbauanstalt *Gutehoffnungshütte*, derselben Firma gehörend, 900 Arbeiter beschäftigend. Die ganze Umgebung ist dürres Haideland, die *Lipperhaide*, auf welcher Friedrich d. Gr. gewöhnlich Heerschau über seine Clevischen Truppen hielt. Durch die Menge gewerblicher Anlagen (Hohöfen, Eisen- und Zinkhütten, Koblenzechen, lange Familienhäuser, Bahnhofsgebäude) wird mit der Zeit ein neuer Ort hier erwachsen, wie denn bereits schon zwei kleine Kirchen, eine evangelische und eine katholische, erbaut worden sind. Der Morgen dieses Haidelands wurde an einzelnen Stellen bereits mit 3000 Thlr. bezahlt.

Oberhausen ist die belebteste Station an der Bahn, es kommen und gehen täglich an 154 Züge. Nordwestlich zweigt sich die Holländ. Bahn hier ab, westlich die Ruhrorter zum Anschluss an die Aachener Bahn (S. 333), südlich die Witten-Oberhausener Bahn, eine Fortsetzung der Bergisch-Märkischen (S. 343), welche, die Städte Mülheim a. d. Ruhr, Essen, Steele, Bochum, Witten einerseits, Dortmund andererseits (Knotenpunct Langendreer) verbindet; ein Arm derselben erstreckt sich von Mülheim nach Duisburg und bis an den Rhein, ein anderer für den Kohlentransport von Styrum nach Rubrort. Zwischen Oberhausen und der folgenden Stat. *Duisburg* überschreitet die Bahn die *Ruhr*. *Duisburg*, *Grossenbaum*, *Calcum*, *Düsseldorf* sind S. 335 bis 339 beschrieben.

65. Von Düsseldorf nach Emmerich.

Vergl. Karte zu Route 53.

Eisenbahn von Düsseldorf nach Emmerich in 3, Dampfboot in 5 St. Die Eisenbahn zweigt sich zu Oberhausen (s. oben) von der Köln-Mindener Bahn ab, und berührt *Dinslaken*, *Wesel* und *Rees*. Die Eisenbahn bietet wenig, die Fahrt auf dem Dampfboot ist weit angenehmer.

r. *Kaiserswerth* (S. 338). Die Ziegelmauern und Bogenfenster der hohenstaufischen Burg sind vom Rhein sichtbar.

l. *Uerdingen* (S. 332). Der Thurm von *Duisburg* (S. 339) blickt über das Uferland hervor.

l. *Homberg* (S. 332), Endpunct der Aachener Bahn. Landeplatz der Köln-Düsseldorfer Dampfboote.

r. *Ruhrort* (S. 332), an der Mündung der *Ruhr*, wo nur die Niederländischen Boote anlegen.

l. *Orsoy*, ehemals befestigt und mehrmals belagert. Das Boot fährt bei Wesel durch die Brücke, welche die *Büdericher Insel* mit dem *Fort Blücher*, dem Brückenkopf von Wesel, am linken Ufer verbindet.

r. **Wesel** *(*Dornbusch; Gebauer)*, starke Festung mit 13,000 Einw. (7000 Kath.), an der Mündung der *Lippe* in den Rhein, mit hohen Giebelhäusern und einem hübschen goth. *Rathhaus* vom J. 1396, neuerlich hergestellt, dessen zierliche Vorderseite grosse neue Standbilder schmücken, der h. Willibrord, Carl d. Gr. und Rudolph v. Habsburg, die Grafen Diedrich VIII. und Adolph VI. von Cleve und die Kurf. Joh. Sigismund und Friedrich Wilhelm v. Brandenburg.

In der Nähe des Bahnhofs, auf dem *Exercierplatz*, ist 1835 den 11 preuss. *Offizieren vom Schill'schen Corps*, welche von den Franzosen in Stralsund gefangen und am 16. Sept. 1809 hier erschossen wurden, ein *Denkmal* errichtet, auf derselben Stelle, wo damals die blutige That geschah. Ihre Namen sind auf dem Denkmal eingegraben: „*Leopold Jahn, Ferdinand Schmidt, Ferdinand Gaile, Carl von Wedell, Albert von Wedell, Adolf v. Keller, Constantin von Gabain, Hans von Flemming, Carl von Keffenbrink, Friedrich Felgentreu, Friedrich v. Trachenberg. Sie starben als Preussen und Helden.*"

l. **Xanten** *(Ingenlath)*, ³/₄ St. vom Rhein, sehr alte Stadt, die *Castra vetera* und *Colonia Ulpia* der Römer, Standquartier der 30. *(Ulpia victrix)* und der 18. und 19. Legion, welche in der Schlacht im Teutoburger Wald untergingen, die Heimath uralter Sagen. Hier stand die Burg der Nibelungen, und Siegfried der Drachentödter (S. 42 u. 281) war hier geboren. Auf dem nahen Fürstenberg war das Praetorium des Quintilius Varus (vgl. S. 288). Die ehem. **Collegiatkirche zu St. Victor* (238′ l., 123′ br.) mit den beiden 212′ h. Spitzthürmen, aus Tuffstein (S. 264) aufgeführt, 1213 begonnen, 1522 vollendet, 1861 u. ff. hergestellt, ist ein Meisterstück goth. Baukunst, mit Gemälden von J. v. Calcar, de Bruyn u. A. Besondere Beachtung verdient der durch eine

350 Route 65. EMMERICH.

*Pforte von getriebenem Kupfer abgeschlossene Chor. Im *Kreuzgang* einige für die Geschichte der Kunst wichtige Grabsteine. Auf dem *Kirchhof* steht eine hohe *Spitzsäule* auf dem Grabe des Alterthumsforschers *Corn. de Paw* († 1799), unter Napoleon I. im J. 1811 errichtet. Die Houben'sche Sammlung röm. Alterthümer ist 1855 verkauft.

Wer nach *Cleve* (S. 334) will, verlässt hier das Boot und fährt mit Einsp. (1½ Thlr.) über Calcar. Die goth. Kirche zu Calcar aus dem 14. Jahrh. hat das schönste Altarbild von Joh. v. Calcar; unter demselben treffliche Schnitzarbeit, die Leidensgeschichte und das jüngste Gericht. Calcar ist Geburtsort des berühmten preuss. Reiter-Generals v. *Seydlitz* († 1773), des Siegers von Rossbach. Auf dem Marktplatz ist ihm ein 20' h. Denkmal errichtet, ein *Standbild von Bayerle, der tapfere General in vollständiger Uniform, mit einer Hand den Mantel zusammenfassend und in der andern das gezogene Schwert, bereit, dem Feinde entgegenzustürmen.

r. **Rees** *(Deimann)*, einst stark befestigt. Am obern Ende der Stadt der Rumpf einer Windmühle. Die kath. *Kirche* mit den beiden viereckigen säulentempelartigen Thürmen ist erst zu Anfang dieses Jahrhunderts erbaut.

r. **Emmerich** *(Holländ. Hof)*, reinliche Stadt im holländ. Character, Sitz des Grenzzollamts. Am obern Ende ragt der spitze goth. Thurm der *Aldegundiskirche* hervor, am untern zeigt sich die *Münsterkirche*, aus dem Uebergang vom 11. in's 12. Jahrh. Ein rother viereckiger Denkstein in der Kirchenwand am vordern Aufgang zum Chor hat folgende Inschrift: „*Int juer ons Heren MCCCCXXXIII op sunte jacobes avent do staerf hertoghe Geert van Sleswig greve to Holsten to Stormeren un to Schovenborch. Bid voer de zile.*" Nach des Herzogs Gerhard, der hier (24. Juli 1433) auf einer Reise starb, und seines Bruders Adolf († 1459) Tod fielen die Herzogthümer Schleswig und Holstein 1460 an Dänemark, bei dem sie bis zum Tode Königs Friedrich VII. verblieben. (*Eisenbahn* über *Arnheim* und *Utrecht* nach *Amsterdam* in 4 St., Fahrpreise 3 Thlr. 16½ Sgr., 2 Thlr. 20 Sgr., 1 Thlr. 23¼ Sgr. Vgl. *Baedeker's Belgien und Holland.*)

Register.

Wo mehrere Zahlen stehen, deutet die stehende (Antiqua-) Schrift auf die Hauptbeschreibung.

Aachen 324.
Aare, die 140.
Achern 102. *126.*
Achkarren 112.
Adenau 273.
Adolphseck 192.
Agger, die 318.
Ahn 136.
Ahler Hütte 247.
Ahrthal, das 269.
Ahrweiler 271.
Alb, die 121.
Albbruck 136.
Albersbach 131.
Albersweiler 149.
Albshausen 252.
Albstrasse, die 196.
Aldegund 163.
Aldekerk 333.
Alf 162.
Alken 165.
Allensbach 138.
Allerheiligen 125.
Allerheiligenberg, d. 233.
Allner 318.
Alsbacher Schloss, das 66.
Alsenz 112.
Alsenz, die 142.
Alsheim 90.
Altarstein, der 71.
Alt-Breisach 113.
Alt-Eberstein 88.
Alte Burg 228.
Alte Haus, das 251.
Alte Mann, der 116.
Alte Zoll, der 288.
Altona 319.
Altenahr 272.
Altenbamberg 142.
Altenberg, die Abtei 311.
—, der 329.
Altenburg, Ruine 165.
— an der Ahr 273.
Altenbundem 319.
Altenkirchen 318.
Altglashütte 136.
Altkönig, der 61.
Alzette, die 154.
St. Amarin 23.
St. Amarinthal, das 8. 22.
Ammerschwier 6.
Anderhalde 119.
Andernach 257. *316.*

Annweiler 148.
Anrath 331.
Antogast 126.
Antonacum s. Andernach.
Antoniusstein 266.
Antweiler 273.
Apollinarisberg, der 263.
Apollinarisbrunnen, der 270.
Apolloniuscapelle, d. 113.
Appelbach, der 142.
Appenweier 102.
Aprath 340.
Aquisgranum s. Aachen.
Archwiller 25.
Arelannon s. Saalburg.
Ardeygebirge, das 343.
Aremberg, der 273.
Arenberg 237.
Argenfels, Schloss 260.
Aruentoratum s. Strassburg.
Arheiligen 63.
Arlendorf 260.
Arnstein 250.
Arnual 152.
Arras, Ruine 163.
Arzheim b. Coblenz 247.
— i. d. Pfalz 147.
Assmannshausen 213.
Asterstein, der 246.
Attenbach 318.
Atzenbach 133.
Au 318.
Auerbach 67.
Auggen 114.
Augusta Nemetum s.
 Speyer.
— *Treuirorum s.* Trier
Aulhausen 201.
Aumenau 252.
Aurelia aquens. s. Baden.
Baal 330.
Bacharach 216. *316.*
Baden-Baden 92.
Badenweiler 115.
Bäderlei, die 249.
Baiersbronn 124.
Baldenweger Hütte 131.
Balduinstein 251.
Balkhausen 71.
Barbelstein 149.
Bardenberg 330.

Bärenfels, Ruine 136.
Bärenthal, das 132.
Barmen 340.
Barr 18.
Bartenheim 7.
Basel 1.
Bassenheim 268.
Bastenhaus 142.
Bausenberg, der 269.
Beblenheim 6.
Beckingen 152.
Bedburg 322.
Beerfelden 76.
Beilstein 161.
Belchen, der 119.
—, der Gebweiler 8.
Belford 8.
Bell 267.
Bellingen 114.
Belvedere 171.
Bendorf 254.
Benfeld 10.
Bennhausen 143.
Bennweier 9.
Benrath 335.
Bensberg 291.
Bensheim 68.
Berge 348.
Bergerbach, der 133.
Bergstrasse, die 66.
Bergzabern 149.
Bermersbach 122.
Berncastel 161.
Bertrich 163.
Besselich 253.
Bett, das 316.
Bettenfeld 172.
Betzdorf 318.
Beuel 288.
Beuern 137.
Beuggen 6.
Beul 271.
Beurig 153.
Bexbach 151.
Biburk 194.
Bickenbach 70.
Bickensohl 112.
Bieberach 130.
Biebrich 191. *59.*
Bildstock 151.
Bingen 203. *316.*
Bingerbrück 206. *316.*
Bingerloch, das 213.

352 REGISTER.

Birgeler Kopf 279.
Birkenau 73.
Birkenfeld 209.
Birkenhördt 149.
Birresborn 170.
Bischoffsheim 66. 58.
Bischofstein, Ruine 165.
Bischweier 93.
Bischweiler 26.
Bitschweiler 23.
Bladenhorst 316.
Blankenberg 318.
Blankenheim 270.
Blankenstein 343.
St. Blasien 136.
Blauen, der 118. 7.
Bleidenstadt 192.
Blücherthal, das 217.
Bludenberg, der 20.
Blumberg 137.
Bobenheim 29.
Bochum 316.
Böckelheim 208.
Bockenheim 58. 321.
Bodelschwingh 346.
Bodendorf 270.
Bodenheim 30.
Bodenthal 213.
Bödingen 318.
Böhl 28. *149.*
Bolverhahn, der 277.
Bolweiler 8.
Bombogen 173.
Bonames 321.
Bonconica s. Oppenheim.
Bonn 284. *312.*
Boos 206.
Boosenburg, die 200.
Boppard 227. *316.*
Borbeck 348.
Borbetomagus s. Worms.
Bornhofen 226.
Bos, der 196.
Bouss 152.
Brandenburger Thal 133.
Braubach 229.
Brauneberg, der 161.
Braunfels 252.
Brauweiler 321.
Breiberich, der 282.
Breisach 118.
Breisgau, der 104. 106.
Kreisig, Nieder- 260.
Breitbacher Kreuz 278.
Breitenbach 21.
Bremm 164.
Brennet 140. *136.*
Bressoir, le 20.
Bretzenheim 206.
Brey 229.
Briedel 162.
Brigittenschloss, das 123.
Brockscheid 171.

Brodenbach 165.
Brohl 259.
Brohlthal, das 264.
Brömserburg, die 199.
Bruchhof, der 280.
Bruchmühlbach 151.
Bruchsal 85.
Brudeldreis, der 170.
Brüder, die 226.
Bruderkunsberg, der 282.
Bruhl 312.
Brumath 23.
Bruttig 164.
Bubenhausen 192.
Buchen 133.
Buchholz b. Boppard 228.
— bei Manderscheid 171. *166.*
Budenheim 234. 317.
Büderich 349.
Budesheim 305.
Buhl 101.
Buhlbach 124.
Buir 322.
Bulach 90.
Bullay 163.
Bunte Kuh, die 271.
Burbach 319.
Burg 130.
Burgberg, der 322.
Burgbrohl 268.
Bürgeln 117.
Burgen 165.
Burtscheid 328.
Buruncum s. Worringen.
Burweiler 146.
Busenberg 149.
Bussang, Col de 23.
Butzbach 320.
Buttensteiner Fälle 126.
Cabel 343.
Calcar 350.
Calcuun 338.
Callstadt 144.
Camp 227.
Capellen 231 *315.*
Cappel 125.
Carden 164.
Carlsberg, Ruine 151.
Carlsruhe, die 217.
Carlshalle 210.
Carlshöhe, die 329.
Carlsruhe 86.
Casselburg, Ruine 169.
Castel 59. 181. *173.*
Castell 153.
Castrop 346.
Caub 219.
Cernay 8.
Champignon 68.
St. Chrischona 135.
Clarenthal 190.
Clef, die 152.

Clemenskirche, die 214.
Cleve 334.
Clotten 164.
Clüsserath 165.
Cobern 165.
Coblenz 236. *318.*
Cochem 164.
Colmar 8.
Colonia Agrippina s. Köln.
Confluentes s. Coblenz.
Constanz 138.
Conz 153.
Cornelimünster 329.
Corsika 74.
Cramberg 251.
Crefeld 331. *339.*
Creuzthal 319.
Cröff 161.
Ste-Croix aux mines 20.
Cronberg 62.
Cronthal 62.
Cues 161.
Cunostein-Engers 255.
Curve 234.
Dabo 25.
Dachsburg 25.
—, die 25.
Dachsbusch, der 264.
Dachsen 138.
Dachsenhausen 229.
Dachskopf 229.
Dagsburg, die 8.
Dahn 148.
Dannenfels 143.
Darmstadt 63.
Dattenberg 261.
Daun 167.
Dausenau 248.
Deidesheim 146.
Deile, die 340.
Deimelsberg 340.
Denzlingen 105. *139.*
Dernau 271.
Dettweiler 23.
Detzen 161.
Deurenburg, Ruine 225.
Deutz 311.
Dhaun 207.
Dhun, die 311. 335.
St. Didel 20.
Dieblich 165.
Diedenbergen 58.
Dielkirchen 142.
Diemerstein, Ruine 150.
Dietkirchen 252.
Dietz 251.
St-Diey 20.
Dill, die 319.
Dilldorf 340.
Dillenburg 319.
Dillingen 152.
Dilsberg, der 84.
Dinglingen 104.

REGISTER. 353

Dinkholder Brunnen 229.
Dinslaken 349.
Dissibodenberg 207.
Dockweiler 171.
Dogern 140.
Domkaul, die 281.
Donatusberg, der 261.
Donaueschingen 137.
Donnersberg, der 142.
Dormagen 333.
Dornach 8.
Dornap 340.
Dortelweil 321.
Dortmund 344.
Drachenfels, Ruine 281.
Draischbrunnen, der 313.
Dreien Egisheim 8.
Dreien Exen, die 8.
Drei-Fürstenstein, d. 123.
Dreis 168.
Dreisam, die 104. 106. 130.
Dreven 332.
Dreysen 143.
Dromm, die 73.
Duisburg 339. 348.
Dülken 331.
Dümpelfeld 273.
Düren 322.
Dürkheim 144.
Durlach 85.
Dusemond 161.
Düssel, die 340.
Düsseldorf 335.
Düsselthal 338.
Dutenhofen 320.
Duttweiler 152.
Dyck, Schloss 331.
Eberbach i. Odenwald 75.
— im Rheingau 196.
Ebernburg 211.
Ebersheim 10.
Eberstadt 66.
Ebersteinburg, Ruine 98.
Ebersteindorf 99.
Eberstein-Schloss 99.
Ebnet 130.
Eckfeld 166.
Eckle, das 123.
Edelfrauengrab, d. 125.
Edenkoben 27. 146.
Edesheim 27.
Ediger 164.
Efringen 115.
Egisheim 8.
Ebrang 160.
Ehrenbreitstein, der 244.
Ehrenburg, Ruine 165.
Ehrenfeld, das 321.
Ehrenfels, Ruine 213.
Ehrenthal 226.
Ehringhausen 319.
Eibingen 199.
Eich 268.

Eichberg 196.
Eldingen 319.
Eifel, die 166.
Eigelstein, der 174.
Eimeldingen 115.
Eisenberg 143.
Eitorf 318.
Elberfeld 340.
Elfeld 195.
Elisenhöhe b. Bingen 204.
— bei Elberfeld 341.
Eller 164.
—, Schloss 335.
Elsenz, die 84.
Eltville 195.
Elz, Schloss 164.
Elz, die 104. 164.
Emmaburg, die 329.
Emmendingen 105.
Emmerich 350.
Ems 247.
Engehöll, die 221.
Engelburg, die 8.
Engelrath 311.
Engers 255.
Enkirch 162.
Ennepe, die 342.
Ensch 161.
Ensdorf 152.
Enzen 291.
Eppstein 60.
Erbach im Odenwald 73.
— im Rheingau 196.
Erden 162.
Erdenburg, die 292.
Erdmännleinhöhle, d. 136.
Erensberg, der 168.
Erft, die 322.
Erkelenz 330.
Erkrath 339.
Erlenbach im Odenw. 73.
— in der Rheinpfalz 149.
Erlenbad, das 101.
Erpel 262.
Erstein 10.
Ertzweiler 25.
Erzkasten, der 111.
Eschbach 147.
Eschhofen 252.
Eschweiler 323.
Eschweiler-Pumpe 323.
Essen 317.
Ettenheim 104.
Ettlingen 90.
Ettringer Beller-Kopf 268.
Eulsbach 73.
Fachbach 247.
Fachingen 251.
Fahr 257.
Fahrbach 73.
Falkenburg, Ruine 214.
Falkenlei, die 163.
Falkenlust, Schloss 312.

Falkenstein i. Taunus 61.
— im Breisgau 131.
Fallbach, der 129.
Farinasruhe 278.
Favorite, die 100.
Fecht, die 21.
Federbach, der 91.
Fegersheim 10.
Feldberg, d., im Schwarzwald 132.
— im Taunus 61.
Feldkirche, die 257.
Feldsee, der 132.
Felleringen 22.
Felsberg, der, in der Eifel 169.
— im Odenwald 71.
Felsenmeer, das 71.
Fetzberg 320.
Filsen 228.
Finnentrop 319.
Finthen 175.
Fischbach im Taunus 60.
— an der Nahe 208.
Fleckertshöhe, die 228.
Flörsheim 58.
Forbach 122.
Fornich 258.
Forst 146.
Forstberg, der 268.
Frankenburg, die, bei Aachen 329.
— im Elsass 19.
Frankenstein 150.
—, Ruine 66.
Frankenthal 29.
Frankfurt 43.
 *Bethmanns Mus. 54.
 Bibliothek 52.
 Börse 49.
 *Brücke 51.
 Bundestag 56.
 Burgerverein 56.
 Carl's d. Gr. Standb. 51.
 Constablerwache 53.
 *Diorama 44.
 *Dom 50.
 *Friedhof 54.
 *Gemäldesammlung 56.
 *Goethe's Denkmal 46.
 — Haus 46.
 *Gutenbergs Denkm. 45.
 Hauptwache 53.
 *Hessen-Denkmal 54.
 Hospital 52.
 Judengasse 52.
 Leonhardskirche 50.
 Nicolaikirche 50.
 Paulskirche 49.
 Perm. Ausstellung 44.
 *Römer 46.
 Saalbau 56.
 Saalhof 50.

Bædeker's Rheinlande. 14. Aufl. 23

REGISTER.

Frankfurt:
  Sachsenhausen 52.
  Schiller-Denkmal 53.
  Senkenberg'sche Gesellschaft 55.
  *Städel'sche Kunstanstalt 56.
  Synagoge 53.
  *Zeil 52.
  *Zoolog. Garten 57.
Frankweiler 147.
Frauenkirche, die 268.
Frauenstein 195.
Fraulautern 152.
Freiburg 105.
Fremersberg 92.
Frenz 322.
Freudenburg 153.
Freyersbach 126.
Friedberg 321.
Friedrichsberg, der 254.
Friedrichsfeld 38, 69.
Friedrichsstein 257.
Friedrichsthal 152.
Friesenheim 104.
Frücht 250.
Fürstenberg, Ruine am Rhein 215.
—, Ruine im Schwarzw. 137.
Fürth 73.
Furtwangen 129.
Fustenburg, die 217.
Gadernheim 72.
Gaggenau 93.
Gammelsbacher Thal, das 75.
Gans, die 211.
Garbenheim 320.
Gau-Algesheim 316.
Gaulsheim 199. *316.*
Gausbach 122.
Gebweiler 8.
Gees 169.
Gefährt, das wilde 217.
Geiersburg, Ruine 145.
Geilenkirchen 330.
Geilnau 251.
Geisbach 122.
Geisberg, der, bei Heidelberg 82.
— im Siebengebirge 277.
Geisenheim 198.
Geispolsheim 10.
Geisweid 319.
Geldern 333.
Gelsenkirchen 316.
Gemarke 341.
Gemünden 167.
Gengenbach 130.
Genovefakirche, die 268.
St. Georgen am Kaiserstuhl 112.

St. Georgen im Schwarswald 128.
Georgenborn 193.
Gernsbach 99. *89.*
Geroldsau 101.
Geroldseck im Elsass 23.
Geroldstein 215.
Gerolstein 170.
Gerresheim 339.
Gersprenz 75.
Geschwendt 133.
Gestein, das 339.
Geul-Viaduct, der 329.
Gevelsberg 342.
Giessen 320.
Gillenfeld 166.
Gimmeldingen 146.
Girsberg, Ruine 9.
Gladbach 331.
Glan, die 207.
Glelberg, Ruine 320.
Gleisweiler 146.
St. Goar 224. *316.*
St. Goarshausen 223.
Goch 333.
Godenhaus 260.
Godesberg 313.
Godorf 291.
Goldenfels 217.
Goldne Meile, die 314.
Göllheim 143.
Gondorf 165.
Günnersdorf 269.
Gorxheim 69.
Gottmadingen 138.
Gottsau 86.
Graach 161.
Gräfenberg, der 196.
Grafenwerth 282.
Gräfinburg, Ruine 162.
Gräfrath 340.
Grand-Ventron, der 22.
Grasellenbach 74.
Graupenwerth, das 291.
Grau-Rheindorf 291.
Gregorienthal, das 21.
Greifenstein, Ruine 23.
Grenzach 141.
Gressenich 322.
Grevenbrück 319.
Griesbach 126.
Grindenbach, der 126.
Grossenbaum 339.
Grossgerau 66.
Gross-Karben 321.
Gross-Litgen 172.
Gross-Sachsen 69.
Gründe, die 124.
Grünstadt 144.
Güldenbach, der 217.
Güls 165.
Guntersblum 30.
Günthersthal, das 111.

Gunzenbach, der 95.
Gustavsburg, die 184. *66.*
Gutach 128.
Gutehoffnungshütte, die 348.
Gute-Mann, Capelle 255.
Gutenfels, Ruine 219.
Haanenburg, die 278.
Haardt 146.
—, die 341.
—, an der 25.
Haardter Schloss, das 146.
Haberacker 25.
Habsheim 7.
Hachimette 20.
Hagen 343. *319.*
Hagenau 26.
Hager 25.
Hager Köppelchen 278.
Hahnebach, der 208.
Haiger 319.
Hain 268.
Hallgarten 197.
Haltingen 115.
Hambach 146.
Hammerstein, Ruine 258.
Handschuchsheim 69.
Hanselmanns - Höhlen, die 249.
Hardenstein, Ruine 343.
Hardwald, der 86.
Hartenburg, Ruine 145.
Hasebühl, der 143.
Hasel 136.
Haselbachthal, das 223.
Haspe 342.
Hasslach 129.
Hassloch 149. *28.*
Hattenheim 197.
Hattersheim 60. *58.*
Hattingen 344.
Hatzenport 165.
Hauen-Eberstein 93.
Hauenstein in der Bayrischen Rheinpfalz 148.
— in Baden 140.
Hauptstubl 151.
Hausach 129.
Haus-Baden 117.
Hausen 133. 215.
Häusern 136.
Hayrich, der 223.
Heckinghausen 341.
Hecklingen 104.
Heddesdorf 256.
Heidekamm. der 278.
Heidelberg 75.
Heidenbad, das 22.
Heidenberg, der 186.
Heidenmauer, die, bei Dürkheim 145.
— bei Wiesbaden 186.
— in den Vogesen 18.

REGISTER. 355

Heidesheim 317.
Heilbrunnen, der 265.
Heiligenberg, der 83.
Heiligenstein 18.
Heilig-Kreuz 20.
Heiligkreuzsteinach 74.
Heimbach a. d. Nahe 209.
— am Rhein 254.
Heimburg, Ruine 214.
Heimersheim 271.
Heisterbach 275.
Heisterbacherrott 276.
Heitersheim 114.
Helenenberg, der 314.
Helfenstein 244.
Heller, die 318.
Heltorf 339.
Hemmerich, der 274.
Hemmersbach 322.
Hemmessen 270.
Hemsbach 68.
Hennef 318.
Heppenheim 68.
Heppingen 270.
Herblingen 138.
Herbolzheim 104.
Herborn 319.
Herchen 318.
Herchenberg, der 269.
Herdecke 343.
Herdorf 319.
Herlisheim 8.
Hermannstein 319.
Herne 346.
Hernsheim 29.
Herrenberg, der 22.
Herschwiesen 228.
Hersel 291.
Herxheim 144.
Herzogenrath 330.
Hickengrund 319.
Hillesheim 168.
Hilpertsau 122.
Himmelreich, das 130.
Hinterhaus, Rüdesheim 199.
Hinterweiler 169.
Hinterzarten 132.
St-Hippolyte 19. 10.
Hirschensprung, der 131.
Hirschhorn 74.
Hirtenfels, der 143.
Hirzenach 226.
Hochburg, Ruine 105.
Hochdahl 339.
Höchenschwand 130.
Hochfelden 23.
Hochheim 59.
Hochkelch, der 119.
Hochkreuz, das 313.
Hochspeyer 150.
Höchst 68.
Hochstätter Thal, das 67.

Hochstein, der 268.
Hochwald, der 322.
Hoffen 26.
Hofheimer Capelle, die 58. 60.
Hoh-Barr 24. 23.
Hohe-Acht, die 273. 163.
Hohen-Egisheim 8.
Hohenfeld 169.
Hohenfels 168.
Hohengeroldseck, Ruine 104.
Hohen-Kandel 105.
Hohen-Kinspurg, Ru. 19.
Hohenlandsberg, Ru. 8.
Hohen-Rappoltstein, Ruine 9.
Hohenstein, Ruine, bei Schwalb. 192.
— der, im Odenwald 72
Hohen-Syburg, Ruine 343.
Hohentwiel 138.
Hoh-Königsburg, Ruí. 19.
Hohe Wurzel 192.
Hohe-Venn 329.
Hohneck, Ruine 214.
Höhr 253.
Hohrainer Hütte 247.
Höllenhaken 141.
Höllenthal, das 131.
Höllstein 134.
Holzhausen 250.
Holzwälder Höhe, die 126.
Homberg 332.
Homburg a. Taunus 62.
— in der Pfalz 151.
Honnef 277.
Hönningen 260.
Hontheim 166.
Hoppengarten 318.
Horchheim 233.
Hördt 26.
Horn, das 273.
Hornberg 128.
Horngraben, der 172.
Hornisgrinde, die 123.
Horrem 333. 322.
Hubbad, das 101.
Huckarde 346.
Hüfingen 137.
Hübnergräber- 278.
Hühnerberg 223.
Hummelsberg, der 262.
Hummerich, der 257.
Hunawiler 20.
Hundem 319.
Hundsbach 26.
Hüningen 7. 115.
Hunnsrück, der 206.
Hütteberg, der 264.
Ichenberg der 323.
Ickern 346.
Idar 209.

Igel 154. 169.
Ilbesheim 147.
St. Ilgen 84.
Ill, die 7. 11.
Illenau 102.
Immeneich 136.
Inde, die 329.
Ingelheim, Nieder- 317.
Ingelheimer Au, die 184.
Irlich 257.
Isabellenschanze, die 291
Isenachthal, das 144.
Isenberg 340. 314.
Isenburg im Elsass 8.
— in Hessen 63.
— in Rheinpreussen 254.
Issel 160.
Istein 115.
Iwerst 101.
Jacobsberg, der 228.
Jesuitenhof, der 291.
St. Johann 152.
Johannesberg 207.
Johannisberg, Schl. 197.
Johanniskirche, die 233.
Jugenheim 70.
Jungfernsprung, der 149.
Jungfrauen, d. sieben 221.
Kabel 319.
Kaisersberg i. Elsass 9. 6.
—, der, bei Herdecke 343.
—, der, bei Linz 261.
Kaiserslautern 150.
Kaiserstrasse, die 143.
Kaiserstuhl, der, im Breisgau 112. 105.
— bei Heidelberg 82.
Kaiserswerth 338.
Kallenfels 208.
Kalkofen 251.
Kalmit, der 27. 147.
Kalscheuren 312.
Kalsmunt 319.
Kaltebach 149.
Kaltenborn 273.
Kaltenengers 255.
Kambach 323.
Kammerberger Mühle 215
Kammereck, das 316.
Kander, die 115. 118.
Kandern 118.
Kanzel 58
Kappeler Thal, das 112.
Karthause, die 242.
Kasbach 262.
Käskeller, der 163.
Kastanienburg, die 27.
Katenes 165.
Katz, die, Ruine 223.
Katzenbuckel, der 75.
Katzenloch, das 209.
Katzenthal 6.
Kauzenberg, der 210.

REGISTER.

Kedrich, der 215.
Kehl 102.
Kehrlich 315.
Kelberg 163.
Kelsterbach 58.
Kemel 250.
Kempen 333.
Kempenich 273.
Kempten 199.
Kenfuss 163.
Kerpen 322.
Kesselheim 254.
Kessenich 313.
Kesten 161.
Kestenburg s. Maxburg.
Ketsch 36.
Kettig 315.
Kevelaer 333.
Kiederich 196.
Kindell 162.
Kinheim 162.
Kinsheim, Schloss 10.
Kinzig, d. 102. 104. 128. 129
Kippenheim 104.
Kirchen 318.
Kirchweiler 108.
Kirchzarten 130.
Kirn 207.
Kirsch 101.
Kirschhausen 73.
Kislau 81.
Klause, die 198.
Kleinbasel 2. 115.
Kleinenbruch 331.
Kleinkembs 114.
Kleinlaufenburg 140.
Klemmbach, der 119.
Klingel, der 99.
Klopp, die, Burg 203.
Klosterrath 330.
Klutert, die 312.
Kniebis, der 124.
Kniebisbäder 126.
Knöringen 27.
Koblenz (i. d Schweiz)140.
Kogenheim 10.
Koblscheid 330.
Kolmbach 72.
Köln in der Pfalz 142.
— am Rhein 292.
  St. Andreas 303.
  *St. Aposteln 304.
  Appellhof 303.
  Arresthaus 304.
  Baumschule 311.
  Bayenthurm 310.
  Botan. Garten 311.
  *Brücke 310.
  Bürgerhospital 305.
  St. Cäcilia 305.
  Clarenthurm s. Römerthurm.
  St. Cunibert 302.

Köln:
  *Dom 296.
  *Erzbisch. Museum 302.
  Festungswerke 311.
  *St. Gereon 303.
  *Gürzenich 306.
  Jesuitenkirche 303.
  Kirchhof 311.
  Königin-Augusta-Halle 307.
  *St. Maria i. Capit. 305.
  Mariä Himmelf.-K. 303.
  *St. Martin 307.
  Mauritiuskirche 305.
  Minoritenkirche 307.
  *Museum 308.
  St. Pantaleon 309.
  St. Peter 305.
  *Rathhaus 306.
  Regierung 303.
  Römerthurm 303.
  Rubens Haus 305.
  St. Severin 309.
  Sicherheitshafen 310.
  Stadtmauer 310.
  Städtischer Garten 311.
  Synagoge 309.
  *Tempelhaus 306.
  Trinitatis-Kirche 309.
  *St. Ursula 302.
  Zeughaus 303.
  Zoolog. Garten 310.
König, der 163.
Königsbach 146.
Königsdorf 321.
Königshofen 10. 103.
Königskreuz, das 140.
Königssteele 340.
Königstein 60.
Königsstuhl, der, am Donnersberg 143.
  — bei Heidelberg 82.
  — bei Rhense 230.
Königswald, der 22.
Königswinter 282.
Kopfstation 340.
Kork 102.
Korretsburg, Ruine 268.
Kowerich 161.
Krahnenberg, der 315.
Kraich, die 85.
Kranichstein 66.
Kreuz, d., b. Altenahr 272.
Kreuzberg a d. Ahr 273.
—, der, bei Bonn 290.
Kreuznach 210.
Krinne, in der 119.
Krippe 260.
Kronenburg, Rui. 209.142.
Kronweiler 209.
Kropsburg, Ruine 27.
Krotzingen 114.
Kruft 268.

Krufter Ofen, der 266.
Krüth 22.
Küdinghofen 284.
Kühkopf, der 242.
Kühr 165.
Kupferdreh 340.
Kuppenheim 92.
Küppersteg 335.
Kutterau, Ober- 136.
Kybfelsen 112.
Kyll, die 169. 171.
Kyrburg, Ruine 208.
Laach, Abtei 266.
Laach, Dorf 272.
Laacher See, der 266.
Lac blanc 20.
— noir 20.
Ladenburg 69.
Lahn, die 233. 247.
Lahneck, Burg 231.
Lahr in Baden 104.
— im Siebengebirge 276.
St. Lambrecht 150.
Landau 26.
Landberg, der 68.
Landen 330.
Landsberg, Ruine 18.
Landshut 161.
Landskron, R.,a.d.Ahr270
— bei Oppenheim 30.
Landstuhl 150.
Langel 291.
Langen 63.
Langenau, Burg 250.
Langenbach 123.
Langenberg 340.
Langenbrand 122.
Langenbrücken 84.
Langendreer 340.
Langenfeld 335.
Langenlonsheim 206.
Langenschwalbach 191.
Langenseifen 215.
Langenthal 74.
Langerwehe 322.
Langgöns 321.
Langwerther Au, die 196.
Laubach 233.
Laubenheim bei Mainz 30.
— bei Bingen 206.
Laudenbach 68.
Laufen, Schloss 138.
Laufenburg 140.
Laukenmühle, die 215.
Laurenburg 251.
Laurenshamense Monasterium s. Lorsch.
Lautenbach 101.
Lauter, die 149.
Lauterbach, der 72.
Lax, die 74.
Lay 165.
Leber, die 19. 20.

REGISTER.

Leberau 20.
Lehmen 165.
Leimbach 273.
Leiningen 143.
Leiven 161.
Leniaberg, der 234.
Lenne, die 319. 343.
Lenzkirch 136.
Leopolds-Canal, der 105.
Leopoldshöhe 115.
Les basses huttes 21.
Les hautes huttes 21.
Letmathe 319.
Leubsdorf 260.
Leuk, die 153.
Leutesdorf 258.
Leyberg, der 282.
Lichtenegg, Ruine 104.
Lichtenthal 95.
Liebeneck, Schloss 228.
Liebenstein, Ruine 226.
Liedberg, Schloss 331.
Lièpvre, la 20.
Lierbach, der 126.
Lieser 161.
Lieser, die 167. 170. 172.
Limburg a. d. Lahn 252.
—, Kloster-Ruine 144.
Limburg a. d. Lenne 319.
Limmersheim 10.
Lindenbach 248.
Lindenfels 72.
Lindern 330.
Lintorf 339.
Linz 260.
Linzerhausen 262.
Lippe, die 349.
Lipperheide, die 348.
Littenweiler 112.
Lochmühle, die 271.
Logelbach, die 8.
Löhnberg 252.
Löhrbacher Thal 74.
Lohrberg, der 276.
Lohrsdorf 270.
Longerich 333.
Longwich 161.
Lorch 215.
Lorchhausen 215.
Lorettocapelle, die 111.
Lörrach 134.
Lorsbacher Thal, das 60.
Lorsch 68.
Losenich 162.
St-Louis 7.
Louisenthal 152.
Lousberg, der 328.
Löwenburg, die 276.
Ludwigseiche, die 66.
Ludwigshafen 28.
Ludwigshöhe, die bei Darmstadt 66.
— bei Lindenfels 72.

Ludwigshöhe, die bei Rhodt 146. 27.
Lülsdorf 291.
Lungenburg, die 283.
Lupodunum s.Ladenburg.
Lurlei, die 221
Lutterbach 8.
Luttingen 110.
Lützelburg 24.
Lützelstein, der 24.
Lutzerath 163.
Luxemburg 154.
Luzieberg, der 66.
Machern 161.
Madenburg, die 147.
Magont. cast. s. Mainz.
Mahlberg, Schloss 104.
Mahlbergs-Kopf, der 248.
Maikammer 27.
Mainau, Insel 139.
Mainspitze, die 184.
Mainz 173.
 Citadelle 174.
 *Dom 176.
 *Eigelstein 174.
 *Favorite 184.
 Festung 176.
 Fruchthalle 180.
 Gutenbergs-Statue 179.
 — Geburtshaus 180.
 Industriehalle 180.
 *Kirchhof 183.
 Kastrich 180.
 *Neue Anlage 181.
 Palast des Grossh. 182.
 Peterskirche 181.
 *Röm. Wasserleit. 175.
 Schiller's Standbild 180.
 Schillerplatz 180.
 Schloss 181.
 Stephanskirche 182.
 Theater 180.
 Zeughaus 182.
Malchen, der 66.
Mallendar 253.
Malsch 91.
Malschbach 101.
Manderscheid 171.
Mannheim 36.
Mannweiler 112.
Manternach 154.
Manubach 216.
St. Margarethenkreuz 276.
Stᶜ-Marie aux mines 20.
Marienberg bei Boppard 227.
— in Siebengebirge 278.
Marienburg, Ruine 162.
Marienfels 278.
Marienhausen 201.
Marienhöhe, die 66.
Marienthal a. d. Ahr 271.
— am Donnersberg 142.

Marienthal im Elsass 26.
— im Rheingau 199.
Markbrunnen, der 196.
Markelfingen 138.
Markirch 20.
Marksburg, die 229.
Marsfeld, das 250.
Martfeld 312.
Martinscapelle, die 229.
Martinstein 207.
Matthiascapelle, die 165.
Mattiaci fontes, s. Wiesbaden.
Matzenheim 10.
Maulburg 133.
Mäuseberg, die Ruine 225.
Mäuseberg, der 167.
Mäusethurm, der 212.
Maxau 90.
Maxburg, die 27. 146.
Mayen 267.
Mayschoss 271.
Meerfeld 172.
Meersaen 330.
Mehlem 280. 313.
Mehren 167.
Mehring 161.
Melibocus, der 70. 66.
Mengede 316.
Mennelstein, der 18.
Menzenberg, der 278.
Menzenschwand 136.
Mercuriusberg, der 100.
Merl 162.
Merode 322.
Merten 318.
Mertert 154.
Merxheim 8.
Merzig 152.
Mettenheim 30.
Mettlach 152.
Metzeburg 319.
Metzeral 21.
Michaelsberg, der 85.
Michelstadt 75.
Miesenheim 268.
Milspe 342.
Minderberg, der 261.
Minder-Litgen 172.
Mingolsheim 84.
Minheim 161.
Mittelberg, der 282.
Mittelburg, die 74.
Mittel-Hambach 146. 28.
Mittelbeim 197.
Mittelzell 138.
Miltershausen 73.
Mombach 317.
Mommenheim 23.
Mondorf 291.
Monrepos, Schloss 257.
Montclair, Ruine 153.
Montebello, Fort 59.

357

REGISTER.

Montroyal 182.
Monzingen 207.
Mooswald, der 112.
Mordnau, die 104.
Moresnet 329.
Morgenbachthal, das 214.
Mörlenbach 73.
Mortier, Fort 113.
Mosbach 194.
Mosel, die 150. *23. 239.*
Moselkern 164.
Moselweis 165.
Mosenberg, der 171.
Müden 164.
Muggensturm 91.
Mühlacker 86.
Mühlbad 227.
Mühlburg 90.
Mühlhausen 7.
Mühlheim b. Coblenz 315
— an der Mosel 161.
Mühlhofen 254.
Mühlstein, der 212.
Mülheim 335.
— a. d. Ruhr 348.
Müllenbach 164.
Müllheim 114.
Mümlingthal 75.
Mummelsee, der 124.
Münster bei Bingen 206.
— im Elsass 21.
— am Stein 211.
Münster-Maifeld 165.
Münsterthal, das, in Baden 119.
— im Elsass 21.
Münz, die 148.
Münzenberg, Ruine 320.
Munzingen 112.
Murg 140.
—, die 92. 99. 121. 122. 124.
Musbach 149.
Mustert 161.
Mutterstadt 28. *149.*
Nackenheim 30.
Nahe, die 204. 206. 212.
Namedy 258.
Nassau 249.
Nauheim 320. *66.*
Neanderhöhle, die 340.
Neanderthal 339.
Neckar, d. 37. 69. 74. 77. 88.
Neckargemünd 84.
Neckarhausen 69.
Neckarsteinach 74. *84.*
Neef 163.
Neidenfels, Ruine 150.
Nennig 153.
Neroberg, der 186. *188.*
Neroth 169.
Nerothal 189.
Nette, die 257.
Netterhaus, das 268.

Netterhof, der 257.
Neu-Breisach 113.
Neu-Castel, Ruine 147.
Neudorf 195. *192.*
Neu-Eberstein 99.
Neuenahr, Bad 270.
Neuenburg 114.
Neuendorf 253.
Neuenheim 69. *83.*
Neuenweg 119.
Neuhaus b. Baden 99.
— b. Allerheiligen 125.
Neuhausen 138.
Neukatzenelnbogen 228.
Neumagen a. d. Mosel 161.
— im Schwarzwald 119.
Neumühl i. d. Eifel 172.
— im Schwarzwald 119.
— in den Vogesen 25.
Neun Aussichten, die 68.
Neunkirchen i. d. Eifel 169
— b. Saarbrück 151.
— b. Siegen 319.
Neun Linden, die 112.
Neuss 333.
Neustadt 28. *149.*
Neuwied 256.
Neviges 340.
Nickenich 268.
Nidda, die 58. 321.
Nideggen, Ruine 322.
Niederbiber 256.
Nieder-Breisig 260.
Niederbühl 92.
Niederburg b. Cobern 166.
— b. Kappoltsweiler 9.
Nieder-Cassel 291.
Niederdollendorf 283.
Nieder-Ernst 164.
Niederfell 165.
Niedergladbach 215.
Niederhammerstein 259.
Niederhausen 206.
Niederheimbach 214.
Nieder-Ingelheim 317.
Nieder-Kestert 226.
Niederlahnstein 233.
Niederlützingen 269.
Niedermendig 267.
Niederrad 58.
Niederschelden 318.
Niederspay 228.
Niederwald, der 200.
Niederwalluf 195.
Niederweiler 115.
Niederwerth, Insel 253.
Niederwöllstadt 321.
Niederzissen 268.
Nierenhof 344.
Niers, die 333.
Nierstein 30.
Nieukerk 333.
Nievern 247.

Nippes 259.
Nirm 323.
Nohl 138.
Nollingen, Ruine 215.
Nonnenstromberg, d. 274.
Nonnenwerth, Insel 279.
Nordcanal, der 331.
Norf 333.
Norheim 206.
Nothberg 322.
Nothgottes, Klosterr. 199.
Noviomagus s. Speyer.
Nürburg, Ruine 273. *168.*
Oberabsteinach 74.
Oberachern 125.
Oberbeuern 99. *122.*
Oberburg b. Cobern 166.
— b. Rüdesheim 200.
Obercassel b. Bonn 283.
— b. Düsseldorf 331.
Oberdiebach 216.
Oberdollendorf 283.
Ober-Emmel 153.
Ober-Ernst 164.
Oberfell 165.
Oberhammerstein 259.
Oberhausen a. d. Nahe 206
— b. Duisburg 348.
Oberkirch 101.
Oberlahnstein 231. *316.*
Oberlaudenbach 68.
Ober-Lützingen 269.
Obermossau 75.
Obernhof 251.
Ober-Reiffenberg, Rui. 61.
Ober-Rimsingen 113.
Oberschaffhausen 112.
Ob.-Schönmattenwag 74.
Oberspay 228.
Oberstein 208.
Obertsroth 122.
Ober-Ursel 63.
Oberweiler 115.
Oberwerth, Insel 233.
Oberwesel 220. *316.*
Oberwinter 278.
Oberzarten 132.
Oberzissen 268.
Ochsenstein, Ruine 25.
Ochtendung 268.
Ockenfels, Ruine 262.
Odenkirchen 331.
Odenthal 311.
Odenwald, der 70.
Oderen 22.
Oeflingen 136.
Oelbach, der 84.
Oelberg, der 278.
Oestrich 197.
Oetringen 154.
Ofenkaulen-Berg, d. 276.
Offenburg 103.
Oggersheim 29.

REGISTER.

Ohligsberg, der 161.
Olbrück, Ruine 268.
Olewig 157.
Oos 92. 101.
Oos-Bach, der 94.
Oppenau 126. 125.
Oppenheim 30.
Oranienstein, Schl. 252.
Orbey 20.
Orscholz 153.
Orschweier 104.
Orschweiler 10.
Orsoy 349.
Ortenau, die 104.
Ortenberg, Schl. 130. 104.
Osterath 333.
Ostern 75.
Osterspay 228.
Ostheim 9.
Osthofen 30.
Ostwald 10.
Ottenau 93.
Ottenhöfen 125.
Ottersweier 101.
Ottilienberg, der 18.
Ottweiler 209.
Otzberg, der 73.
Pallien 160.
Papenkaul, die 170.
Patersberg 223.
Pelm 169.
Pempelfort 338.
Perler Kopf, der 269.
St. Peter 112.
Petersau, Insel 184. 194
Petersberg b. Coblenz 243
— im Siebengebirge 275.
Peterskopf, der 145.
Peterspay 228.
Petersthal 126.
Petrusbach, der 154.
Pfaffendorf 234.
Pfaffenmütze, die 291.
Pfaffenröttchen 283.
Pfalgraben, der 259.
Pfalz, die 217.
Pfalzel 160.
Püngstbach, der 269.
Pünz, die 85.
Philippsburg 84.
Philippshalle, Saline 144
Pisport 161.
Plaidt 268.
Platte, die 190.
Plettenberg 319.
Plittersdorf 283.
Pölich 161.
St. Pölt 19.
Poppelsdorf 289.
Porz 291.
Präg 135.
Prath 229.
Prumpt 23.

Pulvermaar, das 166.
Pulverthal, das 154.
Pünderich 162.
Pützchen 284.
Pyrmont, Ruine 165.
Queich, die 27. 147.
Quint, die 160.
Rabenlei, die 283.
Rachtig 161.
Radolphszell 139.
Radscheck 268.
Rambach 187.
Ramersdorf 284.
Randeck, Ruine 142.
Randen 137.
Rappoltsweiler 9.
Rasselstein 257.
Rastadt 91.
Rauenthal 192.
Raunhein 58.
Rauhmünzach, d. 121. 122.
Rech 271.
Rees 350.
Rehberg, der 148.
Rehköpfchen, das 282.
Reichartshausen, Sch. 197
Reichelsheim 74.
Reichenau 138.
— Insel, 138.
Reichenbach i. Odenw. 72
— i. Schwarzwald 124.
Reichenberg, Schloss 74.
—, Ruine 223.
Reichenstein, Ruine 214.
Reichenweier 20.
Reichsbusch, der 323.
Reifenberg 254.
Reifer Mühle, die 268.
Reiffenberg, Ober-, Rui. 61
Reil 162.
Reimerzhofen 272.
Reinhartshausen 196.
Reinig 100.
Reinsport 161.
Reisberg, der 21.
Reissen 73.
Remagen 262. 314.
Remich 153.
Rench, die 126.
Renchen 102.
Renneberg, d., b. Linz 261
—, der, bei Sayn 254.
Reuschenberg, Schl. 335.
Rheidt a. Rhein 291.
— i. Jülich 331.
Rheinau, Insel 196.
Rheinberg, Burg 195.
Rheinböllen 217.
Rheinbreitbach 277.
Rheinbrohl 260.
Rheindiebach 215.
Rheineck, Schloss 259.
Rheinfelden 141.

Rheinfels, Ruine 224.
Rheingau, der 195.
Rheingrafenstein 211.
Rheinpfalz, die 141.
Rhein-Marne-Canal 23.
— Rhone- 7.
Rheinstein, Burg 213.
Rheinweiler 114.
Rhense 229.
Rhodt 146.
Rhöndorf 277.
Ribeauvillé 9.
Richterich 330.
Rickelshausen 138.
Riegel 104.
Rieben 6. 135.
Riesensäule, die 71.
Rietburg, Ruine 146.
Rigomagus s. Remagen.
Rimbach 73.
Rimburg, Schloss 330.
Rimmerich, der 169.
Rinken 131.
Riol 161.
Rippburg, Ruine 146.
Rippoldsau 127.
Riquevihr 20.
Rittershausen 342.
Rixheim 7.
Rochusberg, der 199.
Rochuscapelle, die 205.
Rockenhausen 142.
Rodeck 125.
Rödelheim 63.
Rodenkirchen 291.
Rodenstein, Ruine 74.
Roderberg, der 280.
Roer, die 322.
Rohrbach 26.
Roisdorf 312.
Rolandseck 279. 314.
Rolandswerth, Insel 279.
Römersberg, der 166.
Rommersdorf 254.
Ronheide 329.
Roodt 154.
Rösberg 312.
Rosenau, der 274.
Rosenburg, die 313.
Rosengarten, der 42.
Rossbuhl, der 124.
Rossel, die 202.
Rossert, der 60.
Rosskopf 112.
Rossstein, der 221.
Roth 170.
Rothenberg, der 199.
Rothenfels 93.
—, der 212.
Röttein 134.
Röttger Schloss, das 323.
Rubeacum s. Ruffach.
Rübenach 240.

Westhofen 291.
Westrich, der 149.
Wetter 343.
Wetzlar 319. 252.
Weyersbach 170.
Wichelshof, der 291.
Wicblinghausen 341.
Wickrath 331.
Widdig 281.
Wiebelskirchen 269.
Wiedbach, der 257.
Wiesbaden 185.
Wiese, die 133.
Wiesenthal, das 133. 85.
Wiesloch 84.
Wildenburg, die 209.
Wildenstein 23.
Wilhelmsfelsen 193.
Willer 23.
Willgartswiesen 148.
Wiltingen 153.
Windeck, Burg, bei Baden 101.
— bei Schladern 318.

Baden bei Weinheim 69.
Winden 26. 149.
Windesheim 217.
Windschläg 103.
Winkel 197.
Winneburg, Ruine 164.
Winningen 165.
Winterberg, der 248.
Wintermühlenhof 276.
Wintrich 161.
Winzingen, Ruine 146.
Wisper, die 192. 215.
Wissen 318.
Wittelsheim 8.
Witten 343.
Wittlich 173.
Wolf 162.
Wolfach 128.
Wolfsbrunnen, der 83.
Wolfsburg, Ruine 150.
Wolkenburg, die 277.
Worms 38. 29.
Worringen 333.
Wörth, Schloss 138.

Wupper, d. 335. 340. 341.
Wupperfeld 341.
Würgersdorf 319.
Wurm, die 330.
Wylre 330.
Xanten 340.
Yburg, Ruine 100.
Zabern 23.
Zahlbach 175.
Zähringen, Ruine 105.
Zauberhöhle, die 202.
Zell i. Wiesenthal 133.
— an der Mosel 162.
Zellenberg 20.
Zeltingen 161.
Zicklenburg 277.
Zipfelhof 132.
Zons 333.
Zorn, die 23. 24. 26.
Zündorf 291.
Zweibrücken 151.
Zweibrüggen 330.
Zwiegabel 129.
Zwingenberg 66.

www.ingramcontent.com/pod-product-compliance
Lightning Source LLC
Chambersburg PA
CBHW032130010526
44111CB00034B/568